여러분의 합격을 응원하는
해커스공무원의 특별 혜택

FREE 공무원 영어 특강

해커스공무원(gosi.Hackers.com) 접속 후 로그인 ▶ 상단의 [무료강좌] 클릭하여 이용

공무원 보카 어플 이용권

READING337

구글 플레이스토어/애플 앱스토어에서 '해커스공무원 기출보카' 검색 ▶ 어플 설치 후 실행 ▶
'인증코드 입력하기' 클릭 ▶ 위 인증코드 입력

* 등록 후 30일간 사용 가능(ID당 1회에 한해 등록 가능)
* 해당 자료는 [해커스공무원 기출 보카 3000+] 교재 내용으로 제공되는 자료로, 공무원 시험 대비에 도움이 되는 유용한 자료입니다.

합격예측 온라인 모의고사 응시권 + 해설강의 수강권

C82D39389CF2BDTK

해커스공무원(gosi.Hackers.com) 접속 후 로그인 ▶ 상단의 [나의 강의실] 클릭 ▶
좌측의 [쿠폰등록] 클릭 ▶ 위 쿠폰번호 입력 후 이용

* ID당 1회에 한해 등록 가능

단어시험지 자동제작 프로그램

해커스공무원(gosi.Hackers.com) 접속 후 로그인 ▶ 상단의 [교재·서점 → 단어시험지 생성기] 클릭

해커스공무원 온라인 단과강의 20% 할인쿠폰

3D9B62475D39EMSF

해커스공무원(gosi.Hackers.com) 접속 후 로그인 ▶ 상단의 [나의 강의실] 클릭 ▶
좌측의 [쿠폰등록] 클릭 ▶ 위 쿠폰번호 입력 후 이용

* 등록 후 7일간 사용 가능(ID당 1회에 한해 등록 가능)

쿠폰 이용 관련 문의 **1588-4055**

단기 합격을 위한 해커스공무원 커리큘럼

입문
탄탄한 기본기와 핵심 개념 완성!
누구나 이해하기 쉬운 개념 설명과 풍부한 예시로 부담없이 쌩기초 다지기
TIP 베이스가 있다면 **기본 단계**부터!

기본+심화
필수 개념 학습으로 이론 완성!
반드시 알아야 할 기본 개념과 문제풀이 전략을 학습하고
심화 개념 학습으로 고득점을 위한 응용력 다지기

기출+예상 문제풀이
문제풀이로 집중 학습하고 실력 업그레이드!
기출문제의 유형과 출제 의도를 이해하고 최신 출제 경향을 반영한
예상문제를 풀어보며 본인의 취약영역을 파악 및 보완하기

동형모의고사
동형모의고사로 실전력 강화!
실제 시험과 같은 형태의 실전모의고사를 풀어보며 실전감각 극대화

마무리
시험 직전 실전 시뮬레이션!
각 과목별 시험에 출제되는 내용들을 최종 점검하며 실전 완성

PASS

* 커리큘럼 및 세부 일정은 상이할 수 있으며, 자세한 사항은 해커스공무원 사이트에서 확인하세요.

단계별 교재 확인 및 수강신청은 여기서!
gosi.Hackers.com

2026 공무원 영어 합격 가이드

매년 치열해지는 공무원 시험 경쟁에서 영어가 합격의 당락을 좌우하고 있습니다. <해커스공무원 영어 고득점 독해 337>은 수험생들이 단기간에 공무원 영어 시험에서 고득점을 달성할 수 있도록 공무원 시험의 최신 출제 경향이 완벽 반영된 문제와 상세한 해설을 제공하며, 가장 효율적으로 학습하여 빠르게 합격할 수 있는 문제 유형별 전략과 학습 플랜을 제공합니다.

1. 공무원 영어 시험 구성 및 최신 출제경향
2. 공무원 영어 독해 출제 유형
3. 고득점 독해 337 학습 플랜

공무원 영어 시험 구성 및 최신 출제경향

1. 시험 구성

공무원 영어 시험은 총 20~25문항으로 구성되며 크게 3개의 영역으로 나눌 수 있습니다. 공무원 영어 시험의 약 50%를 차지하는 독해 영역과, 나머지 50%를 차지하는 문법 영역, 어휘 영역으로 구분되는데, 어휘 영역의 경우, 세부적으로 어휘, 표현, 생활영어로 구분할 수 있습니다.
(법원직의 경우 독해 약 80%, 문법 및 어휘 약 20%)

시험 구분	총 문항 수	영역별 출제 문항 수		
		문법	독해	어휘
국가직 9급	총 20 문항	3~4 문항	9~13 문항	4~8 문항
지방직 9급	총 20 문항	3~4 문항	9~13 문항	4~8 문항
서울시 9급*	총 20 문항	3~5 문항	9~10 문항	6~7 문항
법원직 9급	총 25 문항	3~5 문항	20~22 문항	0~1 문항
국회직 9급	총 20 문항	4~5 문항	10~11 문항	4~5 문항

* 서울시 9급 영어과목 시험은 2020년부터 지방직과 동일하게 인사혁신처에서 출제했습니다.

2. 최신 출제 경향 및 대비 전략

문법 문장 안에서 주요 문법 개념이 어떻게 활용되는지 파악해야 합니다.

문법 영역에서는 동사구, 접속사와 절, 준동사구를 묻는 문제가 자주 출제되며, 세부 빈출 포인트로는 수 일치, 관계절, 분사가 있습니다. 최근에는 출제 의도가 명확한 지문형 또는 빈칸형 문제 등 활용성 높은 문법 문제가 출제되고 있습니다.

대비전략
문법 학습에서는 영문법 이론에 대한 기본 개념을 탄탄히 다진 뒤 각 문제의 문법 포인트를 정확하게 파악하고, 반복적인 문제풀이를 통해 공무원 영어 시험에 자주 출제되는 포인트를 집중적으로 훈련하는 것이 좋습니다.

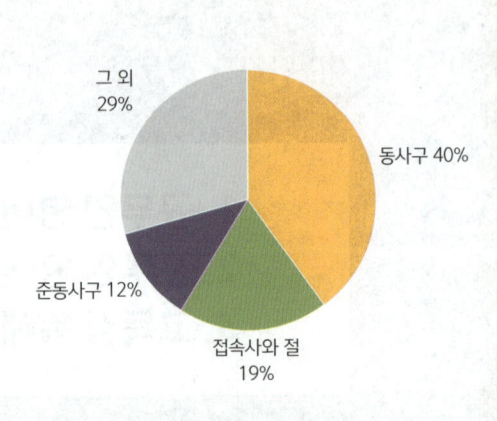

그 외 29%
동사구 40%
준동사구 12%
접속사와 절 19%

독해　구문을 정확하게 해석하고 유형별 풀이 전략을 적용하는 연습을 해야 합니다.

독해 영역에서는 빈칸 완성(단어·구·절), 주제·제목·요지·목적 파악, 내용 일치·불일치 파악 유형의 출제 비중이 순서대로 높은 편입니다. 최근에는 글의 내용 파악 유형과 논리적 흐름 파악 유형의 출제가 증가하고 있으며, 한 지문에서 두 문항이 출제되는 다문항과 이메일·안내문·웹페이지 등의 실용문을 활용한 신유형 문제도 등장하고 있습니다.

대비전략

독해 학습에서는 기존 문제 유형들에 대한 감각을 유지하면서 다문항과 실용문 같은 신유형 지문에도 익숙해져야 합니다. 유형별 문제풀이 전략을 숙지하고 이를 실제 문제풀이에 적용해 보는 연습이 중요하며, 신유형에 대비하기 위해 공무원 직무 관련 어휘를 학습하고, 관련 소재 및 정책에 대해서도 알아두는 것이 좋습니다.

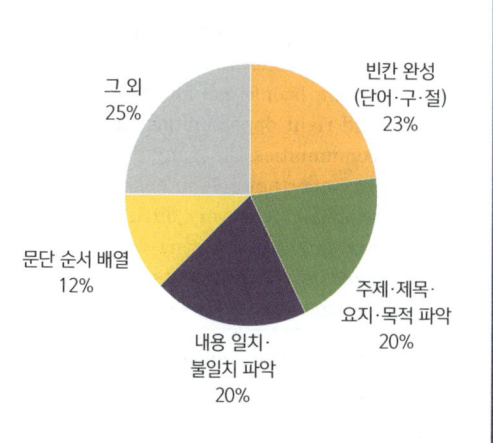

어휘　단어, 표현, 생활영어까지 모든 유형을 대비하기 위해 폭넓게 학습해야 합니다.

어휘 영역에서는 기존에 자주 출제되던 유의어 찾기 유형이 아닌 문맥 속에서 빈칸에 적절한 단어를 추론하여 정답을 찾는 유형의 문제가 주로 출제되고 있습니다. 생활영어에서는 실생활과 밀접한 주제의 대화가 주로 출제되지만, 비대면 의사소통이나 직무 관련 소재를 활용한 대화도 함께 출제되고 있습니다.

대비전략

어휘 학습에서는 유의어·다의어 중심의 폭넓은 어휘 암기가 필요하며, 혼동하기 쉬운 표현들도 함께 알아두는 것이 좋습니다. 생활영어 문제에 대비하기 위해서는 직무 관련 표현이나 비대면 의사소통 상황에서 쓰일 수 있는 표현들을 익혀 두는 것이 중요합니다.

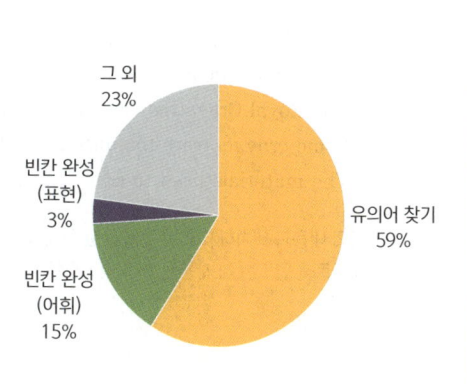

공무원 영어 독해 출제 유형

1. 글의 내용 파악하기: 주제·제목·요지·목적 파악, 내용 일치·불일치 파악

지문의 중심 내용을 파악하여 지문의 주제·제목·요지·목적 등을 고르는 유형과 지문의 세부 내용을 파악하여 지문의 내용과 일치·불일치하는 보기를 고르는 유형이 있습니다. 중심 내용은 지문 처음 또는 마지막에 나오는 경우가 많으므로 이 부분을 주의 깊게 살펴야 하고, 내용 일치·불일치를 파악할 때는 지문과 보기의 내용을 하나씩 꼼꼼하게 비교하며 읽어야 합니다.

10. 다음 글의 주제로 가장 적절한 것은? [2025년 국가직 9급]

> Young people are fast learners. They are energetic, active and have a 'can-do' mentality. Given the support and right opportunities, they can take the lead in their own development as well as the development of their communities. In many developing countries, agriculture is still the largest employer and young farmers play an important role in ensuring food security for future generations. They face many challenges, however. For example, it is very difficult to own land or get a loan if you do not have a house—which, if you are young and only just starting your career, is often not yet possible. Working in agriculture requires substantial and long-term investments. It is also quite risky and uncertain, because it relies heavily on the climate: flooding, drought and storms can damage and destroy farmers' crops and affect livestock.

① the economic advantages of working in the agricultural sector
② the importance of technology in modern farming practices
③ the roles of young farmers and the challenges they face
④ young people's efforts for urban development

해설 지문의 주제를 묻는 문제입니다. 지문 전반에 걸쳐 청년 농부들은 미래 식량 안보에 중요한 역할을 하지만, 토지 소유, 대출, 초기 자본, 기후 리스크 등 많은 어려움을 겪는다고 설명하고 있으므로, 이 글의 제목을 '청년 농부의 역할과 그들이 직면한 도전'이라고 표현한 ③번이 정답입니다.

13. 다음 글의 내용과 일치하지 않는 것은? [2024년 지방직 9급]

> According to the historians, neckties date back to 1660. In that year, a group of soldiers from Croatia visited Paris. These soldiers were war heroes whom King Louis XIV admired very much. Impressed with the colored scarves that they wore around their necks, the king decided to honor the Croats by creating a military regiment called the Royal Cravattes. The word *cravat* comes from the word *Croat*. All the soldiers in this regiment wore colorful scarves or cravats around their necks. This new style of neckwear traveled to England. Soon all upper class men were wearing cravats. Some cravats were quite extreme. At times, they were so high that a man could not move his head without turning his whole body. The cravats were made of many different materials from plaid to lace, which made them suitable for any occasion.

① A group of Croatian soldiers visited Paris in 1660.
② The Royal Cravattes was created in honor of the Croatian soldiers wearing scarves.
③ Some cravats were too uncomfortable for a man to move his head freely.
④ The materials used to make the cravats were limited.

해설 지문의 내용과 일치하지 않는 것을 묻는 문제입니다. 지문 마지막에서 크라바트는 격자무늬 천부터 레이스까지 다양한 재료들로 만들어졌다고 했으므로, 크라바트를 만드는 데 사용된 재료들이 제한적이었다는 것은 지문의 내용과 일치하지 않습니다. 따라서 ④번이 정답입니다.

12. Northeastern Wildlife Exposition에 관한 다음 글의 내용과 일치하는 것은? [2024년 국가직 9급]

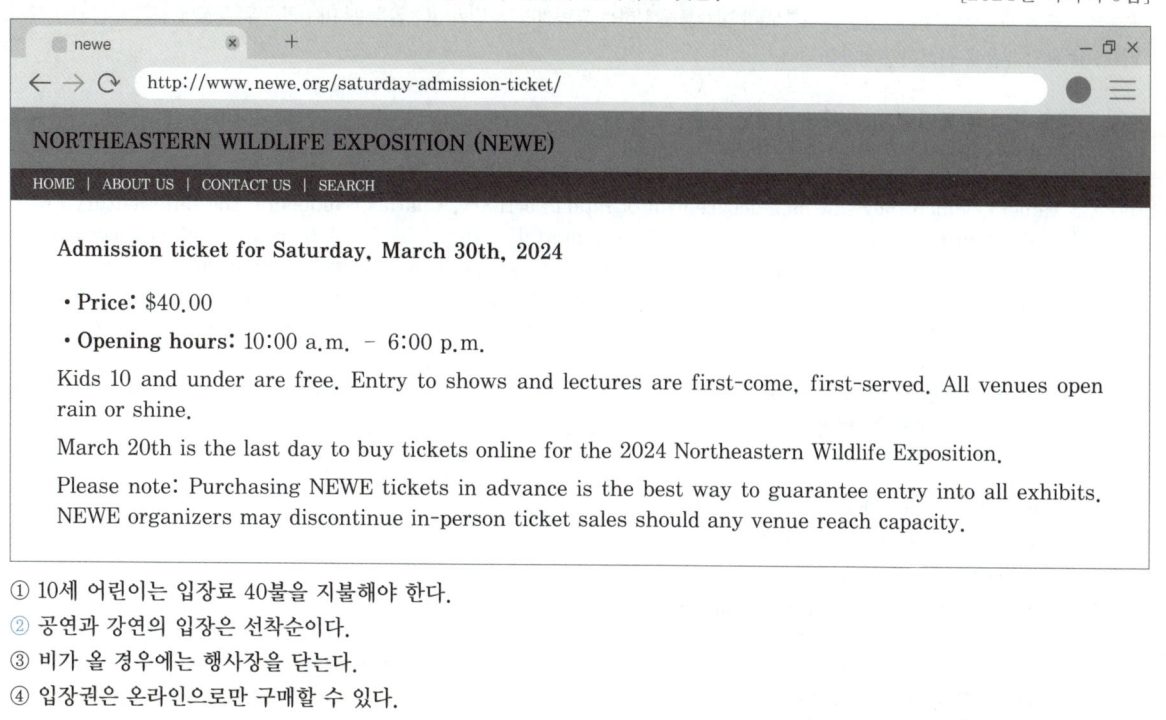

① 10세 어린이는 입장료 40불을 지불해야 한다.
② 공연과 강연의 입장은 선착순이다.
③ 비가 올 경우에는 행사장을 닫는다.
④ 입장권은 온라인으로만 구매할 수 있다.

공무원 영어 독해 출제 유형

2. 추론하기: 빈칸 완성 ① 단어·구·절, 빈칸 완성 ② 연결어

지문의 흐름을 자연스럽게 연결하는 보기를 골라 빈칸을 완성하는 유형입니다. 빈칸이나 밑줄 친 어구의 앞뒤 문장에 정답의 단서가 제시되는 경우가 많으므로 해당 부분을 꼼꼼히 읽어야 합니다.

2. 다음 빈칸에 들어갈 말로 가장 적절한 것은? [2024년 법원직 9급]

> Controversy over new art-making technologies is nothing new. Many painters recoiled at the invention of the camera, which they saw as a debasement of human artistry. Charles Baudelaire, the 19th-century French poet and art critic, called photography "art's most mortal enemy." In the 20th century, digital editing tools and computer-assisted design programs were similarly dismissed by purists for requiring too little skill of their human collaborators. What makes the new breed of A.I. image generating tools different is not just that they're capable of producing beautiful works of art with minimal effort. It's how they work. These tools are built by scraping millions of images from the open web, then teaching algorithms to recognize patterns and relationships in those images and generate new ones in the same style. That means that artists who upload their works to the internet may be unwittingly _____.
>
> * unwittingly 자신도 모르게, 부지불식간에

① helping to train their algorithmic competitors
② sparking a debate over the ethics of A.I.-generated art
③ embracing digital technology as part of the creative process
④ acquiring the skills of utilizing internet to craft original creations

해설 지문의 빈칸을 채우는 문제입니다. 빈칸 앞 문장에서 인공지능 이미지 생성 도구는 오픈 웹에서 수백만 개의 이미지를 스크랩한 다음 알고리즘에게 동일한 스타일로 새로운 이미지를 생성하도록 가르친다고 설명하고 있으므로, 이는 인터넷에 자신의 작품을 올리는 예술가들이 자신도 모르게 '그들의 알고리즘 경쟁자를 훈련시키는 것을 도울' 수 있다고 한 ①번이 정답입니다.

3. 논리적 흐름 파악하기: 문단 순서 배열, 문장 삽입, 무관한 문장 삭제

지문의 논리적 흐름에 따라 문단 순서 배열, 문장 삽입, 지문의 흐름과 무관한 문장을 삭제하는 유형입니다. 연결어나 지시대명사가 지문의 논리적인 흐름을 파악하는 데 단서가 되는 경우가 많으므로 이를 중심으로 지문을 읽어야 합니다.

18. 다음 글의 흐름상 어색한 문장은? [2025년 지방직 9급]

> Scientists in the UK grew special tomatoes with extra vitamin D, which is important for people's health. Vitamin D deficiency affects about one billion people worldwide. ① Tomatoes naturally contain a substance that gets converted into vitamin D. ② The team altered the genes of the tomato plants, breeding them to have more of this substance than usual. ③ Each tomato came to have about as much vitamin D as two medium-sized eggs. ④ Moreover, tomatoes are commonly eaten raw in salads and served as a cooked vegetable. The scientists think the technique could be used with other foods, too.

해설 지문의 흐름과 무관한 문장을 고르는 문제입니다. 지문 처음에서 영국의 과학자들이 특별한 토마토를 재배했다고 언급하고, ①, ②, ③번에서 그것의 재배 과정과 결과를 설명하고 있습니다. 그러나 ④번은 일반적인 토마토 섭취 방식에 관한 내용으로, 지문 전반의 내용과 관련이 없습니다. 따라서 ④번이 정답입니다.

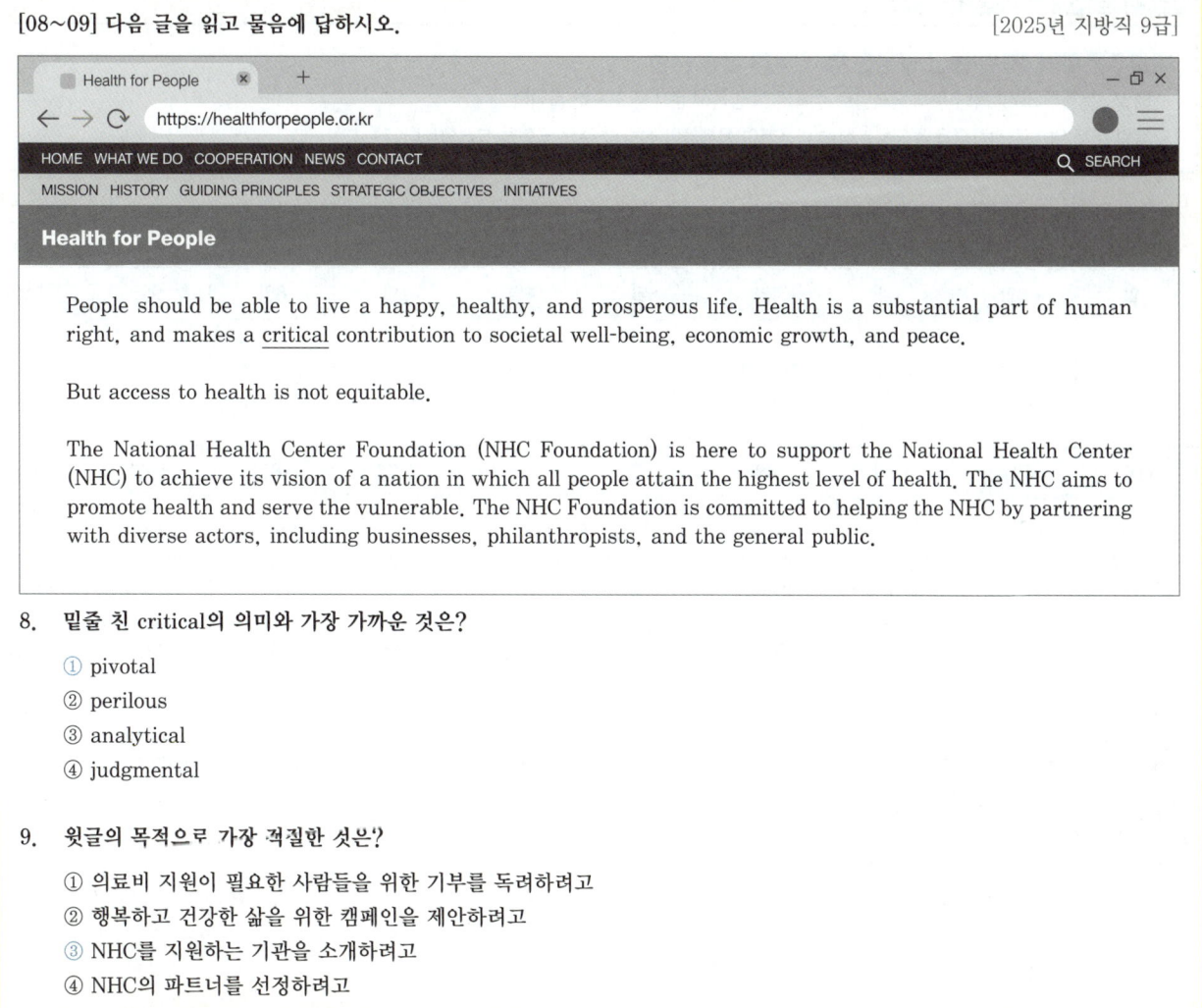

고득점 독해 337 학습 플랜

30일 학습 플랜
공무원 독해를 단기간에 완성하고 싶은 수험자에게 추천합니다.

매일 3문제씩 30일 동안 공무원 영어 독해 집중 훈련
- 매일 3문제씩 30일 동안 문제 유형별로 수록된 실전 독해 문제를 꾸준히 풉니다.
- 틀린 문제 위주로 전략적용 & 지문분석을 이용하여 문제풀이 전략과 주요 표현을 복습합니다.

*30일 학습을 모두 완료했다면 '종합 실전모의고사' 7회분을 풀어보며 실전 감각을 강화해보세요!

1일	2일	3일	4일	5일	6일	7일	8일	9일	10일
DAY 01 주제 파악 ①	DAY 02 주제 파악 ②	DAY 03 제목 파악 ①	DAY 04 제목 파악 ②	DAY 05 요지 파악 ①	DAY 06 요지 파악 ②	DAY 07 목적 파악 ①	DAY 08 목적 파악 ②	DAY 09 내용 일치 파악 ①	DAY 10 내용 일치 파악 ②
11일	12일	13일	14일	15일	16일	17일	18일	19일	20일
DAY 11 내용 불일치 파악 ①	DAY 12 내용 불일치 파악 ②	DAY 13 빈칸 완성-단어 ①	DAY 14 빈칸 완성-단어 ②	DAY 15 빈칸 완성-구 ①	DAY 16 빈칸 완성-구 ②	DAY 17 빈칸 완성-절 ①	DAY 18 빈칸 완성-절 ②	DAY 19 빈칸 완성-연결어	DAY 20 문단 순서 배열 ①
21일	22일	23일	24일	25일	26일	27일	28일	29일	30일
DAY 21 문단 순서 배열 ②	DAY 22 문장 삽입 ①	DAY 23 문장 삽입 ②	DAY 24 무관한 문장 삭제 ①	DAY 25 무관한 문장 삭제 ②	DAY 26 다문항: 이메일	DAY 27 다문항: 안내문 ①	DAY 28 다문항: 안내문 ②	DAY 29 다문항: 웹페이지 ①	DAY 30 다문항: 웹페이지 ②

7일 동안 종합 실전모의고사로 실전 감각 강화
- 매일 1회씩 7일 동안 실전모의고사 7회분을 풉니다.
- 매일 틀린 문제를 통해 본인이 취약한 부분을 파악하고, 전략적용 & 지문분석을 이용하여 복습합니다.

실전모의고사						
종합 실전모의고사 1	종합 실전모의고사 2	종합 실전모의고사 3	종합 실전모의고사 4	종합 실전모의고사 5	종합 실전모의고사 6	종합 실전모의고사 7

60일 학습 플랜

공무원 영어 독해를 빈틈없이 완벽하게 정리하고 싶은 수험자에게 추천합니다.

60일 동안 문제풀이와 복습으로 공무원 영어 독해 집중 훈련
- 46일 동안 기출로 배우는 문제 유형별 전략과 유형별 독해 문제를 매일 정해진 분량만큼 꾸준히 학습합니다.
- 3일에 한 번씩 학습한 분량을 복습하며, 문제풀이 전략과 지문 분석을 완벽 정리합니다.
- 14일 동안 종합 실전모의고사 7회분을 학습 및 복습하며 취약한 부분을 보완합니다.

1일	2일	3일	4일	5일	6일	7일	8일	9일	10일
Section 1 기출로 배우는 문제 유형별 전략	DAY 01 주제 파악 ①	DAY 02 주제 파악 ②	DAY 03 제목 파악 ①	DAY 01-03 복습	DAY 04 제목 파악 ②	DAY 05 요지 파악 ①	DAY 06 요지 파악 ②	DAY 04-06 복습	DAY 07 목적 파악 ①
11일	**12일**	**13일**	**14일**	**15일**	**16일**	**17일**	**18일**	**19일**	**20일**
DAY 08 목적 파악 ②	DAY 09 내용 일치 파악 ①	DAY 07-09 복습	DAY 10 내용 일치 파악 ②	DAY 11 내용 불일치 파악 ①	DAY 12 내용 불일치 파악 ②	DAY 10-12 복습	Section 2 기출로 배우는 문제 유형별 전략	DAY 13 빈칸 완성- 단어 ①	DAY 14 빈칸 완성- 단어 ②
21일	**22일**	**23일**	**24일**	**25일**	**26일**	**27일**	**28일**	**29일**	**30일**
DAY 15 빈칸 완성- 구 ①	DAY 13-15 복습	DAY 16 빈칸 완성- 구 ②	DAY 17 빈칸 완성- 절 ①	DAY 18 빈칸 완성- 절 ②	DAY 16-18 복습	DAY 19 빈칸 완성- 연결어	Section 1-2 기출로 배우는 문제 유형별 전략 복습	Section 3 기출로 배우는 문제 유형별 선략	DAY 20 문단 순서 배열 ①
31일	**32일**	**33일**	**34일**	**35일**	**36일**	**37일**	**38일**	**39일**	**40일**
DAY 21 문단 순서 배열 ②	DAY 19-21 복습	DAY 22 문장 삽입 ①	DAY 23 문장 삽입 ②	DAY 24 무관한 문장 삭제 ①	DAY 22-24 복습	DAY 25 무관한 문장 삭제 ②	Section 4 기출로 배우는 문제 유형별 전략	DAY 26 다문항: 이메일	DAY 27 다문항: 안내문 ①
41일	**42일**	**43일**	**44일**	**45일**	**46일**	**47일**	**48일**	**49일**	**50일**
DAY 25-27 복습	DAY 28 다문항: 안내문 ②	DAY 29 다문항: 웹페이지 ①	DAY 30 다문항: 웹페이지 ②	DAY 28-30 복습	Section 3-4 기출로 배우는 문제 유형별 전략 복습	종합 실전모의고사 1	종합 실전모의고사 1 복습	종합 실전모의고사 2	종합 실전모의고사 2 복습
51일	**52일**	**53일**	**54일**	**55일**	**56일**	**57일**	**58일**	**59일**	**60일**
종합 실전모의고사 3	종합 실전모의고사 3 복습	종합 실전모의고사 4	종합 실전모의고사 4 복습	종합 실전모의고사 5	종합 실전모의고사 5 복습	종합 실전모의고사 6	종합 실전모의고사 6 복습	종합 실전모의고사 7	종합 실전모의고사 7 복습

gosi.Hackers.com

해커스공무원에서 제공하는
합격 가능성을 높이는
프리미엄 콘텐츠!

01
**공무원 학원 및
시험 정보·동영상강의
(gosi.Hackers.com)**

공무원 학원 및 시험에 관한 각종 정보 및 다양한 무료 자료, 교재별 핵심정리 동영상강의 및 실전 문제풀이 동영상 강의 등을 제공합니다.

02
**문법·독해·어휘
동영상 강의
(gosi.Hackers.com)**

공무원 영어 학습자들이 꼭 알아야 할 개념을 혼자서도 완벽하게 정복할 수 있도록 동영상강의를 제공합니다.

03
**단어시험지 자동제작
프로그램**

해커스공무원 영어 어휘 단어시험지 자동생성기를 통해 맞춤형 시험지로 암기한 단어를 복습할 수 있습니다.

04
무료 공무원 보카 어플

공무원 영어 기출 어휘로 구성된 단어 암기 어플을 통해 언제 어디서든 편리하게 기출 어휘를 학습할 수 있습니다.

05
합격예측 모의고사

실제 시험과 가장 유사한 난이도와 시험장 분위기로 실전대비가 가능하며, 당일 해설강의을 제공하여 출제포인트를 명쾌하게 이해할 수 있습니다.

해커스공무원

영어 고득점 독해 337

해커스

Contents

Section ① 글의 내용 파악 유형

기출로 배우는 문제 유형별 전략	8
Day 01 주제 파악 ①	12
Day 02 주제 파악 ②	18
Day 03 제목 파악 ①	24
Day 04 제목 파악 ②	30
Day 05 요지 파악 ①	36
Day 06 요지 파악 ②	42
Day 07 목적 파악 ①	48
Day 08 목적 파악 ②	54
Day 09 내용 일치 파악 ①	60
Day 10 내용 일치 파악 ②	66
Day 11 내용 불일치 파악 ①	72
Day 12 내용 불일치 파악 ②	78

Section ② 추론 유형

기출로 배우는 문제 유형별 전략	86
Day 13 빈칸 완성: 단어 ①	90
Day 14 빈칸 완성: 단어 ②	96
Day 15 빈칸 완성: 구 ①	102
Day 16 빈칸 완성: 구 ②	108
Day 17 빈칸 완성: 절 ①	114
Day 18 빈칸 완성: 절 ②	120
Day 19 빈칸 완성: 연결어	126

Section 3 논리적 흐름 파악 유형

기출로 배우는 문제 유형별 전략 134
Day 20 문단 순서 배열 ① 140
Day 21 문단 순서 배열 ② 146
Day 22 문장 삽입 ① 152
Day 23 문장 삽입 ② 158
Day 24 무관한 문장 삭제 ① 164
Day 25 무관한 문장 삭제 ② 170

Section 4 다문항 유형

기출로 배우는 문제 유형별 전략 178
Day 26 다문항: 이메일 180
Day 27 다문항: 안내문 ① 186
Day 28 다문항: 안내문 ② 192
Day 29 다문항: 웹페이지 ① 198
Day 30 다문항: 웹페이지 ② 204

종합 실전모의고사 1 ~ 7   210

책의 특징과 구성

01 매일 3문제씩 30일 동안 꾸준히 학습하고 실전모의고사 7회로 완벽 마무리

<해커스공무원 영어 고득점 독해 337>은 매일 꾸준히 공무원 영어 독해 문제를 풀어볼 수 있도록 DAY별로 문제를 수록했습니다. 매일 3문제 씩 30일 동안 총 90문제를 풀어보며 독해력을 향상시킬 수 있으며, 30일의 학습 후에는 실전모의고사 7회분을 풀어보며 실전감각을 키울 수 있습니다.

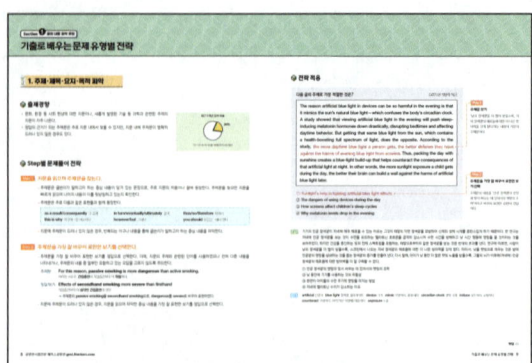

기출로 배우는 문제 유형별 전략

문제 유형에 따라 정답을 빠르고 정확하게 찾아낼 수 있는 문제풀이 전략을 STEP별로 제시하고, 전략 적용 방법을 시험 출제 경향이 반영된 기출 예제를 통해 확인함으로써 전략적인 문제 풀이 방법을 익힐 수 있습니다.

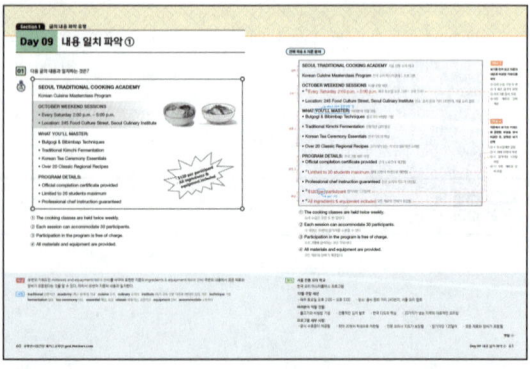

DAY별 문제풀이

유형별 대표 기출문제와 출제경향이 완벽히 반영된 예상문제를 매일 풀어봄으로써 문제풀이 감각을 향상시킬 수 있습니다.

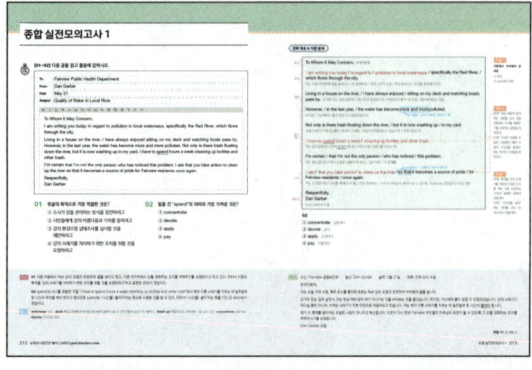

종합 실전모의고사

DAY별 학습을 통해 문제풀이 감각을 향상시킨 후, 종합 실전모의고사 7회분으로 실전 감각을 강화하여 공무원 영어 독해 학습을 완벽하게 마무리할 수 있습니다.

02 정답을 찾는 방법부터 추가 학습 포인트까지 빈틈없이 알려주는 '전략 적용 & 지문 분석'

수록된 모든 문제에 대한 문제 풀이 전략은 물론이고 지문 전체 구조 분석, 끊어읽기 해석, 지문 내 주요 표현까지 제공하여 <해커스공무원 영어 고득점 독해 337> 한 권만 학습하여도 공무원 영어 독해 영역을 완벽히 대비할 수 있습니다.

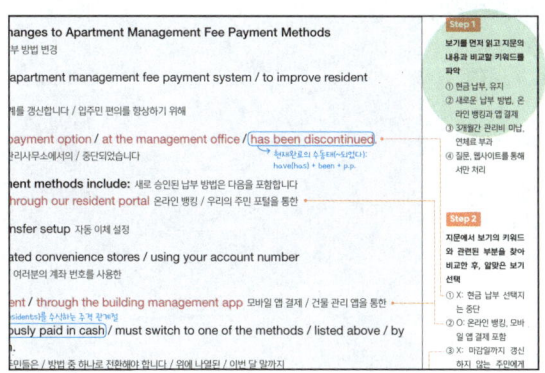

STEP별 전략 적용

문제 풀이 전 학습한 [기출로 배우는 문제 유형별 전략]을 각 문제에 직접 적용한 STEP별 전략 적용 해설을 통해 정답을 빠르게 찾는 방법을 익힐 수 있습니다.

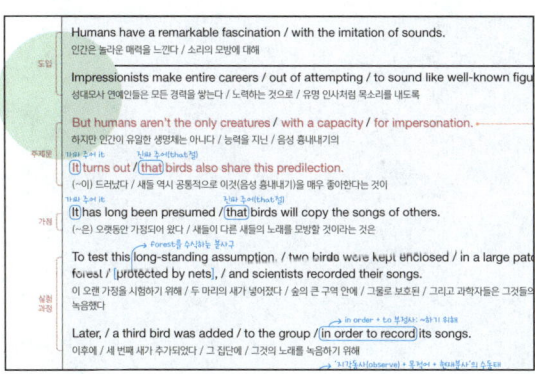

지문 구조 분석

모든 지문에 대한 구조 분석을 제공하여 지문의 내용을 체계적으로 이해하고 지문을 빠르고 정확하게 파악하는 방법을 학습할 수 있습니다.

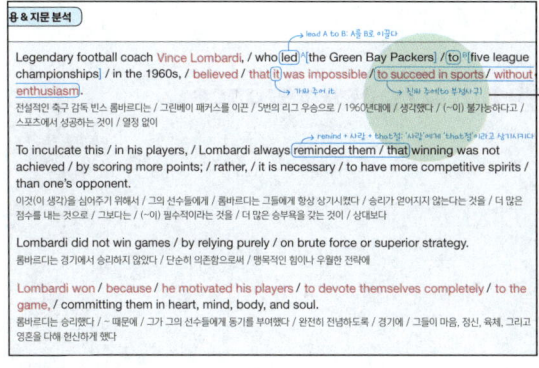

끊어읽기 해석 & 첨삭 해설

길고 복잡한 문장을 어떤 요소 단위로 끊어 해석해야 하는지 보여주는 끊어읽기 해석과 주요 표현 및 문장 구조를 짚어주는 첨삭 해설을 통해 문장을 빠르게 해석하는 연습을 할 수 있습니다.

gosi.Hackers.com

해커스공무원 영어 **고득점 독해 337**

—
Great works are performed not by strength but by perseverance.
Samuel Johnson

위대한 일은 힘이 아니라 인내로 이루어진다.
사무엘 존슨

Section 1
글의 내용 파악 유형

기출로 배우는 문제 유형별 전략
- **Day 01** 주제 파악 ①
- **Day 02** 주제 파악 ②
- **Day 03** 제목 파악 ①
- **Day 04** 제목 파악 ②
- **Day 05** 요지 파악 ①
- **Day 06** 요지 파악 ②
- **Day 07** 목적 파악 ①
- **Day 08** 목적 파악 ②
- **Day 09** 내용 일치 파악 ①
- **Day 10** 내용 일치 파악 ②
- **Day 11** 내용 불일치 파악 ①
- **Day 12** 내용 불일치 파악 ②

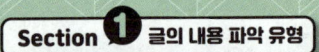

기출로 배우는 문제 유형별 전략

1. 주제·제목·요지·목적 파악

출제경향

- 문화, 환경 등 사회 현상에 대한 지문이나, 새롭게 발명된 기술 등 과학과 관련된 주제의 지문이 자주 나온다.
- 정답의 근거가 되는 주제문은 주로 지문 내에서 찾을 수 있지만, 지문 내에 주제문이 명확히 드러나 있지 않은 경우도 있다.

Step별 문제풀이 전략

Step 1 지문을 읽으며 주제문을 찾는다.

- 주제문은 글쓴이가 말하고자 하는 중심 내용이 담겨 있는 문장으로, 주로 지문의 처음이나 끝에 등장한다. 주제문을 찾으면 지문을 빠르게 읽으며 나머지 내용이 이를 뒷받침하고 있는지 확인한다.
- 주제문은 주로 다음과 같은 표현들과 함께 등장한다.

| as a result/consequently 그 결과 | in turn/eventually/ultimately 결국 | thus/so/therefore 따라서 |
| this is why 이것이 ~한 이유이다 | however/but 그러나 | you should 당신은 ~해야 한다 |

- 지문에 주제문이 드러나 있지 않은 경우, 반복되는 어구나 내용을 통해 글쓴이가 말하고자 하는 중심 내용을 파악한다.

Step 2 주제문을 가장 잘 바꾸어 표현한 보기를 선택한다.

- 주제문을 가장 잘 바꾸어 표현한 보기를 정답으로 선택한다. 이때, 지문의 주제와 관련된 단어를 사용하였으나 전혀 다른 내용을 나타내거나, 주제문의 내용 중 일부만 포함하고 있는 오답을 고르지 않도록 주의한다.

  주제문   For this reason, **passive smoking** is more **dangerous** than active smoking.
            이러한 이유로, **간접흡연**이 직접흡연보다 더 **위험**하다.

  정답 보기   Effects of **secondhand smoking** more **severe** than firsthand
            직접흡연보다 더 심각한 간접흡연의 영향
            → 주제문의 passive smoking을 secondhand smoking으로, dangerous를 severe로 바꾸어 표현하였다.

- 지문에 주제문이 드러나 있지 않은 경우, 지문을 읽으며 파악한 중심 내용을 가장 잘 표현한 보기를 정답으로 선택한다.

전략 적용

다음 글의 주제로 가장 적절한 것은? [2025년 지방직 9급]

The reason artificial blue light in devices can be so harmful in the evening is that it mimics the sun's natural blue light—which confuses the body's circadian clock. A study showed that viewing artificial blue light in the evening will push sleep-inducing melatonin hormones down drastically, disrupting bedtimes and affecting daytime behavior. But getting that same blue light from the sun, which contains a health-boosting full spectrum of light, does the opposite. According to the study, the more daytime blue light a person gets, the better defense they have against the harms of evening blue light from screens. Thus, packing the day with sunshine creates a blue-light build-up that helps counteract the consequences of that artificial light at night. In other words, the more sunlight exposure a child gets during the day, the better their brain can build a wall against the harms of artificial blue light later.

① Sunlight's help in fighting artificial blue light effects
② The dangers of using devices during the day
③ How screens affect children's sleep cycles
④ Why melatonin levels drop in the evening

Step 1
주제문 찾기
'낮의 청색광을 더 많이 받을수록, 저녁 청색광의 해로움에 대한 더 나은 방어력을 갖게 된다'라는 내용이 지문의 주제문이다.

Step 2
주제문을 가장 잘 바꾸어 표현한 보기 선택
주제문의 내용을 '인공 청색광의 영향과 맞서 싸우는 데 있어서의 햇빛의 조력'이라고 바꾸어 표현한 ①번이 정답이다.

해석 기기의 인공 청색광이 저녁에 매우 해로울 수 있는 이유는 그것이 태양의 자연 청색광을 모방하여 신체의 생체 시계를 혼란스럽게 하기 때문이다. 한 연구는 저녁에 인공 청색광을 보는 것이 수면을 유도하는 멜라토닌 호르몬을 급격히 감소시켜 수면 시간을 방해하고 낮 시간 행동에 영향을 줄 것이라는 것을 보여주었다. 하지만 건강을 증진하는 빛의 전체 스펙트럼을 포함하는, 태양으로부터의 같은 청색광을 받는 것은 반대의 효과를 낸다. 연구에 따르면, 사람이 낮의 청색광을 더 많이 받을수록, 스크린에서 나오는 저녁 청색광의 해로움에 대한 더 나은 방어력을 갖게 된다. 따라서, 낮을 햇빛으로 채우는 것은 밤에 인공광의 영향을 상쇄하는 것을 돕는 청색광의 증가를 만들어 낸다. 다시 말해, 아이가 낮 동안 더 많은 햇빛 노출을 받을수록, 그들의 뇌가 이후에(저녁에) 인공 청색광의 해로움에 대한 방어벽을 더 잘 구축할 수 있다.

① 인공 청색광의 영향과 맞서 싸우는 데 있어서의 햇빛의 조력
② 낮 동안에 기기를 사용하는 것의 위험성
③ 화면이 아이들의 수면 주기에 영향을 미치는 방법
④ 저녁에 멜라토닌 수치가 감소하는 이유

어휘 artificial 인공의 blue light 청색광, 블루라이트 device 기기 mimic 모방하다, 흉내 내다 circadian clock 생체 시계 induce 유도하다, 유발하다 counteract 상쇄하다, (부정적인 영향에) 대응하다 exposure 노출

정답 ①

2. 내용 일치·불일치 파악

◆ 출제경향
- 각 직렬 공무원 영어 시험에 매년 2~3문제씩 꼭 출제되는 최빈출 유형 중 하나이다.
- 지문 내용의 흐름과 보기 번호의 순서가 대부분 일치한다.

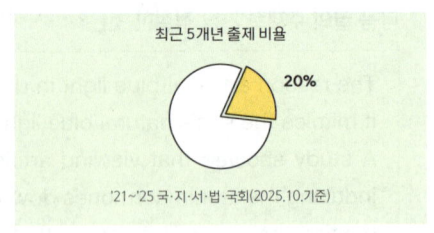

◆ Step별 문제풀이 전략

Step 1 보기를 먼저 읽고 지문의 내용과 비교할 키워드를 파악한다.

- 주어진 보기를 먼저 읽고, 각 보기의 키워드를 통해 지문에서 어떤 내용을 찾아 비교해야 하는지를 파악한다.

    보기　① Humpback whales reach **maturity** between four and six years of age.
    　　　혹등고래는 4살에서 6살 사이에 **성숙기**에 이른다.
    　　　→ 보기의 키워드인 '성숙기'와 관련된 내용을 지문에서 찾아 비교해야 함을 파악한다.

    　　　② Humpback whales are in great **danger of extinction**.
    　　　혹등고래는 **멸종 위기**에 처해있다.
    　　　→ 보기의 키워드인 '멸종 위기'와 관련된 내용을 지문에서 찾아 비교해야 함을 파악한다.

Step 2 지문에서 보기의 키워드와 관련된 부분을 찾아 내용을 비교한 후, 알맞은 보기를 선택한다.

- 각 보기의 키워드가 지문에서 그대로 언급되거나 바꾸어 표현된 부분을 찾아 하나씩 세부 내용을 비교하고, 일치하거나 일치하지 않는 보기를 선택한다. 이때, 보기의 내용이 지문에서 바꾸어 표현되는 경우가 많으므로 유의해야 한다.

    보기　Humpback whales are in great **danger of extinction**. 혹등고래는 **멸종 위기**에 처해있다.

    지문　Humpback whales are **on the verge of disappearing forever**. 혹등고래는 **영원히 사라질 지경**에 처해있다.
    　　　→ 보기에 언급된 danger of extinction이 지문에서는 on the verge of disappearing forever로 바꾸어 표현되었다.

- 일반적으로 생각했을 때 그럴듯한 보기를 정답으로 혼동하기 쉬우므로, 배경지식만으로 정답을 선택하지 않고 반드시 보기와 지문의 내용을 비교한 후 정답을 선택한다.

전략 적용

다음 글의 내용과 일치하는 것은? [2025년 국가직 9급]

Department of Health and Human Services

Mission Statement

①The mission of the Department of Health and Human Services (HHS) is to enhance the health and well-being of all individuals in the nation, by providing for effective health and human services and by fostering sound, sustained advances in the sciences underlying medicine, public health, and social services.

Organizational Structure

HHS accomplishes its mission through programs and initiatives that cover a wide spectrum of activities. ②Eleven operating divisions, including eight agencies in the Public Health Service and three human services agencies, administer HHS's programs. While HHS is a domestic agency working to protect and promote the health and well-being of the American people, the interconnectedness of our world requires that ③HHS engage globally to fulfill its mission.

Cross-Agency Collaborations

Improving health and human services outcomes cannot be achieved by the Department on its own; collaborations are critical to achieve our goals and objectives. ④HHS collaborates closely with other federal departments and agencies on cross-cutting topics.

① HHS aims to improve the health and well-being of low-income families only.
② HHS's programs are administered by the eleven operating divisions.
③ HHS does not work with foreign countries to complete its mission.
④ HHS acts independently from other federal departments and agencies to achieve its goals.

Step 1
보기를 먼저 읽고 지문의 내용과 비교할 키워드를 파악
① 저소득층 가정의 건강과 복지 향상
② 11개의 운영 부서에 의해 관리
③ 외국과 함께 일하지 않음
④ 다른 연방 부서 및 기관으로부터 독립적으로 활동

Step 2
지문에서 보기의 키워드와 관련된 부분을 찾아 비교한 후, 알맞은 보기 선택
① X: 국가 내 모든 개인의 건강과 복지 증진
② O: 11개의 운영 부서가 관리
③ X: 전 세계적으로 참여함
④ X: 다른 연방 부서 및 기관과 긴밀히 협력함

해석   보건복지부

강령   보건복지부(HHS)의 사명은 효과적인 보건 및 복지 서비스를 제공하고 의학, 공중 보건, 그리고 사회 복지 사업의 기반이 되는 학문의 철저하고 지속적인 발전을 촉진함으로써 국가 내 모든 개인의 건강과 복지를 증진하는 것이다.

조직 구조   HHS는 다양한 범위의 활동을 포함하는 프로그램과 계획을 통해 사명을 달성한다. 공중 보건 서비스의 8개 기관과 3개의 복지 서비스 기관을 포함하는 11개의 운영 부서가 HHS의 프로그램을 관리한다. HHS는 미국 국민의 건강과 복지를 보호하고 증진하기 위해 근무하는 국내 기관이지만, 우리 세계의 상호 연결성은 HHS가 사명을 수행하기 위해 전 세계적으로 참여하는 것을 필요로 한다.

기관 간 협업   보건 및 복지 서비스의 성과를 개선하는 것은 부서 단독으로는 달성될 수 없으며, 우리의 목표와 목적을 달성하기 위해서는 협업이 매우 중요하다. HHS는 공통 주제에 대해 다른 연방 부서 및 기관과 긴밀히 협력한다.

① HHS는 저소득층 가정의 건강과 복지 향상만을 목표로 한다.   ② HHS의 프로그램은 11개의 운영 부서에 의해 관리된다.
③ HHS는 사명을 완수하기 위해 외국과 함께 일하지 않는다.   ④ HHS는 목표를 달성하기 위해 다른 연방 부서 및 기관으로부터 독립적으로 활동한다.

어휘   foster 촉진하다, 조성하다   sound 철저한, 견실한   sustained 지속적인, 한결같은   domestic 국내의   interconnectedness 상호 연결성   federal 연방의

정답 ②

Section 1 글의 내용 파악 유형

Day 01 주제 파악 ①

01 다음 글의 주제로 가장 적절한 것은?

The impact of social media on human connection is complex, offering both challenges and opportunities for emotional well-being. It has fundamentally altered how people perceive and maintain relationships, often creating an illusion of connection without genuine intimacy. Research indicates that individuals who spend more than three hours daily on social media platforms report higher levels of social anxiety and depression. This is because the constant comparison with others' curated online personas creates unrealistic expectations about relationships and personal achievements. Despite these challenges, social media offers people the chance to strengthen existing connections by sharing updates about their daily lives and commenting on the content of others, thereby promoting continuous communication and shared experiences. Ultimately, the crucial difference lies in using these platforms to supplement, not replace, face-to-face interactions.

① Associations between social media use and depression rates
② Why online friendships cannot replace real-world connections
③ Social media's dual impact on relationship quality and mental health
④ How digital platforms create unrealistic expectations for one's personal life

---

어휘 emotional 정서적인, 감정적인 well-being 안녕, 복지 fundamentally 근본적으로 alter 바꾸다, 변경하다 perceive 인식하다, 지각하다 illusion 착각, 환상 genuine 진정한, 진짜의 intimacy 친밀감 indicate 나타내다, 보여주다 anxiety 불안 depression 우울(감) comparison 비교 curated 엄선된, 선별된 persona 페르소나(외적 인격) expectation 기대 achievement 성취 promote 촉진하다 continuous 지속적인 supplement 보완하다, 보충하다 replace 대체하다 association 연관성 dual 이중적인, 이중의

전략 적용 & 지문 분석

주제문

The impact of social media / on human connection / is complex, / offering both challenges and opportunities / for emotional well-being.
소셜 미디어의 영향은 / 인간관계에 미치는 / 복잡하다 / 도전과 기회를 모두 제공한다 / 정서적 안녕을 위한

> 간접 의문문: 의문사(how) + 주어(people) + 동사(perceive and maintain)

It has fundamentally altered / how people perceive and maintain relationships, / often creating an illusion of connection / without genuine intimacy.
그것은 근본적으로 바꿨다 / 사람들이 관계를 인식하고 유지하는 방식을 / 종종 연결의 착각을 만들어낸다 / 진정한 친밀감이 없는

도전

Research indicates / that individuals who spend more than three hours daily / on social media platforms / report higher levels of social anxiety and depression.
연구는 나타낸다 / 매일 세 시간 이상 보내는 사람들은 / 소셜 미디어 플랫폼에서 / 더 높은 수준의 사회적 불안과 우울감을 보고한다(는 것을)

이유

This is because / the constant comparison with others' curated online personas / creates unrealistic expectations / about relationships and personal achievements.
이것은 ~ 때문이다 / 다른 사람들의 엄선된 온라인 페르소나와의 끊임없는 비교가 / 비현실적인 기대를 만들어낸다 / 관계와 개인적 성취에 대해

> by + 동명사: '동명사' 함으로써

기회

Despite these challenges, / social media offers people the chance / to strengthen existing connections / by sharing updates about their daily lives / and / commenting on the content of others, / thereby promoting continuous communication and shared experiences.
이러한 도전에도 불구하고 / 소셜 미디어는 사람들에게 기회를 제공한다 / 기존의 관계를 강화할 수 있는 / 그들의 일상에 대한 최신 정보를 공유함으로써 / 그리고 / 다른 사람들의 콘텐츠에 댓글을 남김으로써 / 그렇게 함으로써 지속적인 소통과 공유된 경험을 촉진한다

결론

Ultimately, / the crucial difference lies in / using these platforms to supplement, not replace, / face-to-face interactions.
궁극적으로 / 중요한 차이점은 ~에 있다 / 이러한 플랫폼을 대체하는 것이 아니라 보완하는 데 사용하는 것 / 대면 상호작용을

① Associations between social media use and depression rates
소셜 미디어 사용률과 우울증 비율 간의 연관성
② Why online friendships cannot replace real-world connections
온라인 우정이 실제 세계의 관계를 대체할 수 없는 이유
③ Social media's dual impact on relationship quality and mental health
관계의 질과 정신 건강에 대한 소셜 미디어의 이중적인 영향
④ How digital platforms create unrealistic expectations for one's personal life
디지털 플랫폼이 개인의 삶에 대한 비현실적인 기대를 만드는 방법

Step 1
주제문 찾기

'소셜 미디어가 인간관계에 미치는 영향은 복잡하며, 정서적 안녕을 위한 도전과 기회를 모두 제공한다'라는 내용이 지문의 주제문이다.

Step 2
주제문을 가장 잘 바꾸어 표현한 보기 선택

주제문을 '관계의 질과 정신 건강에 대한 소셜 미디어의 이중적인 영향'이라고 바꾸어 표현한 ③번이 정답이다.

해석 소셜 미디어가 인간관계에 미치는 영향은 복잡하며, 정서적 안녕을 위한 도전과 기회를 모두 제공한다. 그것은 사람들이 관계를 인식하고 유지하는 방식을 근본적으로 바꿨고, 종종 진정한 친밀감이 없는 연결의 착각을 만들어낸다. 연구는 소셜 미디어 플랫폼에서 매일 세 시간 이상 보내는 사람들이 더 높은 수준의 사회적 불안과 우울감을 보고한다는 것을 나타낸다. 이것은 다른 사람들의 엄선된 온라인 페르소나와의 끊임없는 비교가 관계와 개인적 성취에 대해 비현실적인 기대를 만들어 내기 때문이다. 이러한 도전에도 불구하고, 소셜 미디어는 사람들에게 그들의 일상에 대한 최신 정보를 공유하고 다른 사람들의 콘텐츠에 댓글을 남김으로써 기존의 관계를 강화할 수 있는 기회를 제공하여, 지속적인 소통과 공유된 경험을 촉진한다. 궁극적으로, 중요한 차이점은 이러한 플랫폼을 대면 상호작용을 대체하는 것이 아니라 보완하는 데 사용하는 것에 있다.

해설 지문 처음에서 소셜 미디어가 인간관계에 미치는 영향은 복잡하며 정서적 안녕을 위한 도전과 기회를 모두 제공한다고 하고, 지문 전반에 걸쳐 소셜 미디어를 많이 사용하는 것이 높은 사회적 불안과 우울감과 연관이 있지만, 기존의 관계를 강화할 수 있는 기회를 제공하기도 한다며 소셜 미디어의 이중적 영향에 대해 설명하고 있다. 따라서 지문의 주제를 '관계의 질과 정신 건강에 대한 소셜 미디어의 이중적인 영향'이라고 표현한 ③번이 정답이다.

정답 ③

Day 01 주제 파악 ①

02 다음 글의 주제로 적절한 것은?

It seems far-fetched to believe that an island and a civilization could simply disappear without a trace, but for thousands of years, this was believed to have been the fate of Atlantis. The lack of evidence of Atlantis's existence caused many to believe that it was simply a myth, but new research indicates that it may have actually existed on the island of Santorini. Excavation of volcanic sediment from an ancient eruption revealed ornate artwork and advanced technology on Santorini that matched descriptions of Atlantis given by Plato. This suggests that not only was Atlantis real, but that its near instantaneous disappearance was easily explained. Plate tectonics and volcanism resulted in a catastrophe that wiped out the civilization, and the movement of the plates resulted in parts of the island sinking to the bottom of the ocean.

① Volcanic explanations for the creation of Santorini
② An account of the possible reality of the Atlantis myth
③ Sediment's role in preserving ancient artifacts
④ Theories behind plate tectonics in the ancient world

 far-fetched 터무니없는, 믿기지 않는 civilization 문명 trace 흔적 fate 운명 myth 신화 indicate 시사하다, 나타내다 excavation 발굴 volcanic 화산의 sediment 퇴적물, 침전물 eruption 폭발, 분출 ornate 화려하게 장식된 instantaneous 즉각적인 plate tectonics 판 구조론 volcanism 화산 활동 catastrophe 재앙, 참사 account 설명 artifact 유물

전략 적용 & 지문 분석

도입

It seems far-fetched / to believe / that an island and a civilization / could simply disappear / without a trace, / but / for thousands of years, / this was believed / to have been the fate of Atlantis.
터무니없어 보인다 / 믿는 것은 / 섬과 문명이 / 그저 사라질 수 있다고 / 흔적도 없이 / 하지만 / 수천 년 동안 / 이것이 믿어졌다 / 아틀란티스의 운명이었다고

주제문

The lack of evidence of Atlantis's existence / caused many to believe / that it was simply a myth, / but / new research / indicates / that it may have actually existed / on the island of Santorini.
아틀란티스의 존재에 대한 증거의 부족은 / 많은 사람들이 믿게 했다 / 그것이 단순히 신화에 불과했다고 / 하지만 / 새로운 연구는 / 시사한다 / 그것이 실제로 존재했을지도 모른다고 / 산토리니섬에

cause + 목적어 + to 부정사: '목적어'가 'to 부정사'하게 하다

Step 1
중심 내용 찾기
'아틀란티스가 실제로 존재했을지도 모른다'라는 내용이 지문의 중심 내용이다.

설명1

Excavation of volcanic sediment / from an ancient eruption / revealed / ornate artwork and advanced technology / on Santorini that matched / descriptions of Atlantis / given by Plato.
화산 퇴적물의 발굴은 / 고대 화산 폭발로 인한 / 드러냈다 / 화려하게 장식된 예술 작품과 첨단 기술을 / 산토리니의 / 일치하는 / 아틀란티스에 대한 설명과 / 플라톤이 제시한

명사구(descriptions of Atlantis)를 수식하는 과거분사구

This suggests / that not only was Atlantis real, / but that its near instantaneous disappearance was easily explained.
이는 시사한다 / 아틀란티스가 진짜였을 뿐만 아니라 / 그곳의 거의 즉각적인 소멸도 쉽게 설명되었음을

설명2

Plate tectonics and volcanism / resulted in a catastrophe / [that wiped out the civilization,] / and / the movement of the plates / resulted in / parts of the island / sinking to the bottom of the ocean.
판 구조론과 화산 활동은 / 재앙의 결과를 낳았다 / 문명을 멸망시켰던 / 그리고 / 판의 움직임은 / ~을 야기했다 / 그 섬의 일부가 / 바다 밑으로 가라앉는 것

선행사(a catastrophe)를 수식하는 주격 관계절

Step 2
중심 내용을 가장 잘 바꾸어 표현한 보기 선택
중심 내용을 '아틀란티스 신화의 현실 가능성에 대한 설명'이라고 바꾸어 표현한 ②번이 정답이다.

① Volcanic explanations for the creation of Santorini
산토리니의 생성에 대한 화산학적 설명

② An account of the possible reality of the Atlantis myth
아틀란티스 신화의 현실 가능성에 대한 설명

③ Sediment's role in preserving ancient artifacts
고대 유물을 보존하는 데 있어 퇴적물의 역할

④ Theories behind plate tectonics in the ancient world
고대 세계의 판 구조론에 대한 이론

해석 섬과 문명이 그저 흔적도 없이 사라질 수 있다고 믿는 것은 터무니없어 보이지만, 수천 년 동안, 이것이 아틀란티스의 운명이었다고 믿어졌다. 아틀란티스의 존재에 대한 증거의 부족은 많은 사람들이 그것이 단순히 신화에 불과했다고 믿게 했지만, 새로운 연구는 그것이 산토리니섬에 실제로 존재했을지도 모른다고 시사한다. 고대 화산 폭발로 인한 화산 퇴적물의 발굴은 플라톤의 아틀란티스에 대한 설명과 일치하는 산토리니의 화려하게 장식된 예술 작품과 첨단 기술을 드러냈다. 이는 아틀란티스가 진짜였을 뿐만 아니라, 그곳의 거의 즉각적인 소멸도 쉽게 설명되었음을 시사한다. 판 구조론과 화산 활동이 문명을 멸망시켰던 재앙의 결과를 낳았고, 판의 움직임은 그 섬의 일부가 바다 밑으로 가라앉는 것을 야기했다.

해설 지문 전반에 걸쳐 섬과 문명이 흔적도 없이 사라진 것이 아틀란티스의 운명이었다고 수천 년 동안 믿어졌지만 새로운 연구는 아틀란티스가 산토리니섬에 실제로 존재했을지도 모른다고 시사한다고 설명하고 있다. 따라서 지문의 주제를 '아틀란티스 신화의 현실 가능성에 대한 설명'이라고 표현한 ②번이 정답이다.

정답 ②

Day 01 주제 파악 ①

03 다음 글의 주제로 적절한 것은?

Emerging Infectious Diseases
An emerging infectious disease (EID) is an infectious disease that has shown an increase in incidence within the last 20 years and is rapidly spreading, either in terms of the number of people being affected or to new geographic areas. EIDs are concerning due to their potential to cause epidemics or pandemics.

Global Effort
A coordinated global effort is required to manage and mitigate the spread of EIDs. By closely monitoring the health of populations and being transparent about their findings, health organizations worldwide can detect outbreaks early, understand transmission patterns, and implement measures to contain their spread.

Importance of Public Health Monitoring
The importance of monitoring public health cannot be overstated as it allows for timely interventions that may prevent medical emergencies and loss of life. Without careful monitoring, contagious diseases may spread unchecked, overwhelming healthcare systems and disrupting society.

① EIDs have been on the rise over the last 20 years.
② EIDs can be studied to predict and prepare for future pandemics.
③ EIDs can be controlled through close oversight of public health.
④ EIDs are the main reason healthcare systems are overwhelmed.

해설 지문 중간에서 사람들의 건강을 면밀히 추적 관찰함으로써 발병을 조기에 발견하고, 전염 양상을 이해하며, 그것의 확산을 억제하기 위한 조치를 시행할 수 있다고 했고, 지문 마지막에서 공중 보건 추적 관찰의 중요성은 의료 응급 상황과 인명 손실을 예방할 수 있는 시기적절한 개입을 가능하게 하기 때문에 아무리 강조해도 지나치지 않다고 설명하고 있다. 따라서 지문의 주제를 'EID는 공중 보건에 대한 면밀한 감독을 통해 통제될 수 있다'라고 표현한 ③번이 정답이다.

어휘 infectious 전염되는, 전염성의 incidence (병·빈곤·사건 등의) 발생 geographic 지리적인 epidemic 유행병 pandemic 전 세계적인 유행병 mitigate 완화하다 transparent 투명한 outbreak 발병, 돌연한 출현 transmission 전염 contain 억제하다 monitor 추적 관찰하다, 감독하다 timely 시기적절한 intervention 개입 contagious 전염되는 unchecked 방치된, 억제되지 않고 놔둔 overwhelm 압도하다

전략 적용 & 지문 분석

Step 1 주제문 찾기
'EID는 사람들의 건강을 면밀히 추적 관찰함으로써 관리될 수 있다'라는 내용이 지문의 주제문이다.

도입

Emerging Infectious Diseases 신종 전염병
An emerging infectious disease (EID) is an infectious disease / that has shown an increase in incidence / within the last 20 years / and / is rapidly spreading, / either [in terms of the number of people being affected] / or / [to new geographic areas]. 신종 전염병(EID)은 전염병입니다 / 발병률의 증가를 보인 / 지난 20년 동안 / 그리고 / 빠르게 확산되고 있는 / 영향을 받는 사람의 수 측면에서 / 또는 / 새로운 지리적 영역으로

(either A or B: A 또는 B 중 하나)

EIDs are concerning / due to their potential / to cause epidemics or pandemics.
EID는 우려되고 있습니다 / 그것들의 가능성 때문에 / 유행병이나 전 세계적인 유행병을 일으킬 수 있는

주제문

Global Effort 전 세계적 노력
A coordinated global effort is required / to manage and mitigate the spread of EIDs.
협력적인 전 세계적 노력이 필요합니다 / EID의 확산을 관리하고 완화하기 위해서는

By closely monitoring / the health of populations / and / being transparent / about their findings, / health organizations worldwide / can detect outbreaks early, / understand transmission patterns, / and / implement measures / to contain their spread.
면밀히 관찰함으로써 / 사람들의 건강을 / 그리고 / 투명함으로써 / 그들의 결과에 대해 / 전 세계의 보건 조직은 / 발병을 조기에 발견할 수 있고 / 전염 양상을 이해할 수 있고 / 그리고 / 조치를 시행할 수 있습니다 / 그것들의 확산을 억제하기 위한

부연

Importance of Public Health Monitoring 공중 보건 추적 관찰의 중요성
The importance of monitoring public health / cannot be overstated / as it allows for timely interventions / that may prevent medical emergencies / and / loss of life.
공중 보건 추적 관찰의 중요성은 / 아무리 강조해도 지나치지 않습니다 / 그것은 시기적절한 개입을 가능하게 하기 때문에 / 의료 응급 상황을 예방할 수 있는 / 그리고 / 인명 손실을

(and로 연결된 대등한 절 역할을 하는 분사구문)

Without careful monitoring, / contagious diseases may spread unchecked, / overwhelming healthcare systems / and / disrupting society. 주의 깊은 추적 관찰이 없다면 / 전염병이 방치된 채로 확산되어 / 의료 체계를 압도할 수 있습니다 / 그리고 / 사회를 혼란에 빠뜨릴 수 있습니다

Step 2 주제문을 가장 잘 바꾸어 표현한 보기 선택
주제문을 'EID는 공중 보건에 대한 면밀한 감독을 통해 통제될 수 있다'라고 바꾸어 표현한 ③번이 정답이다.

① EIDs have been on the rise over the last 20 years.
EID는 지난 20년 동안 증가해 왔다.

② EIDs can be studied to predict and prepare for future pandemics.
EID는 미래의 전 세계적 유행병을 예측하고 대비하기 위해 연구될 수 있다.

③ EIDs can be controlled through close oversight of public health.
EID는 공중 보건에 대한 면밀한 감독을 통해 통제될 수 있다.

④ EIDs are the main reason healthcare systems are overwhelmed.
EID는 의료 체계가 압도당하는 주요 원인이다.

해석

신종 전염병
신종 전염병(EID)은 지난 20년 동안 발병률의 증가를 보였으며 영향을 받는 사람의 수의 측면에서 또는 새로운 지리적 영역으로 빠르게 확산되고 있는 전염병입니다. EID는 유행병이나 전 세계적인 유행병을 일으킬 수 있는 그것들의 가능성 때문에 우려되고 있습니다.

전 세계적 노력
EID의 확산을 관리하고 완화하기 위해서는 협력적인 전 세계적 노력이 필요합니다. 사람들의 건강을 면밀히 추적 관찰하고 결과에 대해 투명함으로써, 전 세계의 보건 조직은 발병을 조기에 발견하고, 전염 양상을 이해하며, 그것들의 확산을 억제하기 위한 조치를 시행할 수 있습니다.

공중 보건 추적 관찰의 중요성
공중 보건 추적 관찰의 중요성은 의료 응급 상황과 인명 손실을 예방할 수 있는 시기적절한 개입을 가능하게 하기 때문에 아무리 강조해도 지나치지 않습니다. 주의 깊은 추적 관찰이 없다면, 전염병이 방치된 채로 확산되어, 의료 체계를 압도하고 사회를 혼란에 빠뜨릴 수 있습니다.

정답 ③

Section 1 글의 내용 파악 유형

Day 02 주제 파악 ②

01 다음 글의 주제로 적절한 것은?

> Oceanographers working near the Galapagos Islands in the late 1970s made an interesting discovery: hydrothermal vents on the ocean floor were expelling water at temperatures up to 400 degrees Celsius. Further research found that these extreme locations were not devoid of life as one would expect. French marine biologist Lucien Laubier found a species of worm thriving in the area around the vents. This seemed improbable, but the key may be a symbiotic relationship with a bacterium. The worms are covered with a fleece-like coating of bacteria that feed on mucus produced by their skin. The bacteria, in turn, provide an insulating effect to the worms, allowing them to endure extreme temperatures.
>
> *hydrothermal vent 열수구(지구 내부 열에 의해 가열된 물이 분출되는 화산 활동 지역 근처의 행성 표면 균열)

① Hydrothermal vents contribute to the Galapagos Islands' unique ecosystem.
② Temperatures of up to 400 degrees prevent life on the ocean floor.
③ Mutualistic relationships help certain species survive in some harsh environments.
④ Bacteria can be both beneficial and detrimental to other species.

어휘 oceanographer 해양학자 expel 분출하다, 배출하다 devoid of ~이 없는 thrive 번성하다, 잘 자라다 improbable 있을 법하지 않은 symbiotic 공생의
fleece 양털, 플리스(양털같이 부드러운 직물) mucus 점액 insulate 단열 처리를 하다 endure 견디다 mutualistic 공생의 detrimental 해로운

전략 적용 & 지문 분석

도입

Oceanographers working near the Galapagos Islands / in the late 1970s / made an interesting discovery: / hydrothermal vents / on the ocean floor / were expelling water / at temperatures up to 400 degrees Celsius.
갈라파고스 제도 근처에서 작업하던 해양학자들은 / 1970년대 후반에 / 흥미로운 발견을 했다 / 열수구는 / 해저의 / 물을 분출하고 있었다 / 최대 섭씨 400도에 달하는

Further research found / [that these extreme locations / were not devoid of life / as one would expect].
└ 명사절 접속사 that이 이끄는 명사절
추가 연구는 발견했다 / 이러한 극한 지역에 / 생명체가 없는 것은 아니었다는 것을 / 예상했던 대로

예시

French marine biologist Lucien Laubier / found / a species of worm / [thriving in the area / around the vents].
└ 명사구(a species of worm)를 수식하는 현재분사구
프랑스의 해양 생물학자 Lucien Laubier는 / 발견했다 / 벌레 한 종을 / 지역에서 번성하는 / 분출구 주변의

주제문

This seemed improbable, / but the key / may be a symbiotic relationship / with a bacterium.
이것은 있을 법하지 않은 일처럼 보였다 / 하지만 핵심은 / 공생 관계일 수 있다 / 박테리아와의

설명

The worms / are covered / with a fleece-like coating of bacteria / that feed on mucus / produced by their skin.
그 벌레는 / 덮여있다 / 박테리아의 양털 같은 코팅으로 / 점액을 먹고 사는 / 그들의 피부에서 생성된

The bacteria, / in turn, / provide an insulating effect / to the worms, / allowing them to endure / extreme temperatures.
그 박테리아는 / 결국 / 단열 효과를 제공한다 / 그 벌레들에게 / 그들이 견딜 수 있게 해준다 / 극한의 온도를

Step 1 중심 내용 찾기
'공생 관계가 분출구 주변에서 번성할 수 있는 것의 핵심일 수도 있다'라는 내용이 지문의 중심 내용이다.

Step 2 중심 내용을 가장 잘 바꾸어 표현한 보기 선택
중심 내용을 '공생 관계는 특정 종이 혹독한 환경에서 살아남는 데 도움을 준다'라고 바꾸어 표현한 ③번이 정답이다.

① Hydrothermal vents contribute to the Galapagos Islands' unique ecosystem.
열수구는 갈라파고스 제도의 독특한 생태계에 기여한다.

② Temperatures of up to 400 degrees prevent life on the ocean floor.
최대 400도의 온도는 해저에서 생명체가 살 수 없게 한다.

③ Mutualistic relationships help certain species survive in some harsh environments.
공생 관계는 특정 종이 혹독한 환경에서 살아남는 데 도움을 준다.

④ Bacteria can be both beneficial and detrimental to other species.
박테리아는 다른 종에게 유익할 수도 있고 해로울 수도 있다.

해석 1970년대 후반에 갈라파고스 제도 근처에서 작업하던 해양학자들은 흥미로운 발견을 했다. 해저의 열수구는 최대 섭씨 400도에 달하는 물을 분출하고 있었다. 추가 연구는 이러한 극한 지역에 예상했던 대로 생명체가 없는 것은 아니었다는 것을 발견했다. 프랑스의 해양 생물학자 Lucien Laubier는 분출구 주변의 지역에서 번성하는 벌레 한 종을 발견했다. 이것은 있을 법하지 않은 일처럼 보였지만, 핵심은 박테리아와의 공생 관계일 수 있다. 그 벌레는 그들의 피부에서 생성된 점액을 먹고 사는 박테리아의 양털 같은 코팅으로 덮여있다. 그 박테리아는 결국 그 벌레에 단열 효과를 제공하여 그들이 극한의 온도를 견딜 수 있게 해준다.

해설 지문 전반에 걸쳐 해양학자들이 최대 섭씨 400도에 달하는 물을 분출하는 분출구 주변의 지역에서 번성하는 벌레 종이 박테리아와의 공생 관계를 통해 극한의 온도를 견딜 수 있다는 것을 발견한 것에 대해 설명하고 있다. 따라서 지문의 주제를 '공생 관계는 특정 종이 혹독한 환경에서 살아남는 데 도움을 준다'라고 표현한 ③번이 정답이다.

정답 ③

Day 02 주제 파악 ②

02 다음 글의 주제로 가장 적절한 것을 고르시오.

The Food and Drug Administration (FDA) has issued a warning against the social media trend being encouraged by influencers who advise their followers to eat raw meat as a means of improving their health and energy levels, which has led to an uptick in food poisoning cases, especially during warmer months. To avoid the dangers posed by consuming meat, it should be cooked to a temperature sufficient to kill any pathogens it may contain. Failure to do so can result in infections by the E. coli bacteria. This causes a variety of symptoms including nausea, vomiting, and diarrhea, all of which can lead to dehydration. While these can usually be managed, in severe cases, E. coli infections can result in life-threatening kidney failure. Aside from these risks, the FDA advises that the claimed benefits of a raw meat diet are not based on actual scientific research.

① Health benefits provided by raw meat
② Symptoms of a food-borne bacterial infection
③ Methods for avoiding E. coli bacteria in food
④ Dangers of trending dietary advice on social media

어휘 raw meat 날고기, 생고기 uptick 약간의 증가 food poisoning 식중독 sufficient 충분한 pathogen 병원균, 병원체 infection 감염
E. coli 대장균(Escherichia coli의 약어) nausea 메스꺼움 vomit 구토를 하다 diarrhea 설사 dehydration 탈수 kidney failure 신부전
food-borne 식품 매개의 dietary 식단의, 식이 요법의

전략 적용 & 지문 분석

주제문

The Food and Drug Administration (FDA) / has issued a warning / against the social media trend / being encouraged by influencers / who advise their followers / to eat raw meat / as a means of improving their health and energy levels, / which has led to an uptick / in food poisoning cases, / especially during warmer months.
식품 의약국(FDA)은 / 경고했다 / 소셜 미디어 유행에 대해 / 인플루언서들에 의해 조장되는 / 팔로워들에게 조언하는 / 날고기를 먹으라고 / 건강과 에너지 수준을 개선하기 위한 수단으로 / 이것이 증가로 이어졌다 / 식중독 사례의 / 특히 따뜻한 계절에

Step 1 주제문 찾기
'식품 의약국은 날고기를 먹으라고 조언하는 소셜 미디어 유행에 대해 경고했다'라는 내용이 지문의 주제문이다.

설명

→ '목적'을 나타내는 to 부정사의 부사적 용법: 'to 부정사'하기 위해
[To avoid the dangers / posed by consuming meat,] / it should be cooked / to a temperature / sufficient to kill any pathogens / it may contain.
위험을 피하기 위해서는 / 육류 섭취로 제기되는 / 그것은 요리되어야 한다 / 온도로 / 병원균을 죽일 수 있는 충분한 / 그것에 들어있을 수도 있는

Failure to do so / can result in infections by the E. coli bacteria.
그렇게 하지 않는 것은 / 대장균에 의한 감염의 결과를 낳을 수 있다

This causes a variety of symptoms / including nausea, vomiting, and diarrhea, / all of which can lead to dehydration.
이것은 다양한 증상을 유발한다 / 메스꺼움, 구토, 그리고 설사를 포함한 / 이는 모두 탈수로 이어질 수 있다

While these can usually be managed, / in severe cases, / E. coli infections can result / in life-threatening kidney failure.
이것들은 보통 관리될 수 있지만 / 심각한 경우 / 대장균 감염은 초래할 수 있다 / 생명을 위협하는 신부전을

부연

→ 명사(benefits)를 수식하는 과거분사
Aside from these risks, / the FDA advises / that the claimed benefits of a raw meat diet / are not based on actual scientific research.
이러한 위험 외에도 / FDA는 조언한다 / 날고기 식단의 이점이라고 주장된 것이 / 실제 과학적 연구에 근거한 것이 아니라고

① Health benefits provided by raw meat 날고기가 제공하는 건강상의 이점
② Symptoms of a food-borne bacterial infection 식품 매개 박테리아 감염의 증상
③ Methods for avoiding E. coli bacteria in food 식품에서 대장균 박테리아를 피하는 방법
④ Dangers of trending dietary advice on social media 소셜 미디어에서 유행하는 식단 조언의 위험성

Step 2 주제문을 가장 잘 바꾸어 표현한 보기 선택
주제문을 '소셜 미디어에서 유행하는 식단 조언의 위험성'이라고 바꾸어 표현한 ④번이 정답이다

해석 식품 의약국(FDA)은 팔로워들에게 건강과 에너지 수준을 개선하기 위한 수단으로 날고기를 먹으라고 조언하는 인플루언서들에 의해 조장되는 소셜 미디어 유행에 대해 경고했는데, 이것이 특히 따뜻한 계절에 식중독 사례의 증가로 이어졌다. 육류 섭취로 제기되는 위험을 피하기 위해서는, 그것에 들어있을 수도 있는 병원균을 죽일 수 있는 충분한 온도로 조리되어야 한다. 그렇게 하지 않는 것은 대장균에 의한 감염의 결과를 낳을 수 있다. 이것은 메스꺼움, 구토, 그리고 설사를 포함한 다양한 증상을 유발하며, 이는 모두 탈수로 이어질 수 있다. 이것들은 보통 관리될 수 있지만, 심각한 경우, 대장균 감염은 생명을 위협하는 신부전을 초래할 수 있다. 이러한 위험 외에도, FDA는 날고기 식단의 이점이라고 주장된 것이 실제 과학적 연구에 근거한 것이 아니라고 조언한다.

해설 지문 처음에서 식품 의약국이 날고기를 먹으라고 조언하는 인플루언서들에 의해 조장되는 소셜 미디어 유행에 대해 경고한다고 하고, 지문 전반에 걸쳐 날고기 식단의 위험성에 대해 설명하고 있다. 따라서 지문의 주제를 '소셜 미디어에서 유행하는 식단 조언의 위험성'이라고 표현한 ④번이 정답이다.

정답 ④

Day 02 주제 파악 ②

03 다음 글의 주제로 가장 알맞은 것은?

There has been a lot of emphasis placed on the importance of early education in the last few decades, which has resulted in parents enrolling their kids in school earlier than ever before. So it would likely come as a shock that new research done at the California Education Commission shows that students who attend kindergarten at a later age perform better academically than younger enrollees. In fact, students who started kindergarten at age 5 or above showed greater reading ability once they got to elementary school than students who began kindergarten a year earlier. Furthermore, at the high school level, the late-starters had higher grade-point averages than the students who had started kindergarten early. These results are significant in that they counter a common bias among young parents.

① policies determined by studies by the California Education Commission
② the academic benefits of enrolling children in kindergarten at a later age
③ reasons young parents are reluctant to start school later for children
④ biases parents have toward personally teaching their children at home

---

어휘 emphasis 강조 enroll 입학시키다, 등록하다 attend 가다, 다니다 kindergarten 유치원 academically 학업적으로 enrollee 입학생
grade-point average 학업 평균 점수 significant 의미가 있는, 중요한 counter 반대하다 bias 편견 determine 결정하다 reluctant 꺼리는
personally 직접, 개인적으로

전략 적용 & 지문 분석

Step 1 주제문 찾기

'더 늦은 나이에 유치원에 가는 학생들이 더 어린 나이의 입학생들보다 학업 성과가 더 좋다'라는 내용이 지문의 주제문이다.

통념
There has been a lot of emphasis / placed on the importance of early education / in the last few decades, / which has resulted in parents / enrolling their kids in school / earlier than ever before.
→ 관계절의 계속적 용법: 앞에 온 절에 대한 부가 설명
많은 강조가 있었다 / 조기 교육의 중요성에 대한 / 지난 수십 년 동안 / 그리고 그것은 부모라는 결과를 가져왔다 / 아이들을 학교에 입학시키는 / 여느 때보다 더 일찍

주제문
So / it would likely come / as a shock / that new research / [done at the California Education Commission] / shows that / students [who attend kindergarten at a later age] / perform better academically / than younger enrollees.
→ new research를 수식하는 분사구
→ 선행사(students)를 수식하는 주격 관계절
그러므로 / (~은) 아마 다가올 것이다 / 충격으로 / 새로운 연구가 / 캘리포니아 교육 위원회에서 실시된 / ~임을 보여준다는 것은 / 더 늦은 나이에 유치원에 가는 학생들이 / 학업적으로 성과가 더 좋음을 / 더 어린 나이의 입학생들보다

근거1
In fact, / students [who started kindergarten / at age 5 or above] / showed greater reading ability / once they got to elementary school / than students [who began kindergarten / a year earlier].
→ 선행사(students)를 수식하는 주격 관계절
실제로 / 유치원에 입학한 학생들은 / 5세 이상의 나이에 / 더 우수한 독해 능력을 보였다 / 그들이 초등학교에 들어갔을 때 / 유치원에 입학한 학생들보다 / 1년 더 빨리

근거2
Furthermore, / at the high school level, / the late-starters / had higher grade-point averages / than the students / who had started kindergarten early.
게다가 / 고등학교 단계에서는 / 늦게 입학한 학생들이 / 학업 평균 점수가 더 높았다 / 학생들보다 / 유치원에 일찍 입학한

결론
These results are significant / in that / they counter a common bias / among young parents.
→ in that: ~라는 점에서
이러한 결과들은 의미가 있다 / 그것들이 흔히 있는 편견과 반대된다는 점에서 / 젊은 부모들 사이에

Step 2 주제문을 가장 잘 바꾸어 표현한 보기 선택

주제문의 내용을 '아이들을 더 늦은 나이에 유치원에 입학시키는 것의 학업적 이점'이라고 바꾸어 표현한 ②번이 정답이다.

① policies determined by studies by the California Education Commission
캘리포니아 교육 위원회의 연구에 의해 결정된 방침들

② the academic benefits of enrolling children in kindergarten at a later age
아이들을 더 늦은 나이에 유치원에 입학시키는 것의 학업적 이점들

③ reasons young parents are reluctant to start school later for children
젊은 부모들이 아이들을 학교에 늦게 입학시키기를 꺼리는 이유들

④ biases parents have toward personally teaching their children at home
집에서 직접 아이들을 가르치는 것에 대해 부모들이 갖는 편견들

해석 지난 수십 년 동안 조기 교육의 중요성이 많이 강조되어 왔고, 그것은 아이들을 여느 때보다 더 일찍 학교에 입학시키는 부모라는 결과를 가져왔다. 그러므로 캘리포니아 교육 위원회에서 실시된 새로운 연구가 더 늦은 나이에 유치원에 가는 학생들이 더 어린 나이에 (유치원에) 입학하는 학생들보다 학업적으로 성과가 더 좋음을 보여준다는 것은 아마 충격으로 다가올 것이다. 실제로, 5세 이상의 나이에 유치원에 입학한 학생들은 초등학교에 들어갔을 때 (그들보다) 1년 더 빨리 유치원에 입학한 학생들보다 더 우수한 독해 능력을 보였다. 게다가 고등학교 단계에서는, 유치원에 늦게 입학한 학생들이 일찍 입학한 학생들보다 학업 평균 점수가 더 높았다. 이러한 결과들은 젊은 부모들 사이에 흔히 있는 편견과 반대된다는 점에서 의미가 있다.

해설 지문 중간에서 한 연구는 더 늦은 나이에 유치원에 가는 학생들이 일찍 입학하는 학생들보다 학업 성과가 더 좋음을 보여준다고 한 후, 이어서 초등학교와 고등학교에 들어갔을 때에도 늦게 유치원에 입학한 학생들이 일찍 입학한 학생들보다 특정 부분들에서 우수했다고 설명하고 있다. 따라서 지문의 주제를 '아이들을 더 늦은 나이에 유치원에 입학시키는 것의 학업적 이점'이라고 표현한 ②번이 정답이다.

정답 ②

Section 1 글의 내용 파악 유형

Day 03 제목 파악 ①

01 다음 글의 제목으로 적절한 것은?

> Considering the ethical implications of investments is crucial for ensuring that financial decisions align with personal values and societal impact. Choosing to purchase stock only in companies that prioritize factors such as environmental sustainability, social justice, and fair business practices promotes positive change in society while also achieving returns. Knowing that these issues are key to attaining investments, companies are discouraged from taking actions that will harm the environment, people, or smaller businesses. This can cause major changes in the corporate world as well as markets, creating an economy that is more sustainable on the whole. Ultimately, ethical investing prevents the investor from being a party to a system that, in the past, has caused many of the problems with which we are being forced to contend in the present day and makes the world a better place for humanity.

① Why Ethical Investing Is Important
② How Do Companies Attract Investors?
③ Ways to Make the Environment Sustainable
④ What Are Some Ethical Investments?

어휘 ethical 윤리적인 implication 영향, 의미 investment 투자 stock 주식 prioritize 우선시하다 sustainability 지속가능성 corporate 기업의
ultimately 궁극적으로 contend (곤란한 문제나 상황과) 씨름하다 humanity 인류

전략 적용 & 지문 분석

주제문
[Considering the ethical implications of investments] / is crucial for ensuring / that financial decisions align / with personal values and societal impact.
투자의 윤리적 영향을 고려하는 것은 / 보장하는 데 중요하다 / 재무 결정이 부합하도록 / 개인의 가치와 사회적 영향에

Step 1 주제문 찾기
'투자의 윤리적 영향을 고려하는 것은 중요하다'라는 내용이 지문의 주제문이다.

→ 동명사 주어(단수 취급)

설명
Choosing to purchase stock / only in companies that prioritize factors / such as environmental sustainability, social justice, and fair business practices / promotes positive change / in society / while also achieving returns.
주식을 매수하도록 선택하는 것은 / 요소를 우선시하는 기업에서만 / 환경적 지속가능성, 사회 정의, 그리고 공정한 사업 관행과 같은 / 긍정적 변화를 촉진한다 / 사회에 / 동시에 수입도 달성한다

→ 이유를 나타내는 분사구문

부연1
[Knowing that these issues are key to attaining investments,] / companies are discouraged from taking actions / that will harm the environment, people, or smaller businesses.
이러한 문제가 투자를 달성하는 데 핵심이라는 것을 알고 있기 때문에 / 기업들은 행동을 하지 않는다 / 환경, 사람 또는 소규모 기업에 해를 끼칠

부연2
This can cause major changes / in the corporate world / as well as markets, / creating an economy / that is more sustainable / on the whole.
이는 큰 변화를 일으킬 수 있다 / 기업 세계에 / 시장뿐만 아니라 / 경제를 창출할 수 있다 / 더 지속 가능한 / 전체적으로

결론
Ultimately, / ethical investing / prevents the investor / from being a party to a system / that, in the past, has caused many of the problems / with which we are being forced to contend in the present day / and / makes the world a better place / for humanity.
궁극적으로 / 윤리적 투자는 / 투자자를 막는다 / 체계에 가담하는 것을 / 과거에 많은 문제를 야기했던 / 우리가 현재 씨름할 수밖에 없는 / 그리고 / 세상을 더 나은 곳으로 만든다 / 인류에게

Step 2 주제문을 가장 잘 바꾸어 표현한 보기 선택
주제문을 '윤리적 투자가 왜 중요한가'라고 바꾸어 표현한 ①번이 정답이다.

① Why Ethical Investing Is Important 윤리적 투자가 왜 중요한가
② How Do Companies Attract Investors? 기업은 어떻게 투자자를 유치하는가?
③ Ways to Make the Environment Sustainable 환경을 지속 가능하게 만드는 방법
④ What Are Some Ethical Investments? 윤리적 투자에는 어떤 것들이 있는가?

해석 투자의 윤리적 영향을 고려하는 것은 재무 결정이 개인의 가치와 사회적 영향에 부합하도록 하는 데 중요하다. 환경적 지속가능성, 사회 정의, 그리고 공정한 사업 관행과 같은 요소를 우선시하는 기업에서만 주식을 매수하기로 선택하는 것은 수익을 달성하는 동시에 사회에 긍정적인 변화도 촉진한다. 이러한 문제가 투자를 달성하는 데 핵심이라는 것을 알고 있기 때문에, 기업들은 환경, 사람 또는 소규모 기업에 해를 끼칠 행동을 하지 않는다. 이는 시장뿐만 아니라 기업 세계에도 큰 변화를 일으켜 전체적으로 더 지속 가능한 경제를 창출할 수 있다. 궁극적으로, 윤리적 투자는 투자자가 과거에 우리가 현재 씨름할 수밖에 없는 많은 문제를 야기했던 체계에 가담하는 것을 막고 세상을 인류에게 더 나은 곳으로 만든다.

해설 지문 처음에서 투자의 윤리적 영향을 고려하는 것은 중요하다고 했고, 지문 전반에 걸쳐 투자의 윤리적 영향을 고려하는 것이 중요한 이유에 대해 설명하고 있다. 따라서 지문의 제목을 '윤리적 투자가 왜 중요한가'라고 표현한 ①번이 정답이다.

정답 ①

Day 03 제목 파악 ①

02 다음 글의 제목으로 가장 적합한 것은?

For university admissions officers, standardized tests are the most common methods of assessing academic potential. However, some schools have begun to consider other methods for selecting applicants. This is because the results of a single test can be adversely affected by outside factors like the pressure-filled atmosphere of a test session. In addition, test results hardly represent a student's personal motivation or critical thinking ability, two key characteristics in achieving success in higher learning and professional fields. As such, the ability to answer multiple-choice questions has little correlation with future academic success. In light of these problems, the effectiveness of standardized tests is being reviewed, and many university admissions officers are now basing their decisions on additional factors, such as high-school grades, personal essays, and interviews.

① How to Receive Admission to Prestigious Schools
② Tips for Critical Thinking
③ Rethinking the Validity of Exams
④ The Keys to Academic Success

전략 적용 & 지문 분석

> For university admissions officers, / standardized tests are the most common methods / of assessing academic potential.
> 대학 입학 사정관들에게는 / 표준화 시험이 가장 일반적인 방법이다 / 학업 잠재력을 평가하는
>
> *However: 내용 전환 연결어*
> **However**, / some schools have begun / to consider other methods / for selecting applicants.
> 하지만 / 일부 학교들은 시작했다 / 다른 방법들을 고려하기 / 지원자 선발을 위한
>
> This is because / the results of a single test / can be adversely affected / by outside factors / like the pressure-filled atmosphere / of a test session.
> 이는 (~하기) 때문이다 / 단 한 번의 시험 결과는 / 불리하게 영향을 받을 수 있기 (때문이다) / 외부 요인들에 의해 / 압박감으로 가득한 분위기와 같은 / 시험 시간의
>
> In addition, / test results hardly represent / a student's personal motivation or critical thinking ability[, / two key characteristics in achieving success] / in higher learning and professional fields. *→ 동격을 나타내는 콤마(,)로 연결된 구*
> 게다가 / 시험 결과는 거의 보여주지 못한다 / 학생의 개인적 동기나 비판적 사고력을 / 성공을 이루는 데에 있어 중요한 두 가지 특징인 / 더 높은 수준의 학업과 전문 분야에서
>
> *ability + to 부정사: 'to 부정사' 할 능력*
> As such, / [the ability to answer] multiple-choice questions / has little correlation / with future academic success.
> 따라서 / 객관식 문제에 답하는 능력은 / 상관관계가 거의 없다 / 장래의 학업적 성공과
>
> *→ 현재진행형의 수동태(~되고 있다) = am/are/is + being + p.p.*
> In light of these problems, / the effectiveness of standardized tests / [is being reviewed], / and many university admissions officers / are now basing their decisions / on additional factors, / such as high-school grades, personal essays, and interviews.
> 이러한 문제점들을 고려하여 / 표준화 시험의 유효성은 / 재검토되고 있다 / 그리고 많은 대학 입학 사정관들은 / 현재 그들 결정을 ~에 근거를 두고 있다 / 부가 요인들에 / 고등학교 성적, 개인 에세이, 그리고 면접과 같은

① How to Receive Admission to Prestigious Schools 일류 학교에 입학 허가를 받는 방법
② Tips for Critical Thinking 비판적인 사고의 요령
③ Rethinking the Validity of Exams 시험의 유효성 재고하기
④ The Keys to Academic Success 학업적 성공의 비결

Step 1
주제문 찾기
'표준화 시험의 여러 문제점들로 인해 표준화 시험의 유효성이 재검토되고 있다'라는 내용이 지문의 주제문이다.

Step 2
주제문을 가장 잘 바꾸어 표현한 보기 선택
주제문의 내용을 '시험의 유효성 재고하기'라고 바꾸어 표현한 ③번이 정답이다.

해석 대학 입학 사정관들에게는, 표준화 시험이 학업 잠재력을 평가하는 가장 일반적인 방법이다. 하지만, 일부 학교들은 지원자 선발을 위한 다른 방법들을 고려하기 시작했다. 이는 단 한 번의 시험 결과는 시험 시간의 압박감 가득한 분위기와 같은 외부 요인들에 의해 불리하게 영향을 받을 수 있기 때문이다. 게다가, 시험 결과는 더 높은 수준의 학업과 전문 분야에서 성공을 이루는 데에 있어 중요한 두 가지 특징인 학생의 개인적 동기나 비판적 사고력을 거의 보여주지 못한다. 따라서, 객관식 문제에 답하는 능력은 장래의 학업적 성공과 상관관계가 거의 없다. 이러한 문제점들을 고려하여, 표준화 시험의 유효성은 재검토되고 있으며, 많은 대학 입학 사정관들은 현재 그들의 결정을 고등학교 성적, 개인 에세이, 그리고 면접과 같은 부가 요인들에 근거를 두고 있다.

해설 지문 전반에 걸쳐 표준화 시험은 단 한 번의 시험 결과만으로 평가되기 때문에 불리하게 외부 요인들의 영향을 받을 수 있으며, 학생의 개인적 동기나 비판적 사고력도 보여주지 못한다고 하고, 지문의 마지막 부분에서 이러한 문제점들로 인해 표준화 시험의 유효성이 재검토되고 있다고 설명하고 있다. 따라서 지문의 제목을 '시험의 유효성 재고하기'라고 표현한 ③번이 정답이다.

정답 ③

Day 03 제목 파악 ①

03 다음 글의 제목으로 가장 적절한 것을 고르시오.

The Solomon R. Guggenheim Museum in New York opened in 1959, bringing to an end 15 years of work by the famous American architect Frank Lloyd Wright. Before settling on the final design, the architect produced six different sets of blueprints and over 700 sketches. Upon its completion, however, the structure generated a great deal of criticism because of its unusual and innovative features, most noticeably its central cylindrical structure and rounded corners. In addition, the layout of the interior was problematic for many artists, as the walls of the main display area were slightly concave, making it difficult to display paintings properly. Despite the original outcry, the building is now considered to be a cultural icon and is viewed by many as Wright's greatest work.

① The Struggles in Building a New Art Gallery
② The Guggenheim Museum's Unique Design
③ Frank Lloyd Wright's Designs: A Critic's Impression
④ Difficulties Suffered by Artists in the Guggenheim

어휘 architect 건축가 settle on ~을 정하다 blueprint 설계도, 청사진 generate 일으키다, 발생시키다 unusual 독특한, 비범한 innovative 혁신적인 feature 특징 noticeably 두드러지게 cylindrical 원통형의 concave 오목한 properly 잘, 제대로 outcry 격렬한 항의 icon 상징, 우상 struggle 힘든 것, 노고 impression 감상, 인상

전략 적용 & 지문 분석

The Solomon R. Guggenheim Museum / in New York / opened in 1959, / [bringing to an end / 15 years of work / by the famous American architect Frank Lloyd Wright].
솔로몬 R. 구겐하임 미술관은 / 뉴욕에 있는 / 1959년에 개관했다 / 그리고 ~이 완료되도록 했다 / 15년간의 작업을 / 미국의 유명한 건축가 프랭크 로이드 라이트의

Before settling on the final design, / the architect produced / six different sets of blueprints / and over 700 sketches.
최종 디자인을 정하기 전에 / 그 건축가는 제작했다 / 각기 다른 설계도 6세트 / 그리고 700장 이상의 스케치를

Upon its completion, / however, / the structure generated a great deal of criticism / because of its unusual and innovative features, / most noticeably / its central cylindrical structure / and rounded corners.
완공되자마자 / 그러나 / 그 구조물은 많은 비판을 일으켰다 / 그것의 독특하고 혁신적인 특징들 때문에 / 가장 두드러지게 / 그것의 중심이 되는 원통형 구조가 / 그리고 둥근 모서리가 (비판을 일으켰다)

In addition, / the layout of the interior was problematic / for many artists, / as / the walls / of the main display area / were slightly concave, / making it difficult / to display paintings properly.
게다가 / 내부 설계는 문제가 되었다 / 많은 예술가들에게 / ~ 해서 / 주요 전시 구역의 벽들이 / 약간 오목했다 / ~을 어렵게 만들었다 / 그림을 잘 전시하는 것

Despite the original outcry, / the building is now considered / to be a cultural icon / and is viewed / by many / as Wright's greatest work.
초기의 격렬한 항의에도 불구하고 / 그 건물은 이제 여겨진다 / 문화적 상징으로 / 그리고 여겨진다 / 많은 사람들에 의해 / 라이트의 가장 위대한 작품으로

① The Struggles in Building a New Art Gallery
새로운 미술관을 짓는 것의 힘든 점들
② The Guggenheim Museum's Unique Design
구겐하임 미술관의 독특한 디자인
③ Frank Lloyd Wright's Designs: A Critic's Impression
프랭크 로이드 라이트의 디자인: 한 비평가의 감상
④ Difficulties Suffered by Artists in the Guggenheim
구겐하임에 있는 예술가들이 겪는 어려움

Step 1 중심 내용 찾기
'구겐하임 미술관은 개관 당시 독특하고 혁신적인 디자인 특징으로 비판을 받았으나 이제는 문화적 상징으로 여겨진다'라는 내용이 지문의 중심 내용이다.

Step 2 중심 내용을 가장 잘 바꾸어 표현한 보기 선택
중심 내용을 '구겐하임 미술관의 독특한 디자인'이라고 바꾸어 표현한 ②번이 정답이다.

해석 뉴욕에 있는 솔로몬 R. 구겐하임 미술관은 1959년에 개관하였으며, 이것은 미국의 유명한 건축가 프랭크 로이드 라이트의 15년간의 (설계) 작업이 완료되도록 했다. 최종 디자인을 정하기 전에, 그 건축가는 각기 다른 설계도 6세트와 700장 이상의 스케치를 제작했다. 그러나, 그 구조물은 완공되자마자 독특하고 혁신적인 특징들 때문에 많은 비판을 일으켰는데, 그것(그 구조물)의 중심이 되는 원통형 구조와 둥근 모서리가 가장 두드러지게 비판을 일으켰다. 게다가, 내부 설계는 많은 예술가들에게 문제가 되었는데, 주요 전시 구역의 벽들이 약간 오목해서 그림을 잘 전시하는 것을 어렵게 만들었기 때문이다. 초기의 격렬한 항의에도 불구하고, 그 건물은 이제 문화적 상징으로 여겨지고 있으며 많은 사람들에 의해 라이트의 가장 위대한 작품으로 여겨진다.

해설 지문 전반에 걸쳐 솔로몬 R. 구겐하임 미술관은 완공 당시 그것의 독특하고 혁신적인 디자인 특징들 때문에 많은 비판을 일으켰지만, 현재는 문화적 상징이자 그 건물을 설계한 건축가인 프랭크 로이드 라이트의 가장 위대한 작품으로 여겨지고 있다고 설명하고 있다. 따라서 지문의 제목을 '구겐하임 미술관의 독특한 디자인'이라고 표현한 ②번이 정답이다.

정답 ②

Section 1 글의 내용 파악 유형

Day 04 제목 파악 ②

01 다음 글의 제목으로 적절한 것은?

Chemical signals have a crucial role in the animal world, playing a part in activities as varied as mating to marking territory. Animals emit unique scents that transmit important information to one another. Ants, for example, deposit and follow invisible pheromone trails to food sources and also alert each other to danger with different smells. Humans also rely on scent for conveying information as well as building and maintaining relationships with one another, although not as consciously as other animals. When a mother is feeding her baby, for instance, her smell makes the child feel safe. In addition, people find certain bodily scents attractive, making the sense of smell an important factor for those in the dating scene.

① How Do Animals Produce Chemical Signals?
② Hiding Smells Is Key to Animal Safety
③ Scents Play an Important Role in Communication
④ Smell: The Most Powerful of the Senses

어휘 mating 짝짓기 emit 발산하다, 내뿜다 scent 냄새 transmit 전달하다, 전송하다 deposit (특정 장소에) 놓다, 저장하다 pheromone 페로몬, 동종 유인 호르몬 trail 흔적 consciously 의식적으로

전략 적용 & 지문 분석

Step 1 주제문 찾기
'화학 신호는 동물 세계에서 중요한 역할을 한다'라는 내용이 지문의 주제문이다.

주제문: Chemical signals have a crucial role / in the animal world, / playing a part in activities / as varied as mating to marking territory.
화학 신호는 중요한 역할을 한다 / 동물 세계에서 / 활동에 관여하며 / 짝짓기부터 영역 표시까지 다양한

설명1: Animals emit unique scents / that transmit important information / to one another.
동물들은 독특한 냄새를 발산한다 / 중요한 정보를 전달하는 / 서로에게

예시: Ants, for example, / deposit and follow / invisible pheromone trails / to food sources / and / also alert each other / to danger / with different smells.
예를 들어, 개미는 / 놓고 따라간다 / 보이지 않는 페로몬 흔적을 / 음식 공급원에 / 그리고 / 서로에게 경고한다 / 위험을 / 각기 다른 냄새로

설명2: Humans also rely on scent / for conveying information / as well as building and maintaining relationships / with one another, / although not as consciously as other animals.
(A as well as B: B뿐만 아니라 A도)
인간도 냄새에 의존한다 / 정보를 전달하기 위해 / 관계를 구축하고 유지할 뿐만 아니라 / 서로와 / 다른 동물들만큼 의식적이지는 않지만

예시1: When a mother is feeding her baby, / for instance, / her smell makes [the child] [feel] safe.
엄마가 아기에게 음식을 줄 때 / 예를 들어 / 그녀의 냄새는 아이가 안전하게 느끼게 한다
(사역동사 make + 목적어 + 목적격 보어(동사원형) : '목적어'가 '목적격 보어'하게 만들다)

예시2: In addition, / people find certain bodily scents attractive, / making the sense of smell / an important factor / for those in the dating scene.
또한 / 사람들은 특정한 체취를 매력적으로 느낀다 / 따라서 후각을 만든다 / 중요한 요소로 / 데이트 상황에 있는 사람들에게

① How Do Animals Produce Chemical Signals? 동물은 어떻게 화학적 신호를 생성하는가?
② Hiding Smells Is Key to Animal Safety 냄새를 숨기는 것이 동물 안전의 핵심이다
③ Scents Play an Important Role in Communication 냄새는 의사소통에서 중요한 역할을 한다
④ Smell: The Most Powerful of the Senses 냄새: 가장 강력한 감각

Step 2 주제문을 가장 잘 바꾸어 표현한 보기 선택
주제문을 '냄새는 의사소통에서 중요한 역할을 한다'라고 바꾸어 표현한 ③번이 정답이다.

해석 화학 신호는 짝짓기부터 영역 표시까지 다양한 활동에 관여하며 동물 세계에서 중요한 역할을 한다. 동물들은 서로에게 중요한 정보를 전달하는 독특한 냄새를 발산한다. 예를 들어, 개미는 보이지 않는 페로몬 흔적을 음식 공급원에 놓고 따라가며 각기 다른 냄새로 서로에게 위험을 경고한다. 인간도 다른 동물들만큼 의식적이지는 않지만 서로와 관계를 구축하고 유지할 뿐만 아니라 정보를 전달하기 위해 냄새에 의존한다. 예를 들어, 엄마가 아기에게 음식을 줄 때, 그녀의 냄새는 아이가 안전하게 느끼게 한다. 또한, 사람들은 특정한 체취를 매력적으로 느끼기 때문에, 데이트 상황에 있는 사람들에게 후각을 중요한 요소로 만든다.

해설 지문 처음에서 화학 신호는 동물 세계에서 중요한 역할을 한다고 했고, 지문 전반에 걸쳐 동물들과 인간들이 의사소통을 위해 냄새를 사용하는 사례들을 설명하고 있다. 따라서 지문의 제목을 '냄새는 의사소통에서 중요한 역할을 한다'라고 표현한 ③번이 정답이다.

정답 ③

02 다음 글의 제목으로 가장 적합한 것은?

> Humans have a remarkable fascination with the imitation of sounds. Impressionists make entire careers out of attempting to sound like well-known figures. But humans aren't the only creatures with a capacity for impersonation. It turns out that birds also share this predilection. It has long been presumed that birds will copy the songs of others. To test this long-standing assumption, two birds were kept enclosed in a large patch of forest protected by nets, and scientists recorded their songs. Later, a third bird was added to the group in order to record its songs. After a brief learning period, the third bird was soon observed whistling some of the songs of the other two birds.

① Harmonization between Human and Bird Songs
② Birds' Ability to Learn Other Species' Habits
③ Impressionists: The Sounds of Human Birds
④ Birds' Capacity to Imitate Others' Songs

전략 적용 & 지문 분석

도입

Humans have a remarkable fascination / with the imitation of sounds.
인간은 놀라운 매력을 느낀다 / 소리의 모방에 대해

Impressionists make entire careers / out of attempting / to sound like well-known figures.
성대모사 연예인들은 모든 경력을 쌓는다 / 노력하는 것으로 / 유명 인사처럼 목소리를 내도록

주제문

But humans aren't the only creatures / with a capacity / for impersonation.
하지만 인간이 유일한 생명체는 아니다 / 능력을 지닌 / 음성 흉내내기의

가짜 주어 it / 진짜 주어(that절)
It turns out / that birds also share this predilection.
(~이) 드러났다 / 새들 역시 공통적으로 이것(음성 흉내내기)을 매우 좋아한다는 것이

가정

가짜 주어 it / 진짜 주어(that절)
It has long been presumed / that birds will copy the songs of others.
(~은) 오랫동안 가정되어 왔다 / 새들이 다른 새들의 노래를 모방할 것이라는 것은

실험 과정

forest를 수식하는 분사구
To test this long-standing assumption, / two birds were kept enclosed / in a large patch of forest / [protected by nets], / and scientists recorded their songs.
이 오랜 가정을 시험하기 위해 / 두 마리의 새가 넣어졌다 / 숲의 큰 구역 안에 / 그물로 보호된 / 그리고 과학자들은 그것들의 노래를 녹음했다

in order + to 부정사: ~하기 위해
Later, / a third bird was added / to the group / in order to record its songs.
이후에 / 세 번째 새가 추가되었다 / 그 집단에 / 그것의 노래를 녹음하기 위해

실험 결과

'지각동사(observe) + 목적어 + 현재분사'의 수동태
After a brief learning period, / the third bird was soon observed / whistling some of the songs / of the other two birds.
짧은 습득 시간 뒤 / 세 번째 새가 이내 관찰되었다 / 노래들 중 일부를 지저귀고 있는 것이 / 다른 두 마리 새들의

① Harmonization between Human and Bird Songs 인간과 새의 노래의 조화
② Birds' Ability to Learn Other Species' Habits 다른 종들의 습관을 학습하는 새들의 능력
③ Impressionists: The Sounds of Human Birds 성대모사 연예인: 인간 새의 소리
④ Birds' Capacity to Imitate Others' Songs 다른 새들의 노래를 모방하는 새들의 능력

Step 1
주제문 찾기
'인간뿐 아니라 새들도 음성 흉내내기를 매우 좋아한다'라는 내용이 지문의 주제문이다.

Step 2
주제문을 가장 잘 바꾸어 표현한 보기 선택
주제문의 내용을 '다른 새들의 노래를 모방하는 새들의 능력'이라고 바꾸어 표현한 ④번이 정답이다.

해석 인간은 소리의 모방에 대해 놀라운 매력을 느낀다. 성대모사 연예인들은 유명 인사처럼 목소리를 내도록 노력하는 것으로 모든 경력을 쌓는다. 하지만 인간이 음성 흉내내기의 능력을 지닌 유일한 생명체는 아니다. 새들 역시 공통적으로 이것(음성 흉내내기)을 매우 좋아하는 것으로 드러났다. 새들이 다른 새들의 노래를 모방할 것이라는 것은 오랫동안 가정되어 왔다. 이 오랜 가정을 시험하기 위해, 그물로 보호된 숲의 큰 구역 안에 두 마리의 새가 넣어졌고, 과학자들은 그것들의 노래를 녹음했다. 이후에, 세 번째 새가 그것의 노래를 녹음하기 위해 그 집단에 추가되었다. 짧은 습득 시간 뒤, 세 번째 새가 다른 두 마리 새들의 노래들 중 일부를 지저귀고 있는 것이 이내 관찰되었다.

해설 지문 앞부분에서 인간뿐 아니라 새들도 음성 흉내내기를 매우 좋아하는 것이 드러났다고 한 후, 실험을 통해 추가로 투입된 세 번째 새가 기존에 있던 다른 두 마리 새들의 노래를 모방하는 것이 관찰되었다고 설명하고 있다. 따라서 지문의 제목을 '다른 새들의 노래를 모방하는 새들의 능력'이라고 표현한 ④번이 정답이다.

정답 ④

Day 04 제목 파악 ②

03 다음 글의 제목으로 가장 적절한 것은?

An account of or book on history may contain nothing but accurate and detailed factual information and still be biased, even egregiously so. This is because the choice of which facts to include, as determined by historians, has as much effect on the resulting historical narrative as the details that comprise it. This variance can be achieved in any number of ways. For example, the description of an international conflict that omits the causes that led up to it will paint a much different picture from a narrative focused on those causes. Similarly, an account of the benefits that were accrued by the victors in a war will vary wildly from an account from the point of view of onlookers or the losers. Ultimately, since history is chronicled by humans, there has never been a purely objective account, so a reader will benefit by looking at many different accounts to get a fuller picture.

① The Unavoidable Bias in Chronicling History
② The Need for Objectivity from Historians
③ Erasing History to Suit a Particular Narrative
④ How to Recognize Inaccurate Historical Accounts

어휘 account 설명, 이야기　accurate 정확한　factual 사실에 기반을 둔　biased 편향된, 선입견이 있는　egregiously 터무니없이, 지독하게　narrative 서술, 이야기　comprise 구성하다, 차지하다　variance 차이, 변화　omit 생략하다　paint a picture 설명하다, 묘사하다　accrue 축적하다, 모으다　victor 승리자　onlooker 관찰자, 방관자　chronicle (연대순으로) 기록하다; 연대기　objective 객관적인　unavoidable 불가피한, 어쩔 수 없는　inaccurate 잘못된, 부정확한

전략 적용 & 지문 분석

Step 1 - 주제문 찾기
'역사는 인간에 의해 기록되기 때문에 완전히 객관적인 설명은 지금껏 한 번도 없었다'라는 내용이 지문의 주제문이다.

주장
An account of or book on history / may contain / nothing but accurate and detailed factual information / and still be biased, / even egregiously so.
역사에 관한 설명이나 서적은 / 포함할 수 있다 / 오직 정확하고 자세한 사실에 기반을 둔 정보만을 / 그리고 여전히 편향될 수 있다 / 터무니없게 그럴지라도(편향될지라도)

※ nothing but: 오직, 그저 ~일 뿐인(=only)

부연
This is because / the choice of which facts to include, / as determined by historians, / has as much effect / on the resulting historical narrative / as the details / that comprise it.
이는 (~하기) 때문이다 / 어떤 사실을 포함할지에 대한 선택이 / 역사가들에 의해 결정되면서 / 많은 영향을 미친다 / 결과로 나온 역사적 서술에 / 세부 내용들만큼이나 / 그것(역사적 서술)을 구성하는

설명
This variance can be achieved / in any number of ways.
이러한 차이는 이루어질 수 있다 / 수많은 방법으로

예시1
For example, / the description of an international conflict / that omits the causes / [that led up to it] / will paint a much different picture / from a narrative / focused on those causes.
예를 들어 / 국제 분쟁에 대한 묘사는 / 원인을 생략하는 / 그것(분쟁)으로 이끈 / 아주 다른 설명을 할 것이다 / 서술과는 / 그 원인들에 초점이 맞춰진

※ 선행사(the causes)를 수식하는 주격 관계절

예시2
Similarly, / an account of the benefits / [that were accrued by the victors in a war] / will vary wildly / from an account / from the point of view of onlookers or the losers.
마찬가지로 / 이득에 대한 설명은 / 전쟁에서 승리자들에 의해 축적된 / 달라질 것이다 / 설명과 / 관찰자 혹은 패배자의 관점에서 (쓴)

※ 선행사(the benefits)를 수식하는 주격 관계절

주제문
Ultimately, / since history is chronicled / by humans, / there has never been / a purely objective account, / so a reader will benefit / by looking at many different accounts / to get a fuller picture.
궁극적으로 / 역사는 기록되기 때문에 / 인간에 의해 / (~은) 한 번도 없었다 / 완전히 객관적인 설명은 / 따라서 독자는 도움을 받게 될 것이다 / 여러 다른 설명들을 살펴봄으로써 / 더 완전한 그림을 보기 위해

Step 2 - 주제문의 내용을 가장 잘 바꾸어 표현한 보기 선택
주제문의 내용을 '역사를 기록하는 것의 불가피한 편향성'이라고 바꾸어 표현한 ①번이 정답이다.

① The Unavoidable Bias in Chronicling History 역사를 기록하는 것의 불가피한 편향성
② The Need for Objectivity from Historians 역사가들의 객관성에 대한 필요성
③ Erasing History to Suit a Particular Narrative 특정 이야기에 맞추기 위한 역사 지우기
④ How to Recognize Inaccurate Historical Accounts 잘못된 역사적 설명을 알아보는 방법

[해석] 역사에 관한 설명이나 서적은 오직 정확하고 자세한 사실에 기반을 둔 정보만을 포함하면서도, 여전히 터무니없게 편향될 수 있다. 이는 어떤 사실을 포함할지를 선택하는 것이, 역사가들에 의해 결정되면서, 결과로 나온 역사적 서술에 그것(역사적 서술)을 구성하는 세부 내용들만큼이나 많은 영향을 미치기 때문이다. 이러한 차이는 수많은 방법으로 이루어질 수 있다. 예를 들어, 그것(분쟁)을 이끌어 낸 원인을 생략하는 국제 분쟁에 대한 묘사는, 그 원인들에 초점이 맞춰진 서술과는 아주 다른 설명을 할 것이다. 마찬가지로, 전쟁에서 승리자들에 의해 축적된 이득에 대한 설명은 관찰자 혹은 패배자의 관점에서 쓴 설명과 달라질 것이다. 궁극적으로, 역사는 인간에 의해 기록되기 때문에, 완전히 객관적인 설명은 (지금껏) 한 번도 없었고, 따라서 독자는 더 완전한 그림을 보기 위해 여러 다른 설명들을 살펴봄으로써 도움을 받게 될 것이다.

[해설] 지문 앞부분에서 역사에 대한 설명이나 서적은 사실에 기반을 둔 정보만을 포함하면서도 여전히 편향될 수 있다고 한 후, 지문 마지막 부분에서 역사는 인간에 의해 기록되기 때문에 완전히 객관적인 설명은 지금껏 한 번도 없었다고 설명하고 있다. 따라서 지문의 제목을 '역사를 기록하는 것의 불가피한 편향성'이라고 표현한 ①번이 정답이다.

정답 ①

Section 1 글의 내용 파악 유형

Day 05 요지 파악 ①

01 다음 글의 요지로 가장 적절한 것은?

Urban Water Conservation

The mission of the Office of Water Management (OWM) is to ensure the sustainable and efficient use of water resources in urban environments. Poor urban water management could lead to critical water shortages and high utility costs.

Water Stress

Water stress occurs when the water demand exceeds the available supply during certain periods or when poor quality restricts its use. In urban environments, it typically occurs as a result of high population density and aging infrastructure.

The OWM employs a team of specialists who continuously monitor urban water systems for signs of stress. When water stress is detected, the OWM initiates targeted interventions, which may include undertaking infrastructure repairs, implementing water use restrictions, and launching campaigns to educate the public about the efficient use of water.

① The OWM ensures that water utility costs remain controlled in urban environments.
② The OWM's primary focus is the responsible management of city water reserves.
③ The OWM is responsible for controlling population density in cities.
④ The OWM uses sophisticated technologies to monitor urban water systems.

해설 지문 처음에서 OWM의 임무는 도시 환경에서 수자원의 지속 가능하고 효율적인 사용을 보장하는 것이라고 하고, 지문 마지막에서 OWM은 물 부족 징후가 있는지 도시 수도 체계를 추적 관찰하는 전문가 팀을 고용하며 물 부족이 감지되면 사회 기반 시설 수리와 같은 대상 중재를 시작한다고 설명하고 있다. 따라서 지문의 요지를 'OWM의 주요 초점은 도시의 물 비축량을 책임감 있게 관리하는 것이다'라고 표현한 ②번이 정답이다.

어휘 conservation 보존, 보호 mission 임무 ensure 보장하다 sustainable 지속 가능한 water stress 물 부족 exceed 초과하다, 넘어서다 density 밀도 infrastructure 사회 기반 시설, 인프라 initiate 시작하다 sophisticated 정교한, 복잡한

전략 적용 & 지문 분석

주제문

Urban Water Conservation 도시의 물 보존
The mission of the Office of Water Management (OWM) / is to ensure / the sustainable and efficient use of water resources / in urban environments.
물 관리국(OWM)의 임무는 / 보장하는 것입니다 / 수자원의 지속 가능하고 효율적인 사용을 / 도시 환경에서

부연

Poor urban water management / could lead / to critical water shortages / and / high utility costs. 불충분한 도시의 물관리는 / 이어질 수 있습니다 / 심각한 물 부족으로 / 그리고 / 높은 수도 요금으로

문제점

Water Stress 물 부족
Water stress occurs / when the water demand exceeds / the available supply / during certain periods / or / when poor quality restricts its use.
물 부족은 발생합니다 / 물의 수요가 초과할 때 / 가용 공급량을 / 특정 기간 동안 / 또는 / 낮은 품질이 그것의(물의) 사용을 제한할 때

In urban environments, / it typically occurs / as a result of high population density / and / aging infrastructure.
도시 환경에서는 / 그것이 일반적으로 발생합니다 / 높은 인구 밀도의 결과로 / 그리고 / 노후화된 사회 기반 시설의 결과로

해결책 1

The OWM employs / a team of specialists / who continuously monitor / urban water systems / for signs of stress. OWM은 고용합니다 / 전문가 팀을 / 지속적으로 추적 관찰하는 / 도시 수도 체계를 / 물 부족 징후가 있는지

해결책 2

When water stress is detected, / the OWM initiates targeted interventions, / which may include / undertaking infrastructure repairs, / implementing water use restrictions, / and / launching campaigns / to educate the public / about the efficient use of water.
물 부족이 감지되면 / OWM은 대상 중재를 시작합니다 / 이것은 포함할 수 있습니다 / 사회 기반 시설 수리 시행 / 물 사용 제한 시행 / 그리고 / 캠페인 시작을 / 대중을 교육하는 / 물의 효율적인 사용에 대해

Step 1
주제문 찾기
'OWM의 임무는 도시 환경에서 수자원의 지속 가능하고 효율적인 사용을 보장하는 것이다'라는 내용이 지문의 주제문이다.

① The OWM ensures that water utility costs remain controlled in urban environments.
OWM은 도시 환경에서 수도 요금이 통제되도록 보장한다.

② The OWM's primary focus is the responsible management of city water reserves.
OWM의 주요 초점은 도시의 물 비축량을 책임감 있게 관리하는 것이다.

③ The OWM is responsible for controlling population density in cities.
OWM은 도시의 인구 밀도를 조절하는 데 책임이 있다.

④ The OWM uses sophisticated technologies to monitor urban water systems.
OWM은 도시 수자원 체계를 추적 관찰하기 위해 정교한 기술을 사용한다.

Step 2
주제문을 가장 잘 바꾸어 표현한 보기 선택
주제문을 'OWM의 주요 초점은 도시의 물 비축량을 책임감 있게 관리하는 것이다'라고 바꾸어 표현한 ②번이 정답이다.

해석 도시의 물 보존
물 관리국(OWM)의 임무는 도시 환경에서 수자원의 지속 가능하고 효율적인 사용을 보장하는 것입니다. 불충분한 도시의 물관리는 심각한 물 부족과 높은 수도 요금으로 이어질 수 있습니다.

물 부족
물 부족은 특정 기간 동안 물의 수요가 가용 공급량을 초과하거나 낮은 품질이 물의 사용을 제한할 때 발생합니다. 도시 환경에서는, 그것이 일반적으로 높은 인구 밀도와 노후화된 사회 기반 시설의 결과로 발생합니다.

OWM은 물 부족 징후가 있는지 도시 수도 체계를 지속적으로 추적 관찰하는 전문가 팀을 고용합니다. 물 부족이 감지되면, OWM은 대상 중재를 시작하는데, 이것은 사회 기반 시설 수리 시행, 물 사용 제한 시행, 그리고 물의 효율적인 사용에 대한 대중 교육 캠페인 시작을 포함할 수 있습니다.

정답 ②

Day 05 요지 파악 ①

02 다음 글의 요지로 가장 적절한 것을 고르세요.

From images of cowboys in the Old West to America's constitution, which legalizes the ownership of firearms, it is clear that the United States supports the use of guns to protect freedom. In fact, many Americans argue that owning guns is an inalienable right each citizen has to protect himself. However, a growing number of people are calling for laws that would limit the kind of guns ordinary citizens are allowed to possess. This is because military rifles designed for use on the battlefield have found their way into the hands of gang members and school shooters. The availability of these types of weapons has created a lot of fear in America, and now it's time to make regulations that put the right to live free of fear of gun violence above the right to own powerful weapons that the country's founders could not have envisioned.

① The United States' lax gun laws need to be rethought.
② Guns should not be available to citizens.
③ Owning guns is a freedom that Americans will never give up.
④ The government should do what it can to make guns safer.

전략 적용 & 지문 분석

도입
From images of cowboys in the Old West / to America's constitution, / which legalizes the ownership of firearms, / it is clear / that the United States supports the use of guns / to protect freedom.
→ 가주어 it   → 진짜 주어(that절)
옛 서부 카우보이의 이미지에서부터 / 미국의 헌법까지 / 총기 소유를 합법화하는 / (~은) 분명해 보인다 / 미국이 총기 사용을 옹호하는 것은 / 자유를 수호하기 위해

통념
In fact, / many Americans argue / that owning guns is an inalienable right / each citizen has / to protect himself.
→ 동명사 주어(단수 취급)
사실 / 많은 미국인들은 주장한다 / 총기를 소유하는 것이 빼앗을 수 없는 권리라고 / 각 시민이 가진 / 스스로를 지키기 위해

반박
However, / a growing number of people are calling for laws / that would limit the kind of guns / [ordinary citizens are allowed to possess].
→ 목적격 관계대명사 that이 생략된 관계절
하지만 / 점점 더 많은 수의 사람들이 법을 요구하고 있다 / 총기들의 종류를 제한할 / 일반 시민들이 소유하도록 허용되는

This is because / military rifles / [designed for use on the battlefield] / have found their way into the hands / of gang members and school shooters.
→ military rifles를 수식하는 분사구
이는 (~하기) 때문이다 / 군용 소총이 / 전쟁터에서의 사용을 위해 만들어진 / 손 안에 도달했다 / 갱 조직원들과 학교 총기사건 범죄자들의

주제문
→ 수식어 거품은 동사의 수 결정에 영향을 주지 않는다
The availability [of these types of weapons] / has created a lot of fear in America, / and now it's time / to make regulations / that put the right to live free of fear of gun violence / above the right to own powerful weapons / that the country's founders could not have envisioned.
이러한 종류의 무기들을 이용할 수 있는 것은 / 미국 내에서 많은 공포감을 조성했다 / 그리고 이제는 ~할 때이다 / 법을 제정해야 할 / 총기 폭력에 대한 공포 없이 살 권리를 우선시하는 / 강력한 무기들을 소유할 권리보다는 / 그 나라(미국)의 설립자들은 상상도 할 수 없었던

① The United States' lax gun laws need to be rethought.
미국의 느슨한 총기법은 재고되어야 한다.

② Guns should not be available to citizens.
시민들이 총기를 이용할 수 없어야 한다.

③ Owning guns is a freedom that Americans will never give up.
총기를 소유하는 것은 미국인들이 절대 포기하지 않을 자유이다.

④ The government should do what it can to make guns safer.
정부는 총기를 더 안전하게 만들기 위해 그것이 할 수 있는 것을 해야 한다.

Step 1 주제문 찾기
'총기를 소유할 권리보다 총기에 대한 공포 없이 살 권리를 우선시하는 법을 제정해야 할 때이다'라는 내용이 지문의 주제문이다.

Step 2 주제문을 가장 잘 바꾸어 표현한 보기 선택
주제문의 내용을 '미국의 느슨한 총기법은 재고되어야 한다'라고 바꾸어 표현한 ①번이 정답이다.

해석 옛 서부 카우보이의 이미지에서부터 총기 소유를 합법화하는 미국의 헌법까지, 미국이 자유를 수호하기 위해 총기 사용을 옹호하는 것은 분명해 보인다. 사실, 많은 미국인들은 총기를 소유하는 것이 스스로를 지키기 위해 각 시민이 가진 빼앗을 수 없는 권리라고 주장한다. 하지만, 점점 더 많은 수의 사람들이 일반 시민들이 소유하도록 허용되는 총기들의 종류를 제한할 법을 요구하고 있다. 이는 전쟁터에서 사용되도록 만들어진 군용 소총이 갱 조직원들과 학교 총기 사건 범죄자들의 손 안에까지 도달했기 때문이다. 이러한 종류의 무기들을 이용할 수 있는 것은 미국 내에서 많은 공포감을 조성했으며, 이제는 그 나라(미국)의 설립자들은 상상도 할 수 없었던 강력한 무기(총기)들을 소유할 권리보다는, 총기 폭력에 대한 공포 없이 살 권리를 우선시하는 법을 제정해야 할 때이다.

해설 지문 전반에 걸쳐 많은 미국인들이 총기를 소유하는 것이 스스로를 지키기 위한 권리라고 주장하지만, 일반 시민들이 소유하는 총기들의 종류를 제한할 법을 요구하는 목소리가 점점 더 높아지고 있고, 이제는 총기를 소유할 권리보다 총기 폭력에 대한 공포 없이 살 권리를 우선시하는 법을 제정해야 할 때라는 내용이 제시되고 있다. 따라서 지문의 요지를 '미국의 느슨한 총기법은 재고되어야 한다'라고 표현한 ①번이 정답이다.

정답 ①

Day 05   요지 파악 ①

03 다음 글의 요지로 가장 적절한 것은?

The demand for SUVs first peaked in the late 1990s, but their demand declined in the next decade as the price of gas rose, and concern about global warming spread. People needed fuel-efficient alternatives and found them in hybrid sedans and wagons. Hybrid sedans became popular with the younger generation for their high fuel economy and low carbon emissions. Wagons, on the other hand, attracted families looking for spacious but gas-saving cars. The change in consumer focus resulted in the closure of many SUV plants. However, as a more affordable way of exploiting gas was designed in the 2010s, gas prices dropped. Since it was again affordable to drive SUVs, their higher ride height, all-wheel drive capabilities, and versatility started to sound tempting once again, and by the end of the decade they were more popular than any other vehicle.

① Sedans are substantially more fuel-efficient than wagons.
② More spacious cars were always more popular than smaller ones.
③ Concerns about global warming increasingly drive consumer decisions.
④ People's car-buying preferences have changed over time.

전략 적용 & 지문 분석

도입
The demand for SUVs first peaked / in the late 1990s, / but their demand declined / in the next decade / as the price of gas rose, / and concern about global warming spread.
SUV에 대한 수요는 처음으로 정점에 이르렀다 / 1990년대 말에 / 하지만 그것들의 수요는 하락했다 / 이후 10년 동안 / 휘발유 가격이 오름에 따라 / 그리고 지구 온난화에 대한 우려가 확산됨에 따라

전개1
People needed fuel-efficient alternatives / and found them / in hybrid sedans and wagons.
사람들은 연비가 좋은 대안이 필요했다 / 그리고 그것(대안)을 찾았다 / 하이브리드 세단과 왜건에서

Hybrid sedans became popular / with the younger generation / for their high fuel economy and low carbon emissions.
↑ popular with: ~에게 인기 있는   ↑ 전치사 for: (이유·원인) ~으로 인해
하이브리드 세단은 인기를 얻게 되었다 / 젊은 세대에게 / 높은 연료 경제성과 낮은 탄소 배출로 인해

Wagons, / on the other hand, / attracted families / [looking for spacious but gas-saving cars.]
↑ 선행사 families를 수식하는 분사구
왜건은 / 한편 / 가족들을 사로잡았다 / 공간은 넓지만 휘발유는 절약되는 차량을 찾는

전개2
The change in consumer focus / resulted in the closure / of many SUV plants.
소비자들의 관심의 초점 변화는 / 폐쇄를 초래했다 / 많은 SUV 공장들의

전개3
However, / as / a more affordable way of exploiting gas / was designed / in the 2010s, / gas prices dropped.
하지만 / ~함에 따라 / 휘발유를 개발하는 더 저렴한 방법이 / 개발되었다 / 2010년대에 / 휘발유 가격은 하락했다

결말
Since it was again affordable / to drive SUVs, / their higher ride height, / all-wheel drive capabilities, / and versatility / started to sound tempting / once again, / and by the end of the decade / they were more popular / than any other vehicle.
↑ 가짜 주어 it   ↑ 진짜 주어(to 부정사구)   → 비교급 + than + any other + 단수 명사: 다른 어떤 ~보다 더 ~한
(~이) 다시 저렴해졌기 때문에 / SUV를 운전하는 것이 / 그것의 더 높은 차량 높이 / 사륜 구동 능력 / 그리고 다목적성은 / 매력적으로 들리기 시작했다 / 다시 한번 / 그리고 그 10년이 끝나갈 때쯤 / 그것(SUV)들은 더 인기가 있었다 / 다른 어떤 자동차보다

① Sedans are substantially more fuel-efficient than wagons.
세단은 왜건보다 훨씬 더 연비가 좋다.

② More spacious cars were always more popular than smaller ones.
공간이 넓은 자동차들은 소형차들보다 항상 인기가 더 많았다.

③ Concerns about global warming increasingly drive consumer decisions.
지구 온난화에 대한 우려가 소비자 결정을 점점 더 추진한다.

④ People's car-buying preferences have changed over time.
사람들의 차량 구매 선호도는 시간이 지나면서 변해왔다.

Step 1 중심 내용 찾기
'1990년대부터 2010년대까지 소비자들의 선호 차량 변화'가 지문의 중심 내용이다.

Step 2 중심 내용을 가장 잘 바꾸어 표현한 보기 선택
중심 내용을 '사람들의 차량 구매 선호도는 시간이 지나면서 변해왔다'라고 바꾸어 표현한 ④번이 정답이다.

해석
SUV에 대한 수요는 1990년대 말에 처음으로 정점에 이르렀지만, 휘발유 가격이 오르고 지구 온난화에 대한 우려가 확산됨에 따라, 이후 10년 동안 그것들(SUV)의 수요는 하락했다. 사람들은 연비가 좋은 대안이 필요했고, 하이브리드 세단과 왜건에서 그것(대안)을 찾았다. 하이브리드 세단은 높은 연료 경제성과 낮은 탄소 배출로 인해 젊은 세대에게 인기를 얻게 되었다. 한편, 왜건은 공간은 넓지만 휘발유는 절약되는 차량을 찾는 가족들을 사로잡았다. 소비자들의 관심의 초점 변화는 많은 SUV 공장들의 폐쇄를 초래했다. 하지만, 2010년대에 휘발유를 개발하는 더 저렴한 방법이 개발됨에 따라, 휘발유 가격은 하락했다. SUV를 운전하는 것이 다시 저렴해졌기 때문에, 그것의 더 높은 차량 높이, 사륜 구동 능력, 그리고 다목적성은 다시 한번 매력적으로 들리기 시작했고, 그 10년(2010년대)이 끝나갈 때쯤, 그것(SUV)들은 다른 어떤 자동차보다 더 인기가 있었다.

정답 ④

Day 06 요지 파악 ②

01 다음 글의 요지로 가장 적절한 것은?

The Paradox of Success

It has been reported recently that more than half of Silicon Valley executives are affected by burnout. The constant pressure to optimize productivity has paradoxically led to decreased life satisfaction for these high achievers. Psychologists observe that without clear personal values, even accomplished individuals feel directionless. A clear alignment between objectives and personal values is crucial.

Value-Based Priority Management

One practical framework is Warren Buffett's "25-5 Rule," which illustrates effective priority management: write down 25 goals, circle the top 5 that represent your core principles, and then actively work on avoiding the remaining 20, which are likely farthest from what matters most to you. Through this strategy, individuals can clarify their focus and enjoy a deeper sense of satisfaction.

In professional settings, teams and leaders can adopt this principle to ensure that tasks and projects reflect key objectives, enhancing overall effectiveness and fulfillment.

① 직업적 번아웃의 원인을 이해하는 것은 매우 중요하다.
② 직장에서는 경쟁적인 경력 목표를 갖는 것이 강력히 권장된다.
③ 핵심 가치를 잘 아는 것은 효율성과 만족감 증진에 도움이 된다.
④ 성공하기 위해서는 생산성을 최적화하는 것이 필수적이다.

해설 지문 처음에서 명확한 개인적 가치관이 없으면 사람들이 방향성이 없다고 느낀다며 목표와 개인적 가치관 사이의 명확한 정렬이 매우 중요하다고 하고, 지문 전반에 걸쳐 개인적 가치관을 기반으로 우선순위를 관리하는 방법과 그것이 전반적인 효율성과 만족감을 증진시킬 수 있다는 것에 대해 설명하고 있다. 따라서 지문의 요지를 '핵심 가치를 잘 아는 것은 효율성과 만족감 증진에 도움이 된다'라고 표현한 ③번이 정답이다.

어휘 paradox 역설 executive 임원, 경영진 burnout 번아웃, 탈진 pressure 압박 optimize 최적화하다 productivity 생산성 satisfaction 만족(감) alignment 정렬, 일치 illustrate 보여주다, 실증하다 professional 직업적인, 전문적인 adopt 채택하다 principle 원칙 reflect 반영하다 effectiveness 효율성

전략 적용 & 지문 분석

The Paradox of Success 성공의 역설

It has been reported recently / that more than half of Silicon Valley executives / are affected by burnout. 최근에 보고되었다 / 실리콘밸리 임원들의 절반 이상이 / 번아웃에 영향을 받는다고

The constant pressure / to optimize productivity / has paradoxically led to decreased life satisfaction / for these high achievers.
→ 명사(The constant pressure)를 수식하는 to 부정사의 형용사적 용법
끊임없는 압박이 / 생산성을 최적화해야 한다는 / 역설적으로 줄어든 삶의 만족감으로 이어졌다 / 이 성취도가 높은 사람들에게

Psychologists observe / that without clear personal values, / even accomplished individuals feel directionless.
→ 동사(observe)의 목적어 역할을 하는 명사절 접속사 that
심리학자들은 말한다 / 명확한 개인적 가치관이 없으면 / 심지어 기량이 뛰어난 사람들조차도 방향성이 없다고 느낀다(고)

A clear alignment / between objectives and personal values / is crucial.
명확한 정렬은 / 목표와 개인적 가치관 사이의 / 매우 중요하다

Value-Based Priority Management 가치 기반의 우선순위 관리

One practical framework is Warren Buffett's "25-5 Rule," / which illustrates effective priority management: / write down 25 goals, / circle the top 5 / that represent your core principles, / and then actively work on avoiding the remaining 20, / which are likely farthest / from what matters most to you.
→ 관계절의 계속적 용법: 앞의 명사(Warren Buffett's "25-5 Rule")에 대한 부가 설명
한 실용적인 체계는 워런 버핏의 '25-5 규칙'인데 / 이는 효과적인 우선순위 관리를 보여준다 / 목표 25개를 적어라 / 상위 5개에 동그라미를 쳐라 / 당신의 핵심적인 신념을 나타내는 / 그다음 나머지 20개를 피하는 것에 적극적으로 노력하라 / 그것은 가장 거리가 먼 것일 가능성이 높다 / 당신에게 가장 중요한 것으로부터

Through this strategy, / individuals can clarify their focus / and enjoy a deeper sense of satisfaction. 이 전략을 통해 / 사람들은 자신의 초점을 명확히 할 수 있다 / 그리고 더 깊은 만족감을 느낄 수 있다

In professional settings, / teams and leaders can adopt this principle to ensure / that tasks and projects reflect key objectives, / enhancing overall effectiveness and fulfillment.
직업적인 환경에서 / 팀과 리더는 보장하기 위해 이 원칙을 채택할 수 있다 / 업무와 프로젝트가 핵심 목표를 반영하도록 / 전반적인 효율성과 만족감을 증진시킬 수 있다

① 직업적 번아웃의 원인을 이해하는 것은 매우 중요하다.
② 직장에서는 경쟁적인 경력 목표를 갖는 것이 강력히 권장된다.
③ 핵심 가치를 잘 아는 것은 효율성과 만족감 증진에 도움이 된다.
④ 성공하기 위해서는 생산성을 최적화하는 것이 필수적이다.

Step 1 중심 내용 찾기
'목표와 개인적 가치관 사이의 명확한 정렬이 중요하며, 효과적인 우선순위 관리를 통해 사람들이 더 깊은 만족감을 느낄 수 있다'라는 것이 지문의 중심 내용이다.

Step 2 중심 내용을 가장 잘 바꾸어 표현한 보기 선택
중심 내용을 '핵심 가치를 잘 아는 것은 효율성과 만족감 증진에 도움이 된다'라고 바꾸어 표현한 ③번이 정답이다.

해석 성공의 역설 최근에 실리콘밸리 임원들의 절반 이상이 번아웃에 영향을 받는다고 보고되었다. 생산성을 최적화해야 한다는 끊임없는 압박은 역설적으로 이 성취도가 높은 사람들에게 줄어든 삶의 만족감으로 이어졌다. 심리학자들은 명확한 개인적 가치관이 없으면, 심지어 기량이 뛰어난 사람들조차도 방향성이 없다고 느낀다고 말한다. 목표와 개인적 가치관 사이의 명확한 정렬은 매우 중요하다.

가치 기반의 우선순위 관리 한 실용적인 체계는 워런 버핏의 '25-5 규칙'인데, 이는 효과적인 우선순위 관리를 보여준다. 바로 목표 25개를 적고, 당신의 핵심적인 신념을 나타내는 상위 5개에 동그라미를 친 다음, 당신에게 가장 중요한 것으로부터 가장 거리가 먼 것일 가능성이 높은 나머지 20개를 피하는 것에 적극적으로 노력하는 것이다. 이 전략을 통해, 사람들은 자신의 초점을 명확히 하고 더 깊은 만족감을 느낄 수 있다.

직업적인 환경에서, 팀과 리더는 업무와 프로젝트가 핵심 목표를 반영하도록 보장하기 위해 이 원칙을 채택하여, 전반적인 효율성과 만족감을 증진시킬 수 있다.

정답 ③

Day 06 요지 파악 ②

02 다음 글의 요지로 가장 적절한 것을 고르시오.

The role of sports has dramatically changed over the last century, largely due to consumer societies. Following the emergence of consumerism, sports became something more than the communal activities that they were traditionally. Today, professional sports are multi-billion-dollar industries that place more importance on being a spectator than on being a participant. For instance, athletic games are televised and discussed daily by millions of people around the world, but only a small fraction of people actually play a sport themselves. Individuals are more willing to pay to watch their favorite team or buy a famous athlete's apparel than to actually participate. And leagues such as the NFL, NBA, and PGA go to great lengths to encourage this passive consumption so that they can make sure their "products" are constantly consumed.

① The role of sports is paramount in society.
② Consumerism impacts the way people enjoy sports.
③ Passive consumption of sports caused an economic downturn.
④ Interest in watching professional sports falls over time.

전략 적용 & 지문 분석

도입
The role of sports / has dramatically changed / over the last century, / largely due to consumer societies.
스포츠의 역할은 / 급격하게 변화해왔다 / 지난 세기 동안 / 주로 소비자 사회 때문이었다

주제문
전치사 following: ~ 이후
Following the emergence of consumerism, / sports became / something more than the communal activities / that they were traditionally.
소비 지상주의의 출현 이후 / 스포츠는 ~이 되었다 / 공동체 활동 이상의 것 / 그것이 전통적으로 그러했던

선행사(industries)를 수식하는 주격 관계절
Today, / professional sports are multi-billion-dollar industries / [that place more importance / on being a spectator / than on being a participant.]
오늘날 / 프로 스포츠는 수십억 달러 규모의 산업이다 / 더 중점을 두는 / 관중이 되는 것에 / 참가자가 되는 것(에)보다

Step 1 주제문 찾기
'소비 지상주의의 출현 이후 스포츠는 사람들의 참가보다 관람에 더 중점을 두는 대규모 산업이 되었다'라는 내용이 지문의 주제문이다.

예시1
For instance, / athletic games are televised / and discussed daily / by millions of people / around the world, / but / only a small fraction of people / actually play a sport themselves.
예를 들어 / 운동 경기들은 텔레비전으로 방송된다 / 그리고 매일 논의된다 / 수백만 명의 사람들에 의해 / 전 세계의 / 하지만 / 소수의 일부 사람들만이 / 실제로 직접 스포츠를 한다

예시2
or로 연결된 병치 구문에서 두 번째 나온 to 부정사(to buy)의 to는 생략 가능
Individuals are more willing to pay / to watch their favorite team / or buy a famous athlete's apparel / than to actually participate.
사람들은 더욱 기꺼이 돈을 낸다 / 그들이 좋아하는 팀을 관람하기 위해 / 또는 유명한 운동선수의 옷을 사기 위해 / 실제로 (스포츠에) 참가하기 보다는

예시3
부사절 접속사 so that ~ can: ~할 수 있도록
And leagues such as the NFL, NBA, and PGA / go to great lengths / to encourage this passive consumption / so that they can make sure / their "products" are constantly consumed.
그리고 NFL, NBA와 PGA 같은 경기 연맹들은 / 최선을 다한다 / 이러한 수동적인 소비를 장려하기 위해 / 그들이 확실히 ~하게 할 수 있도록 / 그들의 '상품들'이 계속해서 소비되게

Step 2 주제문을 가장 잘 바꾸어 표현한 보기 선택
주제문의 내용을 '소비 지상주의는 사람들이 스포츠를 즐기는 방식에 영향을 미친다'라고 바꾸어 표현한 ②번이 정답이다.

① The role of sports is paramount in society.
   스포츠의 역할은 사회에서 다른 무엇보다 중요하다.
② Consumerism impacts the way people enjoy sports.
   소비 지상주의는 사람들이 스포츠를 즐기는 방식에 영향을 미친다.
③ Passive consumption of sports caused an economic downturn.
   스포츠의 수동적인 소비는 경기 침체를 유발했다.
④ Interest in watching professional sports falls over time.
   시간이 흐르면서 프로 스포츠를 관람하는 것에 대한 흥미는 떨어진다.

해석 지난 세기 동안 스포츠의 역할은 급격하게 변화해왔는데, 주로 소비자 사회 때문이었다. 소비 지상주의의 출현 이후, 스포츠는 전통적으로 그러했던 공동체 활동 이상의 것이 되었다. 오늘날, 프로 스포츠는 참가자가 되는 것보다 관중이 되는 것에 더 중점을 두는 수십억 달러 규모의 산업이다. 예를 들어, 운동 경기들은 텔레비전으로 방송되고 전 세계 수백만 명의 사람들에 의해 매일 논의되지만, 소수의 일부 사람들만이 실제로 직접 스포츠를 한다. 사람들은 실제로 (스포츠에) 참가하기 보다는, 그들이 좋아하는 팀을 관람하거나 유명한 운동선수의 옷을 사기 위해 더욱 기꺼이 돈을 낸다. 그리고 NFL, NBA와 PGA 같은 경기 연맹들은 그들의 '상품들'이 확실히 계속해서 소비되게 할 수 있도록, 이러한 수동적인 소비를 장려하기 위해 최선을 다한다.

해설 지문 앞부분에서 소비 지상주의의 출현 이후 스포츠의 역할이 급격하게 변화해왔다고 했고, 오늘날 프로 스포츠는 스포츠의 참가자가 되는 것보다 관중이 되는 것에 더 중점을 둔다고 설명하고 있다. 따라서 지문의 요지를 '소비 지상주의는 사람들이 스포츠를 즐기는 방식에 영향을 미친다'라고 표현한 ②번이 정답이다.

정답 ②

Day 06 요지 파악 ②

03 다음 글의 요지로 가장 적절한 것은?

Irish author James Joyce's *Finnegans Wake* is widely accepted as a seminal work of fiction. Over 628 pages long, the novel is modern in nature and employs an experimental style of narrative that has caused a great deal of confusion for casual readers and professional critics alike. Joyce's distinct use of language throughout the novel further adds to its complexity, as standard English is mixed with words from other languages and some that the author simply invented. In fact, Joyce's brother found the text so peculiar that he stated the novel was either "the work of a psychopath or a huge literary fraud." However, most critics agree that *Finnegans Wake* is an important work of English literature that Joyce had every right to be proud of.

① Fluency in foreign languages is crucial for reading *Finnegans Wake*.
② An experimental style of narrative usually improves the quality of a work.
③ *Finnegans Wake* is a unique work with complicated language.
④ James Joyce is famous for covering a range of topics in his body of work.

 seminal 독창적인 in nature 더할 나위 없이, 완전히 employ 사용하다, 고용하다 experimental 실험적인 confusion 혼란 casual 평범한 distinct 독특한 complexity 복잡함 peculiar 독특한, 별난 psychopath 정신병자 fraud 사기 fluency 유창성 crucial 중요한 cover 다루다, 포함하다

전략 적용 & 지문 분석

Irish author James Joyce's *Finnegans Wake* / is widely accepted / as a seminal work of fiction.
아일랜드 작가 제임스 조이스의 『피네건의 경야』는 / 널리 인정받는다 / 독창적인 소설 작품으로

Over 628 pages long, / the novel is modern / in nature / and employs / an experimental style of narrative / [that has caused a great deal of confusion / for casual readers / and professional critics / alike.] → 선행사(an experimental style of narrative)를 수식하는 주격 관계절
628페이지가 넘는 길이인 / 그 소설은 현대적이다 / 더할 나위 없이 / 그리고 사용한다 / 실험적인 서술 방식을 / 많은 혼란을 야기했던 / 평범한 독자들에게 / 그리고 전문 비평가들에게 / 둘 다

Joyce's distinct use of language / throughout the novel / further adds to its complexity, / as standard English is mixed / with words from other languages / and some that the author simply invented.
and로 연결된 병치 구문에서 반복되는 단어(words) 생략
조이스의 독특한 언어 사용은 / 그 소설 전반에 걸친 / 그것(소설)의 복잡함을 한층 더해준다 / 표준 영어가 섞이면서 / 다른 언어에서 나온 단어들과 / 그리고 작가가 그냥 만들어낸 몇몇 단어들과

In fact, / Joyce's brother found / the text so peculiar / that he stated / the novel was either "the work of a psychopath or a huge literary fraud."
사실 / 조이스의 남동생은 생각했다 / 그 글이 너무 독특하다고 / 그래서 그는 말했다 / 그 소설이 '정신병자의 작품이거나 엄청난 문학적 사기'라고

→ 명사 right + to 부정사: 'to 부정사' 할 권리
However, / most critics agree / that *Finnegans Wake* is an important work of English literature / that Joyce had every right / to be proud of.
하지만 / 대부분의 비평가들은 ~에 동의한다 / 『피네건의 경야』가 중요한 영문학 작품이라는 것 / 조이스가 모든 권리를 가질 만한 / 자랑스러워할

① Fluency in foreign languages is crucial for reading *Finnegans Wake*.
외국어의 유창성은 『피네건의 경야』를 읽는 데 중요하다.

② An experimental style of narrative usually improves the quality of a work.
실험적인 서술 방식은 일반적으로 작품의 질을 향상시킨다.

③ *Finnegans Wake* is a unique work with complicated language.
『피네건의 경야』는 복잡한 언어를 포함하는 독특한 작품이다.

④ James Joyce is famous for covering a range of topics in his body of work.
제임스 조이스는 그의 작품에서 다양한 주제들을 다루는 것으로 유명하다.

Step 1 주제문 찾기
'조이스의 독특한 언어 사용은 『피네건의 경야』에 복잡함을 한층 더해 준다'라는 내용이 지문의 주제문이다.

Step 2 주제문을 가장 잘 바꾸어 표현한 보기 선택
주제문의 내용을 '『피네건의 경야』는 복잡한 언어를 포함하는 독특한 작품이다'라고 바꾸어 표현한 ③번이 정답이다.

해석 아일랜드 작가 제임스 조이스의 『피네건의 경야』는 독창적인 소설 작품으로 널리 인정받는다. 628페이지가 넘는 길이인 그 소설은 더할 나위 없이 현대적이며, 평범한 독자들과 전문 비평가들 둘 다에게 많은 혼란을 야기했던 실험적인 서술 방식을 사용한다. 그 소설 전반에 걸친 조이스의 독특한 언어 사용은, 표준 영어가 다른 언어에서 나온 단어들 및 작가가 그냥 만들어낸 몇몇 단어들과 섞이면서, 그것(소설)의 복잡함을 한층 더해준다. 사실, 조이스의 남동생은 그 글이 너무 독특하다고 생각해서, 그 소설이 '정신병자의 작품이거나 엄청난 문학적 사기'라고 말했다. 하지만, 대부분의 비평가들은 『피네건의 경야』가 조이스가 자랑스러워할 만한 중요한 영문학 작품이라는 것에 동의한다.

해설 지문 처음에서 『피네건의 경야』가 독창적인 소설 작품으로 널리 인정받는다고 한 후, 지문 중간에서 『피네건의 경야』는 다른 언어에서 나온 단어들과 조이스가 만들어낸 몇몇 단어들이 표준 영어와 섞여 쓰이는 독특한 언어 사용이 그 소설의 복잡함을 한층 더해준다고 설명하고 있다. 따라서 지문의 요지를 '『피네건의 경야』는 복잡한 언어를 포함하는 독특한 작품이다'라고 표현한 ③번이 정답이다.

정답 ③

Section 1 글의 내용 파악 유형

Day 07 목적 파악 ①

01 다음 글의 목적으로 가장 적절한 것은?

To: activemembers@seniorcenter.org
From: activities@recreationdept.org
Date: March 8
Subject: Social Engagement and Learning Opportunities

Dear Active Community Members,

Staying socially connected and mentally engaged is crucial for healthy aging. We are thrilled to announce an expansion of our social and educational programs designed to keep you active and learning. Here are three opportunities provided this season:

1. Weekly hobby-sharing sessions in a friendly, supportive environment
2. Technology classes that teach smartphone usage and social media basics at your own pace
3. Intergenerational programs that connect seniors with local students for mentoring

Registration begins next Monday. Our program coordinators are available to help you choose activities that match your interests and abilities. If you would like to sign up or receive assistance, you can contact us at 333-1234 or visit the senior center.

Best wishes,
Recreation Department

① to inform senior citizens about technology learning opportunities
② to inform senior citizens about the senior center's new contact details
③ to inform senior citizens about extended social programs
④ to inform senior citizens about how to interact with local students

해설 지문 처음에서 활동적이고 학습하도록 설계된 사회적이고 교육적인 프로그램의 확장을 발표하게 되어 매우 기쁘다고 했고, 지문 전반에 걸쳐 확장된 세 가지 프로그램과 등록 일정 및 방법에 대해 설명하고 있다. 따라서 지문의 목적을 '노인들에게 확장된 사회적 프로그램에 대해 알리려고'라고 표현한 ③번이 정답이다.

어휘 engagement 참여 active 활동적인, 적극적인 mentally 정신적으로 expansion 확장 intergenerational 세대 간의 registration 등록 coordinator 조직자, 코디네이터 recreation 오락, 레크리에이션 inform 알리다

전략 적용 & 지문 분석

인사: Dear Active Community Members, 활동적인 지역사회 구성원 여러분께

도입: Staying socially connected and mentally engaged is crucial / for healthy aging.
사회적으로 연결되고 정신적으로 활발한 상태를 유지하는 것은 매우 중요합니다 / 건강한 노화를 위해

주제문: We are thrilled to announce / an expansion of our social and educational programs / designed to keep you active and learning.
저희는 발표하게 되어 매우 기쁩니다 / 저희의 사회적이고 교육적인 프로그램의 확장을 / 여러분이 활동적이고 학습하도록 설계된

Here are three opportunities / provided this season: 세 가지 기회가 있습니다 / 이번 시즌에 제공되는

설명 1 (활동):
1. Weekly hobby-sharing sessions / in a friendly, supportive environment
1. 주간 취미 공유 세션 / 우호적이고 지원하는 환경에서의

2. Technology classes / that teach smartphone usage and social media basics / at your own pace
2. 기술 수업 / 스마트폰 사용과 소셜 미디어 기초를 가르치는 / 각자의 속도로

3. Intergenerational programs / that connect seniors with local students / for mentoring
3. 세대 간 프로그램 / 노인들을 지역의 학생들과 연결해 주는 / 멘토링을 위해

설명 2 (등록):
Registration begins next Monday. 등록은 다음 주 월요일에 시작됩니다
Our program coordinators are available to help you choose activities / that match your interests and abilities. 저희의 프로그램 조직자들이 여러분이 활동을 선택하는 데 도움을 드릴 수 있습니다 / 여러분의 관심사와 능력에 맞는

부연: If you would like to sign up or receive assistance, / you can contact us at 333-1234 or visit the senior center. 등록하시거나 도움을 받고 싶으시면 / 333-1234로 전화하시거나 노인 복지관에 방문하실 수 있습니다

끝인사: Best wishes, // Recreation Department 오락 부서 드림

Step 1 중심 내용 찾기
'프로그램의 확장을 발표하게 되어 매우 기쁘다'라는 것이 지문의 중심 내용이다.

① to inform senior citizens about technology learning opportunities
노인들에게 기술 학습 기회에 대해 알리려고

② to inform senior citizens about the senior center's new contact details
노인들에게 노인 복지관의 새로운 연락처에 대해 알리려고

③ to inform senior citizens about extended social programs
노인들에게 확장된 사회적 프로그램에 대해 알리려고

④ to inform senior citizens about how to interact with local students
노인들에게 지역의 학생들과 상호작용하는 방법에 대해 알리려고

Step 2 중심 내용을 가장 잘 바꾸어 표현한 보기 선택
중심 내용을 '노인들에게 확장된 사회적 프로그램에 대해 알리려고'라고 바꾸어 표현한 ③번이 정답이다.

해석
수신: activemembers@seniorcenter.org   발신: activities@recreationdept.org   날짜: 3월 8일   제목: 사회적 참여와 학습 기회

활동적인 지역사회 구성원 여러분께,

사회적으로 연결되고 정신적으로 활발한 상태를 유지하는 것은 건강한 노화를 위해 매우 중요합니다. 저희는 여러분이 활동적이고 학습하도록 설계된 저희의 사회적이고 교육적인 프로그램의 확장을 발표하게 되어 매우 기쁩니다. 이번 시즌에 제공되는 세 가지 기회가 있습니다.

1. 우호적이고 지원하는 환경에서의 주간 취미 공유 세션   2. 각자의 속도로 스마트폰 사용과 소셜 미디어 기초를 가르치는 기술 수업
3. 멘토링을 위해 노인들을 지역의 학생들과 연결해 주는 세대 간 프로그램

등록은 다음 주 월요일에 시작됩니다. 저희의 프로그램 조직자들이 여러분의 관심사와 능력에 맞는 활동을 선택하는 데 도움을 드릴 수 있습니다. 등록하시거나 도움을 받고 싶으시면, 333-1234로 전화하시거나 노인 복지관에 방문하실 수 있습니다.

오락 부서 드림

정답 ③

02 다음 글을 쓴 목적으로 가장 적절한 것은?

> The functional division of the human brain into two hemispheres is known as lateralization. It is based upon neuroscientists' discovery that different cognitive functions are handled by the two halves of the brain. While the right side of the brain processes abstract ideas like spatial perception, facial recognition, and visual imagery, the left portion exerts control over more analytical and mathematical thought processes. Scientists believe that this "division of labor" is advantageous from an evolutionary perspective because it allows separate and specialized tasks to be performed simultaneously.

① To explain the brain's division into two hemispheres
② To detail why lateralization remains unstudied by scientists
③ To prove that physical differences affect how people think
④ To compare the brains of logical and abstract thinkers

전략 적용 & 지문 분석

주제문 — The functional division of the human brain / into two hemispheres / is known as lateralization.
인간 두뇌의 기능적 분화는 / 두 개의 반구로 나누어진 / 좌우 기능 분화라고 알려져 있다

설명 — It is based upon / neuroscientists' discovery / that different cognitive functions are handled / by the two halves of the brain.
→ discovery that(동격절): ~라는 발견
그것은 ~에 근거한다 / 신경과학자들의 발견 / 각기 다른 인지 기능들이 처리된다는 / 두뇌의 두 개의 반쪽(반구)들에 의해

부연 — While the right side of the brain processes / abstract ideas / like spatial perception, facial recognition, and visual imagery, / the left portion exerts control / over more analytical and mathematical thought processes.
오른쪽(우뇌)이 처리하는 반면 / 추상적인 개념들을 / 공간 지각, 안면 인식, 그리고 시각적 이미지와 같은 / 왼쪽 부분(좌뇌)은 통제력을 발휘한다 / 더 분석적이고 수학적인 사고 과정에 대해

Scientists believe / that this "division of labor" is advantageous / from an evolutionary perspective / because it allows / [separate and specialized tasks] / [to be performed] simultaneously.
→ allow + 목적어 + to 부정사: '목적어'가 'to 부정사'할 수 있게 해주다
과학자들은 생각한다 / 이 '분업'이 이점을 갖는다고 / 진화론적 관점에서 / 이것은 ~할 수 있게 해주기 때문이다 / 별개의 전문화된 작업들이 / 동시에 수행될

Step 1 중심 내용 찾기
'두 개의 반구로 나누어져 각기 다른 인지 기능을 처리하는 인간 두뇌의 기능 분화'가 지문의 중심 내용이다.

① To explain the brain's division into two hemispheres
두뇌가 두 개의 반구로 나누어져 있는 것에 대해 설명하기 위해

② To detail why lateralization remains unstudied by scientists
좌우 기능 분화가 왜 과학자들에 의해 연구되지 않은 채 남아 있는지 상세히 설명하기 위해

③ To prove that physical differences affect how people think
신체적 차이가 사람들이 생각하는 방식에 영향을 미친다는 것을 증명하기 위해

④ To compare the brains of logical and abstract thinkers
논리적으로 생각하는 사람들과 추상적으로 생각하는 사람들의 두뇌를 비교하기 위해

Step 2 중심 내용을 가장 잘 표현한 보기 선택
중심 내용을 '두뇌가 두 개의 반구로 나누어져 있는 것에 대해 설명하기 위해'라고 표현한 ①번이 정답이다.

해석 두 개의 반구로 나누어진 인간 두뇌의 기능적 분화는 좌우 기능 분화라고 알려져 있다. 그것은 각기 다른 인지 기능들이 두뇌의 두 개의 반구들에 의해 처리된다는 신경과학자들의 발견에 근거한다. 오른쪽(우뇌)이 공간 지각, 안면 인식, 시각적 이미지와 같은 추상적인 개념들을 처리하는 반면, 왼쪽 부분(좌뇌)은 더 분석적이고 수학적인 사고 과정에 대해 통제력을 발휘한다. 과학자들은 이 '분업'이 진화론적 관점에서 이점을 갖는다고 생각하는데, 이것(분업)은 별개의 전문화된 작업들이 동시에 수행될 수 있게 해주기 때문이다.

해설 지문 처음에서 좌우 기능 분화는 인간 두뇌의 기능이 두 개의 반구로 나누어져 있는 것이라고 하고, 각기 다른 인지 기능을 처리하는 우뇌와 좌뇌의 각기 다른 분업과 그것의 이점에 대해 설명하고 있다. 따라서 지문의 목적을 '두뇌가 두 개의 반구로 나누어져 있는 것에 대해 설명하기 위해'라고 표현한 ①번이 정답이다.

정답 ①

Day 07 목적 파악 ①

03 다음 글의 목적으로 가장 적절한 것은?

Customer Satisfaction and Support

Your satisfaction is our top priority, and we stand behind the quality of every product we sell. If you discover that your purchase is not functioning properly, we will gladly replace it at no cost to you.

Report any defects within the first 90 days after purchase. You can reach us by phone, email, or through our online chat service available 24/7. Be prepared to provide your order number, purchase date, and a detailed description of the problem you're experiencing.

Upon verification of the defect, we will send you a replacement product immediately. You do not need to return the defective item first—we will include a prepaid return label with your replacement shipment. This policy applies to all products except software and digital downloads, which have separate terms and conditions.

① 음악 장비의 품질 보증 정책을 안내하려고
② 신제품에 대한 만족도 조사 참여를 요청하려고
③ 결함이 있는 제품의 교환 절차를 설명하려고
④ 변경된 고객센터 운영 시간을 공지하려고

해설 지문 처음에서 구매한 것이 제대로 작동하지 않는 것을 발견하면 기꺼이 무료로 교환해 준다고 했고, 지문 전반에 걸쳐 제품 교환을 신고하는 방법, 교환된 제품을 배송받는 방법, 교환할 제품을 반송하는 방법 등에 대해 설명하고 있다. 따라서 지문의 목적을 '결함이 있는 제품의 교환 절차를 설명하려고'라고 표현한 ③번이 정답이다.

어휘 equipment 장비 replacement 교환, 대체 satisfaction 만족 stand behind 보장하다, 후원하다 quality 품질 function 작동하다 properly 제대로
gladly 기꺼이 defect 결함 available 이용 가능한 verification 확인, 입증 immediately 즉시 prepaid 선불된
terms and conditions 약관, (계약이나 지불 등의) 조건

전략 적용 & 지문 분석

제목 — Customer Satisfaction and Support 고객 만족 및 지원

도입 — Your satisfaction is our top priority, / and we stand behind the quality of every product / we sell.
여러분의 만족이 저희의 최우선입니다 / 그리고 저희는 모든 제품의 품질을 보장합니다 / 저희가 판매하는

명사(every product)를 수식하는 관계절(목적격 관계대명사 생략)

주제문 — If you discover / that your purchase is not functioning properly, / we will gladly replace it / at no cost to you.
여러분께서 발견하신다면 / 여러분이 구매하신 것이 제대로 작동하지 않는다는 것을 / 저희는 그것을 기꺼이 교환해 드리겠습니다 / 무료로

Step 1 중심 내용 찾기
'제대로 작동하지 않는 구매품에 대한 교환'이 지문의 중심 내용이다.

설명 —
within: ~ 이내에(기간을 나타내는 전치사)

Report any defects / within the first 90 days after purchase.
모든 결함을 신고하세요 / 구매 후 첫 90일 이내에

You can reach us by phone, email, or through our online chat service / available 24/7.
전화, 이메일, 또는 저희의 온라인 채팅 서비스를 통해 저희에게 연락하실 수 있습니다 / 연중무휴 이용 가능한

Be prepared to provide / your order number, purchase date, and a detailed description / of the problem you're experiencing.
제공할 준비를 해주세요 / 여러분의 주문 번호, 구매 날짜, 그리고 자세한 설명을 / 여러분이 경험하고 있는 문제에 대한

Upon verification of the defect, / we will send you a replacement product / immediately.
결함이 확인되면 / 저희가 여러분께 교환 제품을 보내드리겠습니다 / 즉시

You do not need to return the defective item first /—we will include a prepaid return label / with your replacement shipment.
결함이 있는 품목을 먼저 반송하실 필요는 없습니다 / 저희가 선불된 반송 라벨을 포함할 예정입니다 / 여러분의 교환 배송에

부연 — This policy applies to all products / except software and digital downloads, / which have separate terms and conditions.
이 정책은 모든 제품에 적용됩니다 / 소프트웨어와 디지털 다운로드를 제외한 / 이것에는 별도의 약관이 있습니다

Step 2 중심 내용을 가장 잘 바꾸어 표현한 보기 선택
중심 내용을 '결함이 있는 제품의 교환 절차를 설명하려고'라고 바꾸어 표현한 ③번이 정답이다.

① 음악 장비의 품질 보증 정책을 안내하려고
② 신제품에 대한 만족도 조사 참여를 요청하려고
③ 결함이 있는 제품의 교환 절차를 설명하려고
④ 변경된 고객센터 운영 시간을 공지하려고

해석 고객 만족 및 지원

여러분의 만족이 저희의 최우선이며, 저희는 저희가 판매하는 모든 제품의 품질을 보장합니다. 구매하신 것이 제대로 작동하지 않는다는 것을 발견하시면, 기꺼이 무료로 그것을 교환해 드리겠습니다.

구매 후 첫 90일 이내에 모든 결함을 신고하세요. 전화, 이메일, 또는 연중무휴 이용 가능한 저희의 온라인 채팅 서비스를 통해 저희에게 연락하실 수 있습니다. 주문 번호, 구매 날짜, 그리고 여러분이 경험하고 있는 문제에 대한 자세한 설명을 제공할 준비를 해주세요.

결함이 확인되면, 저희가 즉시 교환 제품을 보내드리겠습니다. 결함이 있는 물품을 먼저 반송하실 필요는 없습니다. 저희가 교환 배송에 선불된 반송 라벨을 포함할 예정입니다. 이 정책은 소프트웨어와 디지털 다운로드를 제외한 모든 제품에 적용되는데, 이것(소프트웨어와 디지털 다운로드)에는 별도의 약관이 있습니다.

정답 ③

Section 1 글의 내용 파악 유형

Day 08 목적 파악 ②

01 다음 글의 목적으로 가장 적절한 것은?

To	Minerva Parking Authority
From	Tim Lewis
Date	November 12
Subject	Strip mall parking encroachment

Dear Sir or Madam,

I am writing to seek your assistance with a problem concerning patrons of the nearby Wayne Plaza strip mall, specifically that they are parking on our residential street.

Apparently, due to a lack of parking at Wayne Plaza, many patrons end up parking on Taylor Street. This has made it difficult for longtime residents like me to find parking spaces. Also, customers coming and going to the street to park their cars are contributing to excessive noise and traffic in our neighborhood.

As far as I know, commercial establishments should provide enough parking for patrons and should not encroach on residential streets. I would therefore like to ask that the city implement rules on parking and address this problem before it worsens.

Sincerely,
Tim Lewis

① To inquire about the possibility of expanding a parking facility
② To complain about excessive charges for street parking
③ To ask for help enforcing neighborhood parking guidelines
④ To recommend hiring someone to manage parking near the mall

해설 지문 처음에서 주택가에 주차하고 있는 스트립 몰의 고객들과 관련된 문제에 대해 도움을 구하기 위해 글을 쓴다고 했고, 지문 마지막에서 시가 주차에 관한 규정을 시행하고 더 심각해지기 전에 문제를 해결해 줄 것을 요청하고 싶다고 하고 있다. 따라서 지문의 목적을 '동네 주차 지침 시행에 도움을 요청하기 위해'라고 표현한 ③번이 정답이다.

어휘 authority 당국 strip mall 스트립 몰(번화가에 상점과 식당들이 일렬로 늘어서 있는 곳) encroachment 침범, 침해 patron (특히 상점·식당 등의) 고객
apparently 보아하니, 듣자 하니 commercial 상업의 establishment 시설, 기관

전략 적용 & 지문 분석

인사
Dear Sir or Madam, 담당자분께

도입
I am writing / to seek your assistance / with a problem / concerning patrons of the nearby Wayne Plaza strip mall, / specifically / that they are parking / on our residential street.
저는 글을 씁니다 / 귀하의 도움을 구하기 위해 / 문제에 대해 / 인근 Wayne 광장 스트립 몰의 고객들과 관련된 / 특히 / 그들이 주차하고 있는 / 우리 주택가에

문제점1
Apparently, / due to a lack of parking at Wayne Plaza, / many patrons end up parking / on Taylor Street. 보아하니 / Wayne 광장의 주차 공간 부족으로 인해 / 결국 많은 고객들이 주차하게 된 것 같습니다 / Taylor가에

end up -ing: 결국 ~하게 되다

This has made it difficult / for longtime residents / like me / to find parking spaces.
이것은 어렵게 만들었습니다 / 오랜 거주자들이 / 저와 같은 / 주차 공간을 찾는 것을

문제점2
Also, / customers coming and going to the street / to park their cars / are contributing to excessive noise and traffic / in our neighborhood.
또한 / 거리를 오가는 고객들은 / 주차를 하기 위해 / 과도한 소음과 교통 체증의 원인이 되고 있습니다 / 우리 동네의

부연
As far as I know, / commercial establishments should provide / enough parking / for patrons / and / should not encroach / on residential streets.
제가 알기로는 / 상업 시설은 제공해야 합니다 / 충분한 주차 공간을 / 고객을 위한 / 그리고 / 침범해서는 안 됩니다 / 주거용 도로를

주제문
I would therefore like to ask / that the city implement rules / on parking / and / address this problem / before it worsens. 그러므로 저는 요청하고 싶습니다 / 시가 규정을 시행해 주실 것을 / 주차에 관한 / 그리고 / 이 문제를 해결해 주실 것을 / 이것이 더 심각해지기 전에

요청을 나타내는 동사(ask) + that + 주어 + (should) + 동사원형

끝인사
Sincerely, // Tim Lewis   Tim Lewis 드림

① To inquire about the possibility of expanding a parking facility
주차 시설 확장 가능성에 대해 문의하기 위해

② To complain about excessive charges for street parking
노상 주차에 대한 과도한 요금에 대해 불평하기 위해

③ To ask for help enforcing neighborhood parking guidelines
동네 주차 지침 시행에 도움을 요청하기 위해

④ To recommend hiring someone to manage parking near the mall
쇼핑몰 근처의 주차를 관리할 사람을 고용할 것을 건의하기 위해

Step 1
주제문 찾기
'시가 주차에 관한 규정을 시행하고 문제를 해결해 줄 것을 요청하고 싶다'라는 내용이 지문의 주제문이다.

Step 2
주제문을 가장 잘 바꾸어 표현한 보기 선택
주제문을 '동네 주차 지침 시행에 도움을 요청하기 위해'라고 바꾸어 표현한 ③번이 정답이다.

해석
수신: Minerva 주차 당국   발신: Tim Lewis   날짜: 11월 12일   제목: 스트립 몰 주차 침범

담당자분께,

저는 인근 Wayne 광장 스트립 몰의 고객들과 관련된 문제, 특히 그들이 우리 주택가에 주차하고 있는 것과 관련된 문제에 대해 귀하의 도움을 구하기 위해 글을 씁니다. 보아하니, Wayne 광장의 주차 공간 부족으로 인해 결국 많은 고객들이 Taylor가에 주차하게 된 것 같습니다. 이것은 저와 같은 오랜 거주자들이 주차 공간을 찾는 것을 어렵게 만들었습니다. 또한, 주차를 하기 위해 거리를 오가는 고객들은 우리 동네의 과도한 소음과 교통 체증의 원인이 되고 있습니다. 제가 알기로는, 상업 시설은 고객을 위한 충분한 주차 공간을 제공해야 하며 주거용 도로를 침범해서는 안 됩니다. 그러므로 저는 시가 주차에 관한 규정을 시행하고 더 심각해지기 전에 이 문제를 해결해 주실 것을 요청하고 싶습니다.

Tim Lewis 드림

정답 ③

Day 08 목적 파악 ②

02 글의 목적으로 가장 적절한 것을 고르시오.

Legendary football coach Vince Lombardi, who led the Green Bay Packers to five league championships in the 1960s, believed that it was impossible to succeed in sports without enthusiasm. To inculcate this in his players, Lombardi always reminded them that winning was not achieved by scoring more points; rather, it is necessary to have more competitive spirits than one's opponent. Lombardi did not win games by relying purely on brute force or superior strategy. Lombardi won because he motivated his players to devote themselves completely to the game, committing them in heart, mind, body, and soul. Ultimately, this approach to football placed importance on a player's mental devotion to the task at hand instead of on the sheer physical tools that any individual brought to the field.

① To establish a connection between football and success
② To describe the Green Bay Packers' victories under Lombardi
③ To highlight Lombardi's emphasis on strength and its negative effects
④ To explain Lombardi's philosophy on how to achieve success

어휘 championship 우승, 선수권 enthusiasm 열정 inculcate (생각 등을) 심어주다 competitive spirit 승부욕, 경쟁심 opponent 상대(편), 반대자
brute 맹목적인, 잔인한 force 힘; 강요하다 motivate 동기를 부여하다 devote oneself to ~에 전념하다 commit 헌신하다, 전념하다 devotion 전념
at hand 당면한, 가까이에 있는 sheer 순전한, 완전한 physical 물리적인, 신체적인 establish 입증하다 connection 연관성

전략 적용 & 지문 분석

주제문
Legendary football coach Vince Lombardi, / who led ᴬ[the Green Bay Packers] / to ᴮ[five league championships] / in the 1960s, / believed / that it was impossible / to succeed in sports / without enthusiasm.
전설적인 축구 감독 빈스 롬바르디는 / 그린베이 패커스를 이끈 / 5번의 리그 우승으로 / 1960년대에 / 생각했다 / (~이) 불가능하다고 / 스포츠에서 성공하는 것이 / 열정 없이

lead A to B: A를 B로 이끌다
가짜 주어 it
진짜 주어(to 부정사구)

Step 1 중심 내용 찾기
'스포츠에서의 성공에 대한 롬바르디의 생각과 그것에 기반한 선수 동기 부여 방식'이 지문의 중심 내용이다.

설명
To inculcate this / in his players, Lombardi always reminded them that winning was not achieved / by scoring more points; / rather, / it is necessary / to have more competitive spirits / than one's opponent.
이것(이 생각)을 심어주기 위해서 / 그의 선수들에게 / 롬바르디는 그들에게 항상 상기시켰다 / 승리가 얻어지지 않는다는 것을 / 더 많은 점수를 내는 것으로 / 그보다는 / (~이) 필수적이라는 것을 / 더 많은 승부욕을 갖는 것이 / 상대보다

remind + 사람 + that절: '사람'에게 'that절'이라고 상기시키다

부연
Lombardi did not win games / by relying purely / on brute force or superior strategy.
롬바르디는 경기에서 승리하지 않았다 / 단순히 의존함으로써 / 맹목적인 힘이나 우월한 전략에

Lombardi won / because / he motivated his players / to devote themselves completely / to the game, / committing them in heart, mind, body, and soul.
롬바르디는 승리했다 / ~ 때문에 / 그가 그의 선수들에게 동기를 부여했다 / 완전히 전념하도록 / 경기에 / 그들이 마음, 정신, 육체, 그리고 영혼을 다해 헌신하게 했다

결론
Ultimately, / this approach to football / placed importance / on a player's mental devotion / to the task at hand / instead of on the sheer physical tools / that any individual brought to the field.
궁극적으로 / 축구에 대한 이러한 접근 방식은 / 중점을 두었다 / 선수의 정신적인 전념에 / 당면한 일에 대한 / 순전히 물리적인 수단들이 아니라 / 모든 사람(선수)이 경기장에 가져왔던

Step 2 중심 내용을 가장 잘 표현한 보기 선택
중심 내용을 '성공하는 방법에 관한 롬바르디의 철학을 설명하기 위해'라고 표현한 ④번이 정답이다.

① To establish a connection between football and success
축구와 성공 사이의 연관성을 입증하기 위해

② To describe the Green Bay Packers' victories under Lombardi
롬바르디의 감독 하에 일군 그린베이 패커스의 우승을 설명하기 위해

③ To highlight Lombardi's emphasis on strength and its negative effects
롬바르디가 강조한 힘과 그것의 부정적인 영향을 강조하기 위해

④ To explain Lombardi's philosophy on how to achieve success
성공하는 방법에 관한 롬바르디의 철학을 설명하기 위해

해석 1960년대에 그린베이 패커스를 5번의 리그 우승으로 이끈 전설적인 축구 감독 빈스 롬바르디는 스포츠에서 열정 없이 성공하는 것이 불가능하다고 생각했다. 그의 선수들에게 이것(이 생각)을 심어주기 위해서 롬바르디는 승리가 더 많은 점수를 내는 것으로 얻어지지 않으며, 그보다는 상대보다 더 많은 승부욕을 갖는 것이 필수적이라는 것을 항상 상기시켰다. 롬바르디는 단순히 맹목적인 힘이나 우월한 전략에 의존함으로써 경기에서 승리하지 않았다. 롬바르디는 그의 선수들에게 경기에 완전히 전념하도록 동기를 부여해서, 그들이 마음, 정신, 육체, 그리고 영혼을 다해 경기에 헌신하게 했기 때문에 승리했다. 궁극적으로, 축구에 대한 이러한 접근방식은 모든 사람(선수)이 경기장에 가져왔던 순전히 물리적인 수단들이 아니라, 당면한 일에 대한 선수의 정신적인 전념에 중점을 두었다.

해설 지문 처음에서 전설적인 축구 감독 롬바르디는 스포츠에서 열정 없이 성공하는 것이 불가능하다고 생각했다고 하고, 이어서 승리하기 위해 롬바르디가 자신의 축구 선수들에게 보여준 동기 부여 방식에 대해 자세히 설명하고 있다. 따라서 지문의 목적을 '성공하는 방법에 관한 롬바르디의 철학을 설명하기 위해'라고 표현한 ④번이 정답이다.

정답 ④

03 다음 글의 목적으로 가장 적절한 것은?

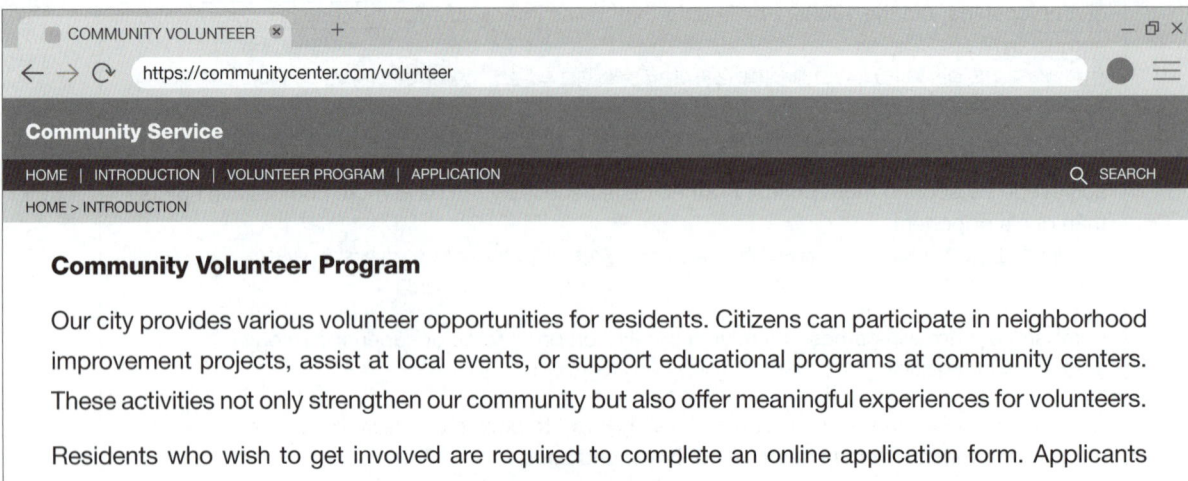

Community Volunteer Program

Our city provides various volunteer opportunities for residents. Citizens can participate in neighborhood improvement projects, assist at local events, or support educational programs at community centers. These activities not only strengthen our community but also offer meaningful experiences for volunteers.

Residents who wish to get involved are required to complete an online application form. Applicants must provide personal information, availability schedules, and preferred volunteer areas.

All applications undergo review by our volunteer management team. Approved volunteers receive orientation materials and contact information from their assigned program supervisors. For additional questions about volunteer opportunities, contact our community engagement office during regular business hours.

① to provide a list of volunteer program schedules
② to describe the training requirements for volunteers
③ to recruit new regional volunteer supervisors
④ to explain how to register for volunteer programs

어휘 volunteer 자원봉사, 자원봉사자 improvement 개선 assist 돕다 supervisor 관리자, 감독관 engagement 참여 recruit 모집하다, 채용하다

전략 적용 & 지문 분석

제목 — **Community Volunteer Program** 지역사회 자원봉사 프로그램

도입
Our city provides various volunteer opportunities / for residents.
우리 시는 다양한 자원봉사 기회를 제공합니다 / 주민들을 위해

Citizens can [participate in neighborhood improvement projects], / [assist at local events], / or [support educational programs at community centers].
시민들은 지역사회 개선 사업에 참여할 수 있습니다 / 지역 행사에서 도울 수 있습니다 / 또는 주민센터에서 교육 프로그램을 지원할 수 있습니다
→ or로 연결된 동사구 병치 구문

These activities / not only strengthen our community / but also offer meaningful experiences / for volunteers.
이러한 활동들은 / 우리 지역사회를 강화할 뿐만 아니라 / 의미 있는 경험 또한 제공합니다 / 자원봉사자들에게

절차 1
Residents who wish to get involved / are required to complete / an online application form.
참여하고자 하는 주민들은 / 작성해야 합니다 / 온라인 신청서를

Applicants must provide / personal information, availability schedules, and preferred volunteer areas.
신청자들은 제공해야 합니다 / 개인 정보, 가능한 일정, 그리고 선호하는 자원봉사 분야를

All applications undergo review / by our volunteer management team.
모든 지원서는 검토를 거칩니다 / 저희의 자원봉사 관리팀의

절차 2
→ 명사(volunteers)를 수식하는 과거분사
[Approved] volunteers receive / orientation materials and contact information / from their assigned program supervisors.
승인된 자원봉사자는 받습니다 / 오리엔테이션 자료와 연락처 정보를 / 배정된 프로그램 관리자로부터

부연
For additional questions about volunteer opportunities, / contact our community engagement office / during regular business hours.
자원봉사 기회에 대한 추가 질문은 / 저희의 지역사회 참여 사무실로 연락해 주시기 바랍니다 / 정규 업무 시간 동안

① to provide a list of volunteer program schedules 자원봉사 프로그램 일정의 목록을 제공하려고
② to describe the training requirements for volunteers 자원봉사자들을 위한 교육 요구 사항을 설명하려고
③ to recruit new regional volunteer supervisors 새로운 지역 자원봉사 관리자를 모집하려고
④ to explain how to register for volunteer programs 자원봉사 프로그램에 등록하는 방법을 설명하려고

Step 1 중심 내용 찾기
'자원봉사 활동을 위한 등록'이 지문의 중심 내용이다.

Step 2 중심 내용을 가장 잘 바꾸어 표현한 보기 선택
중심 내용을 '자원봉사 프로그램에 등록하는 방법을 설명하려고'라고 표현한 ④번이 정답이다.

해석 지역사회 자원봉사 프로그램

우리 시는 주민들을 위해 다양한 자원봉사 기회를 제공합니다. 시민들은 지역사회 개선 사업에 참여하거나, 지역 행사에서 돕거나, 주민센터에서 교육 프로그램을 지원할 수 있습니다. 이러한 활동들은 우리 지역사회를 강화할 뿐만 아니라 자원봉사자들에게도 의미 있는 경험을 제공합니다.

참여하고자 하는 주민들은 온라인 신청서를 작성해야 합니다. 신청자들은 개인 정보, 가능한 일정, 그리고 선호하는 자원봉사 분야를 제공해야 합니다. 모든 지원서는 저희의 자원봉사 관리팀의 검토를 거칩니다. 승인된 자원봉사자는 배정된 프로그램 관리자로부터 오리엔테이션 자료와 연락처 정보를 받습니다. 자원봉사 기회에 대한 추가 질문을 하시려면, 정규 업무 시간 동안 지역사회 참여 사무실로 연락해 주시기 바랍니다.

해설 지문 처음에서 시가 주민들을 위해 다양한 자원봉사 기회를 제공한다고 했고, 지문 전반에 걸쳐 자원봉사 활동을 위해 등록하는 방법과 이후 절차에 대해 설명하고 있다. 따라서 지문의 목적을 '자원봉사 프로그램에 등록하는 방법을 설명하려고'라고 표현한 ④번이 정답이다.

정답 ④

Section 1 글의 내용 파악 유형

Day 09 내용 일치 파악 ①

01 다음 글의 내용과 일치하는 것은?

SEOUL TRADITIONAL COOKING ACADEMY

Korean Cuisine Masterclass Program

OCTOBER WEEKEND SESSIONS
- Every Saturday 2:00 p.m. – 5:00 p.m.
- Location: 245 Food Culture Street, Seoul Culinary Institute

WHAT YOU'LL MASTER:
- Bulgogi & Bibimbap Techniques
- Traditional Kimchi Fermentation
- Korean Tea Ceremony Essentials
- Over 20 Classic Regional Recipes

PROGRAM DETAILS:
- Official completion certificate provided
- Limited to 20 students maximum
- Professional chef instruction guaranteed

- $120 per participant
- All ingredients & equipment included

① The cooking classes are held twice weekly.
② Each session can accommodate 30 participants.
③ Participation in the program is free of charge.
④ All materials and equipment are provided.

[해설] ④번의 키워드인 materials and equipment(재료와 장비)를 바꾸어 표현한 지문의 ingredients & equipment(재료와 장비) 주변의 내용에서 모든 재료와 장비가 포함된다는 것을 알 수 있다. 따라서 ④번이 지문의 내용과 일치한다.

[어휘] traditional 전통적인 academy (특수 분야의) 학교 cuisine 요리 culinary 요리의 institute (특히 교육·전문 직종과 관련된) 협회, 기관 technique 기법 fermentation 발효 tea ceremony 다도 essential 핵심, 요점 classic 대표적인, 고전적인 equipment 장비 accommodate 수용하다

전략 적용 & 지문 분석

SEOUL TRADITIONAL COOKING ACADEMY 서울 전통 요리 학교
Korean Cuisine Masterclass Program 한국 요리 마스터클래스 프로그램

OCTOBER WEEKEND SESSIONS 10월 주말 세션
- ① Every Saturday 2:00 p.m. – 5:00 p.m. 매주 토요일 오후 2:00 - 오후 5:00
- Location: 245 Food Culture Street, Seoul Culinary Institute 장소: 음식 문화 거리 245번지, 서울 요리 협회

WHAT YOU'LL MASTER: 여러분이 익힐 것들
- Bulgogi & Bibimbap Techniques 불고기와 비빔밥 기법
- Traditional Kimchi Fermentation 전통적인 김치 발효
- Korean Tea Ceremony Essentials 한국 다도의 핵심
- Over 20 Classic Regional Recipes 20가지가 넘는 지역의 대표적인 요리법

PROGRAM DETAILS: 프로그램 세부 사항
- Official completion certificate provided 공식 수료증이 제공됨
- ② Limited to 20 students maximum 최대 20명의 학생으로 제한됨
- Professional chef instruction guaranteed 전문 요리사 지도가 보장됨
- ③ $120 per participant 참가자당 120달러
- ④ All ingredients & equipment included 모든 재료와 장비가 포함됨

① The cooking classes are held twice weekly.
요리 수업은 주당 두 번 열린다.

② Each session can accommodate 30 participants.
각 세션은 30명의 참가자를 수용할 수 있다.

③ Participation in the program is free of charge.
프로그램에 참여하는 것은 무료이다.

④ All materials and equipment are provided.
모든 재료와 장비가 제공된다.

Step 1
보기를 먼저 읽고 지문의 내용과 비교할 키워드를 파악
① 요리 수업, 주당 두 번
② 각 세션, 참가자 30명
③ 프로그램 참여, 무료
④ 모든 재료와 장비 제공

Step 2
지문에서 보기의 키워드와 관련된 부분을 찾아 비교한 후, 알맞은 보기 선택
① X: 토요일에만 열림
② X: 최대 20명의 학생
③ X: 참가자당 120달러
④ O: 모든 재료와 장비 포함

해석 서울 전통 요리 학교
한국 요리 마스터클래스 프로그램
10월 주말 세션
· 매주 토요일 오후 2:00 - 오후 5:00   · 장소: 음식 문화 거리 245번지, 서울 요리 협회
여러분이 익힐 것들:
· 불고기와 비빔밥 기법   · 전통적인 김치 발효   · 한국 다도의 핵심   · 20가지가 넘는 지역의 대표적인 요리법
프로그램 세부 사항:
· 공식 수료증이 제공됨   · 최대 20명의 학생으로 제한됨   · 전문 요리사 지도가 보장됨   · 참가자당 120달러   · 모든 재료와 장비가 포함됨

정답 ④

02 다음 글의 내용과 일치하는 것은?

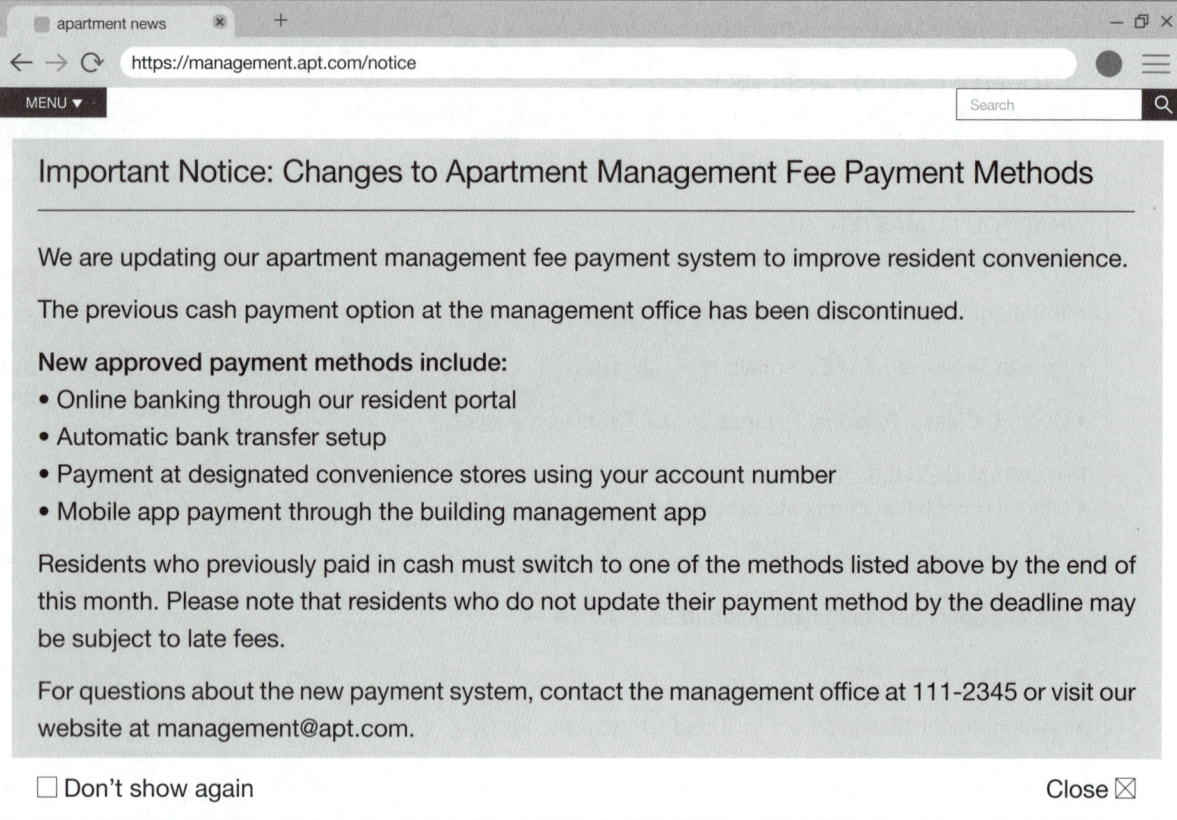

① 관리비 납부 방법 선택지에 현금 납부는 계속해서 유지된다.
② 새로운 납부 방법에는 온라인 뱅킹과 앱 결제가 포함된다.
③ 3개월간 관리비를 내지 않는 주민들에게는 연체료가 부과된다.
④ 새로운 납부 체계에 대한 질문은 웹사이트를 통해서만 처리된다.

해설 ②번의 키워드인 '새로운 납부 방법'을 바꾸어 표현한 지문의 New approved payment methods(새로 승인된 납부 방법) 주변의 내용에서 새로 승인된 납부 방법에는 온라인 뱅킹, 자동 이체, 지정된 편의점에서의 납부, 모바일 앱 결제가 포함된다고 했다. 따라서 ②번이 지문의 내용과 일치한다.

어휘 notice 공지 management 관리 convenience 편의 discontinue 중단하다 automatic 자동의 transfer 이체 designated 지정된 account number 계좌 번호

전략 적용 & 지문 분석

제목

Important Notice: Changes to Apartment Management Fee Payment Methods
중요한 공지: 아파트 관리비 납부 방법 변경

주제문

We are updating our apartment management fee payment system / to improve resident convenience.
저희는 아파트 관리비 납부 체계를 갱신합니다 / 입주민 편의를 향상하기 위해

설명 1 (납부 방법)

①The previous cash payment option / at the management office / has been discontinued.
이전의 현금 납부 선택지는 / 관리사무소에서의 / 중단되었습니다

현재완료의 수동태(~되었다): have(has) + been + p.p.

New approved payment methods include: 새로 승인된 납부 방법은 다음을 포함합니다

- ②Online banking / through our resident portal 온라인 뱅킹 / 우리의 주민 포털을 통한
- Automatic bank transfer setup 자동 이체 설정
- Payment at designated convenience stores / using your account number
  지정된 편의점에서의 납부 / 여러분의 계좌 번호를 사용한
- ②Mobile app payment / through the building management app 모바일 앱 결제 / 건물 관리 앱을 통한

설명 2 (마감일)

선행사(Residents)를 수식하는 주격 관계절

Residents who previously paid in cash / must switch to one of the methods / listed above / by the end of this month.
기존에 현금으로 지불하던 입주민들은 / 방법 중 하나로 전환해야 합니다 / 위에 나열된 / 이번 달 말까지

Please note / that ③residents who do not update their payment method / by the deadline / may be subject to late fees.
알아두시기 바랍니다 / 지불 방법을 갱신하지 않는 주민에게는 / 마감일까지 / 연체료가 부과될 수 있습니다

부연

④For questions about the new payment system, / contact the management office / at 111-2345 / or visit our website at management@apt.com.
새로운 납부 시스템에 대한 질문이 있으면 / 관리사무소에 연락하시기 바랍니다 / 111-2345로 / 또는 management@apt.com으로 저희의 웹사이트를 방문하시기 바랍니다

Step 1
보기를 먼저 읽고 지문의 내용과 비교할 키워드를 파악

① 현금 납부, 유지
② 새로운 납부 방법, 온라인 뱅킹과 앱 결제
③ 3개월간 관리비 미납, 연체료 부과
④ 질문, 웹사이트를 통해서만 처리

Step 2
지문에서 보기의 키워드와 관련된 부분을 찾아 비교한 후, 알맞은 보기 선택

① X: 현금 납부 선택지는 중단
② O: 온라인 뱅킹, 모바일 앱 결제 포함
③ X: 마감일까지 갱신하지 않는 주민에게 연체료 부과
④ X: 관리사무소에 연락 또는 웹사이트 방문

해석 중요한 공지: 아파트 관리비 납부 방법 변경

입주민 편의를 향상하기 위해 저희는 아파트 관리비 납부 체계를 갱신합니다.

이전의 관리사무소에서의 현금 납부 선택지는 중단되었습니다.

새로 승인된 납부 방법은 다음을 포함합니다.
· 주민 포털을 통한 온라인 뱅킹   · 자동 이체 설정   · 계좌 번호를 사용한 지정된 편의점에서의 납부   · 건물 관리 앱을 통한 모바일 앱 결제

기존에 현금으로 지불하던 입주민들은 이번 달 말까지 위에 나열된 방법 중 하나로 전환해야 합니다. 마감일까지 지불 방법을 갱신하지 않는 주민에게는 연체료가 부과될 수 있음을 알아두시기 바랍니다.

새로운 납부 체계에 대한 질문이 있으면, 111-2345로 관리사무소에 연락하거나 management@apt.com으로 저희의 웹사이트를 방문하시기 바랍니다.

정답 ②

03 다음 글의 내용과 일치하는 것은?

Robert Hanssen, an employee of the Federal Bureau of Investigation (FBI), was arrested on February 18, 2001, while delivering classified information to Russian agents. Authorities caught Hanssen, along with three Russian spies, at an abandoned shipping yard as they were exchanging USB sticks full of confidential information. This high-profile spying case was a surprise to most Americans, but government agents had been aware of a spy in their department for several months. Documents acquired by the United States government contained proof that Hanssen had been regularly providing information to the Russians since 1979, only pausing between 1991 and 1999 in order to establish a new set of contacts after the fall of the Soviet Union.

① Robert Hanssen no longer worked for the FBI at the time of his arrest.
② USB sticks were used to store secret information.
③ The FBI was completely unaware of any spying occurring.
④ Robert Hanssen spied for the Russians from 1979 to 1999.

어휘 arrest 체포하다; 체포 classified information 기밀 정보 agent 첩보원, 요원 abandon 버리다 exchange 교환하다 confidential 기밀의 high-profile 세간의 이목을 끄는 pause 중단하다 establish 구축하다

전략 적용 & 지문 분석

주제문
①Robert Hanssen, / [an employee of the Federal Bureau of Investigation (FBI)], / was arrested / on February 18, 2001, / while delivering classified information / to Russian agents.
Robert Hanssen은 / 연방 수사국(FBI)의 직원인 / 체포되었다 / 2001년 2월 18일에 / 기밀 정보를 전달하던 중 / 러시아 첩보원들에게
Robert Hanssen과 동격

설명1
Authorities caught Hanssen, / along with three Russian spies, / at an abandoned shipping yard / ②as they were exchanging USB sticks / full of confidential information.
정부 당국은 Hanssen을 검거했다 / 세 명의 러시아 스파이들과 함께 / 버려진 선박장에서 / 그들이 USB 메모리 스틱을 교환하고 있을 때 / 기밀 정보가 가득 담긴

설명2
This high-profile spying case / was a surprise / to most Americans, / but ③government agents had been aware / of a spy in their department / for several months.
세간의 이목을 끈 이 스파이 활동 사건은 / 놀라운 사건이었다 / 대부분의 미국인들에게 / 하지만 정부 요원들은 알고 있었다 / 그들의 부서 내부의 스파이를 / 몇 달 동안

설명3
Documents / [acquired by the United States government] / contained proof / that ④Hanssen had been regularly providing information / to the Russians / since 1979, / only pausing between 1991 and 1999 / in order to establish a new set of contacts / after the fall of the Soviet Union.
문서들은 / 미국 정부에 의해 입수된 / 증거가 들어 있었다 / Hanssen이 주기적으로 정보를 제공해왔다는 / 러시아인들에게 / 1979년부터 / 이것은 1991년에서 1999년 사이에만 중단했었다(는) / 새로운 연락망을 구축하기 위해 / 소련의 붕괴 이후
명사(Documents)를 수식하는 분사구 *proof that(동격절): ~라는 증거*

① Robert Hanssen no longer worked for the FBI at the time of his arrest.
Robert Hanssen은 체포 당시 더 이상 FBI에서 근무하고 있지 않았다.

② USB sticks were used to store secret information.
비밀 정보를 저장하기 위해 USB 메모리 스틱이 사용되었다.

③ The FBI was completely unaware of any spying occurring.
FBI는 스파이 행위가 발생한 것을 전혀 알지 못했다.

④ Robert Hanssen spied for the Russians from 1979 to 1999.
Robert Hanssen은 1979년부터 1999년까지 러시아를 위해 스파이 활동을 했다.

Step 1
보기를 먼저 읽고 지문의 내용과 비교할 키워드를 파악
① 체포 당시, FBI 근무 안 함
② USB 메모리 스틱 사용
③ FBI, 스파이 행위 모름
④ 1979-1999년, 스파이 활동

Step 2
지문에서 보기의 키워드와 관련된 부분을 찾아 비교한 후, 알맞은 보기 선택
① X: FBI 직원이 체포되었음
② O: USB 메모리 스틱 교환함
③ X: 내부 스파이, 정부 요원들은 알고 있었음
④ X: 1991-1999 사이에 활동 중단

해석 연방 수사국(FBI)의 직원인 Robert Hanssen은 2001년 2월 18일에 러시아 첩보원들에게 기밀 정보를 전달하던 중 체포되었다. 정부 당국은 그들이 버려진 선박장에서 기밀 정보가 가득 담긴 USB 메모리 스틱을 교환하고 있을 때, Hanssen을 세 명의 러시아 스파이들과 함께 검거했다. 세간의 이목을 끈 이 스파이 활동 사건은 대부분의 미국인들에게 놀라운 사건이었지만, 정부 요원들은 그들의 부서 내부의 스파이를 몇 달 동안 알고 있었다. 미국 정부에 의해 입수된 문서들은 Hanssen이 1979년부터 러시아인들에게 주기적으로 정보를 제공해왔으며, 이것은 소련의 붕괴 이후 새로운 연락망을 구축하기 위해 1991년에서 1999년 사이에만 중단했다는 증거가 들어 있었다.

해설 ②번의 키워드인 USB sticks(USB 메모리 스틱)가 그대로 등장한 지문 주변의 내용에서 정부 당국은 그들(Robert Hanssen과 러시아 첩보원들)이 기밀 정보가 가득 담긴 USB 메모리 스틱을 교환하고 있을 때 Hanssen을 검거했다고 했으므로 비밀 정보를 저장하기 위해 USB 메모리 스틱을 사용했다는 것을 알 수 있다. 따라서 ②번이 지문의 내용과 일치한다.

정답 ②

Section 1 글의 내용 파악 유형

Day 10 내용 일치 파악 ②

01 다음 글의 내용과 일치하는 것은?

> Over the past two years, oil prices have nearly doubled. This has hurt the revenues of airlines worldwide, forcing many carriers to increase their fuel surcharges in order to compensate. As a result, the average international fare has increased 40 percent over that time frame, and domestic ticket prices rose by nearly 25 percent. The pricing moves were expected to return profits to previous levels, before the spike in fuel prices, but this hasn't been the case. That's because the change has caused customers to cancel their air travel plans on economic grounds. According to revenue estimations, most major airlines are now operating at a loss.

① Oil prices are predicted to double over the next two years.
② The fuel price increase caused a 40 percent hike in domestic ticket prices.
③ The effect of the air ticket increase is cancellations of customer travel plans.
④ Most major airlines have maintained profits after the oil price increase.

어휘 revenue 수익 surcharge 할증료, 추가 요금 compensate 충당하다, 보충하다 domestic 국내의 spike 급등 the case 실정 ground 이유, 땅 projection 예측, 예상 at a loss 적자로, 원가 이하로 cancellation 취소

전략 적용 & 지문 분석

도입
① Over the past two years, / oil prices / have nearly doubled.
지난 2년 동안 / 유가는 / 거의 두 배가 되었다

전개1
This has hurt the revenues / of airlines / worldwide, / forcing many carriers / to increase their fuel surcharges / in order to compensate.
이것은 수익에 손해를 입혔다 / 항공사들의 / 전 세계에서 / 이는 많은 항공사들이 어쩔 수 없이 ~하게 했다 / 그들의 유류 할증료를 인상하게 / 이를 충당하기 위해

→ force + 목적어 + to 부정사: '목적어'가 어쩔 수 없이 'to 부정사'하게 하다

전개2
② As a result, / the average international fare / has increased 40 percent / over that time frame, / and domestic ticket prices / rose by nearly 25 percent.
그 결과 / 평균 국제 항공료는 / 40퍼센트 상승했다 / 그 기간 동안 / 그리고 국내 항공권 가격은 / 거의 25퍼센트까지 올랐다

전개3
The pricing moves were expected / to return profits / to previous levels, / before the spike in fuel prices, / but this hasn't been the case.
가격의 변동은 기대되었다 / 수익을 회복시킬 것으로 / 이전의 수준으로 / 석유 가격 급등의 이전의 / 하지만 실정은 그렇지 않았다

→ cause + 목적어 + to 부정사: '목적어'가 'to 부정사'하게 하다

③ That's because the change has caused / customers / to cancel their air travel plans / on economic grounds.
그 변화는 ~하게 했기 때문이다 / 고객들이 / 그들의 비행기 여행 계획을 취소하게 / 경제적인 이유로

결말
According to revenue estimations, / ④ most major airlines / are now operating / at a loss.
매출 평가에 따르면 / 대부분의 주요 항공사들이 / 현재 운영되고 있다 / 적자로

① Oil prices are predicted to double over the next two years.
유가는 향후 2년 동안 두 배로 상승할 것으로 예상된다.

② The fuel price increase caused a 40 percent hike in domestic ticket prices.
유류 가격 인상으로 인해 국내 항공권 가격이 40퍼센트 인상되었다.

③ The effect of the air ticket increase is cancellations of customer travel plans.
항공권 인상의 결과는 고객들의 여행 계획 취소이다.

④ Most major airlines have maintained profits after the oil price increase.
대부분의 주요 항공사들은 유가 상승 이후에도 수익을 유지해 왔다.

Step 1
보기를 먼저 읽고 지문의 내용과 비교할 키워드를 파악

① 유가, 향후, 두 배 상승
② 국내 항공권, 40퍼센트 인상
③ 항공권 인상, 고객 여행 계획 취소
④ 주요 항공사, 수익 유지

Step 2
지문에서 보기의 키워드와 관련된 부분을 찾아 비교한 후, 알맞은 보기 선택

① X: 유가는 지난 2년간 두 배로 상승함
② X: 국내 항공권 가격은 25퍼센트 상승함
③ O: 가격 책정 움직임으로 항공 여행 계획 취소
④ X: 주요 항공사가 적자를 내며 운영함

해석 지난 2년 동안, 유가는 거의 두 배가 되었다. 이것은 전 세계 항공사들의 수익에 손해를 입혔고, 이는 많은 항공사들이 이를 충당하기 위해 어쩔 수 없이 그들의 유류 할증료를 인상하게 했다. 그 결과, 그 기간 동안 평균 국제 항공료는 40퍼센트 상승했고, 국내 항공권 가격은 거의 25퍼센트까지 올랐다. (항공권) 가격의 변동은 석유 가격 급등의 이전의 수준으로 수익을 회복시킬 것으로 기대되었지만, 실정은 그렇지 않았다. 이는 그 변화가 고객들이 경제적인 이유로 그들의 비행기 여행 계획을 취소하게 했기 때문이다. 매출 평가에 따르면, 대부분의 주요 항공사들이 현재 적자로 운영되고 있다.

해설 ③번의 키워드인 cancellations of customer travel plans(고객들의 여행 계획 취소)를 바꾸어 표현한 지문의 has caused customers to cancel their air travel plans(고객들이 항공 여행 계획을 취소하게 했다) 주변의 내용에서 이러한 변화(평균 국제선 운임은 40퍼센트 인상되고 국내선 항공권 가격이 거의 25퍼센트 상승한 것)로 인해 고객들이 항공 여행 계획을 취소하게 되었다는 것을 알 수 있다. 따라서 ③번이 지문의 내용과 일치한다.

정답 ③

Day 10 내용 일치 파악 ②

02 Antipolo Quest Educational Tour에 관한 다음 글의 내용과 일치하는 것은?

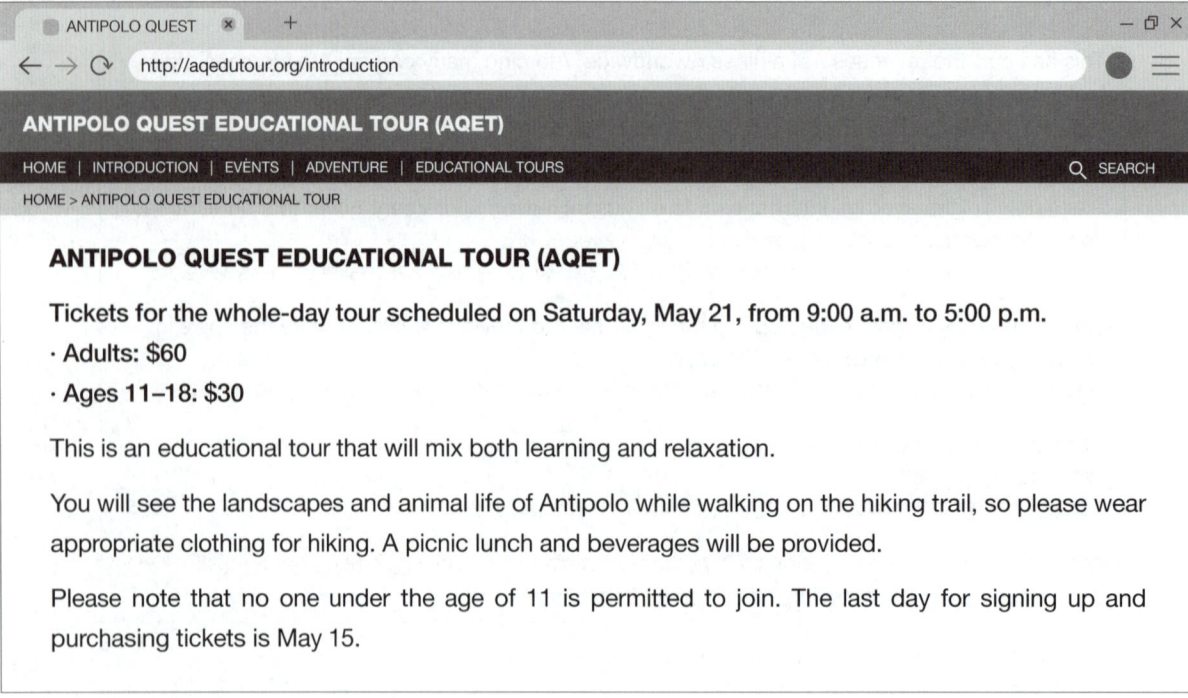

ANTIPOLO QUEST EDUCATIONAL TOUR (AQET)

Tickets for the whole-day tour scheduled on Saturday, May 21, from 9:00 a.m. to 5:00 p.m.
· Adults: $60
· Ages 11–18: $30

This is an educational tour that will mix both learning and relaxation.

You will see the landscapes and animal life of Antipolo while walking on the hiking trail, so please wear appropriate clothing for hiking. A picnic lunch and beverages will be provided.

Please note that no one under the age of 11 is permitted to join. The last day for signing up and purchasing tickets is May 15.

① Teenagers under the age of 18 do not have to pay.
② Participants must dress appropriately for the tour.
③ Those who join must bring a packed lunch and water.
④ Tickets can be purchased until the day before the tour.

해설 ②번의 키워드인 dress appropriately(적합한 복장을 착용하다)를 바꾸어 표현한 지문의 wear appropriate clothing(적합한 복장을 착용하라) 주변의 내용에서 참가자들은 등산에 적합한 복장을 착용해야 한다는 것을 알 수 있다. 따라서 ②번이 지문의 내용과 일치한다.

어휘 quest 탐구, 탐색 landscape 풍경 appropriate 적합한, 적절한 beverage 음료

전략 적용 & 지문 분석

제목 — **ANTIPOLO QUEST EDUCATIONAL TOUR (AQET)**
ANTIPOLO 탐구 교육 여행(AQET)

안내1 —
Tickets for the whole-day tour / scheduled on Saturday, May 21, from 9:00 a.m. to 5:00 p.m.
종일 여행을 위한 티켓 / 5월 21일 토요일 오전 9시부터 오후 5시까지 예정된

· **Adults: $60 //** · ①**Ages 11–18: $30**
성인: 60달러 // 11세~18세: 30달러

안내2 —
This is an educational tour / that will mix / both learning and relaxation.
→ 상관접속사 both A and B: A와 B 둘 다
이것은 교육 여행입니다 / 결합할 / 학습과 휴식을 모두

You will see the landscapes and animal life of Antipolo / while walking on the hiking trail, / so / ②please wear appropriate clothing / for hiking.
여러분은 Antipolo의 풍경과 동물의 삶을 구경할 예정입니다 / 등산 코스를 걸으면서 / 그러므로 / 적합한 복장을 착용하시기 바랍니다 / 등산에

③A picnic lunch and beverages / will be provided.
소풍 도시락과 음료가 / 제공됩니다

안내3 —
Please note / that no one under the age of 11 / is permitted to join.
→ 동사(note)의 목적어 역할을 하는 명사절 접속사 that
참고하세요 / 11세 미만은 누구도 / 참가할 수 없다는 점을

④The last day for signing up and purchasing tickets / is May 15.
티켓 신청 및 구매의 마지막 날은 / 5월 15일입니다

① Teenagers under the age of 18 do not have to pay.
18세 미만 청소년은 비용을 지불할 필요가 없다.

② Participants must dress appropriately for the tour.
참가자들은 여행에 적합한 복장을 착용해야 한다.

③ Those who join must bring a packed lunch and water.
참가하는 사람들은 도시락과 물을 지참해야 한다.

④ Tickets can be purchased until the day before the tour.
티켓은 여행 전날까지 구매할 수 있다.

Step 1
보기를 먼저 읽고 지문의 내용과 비교할 키워드를 파악
① 18세 미만, 비용 지불할 필요 없음
② 적합한 복장
③ 도시락과 물 지참
④ 티켓 구매, 여행 전날까지 가능

Step 2
지문에서 보기의 키워드와 관련된 부분을 찾아 비교한 후, 알맞은 보기 선택
① X: 11세~18세는 30달러임
② O: 등산에 적합한 복장 착용해야 함
③ X: 도시락과 음료 제공됨
④ X: 티켓 구매 마지막 날은 5월 15일임

해석

ANTIPOLO 탐구 교육 여행(AQET)

5월 21일 토요일 오전 9시부터 오후 5시까지 예정된 종일 여행을 위한 티켓
· 성인: 60달러
· 11세~18세: 30달러

이것은 학습과 휴식을 모두 결합한 교육 여행입니다.

등산 코스를 걸으면서 Antipolo의 풍경과 동물의 삶을 구경할 예정이므로, 등산에 적합한 복장을 착용하시기 바랍니다. 소풍 도시락과 음료가 제공됩니다.

11세 미만은 참가할 수 없다는 점을 참고해 주십시오. 티켓 신청 및 구매의 마지막 날은 5월 15일입니다.

정답 ②

03 다음 글의 내용과 일치하는 것은?

https://publictransportation/notices

Home | Notice | Overview | Q&A

Public Transportation Discounts

Eligible residents can apply for reduced-fare transportation passes through our city transit system. Discount programs are open to seniors, students, disabled individuals, and low-income families. Applications require proof of eligibility and current identification documents.

The application process begins with completing eligibility verification forms. Required documentation varies by discount category but typically includes proof of income, student enrollment certificates, or medical disability records. Processing time averages ten business days from submission.

Those who are approved will be provided with discount cards valid for twelve months. Cards must be renewed annually with updated eligibility documentation.

① Discounted transportation passes are offered to certain residents.
② All categories have identical documentation requirements.
③ Processing the application typically takes less than one week.
④ Transit passes provide unlimited monthly travel access.

전략 적용 & 지문 분석

제목: Public Transportation Discounts 대중교통 할인

주제문: ①Eligible residents can apply / for reduced-fare transportation passes / through our city transit system.
자격을 갖춘 주민들은 신청할 수 있습니다 / 할인된 요금의 교통 탑승권을 / 우리 시 교통 체계를 통해

설명 1 (대상): Discount programs are open / to seniors, students, disabled individuals, and low-income families.
할인 프로그램은 열려 있습니다 / 노인, 학생, 장애인, 그리고 저소득 가정에게

Applications require / proof of eligibility and current identification documents.
신청서는 요구합니다 / 자격 증명과 현재 신분 증명 서류를

설명 2 (신청): The application process begins / with completing eligibility verification forms.
신청 과정은 시작합니다 / 자격 확인 양식을 작성하는 것으로

→ but으로 연결된 동사구 병치구문

②Required documentation [varies / by discount category] / but typically [includes / proof of income, student enrollment certificates, or medical disability records].
필요한 서류는 다릅니다 / 할인 범주에 따라 / 하지만 일반적으로 포함합니다 / 소득 증명서, 학생 등록 증명서, 또는 의료 장애 기록을

설명 3 (처리): ③Processing time averages ten business days / from submission.
처리 기간은 평균 열흘의 영업일입니다 / 제출부터

→ those who ~: ~한 사람들

Those who are approved / will be provided with discount cards / valid for twelve months.
승인된 사람들은 / 할인 카드를 제공받을 것입니다 / 12개월간 유효한

설명 4 (카드): ④Cards must be renewed annually / with updated eligibility documentation.
카드는 매년 갱신되어야 합니다 / 최신의 자격 서류와 함께

Step 1
보기를 먼저 읽고 지문의 내용과 비교할 키워드를 파악

① 일부 주민, 할인된 교통 탑승권
② 모든 범주, 동일한 문서 요건
③ 신청서 처리, 일주일 이내로 소요
④ 교통 탑승권, 무제한 월간 교통 이용

Step 2
지문에서 보기의 키워드와 관련된 부분을 찾아 비교한 후, 알맞은 보기 선택

① O: 자격을 갖춘 주민들이 할인된 요금의 교통 탑승권을 신청할 수 있음
② X: 할인 범주에 따라 필요한 서류는 다름
③ X: 처리 기간은 평균 열흘의 영업일임
④ X: 카드는 매년 갱신되어야 함

---

① Discounted transportation passes are offered to certain residents.
일부 주민들에게 할인된 교통 탑승권이 제공된다.

② All categories have identical documentation requirements.
모든 범주는 동일한 문서 요건을 갖는다.

③ Processing the application typically takes less than one week.
신청서를 처리하는 것은 보통 일주일 이내로 소요된다.

④ Transit passes provide unlimited monthly travel access.
교통 탑승권은 무제한 월간 교통 이용을 제공한다.

해석 대중교통 할인

자격을 갖춘 주민들은 우리 시 교통 체계를 통해 할인된 요금의 교통 탑승권을 신청할 수 있습니다. 할인 프로그램은 노인, 학생, 장애인, 그리고 저소득 가정에게 열려 있습니다. 신청서는 자격 증명과 현재 신분 증명 서류를 요구합니다.

신청 과정은 자격 확인 양식을 작성하는 것으로 시작합니다. 필요한 서류는 할인 범주에 따라 다르지만, 일반적으로 소득 증명서, 학생 등록 증명서, 또는 의료 장애 기록을 포함합니다. 처리 기간은 제출부터 평균 열흘의 영업일입니다.

승인된 사람들은 12개월간 유효한 할인 카드를 제공받을 것입니다. 카드는 최신의 자격 서류와 함께 매년 갱신되어야 합니다.

정답 ①

Section 1 글의 내용 파악 유형

Day 11 내용 불일치 파악 ①

01 다음 글의 내용과 일치하지 않는 것은?

CULTURAL IMMERSION LANGUAGE CAMP

Accelerate language learning through total immersion experiences with native speakers. This intensive camp combines conversational practice with cultural activities for rapid language acquisition.

LOCATION & FACILITIES
The camp is hosted in a vibrant learning center designed for young language learners. Modern classrooms equipped with technology, cozy cabins that encourage group bonding, and outdoor activity areas create the perfect environment for immersive learning.

IMMERSION ACTIVITIES
The daily schedule includes conversation circles, cultural workshops, and authentic meal preparation. Language instructors, fluent in multiple languages, facilitate discussions and provide pronunciation coaching.

BENEFITS & OUTCOMES
The immersion experience helps learners overcome language anxiety and develop cultural awareness. Campers leave with not only stronger communication skills but also friendships that extend across countries and cultures.

① 학습 센터는 성인 언어 학습자들을 위해 설계되었다.
② 캠프 시설에는 야외 활동을 위한 공간이 마련되어 있다.
③ 캠프는 대화를 나누거나 문화를 배우는 활동을 포함한다.
④ 몰입 경험은 언어에 대한 불안을 극복하는 데 도움을 준다.

해설 ①번의 키워드인 '학습 센터'와 관련된 지문의 learning center(학습 센터) 주변의 내용에서 캠프는 어린 언어 학습자들을 위해 설계된 활기 넘치는 학습 센터에서 진행된다고 했으므로, 학습 센터가 성인 언어 학습자들을 위해 설계되었다는 것은 지문의 내용과 다르다. 따라서 ①번이 지문의 내용과 일치하지 않는다.

어휘 immersion 몰입, 몰두 accelerate 가속하다 intensive 집중적인 acquisition 습득 cabin 오두막 instructor 강사 fluent 유창한 facilitate 촉진하다, 가능하게 하다 pronunciation 발음 overcome 극복하다

전략 적용 & 지문 분석

제목

CULTURAL IMMERSION LANGUAGE CAMP 문화 몰입 언어 캠프

도입

Accelerate language learning / through total immersion experiences / with native speakers.
언어 학습을 가속하세요 / 완전한 몰입 경험을 통해 / 원어민과의

combine A with B: A와 B를 결합하다

This intensive camp combines [conversational practice] / with [cultural activities] / for rapid language acquisition. 이 집중 캠프는 대화 연습을 결합합니다 / 문화 활동과 / 빠른 언어 습득을 위해

설명 1 (위치 및 시설)

LOCATION & FACILITIES 위치 및 시설

①The camp is hosted / in a vibrant learning center / designed for young language learners.
캠프는 진행됩니다 / 활기 넘치는 학습 센터에서 / 어린 언어 학습자들을 위해 설계된

Modern classrooms equipped with technology, / cozy cabins that encourage group bonding, / and ②outdoor activity areas / create the perfect environment / for immersive learning.
기술을 갖춘 현대적인 교실 / 그룹 유대를 장려하는 아늑한 오두막 / 그리고 야외 활동 공간은 / 완벽한 환경을 조성합니다 / 몰입형 학습을 위한

설명 2 (활동)

IMMERSION ACTIVITIES 몰입 활동

③The daily schedule includes / conversation circles, cultural workshops, and authentic meal preparation. 일일 일정은 포함합니다 / 대화 모임, 문화 워크숍, 그리고 정통 식사 준비를

Language instructors, / fluent in multiple languages, / [facilitate discussions] / and / [provide pronunciation coaching].
and로 연결된 동사구 병치 구문
언어 강사들은 / 여러 언어에 유창한 / 토론을 촉진합니다 / 그리고 / 발음 개인 교습을 제공합니다

설명 3 (혜택 및 결과)

BENEFITS & OUTCOMES 혜택 및 결과

④The immersion experience helps learners / overcome language anxiety / and develop cultural awareness.
몰입 경험은 학습자들을 돕습니다 / 언어 불안을 극복하는 데 / 그리고 문화적 의식을 키우는 데

Campers leave with / not only stronger communication skills / but also friendships / that extend across countries and cultures.
캠프 참가자들은 ~를 얻고 떠납니다 / 더 강화된 의사소통 능력뿐만 아니라 / 우정도 / 국가와 문화를 초월하는

Step 1

보기를 먼저 읽고 지문의 내용과 비교할 키워드를 파악

① 학습 센터, 성인 언어 학습자들을 위해 설계
② 야외 활동을 위한 공간
③ 대화를 나누거나 문화를 배우는 활동 포함
④ 몰입 경험, 언어 불안 극복에 도움이 됨

Step 2

지문에서 보기의 키워드와 관련된 부분을 찾아 비교한 후, 알맞은 보기 선택

① X: 어린 언어 학습자들을 위해 설계됨
② O: 야외 활동 공간이 있음
③ O: 대화 모임과 문화 워크숍이 포함됨
④ O: 언어 불안을 극복하는 데 도움을 줌

해석 문화 몰입 언어 캠프

원어민과의 완전한 몰입 경험을 통해 언어 학습을 가속하세요. 이 집중 캠프는 빠른 언어 습득을 위해 대화 연습과 문화 활동을 결합합니다.

위치 및 시설 캠프는 어린 언어 학습자들을 위해 설계된 활기 넘치는 학습 센터에서 진행됩니다. 기술을 갖춘 현대적인 교실, 그룹 유대를 장려하는 아늑한 오두막, 그리고 야외 활동 공간은 몰입형 학습을 위한 완벽한 환경을 조성합니다.

몰입 활동 일일 일정은 대화 모임, 문화 워크숍, 그리고 정통 식사 준비를 포함합니다. 여러 언어에 유창한 언어 강사들이 토론을 촉진하고 발음 개인 교습을 제공합니다.

혜택 및 결과 몰입 경험은 학습자들이 언어 불안을 극복하고 문화적 의식을 키우는 데 도움이 됩니다. 캠프 참가자들은 더 강화된 의사소통 능력뿐만 아니라 국가와 문화를 초월하는 우정도 얻고 떠납니다.

정답 ①

Day 11 내용 불일치 파악 ①

02 다음 글에서 Regional Tourism Information Center에 대한 내용과 일치하지 않는 것은?

① It provides customized travel planning services.
② It partners with more than 80 local businesses.
③ It features a mobile app with real-time updates.
④ It requires advance reservations for services.

해설 ④번의 키워드인 services(서비스)가 그대로 등장한 지문 주변의 내용에서 방문자들에게 여행 계획, 지역 파트너십, 문화 가이드, 디지털 자료 등의 서비스를 제공한다고는 언급되었으나, 해당 서비스들을 이용하기 위해서 사전 예약이 필요한지에 대해서는 언급되지 않았으므로, 서비스를 위해서 사전 예약이 필요하다는 것은 지문의 내용과 다르다. 따라서 ④번이 지문의 내용과 일치하지 않는다.

어휘 regional 지역의, 지방의 gem 보석 memorable 기억에 남는 itinerary 여행 일정표 budget 예산 collaboration 협업, 협력 dedicated 전담의, 전용의 real-time 실시간의 advance 사전의

전략 적용 & 지문 분석

Step 1
보기를 먼저 읽고 지문의 내용과 비교할 키워드를 파악
① 맞춤형 여행 계획 서비스
② 80개 이상의 지역 기업과 파트너십
③ 실시간 업데이트가 되는 모바일 앱
④ 사전 예약 필요

Step 2
지문에서 보기의 키워드와 관련된 부분을 찾아 비교한 후, 알맞은 보기 선택
① O: 맞춤형 여행 일정표
② O: 80개 이상의 지역 내 식당 등과 파트너십
③ O: 실시간 업데이트를 제공하는 모바일 앱
④ X: 사전 예약 언급 없음

제목: **Regional Tourism Information Center** 지역 관광 정보 센터

도입:
The Regional Tourism Information Center connects travelers / with local experiences and hidden gems / throughout our beautiful region.
지역 관광 정보 센터는 여행객을 연결합니다 / 현지 경험과 숨겨진 보석으로 / 아름다운 우리 지역 곳곳의

We believe / that informed visitors have the most memorable journeys.
→ 명사절 접속사 that이 이끄는 명사절
저희는 믿습니다 / 정보를 잘 아는 방문객들이 가장 기억에 남는 여행을 한다고

설명:
Visitor Services: 방문자 서비스

- Travel Planning: / ①Customized itineraries / based on individual interests / and budget requirements
  여행 계획 / 맞춤형 여행 일정표 / 개인의 관심사에 따른 / 그리고 예산 요구사항(에 따른)

- ②Local Partnerships: / Collaborations with over 80 restaurants, hotels, and tour operators / across the region
  지역 파트너십 / 80개 이상의 식당, 호텔 및 투어 운영 회사와의 협업 / 지역 내

- Cultural Guides: / Dedicated staff / [who provide historical context and cultural insights / during site visits]
  → 선행사(Dedicated staff)를 수식하는 주격 관계절
  문화 가이드 / 전담 직원 / 역사적 맥락과 문화적 통찰력을 제공하는 / 현장 방문 동안

- Digital Resources: / ③Mobile app and website / offering real-time updates / on events, weather, and transportation
  디지털 자료 / 모바일 앱과 웹사이트 / 실시간 업데이트를 제공하는 / 행사, 날씨, 그리고 교통에 대한

① It provides customized travel planning services.
  맞춤형 여행 계획 서비스를 제공한다.
② It partners with more than 80 local businesses.
  80개 이상의 지역 기업과 파트너십을 맺고 있다.
③ It features a mobile app with real-time updates.
  실시간 업데이트가 되는 모바일 앱을 특징으로 한다.
④ It requires advance reservations for services.
  서비스를 위해서는 사전 예약이 필요하다.

해석 지역 관광 정보 센터
지역 관광 정보 센터는 여행객을 아름다운 우리 지역 곳곳의 현지 경험과 숨겨진 보석들로 연결합니다. 저희는 정보를 잘 아는 방문객들이 가장 기억에 남는 여행을 한다고 믿습니다.

방문자 서비스:
· 여행 계획: 개인의 관심사와 예산 요구 사항에 따른 맞춤형 여행 일정표
· 지역 파트너십: 지역 내 80개 이상의 식당, 호텔 및 투어 운영 회사와의 협업
· 문화 가이드: 현장 방문 동안 역사적 맥락과 문화적 통찰력을 제공하는 전담 직원
· 디지털 자료: 행사, 날씨, 그리고 교통에 대한 실시간 업데이트를 제공하는 모바일 앱과 웹사이트

정답 ④

03 다음 글의 내용과 일치하지 않는 것?

The works of Victorian-era writer Charles Dickens appealed to people from all walks of life and demonstrated the writer's broad understanding of society and its deficiencies. Dickens' 15 novels, the first of which was *The Pickwick Papers*, cemented his reputation for using satire to denounce the social evils of the day. Though his novels were never formulaic, works like *Oliver Twist* and *Nicholas Nickleby* served to highlight the moral evils that brutalized young boys on the streets and in schools. However, a change in Dickens' viewpoint can be seen in *A Tale of Two Cities*, currently the world's best-selling novel, where he portrays how humans can transform themselves into a better state of existence in all aspects of life.

① Dickens' works attracted readers from different backgrounds.
② One of the features Dickens used in his novel was satire.
③ Novels like *Oliver Twist* exposed social evils.
④ Dickens' best-selling novel emphasized his disappointment in humans.

어휘 appeal 관심[흥미]을 끌다 deficiency 결점, 결핍 cement 확고히 하다 reputation 명성, 평판 satire 풍자 denounce 비난하다 formulaic 정형화된 brutalize 잔인하게 다루다 portray 묘사하다 aspect 측면

전략 적용 & 지문 분석

주제문
①The works of Victorian-era writer Charles Dickens / appealed to people / from all walks of life / and / demonstrated the writer's broad understanding / of society and its deficiencies.
빅토리아 시대 작가 찰스 디킨스의 작품은 / 사람들의 관심을 끌었다 / 각계각층의 / 그리고 / 그 작가의 폭넓은 이해를 보여주었다 / 사회와 그 결점에 대한

예시 1
Dickens' 15 novels, / the first of which was *The Pickwick Papers*, / cemented his reputation / for ②using satire / to denounce / the social evils of the day.
디킨스의 15편의 소설은 / 그 중 첫 번째 소설은 『The Pickwick Papers』인데 / 그의 명성을 확고히 했다 / 풍자를 사용한 것으로 / 비난하기 위해 / 당시의 사회적 폐해를

예시 2
Though his novels were never formulaic, / ③works like *Oliver Twist* and *Nicholas Nickleby* / served to highlight / the moral evils / [that brutalized young boys / on the streets and in schools].
→ 선행사(the moral evils)를 수식하는 주격 관계절
그의 소설이 결코 정형화되지는 않았지만 / 『올리버 트위스트』와 『니콜라스 니클비』 같은 작품들은 / 강조하는 역할을 했다 / 도덕적 폐해를 / 어린 소년들을 잔인하게 다루는 / 거리와 학교의

예시 3
However, / a change in Dickens' viewpoint / can be seen / in *A Tale of Two Cities*, / currently ④the world's best-selling novel, / [where he portrays / how humans can transform themselves / into a better state of existence / in all aspects of life].
→ 선행사(the world's best-selling novel)를 수식하는 관계부사 where절
그러나 / 디킨스의 관점의 변화는 / 볼 수 있다 / 『두 도시 이야기』에서 / 현재 세계에서 가장 많이 팔리는 소설인 / 거기에서 그는 묘사한다 / 어떻게 인간이 스스로를 변화시킬 수 있는지를 / 더 나은 존재 상태로 / 삶의 모든 측면에서

① Dickens' works attracted readers from different backgrounds.
디킨스의 작품은 다양한 배경을 가진 독자들을 끌어들였다.
② One of the features Dickens used in his novel was satire.
디킨스가 그의 소설에서 사용한 특징 중 하나는 풍자였다.
③ Novels like *Oliver Twist* exposed social evils.
『올리버 트위스트』와 같은 소설은 사회적 폐해를 드러냈다.
④ Dickens' best-selling novel emphasized his disappointment in humans.
디킨스의 가장 많이 팔리는 소설은 인간에 대한 그의 실망감을 강조했다.

Step 1
보기를 먼저 읽고 지문의 내용과 비교할 키워드를 파악
① 다양한 배경을 가진 독자들
② 풍자
③ 『올리버 트위스트』, 사회적 폐해 드러냄
④ 가장 많이 팔리는 소설, 인간에 대한 실망감 강조

Step 2
지문에서 보기의 키워드와 관련된 부분을 찾아 비교한 후, 알맞은 보기 선택
① O: 각계각층의 사람들의 관심을 끌었음
② O: 사회적 폐해를 비난하기 위해 풍자 사용
③ O: 도덕적 폐해를 강조하는 역할을 함
④ X: 인간이 스스로를 더 나은 존재 상태로 변화시킬 수 있는 방법을 묘사함

해석 빅토리아 시대 작가 찰스 디킨스의 작품은 각계각층의 사람들의 관심을 끌고 사회와 그 결점에 대한 그 작가의 폭넓은 이해를 보여주었다. 디킨스의 15편의 소설 중 첫 번째 소설은 『The Pickwick Papers』로, 당시의 사회적 폐해를 비난하기 위해 풍자를 사용한 것으로 그의 명성을 확고히 했다. 그의 소설이 결코 정형화되지는 않았지만 『올리버 트위스트』와 『니콜라스 니클비』 같은 작품들은 거리와 학교의 어린 소년들을 잔인하게 다루는 도덕적 폐해를 강조하는 역할을 했다. 그러나, 디킨스의 관점의 변화는 현재 세계에서 가장 많이 팔리는 소설인 『두 도시 이야기』에서 볼 수 있으며, 거기에서 그는 어떻게 인간이 스스로를 삶의 모든 측면에서 더 나은 존재 상태로 변화시킬 수 있는지를 묘사한다.

해설 ④번의 키워드인 best-selling novel(가장 많이 팔리는 소설)이 그대로 등장한 지문 주변의 내용에서 현재 세계에서 가장 많이 팔리는 그의 소설에서 그는 어떻게 인간이 스스로를 삶의 모든 측면에서 더 나은 존재 상태로 변화시킬 수 있는지를 묘사한다고 했다. 따라서 ④번이 지문의 내용과 일치하지 않는다.

정답 ④

Section 1 글의 내용 파악 유형

Day 12 내용 불일치 파악 ②

01 다음 글의 내용과 일치하지 않는 것은?

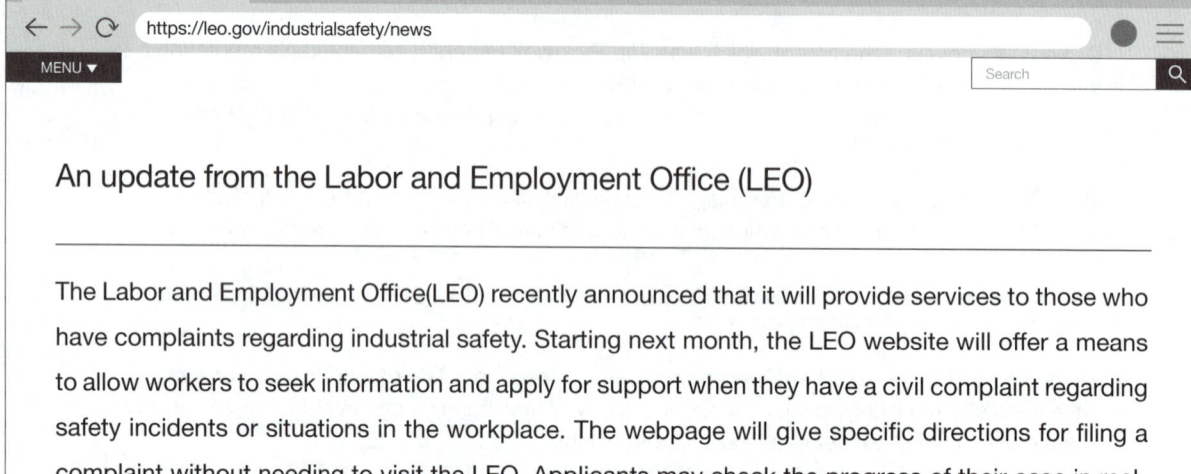

An update from the Labor and Employment Office (LEO)

The Labor and Employment Office(LEO) recently announced that it will provide services to those who have complaints regarding industrial safety. Starting next month, the LEO website will offer a means to allow workers to seek information and apply for support when they have a civil complaint regarding safety incidents or situations in the workplace. The webpage will give specific directions for filing a complaint without needing to visit the LEO. Applicants may check the progress of their case in real-time. The LEO hopes to keep updating these services to make them fair and more convenient for all workers.

① It is aimed at helping workers with industrial safety complaints.
② Workers can file complaints through mobile phone applications.
③ The website will provide a means to seek assistance online.
④ Progress on a filed case may be confirmed in real-time.

어휘 industrial 산업의 civil complaint 민원 incident 사고, 사건 file (서류·신청·고소 등을) 접수하다, 정식으로 제출하다

전략 적용 & 지문 분석

제목
An update from the Labor and Employment Office (LEO)
고용노동청(LEO)의 최신 정보

도입
The Labor and Employment Office(LEO) / recently announced / that ①it will provide services / to those who have complaints / regarding industrial safety.
(those + 수식어: ~하는 사람들)
고용노동청(LEO)은 / 최근에 발표했습니다 / 서비스를 제공하겠다고 / 불만이 있는 사람들에게 / 산업 안전과 관련하여

설명 1
Starting next month, / ②③the LEO website will offer a means / to allow workers to seek information / and / apply for support / when they have a civil complaint / regarding safety incidents or situations / in the workplace.
다음 달부터 / LEO 웹사이트는 수단을 제공할 것입니다 / 근로자가 정보를 얻을 수 있는 / 그리고 / 지원을 신청할 수 있는 / 그들이 민원이 있을 때 / 안전사고나 상황에 대해 / 직장 내

설명 2
The webpage will give specific directions / for filing a complaint / without needing to visit the LEO.
웹페이지는 구체적인 지침을 제공할 것입니다 / 불만을 접수하기 위한 / LEO를 방문할 필요 없이

설명 3
④Applicants may check / the progress of their case / in real-time.
신청자는 확인할 수 있습니다 / 사건의 진행 상황을 / 실시간으로

설명 4
The LEO hopes / to keep updating these services / to make them fair and more convenient / for all workers.
('목적'을 나타내는 to 부정사의 부사적 용법: 'to 부정사' 하기 위해)
LEO는 희망합니다 / 이러한 서비스를 지속적으로 개선하기를 / 그것들을 공정하고 더 편리하게 이용할 수 있도록 / 모든 근로자들이

① It is aimed at helping workers with industrial safety complaints.
산업 안전 불만이 있는 근로자들을 돕기 위한 것이다.

② Workers can file complaints through mobile phone applications.
근로자들은 휴대전화 애플리케이션을 통해 불만을 접수할 수 있다.

③ The website will provide a means to seek assistance online.
웹사이트는 온라인에서 도움을 구할 수 있는 수단을 제공할 것이다.

④ Progress on a filed case may be confirmed in real-time.
접수된 사건의 진행 상황을 실시간으로 확인할 수 있다.

Step 1
보기를 먼저 읽고 지문의 내용과 비교할 키워드를 파악
① 산업 안전 불만, 도움
② 휴대전화 애플리케이션, 불만 접수
③ 온라인 수단
④ 진행 상황, 실시간 확인

Step 2
지문에서 보기의 키워드와 관련된 부분을 찾아 비교한 후, 알맞은 보기 선택
① O: 산업 안전 불만이 있는 사람들에게 서비스를 제공함
② X: 웹페이지에 불만을 접수할 수 있음
③ O: LEO를 방문할 필요 없이 불만을 접수함
④ O: 진행 상황을 실시간으로 확인할 수 있음

해석 고용노동청(LEO)의 최신 정보

고용노동청(LEO)은 최근 산업 안전과 관련하여 불만이 있는 사람들에게 서비스를 제공하겠다고 발표했습니다. 다음 달부터, LEO 웹사이트는 근로자가 직장 내 안전사고나 상황에 대한 민원이 있을 때 정보를 얻고 지원을 신청할 수 있는 수단을 제공할 예정입니다. 웹페이지에서는 LEO를 방문할 필요 없이 불만을 접수하기 위한 구체적인 지침을 제공할 예정입니다. 신청자는 사건의 진행 상황을 실시간으로 확인할 수 있습니다. LEO는 이러한 서비스를 지속적으로 개선하여 모든 근로자들이 그것들(서비스)을 공정하고 더 편리하게 이용할 수 있기를 희망합니다.

해설 ②번의 키워드인 file complaints(불만을 접수하다)를 바꾸어 표현한 지문의 have a civil complaint(민원이 있다) 주변의 내용에서, LEO 웹사이트는 근로자가 직장 내 안전사고나 상황에 대해 민원이 있을 때 정보를 얻고 지원을 신청할 수 있는 수단을 제공할 예정이라고 했으나, 근로자들이 휴대전화 애플리케이션을 통해 불만을 접수할 수 있는지에 대해서는 언급되지 않았다. 따라서 ②번이 지문의 내용과 일치하지 않는다.

정답 ②

02 다음 글의 내용과 일치하지 않는 것은?

Honeybees have long been cherished for their ability to create honey from the nectar of flowers. However, the primary value of honeybees is not in their production of this natural sweetener. Rather, it lies in the honeybees' pollination. Experts estimate that approximately 80 percent of agricultural crops are pollinated by these insects. Needless to say, their extinction would have devastating consequences for humans. Unfortunately, over the past 30 years, honeybee populations in many parts of the world have begun to decline significantly, with some populations dropping at a yearly rate of nearly 40 percent. Although the exact cause of this phenomenon is uncertain, with speculation ranging from overuse of pesticides to malnutrition, everyone agrees the issue is severe. It is crucial for steps to be taken that ensure the subsistence of this species.

① Honeybees are appreciated for their ability to produce honey from flower nectar.
② The main value of honeybees is their capacity to carry out pollination.
③ It is believed that about 80 percent of food crops are pollinated by honeybees.
④ Global honeybee population has increased every year for various reasons.

어휘 cherish 소중히 여기다   nectar (꽃의) 꿀, 화밀   sweetener 감미료   pollination 수분 (작용)   estimate 추정하다   agricultural crop 농작물   pollinate 수분하다
extinction 멸종   devastating 치명적인, 파괴적인   consequence 결과, 영향   population 개체 수, 집단   decline 줄어들다   phenomenon 현상
speculation 추측, 짐작   pesticide 살충제   malnutrition 영양 부족   severe 심각한   crucial 필수적인   subsistence 생존, 존재
appreciate 가치를 인정하다, ~을 높이 평가하다

전략 적용 & 지문 분석

①Honeybees have long been cherished / for their ability / to create honey / from the nectar of flowers.
꿀벌은 오랫동안 소중히 여겨져 왔다 / 그들의 능력 때문에 / 벌꿀을 만드는 / 꽃의 꿀로부터

However, / ②the primary value of honeybees / is not in their production / of this natural sweetener. // Rather, / it lies / in the honeybees' pollination.
하지만 / 꿀벌의 주요 가치는 / 그들의 생산에 있지 않다 / 이 천연 감미료의 // 오히려 / 그것은 (~에) 있다 / 꿀벌의 수분 작용에

Experts estimate that / ③approximately 80 percent of agricultural crops are pollinated / by these insects.
전문가들은 ~라고 추정한다 / 대략 80퍼센트의 농작물들이 / 수분 된다 / 이 곤충들(꿀벌들)에 의해

Needless to say, / their extinction / would have devastating consequences / for humans.
말할 필요도 없이 / 그들의 멸종은 / 치명적인 결과를 가져올 것이다 / 인간에게

Unfortunately, / over the past 30 years, / ④honeybee populations / in many parts of the world / have begun to decline significantly, / with some populations dropping / at a yearly rate / of nearly 40 percent.
안타깝게도 / 지난 30년 동안 / 꿀벌의 개체수가 / 세계의 많은 곳에서 / 크게 줄어들기 시작했다 / 일부 꿀벌 개체수가 감소하면서 / 매년 (~의) 비율로 / 약 40퍼센트의

Although the exact cause of this phenomenon is uncertain, / with speculation / ranging from overuse of pesticides to malnutrition, / everyone agrees / the issue is severe.
이 현상의 정확한 원인은 확실하게 모르지만 / 추측과 함께 / 살충제의 남용에서부터 영양 부족에 이르는 / 모두가 동의한다 / 그 문제가 심각하다는 것에는

It is crucial / for steps to be taken / that ensure the subsistence of this species.
(~이) 필수적이다 / 조치들이 취해지는 것이 / 이 종(꿀벌)의 생존을 보장하는

Step 1
보기를 먼저 읽고 지문의 내용과 비교할 키워드를 파악

① 꿀벌, 벌꿀 생산 능력
② 주요 가치, 수분 수행
③ 80퍼센트의 식용 작물, 꿀벌에 의해 수분 됨
④ 꿀벌 개체수, 매년 증가

Step 2
지문에서 보기의 키워드와 관련된 부분을 찾아 비교한 후, 알맞은 보기 선택

① O: 꿀벌은 벌꿀을 만드는 능력 때문에 소중히 여겨져 옴
② O: 주요 가치는 수분 작용에 있음
③ O: 80퍼센트의 농작물들이 꿀벌에 의해 수분 된다고 추정됨
④ X: 꿀벌의 개체수가 크게 줄어들기 시작함

① Honeybees are appreciated for their ability to produce honey from flower nectar.
꿀벌은 꽃의 꿀로부터 벌꿀을 생산하는 능력으로 가치가 인정된다.

② The main value of honeybees is their capacity to carry out pollination.
꿀벌의 주요 가치는 수분을 수행하는 그들의 능력이다.

③ It is believed that about 80 percent of food crops are pollinated by honeybees.
식용 작물의 약 80퍼센트가 꿀벌에 의해 수분 된다고 믿어진다.

④ Global honeybee population has increased every year for various reasons.
전 세계의 꿀벌 개체수는 여러 가지 이유로 매년 증가해 왔다.

해석 꿀벌은 꽃의 꿀로부터 벌꿀을 만드는 그들의 능력 때문에 오랫동안 소중히 여겨져 왔다. 하지만, 꿀벌의 주요 가치는 그들이 이 천연 감미료(벌꿀)를 생산하는 것에 있지 않다. 오히려, 그것(꿀벌의 주요 가치)은 꿀벌의 수분 작용에 있다. 전문가들은 대략 80퍼센트의 농작물들이 이 곤충들(꿀벌들)에 의해 수분 된다고 추정한다. 말할 필요도 없이, 그들의 멸종은 인간에게 치명적인 결과를 가져올 것이다. 안타깝게도, 지난 30년 동안, 매년 약 40퍼센트의 비율로 일부 꿀벌 개체수가 감소하면서, 세계의 많은 곳에서 꿀벌의 개체수가 크게 줄어들기 시작했다. 이 현상의 정확한 원인은 살충제의 남용에서부터 영양 부족에 이르는 추측만 있을 뿐 확실하게 모르지만, 모두가 그 문제가 심각하다는 것에는 동의한다. 이 종(꿀벌)의 생존을 보장하는 조치들이 취해지는 것이 필수적이다.

해설 ④번의 키워드인 population(개체수)이 그대로 등장한 지문 주변의 내용에서 지난 30년 동안 세계의 많은 곳에서 꿀벌의 개체수가 크게 줄어들기 시작했다고 했으므로, 전 세계의 꿀벌 개체수가 여러 가지 이유로 매년 증가해 왔다는 것은 지문의 내용과 다르다. 따라서 ④번이 지문의 내용과 일치하지 않는다.

정답 ④

Day 12   내용 불일치 파악 ②

03 다음 글의 내용과 일치하지 않는 것은?

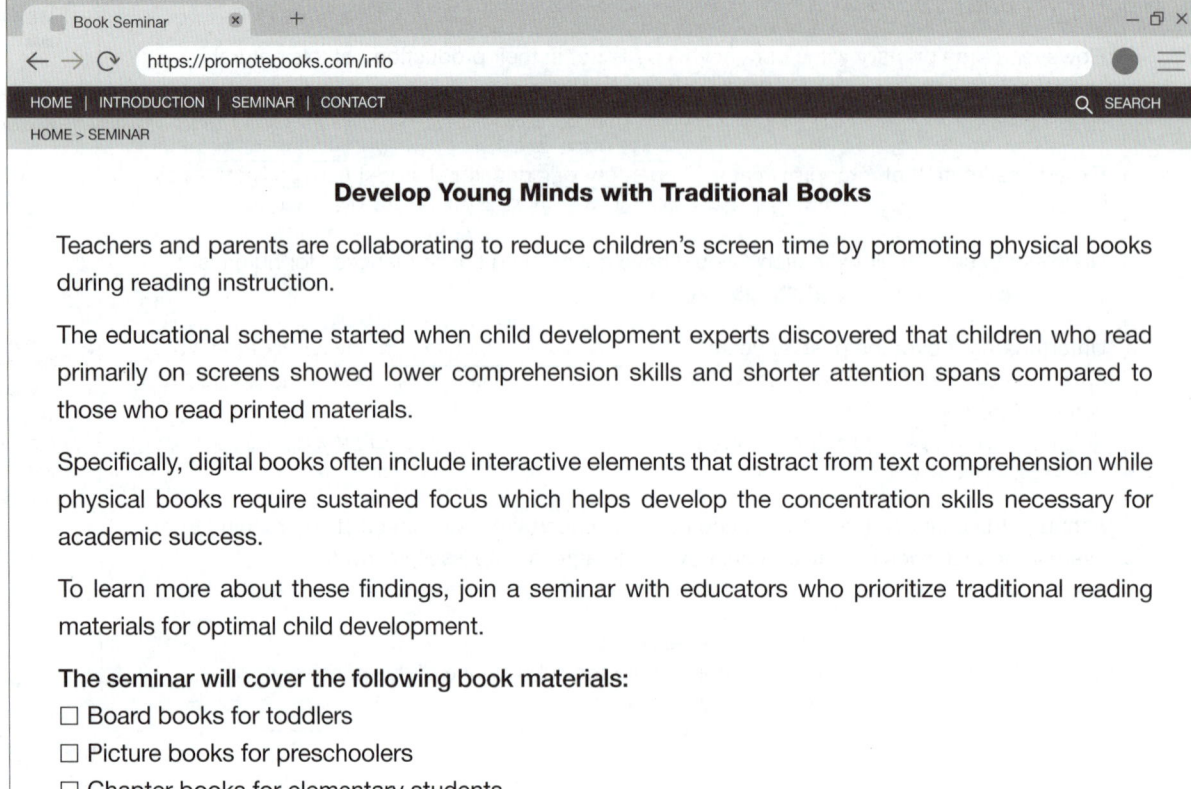

① 교사와 학부모는 아이들의 실물 책 사용을 장려하기 위해 협력한다.
② 스크린으로 독서하는 아이들은 이해력이 더 낮다는 것이 발견되었다.
③ 전자책은 지속적인 집중력을 요구하는 요소를 종종 포함한다.
④ 세미나는 여러 연령대를 위한 도서 자료를 다룰 예정이다.

해설 ③번의 키워드인 '전자책'과 관련된 지문의 digital books(전자책들) 주변의 내용에서 실물 책들이 지속적인 집중을 요구하는 반면 전자책들은 종종 문자 이해를 방해하는 상호작용 요소들을 포함한다고 했으므로, 전자책이 지속적인 집중력을 요구하는 요소를 종종 포함한다는 것은 지문의 내용과 다르다. 따라서 ③번이 지문의 내용과 일치하지 않는다.

어휘 collaborate 협력하다   reduce 줄이다   promote 장려하다, 촉진하다   physical 실물의, 물리적인   instruction 교육, 지시   scheme 계획
comprehension 이해력   attention span 주의력 지속 기간   interactive 상호작용하는   distract 방해하다   sustained 지속적인   concentration 집중력
board book 보드북(표지뿐 아니라 모든 장이 두껍고 딱딱한 종이로 된 책)   chapter book 챕터북(7~10세의 중급 독자를 대상으로 한 그림이 있는 이야기 책)

전략 적용 & 지문 분석

제목
Develop Young Minds with Traditional Books
전통적인 책으로 어린이들의 두뇌를 발달시켜라

주제문
①Teachers and parents are collaborating / to reduce children's screen time / by promoting physical books / during reading instruction.
교사와 부모들은 협력하고 있습니다 / 아이들의 스크린 시간을 줄이기 위해 / 실물 책을 장려함으로써 / 독서 교육 중에

설명 1 (배경)
→ 선행사(children)를 수식하는 주격 관계절
The educational scheme started / when child development experts discovered / that ②children who read primarily on screens / showed lower comprehension skills and shorter attention spans / compared to those who read printed materials.
이 교육적 계획은 시작되었습니다 / 아동 발달 전문가들이 발견했을 때 / 주로 스크린에서 독서하는 아이들이 / 더 낮은 이해력 기술과 더 짧은 주의력 지속 기간을 보인다는 것을 / 인쇄된 자료를 읽는 아이들에 비해

→ (which are) necessary (주격 관계대명사+be 동사 생략)
Specifically, / ③digital books often include / interactive elements / that distract from text comprehension / while physical books require / sustained focus / which helps develop the concentration skills / necessary for academic success.
특히, / 전자책들은 종종 포함합니다 / 상호작용 요소들을 / 문자 이해를 방해하는 / 반면 실물 책들은 요구합니다 / 지속적인 집중을 / 집중력 기술을 개발하는 것에 도움이 되는 / 학업적 성공에 필요한

설명 2 (세미나)
To learn more about these findings, / join a seminar with educators / who prioritize traditional reading materials / for optimal child development.
이러한 발견에 대해 더 자세히 알기 위해서는 / 교육자들과 함께 세미나에 참여해 보세요 / 전통적인 독서 자료를 우선시하는 / 최적의 아동 발달을 위해

④The seminar will cover the following book materials:
세미나는 다음의 도서 자료들을 다룰 것입니다

☐ Board books for toddlers 유아를 위한 보드북
☐ Picture books for preschoolers 미취학 아동을 위한 그림책
☐ Chapter books for elementary students 초등학생을 위한 챕터북

Step 1
보기를 먼저 읽고 지문의 내용과 비교할 키워드를 파악

① 교사와 학부모, 실물 책 사용 장려를 위해 협력
② 스크린으로 독서하는 아이들, 더 낮은 이해력 기술
③ 전자책, 지속적인 집중력을 요구하는 요소 포함함
④ 세미나, 여러 연령대를 위한 도서 자료를 다룰 예정임

Step 2
지문에서 보기의 키워드와 관련된 부분을 찾아 비교한 후, 알맞은 보기 선택

① O: 교사와 학부모는 실물 책을 장려하는 것에 협력함
② O: 스크린으로 독서하는 아이들이 저하된 이해력 기술을 보임
③ X: 실물 책이 지속적인 집중을 요구함
④ O: 세미나에서는 여러 연령대를 위한 도서 자료를 다룰 예정임

해석 전통적인 책으로 어린이들의 두뇌를 발달시켜라

교사와 부모들은 독서 교육 중에 실물 책을 장려함으로써 아이들의 스크린 시간을 줄이기 위해 협력하고 있습니다.

이 교육적 계획은 아동 발달 전문가들이 주로 스크린에서 독서하는 아이들이 인쇄된 자료를 읽는 아이들에 비해 더 낮은 이해력 기술과 더 짧은 주의력 지속 기간을 보인다는 것을 발견했을 때 시작되었습니다.

특히, 실물 책들이 학업적 성공에 필요한 집중력 기술을 개발하는 것에 도움이 되는 지속적인 집중을 요구하는 반면 전자책들은 종종 문자 이해를 방해하는 상호작용 요소들을 포함합니다.

이러한 발견에 대해 더 자세히 알고 싶으시다면, 최적의 아동 발달을 위해 전통적인 독서 자료를 우선시하는 교육자들과 함께 세미나에 참여해 보세요.

세미나는 다음의 도서 자료들을 다룰 것입니다.
☐ 유아를 위한 보드북   ☐ 미취학 아동을 위한 그림책   ☐ 초등학생을 위한 챕터북

정답 ③

gosi.Hackers.com
해커스공무원 영어 **고득점 독해 337**

—
The roots of education are bitter, but the fruit is sweet.
Aristotle

교육의 뿌리는 쓰지만, 열매는 달다.
아리스토텔레스

Section 2
추론 유형

기출로 배우는 문제 유형별 전략

Day 13   빈칸 완성: 단어 ①
Day 14   빈칸 완성: 단어 ②
Day 15   빈칸 완성: 구 ①
Day 16   빈칸 완성: 구 ②
Day 17   빈칸 완성: 절 ①
Day 18   빈칸 완성: 절 ②
Day 19   빈칸 완성: 연결어

Section 2 추론 유형

기출로 배우는 문제 유형별 전략

1. 빈칸 완성 ① 단어·구·절

◆ 출제경향

- 매년 공무원 영어 시험에 빠지지 않고 출제되는 최빈출 문제 유형 중 하나이다.
- 주로 한 개의 빈칸이 제시되지만, 두 개의 빈칸이 제시되고 각 빈칸에 알맞은 단어 또는 어구를 고르는 문제가 출제되기도 한다.

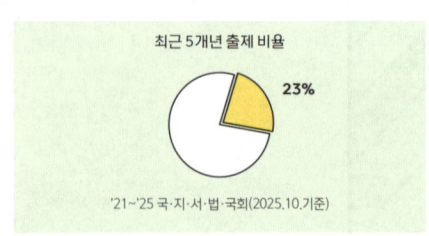

최근 5개년 출제 비율 23%
'21~'25 국·지·서·법·국회(2025.10.기준)

◆ Step별 문제풀이 전략

Step 1 빈칸이 있는 문장과 그 주변을 통해 빈칸에 들어갈 내용이 무엇인지 파악한다.

- 지문을 읽기 전, 먼저 빈칸이 있는 문장과 그 주변을 읽고 빈칸에 들어갈 내용이 무엇인지 파악한다.

  지문　Investigations into **recent oil spills** have revealed that ＿＿＿＿＿＿＿＿.
  최근의 **기름 유출**에 대한 조사들은 ＿＿＿＿＿＿＿라는 것을 밝혔다.
  → 빈칸에 기름 유출에 대한 조사들이 밝혀 낸 내용이 들어가야 함을 파악한다.

Step 2 지문을 읽고 빈칸에 들어가기에 가장 적절한 보기를 선택한다.

- 지문을 읽으며 전체적인 흐름을 파악하고, 지문의 내용을 바탕으로 빈칸에 들어가기에 가장 적절한 보기를 선택한다. 특히, 빈칸에 들어갈 내용에 대한 단서는 주로 빈칸이 있는 문장의 앞이나 뒤에서 찾을 수 있다.

  지문　Researchers once **believed that oil spills only affected the surface of the ocean. However,** investigations into recent oil spills have revealed that ＿＿＿＿＿＿＿＿.
  많은 과학자들은 한때 기름 유출이 **바다의 표면에만 영향을 미친다고 믿었다.** 그러나, 최근의 기름 유출에 대한 조사는 ＿＿＿＿＿＿＿라는 것을 밝혀냈다.

  정답　deep-water plant and animal life can be impacted.
  심해 식물과 동물이 영향을 받을 수 있다.
  → '기름 유출이 바다의 표면에만 영향을 미친다는 믿음'과 '그러나'라는 접속사를 통해 빈칸에는 과거의 믿음과 반대되는 내용인 '심해 식물과 동물이 영향을 받을 수 있다'가 들어가기에 적절함을 알 수 있다.

- 빈칸 주변에 자주 등장하는 표현을 익혀두면 지문의 흐름을 쉽게 파악할 수 있다.

대조·전환	but/however/yet 하지만, 그러나	instead 대신	on the other hand 반면에
이유	for this reason 이러한 이유러	because ~때문에	that is why ~한 이유이다
강조	now 이제　　so 따라서	then 그러면, 그다음에	thus/therefore 그러므로

전략 적용

밑줄 친 부분에 들어갈 말로 적절한 것을 고르시오. [2024년 국가직 9급]

It is important to note that for adults, social interaction mainly occurs through the medium of language. Few native-speaker adults are willing to devote time to interacting with someone who does not speak the language, with the result that the adult foreigner will have little opportunity to engage in meaningful and extended language exchanges. In contrast, the young child is often readily accepted by other children, and even adults. For young children, language is not as essential to social interaction. So-called 'parallel play', for example, is common among young children. They can be content just to sit in each other's company speaking only occasionally and playing on their own. Adults rarely find themselves in situations where _____.

① language does not play a crucial role in social interaction
② their opinions are readily accepted by their colleagues
③ they are asked to speak another language
④ communication skills are highly required

Step 1
빈칸이 있는 문장과 그 주변을 통해 빈칸에 들어갈 내용이 무엇인지 파악

빈칸에는 성인이 어떠한 상황에 처하는 경우가 거의 없는지에 대한 내용이 들어가야 함을 파악한다.

Step 2
지문을 읽고 빈칸에 들어가기에 가장 적절한 보기 선택

지문 앞부분에서 성인은 사회적 상호작용이 주로 언어라는 매개체를 통해 발생한다고 했으므로 성인들은 '언어가 사회적 상호작용에서 중요한 역할을 하지 않는(language does not play a crucial role in social interaction)' 상황에 처하는 경우가 거의 없다는 문장을 완성하는 ①번이 정답이다.

[해석] 성인의 경우, 사회적 상호작용은 주로 언어라는 매개체를 통해 발생한다는 점에 유의하는 것이 중요하다. 해당 언어를 구사하지 못하는 사람과 상호작용하는데 기꺼이 시간을 할애하려는 원어민인 성인은 거의 없으며, 그 결과 성인 외국인은 의미 있고 확장된 언어 교환에 참여할 기회가 거의 없게 될 것이다. 대조적으로, 어린아이는 종종 다른 아이들, 그리고 심지어 어른들에게도 쉽게 받아들여진다. 어린아이들에게, 언어는 사회적 상호작용에서 그만큼 필수적인 것은 아니다. 예를 들어, 소위 '병행 놀이'는 어린아이들 사이에서 흔하다. 그들은 가끔씩만 서로의 친구와 앉아서 이야기하고 혼자 노는 것만으로도 만족할 수 있다. 성인들은 언어가 사회적 상호작용에서 중요한 역할을 하지 않는 상황에 처하는 경우가 거의 없다.

① 언어가 사회적 상호작용에서 중요한 역할을 하지 않는다
② 그들의 의견은 그들의 동료들에게 쉽게 받아들여진다
③ 그들은 다른 언어를 말하도록 요청받는다
④ 의사소통 능력이 매우 요구된다

[어휘] note 유의하다 medium 매개체 devote 할애하다, 헌신하다 engage in ~에 참여하다 meaningful 의미 있는 extended 확장된 readily 쉽게 parallel play 병행 놀이(유아가 같은 종류의 장난감을 사용하면서 나란히 앉아 놀이를 하나, 실제로 장난감을 함께 나누면서 놀이하는 것이 아니라 각각 독립적으로 하는 놀이) content 만족하는 occasionally 가끔씩, 때때로

정답 ①

2. 빈칸 완성 ② 연결어

출제경향

- 지문 내에는 한 개나 두 개의 빈칸이 제시된다.
- 빈칸 두 곳 중 한 곳에는 연결어를, 나머지 한 곳에는 단어·구·절을 넣는 문제가 나오기도 한다.

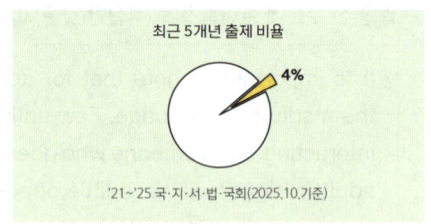

최근 5개년 출제 비율 4%

'21~'25 국·지·서·법·국회(2025.10.기준)

Step별 문제풀이 전략

Step 1 빈칸 앞뒤에 있는 문장을 읽고 두 문장 사이의 논리적 관계를 파악한다.

- 빈칸 앞뒤에 있는 문장을 읽고 두 문장 사이의 논리적 관계를 파악한다. 빈칸 앞뒤로 서로 대조되는 내용을 제시하거나, 빈칸 앞에 나온 내용에 대한 결론을 빈칸 뒤 문장에 제시하는 논리적 관계가 자주 나온다.

    대조   Recently, a number of questionable diets have taken the world by storm. _____, experts warn that these can be very unhealthy.
    최근에, 많은 미심쩍은 식이요법이 세계를 사로잡았다. _____, 전문가들은 이것들이 매우 건강하지 않을 수 있다고 경고한다.
    → 빈칸 뒤의 내용이 빈칸 앞의 내용과 대조되므로, however(하지만)와 같은 연결어가 들어갈 수 있음을 파악한다.

    결론   Many of these effects can cause permanent damage. _____, you should consult with a health care provider before beginning a diet regimen.
    이 영향들 중 다수는 영구적인 피해를 야기할 수 있다. _____, 당신은 식이요법을 시작하기 전에 의료인과 상담해야 한다.
    → 빈칸 뒤의 내용이 빈칸 앞의 내용의 결론이므로, therefore(그러므로)와 같은 연결어가 들어갈 수 있음을 파악한다.

- 빈칸 앞뒤에 있는 문장만으로 둘 사이의 논리적 관계를 파악하기 힘든 경우, 지문 전체를 읽고 지문의 흐름에 따른 두 문장 간의 논리적 관계를 파악한다.

Step 2 빈칸 앞뒤 문장 사이의 논리적 관계를 가장 잘 표현한 보기를 선택한다.

- 빈칸 앞뒤 문장 사이의 논리적 관계를 가장 잘 표현한 보기를 선택하고, 지문의 전체적인 흐름이 자연스러운지 확인한다.
- 보기로 자주 등장하는 연결어들을 파악해두면 쉽게 정답을 고를 수 있다.

대조·전환	but/however/yet 하지만, 그러나 instead 대신	in contrast/conversely 대조적으로 on the other hand/on the contrary 반면에	while/whereas 반면
결론·요약	thus/therefore 그러므로 eventually 결국	accordingly 따라서 in conclusion 결론적으로	consequently 결과적으로 in short/in sum 요약하면
양보	despite/in spite of ~에도 불구하고 although/even though 비록 ~이지만	nevertheless/nonetheless 그럼에도 불구하고 otherwise 그렇지 않으면	after all 어찌 되었든
예시	for instance/for example 예를 들어		
첨가·부연	in addition/besides/furthermore/moreover 게다가, 더욱이		what's more 한술 더 떠서
유사	similarly/likewise 마찬가지로		

전략 적용

(A)와 (B)에 들어갈 말로 가장 적절한 것은? [2022년 지방직 9급]

Duration shares an inverse relationship with frequency. If you see a friend frequently, then the duration of the encounter will be shorter. Conversely, if you don't see your friend very often, the duration of your visit will typically increase significantly. ___(A)___, if you see a friend every day, the duration of your visits can be low because you can keep up with what's going on as events unfold. If, however, you only see your friend twice a year, the duration of your visits will be greater. Think back to a time when you had dinner in a restaurant with a friend you hadn't seen for a long period of time. You probably spent several hours catching up on each other's lives. The duration of the same dinner would be considerably shorter if you saw the person on a regular basis. ___(B)___, in romantic relationships the frequency and duration are very high because couples, especially newly minted ones, want to spend as much time with each other as possible. The intensity of the relationship will also be very high.

	(A)	(B)
①	For example	Conversely
②	Nonetheless	Furthermore
③	Therefore	As a result
④	In the same way	Thus

Step 1
빈칸 앞뒤에 있는 문장을 읽고 두 문장 사이의 논리적 관계 파악
- (A) 예시
- (B) 대조

Step 2
빈칸 앞뒤 문장 사이의 논리적 관계를 가장 잘 표현한 보기 선택
(A) 빈칸 앞뒤의 예시 관계와 (B) 빈칸 앞뒤의 대조 관계를 가장 잘 표현한 ① (A) '예를 들어(For example)' – (B) '반대로(Conversely)'가 정답이다.

[해석] 지속 시간은 빈도와 반비례 관계를 갖는다. 만약 당신이 한 친구를 자주 만난다면, 만남의 지속 시간은 더 짧을 것이다. 반대로, 만약 당신이 친구를 자주 보지 않는다면, 당신의 만남의 지속 시간은 일반적으로 상당히 늘어날 것이다. (A) 예를 들어, 만약 당신이 매일 친구를 본다면, 당신은 일이 전개될 때 무엇이 일어나고 있는지에 대해 계속 알 수 있기 때문에 만남의 지속 시간이 저조할 수 있나. 그러나, 만약 당신이 오직 일 년에 두 번 친구를 만난다면, 당신의 만남의 지속 시간은 더 커질 것이다. 당신이 오랜 기간 동안 보지 못했던 친구와 식당에서 저녁을 먹었던 때를 생각해 보아라. 당신은 아마도 서로의 삶에 대한 소식을 주고받는 데 몇 시간을 보냈을 것이다. 만약 당신이 그 사람을 정기적으로 본다면 같은 저녁 식사의 지속 시간은 상당히 짧아질 것이다. (B) 반대로, 연인 관계에서, 연인들, 특히 최근에 생겨난 연인들은 가능한 한 많은 시간을 서로와 보내고 싶어 하기 때문에 빈도와 지속 시간이 매우 높다. 관계의 강렬함 또한 매우 높을 것이다.

	(A)	(B)
①	예를 들어	반대로
②	그럼에도 불구하고	게다가
③	그러므로	결과적으로
④	같은 방법으로	따라서

[어휘] duration 지속 시간 inverse 반비례의, 역의 frequency 빈도, 주파수 encounter 만남; 만나다, 접하다 keep up with ~에 대해 계속 알다, ~을 따라잡다 unfold 전개되다, 펴다 catch up on 소식을 주고받다 minted 최근에 생겨난 intensity 강렬함, 격렬함

정답 ①

Section 2 추론 유형

Day 13 빈칸 완성: 단어 ①

01 밑줄 친 부분에 들어갈 말로 가장 적절한 것은? [2024년 서울시 9급 (2월 추가)]

Like many small organisms, fungi are often overlooked, but their planetary significance is outsize. Plants managed to leave water and grow on land only because of their collaboration with fungi, which acted as their root systems for millions of years. Even today, roughly 90 percent of plants and nearly all the world's trees depend on fungi, which supply crucial minerals by breaking down rock and other substances. They can also be a scourge, eradicating forests and killing humans. At times, they even seem to _____. When Japanese researchers released slime molds into mazes molded on Tokyo's streets, the molds found the most efficient route between the city's urban hubs in a day, instinctively recreating a set of paths almost identical to the existing rail network. When put in a miniature floor map of Ikea, they quickly found the shortest route to the exit.

① gather ② breed
③ enjoy   ④ think

어휘 organism 유기체 fungus 곰팡이(복수형: fungi) overlook 간과하다 planetary 지구상의, 행성상의 significance 중요성 outsize 너무 큰, 특대의 collaboration 협력 roughly 대략, 거의 supply 공급하다 crucial 중요한, 결정적인 mineral 미네랄, 무기물 substance 물질 scourge 재앙, 사회악 eradicate 뿌리 뽑다, 박멸하다 slime mold 점액 곰팡이 maze 미로 mold 만들다, 형성하다 urban 도시의 hub 중심지 instinctively 본능적으로 path 경로, 길 identical 동일한 miniature 축소된 route 경로, 노선 gather 모이다, 수집하다 breed 번식하다, 낳다

전략 적용 & 지문 분석

Step 1 빈칸이 있는 문장과 그 주변을 통해 빈칸에 들어갈 내용 파악

때때로 그것들(곰팡이)이 심지어 뭐 하는 것처럼 보이기도 하는지

주제문
Like many small organisms, / fungi are often overlooked, / but / their planetary significance / is outsize.
많은 작은 유기체와 마찬가지로 / 곰팡이들은 종종 간과된다 / 하지만 / 그것들의 지구상의 중요성은 / 너무나 크다

설명 1
Plants managed to leave water / and / grow on land / only because of their collaboration with fungi, / which acted / as their root systems / for millions of years.
because of + 명사(구): ~ 때문에
식물들이 물을 떠난 것은 / 그리고 / 땅에서 자란 것은 / 오직 곰팡이와의 협력 덕분이었다 / 역할을 했던 / 그들의 뿌리 체계의 / 수백만 년 동안

설명 2
Even today, / roughly 90 percent of plants / and / nearly all the world's trees / depend on fungi[, / which supply crucial minerals / by breaking down rock / and / other substances].
관계절의 계속적 용법: 앞에 명사(fungi)에 대한 부가 설명
심지어 오늘날에도 / 식물의 대략 90퍼센트 / 그리고 / 전 세계의 거의 모든 나무가 / 곰팡이에 의존하고 있다 / 중요한 미네랄을 공급하는 / 암석을 분해함으로써 / 그리고 / 다른 물질들을

설명 3
They can also be a scourge, / eradicating forests / and / killing humans.
그것들은 또한 재앙이 될 수도 있다 / 숲을 뿌리 뽑는 / 그리고 / 인간을 죽이는

설명 4
At times, / they even seem to think.
때때로 / 그것들은 심지어 생각하는 것처럼 보이기도 한다

예시 1
When Japanese researchers released slime molds / into mazes / molded on Tokyo's streets, / the molds found the most efficient route / between the city's urban hubs / in a day, / instinctively recreating / a set of paths / almost identical / to the existing rail network.
일본의 연구원들이 점액 곰팡이를 방출했을 때 / 미로에 / 도쿄의 거리에 만들어진 / 그 곰팡이들은 가장 효율적인 경로를 발견했다 / 도시의 중심지 사이에서 / 하루 만에 / 본능적으로 재현했다 / 일련의 경로를 / 거의 동일한 / 기존의 철도망과

예시 2
When put in a miniature floor map of Ikea, / they quickly found / the shortest route / to the exit.
이케아의 축소된 평면도에 넣었을 때 / 그것들은 빠르게 발견했다 / 최단 경로를 / 출구로 가는

① gather 모이다
② breed 번식하다
③ enjoy 즐기다
④ think 생각하다

Step 2 지문을 읽고 빈칸에 들어가기에 가장 적절한 보기 선택

빈칸 뒤 문장에서 곰팡이는 가장 효율적인 경로와 최단 경로를 빠르게 발견했다는 예시를 언급하고 있으므로, '생각하다'라고 한 ④번이 정답이다.

해석 많은 작은 유기체와 마찬가지로, 곰팡이들은 종종 간과되지만, 그것들의 지구상의 중요성은 너무나 크다. 식물들이 물을 떠나 땅에서 자란 것은 오직 수백만 년 동안 그들의 뿌리 체계 역할을 했던 곰팡이와의 협력 덕분이었다. 심지어 오늘날에도, 식물의 대략 90퍼센트와 전 세계의 거의 모든 나무가 암석과 다른 물질들을 분해함으로써 중요한 미네랄을 공급하는 곰팡이에 의존하고 있다. 그것들은 또한 숲을 뿌리 뽑고 인간을 죽이는 재앙이 될 수도 있다. 때때로, 그것들(곰팡이)은 심지어 생각하는 것처럼 보이기도 한다. 일본의 연구원들이 도쿄의 거리에 만들어진 미로에 점액 곰팡이를 방출했을 때, 그 곰팡이들은 하루 만에 도시의 중심지 사이에서 가장 효율적인 경로를 발견했고, 본능적으로 기존의 철도망과 거의 동일한 일련의 경로를 재현했다. 이케아의 축소된 평면도에 넣었을 때, 그것들은 출구로 가는 최단 경로를 빠르게 발견했다.

해설 빈칸 뒤 문장에서 일본의 연구원들이 도쿄의 거리에 만들어진 미로에 점액 곰팡이를 방출했을 때, 그 곰팡이들은 하루 만에 도시의 중심지 사이에서 가장 효율적인 경로를 발견했고, 이케아의 축소된 평면도에 넣었을 때는 출구로 가는 최단 경로를 빠르게 발견했다는 예시를 언급하고 있으므로, 때때로 그것들(곰팡이)은 심지어 '생각하는' 것처럼 보인다고 한 ④번이 정답이다.

정답 ④

Day 13 빈칸 완성: 단어 ①

02 밑줄 친 (A), (B)에 들어갈 말로 가장 적절한 것은?

> The use of a drug called Ritalin, which was designed to treat Attention Deficit Hyperactivity Disorder (ADHD), has been (A) _____. Many pediatricians and parents are denouncing the practice of giving the drug to children. They insist that the drug, currently used by one in ten youths, is being overprescribed, and that its dangerous side effects are being (B) _____. However, others argue that using the drug in limited amounts has proven to bring about calm behavior in hyperactive children. They believe that a moderate dosage of Ritalin is more beneficial to children with ADHD than it is harmful.

	(A)	(B)
①	prevalent	alleviated
②	halted	changed
③	destructive	diagnosed
④	controversial	ignored

어휘 deficit 결핍, 부족 hyperactivity 과잉 행동 disorder 장애 pediatrician 소아과 의사 denounce 비난하다 youth 청소년 overprescribe 과다 처방하다 side effect 부작용 bring about 유발하다 hyperactive 지나치게 활동적인 moderate 적당한 dosage 복용(량) beneficial 이로운 prevalent 만연한 alleviate 완화시키다 halt 중단시키다 destructive 파괴적인 controversial 논란이 되는

전략 적용 & 지문 분석

> 주어 → The use of a drug
> 명사(a drug)를 수식하는 분사구 → called Ritalin
> 선행사(Ritalin)를 수식하는 주격 관계절 → which was designed to treat Attention Deficit Hyperactivity Disorder (ADHD)

주제문: The use of a drug / [called Ritalin], / [which was designed to treat Attention Deficit Hyperactivity Disorder (ADHD)], / has been (A) controversial.
약물의 사용은 / 리탈린이라고 불리는 / 주의력 결핍 과잉 행동 장애(ADHD)를 치료하기 위해 만들어진 / (A) 논란이 되어 왔다
(동사: has been)

주장: Many pediatricians and parents / are denouncing the practice / of giving the drug to children.
많은 소아과 의사들과 부모들은 / 관행을 비난하고 있다 / 그 약물을 아이들에게 주는

부연: They insist / [that the drug, / currently used by one in ten youths, / is being overprescribed], / and [that its dangerous side effects / are being (B) ignored]. → and로 연결된 명사절(that절) 병치 구문
그들은 주장한다 / 그 약물이 / 현재 10명의 청소년 중 1명에 의해 사용되는 / 과다 처방되고 있다고 / 그리고 그것의 위험한 부작용들이 / (B) 무시되고 있다고

반박: However, / others argue that / using the drug in limited amounts / has proven / to bring about calm behavior / in hyperactive children.
하지만 / 다른 사람들은 ~라고 주장한다 / 제한된 양 내에서 그 약물을 사용하는 것은 / 판명되었다고 / 차분한 행동을 유발하는 것으로 / 지나치게 활동적인 아이들에게

부연: They believe / that a moderate dosage of Ritalin is more beneficial / to children with ADHD / than it is harmful.
그들은 생각한다 / 리탈린의 적당한 복용이 오히려 이롭다고 / ADHD가 있는 아이들에게는 / 해롭기보다

Step 1 빈칸이 있는 문장과 그 주변을 통해 빈칸에 들어갈 내용 파악
- (A) 리탈린 약물의 사용이 어때왔는지
- (B) 리탈린의 위험한 부작용들이 어떻게 되고 있는지

	(A)	(B)
①	prevalent 만연한	alleviated 완화되다
②	halted 중단된	changed 달라지다
③	destructive 파괴적인	diagnosed 진단되다
④	controversial 논란이 되는	ignored 무시되다

Step 2 지문을 읽고 빈칸에 들어가기에 가장 적절한 보기 선택

지문 전반에 걸쳐 리탈린을 아이들에게 주는 관행에 대한 찬반 의견이 제시되어 있으므로, (A)에 들어갈 내용을 '논란이 되는', (B)가 포함된 문장에 리탈린이 청소년들에게 과다 처방된다는 내용이 있으므로, (B)에 들어갈 내용을 '무시되다'라고 한 ④번이 정답이다.

[해석] 주의력 결핍 과잉 행동 장애(ADHD)를 치료하기 위해 만들어진 리탈린이라고 불리는 약물의 사용은 (A) 논란이 되어 왔다. 많은 소아과 의사들과 부모들은 그 약물을 아이들에게 주는 관행을 비난하고 있다. 그들은 현재 10명의 청소년 중 1명에 의해 사용되는 그 약물(리탈린)이 과다 처방되고 있으며, 그것의 위험한 부작용들이 (B) 무시되고 있다고 주장한다. 하지만, 다른 사람들은 제한된 양 내에서 그 약물(리탈린)을 사용하는 것은 지나치게 활동적인 아이들에게 차분한 행동을 유발하는 것으로 판명되었다고 주장한다. 그들은 리탈린의 적당한 복용이 ADHD가 있는 아이들에게는 해롭기보다 오히려 이롭다고 생각한다.

[해설] (A) 뒤 문장에 많은 소아과 의사들과 부모들이 그 약물(리탈린)을 아이들에게 주는 관행을 비난한다는 내용이 있고, 지문 뒷부분에 하지만 다른 사람들은 그 약물을 제한된 양 내에서 사용하는 것은 차분한 행동을 유발할 수 있다고 주장한다는 내용이 있으므로, 빈칸에는 리탈린의 사용이 '논란이 되는'이 나와야 적절하다. (B)가 포함된 문장에 리탈린이 청소년들에게 과다 처방된다는 내용이 있으므로, 빈칸에는 리탈린의 위험한 부작용이 '무시되다'가 나와야 적절하다. 따라서 ④번이 정답이다.

정답 ④

Day 13 빈칸 완성: 단어 ①

03 다음 글의 빈칸에 들어갈 말로 가장 적절한 것을 고르시오.

If you're a runner, chances are you've heard of the barefoot running craze. Of course, people have run barefoot throughout history, and so have certain individuals competing at the Olympics in modern times. However, in terms of its popularity as a consumer fad, barefoot running started to take off a decade ago. In 2009, a best-selling book called *Born to Run*, which talks about the Tarahumara tribe of Mexico, whose members go on 50- or 100-mile runs along desert trails without any shoes, was published. The author surmised that this type of running actually leads to better running form. Thus, it brings reduction in _____. Although sports medicine doctors are uncertain of the benefits, many recreational runners have been leaving their expensive sneakers at home in an effort to keep their joints healthy.

① calories
② distances
③ injuries
④ fears

어휘 barefoot 맨발의 craze 열풍, 유행 compete (시합 등에) 참가하다 popularity 대중성, 인기 fad (일시적) 유행 take off 급격히 인기를 얻다, 유행하다 tribe 부족 trail (작은) 길, 흔적 surmise 추측하다, 짐작하다 form 자세, 솜씨 reduction 감소 joint 관절

전략 적용 & 지문 분석

도입

If you're a runner, / chances are / you've heard of the barefoot running craze.
당신이 달리기를 하는 사람이라면 / 아마 ~일 것이다 / 당신은 맨발 달리기 열풍에 대해 들어본 적이 있을

> chances are ~: 아마 ~일 것이다

Of course, / people have run barefoot / throughout history, / and so have certain individuals / competing at the Olympics / in modern times.
물론 / 사람들은 맨발로 달려 왔다 / 역사를 통틀어 / 그리고 일부 사람들 역시 그래 왔다 / 올림픽에 참가하는 / 현대에

> 도치 구문: so(~역시 그렇다) + 조동사 + 주어

전개1

However, / in terms of its popularity / as a consumer fad, / barefoot running started to take off / a decade ago.
하지만 / 그것(맨발 달리기)의 대중성 측면에서 / 소비자 유행으로서의 / 맨발 달리기는 급격히 인기를 얻기 시작했다 / 10년 전부터

전개2

In 2009, / a best-selling book called *Born to Run*, / which talks about the Tarahumara tribe of Mexico, / [whose members go on 50- or 100-mile runs / along desert trails / without any shoes], / was published.
2009년에는 / 『Born to Run』이라는 이름의 베스트셀러 책이 / 멕시코의 타라후마라 부족에 대해 이야기하는 / 그런데 그것(타라후마라 부족)의 구성원은 50마일이나 100마일 달리기를 계속한다 / 사막 길을 따라 / 신발 없이 / 출판되었다

> 주어: a best-selling book
> 동사: was published
> 선행사(the Tarahumara tribe)를 수식하는 소유격 관계절: '선행사(타라후마라 부족)의 구성원들'이라고 해석

부연

The author surmised that / this type of running / actually / leads to better running form.
저자는 ~라고 추측했다 / 이러한 달리기 방식이 / 실제로 / 더 나은 달리기 자세로 이어진다고

Thus, / it brings reduction / in injuries.
따라서 / 그것은 감소를 가져온다 / 부상의

결론

Although sports medicine doctors are uncertain / of the benefits, / many recreational runners / have been leaving their expensive sneakers / at home / in an effort to keep their joints healthy.
비록 스포츠 의학 박사은 확신하지 않지만 / 그 이점들에 대해 / 달리기를 여가로 즐기는 많은 사람들은 / 그들의 값비싼 운동화를 놓아두고 오고 있다 / 집에 / 관절을 건강하게 유지하기 위한 노력으로

① calories 칼로리
② distances 거리
③ injuries 부상
④ fears 두려움

Step 1
빈칸이 있는 문장과 그 주변을 통해 빈칸에 들어갈 내용 파악
맨발로 뛰는 달리기 방식이 무엇의 감소를 가져오는지

Step 2
지문을 읽고 빈칸에 들어가기에 가장 적절한 보기 선택
빈칸 앞뒤 문장에 맨발 달리기가 실제로 더 나은 자세로 이어지고, 사람들이 관절 건강을 유지하기 위해 맨발 달리기를 한다는 내용이 있으므로, '부상'이라고 한 ③번이 정답이다.

해석 당신이 달리기를 하는 사람이라면, 당신은 아마 맨발 달리기 열풍에 대해 들어본 적이 있을 것이다. 물론, 역사를 통틀어 사람들은 맨발로 달려 왔고, 현대 올림픽에 참가하는 일부 사람들 역시 그래 왔다. 하지만, 소비자 유행으로서의 그것(맨발 달리기)의 대중성 측면에서, 맨발 달리기는 10년 전부터 급격히 인기를 얻기 시작했다. 2009년에는, 멕시코의 타라후마라 부족에 대한 이야기를 다룬 『Born to Run』이라는 이름의 베스트셀러 책이 출판되었는데, 그것(타라후마라 부족)의 구성원은 신발 없이 사막 길을 따라 50마일이나 100마일 달리기를 계속한다. 저자는 이러한 달리기 방식이 실제로 더 나은 달리기 자세로 이어진다고 추측했다. 따라서, 그것은 부상의 감소를 가져온다. 비록 스포츠 의학 박사은 그 이점에 대해 확신하지 않지만, 달리기를 여가로 즐기는 많은 사람들은 관절을 건강하게 유지하기 위한 노력으로 그들의 값비싼 운동화를 집에 놓아두고 오고 있다.

해설 빈칸 앞 문장에 맨발 달리기가 실제로 더 나은 달리기 자세로 이어진다는 추측이 있다는 내용이 있고, 빈칸 뒤 문장에 사람들이 관절 건강을 유지하기 위해 맨발 달리기를 한다는 내용이 있으므로, 이것(맨발 달리기)이 '부상'의 감소를 가져온다고 한 ③번이 정답이다.

정답 ③

Section 2 추론 유형

Day 14 빈칸 완성: 단어 ②

01 밑줄 친 부분에 들어갈 말로 가장 적절한 것을 고르시오.

Almost all ancient cultures developed art objects that served as repositories for the remains of the dead. For example, the sarcophagi used by ancient Egyptians can be found in many museums throughout the world. These coffins were used by royalty and often contained valuable objects meant to protect the deceased's soul from being harmed by evil spirits. Commoners did not have the resources to be buried with such luxuries, so instead, valuable objects were painted on their sarcophagi to _____ them in the afterlife. The earliest sarcophagi were basic rectangular boxes, but later ones were constructed in the shape of the human form and included a set of eyes through which the departed individual could observe events from within their tomb. These elaborate coffins were meant to appease the deceased so that he or she would not come back to the world of the living and intrude into people's affairs.

① mourn
② guard
③ worship
④ welcome

전략 적용 & 지문 분석

도입

Almost all ancient cultures / developed art objects / [that served as repositories / for the remains of the dead].
거의 모든 고대 문화들은 / 예술품들을 만들었다 / 저장소 역할을 한 / 죽은 사람들의 유골의

선행사(art objects)를 수식하는 주격 관계절

예시

For example, / the sarcophagi / [used by ancient Egyptians] / can be found in many museums / throughout the world.
예를 들어 / 대리석 석관은 / 고대 이집트인들에 의해 사용되었던 / 여러 박물관에서 발견할 수 있다 / 전 세계 곳곳의

명사(the sarcophagi)를 수식하는 분사구

설명1

These coffins [were used / by royalty] / and [often contained valuable objects] / [meant to protect the deceased's soul / from being harmed / by evil spirits].
이러한 관들은 사용되었다 / 왕족에 의해 / 그리고 주로 귀중품들이 들어 있었다 / 고인들의 영혼을 보호하도록 의도된 / 해를 입는 것으로부터 / 악령들에 의해

and로 연결된 동사구 병치 구문
명사(valuable objects)를 수식하는 분사구

Commoners did not have the resources / to be buried with such luxuries, / so instead, / valuable objects were painted / on their sarcophagi / to **guard** them / in the afterlife.
평민들은 재산을 갖고 있지 않았다 / 그러한 사치품들과 함께 묻힐 만한 / 그래서 그 대신 / 귀중품들이 그림으로 그려졌다 / 그들의 대리석 석관에는 / 그들을 보호하기 위해 / 사후에

설명2

The earliest sarcophagi / were basic rectangular boxes, / but later ones were constructed / in the shape of the human form / and included a set of eyes / through which the departed individual could observe events / from within their tomb.
가장 초기의 대리석 석관들은 / 기본적인 직사각형 상자였다 / 하지만 이후의 것들은 만들어졌다 / 인간 형체의 모양으로 / 그리고 한 쌍의 눈을 포함했다 / 죽은 사람이 일어나는 일들을 지켜볼 수 있는 / 그들의 무덤 속에서

= sarcophagi
전치사 + 관계대명사

These elaborate coffins / were meant to appease the deceased / so that he or she would not come back / to the world of the living / and intrude into people's affairs.
이 정교한 관들은 / 고인을 달래기 위한 것이었다 / 그 또는 그녀가 돌아오지 않도록 / 이승으로 / 그리고 사람들의 일에 개입하(지 않도록)

부사절 접속사 so that: ~하도록

① mourn 애도하다
② guard 보호하다
③ worship 숭배하다
④ welcome 환영하다

Step 1
빈칸이 있는 문장과 그 주변을 통해 빈칸에 들어갈 내용 파악
평민들의 대리석 석관에 그려진 귀중품들은 평민들을 사후에 어떻게 하기 위한 것인지

Step 2
지문을 읽고 빈칸에 들어가기에 가장 적절한 보기 선택
빈칸 앞 문장에 왕족의 대리석 석관에는 고인들의 영혼을 악령들로부터 보호하도록 의도된 귀중품들이 들어 있었다는 내용이 있으므로, '보호하다'라고 한 ②번이 정답이다.

해석 거의 모든 고대 문화들은 죽은 사람들의 유골의 저장소 역할을 한 예술품들을 만들었다. 예를 들어, 고대 이집트인들에 의해 사용되었던 대리석 석관은 전 세계 곳곳의 여러 박물관에서 발견할 수 있다. 이러한 관들은 왕족에 의해 사용되었으며, 주로 악령들에 의해 해를 입는 것으로부터 고인들의 영혼을 보호하도록 의도된 귀중품들이 들어 있었다. 평민들은 그러한 사치품들과 함께 묻힐 만한 재산을 갖고 있지 않았기 때문에, 그 대신 그들의 대리석 석관에는 사후에 그들을 보호하기 위해 귀중품들이 그림으로 그려졌다. 가장 초기의 대리석 석관들은 기본적인 직사각형 상자였지만, 이후의 것들(석관들)은 인간 형체의 모양으로 만들어졌고 죽은 사람들이 그들의 무덤 속에서 일어나는 일들을 지켜볼 수 있는 한 쌍의 눈을 포함했다. 이 정교한 관들은 그 또는 그녀가 (고인이) 이승으로 돌아와 사람들의 일에 개입하지 않도록 고인을 달래기 위한 것이었다.

해설 빈칸 앞 문장에 왕족의 대리석 석관에는 고인들의 영혼을 악령들로부터 보호하기로 의도된 귀중품들이 들어 있었다는 내용이 있으므로, 재산이 없던 평민들의 석관에도 평민들을 '보호하기' 위해 귀중품들이 그림으로 그려졌다고 한 ②번이 정답이다.

정답 ②

Day 14 빈칸 완성: 단어 ②

02 다음 글의 빈칸 (A), (B)에 들어갈 말로 가장 적절한 것은?

A group of artists known as Casual Painters were disapproved of by their contemporaries during the 18th century for using mainly pastel colors. However, the criticism these painters received was quite inconsequential to them. In fact, their intent was specifically to ___(A)___ their work from the bold color contrasts and rigidity of Baroque art that many of them felt stifled by. Casual Painters purposefully applied understated colors so that their works would exude a feeling of lightness. These artists felt that bolder, darker colors represented the evils of the world and preferred their works to radiate happiness and not gloom. This was the main reason behind their commitment to a more ___(B)___ style, and not a lack of ability like many critics claimed.

	(A)	(B)
①	retrieve	vibrant
②	redress	repressed
③	differentiate	subtle
④	harmonize	authentic

어휘 disapprove 비난하다　contemporary 동시대인　inconsequential 중요하지 않은　intent 의도　specifically 구체적으로 말하자면　bold 강렬한　contrast 대조　rigidity 엄격함　stifle 숨막히게 하다, 억압하다　purposefully 의도적으로　understated 수수한, 절제된　exude (냄새, 분위기 등을) 풍기다　lightness 밝음　radiate 발산하다　gloom 우울함　commitment 전념, 몰입　retrieve 되찾다　vibrant 선명한　redress 바로잡다　repressed 억압된　differentiate 차별화시키다, 구분 짓다　subtle 은은한, 섬세한　harmonize 조화를 이루다　authentic 진정한, 진짜의

전략 적용 & 지문 분석

도입
A group of artists / known as Casual Painters / were disapproved of / by their contemporaries / during the 18th century / for using mainly pastel colors.
예술가들은 / Casual Painters라고 알려진 / 비난을 받았다 / 동시대인들에 의해 / 18세기에 / 주로 파스텔 색을 사용한 것으로 인해

목적격 관계대명사(that/which)가 생략된 관계절

However, / the criticism / [these painters received] / was quite inconsequential / to them.
그러나 / 비판은 / 이 미술가들이 받은 / 그다지 중요하지 않았다 / 그들에게

설명
In fact, / their intent was / specifically / to (A) differentiate their work / from the bold color contrasts / and rigidity of Baroque art / that many of them felt stifled by.
사실 / 그들(미술가들)의 의도는 ~이었다 / 구체적으로 말하자면 / 그들의 작품을 (A) 차별화시키는 것이었다 / 강렬한 색채 대조로부터 / 그리고 바로크 미술의 엄격함(으로부터) / 그들(미술가들) 중 다수가 숨막힌다고 느꼈던

Casual Painters / purposefully applied understated colors / so that their works would exude / a feeling of lightness.
Casual Painters는 / 의도적으로 수수한 색을 사용했다 / 그들의 작품이 풍길 수 있도록 / 밝은 느낌을

prefer + 목적어 + to 부정사: '목적어'가 'to 부정사'하기를 바라다

이유
These artists felt / that bolder, darker colors represented / the evils of the world / and preferred their works / to radiate happiness and not gloom.
이 예술가들은 생각했다 / 더 강렬하고, 더 어두운 색채들은 나타낸다고 / 세상의 악을 / 그리고 그들의 작품이 ~하기를 원했다 / 우울함이 아닌 행복감을 발산하기를

결론
This was the main reason / behind their commitment / to a more (B) subtle style, / and not a lack of ability / like many critics claimed.
이것이 주요한 이유였다 / 그들의 전념 뒤의 / 더 (B) 은은한 스타일을 향한 / 그리고 능력의 부족이 아니었다 / 많은 비평가들이 주장했던 것처럼

	(A)		(B)	
①	retrieve	되찾는	vibrant	선명한
②	redress	바로잡는	repressed	억압된
③	differentiate	차별화시키는	subtle	은은한
④	harmonize	조화를 이루는	authentic	진정한

Step 1
빈칸이 있는 문장과 그 주변을 통해 빈칸에 들어갈 내용 파악

(A) 그들(미술가들)의 의도는 강렬한 색채 대조와 숨막히는 바로크 미술의 엄격함으로부터 그들의 작품을 어떻게 하는 것이었는지

(B) 그들(예술가들)이 어떤 스타일에 전념했는지

Step 2
지문을 읽고 빈칸에 들어가기에 가장 적절한 보기 선택

(A) 뒤 문장에 Casual Painters는 의도적으로 수수한 색을 사용했다는 내용이 있으므로, (A)에 들어갈 내용을 '차별화시키다', (B) 앞 문장에 Casual Painters는 우울감을 발산하는 강렬하고 어두운 색채와 반대로, 그들의 작품은 행복감을 발산하기를 원했다는 내용이 있으므로, (B)에 들어갈 내용을 '은은한'이라고 한 ③번이 정답이다.

해석 Casual Painters라고 알려진 예술가들은 주로 파스텔 색을 사용한 것으로 인해 18세기에 동시대인들에게 비난을 받았다. 그러나, 이 미술가들이 받은 비판은 그들에게 그다지 중요하지 않았다. 사실, 그들(미술가들)의 의도는 구체적으로 말하자면, 강렬한 색채 대조 및 그들(미술가들) 중 다수가 숨막힌다고 느꼈던 바로크 미술의 엄격함으로부터 그들의 작품을 (A) 차별화시키는 것이었다. Casual Painters는 그들의 작품이 밝은 느낌을 풍길 수 있도록 의도적으로 수수한 색을 사용했다. 이 예술가들은 더 강렬하고, 더 어두운 색채들은 세상의 악을 나타낸다고 생각했고, 그들의 작품이 우울함이 아닌 행복감을 발산하기를 원했다. 이것이 더 (B) 은은한 스타일을 향한 그들의 전념 뒤의 주요한 이유였으며, 많은 비평가들이 주장했던 것처럼 능력의 부족이 (이유가) 아니었다.

해설 (A) 뒤 문장에 Casual Painters는 의도적으로 수수한 색을 사용했다는 내용이 있으므로, 빈칸에는 강렬한 색채 대조 및 바로크 미술의 엄격함으로부터 그들의 작품을 '차별화시키는'이 나와야 적절하다. (B) 앞 문장에 이 예술가들(Casual Painters)은 강렬하고 어두운 색채가 세상의 악을 나타낸다고 생각했고 그들의 작품은 이와 반대로 행복감을 발산하기를 원했다는 내용이 있으므로, 빈칸에는 이것이 '은은한' 스타일을 향한 전념의 이유였다는 내용이 나와야 적절하다. 따라서 ③번이 정답이다.

정답 ③

03 밑줄 친 부분에 들어갈 말로 가장 적절한 것은?

A Japanese-Hungarian team recently discovered signs of intelligence in the form of a slime fungus. They designed a small maze with one pile of nutrients placed at each end. The experimenters began by flooding all corridors of the maze with the plasmodium slime, essentially allowing it to get its bearings and detect the layout of the maze as well as the nutrient piles. After four hours, the researchers returned to find that the mold had withdrawn itself from several branching paths that led to dead ends in the maze. After a full eight hours, the entire slime mold constituted the shortest possible pathway between the two nutrient piles, with no additional digressions. Its ability to map out the route between two objects _____ the sort of efficiency valued in human intelligence.

① circumvents
② replicates
③ opposes
④ appreciates

어휘 intelligence 지능, 지성　slime fungus 점액 곰팡이　maze 미로　pile 무더기, 더미　nutrient 자양분, 영양분　experimenter 실험자　flood A with B A에 B를 쏟아붓다　corridor 통로, 복도　plasmodium 변형체, 말라리아 원충　get one's bearings 환경에 익숙해지다　mold 곰팡이　withdraw 빠져 나오다, 물러나다　branching 갈라진, 가지가 난　dead end (길, 통로의) 막다른 곳, 막힌 쪽　constitute 구성하다, 이루다　digression 탈선, 벗어나기　map out 설계하다, 계획하다　efficiency 효율(성), 능률　circumvent 회피하다　replicate 재현하다, 복제하다　oppose 반대하다　appreciate 인정하다

전략 적용 & 지문 분석

도입

A Japanese-Hungarian team / recently discovered / signs of intelligence / in the form of a slime fungus.
일본-헝가리 연구 팀은 / 최근에 발견했다 / 지능의 흔적을 / 한 점액 곰팡이 형태에서

실험 과정1

They designed a small maze / with one pile of nutrients / placed at each end.
그들은 작은 미로를 설계했다 / 자양분이 한 무더기 쌓여 있는 / (미로의) 각각의 끝에 놓인

실험 과정2

The experimenters began / by flooding all corridors of the maze / with the plasmodium slime, / essentially allowing it / to get its bearings / and detect the layout of the maze / as well as the nutrient piles.
(by + 동명사: '동명사'함으로써)
(and로 연결된 to 부정사구 병치 구문(두 번째 to 생략))
실험자들은 (실험을) 시작했다 / 미로의 모든 통로에 쏟아부음으로써 / 점액 곰팡이의 변형체를 / 반드시 그것(점액 곰팡이)이 ~할 수 있도록 했다 / 환경에 익숙해질 수 있도록 / 그리고 미로의 배치를 탐색할 수 있도록 / 자양분 무더기들(의 배치)과

실험 과정3

After four hours, / the researchers returned to find / that the mold had withdrawn itself / from several branching paths / that led to dead ends in the maze.
4시간 후 / 연구원들은 돌아와서 발견했다 / 곰팡이가 스스로 빠져 나왔음을 / 몇몇 갈라진 통로에서 / 미로의 막다른 곳으로 이어지는

실험 과정4

After a full eight hours, / the entire slime mold / constituted the shortest possible pathway / between the two nutrient piles, / with no additional digressions.
8시간이 완전히 지난 후에는 / 점액 곰팡이 전체가 / 가능한 가장 짧은 경로를 구성하고 있었다 / 두 자양분 무더기 사이에서 / 추가적인 탈선 없이

결론

(ability + to 부정사: 'to 부정사'하는 능력)
Its ability to map out the route / between two objects / replicates / the sort of efficiency / valued in human intelligence.
경로를 설계하는 그것(점액 곰팡이)의 능력은 / 두 물체 사이의 / 재현한다 / 일종의 효율성을 / 인간의 지능에서 가치 있게 여겨지는

① circumvents 회피한다
② replicates 재현한다
③ opposes 반대한다
④ appreciates 인정한다

Step 1

빈칸이 있는 문장과 그 주변을 통해 빈칸에 들어갈 내용 파악

곰팡이의 경로 설계 능력은 인간 지능에서 가치 있게 여겨지는 효율성을 어떻게 하는지

Step 2

지문을 읽고 빈칸에 들어가기에 가장 적절한 보기 선택

빈칸 앞 문장에 점액 곰팡이 전체가 두 자양분 무더기 사이에서 추가적인 탈선 없이 가능한 가장 짧은 경로를 이루고 있었다고 했으므로, '재현한다'라고 한 ②번이 정답이다.

해석 일본-헝가리 연구 팀은 최근에 한 점액 곰팡이 형태에서 지능의 흔적을 발견했다. 그들은 (미로의) 양끝에 자양분이 한 무더기씩 놓인 작은 미로를 설계했다. 실험자들은 미로의 모든 통로에 점액 곰팡이의 변형체를 쏟아부음으로써 (실험을) 시작했고, 반드시 그것(점액 곰팡이)이 환경에 익숙해질 수 있도록 하고 자양분 무더기들과 미로의 배치를 탐색할 수 있도록 했다. 4시간 후, 연구원들은 돌아와서 미로의 막다른 곳으로 이어지는 몇몇 갈라진 통로에서 곰팡이가 스스로 빠져 나왔음을 발견했다. 8시간이 완전히 지난 후에는, 점액 곰팡이 전체가 두 자양분 무더기 사이에서 추가적인 탈선 없이 가능한 가장 짧은 경로를 구성하고 있었다. 두 물체 사이의 경로를 설계하는 그것(점액 곰팡이)의 능력은, 인간의 지능에서 가치 있게 여겨지는 일종의 효율성을 재현한다.

해설 빈칸 앞 문장에서 점액 곰팡이 전체가 두 자양분 무더기 사이에서 추가적인 탈선 없이 가능한 가장 짧은 경로를 이루고 있었다고 했으므로, 점액 곰팡이의 경로 설계 능력은 인간 지능에서 가치 있게 여겨지는 효율성을 '재현한다'라고 한 ②번이 정답이다.

정답 ②

Day 15 빈칸 완성: 구 ①

01 밑줄 친 부분에 들어갈 말로 가장 적절한 것은?

> Solar cells have traditionally been made of silicon, a mineral that is present in copious amounts in the Earth's crust, but is expensive to extract and refine. In an effort to design affordable solar cells, researchers have been studying the process of photosynthesis, in which plants use naturally occurring chemicals to manufacture food from sunlight. In the late 1960s, experiments were done to develop a system that _____. They harnessed chlorophylls, or pigment cells, to convert light into energy. These experiments led to the discovery of dyes that have a greater sensitivity to sunlight than traditional solar cells, meaning they can absorb a wider spectrum of light. This enabled researchers to manufacture better materials for solar cells, as the cells could produce electricity using a greater amount of the light spectrum.

① runs on alternative efficient energy sources
② simulates the way that plants make energy
③ eliminates the need for cells containing pigments
④ considers the pros and cons of photosynthesis

전략 적용 & 지문 분석

문제점

Solar cells have traditionally been made of silicon, / a mineral that is present in copious amounts / in the Earth's crust, / but is expensive / to extract and refine.
태양 전지는 전통적으로 규소로 만들어져 왔다 / 풍부한 양이 있는 광물인 / 지각에 / 하지만 많은 비용이 드는 / 추출하고 정제하는 데

> 동격의 콤마: 콤마(,) 뒤의 절이 silicon에 대한 설명

해결책

In an effort to design affordable solar cells, / **researchers have been studying** / **the process of photosynthesis,** / in which plants use naturally occurring chemicals / to manufacture food from sunlight.
저렴한 태양 전지를 고안해내기 위한 노력으로 / 연구원들은 연구해오고 있다 / 광합성 과정을 / 그리고 그것(광합성 과정)에서 식물들은 자연적으로 발생하는 화학 물질을 사용한다 / 햇빛으로부터 양분을 생성하기 위해

부연1

In the late 1960s, / **experiments were done** / **to develop a system** / **that simulates the way that plants make energy.**
1960년대 후반에 / 실험들이 진행되었다 / 시스템을 개발하기 위해 / 식물이 에너지를 생성하는 방식을 모방하는

They harnessed chlorophylls, / or pigment cells, / to convert light into energy.
그것들(실험들)은 엽록소를 이용했다 / 즉 색소 세포들을 / 빛을 에너지로 변환시키기 위해

부연2

> 선행사(dyes)를 수식하는 주격 관계절

These experiments / led to the discovery of dyes / [that have a greater sensitivity to sunlight / than traditional solar cells,] / meaning / they can absorb a wider spectrum of light.
이 실험들은 / 염료들의 발견으로 이어졌다 / 햇빛에 더 민감도가 높은 / 전통적인 태양 전지보다 / 이는 의미했다 / 그것들(염료들)이 더 넓은 범위의 빛을 흡수할 수 있다는 것을

This enabled researchers / to manufacture better materials / for solar cells, / as the cells could produce electricity / using a greater amount of the light spectrum.
이는 연구원들이 ~할 수 있게 했다 / 더 나은 물질들을 제조할 / 태양 전지를 위한 / 그 전지들은 전기를 생산할 수 있었기 때문에 / 더 많은 양의 빛 스펙트럼을 사용하여

Step 1
빈칸이 있는 문장과 그 주변을 통해 빈칸에 들어갈 내용 파악
1960년대 후반에 진행된 실험들을 통해 개발한 (태양 전지) 시스템의 특성

① runs on alternative efficient energy sources 효율적인 대체 에너지원으로 작동하는
② simulates the way that plants make energy 식물이 에너지를 생성하는 방식을 모방하는
③ eliminates the need for cells containing pigments 색소를 포함한 세포들의 필요성을 없애는
④ considers the pros and cons of photosynthesis 광합성의 장단점을 고려하는

Step 2
지문을 읽고 빈칸에 들어가기에 가장 적절한 보기 선택
빈칸 앞뒤 부분에 저렴한 태양 전지를 위해 연구원들은 광합성 과정을 연구해왔으며, 빛을 에너지로 변환시키기 위해 엽록소를 이용한 실험을 했다는 내용이 있으므로, '식물이 에너지를 생성하는 방식을 모방하는'이라고 한 ②번이 정답이다.

해석 태양 전지는 지각에 풍부하게 있지만 추출하고 정제하는 데 많은 비용이 드는 광물인 규소로 전통적으로 만들어져 왔다. 저렴한 태양 전지를 고안해내기 위한 노력으로, 연구원들은 광합성 과정을 연구해오고 있으며, 그것(광합성 과정)에서 식물들은 햇빛으로부터 양분을 생성하기 위해 자연적으로 발생하는 화학 물질을 사용한다. 1960년대 후반에, 식물이 에너지를 생성하는 방식을 모방하는 시스템을 개발하기 위해 실험들이 진행되었다. 그것들(실험들)은 빛을 에너지로 변환시키기 위해 엽록소, 즉 색소 세포들을 이용했다. 이 실험들은 전통적인 태양 전지보다 햇빛에 더 민감도가 높은 염료들의 발견으로 이어졌으며, 이는 그것들(염료들)이 더 넓은 범위의 빛을 흡수할 수 있다는 것을 의미했다. 그 전지들은 더 많은 양의 빛 스펙트럼을 사용하여 전기를 생산할 수 있었기 때문에, 이는 연구원들이 태양 전지를 위한 더 나은 물질들을 제조할 수 있게 했다.

해설 빈칸 앞 문장에 저렴한 태양 전지를 고안해내기 위해 연구원들은 식물들이 햇빛으로부터 양분을 생성하는 광합성 과정을 연구해왔다는 내용이 있고, 빈칸 뒤 문장에 이 실험들은 빛을 에너지로 변환시키기 위해 엽록소를 이용했다는 내용이 있으므로, 1960년대 후반에 '식물이 에너지를 생성하는 방식을 모방하는' 시스템을 개발하기 위해 실험들이 진행되었다고 한 ②번이 정답이다.

정답 ②

02 밑줄 친 부분에 들어갈 가장 적절한 말은?

If China's current rate of disposable chopstick usage continues unabated, China will be completely deforested within the next 10 years. Every year, restaurants in China go through 45 billion pairs of disposable chopsticks, causing an annual loss of 25 million trees. For restaurants, the choice to use disposable chopsticks is clearly financially motivated: the cost is somewhat less than the price of buying hundreds of sets of conventional chopsticks and the extra expense involved in washing them numerous times. As a result, there is a strong preference for disposable chopsticks. The restaurant industry is undoubtedly _____.

① enticing business owners to be more eco-friendly
② seeking to reverse the ongoing rate of deforestation
③ reducing the number of chopsticks being disposed of
④ putting economic profit over the planet's survival

전략 적용 & 지문 분석

문제점

[If China's current rate of disposable chopstick usage / continues unabated,] / China will be completely deforested / within the next 10 years.
현재 중국의 일회용 젓가락 사용률이 / 계속해서 줄지 않는다면 / 중국은 삼림이 완전히 파괴될 것이다 / 향후 10년 이내에

조건을 나타내는 부사절: 미래를 나타낼 때 현재 시제 사용

주제문

Every year, / restaurants in China / go through 45 billion pairs of disposable chopsticks, / [causing an annual loss of 25 million trees.] → 분사구문
매년 / 중국에 있는 식당들은 / 450억 쌍의 일회용 젓가락을 써버린다 / 그런데 이것은 연간 2천 5백만 그루의 나무 손실을 야기한다

부연

For restaurants, / the choice to use disposable chopsticks / is clearly financially motivated: / the cost is somewhat less / than the price of buying hundreds of sets of conventional chopsticks / and the extra expense / [involved in washing them numerous times.]
식당들에게 / 일회용 젓가락을 사용하는 결정은 / 명백히 경제적 이유 때문이다 / 그 비용은 좀 더 저렴하다 / 수백 쌍의 전통적인 젓가락을 구입하는 가격보다 / 그리고 추가적인 비용(보다) / 그것들을 수 차례 세척하는 데 수반되는

명사(the extra expense)를 수식하는 분사구

As a result, / there is a strong preference / for disposable chopsticks.
그 결과 / 강한 선호가 있다 / 일회용 젓가락에 대한

요약

The restaurant industry / is undoubtedly putting economic profit / over the planet's survival.
그 식당 업계는 / 명백히 경제적 이익을 더 우선시하고 있다 / 지구의 존속보다

① enticing business owners to be more eco-friendly
사업 소유주들이 더 친환경적이게 되도록 유도하고

② seeking to reverse the ongoing rate of deforestation
삼림 벌채 진행률을 완전히 바꾸려고 애쓰고

③ reducing the number of chopsticks being disposed of
버려지고 있는 젓가락의 수를 줄이고

④ putting economic profit over the planet's survival
지구의 존속보다 경제적 이익을 더 우선시하고

Step 1
빈칸이 있는 문장과 그 주변을 통해 빈칸에 들어갈 내용 파악

중국의 식당 업계에서 명백히 보이는 양상

Step 2
지문을 읽고 빈칸에 들어가기에 가장 적절한 보기 선택

지문 처음에 중국의 일회용 젓가락 사용률이 줄지 않는다면 중국의 삼림이 황폐화될 것이고, 중국 식당들이 일회용 젓가락을 사용하는 것은 경제적 이유 때문이라는 내용이 있으므로, '지구의 존속보다 경제적 이익을 더 우선시하고'라고 한 ④번이 정답이다.

해석 현재 중국의 일회용 젓가락 사용률이 계속해서 줄지 않는다면, 중국은 향후 10년 이내에 삼림이 완전히 파괴될 것이다. 매년, 중국에 있는 식당들은 450억 쌍의 일회용 젓가락을 써버리는데, 이것은 연간 2천 5백만 그루의 나무 손실을 야기하고 있다. 식당들에게, 일회용 젓가락을 사용하는 결정은 명백히 경제적 이유 때문이며, 그 비용(일회용 젓가락 사용 비용)은 수백 쌍의 전통적인 젓가락을 구입하는 가격과 그것들을 수 차례 세척하는 데 수반되는 추가적인 비용보다 좀 더 저렴하다. 그 결과, 일회용 젓가락에 대한 강한 선호가 있다. 그 식당 업계는 명백히 지구의 존속보다 경제적 이익을 더 우선시하고 있다.

해설 지문 처음에 중국의 일회용 젓가락 사용률이 줄지 않는다면 중국의 삼림이 황폐화될 것이라고 했고, 빈칸 앞부분에 식당들은 명백히 경제적 이유 때문에 일회용 젓가락을 사용하는 것을 강하게 선호한다는 내용이 있으므로, '지구의 존속보다 경제적 이익을 더 우선시하고' 있다고 한 ④번이 정답이다.

정답 ④

03 다음 빈칸에 들어갈 말로 가장 적절한 것은?

The renowned 19th-century psychologist and philosopher William James advocated an extreme form of pragmatism. Known as radical pragmatism, this philosophy rejected the idea that any real knowledge _____. For James and his followers, only observational facts could provide a true understanding of our world. In other words, knowledge was gained through the senses rather than through abstract thought. James was adamant about dismissing the opposite approach entirely, but his radical pragmatism only gained popularity for a short time. Although some people still view his philosophy positively today, most philosophers now agree that theoretical reasoning also contributes to human knowledge.

① could result from speculation
② had an effect on the fate of humanity
③ is independent of abstract thought
④ could come from scientific experimentation

전략 적용 & 지문 분석

도입
The renowned 19th-century psychologist and philosopher William James / advocated / an extreme form of pragmatism.
19세기의 유명 심리학자이자 철학자인 윌리엄 제임스는 / 지지했다 / 극단적인 형태의 실용주의를

Known as radical pragmatism, / this philosophy rejected the idea that any real knowledge could result from speculation.
급진적 실용주의로 알려진 / 이 철학은 생각을 받아들이지 않았다 / 어떤 실질적 지식이 추론의 결과로 발생할 수 있다는

→ idea that(동격절): ~라는 생각

Step 1
빈칸이 있는 문장과 그 주변을 통해 빈칸에 들어갈 내용 파악
실질적 지식이 어떻게 될 수 있다는 생각을 급진적 실용주의가 받아들이지 않았는지

설명1
For James and his followers, / only observational facts could provide / a true understanding of our world.
제임스와 그를 따르는 사람들에게는 / 오로지 관찰에 입각한 사실만이 제공할 수 있었다 / 우리 세계에 대한 진정한 이해를

In other words, / knowledge was gained / [through the senses] / rather than [through abstract thought].
다시 말해 / 지식은 얻어졌다 / 감각들을 통해서 / 추상적인 사고를 통해서보다는

→ rather than으로 연결된 전치사구 병치 구문

설명2
James was adamant / about dismissing the opposite approach / entirely, / but his radical pragmatism / only gained popularity for a short time.
제임스는 단호했다 / 반대의 접근법을 묵살하는 것에 / 완전히 / 하지만 그의 급진적 실용주의는 / 단지 잠깐 동안만 인기를 얻었다

결론
Although some people still view his philosophy / positively / today, / most philosophers now agree / that theoretical reasoning also contributes to human knowledge.
일부 사람들은 그의 철학을 여전히 바라보지만 / 긍정적으로 / 오늘날 / 대부분의 철학자들이 이제는 동의한다 / 이론적 추론도 인간의 지식에 기여한다는 것에

Step 2
지문을 읽고 빈칸에 들어가기에 가장 적절한 보기 선택
빈칸 뒷부분에 제임스와 그를 따르는 사람들에게 지식은 감각들을 통해서 얻어졌다는 내용이 있고, 이제는 대부분의 철학자들이 이론적 추론도 인간이 지식에 기여한다는 것에 동의한다는 내용이 있으므로, '추론의 결과로 발생할 수 있다'라고 한 ①번이 정답이다.

① could result from speculation
추론의 결과로 발생할 수 있다

② had an effect on the fate of humanity
인류의 운명에 영향을 미친다

③ is independent of abstract thought
추상적인 사고와는 관계가 없다

④ could come from scientific experimentation
과학적 실험에서 비롯될 수 있다

해석 19세기의 유명 심리학자이자 철학자인 윌리엄 제임스는 극단적인 형태의 실용주의를 지지했다. 급진적 실용주의로 알려진 이 철학은, 어떤 실질적 지식이 추론의 결과로 발생할 수 있다는 생각을 받아들이지 않았다. 제임스와 그를 따르는 사람들에게는, 오로지 관찰에 입각한 사실만이 우리 세계에 대한 진정한 이해를 제공할 수 있었다. 다시 말해, 지식은 추상적인 사고를 통해서보다는 감각들을 통해서 얻어졌다. 제임스는 반대의 접근법을 묵살하는 것에 완전히 단호했지만, 그의 급진적 실용주의는 단지 잠깐 동안만 인기를 얻었다. 오늘날 일부 사람들은 그의 철학을 여전히 긍정적으로 바라보지만, 이제는 대부분의 철학자들이 이론적 추론도 인간의 지식에 기여한다는 것에 동의한다.

해설 빈칸 뒷부분에 극단적인 형태의 실용주의를 지지한 제임스와 그를 따르는 사람들에게 지식은 추상적인 사고보다는 감각들을 통해서 얻어졌다는 내용이 있고, 지문 마지막에 이제는 대부분의 철학자들이 이론적 추론도 인간의 지식에 기여한다는 것에 동의한다는 내용이 있으므로, 급진적 실용주의는 어떤 실질적 지식이 '추론의 결과로 발생할 수 있다'는 생각을 받아들이지 않았다고 한 ①번이 정답이다.

정답 ①

Day 16 빈칸 완성: 구 ②

01 다음 글의 빈칸에 들어갈 적절한 것은?

Many successful predators utilize deadly methods to capture prey. One example is the Indian python, or Python molurus, which feeds on the mammals, birds, and reptiles that share its habitat. The Indian python _____ to incapacitate prey. The large snake hides and waits quietly until it spots its prey. Once it has something in its sights, it attacks quickly and wraps itself around the victim, capturing it in a tight grip. As a result, the prey will no longer be able to breathe and eventually expires. A similar method is used by other species of deadly snakes when they attempt to seize a target.

① injects potent venom
② opens its powerful jaws
③ clings to tree branches
④ uses its entire body

전략 적용 & 지문 분석

주제문
Many successful predators utilize deadly methods / to capture prey.
많은 번성한 육식 동물들은 치명적인 방법들을 사용한다 / 먹잇감을 포획하기 위해

예시1
One example is the Indian python, / or Python molurus, / which feeds on the mammals, birds, and reptiles / that share its habitat. *(the Indian python과 동격)*
한 가지 예는 인도 비단뱀이다 / 즉 인도왕뱀(이다) / 그것은 포유류, 조류, 그리고 파충류들을 잡아먹는다 / 자신의 서식지를 함께 쓰는

The Indian python uses its entire body / to incapacitate prey.
인도 비단뱀은 자신의 온몸을 사용한다 / 먹잇감을 무력화시키기 위해

부연
The large snake hides and waits quietly / until it spots its prey.
그 큰 뱀은 숨어서 조용히 기다린다 / 그것이 자신의 먹잇감을 발견할 때까지

Once it has something in its sights, / it attacks quickly and wraps itself / around the victim, / capturing it in a tight grip.
일단 그것(인도 비단뱀)의 시야에 무언가가 들어오면 / 그것은 재빨리 공격하여 자신(의 몸)을 휘감는다 / 먹이 주변에 / 그것을 꽉 조여 포획한다

As a result, / the prey will no longer be able to breathe / and eventually expires.
결과적으로 / 그 먹잇감은 더 이상 숨을 쉬지 못할 것이다 / 그리고 결국 죽게 될 것이다

예시2
A similar method is used / by other species of deadly snakes / when they attempt to seize a target. *(attempt + to 부정사: 'to 부정사'하려고 시도하다)*
유사한 방법이 사용된다 / 다른 치명적인 종의 뱀들에 의해 / 그들이 목표물을 잡으려고 시도할 때에도

① injects potent venom
강력한 독을 주입한다
② opens its powerful jaws
힘있는 턱을 벌린다
③ clings to tree branches
나뭇가지에 매달린다
④ uses its entire body
자신의 온몸을 사용한다

Step 1
빈칸이 있는 문장과 그 주변을 통해 빈칸에 들어갈 내용 파악
인도 비단뱀이 먹잇감을 무력화시키기 위해 하는 행동

Step 2
지문을 읽고 빈칸에 들어가기에 가장 적절한 보기 선택
빈칸 뒤 문장에 그 뱀은 먹잇감이 나타나면 재빨리 공격하여 먹잇감에 자신의 몸을 휘감은 후, 꽉 조여 숨을 쉬지 못하게 한다는 내용이 있으므로, '자신의 온몸을 사용한다'라고 한 ④번이 정답이다.

[해석] 많은 번성한 육식 동물들은 먹잇감을 포획하기 위해 치명적인 방법들을 사용한다. 한 가지 예는 인도 비단뱀, 즉 인도왕뱀인데, 그것은 자신의 서식지를 함께 쓰는 포유류, 조류, 그리고 파충류들을 잡아먹는다. 인도 비단뱀은 먹잇감을 무력화시키기 위해 자신의 온몸을 사용한다. 그 큰 뱀은 자신의 먹잇감을 발견할 때까지 숨어서 조용히 기다린다. 일단 그것(인도 비단뱀)의 시야에 무언가가 들어오면, 그것은 재빨리 공격하여 먹이 주변에 자신(의 몸)을 휘감고, 그것을 꽉 조여 포획한다. 결과적으로, 그 먹잇감은 더 이상 숨을 쉬지 못하고 결국 죽게 될 것이다. 다른 치명적인 종의 뱀들이 목표물을 잡으려고 시도할 때에도 그들에 의해 유사한 방법이 사용된다.

[해설] 빈칸 뒤 문장에 그 큰 뱀(인도 비단뱀)은 먹잇감을 발견할 때까지 숨어서 조용히 기다린 뒤, 먹잇감이 나타나면 재빨리 공격하여 먹잇감에 자신의 몸을 휘감고 꽉 조여 숨을 쉬지 못하게 해서 포획한다는 내용이 있으므로, 인도 비단뱀은 먹잇감을 무력화시키기 위해 '자신의 온몸을 사용한다'라고 한 ④번이 정답이다.

정답 ④

02 다음 글의 빈칸에 들어갈 말로 가장 적절한 것을 고르시오.

Media coverage of video games generally focuses on the negative effects they have on children. Most arguments take issue with the in-game rewards children receive for the repetition of violent or negative actions, which many fear will encourage them to deal with emotional turmoil by repeating such antisocial actions in the real world. Such concerns _____ according to Noah Stupak, a sociologist at Rochester University. He suggests that video games provide children with an outlet for harmful emotions. Accordingly, he believes these games allow youths to release their pent up frustration in a healthy way.

① should be addressed soon
② are misplaced
③ are more serious than we think
④ are deeply rooted

전략 적용 & 지문 분석

Step 1
빈칸이 있는 문장과 그 주변을 통해 빈칸에 들어갈 내용 파악

Noah Stupak에 따르면 비디오 게임에 대한 우려들이 어떠한지

> 목적격 관계대명사 that 또는 which가 생략된 관계절

도입
Media coverage of video games / generally focuses on the negative effects / [they have on children].
비디오 게임에 대한 언론 보도는 / 일반적으로 부정적인 영향에 집중한다 / 그것들이 아이들에게 미치는

> 삽입 어구(관계대명사의 격에 영향주지 않음)

주장
Most arguments / take issue with the in-game rewards / children receive / for the repetition of violent or negative actions, / which (many fear) / will encourage them / to deal with emotional turmoil / by repeating such antisocial actions / in the real world.
대부분의 주장들은 / 게임 안에서 얻는 보상을 문제 삼는다 / 아이들이 얻는 / 폭력적이거나 부정적인 행동의 반복으로 / 그런데 많은 이들이 우려하기에 이것은 / 그들을 부추길 것이다 / 정서적인 혼란에 대처하도록 / 그러한 반사회적인 행동들을 반복함으로써 / 현실에서

반론
Such concerns are misplaced / according to Noah Stupak, / a sociologist at Rochester University.
이러한 우려들은 부적절하다 / Noah Stupak에 따르면, / 로체스터 대학의 사회학자인

> provide A with B: A에게 B를 제공하다

He suggests / that video games provide^A [children] / with^B [an outlet for harmful emotions].
그는 주장한다 / 비디오 게임이 아이들에게 제공한다고 / 해로운 감정의 배출구를

부연
Accordingly, / he believes / these games allow youths / to release their pent up frustration / in a healthy way.
따라서 / 그는 생각한다 / 이러한 게임들이 아이들이 ~할 수 있게 해준다고 / 그들의 억눌린 불만을 표출할 / 건전한 방식으로

Step 2
지문을 읽고 빈칸에 들어가기에 가장 적절한 보기 선택

빈칸 뒤에 Noah Stupak은 비디오 게임이 해로운 감정의 배출구를 제공하며 억눌린 불만을 건전한 방식으로 표출할 수 있게 해준다고 했으므로, 이러한 우려는 '부적절하다'라고 한 ②번이 정답이다.

① should be addressed soon
곧 해결되어야 한다
② are misplaced
부적절하다
③ are more serious than we think
우리가 생각하는 것보다 더 심각하다
④ are deeply rooted
깊이 뿌리 박혀 있다

해석 비디오 게임에 대한 언론 보도는 일반적으로 그것들이 아이들에게 미치는 부정적인 영향에 집중한다. 대부분의 주장들은 폭력적이거나 부정적인 행동의 반복으로 아이들이 게임 안에서 얻는 보상을 문제 삼는데, 많은 이들이 우려하기에 이것은 그들(아이들)이 현실에서 그러한 반사회적인 행동을 반복함으로써 정서적인 혼란에 대처하도록 부추길 것이다. 로체스터 대학의 사회학자인 Noah Stupak에 따르면, 이러한 우려들은 부적절하다. 그는 비디오 게임이 아이들에게 해로운 감정의 배출구를 제공한다고 주장한다. 따라서, 그는 이러한 게임들이 아이들이 그들의 억눌린 불만을 건전한 방식으로 표출할 수 있게 해준다고 생각한다.

해설 빈칸 뒷부분에 Noah Stupak은 비디오 게임이 아이들에게 해로운 감정의 배출구를 제공하며, 그들의 억눌린 불만을 건전한 방식으로 표출할 수 있게 해준다는 내용이 있으므로, Noah Stupak에 따르면 이러한 우려들, 즉 게임으로 얻는 보상이 현실에서 반사회적인 행동들을 부추길 것이라는 우려들은 '부적절하다'라고 한 ②번이 정답이다.

정답 ②

Day 16 빈칸 완성: 구 ②

03 다음 글의 빈칸에 들어갈 적절한 것을 고르시오.

It's hard to turn on the radio nowadays without hearing a pop song that has been auto-tuned. Auto-tune is a digital audio tool used by music producers primarily to adjust the pitch of vocals. Because many musical instruments these days are electronic, the notes they play are pitch-perfect, as distinct from a guitar string that may be slightly too low. Thus, it is necessary for all the instruments to be in tune with each other, and auto-tune helps bring vocals in line. But at the same time, this tool allows studio producers to _____. Indeed, today's singers are not required to sing perfectly in key or hit the correct pitch, as producers can just fix the mistakes in post-production.

① add variation in digital effects
② produce monotonous songs
③ disguise a vocalist's shortcomings
④ change a singer's voice without consent

어휘 turn on (라디오, TV 등을) 켜다 primarily 주로 adjust 조정하다 pitch 음의 높낮이, 음정 vocal 보컬 (부분), 목소리 distinct from ~와는 다른 in tune 음정이 맞는 in line 조화되는 post-production 편집 작업, 후반 작업 variation 변화 monotonous 단조로운 disguise 감추다 vocalist 가수 shortcoming 단점 consent 동의

전략 적용 & 지문 분석

Step 1
빈칸이 있는 문장과 그 주변을 통해 빈칸에 들어갈 내용 파악

오토튠이 녹음실 프로듀서들이 무엇을 할 수 있게 해주는지

도입
It's hard to turn on the radio nowadays / without hearing a pop song / that has been auto-tuned.
요즘에는 라디오를 켜기가 어렵다 / 대중 음악을 듣지 않고는 / 오토튠이 된

정의
→ 명사(a digital audio tool)를 수식하는 분사구문
Auto-tune is a digital audio tool / [used by music producers] / primarily / [to adjust the pitch of vocals.]
→ '목적'을 나타내는 to 부정사의 부사적 용법: 'to 부정사'하기 위해
오토튠은 디지털 오디오 도구이다 / 음악 프로듀서들에 의해 사용되는 / 주로 / 보컬 부분 음의 높낮이를 조정하기 위해

설명1
Because many musical instruments these days are electronic, / the notes they play / are pitch-perfect, / as distinct from a guitar string / that may be slightly too low.
요즘은 많은 악기들이 전자 악기이기 때문에 / 그것들이 연주하는 음은 / 음정이 완벽하다 / 기타 줄과는 다르게 / (음이) 약간 너무 낮을 수도 있는

부연
→ 준사역동사 help + 목적어(동사원형)
Thus, / it is necessary / for all the instruments / to be in tune with each other, / and auto-tune helps / bring vocals in line.
따라서 / (~이) 필수적이다 / 모든 악기들이 / 서로 음정이 맞는 것이 / 그리고 오토튠은 도와준다 / 보컬 부분 음이 조화되도록

설명2
But at the same time, / this tool allows studio producers / to **disguise a vocalist's shortcomings**.
하지만 동시에 / 이 도구는 녹음실 프로듀서들이 ~할 수 있게 해준다 / 가수의 단점들을 감출

부연
Indeed, today's singers are not required / to sing perfectly in key / or hit the correct pitch, / as producers can just fix the mistakes / in post-production.
실제로 / 요즘 가수들은 요구되지 않는다 / 키에 맞춰 완벽히 노래를 부르도록 / 혹은 정확한 음정을 맞추도록 / 프로듀서들이 실수를 바로잡을 수 있기 때문에 / 편집 작업에서

Step 2
지문을 읽고 빈칸에 들어가기에 가장 적절한 보기 선택

빈칸 뒤에 프로듀서들이 편집에서 실수를 바로 잡을 수 있기 때문에, 가수들이 완벽하거나 정확하게 노래할 필요가 없다고 했으므로, 이 도구는 '가수의 단점들을 감춘다'라고 한 ③번이 정답이다.

① add variation in digital effects
  디지털 효과에 변화를 추가할
② produce monotonous songs
  단조로운 음악을 만들
③ **disguise a vocalist's shortcomings**
  가수의 단점들을 감출
④ change a singer's voice without consent
  동의 없이 가수의 목소리를 바꿀

해석 요즘에는 오토튠이 된 대중 음악을 듣지 않고는 라디오를 켜기가 어렵다. 오토튠은 주로 보컬 부분 음의 높낮이를 조정하기 위해 음악 프로듀서들에 의해 사용되는 디지털 오디오 도구이다. 요즘은 많은 악기들이 전자 악기이기 때문에, 음이 약간 너무 낮을 수도 있는 기타 줄과는 다르게, 그것(악기)들이 연주하는 음은 음정이 완벽하다. 따라서, 모든 악기들이 서로 음정이 맞는 것이 필수적이며, 오토튠은 보컬 부분 음이 조화되도록 도와준다. 하지만 동시에, 이 도구는 녹음실 프로듀서들이 가수의 단점들을 감출 수 있게 해준다. 실제로, 프로듀서들이 편집 작업에서 실수를 바로잡을 수 있기 때문에, 요즘 가수들은 키에 맞춰 완벽히 노래를 부르거나 정확한 음정을 맞추도록 요구되지 않는다.

해설 빈칸 뒤 문장에 프로듀서들이 편집 작업에서 가수들의 실수를 바로잡을 수 있기 때문에 요즘 가수들은 키에 맞춰 완벽히 노래를 부르거나 정확한 음정을 맞추도록 요구되지 않는다는 내용이 있으므로, 이 도구(오토튠)는 녹음실 프로듀서들이 '가수의 단점들을 감출' 수 있게 해준다고 한 ③번이 정답이다.

정답 ③

Section 2 추론 유형

Day 17 빈칸 완성: 절 ①

01 밑줄 친 부분에 들어갈 말로 가장 적절한 것을 고르시오.

> A lot of current parenting advice recommends that parents try to be physically close to their children and attentive to their needs. This is because synchrony between parents and children helps promote secure attachment bonds and healthy child development. However, evidence has been found that it can be damaging for parents and children to be tuned in to each other all the time. Such results are unsurprising because not only can it be emotionally draining for parents to constantly try to meet every need of their children, but it can also deprive children of emotional and cognitive independence. For these reasons, researchers caution that _____.

① behavioral issues should be addressed immediately
② more synchrony is not necessarily better
③ children benefit from highly coordinated instruction
④ parental involvement is crucial to forming healthy attachments

어휘 parenting 양육, 육아 physically 물리적으로, 신체적으로 attentive 주의를 기울이는 synchrony 동시성 promote 촉진하다 secure 안전한 attachment 애착 drain 소모시키다, 기진맥진하게 하다 deprive of ~에게서 ~을 박탈하다, 빼앗다 cognitive 인지적인 behavioral 행동적인 coordinate 조정하다, 조직하다 instruction 교육, 지시

전략 적용 & 지문 분석

도입
A lot of current parenting advice / recommends / that parents try to be physically close / to their children / and / attentive to their needs.
현재의 많은 양육 조언은 / 권장한다 / 부모가 물리적으로 가까워지도록 / 그들의 자녀와 / 그리고 / 그들의 필요에 주의를 기울이도록

설명
This is because / synchrony between parents and children / helps promote / secure attachment bonds / and / healthy child development.
이는 ~ 때문이다 / 부모와 자녀 간의 동시성이 / 촉진하는 데 도움이 된다 / 안전한 애착 관계를 / 그리고 / 건강한 아동 발달을

반론
However, / evidence has been found / that it can be damaging / for parents and children / to be tuned in to each other / all the time.
└ to 부정사의 의미상 주어(for + 명사)
그러나 / 증거가 발견되었다 / 해로울 수 있다는 / 부모와 자녀가 / 서로에게 관심을 갖는 것은 / 항상

이유
Such results are unsurprising / because not only can it be emotionally draining / for parents / to constantly try to meet / every need / of their children, / but it can also deprive children of emotional and cognitive independence.
└ 부정을 나타내는 부사구 도치: not only + 조동사 + 주어 + 동사
이러한 결과는 놀랍지 않다 / 그것이 정서적으로 소모적일 뿐만 아니라 / 부모가 / 충족시키기 위해 끊임없이 노력하는 것이 / 모든 요구를 / 자녀의 / 그것은 자녀의 정서적, 인지적 독립성을 박탈할 수도 있기 때문이다

주제문
For these reasons, / researchers caution / that more synchrony is not necessarily better.
이러한 이유로 / 연구원들은 경고한다 / 더 많은 동시성이 반드시 더 좋은 것은 아니라고

Step 1
빈칸이 있는 문장과 그 주변을 통해 빈칸에 들어갈 내용 파악
부모가 자녀의 모든 요구를 충족시키기 위해 노력하는 것이 해로울 수 있기 때문에 연구원들이 무엇을 경고하는지

Step 2
지문을 읽고 빈칸에 들어가기에 가장 적절한 보기 선택
지문 중간에서 부모와 자녀가 항상 서로에게 관심을 갖는 것은 해로울 수 있다는 증거가 발견되었다고 했으므로 '더 많은 동시성이 반드시 더 좋은 것은 아니다'라고 한 ②번이 정답이다.

① behavioral issues should be addressed immediately
행동 문제는 즉시 해결되어야 한다
② more synchrony is not necessarily better
더 많은 동시성이 반드시 더 좋은 것은 아니다
③ children benefit from highly coordinated instruction
아이들은 고도로 조정된 교육으로부터 혜택을 받는다
④ parental involvement is crucial to forming healthy attachments
부모의 참여는 건강한 애착을 형성하는 데 중요하다

해석 현재의 많은 양육 조언은 부모가 그들의 자녀와 물리적으로 가까워지고 자녀의 필요에 주의를 기울이도록 노력할 것을 권장한다. 이는 부모와 자녀 간의 동시성이 안전한 애착 관계와 건강한 아동 발달을 촉진하는 데 도움이 되기 때문이다. 그러나, 부모와 자녀가 항상 서로에게 관심을 갖는 것은 해로울 수 있다는 증거가 발견되었다. 이러한 결과는 놀랍지 않은데, 부모가 자녀의 모든 요구를 충족시키기 위해 끊임없이 노력하는 것이 정서적으로 소모적일 뿐만 아니라, 자녀의 정서적, 인지적 독립성을 박탈할 수도 있기 때문이다. 이러한 이유로, 연구원들은 <u>더 많은 동시성이 반드시 더 좋은 것은 아니라고</u> 경고한다.

해설 지문 전반에 걸쳐 부모와 자녀 간의 동시성이 안전한 애착 관계와 건강한 아동 발달을 촉진하는 데 도움이 되지만, 부모와 자녀가 항상 서로에게 관심을 갖는 것은 해로울 수 있다는 증거가 발견되었다고 설명하고 있으므로, 연구원들은 '더 많은 동시성이 반드시 더 좋은 것은 아니라'고 경고한다고 한 ②번이 정답이다.

정답 ②

Day 17 빈칸 완성: 절 ①

02 밑줄 친 부분에 들어갈 말로 가장 적절한 것을 고르시오.

The older I become, the more aware I am of the role that chance plays in our lives. Personally, I've enjoyed great success in business, but it could have turned out differently. After graduating high school, my neighbor, who owned a small hamburger restaurant, invited me to work there. I started out mopping floors, but thirty years later, the restaurant had become an international chain with over a thousand restaurants, and I was the CEO. If I hadn't grown up in the neighborhood I did, I might not have had the same opportunity to thrive. Indeed, _____.

① hard work doesn't always pay off
② opportunity never knocks twice
③ crisis can be turned into opportunity
④ the importance of luck can't be discounted

어휘 **aware of** ~을 깨닫은, 알고 있는 **chance** 운, 기회 **turn out** (진행·결과가 특정방식으로) 되다 **invite** 권하다, 요청하다 **mop** 대걸레로 청소하다
neighborhood 동네 **thrive** 성공하다, 번영하다 **pay off** 성과가 나다 **crisis** 위기 **discount** 무시하다, 할인하다

전략 적용 & 지문 분석

주제문

> the + 비교급 ~, the + 비교급: 주어가 더 ~할수록, 주어가 더 ~하다

The older I become, / the more aware I am of the role / that chance plays / in our lives.
나는 나이가 더 들수록 / 나는 역할을 더 깨닫게 된다 / 운이 하는 / 우리의 삶에서

Personally, / I've enjoyed great success in business, / but it could have turned out / differently.
개인적으로 / 나는 사업에서 큰 성공을 누렸다 / 하지만 이것은 될 수도 있었다 / 다르게

예시

After graduating high school, / my neighbor, / who owned a small hamburger restaurant, / invited me to work there.
고등학교를 졸업한 후 / 내 이웃은 / 한 작은 햄버거 음식점을 소유하고 있던 / 내게 그곳에서 일할 것을 권했다

I started out mopping floors, / but thirty years later, / the restaurant had become an international chain / with over a thousand restaurants, / and I was the CEO.
나는 대걸레로 바닥을 청소를 하는 것으로 (일을) 시작했다 / 하지만 30년 후 / 그 음식점은 세계적인 음식점이 되었다 / 1,000개가 넘는 체인점을 가진 / 그리고 나는 최고 경영자가 되었다

> 가정법 과거완료(과거 사실의 반대): If + 주어 + had p.p.(hadn't grown up), 주어 + might not + have p.p.(have had)

If I hadn't grown up / in the neighborhood I did, / I might not have had the same opportunity to thrive.
내가 만약 성장하지 않았더라면 / 내가 자랐던 동네에서 / 나는 성공할 (지금과) 동일한 기회를 가질 수 없었을지도 모른다

요약

Indeed, / the importance of luck / can't be discounted.
정말로 / 운의 중요성은 / 무시될 수 없다

① hard work doesn't always pay off
고된 노력이 항상 성과가 나는 것은 아니다

② opportunity never knocks twice
기회는 두 번 오지 않는다

③ crisis can be turned into opportunity
위기는 기회로 전환될 수 있다

④ the importance of luck can't be discounted
운의 중요성은 무시될 수 없다

Step 1
빈칸이 있는 문장과 그 주변을 통해 빈칸에 들어갈 내용 파악

화자가 자랐던 동네에서 성장하지 않았다면 지금과 동일한 기회를 가질 수 없었을지도 모른다는 사실이 무엇을 시사하는지

Step 2
지문을 읽고 빈칸에 들어가기에 가장 적절한 보기 선택

지문 앞부분에서 나이가 더 들수록 운의 역할을 더 깨닫게 된다고 했으므로 '운의 중요성은 무시될 수 없다'라고 한 ④번이 정답이다.

해석 나는 나이가 더 들수록, 우리의 삶에서 운이 하는 역할을 더 깨닫게 된다. 개인적으로, 나는 사업에서 큰 성공을 누렸지만, 이것은 다르게 될 수도 있었다. 고등학교를 졸업한 후, 한 작은 햄버거 음식점을 소유하고 있던 내 이웃은 내게 그곳에서 일할 것을 권했다. 나는 대걸레로 바닥을 청소를 하는 것으로 일을 시작했지만, 30년 후, 그 음식점은 1,000개가 넘는 체인점을 가진 세계적인 음식점이 되었고, 나는 최고 경영자가 되었다. 내가 만약 내가 자랐던 동네에서 성장하지 않았더라면, 나는 (지금과) 동일한 성공 기회를 가질 수 없었을지도 모른다. 정말로, 운의 중요성은 무시될 수 없다.

해설 지문 앞부분에 화자는 나이가 더 들수록 삶에서 운이 하는 역할을 더 깨닫게 된다는 내용이 있고, 지문 전반에 걸쳐 자신이 사업에서 성공하게 된 것은 자신이 자랐던 동네의 이웃의 음식점에서 일을 시작한 우연한 기회 덕분이라는 내용이 있으므로, 정말로 '운의 중요성은 무시될 수 없다'라고 한 ④번이 정답이다.

정답 ④

Day 17 빈칸 완성: 절 ①

03 밑줄 친 부분에 들어갈 말로 가장 적절한 것은?

When debating the ethics of modern-day laws and politics, people frequently invoke hypothetical scenarios with challenging moral questions. A common scenario is, "If you existed in a time when slavery was legal, would you support it?" However, this hypothetical overlooks the fact that _____ _____. Today, a person to whom this question is posed would oppose slavery naturally due to his or her upbringing, education, and surroundings. Yet, if one were to be brought up in a past society, one's perspective would vary greatly from the existing one. Considering one's identity is formed based on one's environment, it is nearly impossible for a person to speak on behalf of this hypothetical other self.

① past societies lacked a firm set of ethics
② hypothetical scenarios do not vary significantly
③ laws change depending on the current politics
④ an individual's environment shapes his or her identity

어휘 ethics 윤리, 도덕 invoke (인물, 이론, 예 등을) 언급하다, 들다 hypothetical 가상의, 가설의; 가정 moral 도덕적인 slavery 노예 제도, 노예 overlook 간과하다, 못 본 체하다 pose a question 질문하다 oppose 반대하다 upbringing 가정 교육 surroundings 주위의 상황, 환경 be brought up 자라다, 제기되다 perspective 견해, 관점 vary 달라지다, 바꾸다 existing 지금의, 현존하는 on behalf of ~을 대신하여, 대표하여 self 자아, 자신 firm 확고한 significantly 크게, 상당히 shape 형성하다; 모양, 몸매

전략 적용 & 지문 분석

도입
When debating the ethics / of modern-day laws and politics, / people frequently invoke / hypothetical scenarios / with challenging moral questions.
윤리에 대해 논할 때 / 현대의 법과 정치의 / 사람들은 흔히 언급한다 / 가상의 시나리오를 / 도덕적 난제가 포함된

→ 분사구문의 의미를 분명하게 하기 위해 분사구문 앞에 온 접속사

설명
A common scenario is, / "If you existed / in a time / when slavery was legal, / would you support it?"
한 가지 보편적인 시나리오는 ~이다 / '만약 당신이 산다면 / 시기에 / 노예 제도가 합법인 / 당신은 그것을 지지할 것인가?'

반론
However, / this hypothetical / overlooks the fact / that an individual's environment shapes his or her identity.
하지만 / 이 가정은 / 사실을 간과한다 / 개인이 처한 환경이 그 사람(그 또는 그녀)의 정체성을 형성한다는

→ the fact that(동격절): ~라는 사실

부연
Today, / a person / to whom this question is posed / would oppose slavery naturally / due to his or her upbringing, education, and surroundings.
오늘날 / 사람은 / 이 질문을 받는 / 자연스럽게 노예 제도에 반대할 것이다 / 그 또는 그녀의 가정 교육, 교육, 그리고 주위의 상황으로 인해

→ 전치사 + 관계대명사(to whom) + 완전한 절

Yet, / if one were to be brought up / in a past society, / one's perspective would vary greatly / from the existing one.
그러나 / 만약 한 사람이 자란다면 / 과거 사회에서 / 그 사람의 견해는 크게 달라질 것이다 / 지금의 것과

→ 가정법 미래(가능성이 희박한 미래): if + 주어 + were to + 동사원형(be brought up), 주어 + would + 동사원형(vary)

결론
Considering / one's identity is formed / based on one's environment, / it is nearly impossible / for a person / to speak on behalf of this hypothetical other self.
~을 고려하면 / 한 사람의 정체성이 형성된다는 것 / 그 사람이 처한 환경에 기반하여 / (~은) 거의 불가능하다 / 사람이 / 이러한 다른 가상의 자아를 대변하는 것은

① past societies lacked a firm set of ethics
과거 사회는 확고한 윤리 원칙들이 부족했다

② hypothetical scenarios do not vary significantly
가상의 시나리오는 크게 달라지지 않는다

③ laws change depending on the current politics
법은 현재의 정치 상황에 따라 변화한다

④ an individual's environment shapes his or her identity
개인이 처한 환경이 그 사람의 정체성을 형성한다

Step 1
빈칸이 있는 문장과 그 주변을 통해 빈칸에 들어갈 내용 파악

당신이 노예 제도가 합법인 시기에 산다면 그것을 지지할 것인지 묻는 가상의 시나리오가 무엇을 간과하는지

Step 2
지문을 읽고 빈칸에 들어가기에 가장 적절한 보기 선택

지문 마지막 부분에 한 사람의 정체성이 그 사람의 환경에 기반하여 형성된다고 했으므로 '개인이 처한 환경이 그 사람의 정체성을 형성한다'라고 한 ④번이 정답이다.

해석 현대의 법과 정치의 윤리에 대해 논할 때, 사람들은 흔히 도덕적 난제가 포함된 가상의 시나리오를 언급한다. 한 가지 보편적인 시나리오는 '만약 당신이 노예 제도가 합법인 시기에 산다면, 당신은 그것을 지지할 것인가?'이다. 하지만, 이 가정은 개인이 처한 환경이 그 사람(그 또는 그녀)의 정체성을 형성한다는 사실을 간과한다. 오늘날, 이 질문을 받는 사람은 그 사람(그 또는 그녀)이 받은 가정 교육, 교육, 그리고 주위의 상황으로 인해 자연스럽게 노예 제도에 반대할 것이다. 그러나, 만약 한 사람이 과거 사회에서 자란다면, 그 사람의 견해는 지금의 견해와 크게 달라질 것이다. 한 사람의 정체성이 그 사람이 처한 환경에 기반하여 형성된다는 것을 고려하면, 사람이 이러한 다른 가상의 자아를 대변하는 것은 거의 불가능하다.

해설 지문 중간에 오늘날 노예 제도 지지에 관해 질문을 받는 사람은 현재 자신이 받은 가정 교육, 교육, 그리고 주위의 상황으로 인해 노예 제도에 반대하겠지만, 만약 과거 사회에서 자란다면 견해가 지금과 달라질 것이고, 지문 마지막 부분에 한 사람의 정체성이 그 사람이 처한 환경에 기반하여 형성된다는 내용이 있으므로, '개인이 처한 환경이 그 사람의 정체성을 형성한다'라고 한 ④번이 정답이다.

정답 ④

Day 18 빈칸 완성: 절 ②

01 다음 중 밑줄 친 부분에 들어갈 가장 적절한 말은?

The popular twentieth-century poet E. E. Cummings had a unique way of expressing himself. He rejected the use of traditional capitalization patterns and punctuation yet still received widespread publication. In his work, unmatched parentheses were added, capital and lowercase letters were intermingled at random, and commas leapt from out of nowhere to create poems in a seemingly different language. Cummings also employed orthography in a distinct manner to help him visually convey meaning. To a certain degree, it can be said that _____.

① he created his own grammatical rules
② he rejected the use of symbolism
③ he suggested changes to the English language
④ he integrated other languages into his poems

전략 적용 & 지문 분석

주제문
The popular twentieth-century poet / E. E. Cummings / had a unique way / of expressing himself.
인기 있는 20세기 시인 / E. E. 커밍스는 / 독특한 방식을 가지고 있었다 / 자신을 표현하는

설명1
He rejected the use / of traditional capitalization patterns and punctuation / yet / still received widespread publication.
그는 사용을 거부했다 / 전통적인 대문자 양식과 구두법의 / 그럼에도 불구하고 / 계속해서 널리 출판했다

예시
In his work, / unmatched parentheses were added, / capital and lowercase letters were intermingled / at random, / and commas leapt from out of nowhere / to create poems / in a seemingly different language.
그의 작품에는 / 짝이 맞지 않는 괄호들이 추가되었다 / 대문자와 소문자들은 섞여 있었다 / 무작위로 / 그리고 쉼표는 뜬금없이 튀어나왔다 / 시를 창작하기 위해 / 겉보기에 다른 듯한 언어로

→ out of nowhere: 뜬금없이, 불시에
→ in a + 형용사 + manner: '형용사'한 방식으로

설명2
Cummings also employed orthography / in a distinct manner / to help him / visually convey meaning.
커밍스는 또한 철자법을 사용했다 / 독특한 방식으로 / 돕는 / 자신이 시각적으로 의미를 전달하는 것을

결론
가짜 주어 it   진짜 주어(that절)
To a certain degree, / it can be said / that he created his own grammatical rules.
어느 정도는 / ~라고 말할 수 있다 / 그가 자신만의 문법 규칙을 창조했다고

① he created his own grammatical rules
그가 자신만의 문법 규칙을 창조했다

② he rejected the use of symbolism
그는 기호 체계의 사용을 거부했다

③ he suggested changes to the English language
그는 영어에 변화를 제안했다

④ he integrated other languages into his poems
그는 자신의 시에 다른 언어들을 포함했다

Step 1
빈칸이 있는 문장과 그 주변을 통해 빈칸에 들어갈 내용 파악
20세기 시인 E.E. 커밍스가 무엇을 했는지

Step 2
지문을 읽고 빈칸에 들어가기에 가장 적절한 보기 선택
지문 전반에 걸쳐 커밍스가 전통적인 대문자 양식과 구두법을 거부하고 독특한 방식으로 철자법을 사용했다고 했으므로 '그가 자신만의 문법 규칙을 창조했다'라고 한 ①번이 정답이다.

해석 인기 있는 20세기 시인 E. E. 커밍스는 자신을 표현하는 독특한 방식을 가지고 있었다. 그는 전통적인 대문자 양식과 구두법의 사용을 거부했으나, 그럼에도 불구하고 계속해서 널리 출판했다. 그의 작품에는, 겉보기에 다른 듯한 언어로 시를 창작하기 위해 짝이 맞지 않는 괄호들이 추가되었으며, 대문자와 소문자들은 무작위로 섞여 있었고, 쉼표는 뜬금없이 튀어나왔다. 또한, 커밍스는 자신이 시각적으로 의미를 전달하는 것을 돕는 독특한 방식으로 철자법을 사용했다. 어느 정도는, 그가 자신만의 문법적 규칙을 창조했다고 말할 수 있다.

해설 지문 전반에 걸쳐 커밍스는 전통적인 대문자 양식과 구두법의 사용을 거부했다고 하며, 짝이 맞지 않는 괄호를 추가하고, 대소문자를 섞어서 사용하고, 쉼표를 무작위로 사용했다는 것을 예시로 제시했고, 시각적으로 의미를 전달하는 것을 돕는 독특한 방식으로 철자법을 사용했다는 내용이 있으므로, '그가 자신만의 문법 규칙을 창조했다'라고 한 ①번이 정답이다.

정답 ①

Day 18 빈칸 완성: 절 ②

02 밑줄 친 부분에 들어갈 가장 알맞은 것은?

> Despite statistics showing that crime has gone down across the board in recent years, there is a prevailing conception in our society that the world is an increasingly dangerous and scary place. This myth may be the result of media consumption, increased rates of which often correspond to heightened fear levels. Indeed, it is not hard to imagine how a heavy diet of television, movies, and web sites could have a strong effect on one's outlook. After all, the most popular media compete for our attention by offering the most sensational content possible. Conflict, scandal, and violence create tension on purpose to keep viewers glued to the screen. Thus, _____ when they are habitually exposed to such media.

① viewers tend to commit more violent acts
② people develop a negative view of the world
③ consultation with experts would be helpful
④ media consumers can learn self-defense strategies

전략 적용 & 지문 분석

도입

Despite statistics / showing / that crime has gone down / across the board / in recent years, / there is a prevailing conception / in our society / that the world is an increasingly dangerous and scary place.
통계에도 불구하고 / 보여주는 / 범죄가 감소해왔다는 것을 / 전반적으로 / 최근 몇 년간 / 일반적인 관념이 있다 / 우리 사회에는 / 세상이 점점 더 위험하고 무서운 곳이 되고 있다는

across the board: 전반적으로

주장

This myth may be the result / of media consumption, / increased rates of which / often correspond / to heightened fear levels.
이 믿음은 아마 결과일 것이다 / 미디어 소비의 / 그리고 그것(미디어 소비)의 증가된 비율은 / 보통 일치한다 / 높아진 공포 수준과

근거

Indeed, / it is not hard / to imagine / how a heavy diet of television, movies, and web sites could have a strong effect / on one's outlook.
사실 / (~은) 어렵지 않다 / 상상하는 것은 / 지나치게 많은 양의 텔레비전 방송, 영화, 그리고 웹사이트들이 얼마나 강한 영향을 미칠 수 있을지 / 한 사람의 세계관에

After all, / the most popular media / compete for our attention / by offering / the most sensational content possible.
결국 / 가장 인기 있는 미디어는 / 우리의 관심을 끌기 위해 경쟁한다 / 제공함으로써 / 가능한 가장 자극적인 내용을

by + 동명사: ~함으로써

Conflict, scandal, and violence / create tension / on purpose / to keep viewers glued / to the screen.
갈등, 스캔들, 그리고 폭력은 / 긴장감을 조성한다 / 의도적으로 / 시청자들이 계속 집중되어 있게 하기 위해 / 화면에

keep + 목적어 + 과거분사: '목적어'가 계속 '과거분사'되게 하다

결론

Thus, / people develop a negative view of the world / when they are habitually exposed / to such media.
따라서 / 사람들은 부정적인 세계관을 갖게 된다 / 그들이 습관적으로 노출될 때 / 그러한 미디어에

① viewers tend to commit more violent acts
　시청자들은 더 많은 폭력 행위를 저지르는 경향이 있다
② people develop a negative view of the world
　사람들은 부정적인 세계관을 갖게 된다
③ consultation with experts would be helpful
　전문가와의 상담이 도움이 될 것이다
④ media consumers can learn self-defense strategies
　미디어 이용자들은 자기방어 전략을 배울 수 있다

Step 1
빈칸이 있는 문장과 그 주변을 통해 빈칸에 들어갈 내용 파악
미디어에 습관적으로 노출될 때 사람들은 어떻게 되는지

Step 2
지문을 읽고 빈칸에 들어가기에 가장 적절한 보기 선택
지문 앞부분에서 세상이 더 위험하고 무서워지고 있다는 일반적인 관념은 미디어 소비로 인한 결과이며, 미디어 소비 비율이 높아지면서 공포 수준 또한 높아졌다고 했으므로 '사람들은 부정적인 세계관을 갖게 된다'라고 한 ②번이 정답이다.

해석 최근 몇 년간 범죄가 전반적으로 감소해왔다는 것을 보여주는 통계에도 불구하고, 우리 사회에는 세상이 점점 더 위험하고 무서운 곳이 되고 있다는 일반적인 관념이 있다. 이 믿음은 아마 미디어 소비로 인한 결과일 것이며, 보통 그것(미디어 소비)의 증가된 비율은 높아진 공포 수준과 일치한다. 사실, 지나치게 많은 양의 텔레비전 방송, 영화, 그리고 웹사이트들이 한 사람의 세계관에 얼마나 강한 영향을 미칠 수 있을지 상상하는 것은 어렵지 않다. 결국, 가장 인기 있는 미디어는 가능한 가장 자극적인 내용을 제공함으로써 우리의 관심을 끌기 위해 경쟁한다. 갈등, 스캔들, 그리고 폭력은 시청자들이 화면에 계속 집중되어 있게 하기 위해 의도적으로 긴장감을 조성한다. 따라서, 그러한 미디어에 습관적으로 노출될 때, 사람들은 부정적인 세계관을 갖게 된다.

해설 지문 앞부분에 우리 사회에는 세상이 점점 더 위험해지고 무서워지고 있다는 일반적인 관념이 있고, 이러한 믿음은 아마 미디어 소비로 인한 것이며 미디어 소비 비율이 증가되면서 (사회에 대한) 공포 수준 또한 높아졌다는 내용이 있으므로, 그러한(자극적인 내용이 담긴) 미디어에 습관적으로 노출될 때 '사람들은 부정적인 세계관을 갖게 된다'라고 한 ②번이 정답이다.

정답 ②

Day 18 빈칸 완성: 절 ②

03 밑줄 친 부분에 들어갈 말로 가장 적절한 것은?

A critical aspect of a memory is that it can be altered after one has witnessed an event. To determine how _____, researchers asked 45 students to watch seven videos of traffic accidents. Afterwards, the participants were asked questions about the accidents, specifically about the speed at which the vehicles were going prior to the crashes. In these questions, the questioner employed different verbs with different connotations of severity when describing the incident. For example, one group was asked about how fast the cars were going when they "bumped" into each other, while another was asked to estimate their speed when they "smashed" into each other. Researchers reported that the group that was asked the "smash" question generally estimated a higher car speed than the group that was asked the "bump" question.

① subsequent information can affect our memory
② our memories can change over a period of time
③ memory can become fluid during a shocking event
④ trauma can distort what we remember

해설 빈칸 앞 문장에 기억은 사람이 하나의 사건을 목격한 후에 바뀔 수 있다는 내용이 있고, 빈칸 뒷부분에 교통 사고와 관련된 영상을 본 학생들은 질문자의 질문에 사용된 각기 다른 동사의 어감에 따라 차량 속도를 다르게 추정했다는 내용이 있으므로, 어떻게 (사건을 목격한) '이후의 정보가 우리의 기억에 영향을 줄 수 있는지'를 알아낸다고 한 ①번이 정답이다.

어휘 alter 바꾸다, 변경하다 witness 목격하다 determine 알아내다, 결정하다 crash 충돌 employ 사용하다, 고용하다 connotation 어감, 함축(된 의미)
severity 심각성 incident 사고, 사건 bump 부딪히다 estimate 추정하다, 어림하다 smash 격돌하다, 박살나다 subsequent 이후의, 다음의
fluid 가변적인, 유동적인 distort 왜곡하다, 비틀다

전략 적용 & 지문 분석

주제문

A critical aspect of a memory is / that it can be altered / after one has witnessed an event.
기억의 한 가지 중요한 측면은 ~이다 / 그것이 바뀔 수 있다는 것 / 사람이 하나의 사건을 목격한 후에

Step 1
빈칸이 있는 문장과 그 주변을 통해 빈칸에 들어갈 내용 파악
연구원들이 실험을 통해 알아내고자 한 것이 무엇이었는지

과정1

To determine / how subsequent information can affect our memory, / researchers asked 45 students / to watch seven videos / of traffic accidents.
알아내기 위해 / 어떻게 이후의 정보가 우리의 기억에 영향을 줄 수 있는지를 / 연구원들은 45명의 학생들에게 요청했다 / 7개의 영상을 시청할 것을 / 교통 사고에 관한

과정2

→ '전치사 + 관계대명사(at which)' + 완전한 절

Afterwards, / the participants were asked questions / about the accidents, / specifically about the speed / [at which the vehicles were going] / prior to the crashes.
그 뒤에 / 참가자들은 질문을 받았다 / 그 사고들에 관해서 / 구체적으로는 속도에 관해서 / 차량들이 달리고 있던 / 충돌 이전에

In these questions, / the questioner employed different verbs / with different connotations / of severity / when describing the incident.
이 질문들에서 / 질문자는 다른 동사들을 사용했다 / 각기 다른 어감을 갖는 / 심각성에 관해 / 사고를 묘사할 때

예시

For example, / one group was asked / about how fast the cars were going / when they "bumped" into each other, / while another was asked / to estimate their speed / when they "smashed" into each other.
예를 들어 / 한 집단은 질문을 받았다 / 차들이 얼마나 빨리 달리고 있었는지에 대해 / 그것들이 서로 '부딪쳤을' 때 / 반면 또 다른 집단은 요청 받았다 / 그것들의 속도를 추정하도록 / 그것들(차들)이 서로 '격돌했을' 때

결론

→ 명사절 접속사 that이 이끄는 명사절   → 선행사(the group)을 수식하는 주격 관계절

Researchers reported [that / the group [that was asked the "smash" question] / generally / estimated a higher car speed / than the group that was asked the "bump" question.]
연구원들은 ~라고 보고했다 / '격돌하다(smash)'를 사용한 질문을 받은 집단이 / 일반적으로 / 더 높은 차량 속도를 추정했다 / '부딪치다(bump)'를 사용한 질문을 받은 집단보다

Step 2
지문을 읽고 빈칸에 들어가기에 가장 적절한 보기 선택
빈칸 뒷부분에 교통 사고 영상을 본 학생들은 질문에 사용된 동사의 어감에 따라 차량 속도를 다르게 추정했다고 했으므로 어떻게 '이후의 정보가 우리의 기억에 영향을 줄 수 있는지'라고 한 ①번이 정답이다.

① subsequent information can affect our memory
이후의 정보가 우리의 기억에 영향을 줄 수 있는지

② our memories can change over a period of time
우리의 기억이 시간이 지나면서 변할 수 있는지

③ memory can become fluid during a shocking event
기억이 충격적인 사건 동안 가변적일 수 있는지

④ trauma can distort what we remember
트라우마가 우리가 기억하는 것을 왜곡할 수 있는지

해석 기억의 한 가지 중요한 측면은, 사람이 하나의 사건을 목격한 후에 그것(기억)이 바뀔 수 있다는 것이다. 어떻게 이후의 정보가 우리의 기억에 영향을 줄 수 있는지를 알아내기 위해, 연구원들은 45명의 학생들에게 교통 사고에 관한 7개의 영상을 시청할 것을 요청했다. 그 뒤에, 참가자들은 그 사고들에 관해 질문을 받았는데, 구체적으로는 충돌 이전에 차량들이 달리고 있던 속도에 관해서였다. 이 질문들에서, 질문자는 사고를 묘사할 때, 심각성에 관해 각기 다른 어감을 갖는 다른 동사들을 사용했다. 예를 들어, 한 집단은 차들이 서로 '부딪쳤을' 때 그것들이 얼마나 빨리 달리고 있었는지에 대해 질문을 받았던 반면, 또 다른 집단은 차들이 서로 '격돌했을' 때 그것들의 속도를 추정하도록 요청 받았다. 연구원들은 '격돌하다(smash)'를 사용한 질문을 받은 집단이 일반적으로 '부딪치다(bump)'를 사용한 질문을 받은 집단보다 더 높은 차량 속도를 추정했다고 보고했다.

정답 ①

Section 2 추론 유형

Day 19 빈칸 완성: 연결어

01 (A)와 (B)에 들어갈 말로 가장 적절한 것은? [2021년 지방직 9급]

Ancient philosophers and spiritual teachers understood the need to balance the positive with the negative, optimism with pessimism, a striving for success and security with an openness to failure and uncertainty. The Stoics recommended "the premeditation of evils," or deliberately visualizing the worst-case scenario. This tends to reduce anxiety about the future: when you soberly picture how badly things could go in reality, you usually conclude that you could cope. ____(A)____, they noted, imagining that you might lose the relationships and possessions you currently enjoy increases your gratitude for having them now. Positive thinking, ____(B)____, always leans into the future, ignoring present pleasures.

	(A)	(B)
①	Nevertheless	in addition
②	Furthermore	for example
③	Besides	by contrast
④	However	in conclusion

해설 (A) 앞 문장은 불행을 미리 생각하는 것이 미래에 대한 불안을 줄이는 경향이 있다는 장점에 대한 내용이고, (A) 뒤 문장은 현재 누리고 있는 인간 관계들과 소유물들을 잃을지도 모른다고 상상하는 것이 현재 그것들(인간 관계들과 소유물들)을 소유하고 있는 것에 대한 감사함을 증가시킨다는 또 다른 장점에 대한 내용이다. 따라서, 첨가를 나타내는 연결어인 Furthermore(게다가)나 Besides(게다가)를 넣어야 한다. (B) 앞 문장은 불행을 미리 생각하는 것이 현재 누리고 있는 것에 대한 감사함을 증가시킨다는 내용이고, (B) 뒤 문장은 긍정적인 생각은 현재의 기쁨을 무시한 채 미래에만 치우쳐 있다는 대조적인 내용이므로, 대조를 나타내는 연결어인 by contrast(그에 반해)를 넣어야 한다. 따라서 ③번이 정답이다.

어휘 philosopher 철학자 spiritual 영적인 balance ~ 사이의 균형을 유지하다 optimism 낙관주의 pessimism 비관주의 strive 노력하다 openness 관대함 uncertainty 불확실성 Stoic 스토아 철학자 premeditation 미리 생각하기, 계획 evil 불행, 악 deliberately 일부러 visualize 상상하다 worst-case scenario 최악의 시나리오 anxiety 불안 soberly 침착하게, 냉정하게 conclude 결론 짓다 cope 대처하다 possession 소유물 gratitude 감사(함) lean 치우치다

전략 적용 & 지문 분석

Step 1 빈칸 앞뒤 문장을 읽고 두 문장 사이의 논리적 관계 파악
(A) 첨가
(B) 대조

[도입]
Ancient philosophers and spiritual teachers / understood the need / to balance the positive with the negative, / optimism with pessimism, / a striving for success and security with an openness to failure and uncertainty.
> need + to부정사: 'to부정사'할 필요(성)

고대 철학자들과 영적 스승들은 / 필요성을 이해하고 있었다 / 긍정적인 것들과 부정적인 것들 사이의 균형을 유지할 / 낙관주의와 비관주의 (사이의) / 성공과 안전을 위해 노력하는 것과 실패와 불확실성에 대한 관대함 (사이의)

[주제문]
The Stoics recommended "the premeditation of evils," / or deliberately visualizing / the worst-case scenario.
스토아 철학자들은 '불행을 미리 생각하는 것'을 권장했다 / 즉, 일부러 상상해보는 것을 / 최악의 시나리오를

[설명]
This tends to reduce anxiety / about the future: / when you soberly picture / how badly things could go in reality, / you usually conclude / that you could cope.
이것은 불안을 줄이는 경향이 있다 / 미래에 대한 / 당신이 침착하게 상상할 때 / 상황이 실제로 얼마나 나쁘게 흘러갈 수 있을지를 / 당신은 대개 결론 짓게 된다 / 당신이 (그 상황에) 대처할 수 있다고

(A) Besides, / they noted, / imagining / that you might lose the relationships and possessions / [you currently enjoy] / increases your gratitude / for having them now.
> 단수 동사 / 동명사 주어 / 목적격 관계대명사 that이 생략된 관계절

(A) 게다가 / 그들은 언급했다 / 상상하는 것이 / 인간 관계들과 소유물들을 잃을지도 모른다고 / 당신이 현재 누리고 있는 / 감사함을 증가시킨다고 / 현재 그것들(인간 관계들과 소유물들)을 소유하고 있는 것에 대한

[대조]
Positive thinking, / (B) by contrast, / always leans into the future, / ignoring present pleasures.
긍정적인 사고는 / (B) 그에 반해 / 항상 미래에 치우쳐 있다 / 현재의 기쁨을 무시한 채

	(A)		(B)	
①	Nevertheless	그럼에도 불구하고	in addition	게다가
②	Furthermore	게다가	for example	예를 들어
③	Besides	게다가	by contrast	그에 반해
④	However	그러나	in conclusion	결론적으로

Step 2 빈칸 앞뒤의 논리적 관계를 가장 잘 표현한 보기 선택
(A) 빈칸 앞뒤의 첨가 관계를 가장 잘 표현한 보기인 '게다가(Besides)', (B) 빈칸 앞뒤의 대조 관계를 가장 잘 표현한 보기인 '그에 반해(by contrast)'가 정답이다.

[해석] 고대 철학자들과 영적 스승들은 긍정적인 것들과 부정적인 것들, 낙관주의와 비관주의, 성공과 안전을 위해 노력하는 것과 실패와 불확실성에 대한 관대함 사이의 균형을 유지할 필요성을 이해하고 있었다. 스토아 철학자들은 '불행을 미리 생각하는 것', 즉, 일부러 최악의 시나리오를 상상해보는 것을 권장했다. 이것(일부러 최악의 시나리오를 상상하는 것)은 미래에 대한 불안을 줄이는 경향이 있는데, 당신이 상황이 실제로 얼마나 나쁘게 흘러갈 수 있을지를 침착하게 상상할 때, 당신은 대개 (그 상황에) 대처할 수 있다고 결론 짓게 되기 때문이다. (A) 게다가, 그들(스토아 철학자들)은 당신이 현재 누리고 있는 인간 관계들과 소유물들을 잃을지도 모른다고 상상하는 것이 현재 그것들(인간 관계들과 소유물들)을 소유하고 있는 것에 대한 감사함을 증가시킨다고 언급했다. (B) 그에 반해, 긍정적인 사고는 현재의 기쁨을 무시한 채 항상 미래에 치우쳐 있다.

정답 ③

Day 19 빈칸 완성: 연결어

02 밑줄 친 (A), (B)에 들어갈 말로 가장 적절한 것은?

After living on opposite ends of the planet for over 200 years, it should not surprise anyone that the British and Australians, despite their shared cultural background, have developed quite different attitudes in even the most unremarkable ways. Among the British, for example, complaints are almost always made in private, possibly whispered to one's friends but never expressed aloud to an offending party. _____(A)_____, the British will go to significant lengths to avoid an angry confrontation out of a desire to maintain social harmony. _____(B)_____, Australians will express their displeasure loudly and assertively because they believe doing so is an efficient means of arriving at the quickest and most pragmatic resolution to the matter at hand.

	(A)	(B)
①	Therefore	Similarly
②	Indeed	Conversely
③	Yet	However
④	Otherwise	Meanwhile

해설 (A) 앞 문장은 영국인들 사이에서는 불만 사항이 거의 항상 다른 사람이 없는 곳에서 제기되거나 친구들에게 속삭여질 수 있지만 불쾌감을 주는 당사자에게 큰 소리로 표현되지는 않는다는 내용이고, (A) 뒤 문장은 영국인들이 사회적 화합을 유지하려는 욕구에서 격렬한 대립을 피하기 위해 최선을 다할 것이라는 앞 문장에 대해 강조하는 내용이다. 따라서 강조를 나타내는 연결어인 Indeed(실제로)를 넣어야 한다. (B) 빈칸 앞 문장은 영국인들이 격렬한 대립을 피하기 위해 최선을 다할 것이라는 내용이고, (B) 뒤 문장은 호주인들은 그들의 불만을 크고 적극적으로 표현할 것이라는 앞 문장과 대조적인 내용이다. 따라서 대조를 나타내는 연결어인 Conversely(반대로)를 넣어야 한다. 따라서 ②번이 정답이다.

어휘 unremarkable 눈에 띄지 않는 offending 불쾌감을 주는 party 당사자, 관계자 go to significant lengths 최선을 다하다, 모든 노력을 다하다 confrontation 대립 desire 욕구 maintain 유지하다 displeasure 불만, 불쾌 assertively 적극적으로 pragmatic 실용적인 resolution 해결책 at hand 당면한

전략 적용 & 지문 분석

주제문
After living on opposite ends of the planet / for over 200 years, / it should not surprise anyone / that the British and Australians, / despite their shared cultural background, / have developed quite different attitudes / in even the most unremarkable ways.
지구 반대편에서 살아온 후 / 200년 넘게 / 누구도 놀라게 하지 않을 것이다 / 영국인과 호주인이 / 그들의 공통된 문화적 배경에도 불구하고 / 상당히 다른 태도를 발전시켜 왔다는 것은 / 가장 눈에 띄지 않는 방식으로조차

despite: ~에도 불구하고(= in spite of)

예시 1
Among the British, / for example, / complaints are almost always made in private, / possibly whispered to one's friends / but never expressed aloud / to an offending party.
영국인들 사이에서는 / 예를 들어 / 불만 사항이 거의 항상 다른 사람이 없는 곳에서 제기된다 / 친구들에게 속삭여질 수 있다 / 하지만 결코 큰 소리로 표현되지는 않는다 / 불쾌감을 주는 당사자에게

부연
(A) Indeed, / the British will go to significant lengths / to avoid an angry confrontation / out of a desire / to maintain social harmony.
(A) 실제로, / 영국인들은 최선을 다할 것이다 / 격렬한 대립을 피하기 위해 / ~하려는 욕구에서 / 사회적 화합을 유지하려는

'목적'을 나타내는 to 부정사의 부사적 용법

예시 2
(B) Conversely, / Australians will express / their displeasure / loudly and assertively / because they believe / doing so is an efficient means / of arriving / at the quickest and most pragmatic resolution / to the matter / at hand.
(B) 반대로, / 호주인들은 표출할 것이다 / 그들의 불만을 / 크고 적극적으로 / 그들이 믿기 때문에 / 그렇게 하는 것이 효율적인 방법이라고 / 도달하는 / 가장 빠르고 실용적인 해결책에 / 문제에 대한 / 당면한

(A)	(B)
① Therefore 그러므로	Similarly 비슷하게
② Indeed 실제로	Conversely 반대로
③ Yet 그러나	However 그러나
④ Otherwise 그렇지 않으면	Meanwhile 한편

Step 1
빈칸 앞뒤 문장을 읽고 두 문장 사이의 논리적 관계 파악
(A) 강조
(B) 대조

Step 2
빈칸 앞뒤 문장 사이의 논리적 관계를 가장 잘 표현한 보기 선택
(A) 빈칸 앞뒤의 강조 관계를 가장 잘 표현한 보기인 '실제로(Indeed)',
(B) 빈칸 앞뒤의 대조 관계를 가장 잘 표현한 보기인 '반대로(Conversely)'가 정답이다.

해석 200년 넘게 지구 반대편에서 살아온 후, 영국인과 호주인이 공통된 문화적 배경에도 불구하고 가장 눈에 띄지 않는 방식으로조차 상당히 다른 태도를 발전시켜 왔다는 사실은 누구도 놀라게 하지 않을 것이다. 예를 들어, 영국인들 사이에서는 불만 사항이 거의 항상 다른 사람이 없는 곳에서 제기되거나 친구들에게 속삭여질 수 있지만 결코 불쾌감을 주는 당사자에게 큰 소리로 표현되지는 않는다. (A) 실제로, 영국인들은 사회적 화합을 유지하려는 욕구에서 격렬한 대립을 피하기 위해 최선을 다할 것이다. (B) 반대로, 호주인들은 그들의 불만을 크고 적극적으로 표출하는 것이 당면한 문제에 대한 가장 빠르고 실용적인 해결책에 도달하는 효율적인 방법이라고 믿기 때문에 그렇게 할(그들의 불만을 크고 적극적으로 표출할) 것이다.

정답 ②

Day 19 빈칸 완성: 연결어

03 밑줄 친 부분에 들어갈 말로 가장 적절한 것을 고르시오.

Performance-enhancing drugs like anabolic steroids, stimulants, and human growth hormones give certain athletes an unfair advantage in sports, and those caught using them should be punished. The use of such drugs negates the value of competition by completely ignoring the virtues of sportsmanship and fair play. In addition, they can also put an athlete's personal health at risk, as they have been known to cause cardiovascular issues, organ failure, and other major health issues. This cannot be tolerated and stiff regulations should be enacted to prevent it from happening. _____, baseball players found to be using steroids or other illegal medications should be banned from competing for at least three years.

① For instance
② Meanwhile
③ However
④ Besides

어휘 performance-enhancing 운동 능력을 향상시키는 stimulant 각성제, 흥분제 unfair 불공정한 punish 처벌하다 negate 부정하다, 무효화하다
competition 경쟁 ignore 무시하다 virtue 덕목 fair play 페어플레이, 공정한 경기 cardiovascular 심혈관의 organ failure 장기 부전 tolerate 용납하다
stiff 엄격한 regulation 규정, 규칙 enact 제정하다 medication 약(물) ban 금지하다 compete (경기에) 참가하다

전략 적용 & 지문 분석

주장
Performance-enhancing drugs / like anabolic steroids, stimulants, and human growth hormones / give certain athletes / an unfair advantage in sports, / and those / caught using them / should be punished.
운동 능력을 향상시키는 약물들은 / 단백 동화 스테로이드(근육 증강제), 각성제, 그리고 인간 성장 호르몬과 같이 / 특정 선수들에게 준다 / 스포츠에서 불공정한 혜택을 / 그래서 사람들은 / 그것들을 사용하다가 발각된 / 처벌을 받아야 한다

→ give + 간접 목적어(~에게) + 직접 목적어(~를)
→ those + 수식어구: ~한 사람들

근거1
The use of such drugs / negates the value of competition / by completely ignoring / the virtues of sportsmanship and fair play.
그러한 약물들의 사용은 / 경쟁의 가치를 부정해 버린다 / 완전히 무시함으로써 / 스포츠맨쉽과 페어플레이의 덕목을

근거2
In addition, / they can also put an athlete's personal health at risk, / as they have been known / to cause cardiovascular issues, organ failure, and other major health issues.
게다가 / 그것들은 운동선수 개인의 건강도 위험에 빠뜨릴 수 있다 / 그것들이 알려져 왔기 때문에 / 심혈관 질환, 장기 부전, 그리고 다른 중대한 건강상의 문제들을 일으킨다고

해결책
This cannot be tolerated / and stiff regulations should be enacted / to prevent it from happening.
이는 용납될 수 없다 / 그리고 엄격한 규정이 제정되어야 한다 / 이러한 일이 발생하는 것을 막기 위해

→ prevent + 목적어 + from + 동명사: '목적어'가 '동명사'하는 것을 막다

예시
For instance, / baseball players / found to be using steroids or other illegal medications / should be banned / from competing for at least three years.
예를 들어 / 야구 선수들은 / 스테로이드나 다른 불법 약물들을 사용하는 것으로 밝혀진 / 금지되어야 한다 / 최소 3년간 경기에 참가하는 것이

① For instance 예를 들어
② Meanwhile 한편
③ However 하지만
④ Besides 게다가

Step 1
빈칸 앞뒤 문장을 읽고 두 문장 사이의 논리적 관계 파악
예시

Step 2
빈칸 앞뒤의 논리적 관계를 가장 잘 표현한 보기 선택
빈칸 앞뒤의 예시 관계를 가장 잘 표현한 보기인 ① 예를 들어(For instance)가 정답이다.

해석 단백 동화 스테로이드(근육 증강제), 각성제, 그리고 인간 성장 호르몬과 같이 운동 능력을 향상시키는 약물들은 스포츠에서 특정 선수들에게 불공정한 혜택을 주므로, 그것들을 사용하다가 발각된 사람들은 처벌을 받아야 한다. 그러한 약물들의 사용은 스포츠맨쉽과 페어플레이의 덕목을 완전히 무시함으로써 경쟁의 가치를 부정해 버린다. 게다가, 그것들은 심혈관 질환, 장기 부전, 그리고 다른 중대한 건강상의 문제들을 일으킨다고 알려져 왔기 때문에, 운동선수 개인의 건강도 위험에 빠뜨릴 수 있다. 이는 용납될 수 없으며 이러한 일이 발생하는 것을 막기 위해 엄격한 규정이 제정되어야 한다. 예를 들어, 스테로이드나 다른 불법 약물들을 사용하는 것으로 밝혀진 야구 선수들은 최소 3년간 경기에 참가하는 것이 금지되어야 한다.

해설 빈칸 앞 문장은 운동선수들이 약물을 사용하는 것을 막기 위해 엄격한 규정이 제정되어야 한다는 내용이고, 빈칸 뒤 문장은 불법 약물들을 사용하는 것으로 밝혀진 야구선수들은 최소 3년간 경기에 참가하는 것을 금지해야 한다며 앞에 나온 엄격한 규정에 대한 예시를 들고 있다. 따라서 예시를 나타내는 연결어인 ① For instance(예를 들어)가 정답이다.

정답 ①

gosi.Hackers.com
해커스공무원 영어 **고득점 독해 337**

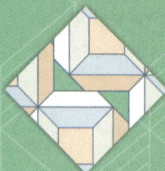

—
All great achievements require time.
Maya Angelou

모든 위대한 업적에는 시간이 필요하다.
마야 안젤루

Section ③
논리적 흐름 파악 유형

기출로 배우는 문제 유형별 전략
- **Day 20** 문단 순서 배열 ①
- **Day 21** 문단 순서 배열 ②
- **Day 22** 문장 삽입 ①
- **Day 23** 문장 삽입 ②
- **Day 24** 무관한 문장 삭제 ①
- **Day 25** 무관한 문장 삭제 ②

Section 3 논리적 흐름 파악 유형
기출로 배우는 문제 유형별 전략

1. 문단 순서 배열

출제경향
- 공무원 영어 시험에 거의 매년 1문제 이상 출제되는 빈출 유형 중 하나이다.
- 첫 문장이 주어지고, 그다음에 이어질 3개 문단의 순서를 올바르게 배열하는 문제가 주로 출제된다.

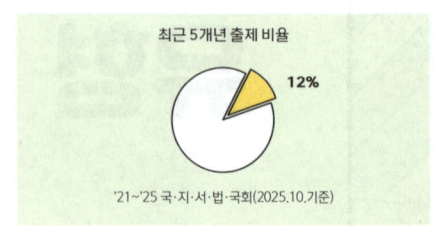

최근 5개년 출제 비율 12%
'21~'25 국·지·서·법·국회(2025.10.기준)

Step별 문제풀이 전략

Step 1 주어진 문장을 읽고 지문의 흐름을 예상한다.

- 주어진 문장을 통해 지문의 중심 소재를 파악하고 이후에 나올 내용을 예상한다. 주어진 문장 다음에는 주로 지문의 중심 소재에 대한 세부 설명이나 시간에 따른 전개 과정을 설명하는 내용이 이어지는 경우가 많다.

주어진 문장	Interest in movie and sports stars goes beyond their performances on the screen and in the arena. 영화와 스포츠 스타에 대한 관심은 스크린과 경기장에서의 그들의 활약의 범위를 넘어선다. → 주어진 문장을 통해 지문의 중심 소재가 영화와 스포츠 스타에 대한 관심임을 파악하고, 이와 관련된 세부 내용 설명으로 이어질 것임을 예상한다.

Step 2 문단 내 단서를 통해 서로의 순서를 파악하고 이를 알맞게 배열한 보기를 선택한다.

- 문단 내에 he, she, they와 같은 인칭대명사나 it, that, these와 같은 지시대명사가 등장하는 경우, 그것들이 가리키는 대상을 중심으로 문단의 순서를 파악한다. 이때 대명사가 가리키는 대상과 대명사의 단수, 복수 일치 여부에 유의한다.
- 문단 내에 연결어가 등장하는 경우, 지문의 흐름과 연결어의 의미에 유의하여 문단의 순서를 파악한다.

대조·전환	but/however/yet 하지만, 그러나	in contrast 대조적으로	instead 대신
예시	for example/for instance 예를 들어		
첨가·부연	also 또한	in addition/additionally/moreover 게다가	
이유·결과	because of ~때문에	as a result 그 결과	accordingly 따라서

전략 적용

주어진 글 다음에 이어질 글의 순서로 가장 적절한 것은? [2025년 지방직 9급]

Usually toddlers picking things up from the ground means trouble.

(A) The family reported the find to the Israel Antiquities Authority, which determined it is a beetle-shaped seal from the Middle Bronze Age.
(B) But as 3-year-old Ziv Nitzan of Israel brushed away the sand on what seemed to be a rock, she revealed a nearly 4,000-year-old Egyptian artifact.
(C) Ziv was awarded a certificate for good citizenship, and the Heritage Minister of Israel said the seal "connects us to a grand story," and that "even children can be a part of discovering history."

① (A) – (C) – (B)
② (B) – (A) – (C)
③ (B) – (C) – (A)
④ (C) – (B) – (A)

Step 1
주어진 문장을 읽고 지문의 흐름 예상

'유아들이 땅에서 물건을 줍는 것이 문제를 의미한다'는 것이 지문의 중심 소재임을 파악하고, 이와 관련된 세부 내용으로 이어질 것임을 예상한다.

Step 2
문단 내 단서를 통해 순서를 파악하고 이를 알맞게 배열한 보기 선택

- (B) 연결어 But과 문단의 내용을 통해 (B)가 주어진 문장과 대조되는 내용을 제시하고 있음을 파악한다.
- (A) the find와 문단의 내용을 통해 (A)가 (B)의 a nearly 4,000-year-old Egyptian artifact에 대해 설명하고 있음을 파악한다.
- (C) good citizenship과 문단의 내용을 통해 (C)가 (A)의 결과에 대해 설명하고 있음을 파악한다.

해석 보통 유아들이 땅에서 물건을 줍는 것은 문제를 의미한다.
(A) 그 가족은 발견한 것을 이스라엘 고대유물관리국에 신고했고, 그곳은 그것이 중기 청동기 시대의 딱정벌레 모양 인장이라고 판정했다.
(B) 하지만 이스라엘의 세 살배기 Ziv Nitzan이 돌처럼 보이는 것의 모래를 털어냈을 때, 그녀는 거의 4,000년 된 이집트 유물을 드러내 보였다.
(C) Ziv는 훌륭한 시민의 자질에 대한 표창장을 받았고, 이스라엘 문화유산부 장관은 그 인장이 "우리를 위대한 이야기에 연결해 준다"고 하며, "심지어 아이들도 역사를 발견하는 데 참여할 수 있다"고 말했다.

어휘 toddler 유아 pick up ~을 줍다 antiquity 유물 determine 판정하다 beetle 딱정벌레 seal 인장 brush away ~을 털어내다 artifact 유물 minister 장관

정답 ②

2. 문장 삽입

출제경향

- 각 직렬 공무원 영어 시험에 거의 매년 1~2문제씩 꼭 출제되는 빈출 유형이다.
- 주어진 문장에는 주로 대명사나 연결어 등 문장이 들어갈 위치에 대한 단서가 등장한다.

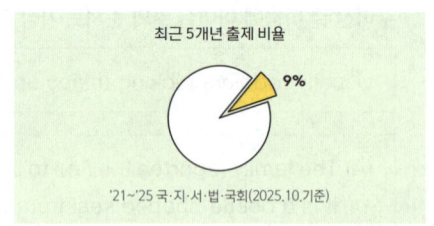

Step별 문제풀이 전략

Step 1 주어진 문장을 읽고 앞에 나올 내용을 예상한다.

- 주어진 문장에 he, she, they와 같은 인칭대명사나 it, that, these와 같은 지시대명사가 등장하는 경우, 그것이 가리키는 대상이 주어진 문장 앞에 나올 것임을 예상한다.

  주어진 문장: You can buy most of **these ingredients** at any grocery store.
  당신은 **이 재료들** 중 대부분을 어떤 식료품점에서도 살 수 있다.
  → 주어진 문장 앞에 these ingredients가 가리키는 대상이 나올 것임을 예상한다.

- 주어진 문장에 however, for example과 같은 연결어가 등장하는 경우, 연결어의 의미를 바탕으로 주어진 문장 앞에 나올 내용을 예상한다.

  주어진 문장: **However**, some of these ingredients can be very expensive. 하지만, 이 재료들 중 몇몇은 매우 비쌀 수도 있다.
  → 주어진 문장 앞에는 이 재료들이 비쌀 수도 있다는 부정적 내용과 대조되는 긍정적인 내용이 나올 것임을 예상한다.

Step 2 지문을 읽고 주어진 문장을 삽입하기에 가장 적절한 위치를 선택한다.

- 예상한 내용을 바탕으로 지문을 읽고, 주어진 문장의 인칭대명사나 지시대명사가 가리키는 대상이 나온 문장 뒤나 연결어의 앞뒤 흐름이 자연스러운 곳에 주어진 문장을 삽입한다.
- 주어진 문장을 읽고 예상한 내용만으로 삽입할 위치를 확실히 알기 어려운 경우, 각 빈칸에 주어진 문장을 넣어본 후, 지문의 전체적인 흐름과 가장 어울리는 곳에 주어진 문장을 삽입한다.

전략 적용

주어진 문장이 들어갈 위치로 알맞은 것은? [2023년 국가직 9급]

> They installed video cameras at places known for illegal crossings, and put live video feeds from the cameras on a Web site.

> Immigration reform is a political minefield. (①) About the only aspect of immigration policy that commands broad political support is the resolve to secure the U.S. border with Mexico to limit the flow of illegal immigrants. (②) Texas sheriffs recently developed a novel use of the Internet to help them keep watch on the border. (③) Citizens who want to help monitor the border can go online and serve as "virtual Texas deputies." (④) If they see anyone trying to cross the border, they send a report to the sheriff's office, which follows up, sometimes with the help of the U.S. Border Patrol.

Step 1 주어진 문장을 읽고 앞에 나올 내용 예상

주어진 문장의 '비디오카메라(video cameras)'를 통해 주어진 문장 앞에 비디오카메라를 설치한 배경에 대한 내용이 나올 것임을 예상할 수 있다.

Step 2 지문을 읽고 주어진 문장을 삽입하기에 가장 적절한 위치 선택

주어진 문장에서 언급된 '비디오카메라'를 설치한 배경이 '국경 감시에 도움이 되는 새로운 인터넷 사용 방법 개발'임을 알 수 있다. 따라서 주어진 문장을 삽입하기에 가장 적절한 위치인 ③번이 정답이다.

[해석] 그들은 불법 횡단로로 알려진 장소에 비디오카메라를 설치했고, 웹 사이트에 카메라의 생중계 영상 피드를 올렸다.

이민 개혁은 정치적 지뢰밭이다. (①) 광범위한 정치적 지지를 받는 이민 정책의 거의 유일한 측면은 불법 이민자의 유입을 제한하기 위해 멕시코와의 미국 국경을 확보하려는 결의이다. (②) 텍사스 보안관들은 최근에 국경을 감시하는 데 도움이 되는 새로운 인터넷 사용 방법을 개발했다. (③) 국경 감시를 돕고 싶은 시민들은 온라인에서 '가상 텍사스 대표' 역할을 할 수 있다. (④) 그들이 국경을 넘으려는 누군가를 보면, 그들은 보안관 사무실로 보고서를 보내고, 그곳(보안관 사무실)은 때때로 미국 국경 순찰대의 도움을 받아서 후속 조치를 취한다.

[어휘] install 설치하다 illegal 불법의 crossing 횡단로 immigration 이민 reform 개혁 political 정치적인 minefield 지뢰밭 aspect 측면 command 받다 resolve 결의 secure 확보하다 border 국경 sheriff 보안관 novel 새로운 keep watch 감시하다, 망을 보다 citizen 시민 virtual 가상의 deputy 대표, 대리인 patrol 순찰대

정답 ③

3. 무관한 문장 삭제

출제경향

- 지문의 첫 문장 다음에 바로 보기 문장이 시작되는 문제가 주로 출제된다.
- 대명사, 연결어, 반복되는 어구 등이 문제 해결의 단서가 될 수 있다.

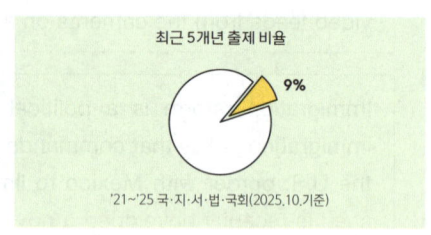

Step별 문제풀이 전략

Step 1 첫 문장을 읽고 지문의 중심 소재를 파악한다.

- 주로 첫 문장에서 중심 소재를 언급한 후, 이와 관련된 세부 내용을 설명하는 방식으로 지문이 전개된다. 따라서 첫 문장에서 중심 소재가 무엇인지 파악하면 이후 내용의 흐름을 예상할 수 있다.

첫 문장 **Children's playgrounds** throughout history were the wilderness, fields, streams, and hills of the country and the roads, streets, and vacant places of villages, towns, and cities.
역사를 통틀어 **아이들의 놀이터**는 황무지, 들판, 개울과 시골의 언덕, 그리고 도로, 길가와 마을, 읍과 도시의 빈 장소였다.

→ 첫 문장을 읽고 지문의 중심 소재가 아이들의 놀이터임을 파악한다.

Step 2 각 보기 문장이 지문의 흐름과 어울리는지 확인하고, 가장 어울리지 않는 보기를 정답으로 선택한다.

- 각 보기 문장과 앞뒤의 흐름이 자연스러운지 확인하며 지문을 읽는다. 이때, 지문의 중심 소재와 관련된 단어를 포함하여 흐름이 자연스러운 것처럼 혼동하게 하는 보기 문장에 유의한다.
- 보기 문장에 but, however와 같이 지문의 흐름을 바꾸는 연결어가 포함되어 있는 경우, 해당 보기 문장과 그 다음에 이어지는 지문의 흐름이 자연스러운지에 집중하여 지문을 읽는다.

전략 적용

다음 글의 흐름상 어색한 문장은? [2025년 국가직 9급]

As OECD countries prepare for an AI revolution, underscored by rapid advancements in generative AI and an increased availability of AI-skilled workers, the landscape of employment is poised for significant change. ① To navigate this shift, it's critical to prioritise training and education to equip both current and future workers with the necessary skills, and to support displaced workers with adequate social protection. ② Additionally, safeguarding workers' rights in the face of AI integration and ensuring inclusive labour markets become paramount. ③ Social dialogue will also be key to success in this new era. ④ Many experts believe that AI will completely replace all human jobs within the next decade. Together, these actions will ensure that the AI revolution benefits all, transforming potential risks into opportunities for growth and innovation.

Step 1
첫 문장을 읽고 지문의 중심 소재 파악

첫 문장을 읽고 지문의 중심 소재가 'AI의 발전에 따른 고용 풍경의 변화'임을 파악한다.

Step 2
각 보기 문장이 지문의 흐름과 어울리는지 확인하고, 가장 어울리지 않는 보기를 정답으로 선택

보기 문장의 앞에서 국가들이 AI 혁명에 대비함에 따른 고용 풍경의 변화를 다루기 위한 방안들을 설명하고 있으므로, 많은 전문가들이 AI가 다음 10년 이내에 모든 인간의 일자리를 완전히 대체할 것이라고 믿는다는 내용은 지문의 흐름에 어울리지 않는다. 따라서 ④번이 정답이다.

[해석] OECD 국가들이 생성형 AI의 급속한 발전과 AI 기술을 갖춘 근로자들의 증가된 가용성으로 강조되는 AI 혁명에 대비함에 따라, 고용 풍경은 중대한 변화를 앞두고 있다. ① 이러한 변화를 다루기 위해, 현재와 미래 모두의 근로자들이 필요한 기술을 갖추도록 하기 위한 훈련과 교육을 우선시하고, 일자리를 잃은 근로자들에게는 적절한 사회적 보호를 지원하는 것이 중요하다. ② 또한, AI 통합에 직면하여 근로자의 권리를 보호하는 것과 포용적인 노동 시장을 보장하는 것이 가장 중요해진다. ③ 사회적 대화 또한 이 새로운 시대에서 성공의 열쇠가 될 것이다. ④ 많은 전문가들은 AI가 다음 10년 이내에 모든 인간의 일자리를 완전히 대체할 것이라고 믿는다. 함께, 이러한 조치들은 AI 혁명이 모두에게 혜택을 주는 것을 보장하며, 잠재적 위험을 성장과 혁신을 위한 기회로 전환할 것이다.

[어휘] revolution 혁명 underscore 강조하다 advancement 발전 landscape 풍경 navigate (힘들거나 복잡한 상황을) 다루다, 처리하다 prioritise 우선시하다 equip 갖추게 하다 displaced 일자리를 잃은, 추방된 adequate 적절한 safeguard 보호하다 integration 통합 inclusive 포용적인 paramount 가장 중요한 dialogue 대화 expert 전문가 replace 대체하다 decade 10년 transform 전환하다 potential 잠재적인 innovation 혁신

정답 ④

Section 3 논리적 흐름 파악 유형

Day 20 문단 순서 배열 ①

01 주어진 글 다음에 이어질 글의 순서로 적절한 것은? [2024년 국가직 9급]

Interest in movie and sports stars goes beyond their performances on the screen and in the arena.

(A) The doings of skilled baseball, football, and basketball players out of uniform similarly attract public attention.

(B) Newspaper columns, specialized magazines, television programs, and Web sites record the personal lives of celebrated Hollywood actors, sometimes accurately.

(C) Both industries actively promote such attention, which expands audiences and thus increases revenues. But a fundamental difference divides them: What sports stars do for a living is authentic in a way that what movie stars do is not.

① (A) – (C) – (B)
② (B) – (A) – (C)
③ (B) – (C) – (A)
④ (C) – (A) – (B)

어휘 arena 경기장, 시합장 attract 끌다, 유인하다 specialized 전문의 accurately 정확하게 actively 적극적으로 expand 확장하다, 확대하다 revenue 수익 fundamental 근본적인 divide 나누다 authentic 진짜의, 진정한

전략 적용 & 지문 분석

주제문
Interest in movie and sports stars / goes beyond their performances / on the screen and in the arena.
영화와 스포츠 스타에 대한 관심은 / 그들의 활약의 범위를 넘어선다 / 스크린과 경기장에서의

설명2
(A) The doings of skilled baseball, football, and basketball players / out of uniform / similarly attract public attention.
뛰어난 야구, 축구, 그리고 농구 선수들의 행동은 / 유니폼을 벗고 하는 / 비슷하게 대중의 관심을 끈다

설명1
(B) Newspaper columns, specialized magazines, television programs, and Web sites record / the personal lives / of celebrated Hollywood actors, / sometimes accurately.
신문 칼럼, 전문 잡지, 텔레비전 프로그램, 그리고 웹사이트는 기록한다 / 개인 생활을 / 유명 할리우드 배우들의 / 때로는 정확하게

요약
(C) Both industries / actively promote such attention, / which [expands audiences] / and thus [increases revenues].
두 업계 모두 / 이러한 관심을 적극적으로 홍보한다 / 이는 관객을 확장한다 / 그리고 따라서 수익도 증가시킨다
(and로 연결된 동사구 병치 구문)

But a fundamental difference / divides them: / What sports stars do for a living is authentic / in a way that what movie stars do is not.
(명사절을 이끄는 명사절 접속사 what)
그러나 근본적인 차이점이 / 그들을 나눈다 / 스포츠 스타가 생계를 위해 하는 일은 진짜이다 / 영화배우들이 하지 않는 방식으로

① (A) – (C) – (B)
② (B) – (A) – (C)
③ (B) – (C) – (A)
④ (C) – (A) – (B)

Step 1
주어진 문장을 읽고 지문의 흐름 예상
'영화와 스포츠 스타에 대한 관심'이 지문의 중심 소재임을 예상한다.

Step 2
문단 내 단서를 통해 순서를 파악하고 이를 알맞게 배열한 보기 선택
- (B) celebrated ~ actors와 문단의 내용을 통해 (B)가 주어진 문장의 영화 스타에 대한 관심에 대해 설명하고 있음을 파악한다.
- (A) baseball ~ players와 연결어 similarly를 통해 (A)가 (B)의 영화 스타에 이어 스포츠 스타에 대한 관심에 대해 설명하고 있음을 파악한다.
- (C) Both industries와 문단의 내용을 통해 (C)가 앞 문단 전체를 요약하고 있음을 파악한다.

해석
영화와 스포츠 스타에 대한 관심은 스크린과 경기장에서의 그들의 활약의 범위를 넘어선다.
(B) 신문 칼럼, 전문 잡지, 텔레비전 프로그램, 그리고 웹사이트는 유명 할리우드 배우들의 개인 생활을 때로는 정확하게 기록한다.
(A) 뛰어난 야구, 축구, 그리고 농구 선수들이 유니폼을 벗고 하는 행동도 비슷하게 대중의 관심을 끈다.
(C) 두 업계 모두 이러한 관심을 적극적으로 홍보하는데, 이는 관객을 확장하고 따라서 수익도 증가시킨다. 그러나 근본적인 차이점이 그들을 나눈다. 스포츠 스타가 생계를 위해 하는 일은 영화배우들이 하지 않는 방식으로 진짜이다.

해설 주어진 문장에서 영화와 스포츠 스타에 대한 관심은 스크린과 경기장에서의 그들의 활약의 범위를 넘어선다고 하고, (B)에서 각종 매체들은 배우들의 개인 생활을 기록한다고 설명하고 있다. 이어서 (A)에서 운동선수들이 경기 중이 아닐 때 하는 행동도 비슷하게 대중의 관심을 끈다고 하고, (C)에서 배우와 운동선수 두 업계 모두 이러한 관심을 적극적으로 홍보한다고 설명하고 있다. 따라서 주어진 문장 다음에 이어질 순서는 ② (B)-(A)-(C)이다.

정답 ②

Day 20 문단 순서 배열 ①

02 다음 주어진 문장에 이어질 순서로 가장 적절한 것은?

The common cold—an infection of the upper respiratory system—is an illness that almost everyone has experienced.

(A) Unfortunately, taking cough suppressants and nasal decongestants to treat these symptoms is the only thing people suffering from a cold can do, as there is no known cure for the illness at present.

(B) No matter which virus causes the illness, the symptoms are the same; the infected person experiences a cough, sore throat, runny nose, and sometimes a fever.

(C) Yet, there are many misconceptions about what causes a cold, the most common being that it is brought on by cold or wet weather. In fact, a cold results from exposure to a virus, which is usually transmitted by an infected person.

① (A) – (C) – (B)
② (B) – (A) – (C)
③ (C) – (A) – (B)
④ (C) – (B) – (A)

해설 주어진 문장에서 감기는 거의 모든 사람이 경험해 본 질병이라고 언급한 후, (C)에서 그러나 감기의 원인에 관한 오해들이 있으며, 가장 흔한 오해처럼 춥거나 습한 날씨로 감기에 걸리는 것이 아니라, 바이러스에 대한 노출로 걸린다고 설명하고 있다. (B)에서 바이러스의 종류와 상관없이 감기의 증상들은 동일하다고 설명하고, 뒤이어 (A)에서 안타깝게도 현재로서는 알려진 치료법이 없으며, 이 증상들을 치료하기 위해 할 수 있는 것은 기침 억제제와 코 막힘 완화제를 복용하는 것뿐이라고 설명하고 있다. 따라서 주어진 문장 다음에 이어질 순서는 ④ (C)-(B)-(A)이다.

어휘 common cold 감기 infection 감염 respiratory system 호흡기 illness 질병 cough 기침 suppressant 억제제 nasal decongestant 코 막힘 완화제 symptom 증상 cure 치료법 at present 현재로서는 sore throat 인후염 runny nose 콧물 misconception 오해 bring on ~을 야기하다, 초래하다 result from ~이 원인이다 transmit 전염시키다

전략 적용 & 지문 분석

도입
The common cold / —an infection of the upper respiratory system— / is an illness / [that almost everyone has experienced].
감기는 / 상부 호흡기의 감염인 / 질병이다 / 거의 모든 사람이 경험해 본

결론
(A) Unfortunately, / taking cough suppressants and nasal decongestants / to treat these symptoms / is the only thing / [people suffering from a cold can do,] / as there is no known cure for the illness / at present.
안타깝게도 / 기침 억제제와 코 막힘 완화제를 복용하는 것이 / 이 증상들을 치료하기 위해 / 유일한 것이다 / 감기에 걸린 사람들이 할 수 있는 / 그 질병에 대해 알려진 치료법이 없기 때문에 / 현재로서는

설명2
(B) No matter which virus causes the illness, / the symptoms are the same; / the infected person experiences / a cough, sore throat, runny nose, and sometimes a fever.
어떤 바이러스가 그 질병을 일으키든 간에 / 증상들은 동일하다 / 감염된 사람은 경험한다 / 기침, 인후염, 콧물, 그리고 때로는 열을

설명1
(C) Yet, / there are many misconceptions / about what causes a cold, / the most common / being / that it is brought on / by cold or wet weather.
그러나 / 여러 오해들이 있다 / 무엇이 감기를 일으키는지에 관한 / 가장 흔한 것(오해)은 / ~이다 / 그것이 야기된다는 것 / 춥거나 습한 날씨에 의해

In fact, / a cold results from exposure to a virus, / which is usually transmitted / by an infected person.
사실 / 감기는 바이러스에 대한 노출이 원인이다 / 그리고 그것(바이러스)은 보통 전염된다 / 감염된 사람에 의해

① (A) – (C) – (B)
② (B) – (A) – (C)
③ (C) – (A) – (B)
④ (C) – (B) – (A)

Step 1
주어진 문장을 읽고 지문의 흐름 예상
'흔한 질병인 감기'가 지문의 중심 소재임을 예상한다.

Step 2
문단 내 단서를 통해 순서를 파악하고 이를 알맞게 배열한 보기 선택
- (C) 연결어 Yet과 문단의 내용을 통해 (C)가 주어진 문장과 대조되는 내용을 제시하고 있음을 파악한다.
- (B) No matter which virus와 문단의 내용을 통해 (B)가 (C)의 a virus에 대해 설명하고 있음을 파악한다.
- (A) these symptoms와 문단의 내용을 통해 (A)가 (B)의 a cough, sore throat, runny nose, a fever에 대해 설명하고 있음을 파악한다.

해석
상부 호흡기의 감염인 감기는 거의 모든 사람이 경험해 본 질병이다.

(C) 그러나 무엇이 감기를 유발하는지에 관한 여러 오해들이 있으며, 가장 흔한 것(오해)은 춥거나 습한 날씨에 의해 그것(감기)이 야기된다는 것이다. 사실, 감기는 바이러스에 대한 노출이 원인이며, 그것(바이러스)은 보통 감염된 사람에 의해 전염된다.

(B) 어떤 바이러스가 그 질병을 일으키든 간에 증상들은 동일하며, 감염된 사람은 기침, 인후염, 콧물, 그리고 때로는 열을 경험한다.

(A) 안타깝게도, 현재로서는 그 질병에 대해 알려진 치료법이 없기 때문에, 기침 억제제와 코 막힘 완화제를 복용하는 것이 감기에 걸린 사람들이 이 증상들을 치료하기 위해 할 수 있는 유일한 것이다.

정답 ④

Day 20 문단 순서 배열 ①

03 주어진 글 다음에 이어질 글의 순서로 가장 적절한 것은?

Political campaigns are blending with entertainment in modern times, attracting voters through a combination of politics and showmanship.

(A) The appearances and endorsements of celebrity guests similarly build excitement for voters and attendees.

(B) Media coverage of these spectacles amplifies the need for personality-driven events and dramatic moments. While this trend engages more people, it risks trivializing the issues truly at stake.

(C) Candidates who hold massive rallies featuring speeches that are all show and no go attempt to make use of the power of social media through viral posts.

① (A) – (C) – (B)
② (B) – (A) – (C)
③ (B) – (C) – (A)
④ (C) – (A) – (B)

해설 주어진 글에서 현대에는 정치와 쇼맨십의 결합을 통해 유권자들을 끌어들이고 있다고 한 후, (C)에서 후보자들은 바이럴 게시물을 통해 소셜 미디어의 힘을 활용하려고 시도한다고 설명하고 있다. 이어서 (A)에서 유명 인사의 출현과 지지는 비슷하게 유권자와 참석자들에게 흥미를 만들어 낸다고 하고, 뒤이어 (B)에서 이러한 광경에 대한 언론 보도는 유명 인사 중심의 사건과 극적인 순간에 대한 필요성을 증폭시킨다고 설명하고 있다. 따라서 주어진 글 다음에 이어질 글의 순서는 ④ (C)-(A)-(B)이다.

어휘 blend 혼합하다, 섞다 appearance 출현, 등장 endorsement 지지, 보증 coverage 보도 spectacle 광경, 장관 personality 유명 인사(특히 연예인·스포츠 선수) trivialize 하찮아 보이게 만들다 at stake 위기에 처한, 위태로운 rally 집회 all show and no go 말만 번지르르한

전략 적용 & 지문 분석

Step 1
주어진 문장을 읽고 지문의 흐름 예상

'정치와 쇼맨십의 결합을 통한 유권자 유입'이 지문의 중심 소재임을 예상한다.

주제문
Political campaigns / are blending with entertainment / in modern times, / attracting voters / through a combination / of politics and showmanship.
정치 캠페인이 / 오락과 혼합되어 / 현대에는 / 유권자들을 끌어들이고 있다 / 결합을 통해 / 정치와 쇼맨십의

예시2
(A) The appearances and endorsements of celebrity guests / similarly build excitement / for voters and attendees.
유명 인사의 출현과 지지는 / 비슷하게 흥미를 만들어 낸다 / 유권자와 참석자들에게

장점
→ 단수 주어   → 수식어 거품(동사의 수 결정에 영향을 주지 않음)
(B) Media coverage of these spectacles / amplifies the need / for personality-driven events / and / dramatic moments.
→ 단수 동사
이러한 광경에 대한 언론 보도는 / 필요성을 증폭시킨다 / 유명 인사 중심의 사건에 대한 / 그리고 / 극적인 순간(에 대한)

단점
While this trend engages more people, / it risks trivializing the issues / truly at stake.
이러한 추세가 더 많은 사람들을 참여시키지만 / 문제를 하찮아 보이게 만들 위험이 있다 / 실제로 위기에 처한

→ 명사구(massive rallies)를 수식하는 현재분사구
예시1
(C) Candidates / who hold massive rallies / [featuring speeches / that are all show and no go] / attempt to make use of the power of social media / through viral posts.
후보자들은 / 대규모 집회를 개최하는 / 연설을 포함하는 / 말만 번지르르한 / 소셜 미디어의 힘을 활용하려고 시도한다 / 바이럴 게시물을 통해

① (A) – (C) – (B)   ② (B) – (A) – (C)
③ (B) – (C) – (A)   ④ (C) – (A) – (B)

Step 2
문단 내 단서를 통해 순서를 파악하고 이를 알맞게 배열한 보기 선택

- (C) 문단의 내용을 통해 (C)가 주어진 문장의 정치와 쇼맨십의 결합에 대한 예시를 제시하고 있음을 파악한다.
- (A) 연결어 similarly와 문단의 내용을 통해 (A)가 (C)와 비슷한 예시를 제시하고 있음을 파악한다.
- (B) these spectacles와 문단의 내용을 통해 (B)가 (C)와 (A)의 바이럴 게시물과 유명 인사에 대한 부연 설명을 제시하고 있음을 파악한다.

해석
현대에는 정치 캠페인이 오락과 혼합되어, 정치와 쇼맨십의 결합을 통해 유권자들을 끌어들이고 있다.

(C) 말만 번지르르한 연설을 포함하는 대규모 집회를 개최하는 후보자들은 바이럴 게시물을 통해 소셜 미디어의 힘을 활용하려고 시도한다.
(A) 유명 인사의 출현과 지지는 비슷하게 유권자와 참석자들에게 흥미를 만들어 낸다.
(B) 이러한 광경에 대한 언론 보도는 유명 인사 중심의 사건과 극적인 순간에 대한 필요성을 증폭시킨다. 이러한 추세가 더 많은 사람들을 참여시키지만, 실제로 위기에 처한 문제를 하찮아 보이게 만들 위험이 있다.

정답 ④

Day 21 문단 순서 배열 ②

01 다음 주어진 글에 이어질 순서로 가장 적절한 것은?

The stars in the night sky are the product of giant masses of gas and dust. Their formation begins with a chemical reaction.

(A) These volatile clouds become concentrated until they eventually collapse upon themselves. The collapse then results in increases in the cloud's temperature, density, and mass, eventually leading to a star's birth.

(B) Specifically, the process is initiated in gravitationally unstable molecular clouds, which are incredibly cold and usually consist of carbon monoxide and hydrogen. Aside from the incredibly dense pockets of interstellar medium within them, molecular clouds are mostly vacuous, with a density of only 300 molecules per cubic centimeter.

(C) A similar phase of collapse happens when stars die out, too. Smaller stars become barely visible white dwarfs and large stars create explosive supernovae or even black holes.

① (A) – (B) – (C)
② (A) – (C) – (B)
③ (B) – (A) – (C)
④ (C) – (B) – (A)

해설 주어진 글에서 별의 형성은 화학 반응에서 시작된다고 한 후, (B)에서 이 과정(별의 형성 과정)은 중력이 불안정한 분자 구름에서 시작되는 것으로, 이 분자 구름들은 중력이 불안정하며 밀도가 극도로 낮다고 설명하고 있다. (A)에서 이 불안정한 구름들은 응집된 후 결국 붕괴되면서 결국 별의 탄생으로 이어진다고 하고, 뒤이어 (C)에서 별이 소멸할 때에도 (별이 형성될 때와) 유사한 붕괴 단계가 발생한다고 알려주고 있다. 따라서 주어진 글 다음에 이어질 순서는 ③ (B)-(A)-(C)이다.

어휘 giant 거대한, 엄청난 mass 덩어리, 질량 dust 먼지 formation 형성 volatile 불안정한 concentrate 응집하다 collapse 붕괴되다; 붕괴 density 밀도 specifically 구체적으로 말하면 initiate 시작하다 gravitationally 중력으로 unstable 불안정한 molecular 분자의 consist of ~으로 이루어지다 carbon monoxide 일산화탄소 hydrogen 수소 interstellar medium 성간 물질 vacuous 진공 (상태)의 phase 단계 dwarf 왜성 explosive 폭발성의 supernova 초신성

전략 적용 & 지문 분석

Step 1
주어진 문장을 읽고 지문의 흐름 예상

→ 주어 → 수식어 거품은 동사의 수 결정에 영향을 주지 않는다

도입: The stars [in the night sky] / are the product / of giant masses of gas and dust.
밤하늘의 별들은 / 생성물이다 / 기체와 먼지의 거대한 덩어리의 → 동사

'별의 형성 과정'이 지문의 중심 소재임을 예상한다.

설명1: Their formation / begins with a chemical reaction.
그것들(별들)의 형성은 / 화학 반응에서 시작된다

Step 2
문단 내 단서를 통해 순서를 파악하고 이를 알맞게 배열한 보기 선택

(설명1) 과정2

(A) These volatile clouds / become concentrated / until they eventually collapse / upon themselves.
이 불안정한 구름들은 / 응집된다 / 그것들이 결국 붕괴될 때까지 / 스스로
upon themselves: (그들) 스스로

The collapse then results in increases / in the cloud's temperature, density, and mass, / eventually leading to a star's birth.
그 붕괴는 그 후 증가를 초래한다 / 구름의 온도, 밀도, 그리고 질량의 / 이는 결국 별의 탄생으로 이어진다

관계절의 계속적 용법: 앞의 명사(molecular clouds)에 대한 부가 설명

(설명1) 과정1

(B) Specifically, / the process is initiated / in gravitationally unstable molecular clouds[, / which are incredibly cold / and usually consist of carbon monoxide and hydrogen.]
구체적으로 말하면 / 이 과정은 시작된다 / 중력이 불안정한 분자 구름들에서 / 그런데 그것(분자 구름)은 매우 차갑다 / 그리고 보통 일산화탄소와 수소로 이루어져 있다

Aside from the incredibly dense pockets / of interstellar medium / within them, / molecular clouds are mostly vacuous, / with a density of only 300 molecules per cubic centimeter.
밀도가 엄청나게 높은 덩어리들뿐 아니라 / 성간 물질의 / 그것들(분자 구름) 안에 있는 / 분자 구름들도 주로 진공 상태이다 / 1제곱센티미터당 단 300개의 분자가 있는 밀도를 가지며

- (B) the process와 문단의 내용을 통해 (B)가 주어진 문장의 Their formation에 대해 설명하고 있음을 파악한다.

- (A) These volatile clouds와 문단의 내용을 통해 (A)가 (C)에 언급된 분자구름들에 대해 설명하고 있음을 파악한다.

설명2

(C) A similar phase of collapse / happens / when stars die out, too.
유사한 붕괴 단계가 / 발생한다 / 별이 소멸할 때도 (또한)

(설명2) 부연

Smaller stars become / barely visible white dwarfs / and large stars create / explosive supernovae or even black holes.
작은 별들은 ~이 된다 / 거의 보이지 않는 백색 왜성이 / 그리고 큰 별들은 만들어 낸다 / 폭발성 초신성이나 블랙홀도

- (C) A similar phase ~ die out, too와 문단의 내용을 통해 (C)가 (A)에 제시된 별의 탄생과 반대되는 붕괴 단계에 대해 설명하고 있음을 파악한다.

① (A) – (B) – (C)
② (A) – (C) – (B)
③ (B) – (A) – (C)
④ (C) – (B) – (A)

해석

밤하늘의 별들은 기체와 먼지의 거대한 덩어리가 만든 생성물이다. 그것들(별들)의 형성은 화학 반응에서 시작된다.

(B) 구체적으로 말하면, 이 과정은 중력이 불안정한 분자 구름들에서 시작되는데, 그것(분자 구름)은 매우 차갑고 주로 일산화탄소와 수소로 이루어져 있다. 그것들(분자 구름들) 안에 있는 밀도가 엄청나게 높은 성간 물질 덩어리들뿐 아니라, 분자 구름들도 1제곱 센티미터당 단 300개의 분자가 있는 밀도를 가지며 주로 진공 상태이다.

(A) 이 불안정한 구름들은 그것들이 결국 스스로 붕괴될 때까지 응집된다. 그 붕괴는 그 후 구름의 온도, 밀도, 그리고 질량의 증가를 초래하며, 이는 결국 별의 탄생으로 이어진다.

(C) 별이 소멸할 때에도 유사한 붕괴 단계가 발생한다. 작은 별들은 거의 보이지 않는 백색 왜성이 되고, 큰 별들은 폭발성 초신성이나 블랙홀도 만들어 낸다.

정답 ③

Day 21 문단 순서 배열 ②

02 주어진 글 다음에 이어질 글의 순서로 가장 적절한 것은?

> Most people think green roofs are just for decoration.

(A) To investigate this phenomenon, she decided to keep track of the temperature in her building for six months and found that areas near the plant-covered walls were consistently three to four degrees cooler than other locations.

(B) However, when a plant lover covered her office building's exterior walls with climbing plants and installed rooftop gardens, she observed that it felt cooler than nearby buildings.

(C) Encouraged by these findings, some city governments began promoting green walls on all new commercial buildings as a practical way to merge design with sustainability.

① (A) – (B) – (C)
② (B) – (A) – (C)
③ (B) – (C) – (A)
④ (C) – (B) – (A)

해설 주어진 글에서 대부분의 사람들은 옥상 녹화가 단지 장식용이라고 생각한다고 한 후, (B)에서 그러나(However) 한 식물 애호가가 사무실 건물 외벽을 덩굴나무로 덮고 옥상 정원을 설치했을 때 그곳을 근처 건물들보다 더 시원하게 느꼈다고 하고 있다. 이어서 (A)에서 이 현상(this phenomenon)을 조사하기 위해 그녀가 온도를 추적했는데, 식물로 덮인 벽 근처의 지역이 다른 지역보다 지속적으로 더 시원하다는 것을 발견했다고 설명하고, 뒤이어 (C)에서 이러한 발견(these findings)에 고무된 일부 도시 정부들이 모든 신축 상업용 건물에 녹색 벽을 장려하기 시작했다고 하고 있다. 따라서 주어진 글 다음에 이어질 순서는 ② (B)-(A)-(C)이다.

어휘 green roof 옥상 녹화(건축물의 옥상에 흙을 올리고 식물을 심어서 생태적, 경관적 효용을 얻기 위한 녹화 사업) investigate 조사하다 phenomenon 현상 track 추적하다 consistently 지속적으로 exterior 외부의 climbing plant 덩굴나무 install 설치하다 rooftop 옥상 commercial 상업용의 practical 현실적인, 실질적인 merge 결합하다, 합치다 sustainability 지속 가능성

전략 적용 & 지문 분석

Step 1
주어진 문장을 읽고 지문의 흐름 예상
'옥상 녹화'가 지문의 중심 소재임을 예상한다.

도입
Most people think / green roofs are just for decoration.
→ 목적을 나타내는 to 부정사의 부사적 용법
대부분의 사람들은 생각한다 / 옥상 녹화가 단지 장식용이라고

설명
(A) To investigate this phenomenon, / she decided to keep track of the temperature / in her building / for six months / and found / that areas near the plant-covered walls / were consistently three to four degrees cooler / than other locations.
이 현상을 조사하기 위해, / 그녀는 온도를 추적하기로 결심했다 / 그녀의 건물의 / 6개월 동안 / 그리고 발견했다 / 그 식물로 덮인 벽 근처의 지역이 / 지속적으로 3도에서 4도 더 시원하다는 것을 / 다른 지역들보다

대조
(B) However, / when a plant lover covered her office building's exterior walls / with climbing plants / and / installed rooftop gardens, / she observed that it felt cooler / than nearby buildings.
그러나 / 한 식물 애호가가 그녀의 사무실 건물 외벽을 덮었을 때 / 덩굴나무로 / 그리고 / 옥상 정원을 설치했을 때 / 그녀는 그곳이 더 시원하게 느껴진다는 것을 알았다 / 근처 건물들보다
→ 분사구문: 과거분사(Encouraged) 앞 Being 생략

결과
(C) Encouraged by these findings, / some city governments began promoting green walls / on all new commercial buildings / as a practical way / to merge design with sustainability.
이러한 발견에 고무되어 / 일부 도시 정부들은 녹색 벽을 장려하기 시작했다 / 모든 신축 상업용 건물에 / 현실적인 방법으로 / 디자인과 지속 가능성을 결합하는

① (A) – (B) – (C) ② (B) – (A) – (C)
③ (B) – (C) – (A) ④ (C) – (D) – (A)

Step 2
문단 내 단서를 통해 순서를 파악하고 이를 알맞게 배열한 보기 선택

- (B) However와 문단의 내용을 통해 (B)가 옥상 녹화가 단지 장식용이라고 생각하는 것과 대조되는 내용을 설명하고 있음을 파악한다.
- (A) this phenomenon과 문단의 내용을 통해 (A)가 (B)의 it felt cooler에 대해 설명하고 있음을 파악한다.
- (C) these findings와 문단의 내용을 통해 (C)가 (A)의 식물로 덮인 벽 근처의 지역이 지속적으로 시원한 것에 대해 설명하고 있음을 파악한다.

해석
대부분의 사람들은 옥상 녹화가 단지 장식용이라고 생각한다.

(B) 그러나, 한 식물 애호가가 그녀의 사무실 건물 외벽을 덩굴나무로 덮고 옥상 정원을 설치했을 때, 그녀는 그곳이 근처 건물들보다 더 시원하게 느껴진다는 것을 알았다.
(A) 이 현상을 조사하기 위해, 그녀는 6개월 동안 그녀의 건물의 온도를 추적하기로 결심했고 그 식물로 덮인 벽 근처의 지역이 다른 지역들보다 지속적으로 3도에서 4도 더 시원하다는 것을 발견했다.
(C) 이러한 발견에 고무되어, 일부 도시 정부들은 디자인과 지속 가능성을 결합하는 현실적인 방법으로 모든 신축 상업용 건물에 녹색 벽을 장려하기 시작했다.

정답 ②

Day 21 문단 순서 배열 ②

03 다음 주어진 문장에 이어질 글의 순서로 가장 적절한 것은?

At any given time, over 100,000 people in the US require an organ transplant.

(A) This in turn contributes to a dramatic disparity between the number of people who need organs and the number of candidates who opt to donate, resulting in needless deaths.

(B) Consequently, experts suggest the nation should adopt an opt-out organ donation system in which people must actively express a desire not to donate rather than to donate, as in opt-in systems.

(C) Yet, because so many individuals pass away without agreeing to become organ donors, doctors miss prime opportunities to procure usable organs.

① (A) – (B) – (C)
② (B) – (C) – (A)
③ (C) – (A) – (B)
④ (C) – (B) – (A)

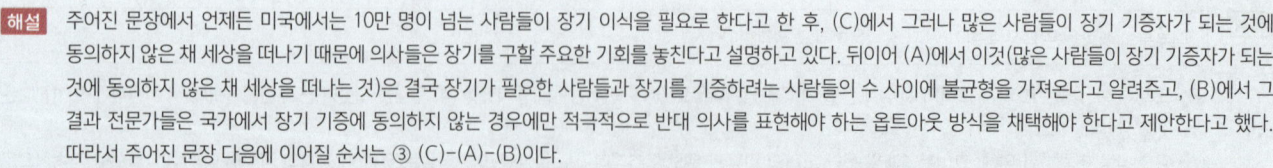

전략 적용 & 지문 분석

도입
At any given time, / over 100,000 people in the US / require an organ transplant.
언제든 / 미국에서는 10만 명이 넘는 사람들이 / 장기 이식을 필요로 한다

설명2
(A) This / in turn / contributes to a dramatic disparity / between / the number of people who need organs / and the number of candidates [who opt to donate,] / resulting in needless deaths.
이것은 / 결국 / 굉장한 불균형의 원인이 된다 / ~ 사이의 / 장기를 필요로 하는 사람들의 수 / 그리고 장기 기증을 하기로 선택하는 지원자들의 수 / 그리고 이는 불필요한 죽음을 초래한다

결론
(B) Consequently, / experts suggest / [the nation should adopt an opt-out organ donation system / in which people must actively express a desire / not to donate / rather than to donate, / as in opt-in systems].
그 결과 / 전문가들은 제안한다 / 국가에서 옵트아웃 장기 기증 방식을 채택해야 한다고 / 사람들이 반드시 의사를 적극적으로 표현해야 하는 / 기증하지 않겠다는 / 기증하겠다는 (의사를 표현하는) 것이 아니라 / 옵트인 방식에서처럼

설명1
(C) Yet, / because so many individuals pass away / without agreeing to become organ donors, / doctors miss prime opportunities / to procure usable organs.
그러나 / 많은 사람들이 세상을 떠나기 때문에 / 장기 기증자가 되는 것에 동의하지 않은 채 / 의사들은 주요한 기회들을 놓친다 / 사용 가능한 장기들을 구할

① (A) – (B) – (C)
② (B) – (C) – (A)
③ (C) – (A) – (B)
④ (C) – (B) – (A)

Step 1
주어진 문장을 읽고 지문의 흐름 예상
'장기 이식'이 지문의 중심 소재임을 예상한다.

Step 2
문단 내 단서를 통해 순서를 파악하고 이를 알맞게 배열한 보기 선택
- (C) Yet과 문단의 내용을 통해 (C)가 주어진 문장의 장기이식을 필요로 하는 사람들이 많은 상황과는 반대로 장기 기증자는 적은 상황을 설명하고 있음을 파악한다.
- (A) This in turn과 문단의 내용을 통해 (A)가 (C)에 제시된 장기 기증자가 적은 상황에 대한 결과를 설명하고 있음을 파악한다.
- (B) Consequently와 문단의 내용을 통해 (B)가 (A)에 제시된 장기 기증 지원 수 부족으로 인해 발생하는 불필요한 죽음을 해결하기 위해 전문가들이 주장하는 것을 설명하고 있음을 파악한다.

해석
언제든, 미국에서는 10만 명이 넘는 사람들이 장기 이식을 필요로 한다.
(C) 그러나, 많은 사람들이 장기 기증자가 되는 것에 동의하지 않은 채 세상을 떠나기 때문에, 의사들은 사용할 수 있는 장기들을 구할 주요한 기회들을 놓친다.
(A) 이것은 결국 장기를 필요로 하는 사람들의 수와 장기 기증을 하기로 선택하는 지원자들의 수 사이의 굉장한 불균형의 원인이 되고, 이는 불필요한 죽음을 초래한다.
(B) 그 결과, 전문가들은 국가에서 옵트인 방식에서처럼 기증하겠다는 의사를 표현하는 것이 아니라, 사람들이 기증하지 않겠다는 의사를 반드시 적극적으로 표현해야 하는 옵트아웃 장기 기증 방식을 채택해야 한다고 제안한다.

정답 ③

Day 22 문장 삽입 ①

Section 3 논리적 흐름 파악 유형

01 주어진 문장이 들어갈 위치로 가장 적절한 것은? [2023년 지방직 9급]

Yet, requests for such self-assessments are pervasive throughout one's career.

The fiscal quarter just ended. Your boss comes by to ask you how well you performed in terms of sales this quarter. How do you describe your performance? As excellent? Good? Terrible? (①) Unlike when someone asks you about an objective performance metric (e.g., how many dollars in sales you brought in this quarter), how to subjectively describe your performance is often unclear. There is no right answer. (②) You are asked to subjectively describe your own performance in school applications, in job applications, in interviews, in performance reviews, in meetings—the list goes on. (③) How you describe your performance is what we call your level of self-promotion. (④) Since self-promotion is a pervasive part of work, people who do more self-promotion may have better chances of being hired, being promoted, and getting a raise or a bonus.

해설 ②번 앞 문장에서 누군가가 당신에게 객관적인 성과 측정 기준에 대해 질문하는 것과 달리, 당신의 성과를 주관적으로 묘사하는 방법은 종종 불분명하다고 했고, ②번 뒤 문장에서 당신은 학교 지원서, 입사 지원서, 면접, 성과 검토, 회의, 그리고 계속되는 목록에서 당신 자신의 성과를 주관적으로 묘사하도록 요청받는다고 했으므로, ②번 자리에 주어진 문장이 들어가야 글의 흐름이 자연스럽게 연결된다. 따라서 ②번이 정답이다.

어휘 self-assessment 자기 평가 pervasive 만연한 fiscal quarter 회계 분기 objective 객관적인 metric 측정 기준 subjectively 주관적으로 self-promotion 자기 홍보

전략 적용 & 지문 분석

설명2
Yet, / requests for such self-assessments are pervasive / throughout one's career.
그러나, / 이러한 자기 평가에 대한 요청은 만연하다 / 한 사람의 경력 전반에 걸쳐

도입
The fiscal quarter just ended.
회계 분기가 막 끝났다

Your boss comes by / to ask you / how well you performed / in terms of sales / this quarter.
→ 간접 의문문: 의문사(how well) + 주어(you) + 동사(performed)
당신의 상사가 방문한다 / 당신에게 묻기 위해 / 당신이 얼마나 잘 수행했는지 / 매출액 측면에서 / 이번 분기에

How do you describe your performance? As excellent? Good? Terrible?
당신은 당신의 성과를 어떻게 설명하는가? 훌륭하다고? 좋다고? 끔찍하다고?

설명1
(①) Unlike when someone asks you / about an objective performance metric / (e.g., how many dollars in sales / you brought in this quarter), / how to subjectively describe your performance / is often unclear.
→ 의문사 + to 부정사(= how you should subjectively describe)
누군가가 당신에게 질문하는 것과 달리 / 객관적인 성과 측정 기준에 대해 / (예를 들어, 얼마나 많은 매출액을 / 이번 분기에 당신이 가져왔는지) / 당신의 성과를 주관적으로 묘사하는 방법은 / 종종 불분명하다

There is no right answer.
정답은 없다

설명2
(②) You are asked / to subjectively describe / your own performance / in school applications, in job applications, in interviews, in performance reviews, in meetings—the list goes on.
당신은 요청받는다 / 주관적으로 묘사하도록 / 당신 자신의 성과를 / 학교 지원서, 입사 지원서, 면접, 성과 검토, 회의, 그리고 계속되는 목록에서

정의
(③) How you describe your performance / is what we call / your level of self-promotion.
→ 보어 역할을 하는 명사절 접속사 what
당신이 당신의 성과를 어떻게 묘사하느냐가 / 우리가 부르는 것이다 / 자기 홍보 수준이라고

주제문
(④) Since self-promotion is a pervasive part of work, / people who do more self-promotion / may have better chances / of being hired, being promoted, and getting a raise or a bonus.
자기 홍보는 일의 만연한 한 부분이기 때문에, / 자기 홍보를 더 많이 하는 사람들은 / 더 좋은 기회를 가질 수 있다 / 고용되고, 승진되고, 연봉 인상이나 상여금을 받을

Step 1
주어진 문장을 읽고 앞에 나올 내용 예상

주어진 문장의 '그러나(Yet)'를 통해 주어진 문장 앞에 자기 평가에 대한 요청이 어려운 것과 관련된 내용이 나올 것임을 예상할 수 있다.

Step 2
지문을 읽고 주어진 문장을 삽입하기에 가장 적절한 위치 선택

주어진 문장에서 언급된 '자기에 대한 평가'를 주관적으로 묘사하는 방법은 종종 불분명하다는 것을 알 수 있다. 따라서 주어진 문장을 삽입하기에 가장 적절한 위치인 ②번이 정답이다.

해석
그러나, 이러한 자기 평가에 대한 요청은 한 사람의 경력 전반에 걸쳐 만연하다.

회계 분기가 막 끝났다. 당신의 상사가 당신에게 이번 분기에 매출액 측면에서 당신이 얼마나 잘 수행했는지 묻기 위해 방문한다. 당신은 당신의 성과를 어떻게 설명하는가? 훌륭하다고? 좋다고? 끔찍하다고? (①) 누군가가 당신에게 객관적인 성과 측정 기준(예를 들어, 이번 분기에 당신이 얼마나 많은 매출액을 가져왔는지)에 대해 질문하는 것과 달리, 당신의 성과를 주관적으로 묘사하는 방법은 종종 불분명하다. 정답은 없다. (②) 당신은 학교 지원서, 입사 지원서, 면접, 성과 검토, 회의, 그리고 계속되는 목록에서 당신 자신의 성과를 주관적으로 묘사하도록 요청받는다. (③) 당신이 당신의 성과를 어떻게 묘사하느냐가 우리가 자기 홍보 수준이라고 부르는 것이다. (④) 자기 홍보는 일의 만연한 한 부분이기 때문에, 자기 홍보를 더 많이 하는 사람들은 고용되고, 승진되고, 연봉 인상이나 상여금을 받을 더 좋은 기회를 가질 수 있다.

정답 ②

Day 22　문장 삽입 ①

02 글의 흐름상 다음 문장이 들어가기에 가장 적절한 곳은?

> This isolation made transatlantic voyages dangerous and life-threatening trips.

Transatlantic voyages in past centuries were dangerous and passengers faced serious problems. For one, disease and illness were rampant on ships due to the lack of space, particularly during the times of North American colonization. (A) Passengers and crew had very little room to move around and were unable to avoid coming into contact with sick passengers and animals. (B) Maintenance issues, inclement weather, and accidents also put voyagers at risk. (C) Without radio communication, those on board were left without any help from the outside world in the event of a mid-voyage emergency. (D) Consequently, the death rate for passengers and crew was as high as 10 percent.

① A　　　② B　　　③ C　　　④ D

해설 주어진 문장의 This isolation(이러한 고립)을 통해 주어진 문장 앞에 대서양 횡단 항해를 위험하고 생명을 위협하는 여행으로 만들었던 고립에 대한 내용이 나올 것임을 예상할 수 있다. (D)의 앞 문장에서 무선 통신 없이 승선한 사람들은 항해 중 긴급 상황이 발생했을 때에도 외부 세계의 도움을 받지 못한 채 배에 남겨졌다고 했으므로, (D) 자리에 주어진 문장이 들어가야 글의 흐름이 자연스럽게 연결된다. 따라서 ④번이 정답이다.

어휘 isolation 고립　transatlantic 대서양 횡단의　voyage 항해, 여행　life-threatening 생명을 위협하는　face ~에 직면하다, 마주하다　rampant 만연한, 유행하는　colonization 식민지(화)　crew 선원(들)　come into contact 접촉하다, 마주치다　maintenance 보수 관리, 유지　inclement 궂은, 혹독한　put ~ at risk ~을 위험에 처하게 하다　voyager 항해자, 여행자　radio communication 무선 통신

전략 적용 & 지문 분석

Step 1 주어진 문장을 읽고 앞에 나올 내용 예상

This isolation made / [transatlantic voyages] / [dangerous and life-threatening trips].
이러한 고립은 만들었다 / 대서양 횡단 항해를 / 위험하고 생명을 위협하는 여행으로

make + 목적어 + 목적격 보어: '목적어'를 '목적격 보어'로 만들다

주어진 문장의 '이러한 고립(This isolation)'을 통해 주어진 문장 앞에 고립과 관련된 내용이 나올 것임을 예상할 수 있다.

(설명3) 부연

주제문

Transatlantic voyages / in past centuries / were dangerous / and passengers faced serious problems.
대서양 횡단 항해는 / 지난 수세기 동안 / 위험했다 / 그리고 승객들은 심각한 문제들에 직면했었다

설명1

For one, / disease and illness were rampant / on ships / due to the lack of space, / particularly during the times of North American colonization.
우선 / 질병과 질환이 만연했다 / 배에 / 공간 부족으로 인해 / 특히 북미 식민지화의 시대에는

Step 2 지문을 읽고 주어진 문장을 삽입하기에 가장 적절한 위치 선택

(설명1) 부연

(A) Passengers and crew / had very little room / to move around / and were unable to avoid / coming into contact / with sick passengers and animals.
승객들과 선원들은 / 공간이 거의 없었다 / 돌아다닐 / 그리고 피할 수 없었다 / 접촉하는 것을 / 병든 승객들 및 동물들과

설명2

(B) Maintenance issues, inclement weather, and accidents / also put voyagers at risk.
보수 관리 문제, 궂은 날씨, 그리고 사고들은 / 또한 항해자들을 위험에 처하게 했다

주어진 문장에서 언급된 '고립'이 무선 통신 없이 외부 세계로부터 도움도 받지 못한 채 남겨진 것임을 알 수 있다. 따라서 주어진 문장을 삽입하기에 가장 적절한 위치인 ④번이 정답이다.

설명3

(C) Without radio communication, / those on board were left / without any help from the outside world / in the event of a mid-voyage emergency.
무선 통신 없이 / 승선한 사람들은 남겨지게 되었다 / 외부 세계로부터 어떤 도움도 받지 못한 채 / 항해 중 긴급 상황이 발생했을 경우에도

지시대명사 those를 전치사구가 수식: '전치사구'한 사람들

결론

(D) Consequently, / the death rate / for passengers and crew / was as high as 10 percent.
그 결과 / 사망률은 / 승객들과 선원들의 / 10퍼센트만큼 높았다

as + 형용사 + as: ~만큼 '형용사'한

① A   ② B   ③ C   ④ D

해석

이러한 고립은 대서양 횡단 항해를 위험하고 생명을 위협하는 여행으로 만들었다.

지난 수세기 동안 대서양 횡단 항해는 위험했으며 승객들은 심각한 문제들에 직면했었다. 우선, 특히 북미 식민지화 시대에는, 공간 부족으로 인해 배에 질병과 질환이 만연했다. (A) 승객들과 선원들은 돌아다닐 공간이 거의 없었고, 병든 승객들 및 동물들과 접촉하는 것을 피할 수 없었다. (B) 보수 관리 문제, 궂은 날씨, 그리고 사고 또한 항해자들을 위험에 처하게 했다. (C) 무선 통신 없이, 승선한 사람들은 항해 중 긴급 상황이 발생했을 경우에도 외부 세계로부터 어떤 도움도 받지 못한 채 남겨지게 되었다. (D) 그 결과, 승객들과 선원들의 사망률은 10퍼센트에 이를 만큼 높았다.

정답 ④

Day 22 문장 삽입 ①

03 다음 문장이 들어갈 위치로 가장 적절한 것은?

> This is because, unlike other objects that travel across the skies at predictable intervals, comets' appearances seemed very erratic and unpredictable.

> In modern astronomy, comets are regarded as natural phenomena with regular paths of movement. In fact, technology allows astronomers today to accurately predict when comets will become visible from Earth. (A) In the distant past, however, comets inspired fear and awe in a number of cultures and societies around the world. (B) Comets' appearances were often considered foreboding omens in ancient cultures. (C) People thought that comets were portents of upcoming disasters or sudden bursts of anger from the gods. (D) This random nature led people to believe that the gods controlled the comets and sent them as a warning.

① A ② B ③ C ④ D

해설 주어진 문장의 This is because(이는 ~이기 때문이다)를 통해 주어진 문장 앞에 혜성의 출현이 매우 불규칙하고 예측 불가능해 보여서 발생한 결과에 대한 내용이 나올 것임을 예상할 수 있다. (D)의 앞 문장에서 사람들은 혜성이 다가오는 재앙 혹은 신들의 분노 폭발의 전조라고 생각했다고 하고, (D)의 뒤 문장에서 이러한 (혜성의) 무작위적인 성질은 신들이 경고로서 혜성들을 보냈다고 사람들이 믿게 만들었다고 했으므로, (D) 자리에 주어진 문장이 들어가야 글의 흐름이 자연스럽게 연결된다. 따라서 ④번이 정답이다.

어휘 predictable 예측 가능한 interval (시간) 간격, 사이 comet 혜성 appearance 출현 erratic 불규칙한 phenomenon 현상 accurately 정확히 visible 보이는 inspire 불러일으키다 awe 경외심 foreboding (불길한) 예감이 드는; (불길한) 예감 omen 징조 portent (중대사가 일어날) 전조, 징후 upcoming 다가오는 burst 폭발, 터뜨림; 터지다 random 무작위의, 변칙적인 warning 경고

전략 적용 & 지문 분석

Step 1
주어진 문장을 읽고 앞에 나올 내용 예상

주어진 문장의 '이는 ~ 때문이다(This is because)'를 통해 혜성의 불규칙한 출현 앞에 혜성의 불규칙한 출현으로 인한 결과와 관련된 내용이 나올 것임을 예상할 수 있다.

부연2

선행사(other objects)를 수식하는 주격 관계절

This is because, / unlike other objects / [that travel across the skies / at predictable intervals,] / comets' appearances seemed very erratic and unpredictable.
이는 (~이기) 때문이다 / 다른 물체들과 달리 / 하늘을 가로지르며 비행하는 / 예측 가능한 시간 간격으로 / 혜성의 출현은 매우 불규칙하고 예측 불가능해 보였기

설명

In modern astronomy, / comets are regarded / as natural phenomena / with regular paths of movement.
현대 천문학에서 / 혜성은 여겨진다 / 자연 현상으로 / 규칙적인 이동 경로를 지니는

allow + 목적어 + to 부정사: '목적어'가 'to 부정사'하게 해주다

In fact, / technology allows astronomers today / to accurately predict / when comets will become visible / from Earth.
사실 / 기술은 오늘날 천문학자들이 ~하게 해준다 / 정확히 예측하게 / 언제 혜성이 보이게 될지를 / 지구에서

반론

(A) In the distant past, / however, / comets inspired fear and awe / in a number of cultures and societies / around the world.
먼 옛날에는 / 하지만 / 혜성이 두려움과 경외심을 불러일으켰다 / 여러 문화권과 사회에서 / 전 세계의

부연1

(B) Comets' appearances / were often considered / foreboding omens / in ancient cultures.
혜성의 출현은 / 주로 여겨졌다 / 불길한 징조로 / 고대 문명에서

(C) People thought / that comets were portents of / upcoming disasters / or sudden bursts of anger / from the gods.
사람들은 생각했다 / 혜성이 ~이 일어날 전조라고 / 다가오는 재앙 / 혹은 갑작스러운 분노 폭발 / 신들의

부연3

(D) This random nature / led people to believe / that the gods controlled the comets / and sent them / as a warning.
이러한 무작위적인 성질은 / 사람들이 믿게 만들었다 / 신들이 혜성들을 통제했다고 / 그리고 그것들(혜성들)을 보냈다고 / 경고로서

① A   ② B   ③ C   ④ D

Step 2
지문을 읽고 주어진 문장을 삽입하기에 가장 적절한 위치 선택

주어진 문장에서 언급된 혜성의 불규칙한 출현으로 인해 사람들이 혜성을 재앙이나 신의 분노 폭발의 전조라고 생각하게 되었음을 알 수 있다. 따라서 주어진 문장을 삽입하기에 가장 적절한 위치인 ④번이 정답이다.

해석
이는 예측 가능한 시간 간격으로 하늘을 가로지르며 비행하는 다른 물체들과 달리, 혜성의 출현은 매우 불규칙하고 예측 불가능해 보였기 때문이다.

현대 천문학에서, 혜성은 규칙적인 이동 경로를 지니는 자연 현상으로 여겨진다. 사실, 기술은 오늘날 천문학자들이 언제 혜성이 지구에서 보이게 될지를 정확히 예측하게 해준다. (A) 하지만 먼 옛날에는, 혜성이 전 세계의 여러 문화권과 사회에서 두려움과 경외심을 불러일으켰다. (B) 고대 문명에서 혜성의 출현은 주로 불길한 징조로 여겨졌다. (C) 사람들은 혜성이 다가오는 재앙 혹은 신들의 갑작스러운 분노 폭발이 일어날 전조라고 생각했다. (D) 이러한 무작위적인 성질은 신들이 혜성들을 통제했으며, 경고로서 그것들(혜성들)을 보냈다고 사람들이 믿게 만들었다.

정답 ④

Section 3 논리적 흐름 파악 유형

Day 23 문장 삽입 ②

01 주어진 문장이 들어갈 위치로 가장 적절한 것은?

> In addition, approximately 100,000 wooden spikes were discovered surrounding the village, functioning as barriers to prevent entry.

Along the shore of Lake Ohrid, in the Albanian village of Lin, archaeologists have discovered the oldest lakeside village in Europe. (①) This village, known for its Byzantine-style architecture and prehistoric findings, is a rich source of evidence of Europe's earliest human settlements. (②) It dates back roughly 8,500 years, which is much older than archeologists expected. (③) The researchers found evidence of organized agricultural activity as well as the bones of domesticated animals, indicating that humans lived in this place for long periods of time. (④) Although it is not known why the villagers would have needed defenses, the barricades suggest that they faced violent invasions.

해설 주어진 문장의 In addition(게다가), the village(마을), barriers to prevent entry(진입을 막는 장벽)를 통해 주어진 문장 앞에 장벽 외에 마을에서 발견된 것에 대한 내용이 나오고, 주어진 문장 뒤에 장벽에 대해 설명하는 내용이 나올 것임을 예상할 수 있다. ④번 앞 문장에 연구진은 조직적인 농업 활동의 증거를 발견했다는 내용이 있고, ④번 뒤 문장에 그 방어벽(the barricades)은 마을 주민들이 폭력적인 침략에 직면했었음을 시사한다는 내용이 있으므로 ④번 자리에 주어진 문장이 들어가야 글의 흐름이 자연스럽게 연결된다. 따라서 ④번이 정답이다.

어휘 shore 호숫가, (바다·호수 따위) 기슭 archaeologist 고고학자 prehistoric 선사 시대의 settlement 정착 agricultural 농업의 domesticated animal 가축 barricade 방어벽, 바리케이드 invasion 침략, 침해

전략 적용 & 지문 분석

→ 명사(barriers)를 수식하는 to 부정사의 형용사적 용법

증거2
In addition, / approximately 100,000 wooden spikes / were discovered / surrounding the village, / functioning as barriers / to prevent entry.
게다가 / 약 10만 개의 나무 말뚝이 / 발견되었다 / 마을 주변에서 / 장벽 역할을 했다 / 진입을 막는

도입
Along the shore of Lake Ohrid, / in the Albanian village of Lin, / archaeologists have discovered / the oldest lakeside village / in Europe.
오흐리드 호숫가를 따라 / 알바니아의 린 마을에 있는 / 고고학자들은 발견했다 / 가장 오래된 호숫가 마을을 / 유럽에서

설명
(①) This village, / known for its Byzantine-style architecture and prehistoric findings, / is a rich source of evidence / of Europe's earliest human settlements.
이 마을은 / 비잔틴 양식의 건축물과 선사 시대 유적으로 알려진 / 증거의 풍부한 원천이다 / 유럽 최초의 인류 정착에 대한

→ 비교급 강조 부사
(②) It dates back / roughly 8,500 years, / which is much older / than archeologists expected.
그것은 거슬러 올라간다 / 대략 8,500년 전으로 / 이는 훨씬 오래된 것이다 / 고고학자들이 예상했던 것보다

증거1
(③) The researchers found evidence / of organized agricultural activity / as well as the bones of domesticated animals, / indicating that humans lived in this place / for long periods of time.
연구진은 증거를 발견했다 / 조직적인 농업 활동의 / 가축의 뼈뿐만 아니라 / 이는 인간이 이곳에 살았음을 나타낸다 / 오랜 기간 동안

부연
(④) Although it is not known / why the villagers would have needed defenses, / the barricades suggest / that they faced violent invasions.
비록 알려지지 않았지만 / 마을 주민들이 방어가 필요했던 이유는 / 그 방어벽은 시사한다 / 그들이 폭력적인 침략에 직면했음을

Step 1
주어진 문장을 읽고 앞에 나올 내용 예상

주어진 문장의 '게다가 (In addition)', '마을 (the village)'을 통해 주어진 문장 앞에 마을에서 발견된 것에 대한 내용이 나올 것임을 예상할 수 있다.

Step 2
지문을 읽고 주어진 문장을 삽입하기에 가장 적절한 위치 선택

주어진 문장에서 언급된 '마을'에서 인간이 오랜 기간 동안 그곳에 살았음을 나타내는 증거를 발견했다는 것을 알 수 있고, '게다가'를 통해 뒤에는 또 다른 발견이 나올 것임을 예상할 수 있다. 따라서 주어진 문장을 삽입하기에 가장 적절한 위치인 ④번이 정답이다.

해석

게다가, 마을 주변에서 약 10만 개의 나무 말뚝이 발견되었는데, 그것들은 진입을 막는 장벽 역할을 했다.

알바니아의 린 마을에 있는 오흐리드 호숫가를 따라, 고고학자들은 유럽에서 가장 오래된 호숫가 마을을 발견했다. (①) 비잔틴 양식의 건축물과 선사 시대 유적으로 알려진 이 마을은 유럽 최초의 인류 정착에 대한 증거의 풍부한 원천이다. (②) 그것은 대략 8,500년 전으로 거슬러 올라가는데, 이는 고고학자들이 예상했던 것보다 훨씬 오래된 것이다. (③) 연구진은 가축의 뼈뿐만 아니라 조직적인 농업 활동의 증거도 발견했는데, 이는 인간이 오랜 기간 동안 이곳에 살았음을 나타낸다. (④) 비록 마을 주민들이 방어가 필요했던 이유는 알려지지 않았지만, 그 방어벽은 그들이 폭력적인 침략에 직면했음을 시사한다.

정답 ④

Day 23 문장 삽입 ②

02 다음 주어진 문장이 들어갈 곳으로 가장 적절한 것은?

Influences from the building can be seen in a series of works that followed it.

One of the most noteworthy historical architectural forms was Italian Renaissance architecture, which developed during the 15th and 16th centuries. (A) Arguably, the most well-known Renaissance architect was Michelangelo. (B) Although he is much more renowned for his paintings and sculptures than for his architectural contributions, his influence upon the design of buildings during the Renaissance cannot be understated. (C) Michelangelo's design for St. Peter's Basilica in Rome, a landmark example of Renaissance architecture, provided a tremendous point of reference for his peers. (D) Churches throughout other parts of Europe, and even parts of the New World, incorporated elements of Michelangelo's masterful design.

① A ② B ③ C ④ D

해설 주어진 문장의 the building(그 건물)을 통해 주어진 문장 앞에 특정한 건물에 대한 내용이 나올 것임을 예상할 수 있다. (D)의 앞 문장에서 미켈란젤로의 산 피에트로 대성당(St. Peter's Basilica)의 설계는 동료들에게 훌륭한 참고 기준을 제공해 주었다고 했고, (D)의 뒤 문장에서 유럽과 아메리카 대륙의 교회들이 미켈란젤로의 설계 요소들을 포함시켰다고 했으므로, (D) 자리에 그 건물, 즉, 산 피에트로 대성당이 끼친 영향은 그것의 뒤를 잇는 수많은 작품들 속에서 볼 수 있다고 설명하는 주어진 문장이 들어가야 글의 흐름이 자연스럽게 연결된다. 따라서 ④번이 정답이다.

어휘 influence 영향 follow ~의 뒤를 잇다 noteworthy 주목할 만한 architecture 건축 arguably 어쩌면, 거의 틀림없이 renowned for ~으로 유명한 contribution 공로, 공헌 understate (실제보다) 낮추어 말하다, 축소해서 말하다 landmark 대표적인 건축물 tremendous 훌륭한, 엄청난 point of reference 참고 기준, 평가 기준 peer 동료 incorporate 포함시키다, 구체화하다 masterful 거장다운

전략 적용 & 지문 분석

부연1
Influences from the building / can be seen / in a series of works / that followed it.
그 건물이 끼친 영향은 / 보일 수 있다 / 수많은 작품들 속에서 / 그것의 뒤를 잇는

도입
One of the most noteworthy historical architectural forms / was Italian Renaissance architecture, / which developed / during the 15th and 16th centuries.
가장 주목할 만한 역사적 건축 양식들 중 하나는 / 이탈리아 르네상스 건축이었다 / 그리고 그것은 발달했다 / 15세기와 16세기 동안

주제문
(A) Arguably, / the most well-known Renaissance architect / was Michelangelo.
어쩌면 / 가장 잘 알려진 르네상스 시대의 건축가는 / 미켈란젤로였을 것이다

(B) Although he is much more renowned for his paintings and sculptures / than for his architectural contributions, / his influence upon the design of buildings / during the Renaissance / cannot be understated.
비록 그는 그의 그림과 조각품으로 훨씬 더 유명하지만 / 그의 건축학적 공로보다는 / 건축물들의 설계에 미친 그의 영향력은 / 르네상스 시대에 / 낮추어 말할 수 없다

예시
(C) Michelangelo's design / for St. Peter's Basilica / in Rome, / a landmark example of Renaissance architecture, / provided a tremendous point of reference / for his peers.
미켈란젤로의 설계는 / 산 피에트로 대성당의 / 로마에 있는 / 르네상스 건축의 대표적 건축물의 예인 / 훌륭한 참고 기준을 제공해 주었다 / 그의 동료들에게

부연2
(D) Churches / [throughout other parts of Europe,] / and [even parts of the New World], / incorporated / elements of Michelangelo's masterful design.
교회들은 / 유럽 내 다른 지역 곳곳에 있는 / 그리고 심지어 신대륙(북아메리카와 남아메리카) 지역 (곳곳에 있는) / 포함시켰다 / 미켈란젤로의 거장다운 설계 요소들을

① A ② B ③ C ④ D

Step 1
주어진 문장을 읽고 앞에 나올 내용 예상

주어진 문장의 '그 건물(the building)'을 통해 주어진 문장 앞에 특정 건물과 관련된 내용이 나올 것임을 예상할 수 있다.

Step 2
지문을 읽고 주어진 문장을 삽입하기에 가장 적절한 위치 선택

주어진 문장에서 언급된 '건물'이 산 피에트로 대성당임을 알 수 있다. 따라서 주어진 문장을 삽입하기에 가장 적절한 위치인 ④번이 정답이다.

해석
그 건물이 끼친 영향은 그것의 뒤를 잇는 수많은 작품들 속에서 보일 수 있다.

가장 주목할 만한 역사적 건축 양식들 중 하나는 이탈리아 르네상스 건축이며, 그것은 15세기와 16세기 동안 발달했다. (A) 어쩌면, 가장 잘 알려진 르네상스 시대의 건축가는 미켈란젤로였을 것이다. (B) 비록 그는 그의 건축학적 공로보다는 그림과 조각품으로 훨씬 더 유명하지만, 르네상스 시대에 건축물들의 설계에 미친 그의 영향력은 낮추어 말할 수 없다. (C) 르네상스 건축의 대표적 건축물의 예인 미켈란젤로의 로마 산 피에트로 대성당의 설계는, 그의 동료들에게 훌륭한 참고 기준을 제공해 주었다. (D) 유럽 내 다른 지역 곳곳에 있는 교회들과, 심지어 신대륙(북아메리카와 남아메리카) 지역 곳곳에 있는 교회들까지도 미켈란젤로의 거장다운 설계 요소들을 포함시켰다.

정답 ④

Day 23 문장 삽입 ②

03 주어진 문장이 들어갈 위치로 가장 적절한 것은?

That is, countries will implement plans to use clean, renewable energy and switch to more sustainable food production.

The European Commission has adopted the European Green Deal to address climate change. (①) The set of proposals aims to reduce Europe's greenhouse gas emissions by 2030 to 55 percent of the 1990 level. (②) To meet these goals, member nations are investing in programs to clean the environment and overhaul basic systems. (③) The European Green Deal establishes guidelines for improving biodiversity as well, including plans to plant three billion additional trees. (④) If all countries are able to meet the goals of the plan, Europe will be the first climate-neutral continent by 2050.

해설 주어진 문장의 That is(즉), plans(계획)를 통해 주어진 문장 앞에 국가들의 계획에 대한 내용이 언급될 것임을 예상할 수 있다. ③번 앞 문장에서 회원국들은 환경을 정화하고 기본 시스템을 정비하기 위한 프로그램에 투자하고 있다고 했으므로 ③번 자리에 주어진 문장이 들어가야 글의 흐름이 자연스럽게 연결된다. 따라서 ③번이 정답이다.

어휘 implement 시행하다, 실행하다 renewable 재생 가능한 sustainable 지속 가능한 proposal 제안 emission 배출 overhaul ~을 정비하다, ~을 철저히 점검하다 biodiversity 생물 다양성 neutral 중립의 continent 대륙

전략 적용 & 지문 분석

부연
That is, / countries will implement plans / [to use clean, renewable energy] / and / [switch to more sustainable food production].
→ and로 연결된 to 부정사구 병치 구문(두 번째 to 생략)
즉 / 국가들은 계획을 시행할 것이다 / 깨끗하고 재생 가능한 에너지를 사용하는 / 그리고 / 보다 지속 가능한 식량 생산으로 전환하는

도입
The European Commission has adopted / the European Green Deal / to address climate change.
유럽 연합 집행 위원회는 채택했다 / 유럽 그린 딜을 / 기후 변화를 해결하기 위해

설명
(①) The set [단수 주어] of proposals / aims [단수 동사] to reduce Europe's greenhouse gas emissions / by 2030 / to 55 percent of the 1990 level.
이 일련의 제안은 / 유럽의 온실가스 배출량을 줄이는 것을 목표로 한다 / 2030년까지 / 1990년 수준의 55퍼센트로

방법 1
(②) To meet these goals, / member nations are investing in programs / to clean the environment / and / overhaul basic systems.
이러한 목표를 달성하기 위해 / 회원국들은 프로그램에 투자하고 있다 / 환경을 정화하기 위한 / 그리고 / 기본 시스템을 정비하기 위한

방법 2
(③) The European Green Deal / establishes guidelines / for improving biodiversity / as well, / including plans / to plant three billion additional trees.
유럽 그린 딜은 / 지침을 수립한다 / 생물 다양성 개선을 위한 / 또한 / 계획을 포함하여 / 30억 그루의 나무를 추가로 심는

결론
(④) If all countries are able to meet the goals of the plan, / Europe will be the first climate-neutral continent / by 2050.
모든 국가가 이 계획의 목표를 달성할 수 있다면 / 유럽은 최초의 기후 중립 대륙이 될 것이다 / 2050년까지

Step 1 주어진 문장을 읽고 앞에 나올 내용 예상
주어진 문장의 '즉(That is)', '계획(plans)'을 통해 주어진 문장 앞에 국가들의 계획에 대한 내용이 나올 것임을 예상할 수 있다.

Step 2 지문을 읽고 주어진 문장을 삽입하기에 가장 적절한 위치 선택
주어진 문장에서 언급된 계획은 회원국들이 환경을 정화하고 기본 시스템을 정비하기 위한 프로그램에 투자하고 있는 것임을 알 수 있다. 따라서 주어진 문장을 삽입하기에 가장 적절한 위치인 ③번이 정답이다.

해석 즉, 국가들은 깨끗하고 재생 가능한 에너지를 사용하고 보다 지속 가능한 식량 생산으로 전환하는 계획을 시행할 것이다.

유럽 연합 집행 위원회는 기후 변화를 해결하기 위해 유럽 그린 딜을 채택했다. (①) 이 일련의 제안은 2030년까지 유럽의 온실가스 배출량을 1990년 수준의 55퍼센트로 줄이는 것을 목표로 한다. (②) 이러한 목표를 달성하기 위해, 회원국들은 환경을 정화하고 기본 시스템을 정비하기 위한 프로그램에 투자하고 있다. (③) 유럽 그린 딜은 30억 그루의 나무를 추가로 심는 계획을 포함하여, 생물 다양성 개선을 위한 지침도 수립한다. (④) 모든 국가가 이 계획의 목표를 달성할 수 있다면, 2050년까지 유럽은 최초의 기후 중립 대륙이 될 것이다.

정답 ③

Section 3 논리적 흐름 파악 유형

Day 24 무관한 문장 삭제 ①

01 다음 글의 흐름상 가장 어색한 문장은? [2022년 국가직 9급]

Markets in water rights are likely to evolve as a rising population leads to shortages and climate change causes drought and famine. ① But they will be based on regional and ethical trading practices and will differ from the bulk of commodity trade. ② Detractors argue trading water is unethical or even a breach of human rights, but already water rights are bought and sold in arid areas of the globe from Oman to Australia. ③ Drinking distilled water can be beneficial, but may not be the best choice for everyone, especially if the minerals are not supplemented by another source. ④ "We strongly believe that water is in fact turning into the new gold for this decade and beyond," said Ziad Abdelnour. "No wonder smart money is aggressively moving in this direction."

어휘 lead to ~을 초래하다 shortage 부족 climate change 기후 변화 famine 기근 be based on ~에 기초하다 regional 지역적인 ethical 윤리적인 practice 관행, 연습 the bulk of ~의 대부분 breach 침해, 위반 arid 건조한 distilled water 증류수 beneficial 이로운 supplement 보충하다; 보충(물)

전략 적용 & 지문 분석

주제문: Markets in water rights / are likely to evolve / as a rising population leads to shortages / and climate change / causes drought and famine.
수리권 시장은 / 발달할 가능성이 있다 / 증가하는 인구가 (물) 부족을 초래함에 따라 / 그리고 기후 변화가 / 가뭄과 기근을 야기하고

Step 1
첫 문장을 읽고 지문의 중심 소재 파악

첫 문장을 읽고 지문의 중심 소재가 인구 증가 및 기후 변화로 인한 수리권 시장의 발달 가능성임을 파악한다.

설명: ① But they will be based / on regional and ethical trading practices / and will differ / from the bulk / of commodity trade.
그러나 그것들(시장)은 기초할 것이다 / 지역적이고 윤리적인 무역 관행에 / 그리고 다를 것이다 / 대부분과는 / 상품 무역의

현상: ② Detractors argue / (that) trading: 명사절 접속사 that의 생략
Detractors argue / trading water is unethical / or even a breach of human rights, / but already water rights are bought and sold / in arid areas / of the globe / from Oman to Australia.
비방하는 사람들은 주장한다 / 물을 거래하는 것이 비윤리적이거나 / 심지어 인권 침해라고 / 하지만 이미 수리권은 구매되고 판매된다 / 건조한 지역에서 / 지구의 / 오만에서 호주까지

③ → 동명사 주어
Drinking distilled water / can be beneficial, / but may not be the best choice / for everyone, / especially if the minerals are not supplemented / by another source.
증류수를 마시는 것은 / 이로울 수 있다 / 하지만 최선의 선택은 아닐 수 있다 / 모든 사람들에게 / 특히 무기물이 보충되지 않는 경우에 그렇다 / 다른 공급원에 의해

Step 2
각 보기 문장이 지문의 흐름과 어울리는지 확인하고, 가장 어울리지 않는 보기를 정답으로 선택

보기 문장 앞에는 수리권 시장의 특징과 수리권이 구매되고 판매되는 지역에 대한 내용이 이어지고 있으므로, 증류수를 마시는 것에 대한 내용은 지문의 흐름과 어울리지 않는다. 따라서 ③번이 정답이다.

부연: ④ "We strongly believe / that water is in fact / turning into the new gold / for this decade and beyond," / said Ziad Abdelnour.
"우리는 강하게 믿습니다 / 물이 사실상 / 새로운 금으로 변하고 있다고 / 지난 10년 동안 그리고 그 이후에" / 라고 Ziad Abdelnour가 말했다

"No wonder / smart money is / aggressively moving / in this direction."
"당연합니다 / 스마트 머니가 / 공격적으로 움직이는 것은 / 이런 방향으로"

해석 수리권 시장은 증가하는 인구가 (물) 부족을 초래하고 기후 변화가 가뭄과 기근을 야기함에 따라 발달할 가능성이 있다. ① 그러나 그것들(시장)은 지역적이고 윤리적인 무역 관행에 기초할 것이고 상품 무역의 대부분과는 다를 것이다. ② 비방하는 사람들은 물을 거래하는 것이 비윤리적이거나 심지어 인권 침해라고 주장하지만, 이미 수리권은 오만에서 호주까지 지구의 건조한 지역에서 구매되고 판매된다. ③ 증류수를 마시는 것은 이로울 수 있지만, 모든 사람들에게 최선의 선택은 아닐 수 있는데, 특히 무기물이 다른 공급원에 의해 보충되지 않는 경우에 그렇다. ④ "우리는 물이 사실상 지난 10년 동안 그리고 그 이후에 새로운 금으로 변하고 있다고 강하게 믿습니다"라고 Ziad Abdelnour가 말했다. "스마트 머니가 이런 방향으로 공격적으로 움직이는 것은 당연합니다."

해설 지문 앞부분에서 '인구 증가 및 기후 변화로 인한 수리권 시장의 발달 가능성'에 대해 언급하고, ①, ②, ④번에서 수리권 시장의 특징, 수리권이 구매되고 판매되는 지역, 그리고 물이 새로운 금으로 변하고 있다는 주장에 대해 설명하고 있다. 그러나 ③번은 '증류수를 마시는 것'에 대한 내용으로, 지문의 흐름과 어울리지 않으므로 ③번이 정답이다.

정답 ③

Day 24 무관한 문장 삭제 ①

02 다음 글에서 전체적인 흐름과 관계없는 문장은?

Nowadays, finding soy-based alternatives to meat products is much easier than in the past. They are available in supermarkets almost everywhere. While this may seem to indicate that there has been a shift in society toward vegetarianism, it's also occurring because of the potential health benefits of soy. ① For instance, soy products are an excellent source of protein, but they contain none of the cholesterol of animal-based proteins. ② Recent studies have also suggested that soy can decrease the likelihood of cancer in both men and women. ③ These factors make soy-based foods a detriment to most people's wellness, which explains why new markets have yet to emerge. ④ In light of this, even people who are not vegetarians are replacing some of the meat in their diets with soy-based products.

어휘 alternative 대체재, 대안 available 구할 수 있는, 살 수 있는 shift 변화 vegetarianism 채식주의 potential 잠재적인 protein 단백질
likelihood 가능성 cancer 암 detriment 해로운 것, 손해 wellness 건강 emerge 나타나다 in light of ~을 고려하여 replace 대체하다 diet 식단, 다이어트

전략 적용 & 지문 분석

Step 1 첫 부분을 읽고 지문의 중심 소재 파악

첫 부분을 읽고 지문의 중심 소재가 콩의 건강상 이점으로 인한 콩으로 만든 제품의 접근성 향상임을 파악한다.

도입
Nowadays, / finding soy-based alternatives / to meat products / is much easier / than in the past.
오늘날 / 콩으로 만든 대체재를 찾는 것은 / 육류 제품에 대한 / 훨씬 더 쉽다 / 과거보다

They are available / in supermarkets / almost everywhere.
그것들은 구할 수 있다 / 슈퍼마켓에서 / 거의 모든 지역의

주제문
While this may seem to indicate / that (there) has been a shift / in society / toward vegetarianism, / it's also occurring / because of the potential health benefits of soy.
→ 가짜 주어 there 구문: ~이 있다
이것이 나타내는 것처럼 보일 수 있지만 / 변화가 있었음을 / 사회에 / 채식주의를 향한 / 이것은 또한 일어나고 있다 / 콩의 잠재적인 건강상의 이점들 때문에

Step 2 각 보기 문장이 지문의 흐름과 어울리는지 확인하고, 가장 어울리지 않는 보기를 정답으로 선택

보기 문장 앞에는 콩의 건강상의 장점에 대한 내용이 이어지고 있으므로, 콩의 해로움에 대한 내용은 지문의 흐름과 어울리지 않는다. 따라서 ③번이 정답이다.

예시1
① For instance, / soy products are an excellent source of protein, / but they contain none of the cholesterol / of animal-based proteins.
예를 들어 / 콩 제품들은 훌륭한 단백질 공급원이다 / 그럼에도 그것들은 콜레스테롤은 전혀 포함하지 않는다 / 동물성 단백질에 있는

예시2
② Recent studies have also suggested / that soy can decrease / the likelihood of cancer / in both men and women.
최근의 연구들은 또한 시사했다 / 콩이 감소시킬 수 있다고 / 암의 발생 가능성을 / 남성과 여성 모두에게

③ These factors (make) [soy-based foods] / [a detriment to most people's wellness], / which explains / why new markets have yet to emerge.
→ 5형식 동사 make + 목적어 + 목적격 보어: '목적어'를 '목적격 보어'로 만들다
이러한 요소들은 만든다 / 콩으로 만든 음식들을 / 대부분 사람들의 건강에 해로운 것으로 / 그리고 이는 설명한다 / 왜 아직 새로운 시장이 나타나지 않았는지를

결론
④ In light of this, / even people who are not vegetarians / (are replacing) ᴬ[some of the meat / in their diets] / ᴮ[with] ᴮ[soy-based products].
→ replace A with B: A를 B로 대체하다
이를 고려하여 / 채식주의자가 아닌 사람들조차도 / 육류 일부를 대체하고 있다 / 그들의 식단에 있는 / 콩으로 만든 제품으로

해석 오늘날, 육류 제품에 대한 콩으로 만든 대체재를 찾는 것은 과거보다 훨씬 더 쉽다. 그것들은 거의 모든 지역의 슈퍼마켓에서 구할 수 있다. 이것이 사회에 채식주의를 향한 변화가 있었음을 나타내는 것처럼 보일 수 있지만, 이것은 또한 콩의 잠재적인 건강상의 이점들 때문에 일어나고 있다. ① 예를 들어, 콩 제품들은 훌륭한 단백질 공급원임에도, 동물성 단백질에 있는 콜레스테롤은 전혀 포함하지 않는다. ② 최근의 연구들은 또한 콩이 남성과 여성 모두에게 암의 발생 가능성을 감소시킬 수 있다고 시사했다. ③ 이러한 요소들은 콩으로 만든 음식들을 대부분 사람들의 건강에 해로운 것으로 만들며, 이는 왜 아직 새로운 시장이 나타나지 않았는지를 설명한다. ④ 이를 고려하여, 채식주의자가 아닌 사람들조차도 그들의 식단에 있는 육류 일부를 콩으로 만든 제품으로 대체하고 있다.

해설 지문 앞부분에서 '콩의 건강상 이점으로 인한 콩으로 만든 대체재의 접근성 향상'에 대해 언급하고, ①, ②번은 콩의 건강상 이점에 대한 구체적인 예시, ④번은 콩의 건강상의 이점을 고려하여 육류를 콩으로 대체하는 사람들을 각각 설명했다. 그러나 ③번은 '콩으로 만든 음식의 건강상 해로움'에 대한 내용으로, 지문의 흐름과 어울리지 않으므로 ③번이 정답이다.

정답 ③

Day 24 무관한 문장 삭제 ①

03 밑줄 친 부분 중 글의 전체적 흐름에 맞지 않는 문장은?

Asthma appears frequently, particularly in childhood, leading to many people who have experienced it or seen someone who has experienced its effects. ① Current research indicates that approximately one in ten children develop asthma and experience breathing problems during their childhood and teen years. While it's unclear why some children get asthma and others don't, the causes of the disease vary. ② It can sometimes result from problems at birth, but more often arises from exposure to airborne pollutants. ③ Doctors generally prescribe inhalers and steroidal medicines to treat asthma or lessen its effect in their patients. ④ Thus, it is critical to protect your children from inhaling dangerous particles. Thankfully, special masks are able to filter out these particles and they aren't expensive.

전략 적용 & 지문 분석

Step 1 첫 문장을 읽고 지문의 중심 소재 파악

첫 문장을 읽고 지문의 중심 소재가 유년기에 빈번하게 발생하는 천식임을 파악한다.

도입

Asthma appears frequently, / particularly in childhood, / leading to many people / [who have experienced it / or seen someone who has experienced its effects].
→ 선행사(many people)를 꾸며주는 주격 관계절
천식은 빈번하게 나타난다 / 유년기에 특히 / 그리고 이는 많은 사람들로 이어지게 된다 / 직접 그것(천식)을 경험했던 / 또는 그것의 영향을 경험한 누군가를 보았던

문제점

① Current research indicates that / approximately one in ten children / develop asthma / and experience breathing problems / during their childhood and teen years.
최근의 연구는 ~라는 것을 보여준다 / 대략 10명 중 1명의 어린이가 / 천식에 걸린다 / 그리고 호흡 문제를 겪는다 / 그들의 유년기와 청소년기 동안

While (가짜 주어 it) it's unclear / (진짜 주어(why절)) why some children get asthma / and others don't, / the causes of the disease vary.
(~는) 불분명하지만 / 왜 어떤 아이들은 천식에 걸리는지 / 그리고 다른 아이들은 그렇지 않는지(걸리지 않는지) / 그 질병의 원인은 가지각색이다

Step 2 각 보기 문장이 지문의 흐름과 어울리는지 확인하고, 가장 어울리지 않는 보기를 정답으로 선택

보기 문장 앞뒤로 천식의 주요 원인인 공기 중의 오염 물질에 대한 내용이 이어지고 있으므로, 의사들의 천식 치료 및 처방에 대한 내용은 지문의 흐름과 어울리지 않는다. 따라서 ③번이 정답이다.

원인

② It can sometimes result from problems at birth, / but more often arises from exposure / to airborne pollutants.
그것은 때로는 출생 시에 생긴 문제로 인해 발생할 수 있다 / 하지만 노출로 인해 더 많이 발생한다 / 공기 중에 떠 있는 오염 물질에 대한

or로 연결된 to 부정사구 병치 구문(두 번째 to 생략)
③ Doctors generally prescribe / inhalers and steroidal medicines / [to treat asthma] or [lessen its effect] / in their patients.
의사들은 일반적으로 처방한다 / 흡입기와 스테로이드 약을 / 천식을 치료하거나 그것(천식)의 영향을 줄이기 위해 / 자신의 환자들의

해결책

④ Thus, / it is critical / to protect your children / from inhaling dangerous particles.
따라서 / (~이) 중요하다 / 당신의 자녀들을 지키는 것이 / 위험한 (오염 물질) 입자들을 흡입하는 것으로부터

Thankfully, / special masks are able to filter out / these particles / and they aren't expensive.
다행히도 / 특수 마스크들이 걸러 낼 수 있다 / 이러한 입자들을 / 그리고 그것들은 비싸지 않다

해석 천식은 유년기에 특히 빈번하게 나타나는데, 이는 직접 그것(천식)을 경험했거나 그것의 영향을 경험한 누군가를 보았던 많은 사람들로 이어지게 된다. ① 최근의 연구는 대략 10명 중 1명의 어린이가 유년기와 청소년기 동안 천식에 걸려 호흡 문제를 겪는다는 것을 보여준다. 왜 어떤 아이들은 천식에 걸리고 다른 아이들은 그렇지 않는지(걸리지 않는지)는 불분명하지만, 그 질병의 원인은 가지각색이다. ② 그것은 때로는 출생 시에 생긴 문제로 인해 발생할 수 있지만, 공기 중에 떠 있는 오염 물질에 대한 노출로 인해 더 많이 발생한다. ③ 의사들은 일반적으로 자신의 환자들의 천식을 치료하거나 그것(천식)의 영향을 줄이기 위해 흡입기와 스테로이드 약을 처방한다. ④ 따라서, 위험한 (오염 물질) 입자들을 흡입하는 것으로부터 당신의 자녀들을 지키는 것이 중요하다. 다행히도, 특수 마스크들이 이러한 입자들을 걸러 낼 수 있고 그것들은 비싸지 않다.

해설 첫 문장에서 '유년기에 특히 빈번하게 나타나는 천식'에 대해 언급하고, ①번은 천식을 앓는 아이들의 비율, ②번은 아이들의 천식 발병의 원인들, ④번은 아이들의 천식을 예방하는 것의 중요성을 각각 설명했다. 그러나 ③번은 '의사들이 환자들의 천식을 치료하기 위해 처방하는 것들'에 대한 내용으로, 지문의 흐름과 어울리지 않으므로 ③번이 정답이다.

정답 ③

Day 25 무관한 문장 삭제 ②

01 글의 흐름상 가장 어색한 문장은?

Every day, people around the world are advised to take aspirin by their health care providers. This common medication treats fever, pain, and inflammation among other medical issues. The drug begins working soon after it is ingested. ① It is directly absorbed by the lining of the intestines and stomach and, as with most medicines, circulated through the bloodstream. ② Aspirin reaches the areas of the body in pain and blocks the transmission of signals by the nerves. ③ The most common side effect of aspirin is gastric irritation, but more serious problems have been known to occur, particularly in cases where large doses are taken. ④ By stopping the pain signals from reaching the brain, aspirin desensitizes it and prevents it from sensing physical discomfort.

어휘 health care provider 의료인 medication 약 fever 열 inflammation 염증 ingest 복용하다, 섭취하다 absorb 흡수하다 lining 내벽, 내면 intestine 장 stomach 위, 배 circulate 순환시키다 bloodstream 혈류 block 차단하다 transmission 전달 nerve 신경 side effect 부작용 gastric 위의 irritation 염증 dose 양, 복용량 desensitize 둔감하게 만들다 sense 감지하다 discomfort 고통, 불편함

전략 적용 & 지문 분석

도입

Every day, / people around the world are advised / to take aspirin / by their health care providers.
매일 / 전 세계 사람들은 권고받는다 / 아스피린을 복용하도록 / 그들의 의료인들에 의해

This common medication treats / fever, pain, and inflammation / among other medical issues.
이 흔한 약은 치료한다 / 열, 통증, 그리고 염증을 / 다른 의학적 문제들 중에서도

주제문

The drug begins working / soon after it is ingested.
그 약(아스피린)은 약효를 나타내기 시작한다 / 그것이 복용된 후 머지않아

과정1

① It is directly absorbed / by the lining / of the intestines and stomach / and, / as with most medicines, / circulated through the bloodstream.
그것은 직접 흡수된다 / 내벽에 의해 / 장과 위의 / 그리고 / 대부분의 약들처럼 / 혈류를 따라 순환된다

as with: ~처럼

과정2

② Aspirin reaches the areas of the body / in pain / and blocks the transmission of signals / by the nerves.
아스피린은 신체 부위에 도달한다 / 통증이 있는 / 그리고 신호 전달을 차단한다 / 신경에 의한

③ The most common side effect of aspirin / is gastric irritation, / but more serious problems / have been known to occur, / particularly in cases [where large doses are taken].
아스피린의 가장 흔한 부작용은 / 위염이다 / 하지만 더 심각한 문제들이 / 발생하는 것으로 알려졌다 / 특히 많은 양을 복용하는 경우에 (그러하다)

선행사(cases)를 꾸며주는 관계부사 where절

과정3

④ By stopping ᴬ[the pain signals] from ᴮ[reaching] the brain, / aspirin desensitizes it / and prevents it from sensing physical discomfort.
통증 신호가 뇌에 도달하는 것을 막음으로써 / 아스피린은 그것(뇌)을 둔감하게 만든다 / 그리고 그것(뇌)이 육체적 고통을 감지하는 것을 막는다

stop A from B: A가 B하는 것을 막다

Step 1
첫 부분을 읽고 지문의 중심 소재 파악

첫 부분을 읽고 지문의 중심 소재가 아스피린의 즉각적 약효임을 파악한다.

Step 2
각 보기 문장이 지문의 흐름과 어울리는지 확인하고, 가장 어울리지 않는 보기를 정답으로 선택

보기 문장 앞뒤로 아스피린이 흡수되어 약효가 나타나는 과정에 대한 내용이 이어지고 있으므로, 아스피린의 부작용에 대한 내용은 지문의 흐름과 어울리지 않는다. 따라서 ③번이 정답이다.

해석 매일, 전 세계 사람들은 의료인들에 의해 아스피린을 복용하도록 권고받는다. 이 흔한 약은 다른 질병들 중에서도 열, 통증, 그리고 염증을 치료한다. 그 약(아스피린)은 그것이 복용된 후 머지 않아 약효를 나타내기 시작한다. ① 그것은 장과 위의 내벽에 의해 직접 흡수되고, 대부분의 약들처럼 혈류를 따라 순환된다. ② 아스피린은 통증이 있는 신체 부위에 도달하여 신경에 의한 신호 전달을 차단한다. ③ 아스피린의 가장 흔한 부작용은 위염이지만, 더 심각한 문제들이 발생하는 것으로 알려졌는데, 특히 많은 양을 복용하는 경우에 그러하다. ④ 통증 신호가 뇌에 도달하는 것을 막음으로써, 아스피린은 그것(뇌)을 둔감하게 만들어 그것(뇌)이 육체적 고통을 감지하는 것을 막는다.

해설 지문 앞부분에서 '아스피린의 즉각적 약효'에 대해 언급하고, ①번은 아스피린이 체내에 흡수되는 과정, ②, ④번은 아스피린의 약효가 나타나는 원리와 과정을 각각 설명했다. 그러나 ③번은 '아스피린의 심각한 부작용'에 대한 내용으로, 지문의 흐름과 어울리지 않으므로 ③번이 정답이다.

정답 ③

Day 25 무관한 문장 삭제 ②

02 다음 글의 밑줄 친 부분 중 글의 흐름상 가장 어색한 것은?

Film noir was a genre of filmmaking prevalent in the 1940s and 1950s that typically revolved around mysteries and crimes. Its aesthetics and tone were heavily influenced by the German Expressionist movement. ① Although numerous independent productions were made, one of the biggest names in Hollywood, John Huston, got his start by directing a classic noir film. ② They tended to use low lighting to create stark contrasts and were usually shot in black and white. ③ The storylines depicted people in difficult situations, often dealing with ambiguous moral questions, and elicited a sense of despair. ④ In the same vein, society in the movies was inherently indifferent, leaving the characters to face a cruel and chaotic world on their own.

전략 적용 & 지문 분석

도입

Film noir was a genre of filmmaking / [prevalent in the 1940s and 1950s] / that typically revolved around mysteries and crimes.
'누아르 영화'는 영화 제작의 한 장르였다 / 1940년대와 1950년대에 유행했던 / 일반적으로 미스터리와 범죄를 중심으로 전개되는

'주격 관계대명사 + be동사'(which/that + was)가 생략된 관계절

특징1

Its aesthetics and tone / were heavily influenced / by the German Expressionist movement.
그것의 미적 특징과 분위기는 / 많은 영향을 받았다 / 독일의 표현주의 운동에 의해

① Although numerous independent productions were made, / one of the biggest names in Hollywood, John Huston, / got his start / by directing a classic noir film.
수많은 독립 영화들이 제작되었지만, / 할리우드의 거장 중 한 명인 John Huston은 / 첫걸음을 내디뎠다 / 고전 누아르 영화를 연출함으로써

특징2

② They tended to use low lighting / to create stark contrasts / and were usually shot / in black and white.
그것들(누아르 영화들)은 저조도 조명을 사용하는 경향이 있었다 / 뚜렷한 대비를 만들어내기 위해 / 그리고 주로 촬영되었다 / 흑백으로

부사절 while the storylines often dealt ~ → 분사구문 often dealing ~

③ The storylines depicted / people in difficult situations, / [often dealing with ambiguous moral questions], / and elicited a sense of despair.
영화 줄거리는 묘사했다 / 어려운 상황에 처한 사람들을 / 대개 모호한 도덕적 문제들을 다루면서 / 그리고 절망감을 이끌어냈다

특징3

in the same vein: 같은 맥락에서

④ In the same vein, / society in the movies was inherently indifferent, / leaving the characters to face / a cruel and chaotic world / on their own.
같은 맥락에서 / 그 영화들 내에서의 사회는 본질적으로 냉담했다 / 이는 등장인물들이 직면하게 만들었다 / 잔혹하고 혼란스러운 세계에 / 혼자서

Step 1
첫 문장을 읽고 지문의 중심 소재 파악

첫 문장을 읽고 지문의 중심 소재가 미스터리와 범죄를 중심으로 전개되는 누아르 영화임을 파악한다.

Step 2
각 보기 문장이 지문의 흐름과 어울리는지 확인하고, 가장 어울리지 않는 보기를 정답으로 선택

지문 전반에 걸쳐 미스터리와 범죄를 중심으로 전개되는 누아르 영화의 특징에 대해 이야기하고 있으므로 'John Huston의 고전 누아르 연출'은 지문의 흐름과 어울리지 않는다. 따라서 ①번이 정답이다.

해석 '누아르 영화'는 일반적으로 미스터리와 범죄를 중심으로 전개되는 1940년대와 1950년대에 유행했던 영화 제작의 한 장르였다. 그것의 미적 특징과 분위기는 독일의 표현주의 운동에 의해 많은 영향을 받았다. ① 수많은 독립 영화들이 제작되었지만, 할리우드의 거장 중 한 명인 John Huston은 고전 누아르 영화를 연출함으로써 첫걸음을 내디뎠다. ② 그것들(누아르 영화들)은 뚜렷한 대비를 만들어내기 위해 저조도 조명을 사용하는 경향이 있었고, 주로 흑백으로 촬영되었다. ③ 영화 줄거리는 대개 모호한 도덕적 문제들을 다루며 어려운 상황에 처한 사람들을 묘사했고, 절망감을 이끌어냈다. ④ 같은 맥락에서, 그 영화들 내에서의 사회는 본질적으로 냉담했으며, 등장인물들이 잔혹하고 혼란스러운 세계에 혼자서 직면하게 만들었다.

해설 첫 문장에서 '미스터리와 범죄를 중심으로 전개되는 누아르 영화'에 대해 언급하고, 이어서 누아르 영화는 저조도 조명을 사용했고, 줄거리는 절망감을 이끌어냈으며 등장인물들은 혼자서 잔혹하고 혼란스러운 세계에 직면해야 했다고 하며 누아르 영화의 특징에 대해 설명하고 있다. 그러나 ①번은 'John Huston이 고전 누아르 영화를 연출함으로써 첫걸음을 내딛은 것'에 대한 내용으로, 지문의 흐름과 어울리지 않으므로 ①번이 정답이다.

정답 ①

Day 25 무관한 문장 삭제 ②

03 다음 글에서 전체적인 흐름과 관계 없는 문장은?

Imagine that you could change your appearance and look like someone totally different. You could hide from people in plain sight! Some animals are able to camouflage themselves by changing their coloring, which helps protect them from predators and disguises them from prey. ① Arctic foxes do this in fall and winter, shedding their usual gray fur and growing white coat to blend with the snow that covers their habitat during the coldest part of the year. ② The polar bear actually has black skin, but appears white because of the way light reflects off its translucent hairs. ③ Cuttlefish, on the other hand, contain special chemicals that express certain colored skin pigments depending on what they see, allowing them to change their look. ④ The nudibranch, another sea creature, changes its color to mimic the appearance of nearby coral, making it difficult to detect.

어휘 appearance 외모 camouflage 위장하다 coloring 색 predator 포식자 disguise 숨기다, 변장하다 shed (동물이) 털갈이하다 coat (동물의) 털 blend with (주위 환경에) 섞이다 habitat 서식지 reflect 반사하다 translucent 반투명한 cuttlefish 오징어 pigment 색소 nudibranch 갯민숭달팽이, 나새류 mimic 흉내내다 coral 산호 detect 발견하다, 감지하다

전략 적용 & 지문 분석

도입

Imagine / that you could change your appearance / and look like someone totally different.
상상해보라 / 당신이 외모를 바꿀 수 있다고 / 그리고 완전히 다른 누군가처럼 보일 수 있다고

You could hide / from people in plain sight!
당신은 숨을 수도 있다 / 사람들의 눈 앞에서

→ one으로 끝나는 명사는 형용사가 뒤에서 수식

Step 1

첫 부분을 읽고 지문의 중심 소재 파악

첫 부분을 읽고 지문의 중심 소재가 자신의 색을 바꾸어 스스로 위장하는 동물들임을 파악한다.

주제문

Some animals are able to camouflage themselves / by changing their coloring, / which helps protect them from predators / and disguises them from prey.
몇몇 동물들은 스스로를 위장할 수 있다 / 그들의 색을 바꿈으로써 / 그리고 그것(색을 바꾸는 것)은 그들(동물들)을 포식자로부터 보호하도록 돕는다 / 그리고 사냥감으로부터 그들을 숨긴다

예시1

① Arctic foxes do this / in fall and winter, / shedding their usual gray fur / and growing white coat / to blend with the snow / [that covers their habitat] / during the coldest part of the year.
북극여우는 이것(위장)을 한다 / 가을과 겨울에 / 늘 갖고 있던 회색 털을 털갈이한다 / 그리고 흰색 털을 기른다 / 눈에 섞이기 위해 / 자신의 서식지를 덮고 있는 / 일 년 중 가장 추운 기간 동안

→ 선행사(the snow)를 수식하는 주격 관계절

Step 2

각 보기 문장이 지문의 흐름과 어울리는지 확인하고, 가장 어울리지 않는 보기를 정답으로 선택

보기 문장 앞뒤로 자신의 색을 바꾸어 위장하는 동물들의 예시가 이어지고 있으므로, 빛의 반사로 인해 흰색으로 보이는 북극곰의 검은 피부는 지문의 흐름과 어울리지 않는다. 따라서 ②번이 정답이다.

② The polar bear actually has black skin, / but appears white / because of the way light reflects off / its translucent hairs.
북극곰은 실제로 검은 피부를 지니고 있다 / 하지만 흰색으로 보인다 / 빛이 반사하는 방식 때문에 / 그것의 반투명한 털을

→ the way + (that): ~하는 방식/방법

예시2

③ Cuttlefish, / on the other hand, / contain special chemicals / that express certain colored skin pigments / depending on what they see, / allowing them to change their look.
오징어는 / 한편 / 특수 화학 물질을 지니고 있다 / 특정한 색의 피부 색소를 발산하는 / 그들이 무엇을 보는지에 따라 / 이는 그들의 모습을 바꾸게 한다

예시3

④ The nudibranch, / another sea creature, / changes its color / to mimic the appearance of nearby coral, / making it difficult to detect.
갯민숭달팽이는 / 또 다른 해양생물인 / 자신의 색을 바꾼다 / 주변에 있는 산호의 모습을 흉내내기 위해 / 이는 그것(갯민숭달팽이)을 발견하기 어렵게 만든다

→ 가짜 목적어 it
→ 진짜 목적어(to 부정사)

해석 당신이 외모를 바꿀 수 있고 완전히 다른 누군가처럼 보일 수 있다고 상상해보라. 당신은 사람들의 눈 앞에서 숨을 수도 있다! 몇몇 동물들은 그들의 색을 바꿈으로써 스스로를 위장할 수 있으며, 그것(색을 바꾸는 것)은 그들(동물들)을 포식자로부터 보호하도록 돕고 사냥감으로부터 그들을 숨긴다. ① 북극여우는 늘 갖고 있던 회색 털을 털갈이하고 일 년 중 가장 추운 기간 동안 자신의 서식지를 덮고 있는 눈에 섞이기 위해 흰색 털을 길러, 가을과 겨울에 이것(위장)을 한다. ② 북극곰은 실제로 검은 피부를 지니고 있지만, 빛이 그것의 반투명한 털을 반사하는 방식 때문에 흰색으로 보인다. ③ 한편, 오징어는 그들이 무엇을 보는지에 따라 특정한 색의 피부 색소를 발산하는 특수 화학 물질을 지니고 있으며, 이는 그들의 모습을 바꾸게 한다. ④ 또 다른 해양생물인 갯민숭달팽이는 주변에 있는 산호의 모습을 흉내내기 위해 자신의 색을 바꾸는데, 이는 그것(갯민숭달팽이)을 발견하기 어렵게 만든다.

해설 지문 앞부분에서 '자신의 색을 바꾸어 스스로를 위장하는 몇몇 동물들'에 대해 언급하고, ①번은 눈에 섞이기 위해 털갈이로 털색을 바꾸는 북극여우, ③번은 자신이 보는 것에 따라 피부색을 바꾸는 오징어, ④번은 주변 산호를 따라 자신의 색을 바꾸는 갯민숭달팽이의 예시를 각각 설명했다. 그러나 ②번은 '햇빛의 반사로 인해 흰색으로 보이는 북극곰의 검은 피부'에 대한 내용으로, 지문의 흐름과 어울리지 않으므로 ②번이 정답이다.

정답 ②

gosi.Hackers.com
해커스공무원 영어 **고득점 독해 337**

—
In the middle of every difficulty lies opportunity.
Albert Einstein

모든 어려움의 한 가운데에는 기회가 있다.
알버트 아인슈타인

Section 4
다문항 유형

기출로 배우는 문제 유형별 전략

Day 26   다문항: 이메일
Day 27   다문항: 안내문 ①
Day 28   다문항: 안내문 ②
Day 29   다문항: 웹페이지 ①
Day 30   다문항: 웹페이지 ②

Section 4 다문항 유형
기출로 배우는 문제 유형별 전략

다문항

출제경향

- 1지문 2문항이 출제되며 주제·제목·요지·목적 파악 유형, 내용 일치·불일치 파악 유형, 유의어 찾기 유형 등 다양한 유형의 문제가 골고루 섞여서 출제된다.
- 이메일이나 안내문, 웹페이지 등 직무나 일상생활에 밀접한 관련이 있는 내용의 지문이 출제될 수 있다.

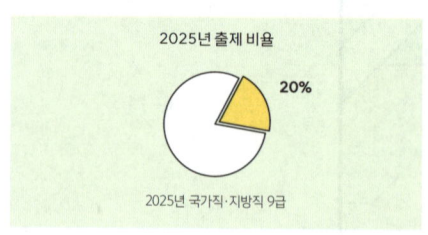

Step별 문제풀이 전략

Step 1 문제와 보기를 먼저 읽고 지문에서 파악해야 할 내용이 무엇인지 확인한다.

- 주제·제목·요지·목적 파악, 내용 일치·불일치 파악, 유의어 찾기 등 여러 가지 유형의 문제가 출제되므로 각 문제와 보기를 먼저 읽고 지문에서 파악해야 할 내용이 무엇인지 확인한다.

Step 2 파악해야 할 내용과 관련된 곳은 주의 깊게 읽고 나머지 부분은 빠르게 읽으며 전체적인 흐름을 파악한다.

- 보통 주제·제목·요지·목적 파악 유형이 다른 유형과 함께 출제되므로, 지문을 빠르게 읽고 전체 지문의 흐름을 파악한 후 내용 일치·불일치 파악 유형이나 유의어 파악 유형을 해결하기 위한 단서가 제시되는 부분을 주의 깊게 읽는다.
- 내용 일치·불일치 파악 유형이나 유의어 파악 유형으로만 구성된 경우, 각 문제에서 원하는 세부내용과 관련된 부분만 주의 깊게 읽어 시간을 절약한다.
- 지문이 여러 단락으로 나뉜 경우, 지문을 빠르게 읽으며 각 문단의 중심 내용, 내용 전환의 단서가 되는 연결어 등을 파악하여 지문의 전체적인 흐름을 파악한다.
- 유의어 찾기 유형 문제의 경우, 주어진 어휘가 포함된 문장을 자세히 읽고 해당 어휘가 문맥에서 어떤 의미를 가지는지 파악한다.

Step 3 파악한 내용과 각 문제 유형에 대한 전략을 바탕으로 문제를 해결한다.

- 파악한 내용을 단서로 앞서 배운 각 문제 유형에 대한 전략을 적용하여 문제를 해결한다.
- 주제·제목·요지·목적 파악 유형을 먼저 해결한 후, 내용 일치·불일치 파악 유형이나 유의어 찾기 유형을 해결한다.
- 유의어 찾기 유형 문제의 경우 보기에 해당 어휘의 유의어지만 문맥에서 쓰인 것과 다른 뜻을 가진 어휘가 오답 보기로 나오기도 하므로 반드시 문맥을 통해 뜻을 확인한다.

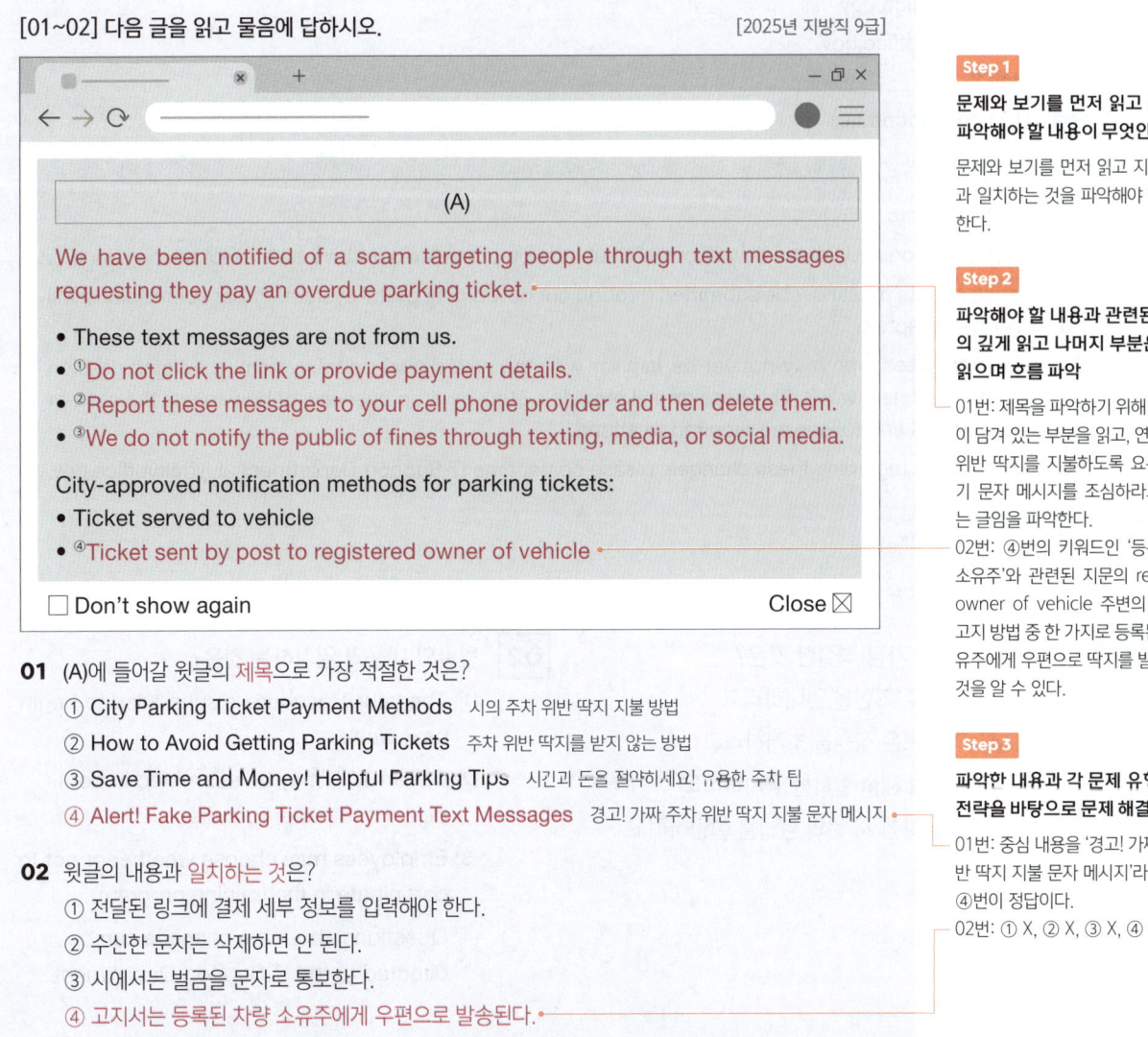

Section 4 다문항 유형

Day 26 다문항: 이메일

[01~02] 다음 글을 읽고 물음에 답하시오.

To: staff@cityoffice.gov
From: admin@cityoffice.gov
Date: May 3
Subject: Updated procedures

Dear Staff Members,

This email is to inform you of the new document submission procedures that will take effect starting June 1.

All expense reports must now be submitted through our new digital portal system. Paper submissions will no longer be accepted.

To assist employees who may not yet be familiar with the new digital portal system, a training session will be conducted next week. This session will provide a step-by-step overview of how to use the system effectively, and all employees are required to attend.

For any questions regarding these changes, please contact the IT Support Department at it@cityoffice.gov.

Best regards,
Administrative Office

---

01 윗글의 목적으로 가장 적절한 것은?
① 의무 교육 이수 기한을 안내하려고
② IT 부서의 새로운 직원을 소개하려고
③ 변경되는 문서 제출 절차를 공지하려고
④ 시스템 오류 발생 시 문의 방법을 설명하려고

02 윗글의 내용과 일치하는 것은?
① The new procedure is scheduled to begin next week.
② Documents may be submitted in both digital and paper formats.
③ Employees may choose whether or not to participate in the training program.
④ Questions about the changes can be directed to the IT Support Department.

해설 **01** 지문 처음에서 이 이메일은 새로운 문서 제출 절차를 알리기 위한 것이라고 했고, 지문 전반에 걸쳐 모든 지출 품의서가 이제 새로운 디지털 포털 시스템을 통해 제출되어야 한다고 설명하고 있다. 따라서 지문의 목적을 '변경되는 문서 제출 절차를 공지하려고'라고 표현한 ③번이 정답이다.

02 ④번의 키워드인 IT Support Department(IT 지원 부서)가 그대로 등장한 지문 주변의 내용에서 변화에 관한 질문이 있으면 IT 지원 부서에 연락하라고 했으므로, 변화에 대한 질문들은 IT 지원 부서로 보낼 수 있다는 것을 알 수 있다. 따라서 ④번이 지문의 내용과 일치한다.

어휘 procedure 절차 submission 제출 take effect 시행되다, 발효되다 expense report 지출 품의서 conduct 진행하다, (특정한 활동을) 하다 administrative 행정의

전략 적용 & 지문 분석

인사
Dear Staff Members, 직원 여러분께

주제문
①This email is to inform you / of the new document submission procedures / that will take effect / starting June 1.
이 이메일은 여러분께 알리기 위한 것입니다 / 새로운 문서 제출 절차를 / 시행될 / 6월 1일부터

설명 1
All expense reports must now be submitted / through our new digital portal system.
모든 지출 품의서는 이제 제출되어야 합니다 / 우리의 새로운 디지털 포털 시스템을 통해

②Paper submissions will no longer be accepted.
종이 제출은 더 이상 받아들여지지 않을 것입니다

설명 2
To assist employees / who may not yet be familiar / with the new digital portal system, / a training session will be conducted / next week.
직원들을 지원하기 위해 / 아직 익숙하지 않을 / 새로운 디지털 포털 시스템에 / 교육 세션이 진행될 예정입니다 / 다음 주에

This session will provide / a step-by-step overview / of how to use the system effectively, / and ③all employees are required to attend.
이 세션은 제공할 것입니다 / 단계별 개요를 / 시스템을 효과적으로 사용하는 방법에 대한 / 그리고 모든 직원들이 반드시 참석해야 합니다

부연
④For any questions regarding these changes, / please contact the IT Support Department at it@cityoffice.gov.
이러한 변화에 관한 질문이 있으시면 / it@cityoffice.gov로 IT 지원 부서에 연락하시기 바랍니다

끝인사
Best regards,
Administrative Office
행정실 드림

Step 1
지문에서 파악해야 할 내용
1) 목적
2) 일치하는 것

Step 2
- 01번: 중심 내용이 담겨 있는 부분을 읽고 새로운 문서 제출 절차를 알리기 위한 글임을 파악한다.
- 02번: ④의 키워드인 IT Support Department (IT 지원 부서)가 그대로 등장한 지문 주변의 내용에서 변화에 대한 질문은 IT 지원 부서로 보낼 수 있다는 것을 알 수 있다.

Step 3
01번: 목적을 '변경되는 문서 제출 절차를 공지하고'라고 표현한 ③번이 정답이다.
02번: ① X, ② X, ③ X, ④ O

02

① The new procedure is scheduled to begin next week.
새로운 절차는 다음 주에 시작될 예정이다.

② Documents may be submitted in both digital and paper formats.
문서는 디지털과 종이 형식 모두로 제출될 수 있다.

③ Employees may choose whether or not to participate in the training program.
직원들은 교육 프로그램에 참여할지 말지를 선택할 수 있다.

④ Questions about the changes can be directed to the IT Support Department.
변화에 대한 질문들은 IT 지원 부서로 보낼 수 있다.

해석 수신: staff@cityoffice.gov 발신: admin@cityoffice.gov 날짜: 5월 3일 제목: 최신 절차

직원 여러분께,

이 이메일은 6월 1일부터 시행될 새로운 문서 제출 절차를 여러분께 알리기 위한 것입니다.

모든 지출 품의서는 이제 우리의 새로운 디지털 포털 시스템을 통해 제출되어야 합니다. 종이 제출은 더 이상 받아들여지지 않을 것입니다.

새로운 디지털 포털 시스템에 아직 익숙하지 않은 직원들을 지원하기 위해, 다음 주에 교육 세션이 진행될 예정입니다. 이 세션은 시스템을 효과적으로 사용하는 방법에 대한 단계별 개요를 제공할 것이며, 모든 직원들이 반드시 참석해야 합니다.

이러한 변화에 관한 질문이 있으시면, it@cityoffice.gov로 IT 지원 부서에 연락하시기 바랍니다.

행정실 드림

정답 01 ③, 02 ④

Day 26 다문항: 이메일

[03~04] 다음 글을 읽고 물음에 답하시오.

To: All Hamlin Residents
From: Hamlin City Water Authority
Date: July 31
Subject: _____(A)_____

Dear resident,

As the agency responsible for managing the city's water supply, it is our duty to ensure that all 260,000 residents receive a consistent and adequate supply of clean water. This requires that we regularly undertake repairs and maintenance of the city's water system.

We would like to inform you that during these occasions, it may be necessary to shut off the water supply to selected areas. However, we always do our best to minimize such interruptions and keep them as brief as possible. In fact, planned outages are often scheduled during work and school hours to reduce the inconvenience to residents.

Should there be an impending outage, residents will be notified ahead of time through email, direct mail, and public announcements. For detailed information about how to prepare for an outage, please visit our website at www.hamlincity.gov.

Thank you,
Hamlin City Water Authority

03 (A)에 들어갈 윗글의 제목으로 가장 적절한 것은?
① Delays in the Completion of Repairs to a City Water System
② A Reminder for Residents About the Possibility of Water Outages
③ A Plan to Undertake an Upgrade of a City's Water System
④ An Introduction to the Organization That Manages the City's Water Supply

04 밑줄 친 "occasions"의 의미와 가장 가까운 것은?
① purposes
② celebrations
③ moments
④ opportunities

해설

03 지문 전반에 걸쳐 주민 모두가 깨끗한 물을 공급받을 수 있도록 하기 위해서는 상수도 체계의 수리 및 유지보수를 정기적으로 수행해야 하는데, 이러한 때에 상수도 공급을 차단해야 할 수도 있으며, 임박한 단수가 있는 경우에는 주민들에게 미리 알릴 것이라고 설명하고 있다. 따라서 지문의 제목을 '단수 가능성에 대한 주민 알림'이라고 표현한 ②번이 정답이다.

04 occasions(때)를 포함한 구절 'We would like to inform you that during these occasions, it may be necessary to shut off the water supply ~'에서 이러한 때에 ~ 상수도 공급을 차단해야 할 수도 있다는 것을 알리고자 한다고 했으므로 occasions는 '때'라는 뜻으로 사용되었다. 따라서 '때'라는 뜻을 가진 ③ moments가 정답이다.

어휘 authority 청, 당국 waterworks 급수시설 maintenance 유지보수 interruption 중단, 방해 impending 임박한, 곧 닥칠 outage 단수, 정전 direct mail 직접 우편, 다이렉트 메일(우편으로 각 가정에 직접 보내는 광고)

전략 적용 & 지문 분석

인사
Dear resident, 친애하는 주민 여러분께

도입
As the agency / responsible for managing the city's water supply, / it is our duty / to ensure that all 260,000 residents receive / a consistent and adequate supply / of clean water.
기관으로서 / 도시의 상수도를 관리하는 데 책임이 있는 / 우리의 의무입니다 / 26만 명의 주민 모두가 받을 수 있도록 하는 것이 / 지속적이고 충분한 공급을 / 깨끗한 물의

This requires / that we regularly undertake repairs and maintenance / of the city's water system. 이는 필요로 합니다 / 우리가 수리 및 유지보수를 정기적으로 수행하는 것을 / 도시의 상수도 체계의

주제문
We would like to inform you that / during these occasions, / it may be necessary / to shut off the water supply / to selected areas.
여러분께 알리고자 합니다 / 이러한 때에 / ~해야 할 수도 있습니다 / 상수도 공급을 차단하는 것을 / 선택된 지역에 대한

설명
However, / we always do our best / to minimize such interruptions / and / keep them as brief as possible. 하지만 / 우리는 항상 최선을 다합니다 / 그러한 중단을 최소화하기 위해 / 그리고 / 그것들을 가능한 한 짧게 유지하기 위해

방법1
In fact, / planned outages are often scheduled / during work and school hours / to reduce the inconvenience to residents.
실제로 / 계획된 단수는 보통 예정됩니다 / 업무 시간과 수업 시간 중에 / 주민들의 불편을 줄이기 위해

방법2
Should there be an impending outage, / residents will be notified / ahead of time / through email, direct mail, and public announcements.
임박한 단수가 있는 경우 / 주민들은 안내받을 것입니다 / 미리 / 이메일, 직접 우편, 그리고 공지를 통해

부연
For detailed information / about how to prepare for an outage, / please visit our website at www.hamlincity.gov. 자세한 정보는 / 단수에 대비하는 방법에 대한 / 당사 웹사이트 www.hamlincity.gov를 방문하세요

끝인사
Thank you, // Hamlin City Water Authority 감사합니다. // Hamlin 시 수도청 드림

Step 1
지문에서 파악해야 할 내용
1) 제목
2) occasions의 의미

Step 2
03번: 중심 내용이 담겨 있는 부분을 읽고 상수도 공급을 차단해야 할 수도 있는 것에 대해 알리는 글임을 파악한다.
04번: 주어진 어휘를 포함한 구절에서 해당 어휘가 '때'라는 뜻으로 쓰였음을 파악한다.

Step 3
03번: 제목을 '단수 가능성에 대한 주민 알림'이라고 표현한 ②번이 정답이다.
04번: '때'라는 의미를 갖는 ③ moments가 정답이다.

03
① Delays in the Completion of Repairs to a City Water System 도시 상수도 체계 수리 완료의 지연
② A Reminder for Residents About the Possibility of Water Outages 단수 가능성에 대한 주민 알림
③ A Plan to Undertake an Upgrade of a City's Water System 도시 상수도 체계 개선 착수를 위한 계획
④ An Introduction to the Organization That Manages the City's Water Supply 도시의 상수도를 관리하는 기관 소개

04
① purposes 목적　② celebrations 기념　③ moments 때　④ opportunities 기회

해석
수신: Hamlin의 모든 주민　발신: Hamlin 시 수도청　날짜: 7월 31일　제목: 단수 가능성에 대한 주민 알림

친애하는 주민 여러분께,

도시의 상수도를 관리하는 데 책임이 있는 기관으로서, 26만 명의 주민 모두가 깨끗한 물을 지속적이고 충분하게 공급받을 수 있도록 하는 것이 우리의 의무입니다. 이는 우리가 도시 상수도 체계의 수리 및 유지보수를 정기적으로 수행하는 것을 필요로 합니다.

이러한 때에, 선택된 지역에 대한 상수도 공급을 차단해야 할 수도 있다는 것을 여러분께 알리고자 합니다. 하지만, 우리는 항상 그러한 중단을 최소화하고 가능한 한 짧게 유지하기 위해 최선을 다합니다. 실제로, 계획된 단수는 주민들의 불편을 줄이기 위해 보통 업무 시간과 수업 시간 중에 예정됩니다.

임박한 단수가 있는 경우, 주민들은 이메일, 직접 우편, 그리고 공지를 통해 미리 안내받을 것입니다. 단수에 대비하는 방법에 대한 자세한 정보는 당사 웹사이트 www.hamlincity.gov를 방문하세요.

감사합니다. Hamlin 시 수도청 드림

정답 03 ②, 04 ③

Day 26 다문항: 이메일

[05~06] 다음 글을 읽고 물음에 답하시오.

To: All Employees
From: Alice Garcia
Date: April 12
Subject: Employee Enrichment

To All Rucker Manufacturing Employees:

I am pleased to announce that Rucker Manufacturing has decided to launch an employee enrichment program aimed at helping employees advance their careers at the company.

Through the program, employees will be given the option to learn general job skills, skills related to their current jobs, and skills related to other jobs at the company that they may be interested in pursuing. Classes will be held online to allow employees to learn at their own pace. However, we are also considering offering in-person talks and seminars led by expert instructors.

Ultimately, the goal of the program is to give employees the opportunity to adopt new perspectives on their existing roles, gain new functional roles, and grow their careers at the company. Expect more details to be shared in the coming weeks.

Yours truly,
Alice Garcia
Head of Human Resources

05 윗글의 목적으로 가장 적절한 것은?
① 새 부서의 직원 채용 계획을 발표하려고
② 새로 도입되는 직원 교육 프로그램에 대해 알리려고
③ 직원들이 세미나에 발표자로 참여하도록 장려하려고
④ 승진 과정에 지원하는 방법에 대해 설명하려고

06 밑줄 친 "pursuing"의 의미와 가장 가까운 것은?
① addressing
② accompanying
③ seeking
④ continuing

해설
05 지문 처음에서 직원 계발 프로그램을 시작하기로 결정했다는 것을 알리게 되어 기쁘다고 했고, 지문 전반에 걸쳐 직원 계발 프로그램에 대해 소개하고 있다. 따라서 지문의 목적을 '새로 도입되는 직원 교육 프로그램에 대해 알리려고'라고 표현한 ②번이 정답이다.

06 pursuing(추구하는)을 포함한 구절 'employees will be given the option to learn ~ skills related to other jobs at the company that they may be interested in pursuing'에서 직원들은 무엇을 하는 데 관심이 있을 만한 회사의 다른 직무와 관련된 기술을 배울 수 있는 선택지를 제공받을 것이라고 했으므로 pursuing은 '추구하는'이라는 뜻으로 사용된 것을 알 수 있다. 따라서 '추구하는'이라는 뜻을 가진 ③ seeking이 정답이다.

어휘 enrichment 계발, 강화 manufacturing 제조업 career 경력, 직업 human resources (회사의) 인사부, 인적 자원 address 해결하다, 다루다 accompany 수반하다, 동반하다

전략 적용 & 지문 분석

To All Rucker Manufacturing Employees: Rucker 제조사의 모든 직원분들께:

I am pleased to announce / that Rucker Manufacturing has decided / to launch an employee enrichment program / aimed at helping employees / advance their careers / at the company.
소식을 알리게 되어 기쁩니다 / Rucker 제조사가 결정했다는 것을 / 직원 계발 프로그램을 시작하기로 / 직원들을 돕기 위한 / 그들의 경력을 향상하는 것을 / 회사에서
→ help + 목적어 + 원형부정사

Through the program, / employees will be given the option to learn / general job skills, / skills related to their current jobs, / and / skills related to other jobs / at the company / that they may be interested in pursuing. 이 프로그램을 통해 / 직원들은 배울 선택지를 제공받을 것입니다 / 일반적인 직무 기술을 / 현재 직무와 관련된 기술을 / 그리고 / 다른 직무와 관련된 기술을 / 회사에서 / 추구하는 데 관심이 있을 만한

Classes will be held online / to allow employees to learn / at their own pace.
수업은 온라인으로 진행됩니다 / 직원들이 학습할 수 있도록 하기 위해 / 자신의 속도에 맞춰

However, / we are also considering / offering in-person talks and seminars / led by expert instructors. 그러나 / 우리는 또한 고려하고 있습니다 / 대면 강연과 세미나를 제공하는 것을 / 전문 강사가 이끄는

Ultimately, / the goal of the program / is to give employees / the opportunity / to adopt new perspectives / on their existing roles, / gain new functional roles, / and / grow their careers / at the company. 궁극적으로 / 이 프로그램의 목표는 / 직원들에게 제공하는 것입니다 / 기회를 / 새로운 관점을 받아들이는 / 기존 역할에 대한 / 새로운 기능적 역할을 얻는 / 그리고 / 그들의 경력을 성장시킬 수 있는 / 회사에서
→ and로 연결된 to 부정사구 병치 구문 (두 번째, 세 번째 to 생략)

Expect more details to be shared / in the coming weeks.
더 자세한 내용이 공유될 예정입니다 / 다가오는 몇 주 안에

Yours truly, // Alice Garcia // Head of Human Resources 인사 책임자 Alice Garcia 드림

Step 1
지문에서 파악해야 할 내용
1) 목적
2) pursuing의 의미

Step 2
05번: 중심 내용이 담겨 있는 부분을 읽고 직원 계발 프로그램을 시작하기로 결정한 것을 알리는 글임을 파악한다.
06번: 주어진 어휘를 포함한 구절에서 해당 어휘가 '추구하는'이라는 뜻으로 쓰였음을 파악한다.

Step 3
05번: 목적을 '새로 도입되는 직원 교육 프로그램에 대해 알리려고'라고 표현한 ②번이 정답이다.
06번: '추구하는'이라는 의미를 갖는 ③ seeking이 정답이다.

06
① addressing 해결하는
② accompanying 수반하는
③ seeking 추구하는
④ continuing 지속하는

해석 수신: 전 직원   발신: Alice Garcia   날짜: 4월 12일   제목: 직원 계발

Rucker 제조사의 모든 직원분들께:

Rucker 제조사는 회사에서 직원들이 그들의 경력을 향상하는 것을 돕기 위한 직원 계발 프로그램을 시작하기로 결정했다는 것을 알리게 되어 기쁩니다.

이 프로그램을 통해, 직원들은 일반적인 직무 기술, 현재 직무와 관련된 기술, 추구하는 데 관심이 있을 만한 회사의 다른 직무와 관련된 기술을 배울 수 있는 선택지를 제공받을 것입니다. 직원들이 자신의 속도에 맞춰 학습할 수 있도록 하기 위해 수업은 온라인으로 진행됩니다. 그러나, 전문 강사가 이끄는 대면 강연과 세미나를 제공하는 것도 고려하고 있습니다.

궁극적으로, 이 프로그램의 목표는 직원들에게 기존 역할에 대한 새로운 관점을 받아들이고, 새로운 기능적 역할을 얻고, 회사에서 경력을 성장시킬 수 있는 기회를 제공하는 것입니다. 다가오는 몇 주 안에 더 자세한 내용이 공유될 예정입니다.

인사 책임자 Alice Garcia 드림

정답 05 ②, 06 ③

Day 27 다문항: 안내문 ①

 [01~02] 다음 글을 읽고 물음에 답하시오.

(A)

In modern cities, limited parking spaces, high insurance costs, and heavy traffic make owning a car impractical for many residents. This is where car sharing comes in. Since its introduction in major cities, this service has transformed urban transportation.

Instead of purchasing expensive vehicles that remain parked most of the time, city residents can now access cars only when needed through convenient mobile applications.

Ready to experience car-sharing benefits? Start by checking the following information.

Available options:
- Premium vehicles for business meetings
- Economy cars for daily errands
- Electric models for environmentally conscious users
- Family-sized vehicles for weekend trips

Commitment level:
- Trial membership (1 month)   • Standard plan (6 months)   • Annual subscription (12 months)

---

01 (A)에 들어갈 윗글의 제목으로 가장 적절한 것은?
① Explore the Evolution of Public Transportation
② Experience Urban Car Sharing Solutions
③ Analyze Challenges of City Traffic Management
④ Learn Benefits of Electric Vehicle Technology

02 윗글의 내용과 일치하지 않는 것은?
① 차량 공유 서비스는 모바일 앱을 통해 이용할 수 있다.
② 고급 차량은 연간 구독한 회원에게만 제공된다.
③ 차량 공유 서비스에는 전기차 모델도 포함된다.
④ 체험판 회원은 한 달 동안 서비스를 이용할 수 있다.

해설 **01** 지문 처음에서 차량 공유가 주요 도시에 도입된 이후에 도시 교통을 변화시켰다고 했고, 지문 전반에 걸쳐 도시 주민들은 이제 비싼 차량을 구매하는 대신 필요할 때만 차량에 접근할 수 있다고 하며 차량 공유 혜택을 경험해 보라고 하고 있다. 따라서 지문의 제목을 '도시의 차량 공유 해결책을 경험해 보세요'라고 표현한 ②번이 정답이다.

02 ②번의 키워드인 '고급 차량'과 관련된 지문의 Premium vehicles(고급 차량) 주변의 내용에서 이용할 수 있는 선택에 사업상의 만남을 위한 고급 차량이 있지만, 해당 차량이 어떤 회원에게 제공되는지에 대해서는 언급되지 않았으므로, 고급 차량이 연간 구독한 회원에게만 제공되는지는 알 수 없다. 따라서 ②번이 지문의 내용과 일치하지 않는다.

어휘 insurance 보험 impractical 비현실적인 transform 변화시키다 urban 도시의 errand 일, 심부름 electric 전기의 conscious 관심이 있는, 의식이 있는 family-sized 대형의 commitment 사용, 약속 trial 체험, 시험 standard 표준의, 일반적인 annual 연간의 subscription 구독 explore 탐구하다 evolution 발전, 진화 analyze 분석하다

전략 적용 & 지문 분석

배경

In modern cities, / limited parking spaces, high insurance costs, and heavy traffic / make owning a car impractical / for many residents.
현대 도시에서 / 제한된 주차 공간, 높은 보험 비용, 그리고 극심한 교통량은 / 자동차를 소유하는 것을 비현실적으로 만듭니다 / 많은 주민들에게

This is where car sharing comes in. 여기서 차량 공유가 등장합니다.

주제문

Since its introduction / in major cities, / this service has transformed urban transportation.
그것이 도입된 이후에 / 주요 도시에 / 이 서비스는 도시 교통을 변화시켰습니다

도입

Instead of purchasing expensive vehicles / that remain parked / most of the time, / city residents can now access cars / only when needed / ①through convenient mobile applications.
비싼 차량을 구매하는 대신 / 주차된 채로 있는 / 대부분의 시간 동안 / 도시 주민들은 이제 차량에 접근할 수 있습니다 / 필요할 때만 / 편리한 모바일 애플리케이션을 통해

Ready to experience car-sharing benefits? 차량 공유 혜택을 경험할 준비가 되셨나요

Start by checking the following information. 다음의 정보를 확인하는 것부터 시작해 보세요

설명 1 (선택지)

Available options: 이용할 수 있는 선택
- ②Premium vehicles / for business meetings 고급 차량 / 사업상의 만남을 위한
- Economy cars / for daily errands 경제 차량 / 일상적인 일을 위한
- ③Electric models / for environmentally conscious users 전기차 모델 / 환경에 관심이 있는 사용자들을 위한
- Family-sized vehicles / for weekend trips 대형 차량 / 주말여행을 위한

설명 2 (사용 단계)

Commitment level: 사용 단계
- ④Trial membership (1 month) 체험판 회원 (1개월)
- Standard plan (6 months) 표준 요금제 (6개월)
- Annual subscription (12 months) 연간 구독 (12개월)

Step 1
지문에서 파악해야 할 내용
1) 제목
2) 일치하지 않는 것

Step 2
01번: 중심 내용이 담겨 있는 부분을 읽고 도시 교통을 변화시킨 차량 공유에 대해 설명하는 글임을 파악한다.
02번: ②번의 키워드인 '고급 차량'과 관련된 지문의 Premium vehicles 주변의 내용에서 이용할 수 있는 선택에 고급 차량이 있지만, 해당 차량이 연간 구독한 회원에게만 제공되는지는 알 수 없다.

Step 3
01번: 제목을 '도시의 차량 공유 해결책을 경험해 보세요'라고 표현한 ②번이 정답이다.
02번: ① O, ② X, ③ O, ④ O

01
① Explore the Evolution of Public Transportation 대중교통의 발전을 탐구해 보세요
② Experience Urban Car Sharing Solutions 도시의 차량 공유 해결책을 경험해 보세요
③ Analyze Challenges of City Traffic Management 도시 교통 관리의 어려움을 분석해 보세요
④ Learn Benefits of Electric Vehicle Technology 전기 자동차 기술의 이점을 알아보세요

해석 현대 도시에서는, 제한된 주차 공간, 높은 보험 비용, 그리고 극심한 교통량이 많은 주민들에게 자동차를 소유하는 것을 비현실적으로 만듭니다. 여기서 차량 공유가 등장합니다. 주요 도시에 도입된 이후에, 이 서비스는 도시 교통을 변화시켰습니다.

대부분의 시간 동안 주차된 채로 있는 비싼 차량을 구매하는 대신, 도시 주민들은 이제 편리한 모바일 애플리케이션을 통해 필요할 때만 차량에 접근할 수 있습니다.

차량 공유 혜택을 경험할 준비가 되셨나요? 다음의 정보를 확인하는 것부터 시작해 보세요.

이용할 수 있는 선택:
· 사업상의 만남을 위한 고급 차량 · 일상적인 일을 위한 경제 차량 · 환경에 관심이 있는 사용자들을 위한 전기차 모델 · 주말여행을 위한 대형 차량

사용 단계: · 체험판 회원 (1개월) · 표준 요금제 (6개월) · 연간 구독 (12개월)

정답 01 ②, 02 ②

Day 27 다문항: 안내문 ①

[03~04] 다음 글을 읽고 물음에 답하시오.

Seaverville Beach Cleanup Day

Help us preserve Seaverville Beach. The Seaverville Friends of the Environment Organization is holding its monthly Beach Cleanup Day and is looking for volunteers from our community.

Date: June 28
Times: 8 a.m. to 12 p.m.
1 p.m. to 5 p.m.

Details
- Volunteers will work in assigned teams to pick up litter in sections along the length of the beach.
- Volunteers are kindly requested to commit to a minimum of four hours in either the morning or the afternoon.
- Please wear light and loose clothing appropriate for warm weather.
- Gloves, grabbing tools, buckets, and bags will be provided.
- To avoid creating additional litter, volunteers are encouraged to pack their lunches and beverages in reusable containers.

03 윗글의 목적으로 가장 적절한 것은?
① To announce an upcoming beach concert
② To celebrate the re-opening of a beach
③ To seek help from community members
④ To invite residents to join an organization

04 Seaverville Beach Cleanup Day에 관한 윗글의 내용과 일치하는 것은?
① 여름 동안 일주일에 한 번씩 개최된다.
② 사람들은 함께 일할 팀을 선택할 수 있다.
③ 최소 4시간 이상 활동해줄 것을 요청한다.
④ 모든 자원봉사자에게 무료 식사가 제공된다.

해설 **03** 지문 처음에서 Seaverville 해변을 보존할 수 있도록 도와달라고 하면서 해변 청소의 날에서 일할 지역사회의 자원봉사자를 찾고 있다고 하고 있다. 따라서 지문의 목적을 '지역사회 구성원에게 도움을 요청하려고'라고 표현한 ③번이 정답이다.

04 ③번의 키워드인 4시간이 그대로 언급된 지문 주변의 내용에서 자원봉사자들은 오전 또는 오후에 최소 4시간 이상 활동해달라고 하고 있다. 따라서 ③번이 지문의 내용과 일치한다.

어휘 assign 배정하다 litter 쓰레기 section 구간, 구역 appropriate 적합한, 적절한 beverage 음료 reusable 재사용 가능한 container 용기

전략 적용 & 지문 분석

제목 **Seaverville Beach Cleanup Day** Seaverville 해변 청소의 날

도입 Help us preserve Seaverville Beach. Seaverville 해변을 보존할 수 있도록 도와주세요

주제문 ① The Seaverville Friends of the Environment Organization / is holding / its monthly Beach Cleanup Day / and / is looking for volunteers from our community.
'Seaverville 환경의 친구들 단체'는 / 개최합니다 / 매월 해변 청소의 날을 / 그리고 / 우리 지역사회에서 자원봉사자를 찾고 있습니다

Date: June 28 날짜: 6월 28일
Times: 8 a.m. to 12 p.m. 시간: 오전 8시부터 오후 12시
       1 p.m. to 5 p.m. 오후 1시부터 오후 5시

Details 세부 사항

설명
- ② Volunteers will work / in *assigned* teams / to pick up litter / in sections / along the length of the beach. (명사(teams)를 수식하는 과거분사)
자원봉사자들은 일할 것입니다 / 배정된 팀에서 / 쓰레기를 수거하기 위해 / 구간별로 / 해변 거리를 따라

- ③ Volunteers are kindly requested to commit / to a minimum of four hours / in *either* the morning or the afternoon. (either A or B: A나 B 중 하나)
자원봉사자들은 활동해주시기 바랍니다 / 최소 4시간 이상 / 오전 또는 오후에

- Please wear light and loose clothing / appropriate for warm weather.
가볍고 넉넉한 옷을 입으세요 / 따뜻한 날씨에 적합한

- Gloves, grabbing tools, buckets, and bags will be provided.
장갑, 집는 도구, 양동이, 그리고 가방이 제공됩니다

- To avoid creating additional litter, / ④ volunteers are encouraged to pack their lunches and beverages / in reusable containers.
추가 쓰레기를 만들지 않기 위해 / 자원봉사자들은 점심과 음료를 챙기도록 권장됩니다 / 재사용 가능한 용기에

Step 1
지문에서 파악해야 할 내용
1) 목적
2) 일치하는 것

Step 2
03번: 중심 내용이 담겨 있는 부분을 읽고 해변을 보존할 수 있도록 도와달라고 요청하는 글임을 파악한다.

04번: ③번의 키워드인 4시간이 그대로 언급된 지문 주변의 내용에서 자원봉사자는 오전 또는 오후에 최소 4시간 이상 활동해야 한다는 점을 알 수 있다.

Step 3
03번: 목적을 '지역사회 구성원에게 도움을 요청하려고'라고 표현한 ③번이 정답이다.
04번: ① X, ② X, ③ O, ④ X

03
① To announce an upcoming beach concert 다가오는 해변 콘서트를 알리려고
② To celebrate the re-opening of a beach 해변의 재개장을 축하하려고
③ To seek help from community members 지역사회 구성원에게 도움을 요청하려고
④ To invite residents to join an organization 주민들을 단체 가입에 초대하려고

해석 **Seaverville 해변 청소의 날**
Seaverville 해변을 보존할 수 있도록 도와주세요. 'Seaverville 환경의 친구들 단체'는 매월 해변 청소의 날을 개최하고 우리 지역사회에서 자원봉사자를 찾고 있습니다.

날짜: 6월 28일 시간: 오전 8시부터 오후 12시, 오후 1시부터 오후 5시

세부 사항
- 자원봉사자들은 배정된 팀에서 해변 거리를 따라 구간별로 쓰레기를 수거합니다.
- 자원봉사자들은 오전 또는 오후에 최소 4시간 이상 활동해주시기 바랍니다.
- 따뜻한 날씨에 적합한 가볍고 넉넉한 옷을 입으세요. · 장갑, 집는 도구, 양동이, 그리고 가방이 제공됩니다.
- 추가 쓰레기를 만들지 않기 위해, 자원봉사자들은 점심과 음료를 재사용 가능한 용기에 챙기도록 권장됩니다.

정답 03 ③, 04 ③

[05~06] 다음 글을 읽고 물음에 답하시오.

[A]

The City of Marindale invites you to attend the annual performance report meeting. The meeting provides a good opportunity to learn details about our city's budget usage and project progress over the past year. The council chair will be on hand to answer questions about topics on the agenda. In addition, plans for the upcoming year will be revealed.

- **Date**: Monday, October 1
- **Time**: 11:00 a.m.
- **Location**: Centrallia Auditorium, 742 Parsons Parkway
- **Information**:
  - A Complimentary lunch will be provided to all attendees.
  - Copies of the performance report will be distributed at the entrance of the auditorium before the meeting starts.
  - Reserved seating is available only for those with disabilities or other special needs.

Please RSVP no later than September 15 by visiting www.marindalecity.gov.

05 (A)에 들어갈 윗글의 제목으로 가장 적절한 것은?
① Invitation to the City's Annual Meeting
② Financial Performance over the Year
③ Opportunity to Meet the Council Chair
④ Free Meal for City Officials

06 위 안내문의 내용과 일치하지 않는 것은?
① 매년 개최되는 행사이다.
② 향후 계획을 발표할 예정이다.
③ 회의는 정오 전에 시작한다.
④ 모든 좌석은 예약제로 진행된다.

전략 적용 & 지문 분석

주제문
① The City of Marindale invites you / to attend the annual performance report meeting.
Marindale 시는 여러분을 초대합니다 / 연례 성과 보고 회의에 참석하도록

설명1 (회의의 내용)
The meeting provides / a good opportunity / to learn details / about our city's budget usage / and / project progress / over the past year. 이 회의는 제공합니다 / 좋은 기회를 / 자세한 내용을 알 수 있는 / 우리 시의 예산 사용에 대한 / 그리고 / 프로젝트 진행 상황에 대한 / 지난 한 해 동안
→ 기간을 나타내는 전치사 over: ~ 동안

The council chair will be on hand / to answer questions / about topics on the agenda.
위원회 의장이 참석하여 / 질문에 답변할 예정입니다 / 의제 주제에 대한

In addition, / ② plans for the upcoming year will be revealed. 또한 / 내년도 계획도 공개될 예정입니다

설명2 (날짜 및 장소)
· **Date:** Monday, October 1 // · ③ **Time:** 11:00 a.m. 날짜: 10월 1일 월요일 // 시간: 오전 11시

· **Location:** Centrallia Auditorium, 742 Parsons Parkway 장소: 742 Parsons 공원 도로 Centrallia 강당

설명3 (정보)
· **Information:** 정보:

- A Complimentary lunch will be provided / to all attendees. 무료 점심이 제공됩니다 / 모든 참석자들에게

- Copies of the performance report will be distributed / at the entrance of the auditorium / before the meeting starts. 성과 보고서 사본은 배포됩니다 / 강당 입구에서 / 회의 시작 전에

- ④ Reserved seating is available / only for those with disabilities / or / other special needs.
지정석을 이용할 수 있습니다 / 장애인만 / 또는 / 기타 특별한 도움이 필요한 사람들만

→ no later than: 늦어도 ~까지는

요청
Please RSVP no later than September 15 / by visiting www.marindalecity.gov.
늦어도 9월 15일까지는 참석 여부를 회답해 주시기를 부탁드립니다 / www.marindalecity.gov를 방문하여

Step 1
지문에서 파악해야 할 내용
1) 제목
2) 일치하지 않는 것

Step 2
05번: 중심 내용이 담겨 있는 부분을 읽고 연례 성과 보고 회의에 초대하는 글임을 파악한다.
06번: ④의 키워드인 좌석이 그대로 등장한 지문 주변의 내용에서 장애인 또는 기타 특별한 도움이 필요한 사람들만 지정석을 이용할 수 있다는 것을 알 수 있다.

Step 3
05번: 제목을 '시 연례 회의에의 초대'라고 표현한 ①번이 정답이다.
06번: ① O, ② O, ③ O, ④ X

05
① Invitation to the City's Annual Meeting   시 연례 회의에의 초대
② Financial Performance over the Year   한 해 동안의 재무 성과
③ Opportunity to Meet the Council Chair   위원회 의장을 만날 수 있는 기회
④ Free Meal for City Officials   시 공무원을 위한 무료 식사

[해석] Marindale 시는 연례 성과 보고 회의에 참석하도록 여러분을 초대합니다. 이 회의는 지난 한 해 동안 우리 시의 예산 사용 및 프로젝트 진행에 대한 자세한 내용을 알 수 있는 좋은 기회를 제공합니다. 위원회 의장이 참석하여 의제 주제에 대한 질문에 답변할 예정입니다. 또한, 내년도 계획도 공개될 예정입니다.

· 날짜: 10월 1일 월요일   · 시간: 오전 11시   · 장소: 742 Parsons 공원 도로 Centrallia 강당

· 정보:
- 모든 참석자들에게 무료 점심이 제공됩니다.
- 성과 보고서 사본은 회의 시작 전에 강당 입구에서 배포됩니다.
- 장애인 또는 기타 특별한 도움이 필요한 사람들만 지정석을 이용할 수 있습니다.

늦어도 9월 15일까지는 www.marindalecity.gov를 방문하여 참석 여부를 회답해 주시기를 부탁드립니다.

정답 05 ①, 06 ④

Section 4 다문항 유형

Day 28 다문항: 안내문 ②

[01~02] 다음 글을 읽고 물음에 답하시오.

Agricultural Technology Institute

The Agricultural Technology Institute revolutionizes farming practices through cutting-edge research and farmer education programs. Our scientists work around the clock to achieve this mission, ensuring food security for future generations while promoting sustainable agriculture.

Research Areas:
- Crop Development: Creating drought-resistant varieties that can survive extreme weather conditions
- Soil Science: Analyzing soil composition to optimize nutrient levels and increase productivity
- Precision Agriculture: Using GPS technology and drones to monitor crop health and reduce pesticide usage
- Farmer Training: Providing hands-on workshops for over 500 agricultural professionals each year

01 윗글의 Agricultural Technology Institute에 대한 내용과 일치하는 것은?

① It operates exclusively during regular business hours.
② It uses modern technology to monitor the well-being of crops.
③ It focuses primarily on increasing pesticide effectiveness.
④ It provides training programs for exactly 500 farmers annually.

02 밑줄 친 "composition"의 의미와 가장 가까운 것은?

① problem
② production
③ makeup
④ makeover

해설

01 ②번의 키워드인 modern technology(현대 기술)를 바꾸어 표현한 지문의 GPS technology and drones(GPS 기술과 드론) 주변의 내용에서 작물 건강을 모니터링하고 농약 사용량을 감소시키기 위해 GPS 기술과 드론을 사용한다고 했으므로 작물의 건강을 모니터링하기 위해 현대 기술을 사용한다는 것을 알 수 있다. 따라서 ②번이 지문의 내용과 일치한다.

02 composition(구성)을 포함한 구절 'Analyzing soil composition to optimize nutrient levels and increase productivity'에서 영양소 수준을 최적화하고 생산성을 증가시키기 위해 토양 구성을 분석한다고 했으므로 composition은 '구성'이라는 의미로 사용되었다는 것을 알 수 있다. 따라서 '구성'이라는 뜻을 가진 ③ makeup이 정답이다.

어휘 agricultural 농업의 technology 기술 revolutionize 혁신을 일으키다 practice 관행, 실행 cutting-edge 최첨단의 around the clock 24시간 내내 food security 식량 안보 sustainable 지속 가능한 crop 작물 drought 가뭄 resistant 저항하는, ~에 강한 variety (식물·언어 등의) 품종 extreme 극한의 composition 구성 optimize 최적화하다 nutrient 영양소 productivity 생산성 precision 정밀 pesticide 농약, 살충제 hands-on 실습의, 직접 해 보는 operate 운영하다 exclusively 오직 ~만 effectiveness 유효성

전략 적용 & 지문 분석

제목

Agricultural Technology Institute 농업 기술 연구소

주제문

The Agricultural Technology Institute revolutionizes farming practices / through cutting-edge research / and farmer education programs.
농업 기술 연구소는 농업 관행에 혁신을 일으킵니다 / 최첨단 연구를 통해 / 그리고 농부 교육 프로그램(을 통해)

설명 1

①Our scientists work around the clock / to achieve this mission, / ensuring food security / for future generations / while promoting sustainable agriculture.
저희 과학자들은 24시간 내내 일합니다 / 이 사명을 달성하기 위해 / 식량 안보를 보장하며 / 미래 세대를 위한 / 지속 가능한 농업을 촉진하면서
→ 분사구문의 의미를 분명하게 하기 위해 분사구문 앞에 온 접속사

Research Areas: 연구 분야

- **Crop Development:** / Creating drought-resistant varieties / that can survive extreme weather conditions 작물 개발 / 가뭄 저항성 품종 개발 / 극한 기상 환경에서 생존할 수 있는

설명 2

- **Soil Science:** / Analyzing soil composition / [to optimize nutrient levels] / and / [increase productivity] 토양 과학 / 토양 구성 분석 / 영양소 수준을 최적화하기 위한 / 그리고 / 생산성을 증가시키기 (위한)
→ and로 연결된 to 부정사구 병치 구문(두 번째 to 생략)

- **Precision Agriculture:** / ②③Using GPS technology and drones / to monitor crop health / and reduce pesticide usage 정밀 농업 / GPS 기술과 드론 사용 / 작물 건강을 모니터링하기 위해 / 그리고 농약 사용량을 감소하기 (위해)

- **Farmer Training:** / ④Providing hands-on workshops / for over 500 agricultural professionals / each year 농부 교육 / 실습 워크숍 제공 / 500명 이상의 농업 전문가들을 위한 / 매년

Step 1
지문에서 파악해야 할 내용
1) 일치하는 것
2) composition의 의미

Step 2
01번: ②번의 키워드인 modern technology (현대 기술)를 바꾸어 표현한 지문의 GPS technology and drones 주변의 내용에서 작물의 건강을 모니터링하기 위해 현대 기술을 사용한다는 것을 알 수 있다.

02번: 주어진 어휘를 포함한 구절에서 해당 어휘가 '구성'이라는 뜻으로 쓰였음을 파악한다.

Step 3
01번: ① X, ② O, ③ X, ④ X
02번: '구성'이라는 의미를 갖는 ③ makeup이 정답이다.

01

① It operates exclusively during regular business hours.
오직 정규 업무 시간 동안에만 운영한다.

② It uses modern technology to monitor the well-being of crops.
작물의 건강을 모니터링하기 위해 현대 기술을 사용한다.

③ It focuses primarily on increasing pesticide effectiveness.
주로 농약의 유효성을 증대하는 것에 중점을 둔다.

④ It provides training programs for exactly 500 farmers annually.
매년 정확히 500명의 농부들에게 교육 프로그램을 제공한다.

02

① problem 문제   ② production 생산   ③ makeup 구성   ④ makeover 단잠

해석 농업 기술 연구소

농업 기술 연구소는 최첨단 연구와 농부 교육 프로그램을 통해 농업 관행에 혁신을 일으킵니다. 저희 과학자들은 지속 가능한 농업을 촉진하면서 미래 세대를 위한 식량 안보를 보장하며, 이 사명을 달성하기 위해 24시간 내내 일합니다.

연구 분야:
- 작물 개발: 극한 기상 환경에서 생존할 수 있는 가뭄 저항성 품종 개발
- 토양 과학: 영양소 수준을 최적화하고 생산성을 증가시키기 위한 토양 구성 분석
- 정밀 농업: 작물 건강을 모니터링하고 농약 사용량을 감소시키기 위해 GPS 기술과 드론 사용
- 농부 교육: 매년 500명 이상의 농업 전문가들을 위한 실습 워크숍 제공

정답 01 ②, 02 ③

[03~04] 다음 글을 읽고 물음에 답하시오.

[A]

Come out to the Fine Arts Fiesta in downtown Los Cabos City. This annual event showcases the talent of local painters, sculptors, performance artists, and musicians. With exhibitions, art classes, and concerts, there's something for everyone!

Details
- **Dates:** Friday, July 1 – Sunday, July 3
- **Times:** 5:00 p.m. – 9:00 p.m.(Friday), 9:00 a.m. – 10:00 p.m.(Saturday & Sunday)
- **Location:** Canyon Street Park, 101 State Street

Highlights
- **Art Walk:** Enjoy a diverse array of works as you stroll along the sidewalks and running paths through the park.
- **Afternoon Orchestra Concert:** Listen to the talented students in the St. Julien School Orchestra play songs ranging from traditional classical music to modern pop.

For more information or to purchase tickets in advance at a discount, please visit www.loscabosfineartsfiesta.com.

03 (A)에 들어갈 윗글의 제목으로 가장 적절한 것은?
① Share Your Creativity with the Community
② Enjoy the Local Art Scene
③ Take a Break in the City's Parks
④ Learn to Appreciate Fine Art

04 위 안내문의 내용과 일치하지 않는 것은?
① 7월 한 달 동안 매일 행사가 진행된다.
② 토요일과 일요일에는 늦게까지 진행된다.
③ 학생들의 공연이 있을 예정이다.
④ 입장권을 미리 구매하면 더 저렴하다.

전략 적용 & 지문 분석

Come out to the Fine Arts Fiesta / in downtown Los Cabos City.
미술 축제에 나오세요 / Los Cabos 시 시내에 있는

This annual event / showcases the talent of local painters, sculptors, performance artists, and musicians. 이 연례행사는 / 지역 화가, 조각가, 공연 예술가, 그리고 음악가들의 재능을 소개합니다

With exhibitions, art classes, and concerts, / there's something for everyone!
전시회, 미술 수업, 그리고 콘서트와 함께 / 모두를 위한 무언가가 준비되어 있습니다!

Details 세부 사항
- ①**Dates:** Friday, July 1 – Sunday, July 3 날짜: 7월 1일 금요일 – 7월 3일 일요일
- **Times:** 5:00 p.m. – 9:00 p.m.(Friday), ②9:00 a.m. – 10:00 p.m.(Saturday & Sunday)
  시간: 오후 5시 – 오후 9시(금요일), 오전 9시 – 오후 10시(토요일과 일요일)
- **Location:** Canyon Street Park, 101 State Street 장소: Canyon가 공원, 101번가

Highlights 주요 행사
- **Art Walk:** Enjoy a diverse array of works / as (부사절 접속사 as: ~할 때) you stroll along the sidewalks and running paths / through the park. 아트 워크: 다양한 작품을 즐겨보세요 / 보도와 달리기 경로를 따라 걸을 때 / 공원의
- **Afternoon Orchestra Concert:** ③Listen to / the talented students / in the St. Julien School Orchestra / play songs / ranging from traditional classical music / to modern pop.
  오후 오케스트라 콘서트: 들어보세요 / 재능 있는 학생들이 / St. Julien 학교 오케스트라의 / 연주하는 음악을 / 전통 클래식 음악부터 / 모던 팝까지

For more information / or / ④to purchase tickets in advance (in advance: 미리, 사전에) at a discount, / please visit www.loscabosfineartsfiesta.com. 더 많은 정보를 확인하기 위해서는 / 또는 / 할인된 가격으로 입장권을 미리 구매하시려면 / www.loscabosfineartsfiesta.com을 방문해 주세요.

Step 1
지문에서 파악해야 할 내용
1) 제목
2) 일치하지 않는 것

Step 2
03번: 중심 내용이 담겨 있는 부분을 읽고 시내에 있는 미술 축제를 즐겨보라고 홍보하는 글임을 파악한다.
04번: 지문 중간의 'Dates(날짜)'에서 행사의 진행 날짜는 7월 1일부터 7월 3일까지라는 것을 알 수 있다.

Step 3
03번: 제목을 '지역 예술의 장을 즐겨보세요'라고 표현한 ②번이 정답이다.
04번: ① X, ② O, ③ O, ④ O

03
① Share Your Creativity with the Community 여러분의 창의력을 지역사회와 공유하세요
② Enjoy the Local Art Scene 지역 예술의 장을 즐겨보세요
③ Take a Break in the City's Parks 도심 속 공원에서 휴식을 취해보세요
④ Learn to Appreciate Fine Art 미술을 감상하는 것을 배워보세요

해석 Los Cabos 시 시내에 있는 미술 축제에 나오세요. 이 연례행사는 지역 화가, 조각가, 공연 예술가, 그리고 음악가들의 재능을 소개합니다. 전시회, 미술 수업, 그리고 콘서트와 함께 모두를 위한 무언가가 준비되어 있습니다!

세부 사항
· 날짜: 7월 1일 금요일 – 7월 3일 일요일   · 시간: 오후 5시 – 오후 9시(금요일), 오전 9시 – 오후 10시(토요일과 일요일)   · 장소: Canyon가 공원, 101번가

주요 행사
· 아트 워크: 공원의 보도와 달리기 경로를 따라 걸으며 다양한 작품을 즐겨보세요.
· 오후 오케스트라 콘서트: St. Julien 학교 오케스트라의 재능 있는 학생들이 전통 클래식 음악부터 모던 팝까지 다양한 음악을 연주하는 것을 들어보세요.

더 많은 정보를 확인하거나 할인된 가격으로 입장권을 미리 구매하시려면 www.loscabosfineartsfiesta.com을 방문해 주세요.

정답 03 ②, 04 ①

Day 28 다문항: 안내문 ②

[05~06] 다음 글을 읽고 물음에 답하시오.

WHERE CLEAN MEETS CONVENIENCE

Schedule Your Pickup Today!
Available Monday through Friday
8 a.m. – 6 p.m.

Service Areas:
Downtown, Riverside, and Oak Hill Districts

What We Offer:
- Professional dry cleaning and washing
- Same-day service for orders placed before 10 a.m.
- Free delivery for orders over $25

Contact: Call (555) 123-4567 or
visit www.premiumlaundry.com

New Customer Special
20 percent off your first order!

05 윗글의 목적으로 가장 적절한 것은?
① 새로 추가된 세탁 서비스 지역을 소개하려고
② 주말 동안의 세탁소 운영 시간을 공지하려고
③ 대량 주문에 적용되는 할인율을 안내하려고
④ 세탁물 픽업 및 배송 서비스를 홍보하려고

06 윗글의 내용과 일치하지 않는 것은?
① The pickup service is in operation only on weekdays.
② Same-day service requires orders to be placed before 10 a.m.
③ Free delivery is provided for all orders regardless of amount.
④ New customers can receive a discount on their first order.

해설 **05** 지문 처음에서 오늘 픽업을 예약해 보라고 했고, 지문 전반에 걸쳐 세탁물 픽업 및 배송 서비스의 운영 시간, 서비스 지역 등에 대해 설명하고 있다. 따라서 지문의 목적을 '세탁물 픽업 및 배송 서비스를 홍보하려고'라고 표현한 ④번이 정답이다.

06 ③번의 키워드인 Free delivery(무료 배송)가 그대로 등장한 지문 주변의 내용에서 25달러 이상 주문 시 무료 배송이 제공된다고 했으므로, 금액에 상관없이 모든 주문에 대해 무료 배송이 제공된다는 것은 지문의 내용과 다르다. 따라서 ③번이 지문의 내용과 일치하지 않는다.

어휘 downtown 시내 professional 전문적인 special 특별 할인가 regardless of ~에 상관없이

전략 적용 & 지문 분석

제목
WHERE CLEAN MEETS CONVENIENCE 깨끗함이 편리함을 만나는 곳

Schedule Your Pickup Today! 오늘 당신의 픽업을 예약해 보세요!

설명 1 (이용 시간)
①**Available Monday through Friday** 월요일부터 금요일까지 이용 가능
8 a.m. – 6 p.m. 오전 8시 – 오후 6시

설명 2 (이용 지역)
Service Areas: 서비스 지역
Downtown, Riverside, and Oak Hill Districts 시내, Riverside 및 Oak Hill 지구

설명 3 (서비스)
What We Offer: 저희가 제공하는 서비스
• Professional dry cleaning and washing 전문적인 드라이클리닝 및 세탁
• ②**Same-day service** / for orders placed before 10 a.m. 당일 서비스 / 오전 10시 이전 주문에 대한
• ③**Free delivery** / for orders over $25 무료 배송 / 25달러 이상 주문에 대한
  over: ~ 이상
  or로 연결된 동사구 병치 구문

설명 4 (연락처)
Contact: / [Call (555) 123-4567] or [visit www.premiumlaundry.com]
연락처 / (555) 123-4567로 전화하거나 www.premiumlaundry.com을 방문하세요

부연
④**New Customer Special** / 20 percent off your first order!
신규 고객 특별 할인가 / 첫 주문 시 20퍼센트 할인!

Step 1
지문에서 파악해야 할 내용
1) 목적
2) 일치하지 않는 것

Step 2
- 05번: 중심 내용이 담겨 있는 부분을 읽고 세탁물 픽업과 배송 서비스에 대해 홍보하는 글임을 파악한다.
- 06번: ③번의 키워드인 Free delivery(무료 배송)가 그대로 등장한 지문 주변의 내용에서 25달러 이상 주문 시 무료 배송이 제공된다는 것을 알 수 있다.

Step 3
05번: 목적을 '세탁물 픽업 및 배송 서비스를 홍보하려고'라고 표현한 ④번이 정답이다.
06번: ① O, ② O, ③ X, ④ O

06
① The pickup service is in operation only on weekdays.
픽업 서비스는 평일에만 운영한다.
② Same-day service requires orders to be placed before 10 a.m.
당일 서비스는 오전 10시 이전에 주문해야 한다.
③ Free delivery is provided for all orders regardless of amount.
금액에 상관없이 모든 주문에 대해 무료 배송이 제공된다.
④ New customers can receive a discount on their first order.
신규 고객은 첫 주문 시 할인을 받을 수 있다.

해석 깨끗함이 편리함을 만나는 곳

오늘 당신의 픽업을 예약해 보세요!
월요일부터 금요일까지 이용 가능
오전 8시 – 오후 6시

서비스 지역: 시내, Riverside 및 Oak Hill 지구

저희가 제공하는 서비스: ・전문적인 드라이클리닝 및 세탁 ・오전 10시 이전 주문에 대한 당일 서비스 ・25달러 이상 주문 시 무료 배송

연락처: (555) 123-4567로 전화하거나 www.premiumlaundry.com을 방문하세요

신규 고객 특별 할인가
첫 주문 시 20퍼센트 할인!

정답 05 ④, 06 ③

Section 4 다문항 유형

Day 29 다문항: 웹페이지 ①

[01~02] 다음 글을 읽고 물음에 답하시오.

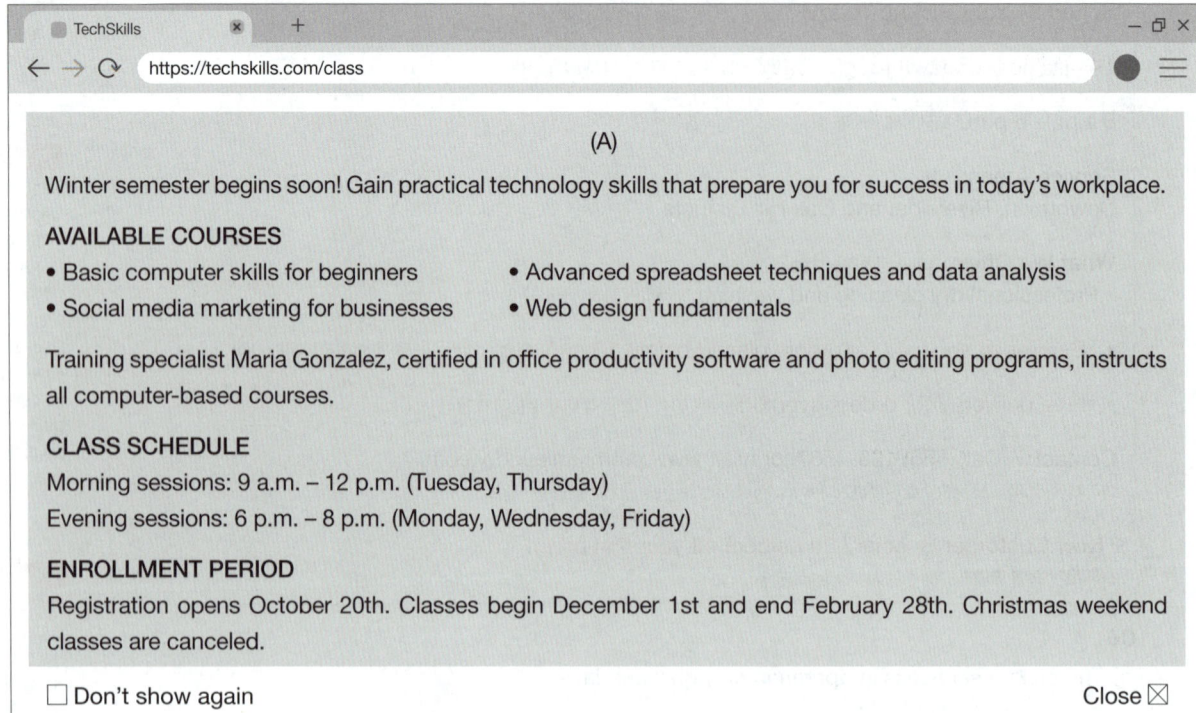

01 (A)에 들어갈 윗글의 제목으로 가장 적절한 것은?
① Practice Spreadsheet Formulas and Functions
② Learn Practical Tech Skills This Winter
③ Social Media Networking for Daily Office Work
④ Christmas Weekend Class Cancellation Notice

02 윗글의 내용과 일치하지 않는 것은?
① 강의는 초보자 수업과 고급 기술 수업을 아우른다.
② 모든 컴퓨터 기반 강의는 강사 한 명이 가르친다.
③ 오전 세션과 저녁 세션의 수업 시간은 다르다.
④ 수업은 12월부터 시작하여 반년 동안 진행된다.

해설 01 지문 처음에서 겨울 학기가 곧 시작된다고 하며 실용적인 기술 스킬을 습득해 보라고 했고, 지문 전반에 걸쳐 기술 수업 강의와 강사, 수업 및 등록 일정에 대해 설명하고 있다. 따라서 지문의 제목을 '이번 겨울에 실용적인 기술 스킬을 배워보세요'라고 표현한 ②번이 정답이다.

02 ④번의 키워드인 '12월'과 관련된 지문의 December(12월) 주변의 내용에서 수업은 12월 1일에 시작하여 2월 28일에 종료된다고 했으므로, 수업이 12월부터 시작하여 반년 동안 진행된다는 것은 지문의 내용과 다르다. 따라서 ④번이 지문의 내용과 일치하지 않는다.

어휘 semester 학기 course 강의, 강좌 advanced 고급의 analysis 분석 fundamental 기초, 핵심 specialist 전문가 instruct 가르치다, 지시하다 enrollment 등록

전략 적용 & 지문 분석

Winter semester begins soon! 겨울 학기가 곧 시작됩니다!
Gain practical technology skills / that prepare you for success / in today's workplace.
실용적인 기술 스킬을 습득해 보세요 / 여러분이 성공할 수 있도록 준비시켜 줄 / 오늘날의 직장에서

AVAILABLE COURSES 이용할 수 있는 강의
- ① Basic computer skills for beginners 초보자를 위한 기본 컴퓨터 기술
- ① Advanced spreadsheet techniques and data analysis 고급 스프레드시트 기술 및 데이터 분석
- Social media marketing for businesses 사업을 위한 소셜 미디어 마케팅
- Web design fundamentals 웹 디자인 기초

② Training specialist Maria Gonzalez, / certified in office productivity software and photo editing programs, / instructs all computer-based courses.
교육 전문가 Maria Gonzalez가 / 사무실 생산성 소프트웨어와 사진 편집 프로그램 자격증을 보유한 / 모든 컴퓨터 기반 과정을 가르칩니다.

CLASS SCHEDULE 수업 일정
③ Morning sessions: 9 a.m. – 12 p.m. (Tuesday, Thursday) 오전 세션: 오전 9시 – 오후 12시 (화요일, 목요일)
③ Evening sessions: 6 p.m. – 8 p.m. (Monday, Wednesday, Friday)
저녁 세션: 오후 6시 – 오후 8시 (월요일, 수요일, 금요일)

ENROLLMENT PERIOD 등록 기간
Registration opens October 20th. 등록은 10월 20일에 시작됩니다
④ Classes begin December 1st and end February 28th. 수업은 12월 1일에 시작하여 2월 28일에 종료됩니다
Christmas weekend classes are canceled. 크리스마스 주말 수업은 취소됩니다

01
① Practice Spreadsheet Formulas and Functions 스프레드시트 공식과 함수를 연습해 보세요
② Learn Practical Tech Skills This Winter 이번 겨울에 실용적인 기술 스킬을 배워보세요
③ Social Media Networking for Daily Office Work 일상 사무를 위한 소셜 미디어 네트워킹
④ Christmas Weekend Class Cancellation Notice 크리스마스 주말 수업 취소 공지

Step 1
지문에서 파악해야 할 내용
1) 제목
2) 일치하지 않는 것

Step 2
01번: 중심 내용이 담겨 있는 부분을 읽고 겨울 학기에 실용적인 기술 스킬을 습득해 보라고 홍보하는 글임을 파악한다.
02번: ④번의 키워드인 '12월'과 관련된 지문의 December 주변의 내용에서 수업은 12월 1일에 시작하여 2월 28일에 종료된다는 것을 알 수 있다.

Step 3
01번: 제목을 '이번 겨울에 실용적인 기술 스킬을 배워보세요'라고 표현한 ②번이 정답이다.
02번: ① O, ② O, ③ O, ④ X

해석 겨울 학기가 곧 시작됩니다! 여러분이 오늘날의 직장에서 성공할 수 있도록 준비시켜 줄 실용적인 기술 스킬을 습득해 보세요.

이용할 수 있는 강의
· 초보자를 위한 기본 컴퓨터 기술   · 고급 스프레드시트 기술 및 데이터 분석   · 사업을 위한 소셜 미디어 마케팅   · 웹 디자인 기초

사무실 생산성 소프트웨어와 사진 편집 프로그램 자격증을 보유한 교육 전문가 Maria Gonzalez가 모든 컴퓨터 기반 강의를 가르칩니다.

수업 일정
오전 세션: 오전 9시 – 오후 12시 (화요일, 목요일)   저녁 세션: 오후 6시 – 오후 8시 (월요일, 수요일, 금요일)

등록 기간
등록은 10월 20일에 시작됩니다. 수업은 12월 1일에 시작하여 2월 28일에 종료됩니다. 크리스마스 주말 수업은 취소됩니다.

정답 01 ②, 02 ④

Day 29 다문항: 웹페이지 ①

[03~04] 다음 글을 읽고 물음에 답하시오.

---

http://msa.gov.com/overview

Home | Notice | Overview | Help

Military Staffing Administration

Duties
The agency is charged with all affairs related to ensuring the country's military services have adequate staff for national defense in times of both peace and conflict. We also oversee the management of enlisted personnel during their service.

Functions
We prepare and administer testing to identify young people qualified for military service and recognize their strengths in order to properly assign them to the most appropriate positions within each branch of the armed forces, and then provide the necessary training, enabling them to excel and provide the country with defensive capabilities to counter threats.

Services for Soldiers
The administration provides human resources functions that ensure soldiers are treated fairly in their positions and receive all expected benefits. In the event of problems, the administration also launches investigations and can reassign personnel.

---

03 Military Staffing Administration에 관한 윗글의 내용과 일치하지 않는 것은?

① It is in charge of managing soldiers when they serve.
② It decides who is eligible for military service.
③ It sends soldiers to connected institutions for training.
④ It has the power to move staff to other positions.

04 밑줄 친 "adequate"의 의미와 가장 가까운 것은?

① stable
② temporary
③ sufficient
④ excessive

해설

03 ③번의 키워드인 training(훈련)이 그대로 등장한 지문 주변의 내용에서 군 복무 자격을 갖춘 젊은이들을 각 부대 내에서 가장 적절한 직책에 알맞게 배치한 후 필요한 훈련을 제공한다고 했으므로, 병무청은 군인을 훈련하는 것도 담당한다는 것을 알 수 있다. 따라서 ③번이 지문의 내용과 일치하지 않는다.

04 adequate(적절한)를 포함한 구절 'The agency is charged with all affairs related to ensuring the country's military services have adequate staff for national defense ~'에서 이 기관은 국가의 군대가 국방을 위한 어떤 인력을 갖도록 보장하는 것과 관련된 모든 일을 담당한다고 했으므로 adequate는 '충분한'이라는 의미로 사용되었다는 것을 알 수 있다. 따라서 '충분한'이라는 뜻을 가진 ③ sufficient가 정답이다.

어휘 affair 일, 사건 national defense 국방 enlisted personnel 사병 병력 service 복무, 병역 armed forces 군대 excel 탁월하다, 뛰어나다 counter (무엇의 악영향에) 대응하다 reassign 재배치하다, 지위(신분)를 변경하다 institution 기관

전략 적용 & 지문 분석

제목: **Military Staffing Administration** 병무청

설명1:
Duties 의무 // The agency is charged with all affairs / related to ensuring the country's military services have adequate staff / for national defense / in times of both peace and conflict.
이 기관은 모든 일을 담당합니다 / 국가의 군대가 충분한 인력을 갖도록 보장하는 것과 관련된 / 국방을 위한 / 평시와 분쟁 시 모두

①We also oversee the management / of enlisted personnel / during their service.
또한 관리도 감독합니다 / 사병의 / 그들의 복무 동안

설명2:
Functions 기능 // ②We prepare and administer testing / to identify young people / qualified for military service / and / recognize their strengths / in order to properly assign them / to the most appropriate positions / within each branch of the armed forces, / and then ③provide the necessary training, / enabling them to excel / and / provide the country / with defensive capabilities / to counter threats.
우리는 시험을 준비하고 실시합니다 / 젊은이들을 확인하기 위한 / 군 복무 자격을 갖춘 / 그리고 그들의 강점을 파악합니다 / 그들을 알맞게 배치하기 위해 / 가장 적절한 직책에 / 각 부대 내에서 / 그 후 필요한 훈련을 제공합니다 / 탁월해질 수 있도록 / 그리고 국가에 제공합니다 / 방어 능력을 / 위협에 대응할 수 있도록

목적을 나타내는 to 부정사의 부사적 용법

설명3:
Services for Soldiers 군인을 위한 활동 // The administration provides human resources functions / that [ensure soldiers are treated fairly / in their positions] / and / [receive all expected benefits].
병무청은 인사 기능을 제공합니다 / 군인들이 공정하게 대우받을 수 있도록 보장하는 / 자신의 직책에서 / 그리고 / 모든 예기된 혜택을 받도록 (보장하는)

and로 연결된 동사구 병치구문

In the event of problems, / the administration also launches investigations / and / ④can reassign personnel. 문제가 발생하면 / 병무청은 조사도 시작합니다 / 그리고 / 인력을 재배치할 수 있습니다

Step 1
지문에서 파악해야 할 내용
1) 일치하지 않는 것
2) adequate의 의미

Step 2
03번: ③번의 키워드인 training(훈련)이 그대로 등장한 지문 주변의 내용에서 군 복무 자격을 갖춘 젊은이들에게 필요한 훈련을 제공한다고 했으므로, 군인을 훈련하는 것도 담당한다는 것을 알 수 있다.
04번: 주어진 어휘를 포함한 구절에서 해당 어휘가 '충분한'이라는 뜻으로 쓰였음을 파악한다.

Step 3
03번: ① O, ② O, ③ X, ④ O
04번: '충분한'이라는 의미를 갖는 ③ sufficient 가 정답이다.

03
① It is in charge of managing soldiers when they serve. 군인이 복무할 때 관리하는 것을 담당한다.
② It decides who is eligible for military service. 군 복무 자격을 갖춘 사람을 결정한다.
③ It sends soldiers to connected institutions for training. 훈련을 위해 군인들을 연결된 기관에 파견한다.
④ It has the power to move staff to other positions. 인력을 다른 직책으로 이동시킬 수 있는 권한을 갖는다.

04
① stable 안정적인
② temporary 일시적인
③ sufficient 충분한
④ excessive 과도한

해석 병무청

의무 이 기관은 평시와 분쟁 시 모두 국가의 군대가 국방을 위한 충분한 인력을 갖도록 보장하는 것과 관련된 모든 일을 담당합니다. 또한 복무 중인 사병의 관리도 감독합니다.

기능 우리는 군 복무 자격을 갖춘 젊은이들을 확인하기 위한 시험을 준비하고 실시하며, 그들을 각 부대 내에서 가장 적절한 직책에 알맞게 배치하기 위해 그들의 강점을 파악한 후 필요한 훈련을 제공하는데, 이는 그들이 탁월해질 수 있도록 하고 국가에는 위협에 대응할 수 있는 방어 능력을 제공합니다.

군인을 위한 활동 병무청은 군인들이 자신의 직책에서 공정하게 대우받고 모든 예기된 혜택을 받을 수 있도록 보장하는 인사 기능을 제공합니다. 문제가 발생하면, 병무청은 조사를 시작하고 인력을 재배치할 수도 있습니다.

정답 03 ③, 04 ③

Day 29 다문항: 웹페이지 ①

[05~06] 다음 글을 읽고 물음에 답하시오.

☰ MLI   http://mli.gov.com/about

Ministry of Land and Infrastructure

HOME　|　ABOUT　|　POLICIES　|　ARCHIVES

Objectives
We develop the country's land in order to make life more convenient for residents, building cities, roadways, and transportation options. We also construct public housing projects for low-income individuals, ensuring that everyone in the country has the housing options they need.

Roadmap
We aim to create a future in which the country's land resources are utilized in a way that allows public goods to be most fairly shared among all members of society and meets the needs of all.

Principles
· We work with diverse actors in the <u>field</u> of real estate and encourage their cooperation with each other to reach our shared goals.
· We strive to give everyone modern, affordable housing and transportation options.

---

05 Ministry of Land and Infrastructure에 관한 윗글의 내용과 일치하는 것은?

① It financially supports transportation improvement projects.
② It builds homes for individuals with limited income.
③ It encourages the public to discuss the fair use of resources.
④ It provides homes that adhere to traditional housing styles.

06 밑줄 친 "field"의 의미와 가장 가까운 것은?

① land
② era
③ court
④ area

해설

05 ②번의 키워드인 individuals with limited income(소득이 제한적인 사람들)을 바꾸어 표현한 지문의 low-income individuals(저소득층) 주변의 내용에서 저소득층을 위한 공공 주택 사업을 구성한다고 했으므로 소득이 제한적인 사람들을 위해 주택을 건설한다는 것을 알 수 있다. 따라서 ②번이 지문의 내용과 일치한다.

06 field(분야)를 포함한 구절 'We work with diverse actors in the field of real estate ~'에서 부동산 무엇의 다양한 행위자들과 협력한다고 했으므로 field는 '분야'라는 의미로 사용되었다는 것을 알 수 있다. 따라서 '분야'라는 뜻을 가진 ④ area가 정답이다.

어휘 ministry (정부의 각) 부처　principle 신조, 원칙　actor 행위자　field 분야　real estate 부동산　strive 노력하다, 분투하다　affordable 저렴한, (가격 등이) 알맞은　era 시대

전략 적용 & 지문 분석

제목

Ministry of Land and Infrastructure 국토교통부

설명1

Objectives 목표
We develop the country's land / in order to make life more convenient / for residents, / building cities, roadways, and transportation options.
우리는 국토를 개발합니다 / 삶을 더 편리하게 만들기 위해 / 거주자의 / 도시와 도로, 그리고 교통 선택권을 구축하여
(in order to = so as to(~하기 위해서))

②We also construct public housing projects / for low-income individuals, / ensuring that everyone in the country has the housing options / they need.
우리는 또한 공공 주택 사업을 구성합니다 / 저소득층을 위한 / 국가의 모든 사람이 주택 선택권을 가질 수 있도록 / 그들이 필요한
(they need → 목적격 관계대명사가 생략된 관계절)

설명2

Roadmap 로드맵
We aim to create a future / in which the country's land resources are utilized / in a way / that allows public goods to be most fairly shared / among all members of society / and / meets the needs of all.
우리는 미래를 만드는 것을 목표로 합니다 / 국가의 토지 자원이 활용되는 / 방식으로 / 공공재가 가장 공정하게 공유되도록 하는 / 사회의 모든 구성원들 간에 / 그리고 / 모든 사람의 요구를 충족하는

설명3

Principles 신조
· We work with diverse actors / in the field of real estate / and / encourage their cooperation / with each other / to reach our shared goals. 우리는 다양한 행위자들과 협력합니다 / 부동산 분야의 / 그리고 그들의 협력을 장려합니다 / 서로와 / 우리의 공동의 목표를 달성하기 위해

· ④We strive to give everyone / modern, affordable housing / and transportation options.
우리는 모든 사람에게 제공하기 위해 노력합니다 / 현대적이고 저렴한 주택을 / 그리고 / 교통 선택권을

05
① It financially supports transportation improvement projects. 교통 개선 사업을 재정적으로 지원한다.
② It builds homes for individuals with limited income. 소득이 제한적인 사람들을 위해 주택을 건설한다.
③ It encourages the public to discuss the fair use of resources. 대중이 자원의 공정한 사용에 대해 논의하도록 장려한다.
④ It provides homes that adhere to traditional housing styles. 전통적인 주거 양식을 고수하는 주택을 제공한다.

06
① land 땅
② era 시대
③ court 코트
④ area 분야

Step 1
지문에서 파악해야 할 내용
1) 일치하는 것
2) field 의미

Step 2
05번: ②번의 키워드인 individuals with limited income(소득이 제한인 사람들)을 바꾸어 표현한 지문의 low-income individuals(저소득층) 주변의 내용에서 저소득층을 위한 공공 주택 사업을 구성한다고 했으므로 소득이 제한적인 사람들을 위해 주택을 건설한다는 것을 알 수 있다.
06번: 주어진 어휘를 포함한 구절에서 해당 어휘가 '분야'라는 뜻으로 쓰였음을 파악한다.

Step 3
05번: ① X, ② O, ③ X, ④ X
06번: '분야'라는 의미를 갖는 ④ area가 정답이다.

해석 국토교통부

목표 우리는 도시와 도로, 그리고 교통 선택권을 구축하여 거주자의 삶을 더 편리하게 만들기 위해 국토를 개발합니다. 또한 저소득층을 위한 공공 주택 사업을 구성하여 국가의 모든 사람이 필요한 주택 선택권을 가질 수 있도록 합니다.

로드맵 우리는 국가의 토지 자원이 공공재가 사회의 모든 구성원들 간에 가장 공정하게 공유되도록 하고 모든 사람의 요구를 충족하는 방식으로 활용되는 미래를 만드는 것을 목표로 합니다.

신조
· 우리는 부동산 분야의 다양한 행위자들과 협력하고 공동의 목표를 달성하기 위해 서로의 협력을 장려합니다.
· 우리는 모든 사람에게 현대적이고 저렴한 주택 및 교통 선택권을 제공하기 위해 노력합니다.

정답 05 ②, 06 ④

Section 4 다문항 유형

Day 30 다문항: 웹페이지 ②

[01~02] 다음 글을 읽고 물음에 답하시오.

---

https://digitaltoys/e-reader

HOME | PRODUCTS | ELECTRONICS | E-READER

Easy E-Reader

Our Standard
Since our first product launch over a decade ago, we have been dedicated to providing the most user-friendly device for carrying thousands of e-books and audiobooks wherever you go. With the Easy E-Reader, read anytime, without having to visit a bookstore or library.

New Features
Our latest model includes a stylus pen for highlighting in various colors and taking notes. Handwritten notes can also be converted into typed text. The device itself is made of recycled materials to promote environmental sustainability and is waterproof for increased durability.

Our Promise
· We offer price matching for comparable devices produced by competitors in the same year.
· We offer a three-year replacement warranty for any device malfunctions.

---

01 Easy E-Reader에 관한 윗글의 내용과 일치하지 않는 것은?
① It allows users to listen to book recordings.
② It comes with a writing tool for note-taking.
③ It is designed to withstand exposure to water.
④ It offers a warranty for malfunctions within the same year only.

02 밑줄 친 "launch"의 의미와 가장 가까운 것은?
① enhancement
② description
③ introduction
④ opening

해설

01 ④번의 키워드인 malfunctions(고장)가 그대로 등장한 지문 주변의 내용에서 기기 고장 시 3년간 교체 보증을 제공한다고 설명하고 있다. 따라서 ④번이 지문의 내용과 일치하지 않는다.

02 launch(출시)를 포함한 구절 'Since our first product launch over a decade ago, we have been dedicated to providing the most user-friendly device ~'에서 10여 년 전 첫 제품의 무엇 이후, 가장 사용자 친화적인 장치를 제공하는 데 전념해 왔다고 했으므로 launch는 '출시'라는 뜻으로 사용되었다는 것을 알 수 있다. 따라서 '도입'이라는 뜻을 가진 ③ introduction이 정답이다.

어휘 feature 기능, 특징 convert 변환하다 sustainability 지속 가능성 durability 내구성 comparable 유사한, ~와 비슷한 malfunction 고장, 오작동 withstand 견디다 enhancement 증대, 강화

전략 적용 & 지문 분석

제목

Easy E-Reader

설명1 (소개)

Our Standard
Since our first product launch / over a decade ago, / ①we have been dedicated to providing / the most user-friendly device / for carrying thousands of e-books and audiobooks / wherever you go.

be dedicated to -ing: ~에 전념하다

With the Easy E-Reader, / read anytime, / without having to visit / a bookstore or library.

without + -ing: ~하지 않고

설명2 (기능)

New Features
②Our latest model includes / a stylus pen / for highlighting in various colors / and / taking notes.

Handwritten notes can also be converted / into typed text.

[The device] itself / is made of recycled materials / to promote environmental sustainability / and / ③is waterproof / for increased durability.

재귀대명사의 강조 용법

설명3 (약속)

Our Promise
· We offer / price matching / for comparable devices / produced by competitors / in the same year.
· ④We offer / a three-year replacement warranty / for any device malfunctions.

Step 1
지문에서 파악해야 할 내용
1) 일치하지 않는 것
2) launch의 의미

Step 2
- 01번: ④번의 키워드인 malfunctions(고장)가 그대로 등장한 지문 주변의 내용에서 기기 고장 시 3년간 교체 보증을 제공한다는 것을 알 수 있다.
- 02번: 주어진 어휘를 포함한 구절에서 해당 어휘가 '출시'라는 뜻으로 쓰였음을 파악한다.

Step 3
01번: ① O, ② O, ③ O, ④ X
02번: '도입'이라는 의미를 갖는 ③ introduction이 정답이다.

01
① It allows users to listen to book recordings.
② It comes with a writing tool for note-taking.
③ It is designed to withstand exposure to water.
④ It offers a warranty for malfunctions within the same year only.

02
① enhancement   ② description   ③ introduction   ④ opening

해석 Easy E-리더기

우리의 표준 10여 년 전 첫 제품 출시 이후, 우리는 여러분이 어디를 가든 수천 권의 전자책과 오디오북을 휴대할 수 있는 가장 사용자 친화적인 장치를 제공하는 데 전념해 왔습니다. Easy E-리더기를 사용하면, 서점이나 도서관을 방문할 필요 없이 언제든지 책을 읽을 수 있습니다.

새로운 기능 우리의 가장 최신 모델은 다양한 색상으로 강조 표시하고 메모할 수 있는 스타일러스 펜을 포함합니다. 손으로 쓴 메모는 타이핑된 텍스트로 변환될 수도 있습니다. 장치 자체도 환경적 지속 가능성을 촉진하기 위해 재활용 소재로 제작되었으며 내구성을 향상시키기 위해 방수 처리되었습니다.

우리의 약속
· 같은 해에 경쟁사가 생산한 유사한 기기에 대한 가격 보장을 제공합니다.
· 기기 고장 시 3년간 교체 보증을 제공합니다.

정답 01 ④, 02 ③

Day 30 다문항: 웹페이지 ②

[03~04] 다음 글을 읽고 물음에 답하시오.

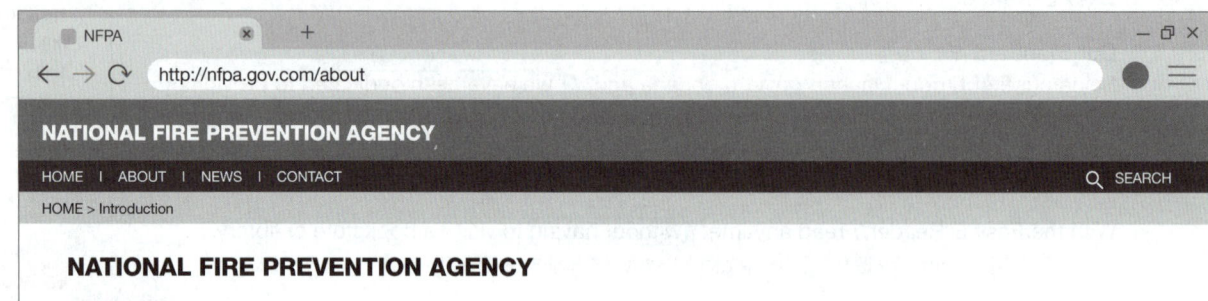

NATIONAL FIRE PREVENTION AGENCY

HISTORY
Founded nearly 50 years ago in response to forest fires that destroyed tens of thousands of acres of forestland and more than 5,000 homes, the agency has grown from a network of volunteer firefighters to a unified body providing funding and training to professional firefighters.

MISSION
We support firefighting agencies across the country to prepare for, mitigate, and respond to fires in both residential areas and natural settings. We also offer students classes about how to prevent fires and what to do in case of fire.

SYMBOLS
· Ladder and Crossed Axes: Honoring the strength of firefighters and the tools they use.
· Maltese Cross: Symbolizing the cross carried by the Knights of St. John into the Crusades during which they saved fellow soldiers from fire.

03 위 안내문의 내용과 일치하는 것은?
① It was started less than a decade ago.
② It supports fire departments throughout the nation.
③ It teaches students how to use firefighting equipment.
④ It features a soldier as one of its symbols.

04 밑줄 친 "natural"의 의미와 가장 가까운 것은?
① innate
② outdoor
③ familiar
④ ordinary

해설 03 ②번의 키워드인 fire departments(소방서)를 바꾸어 표현한 지문의 firefighting agencies(소방 기관) 주변의 내용에서 화재에 대비, 완화 및 대응할 수 있도록 전국의 소방 기관을 지원한다는 것을 알 수 있다. 따라서 ②번이 지문의 내용과 일치한다.

04 natural(자연의)을 포함한 구절 'We support firefighting agencies across the country to prepare for ~ fires in both residential areas and natural settings'에서 주거 지역과 자연의 환경 모두에서 발생하는 화재에 대비할 수 있도록 전국의 소방 기관을 지원한다고 했으므로 natural은 앞의 '주거의'와 대비하여 '자연의'라는 의미로 사용된 것을 알 수 있다. 따라서 '야외의'라는 뜻을 가진 ② outdoor가 정답이다.

어휘 mitigate 완화하다　ladder 사다리　axe 도끼　cross 십자가　Crusades 십자군 전쟁　feature 포함하다, 특징으로 삼다

전략 적용 & 지문 분석

제목

NATIONAL FIRE PREVENTION AGENCY 국립 화재 예방 기관

HISTORY 역사

설명1
①Founded nearly 50 years ago / in response to forest fires / that destroyed tens of thousands of acres of forestland / and / more than 5,000 homes, / the agency has grown / from a network of volunteer firefighters / to a unified body / providing funding and training / to professional firefighters.
(주격 관계대명사 that)
거의 50년 전에 설립된 / 산불에 대응하여 / 수만 에이커의 산림을 파괴한 / 그리고 / 5,000채 이상의 주택을 / 이 기관은 성장했습니다 / 자원봉사 소방관 네트워크에서 / 통합 기관으로 / 자금과 교육을 제공하는 / 전문 소방관에게

MISSION 임무

설명2
②We support firefighting agencies / across the country / to prepare for, mitigate, and respond to fires / in both residential areas and natural settings.
우리는 소방 기관을 지원합니다 / 전국의 / 화재에 대비, 완화 및 대응할 수 있도록 / 주거 지역과 자연의 환경 모두에서 발생하는

(간접 목적어(students)와 직접 목적어(classes)를 취하는 4형식 동사)
③We also offer / students / classes / about how to prevent fires / and / what to do / in case of fire. 우리는 또한 제공합니다 / 학생들에게 / 수업을 / 화재를 예방하는 방법에 대한 / 그리고 / 무엇을 해야 하는지에 대한 / 화재 발생 시

SYMBOLS 상징

설명3
· ④Ladder and Crossed Axes: / Honoring the strength of firefighters / and / the tools they use.
사다리와 십자 모양의 도끼: / 소방관의 힘을 기립니다 / 그리고 / 그들이 사용하는 도구를

· ④Maltese Cross: / Symbolizing the cross / carried by the Knights of St. John / into the Crusades / during which they saved fellow soldiers / from fire.
몰타 십자가: / 십자가를 상징합니다 / 성 요한 기사단이 들고 갔던 / 십자군 전쟁에 / 동료 병사들을 구한 / 화재로부터

Step 1

지문에서 파악해야 할 내용
1) 일치하는 것
2) natural의 의미

Step 2

03번: ②번의 키워드인 fire departments(소방서)를 바꾸어 표현한 지문의 firefighting agencies(소방 기관) 주변의 내용에서 전국의 소방 기관을 지원한다는 것을 알 수 있다.
04번: 주어진 어휘를 포함한 구절에서 해당 어휘가 '주거의'와 대비하여 '자연의'라는 뜻으로 쓰였음을 파악한다.

Step 3

03번: ① X, ② O, ③ X, ④ X
04번: '야외의'라는 의미를 갖는 ② outdoor가 정답이다.

03

① It was started less than a decade ago. 시작된 지 10년도 채 되지 않았다.
② It supports fire departments throughout the nation. 전국의 소방서를 지원한다.
③ It teaches students how to use firefighting equipment. 학생들에게 소방 장비 사용 방법을 가르친다.
④ It features a soldier as one of its symbols. 상징 중 하나로 군인을 포함한다.

04

① innate 선천적인   ② outdoor 야외의
③ familiar 익숙한   ④ ordinary 보통의

해석 국립 화재 예방 기관

역사 수만 에이커의 산림과 5,000채 이상의 주택을 파괴한 산불에 대응하여 거의 50년 전에 설립된 이 기관은, 자원봉사 소방관 네트워크에서 전문 소방관에게 자금과 교육을 제공하는 통합 기관으로 성장했습니다.

임무 우리는 주거 지역과 자연의 환경 모두에서 발생하는 화재에 대비, 완화 및 대응할 수 있도록 전국의 소방 기관을 지원합니다. 우리는 또한 학생들에게 화재를 예방하는 방법과 화재 발생 시 무엇을 해야 하는지에 대한 수업도 제공합니다.

상징
· 사다리와 십자 모양의 도끼: 소방관의 힘과 그들이 사용하는 도구를 기립니다.
· 몰타 십자가: 성 요한 기사단이 십자군 전쟁 동안 동료 병사들을 화재로부터 구할 때 들고 갔던 십자가를 상징합니다.

정답 03 ②, 04 ②

Day 30 다문항: 웹페이지 ②

[05~06] 다음 글을 읽고 물음에 답하시오.

☰ Springfield   https://springfieldcommunitycenter.com   🔍

The Springfield Community Center

HOME | ABOUT | PROGRAMS | SEARCH

(A)

The Springfield Community Center's mentoring program connects young people with volunteers who provide career guidance, academic support, and life coaching.

Program Benefits
Students participating in the mentoring program report improved academic performance and increased confidence. Last year, 89 percent of participants said they felt more motivated to pursue higher education.

Mentor Training
All volunteer mentors complete a comprehensive certification course covering youth development, communication skills, and safety protocols. Training sessions are conducted by experienced professionals.

Community Impact
The mentoring program extends beyond individual student support to benefit the entire Springfield community. Both mentors and mentees develop stronger civic engagement and leadership skills through regular interaction with diverse community members.

---

05 (A)에 들어갈 윗글의 제목으로 가장 적절한 것은?
① Annual Volunteer Fair at Springfield Community Center
② Empowering Youth Through Mentorship Opportunities
③ History of the Springfield Public Education System
④ Fostering Civic Engagement at the Mentoring Camp

06 윗글의 내용과 일치하지 않는 것은?
① 프로그램에 참여하는 멘토들은 자원봉사자이다.
② 프로그램은 청소년들이 고등 교육을 추구하도록 동기를 부여한다.
③ 멘토들은 안전 조치가 가능하도록 하는 자격증 과정을 이수한다.
④ 멘토링 프로그램은 개별 학생 지원에만 초점을 둔다.

해설 **05** 지문 처음에서 멘토링 프로그램은 청소년들을 진로 지도, 학업 지원, 그리고 인생 상담을 제공하는 자원봉사자들과 연결해 준다고 했고, 지문 전반에 걸쳐 멘토링 프로그램의 혜택과 영향에 대해 설명하고 있다. 따라서 지문의 제목을 '멘토링 기회를 통해 청소년 역량 향상시키기'라고 표현한 ②번이 정답이다.

06 ④번의 키워드인 '개별 학생 지원'과 관련된 지문의 individual student support(개별 학생 지원) 주변의 내용에서 멘토링 프로그램은 개별 학생 지원을 넘어 Springfield 지역사회 전체에 혜택을 제공한다고 했으므로, 멘토링 프로그램이 개별 학생 지원에만 초점을 둔다는 것은 지문의 내용과 다르다. 따라서 ④번이 지문의 내용과 일치하지 않는다.

어휘 career 진로, 직업   guidance 지도, 안내   academic 학업적인   confidence 자신감   pursue 추구하다   comprehensive 종합적인, 포괄적인   certification 자격증   conduct 진행하다   civic 시민의   engagement 참여   empower (능력을) 향상시키다

전략 적용 & 지문 분석

The Springfield Community Center Springfield 시민 문화 회관

① The Springfield Community Center's mentoring program connects young people / with volunteers / who provide career guidance, academic support, and life coaching.
Springfield 시민 문화 회관의 멘토링 프로그램은 청소년들을 연결해 줍니다 / 자원봉사자들과 / 진로 지도, 학업 지원, 그리고 인생 상담을 제공하는

Program Benefits 프로그램 혜택
Students participating in the mentoring program report / improved academic performance and increased confidence.
멘토링 프로그램에 참여하는 학생들은 보고합니다 / 향상된 학업 성취도와 높아진 자신감을

Last year, / ② 89 percent of participants said / they felt more motivated / to pursue higher education. 작년에 / 참가자의 89퍼센트가 말했습니다 / 그들이 동기를 더 강하게 느꼈다고 / 고등 교육을 추구하려는

Mentor Training 멘토 교육
③ All volunteer mentors complete / a comprehensive certification course / covering youth development, communication skills, and safety protocols.
모든 자원봉사 멘토는 이수합니다 / 종합적인 자격증 과정 / 청소년 발달, 의사소통 능력, 그리고 안전 프로토콜을 아우르는

Training sessions are conducted / by experienced professionals.
교육 세션은 진행됩니다 / 숙련된 전문가들에 의해

Community Impact 지역사회 영향
④ The mentoring program extends beyond / individual student support / to benefit the entire Springfield community. 멘토링 프로그램은 넘습니다 / 개별 학생 지원을 / Springfield 지역사회 전체에 혜택을 제공합니다

Both mentors and mentees develop / stronger civic engagement and leadership skills / through regular interaction / with diverse community members.
멘토와 멘티 모두 개발합니다 / 더 강력한 시민 참여와 리더십 기술을 / 정기적인 상호작용을 통해 / 다양한 지역사회 구성원과의

Step 1
지문에서 파악해야 할 내용
1) 제목
2) 일치하지 않는 것

Step 2
05번: 중심 내용이 담겨 있는 부분을 읽고 청소년들을 진로 지도, 학업 지원 등을 제공하는 자원봉사자들과 연결하는 멘토링 프로그램을 소개하는 글임을 파악한다.

06번: ④번의 키워드인 '개별 학생 지원'과 관련된 지문의 individual student support 주변의 내용에서 멘토링 프로그램은 개별 학생 지원을 넘어 Springfield 지역사회 전체에 혜택을 제공한다는 것을 알 수 있다.

Step 3
05번: 제목을 '멘토링 기회를 통한 청소년 역량 향상시키기'라고 표현한 ②번이 정답이다.
06번: ① O, ② O, ③ O, ④ X

05
① Annual Volunteer Fair at Springfield Community Center   Springfield 시민 문화 회관에서의 연례 자원봉사 박람회
② Empowering Youth Through Mentorship Opportunities   멘토링 기회를 통해 청소년 역량 향상시키기
③ History of the Springfield Public Education System   Springfield 공교육 체계의 역사
④ Fostering Civic Engagement at the Mentoring Camp   멘토링 캠프에서 시민 참여 발전시키기

해석 Springfield 시민 문화 회관
Springfield 시민 문화 회관의 멘토링 프로그램은 청소년들을 진로 지도, 학업 지원, 그리고 인생 상담을 제공하는 자원봉사자들과 연결해 줍니다.

프로그램 혜택   멘토링 프로그램에 참여하는 학생들은 향상된 학업 성취도와 높아진 자신감을 보고합니다. 작년에, 참가자의 89퍼센트가 고등 교육을 추구하려는 동기를 더 강하게 느꼈다고 말했습니다.

멘토 교육   모든 자원봉사 멘토는 청소년 발달, 의사소통 능력, 그리고 안전 프로토콜을 아우르는 종합적인 자격증 과정을 이수합니다. 교육 세션은 숙련된 전문가들에 의해 진행됩니다.

지역사회 영향   멘토링 프로그램은 개별 학생 지원을 넘어 Springfield 지역사회 전체에 혜택을 제공합니다. 멘토와 멘티 모두 다양한 지역사회 구성원과의 정기적인 상호작용을 통해 더 강력한 시민 참여와 리더십 기술을 개발합니다.

정답 05 ②, 06 ④

gosi.Hackers.com

해커스공무원 영어 **고득점 독해 337**

—
Energy and persistence conquer all things.
Benjamin Franklin

에너지와 끈기는 모든 것을 이겨낸다.
벤자민 프랭클린

종합 실전 모의고사

종합 실전모의고사 1
종합 실전모의고사 2
종합 실전모의고사 3
종합 실전모의고사 4
종합 실전모의고사 5
종합 실전모의고사 6
종합 실전모의고사 7

종합 실전모의고사 1

[01~02] 다음 글을 읽고 물음에 답하시오.

To	Fairview Public Health Department
From	Dan Garber
Date	May 21
Subject	Quality of Water in Local River

To Whom It May Concern,

I am writing you today in regard to pollution in local waterways, specifically the Red River, which flows through the city.

Living in a house on the river, I have always enjoyed sitting on my deck and watching boats pass by. However, in the last year, the water has become more and more polluted. Not only is there trash floating down the river, but it is now washing up in my yard. I have to <u>spend</u> hours a week cleaning up bottles and other trash.

I'm certain that I'm not the only person who has noticed this problem. I ask that you take action to clean up the river so that it becomes a source of pride for Fairview residents once again.

Respectfully,
Dan Garber

01 윗글의 목적으로 가장 적절한 것은?
① 도시가 강을 관리하는 방식을 칭찬하려고
② 시민들에게 강의 아름다움과 가치를 알리려고
③ 강의 환경오염 실태조사를 실시할 것을 제안하려고
④ 강의 쓰레기를 처리하기 위한 조치를 취할 것을 요청하려고

02 밑줄 친 "spend"의 의미와 가장 가까운 것은?
① concentrate
② devote
③ apply
④ pay

해설 **01** 지문 처음에서 Red 강의 오염과 관련하여 글을 쓴다고 했고, 지문 마지막에서 강을 정화하는 조치를 취해주기를 요청한다고 하고 있다. 따라서 지문의 목적을 '강의 쓰레기를 처리하기 위한 조치를 취할 것을 요청하려고'라고 표현한 ④번이 정답이다.

02 spend(들이다)를 포함한 구절 'I have to spend hours a week cleaning up bottles and other trash'에서 병과 다른 쓰레기를 치우는 데 일주일에 몇 시간씩 무엇을 해야 한다고 했으므로 spend는 '(시간을) 들이다'라는 뜻으로 사용된 것을 알 수 있다. 따라서 '(시간을) 쏟다'라는 뜻을 가진 ② devote가 정답이다.

어휘 waterway 수로 deck 덱(집 후면에 마루처럼 달아내어 앉아서 쉴 수 있게 만들어 놓은 곳), 테라스 wash up 떠밀려오다, (육지로) ~을 쓸고 오다 concentrate 집중하다 devote (시간을) 쏟다

전략 적용 & 지문 분석

인사
To Whom It May Concern, 관계자분께

도입
I am writing you today / in regard to / pollution in local waterways, / specifically the Red River, / which flows through the city.
저는 오늘 여러분께 글을 씁니다 / ~와 관련하여 / 지역 수로의 오염 / 특히 Red 강 / 도시를 통과해 흐르는

배경
Living in a house on the river, / I have always enjoyed / sitting on my deck and watching boats pass by. 강가에 있는 집에 살면서 / 저는 항상 즐겼습니다 / 덱에 앉아 배가 지나가는 것을 바라보는 것을

문제 제기
However, / in the last year, / the water has become more and more polluted.
→ 비교급 + and + 비교급: 점점 더 ~한
하지만 / 지난해에 / 물이 점점 더 오염되었습니다

Not only is there trash floating down the river, / but it is now washing up / in my yard.
강에 쓰레기가 떠다닐 뿐만 아니라 / 이제는 쓰레기가 떠밀려오고 있습니다 / 저희 마당으로

I have to spend hours a week / cleaning up bottles and other trash.
저는 일주일에 몇 시간씩 들여야 합니다 / 병과 다른 쓰레기를 치우는 데

I'm certain / that I'm not the only person / who has noticed / this problem.
저는 확신합니다 / 제가 유일한 사람이 아니라고 / 알아차린 / 이 문제를

요청
I ask / that you take action / to clean up the river / so that it becomes a source of pride / for Fairview residents / once again.
→ so that ~: 그래서(그 결과) ~하도록
저는 요청합니다 / 조치를 취해주시기를 / 강을 정화하는 / 이곳이 자부심의 원천이 될 수 있도록 / Fairview 주민들의 / 다시 한번

끝인사
Respectfully,
Dan Garber
Dan Garber 드림

Step 1
지문에서 파악해야 할 내용
1) 목적
2) spend의 의미

Step 2
01번: 중심 내용이 담겨 있는 부분을 읽고 강을 정화하는 조치를 취해주기를 요청하는 글임을 파악한다.
02번: 주어진 어휘를 포함한 구절에서 해당 어휘가 '(시간을) 들이다'라는 뜻으로 쓰였음을 파악한다.

Step 3
01번: 목적을 '강의 쓰레기를 처리하기 위한 조치를 취할 것을 요청하려고'라고 표현한 ④번이 정답이다.
02번: '(시간을) 쏟다'라는 의미를 갖는 ② devote가 정답이다.

02
① concentrate 집중하다
② devote 쏟다
③ apply 신청하다
④ pay 지불하다

해석
수신: Fairview 공중보건부   발신: Dan Garber   날짜: 5월 21일   제목: 지역 강의 수질

관계자분께,

저는 오늘 지역 수로, 특히 도시를 통과해 흐르는 Red 강의 오염과 관련하여 여러분께 글을 씁니다.

강가에 있는 집에 살면서, 저는 항상 덱에 앉아 배가 지나가는 것을 바라보는 것을 즐겼습니다. 하지만, 지난해에 물이 점점 더 오염되었습니다. 강에 쓰레기가 떠다닐 뿐만 아니라, 이제는 쓰레기가 저희 마당으로 떠밀려오고 있습니다. 저는 병과 다른 쓰레기를 치우는 데 일주일에 몇 시간씩 들여야 합니다.

제가 이 문제를 알아차린 유일한 사람이 아니라고 확신합니다. 이곳이 다시 한번 Fairview 주민들의 자부심의 원천이 될 수 있도록 그 강을 정화하는 조치를 취해주시기를 요청합니다.

Dan Garber 드림

정답 01 ④, 02 ②

03 다음 글의 주제로 가장 적절한 것은?

> Digital payment systems alter consumer psychology and spending behaviors compared to traditional cash transactions. Studies reveal that digital transactions feel less "real" than cash payments, leading to increased impulse buying and higher average transaction amounts. The physical act of handling cash creates psychological pain that naturally limits spending, whereas digital payments eliminate this mental barrier through seamless experiences. In line with this, credit card companies and mobile payment providers deliberately design interfaces to minimize payment barriers, encouraging higher consumption through one-click purchases. Failing to recognize these psychological mechanisms can contribute to personal debt accumulation and financial instability. Therefore, it is essential for individuals to understand them in order to make more conscious spending decisions, regardless of the payment method used.

① Causes of personal debt in digital economies
② Credit card companies' interface design strategies
③ Impulse buying trends in modern retail
④ Psychological and economic effects of payment methods

전략 적용 & 지문 분석

주제문

Digital payment systems alter / consumer psychology and spending behaviors / compared to traditional cash transactions.
디지털 결제 시스템은 변화시킨다 / 소비자 심리와 소비 행동을 / 전통적인 현금 거래와 비교하여

설명

Studies reveal / that digital transactions feel less "real" / than cash payments, / leading to increased impulse buying / and higher average transaction amounts.
연구는 밝힌다 / 디지털 거래가 덜 '현실적'이라고 느껴진다는 것을 / 현금 결제보다 / 증가된 충동구매로 이어진다 / 그리고 더 높은 평균 거래 금액(으로 이어진다)

The physical act of handling cash / creates psychological pain / that naturally limits spending, / whereas digital payments eliminate / this mental barrier / through seamless experiences.
현금을 취급하는 물리적 행위는 / 심리적 고통을 유발한다 / 소비를 자연스럽게 제한하는 / 반면 디지털 결제는 제거한다 / 이러한 정신적 장벽을 / 매끄러운 경험을 통해

In line with this, / credit card companies and mobile payment providers / deliberately design interfaces / to minimize payment barriers, / encouraging higher consumption / through one-click purchases.
이에 따라 / 신용카드 회사와 모바일 결제 제공업체는 / 의도적으로 인터페이스를 설계한다 / 결제 장벽을 최소화하기 위해 / 더 많은 소비를 장려한다 / 원클릭 구매를 통해

('목적'을 나타내는 to 부정사의 부사적 용법: 'to 부정사' 하기 위해)

결론

[Failing to recognize / these psychological mechanisms] / can contribute to / personal debt accumulation and financial instability.
인식하지 못하는 것은 / 이러한 심리적 메커니즘을 / 기여할 수 있다 / 개인의 부채 축적과 금융 불안정에

(동명사 주어)

Therefore, / it is essential for individuals / to understand them / in order to make more conscious spending decisions, / regardless of the payment method used.
따라서 / 개인에게 필수적이다 / 그것들을 이해하는 것이 / 보다 의식적인 소비 결정을 내리기 위해서 / 사용되는 결제 방법에 관계없이

(가주어 it / 의미상 주어 / 진주어)

Step 1 주제문 찾기
'디지털 결제 시스템은 소비자 심리와 소비 행동을 변화시킨다'라는 내용이 지문의 주제문이다.

Step 2 주제문을 가장 잘 바꾸어 표현한 보기 선택
주제문을 '결제 수단의 심리적 및 경제적 영향'이라고 바꾸어 표현한 ④번이 정답이다.

① Causes of personal debt in digital economies
   디지털 경제에서 개인 부채의 원인
② Credit card companies' interface design strategies
   신용카드 회사의 인터페이스 설계 전략
③ Impulse buying trends in modern retail
   현대 소매업의 충동구매 추세
④ Psychological and economic effects of payment methods
   결제 수단의 심리적 및 경제적 영향

해석 디지털 결제 시스템은 전통적인 현금 거래와 비교하여 소비자 심리와 소비 행동을 변화시킨다. 연구는 디지털 거래가 현금 결제보다 덜 '현실적'이라고 느껴져, 증가된 충동구매와 더 높은 평균 거래 금액으로 이어진다는 것을 밝힌다. 현금을 취급하는 물리적 행위는 소비를 자연스럽게 제한하는 심리적 고통을 만들어내는 반면, 디지털 결제는 매끄러운 경험을 통해 이러한 정신적 장벽을 제거한다. 이에 따라, 신용카드 회사와 모바일 결제 제공업체는 결제 장벽을 최소화하기 위해 의도적으로 인터페이스를 설계하여 원클릭 구매를 통해 더 많은 소비를 장려한다. 이러한 심리적 메커니즘을 인식하지 못하는 것은 개인의 부채 축적과 금융 불안정에 기여할 수 있다. 따라서, 사용되는 결제 방법에 관계없이 보다 의식적인 소비 결정을 내리기 위해서는 개인이 그것들(심리적 메커니즘)을 이해하는 것이 필수적이다.

해설 지문 처음에서 디지털 결제 시스템은 소비자 심리와 소비 행동을 변화시킨다고 했고, 지문 전반에 걸쳐 디지털 거래가 덜 현실적이라고 느껴져 증가된 충동구매와 더 높은 평균 거래 금액으로 이어지며, 이는 개인의 부채 축적과 금융 불안정에 기여할 수 있다고 설명하고 있다. 따라서 지문의 주제를 '결제 수단의 심리적 및 경제적 영향'이라고 표현한 ④번이 정답이다.

정답 ④

04 다음 글의 내용과 일치하지 않는 것은?

≡ UOS http://univofstratford.org

The University of Stratford

HOME | ABOUT | CURRICULUM | FACULTY | Q&A

A New Curriculum Model

The University of Stratford is introducing a new language curriculum called the Immersion Program. This program will be divided into six three-month sessions that place strong emphasis on student interaction and give instructors a more supportive, less directive role. It replaces the previous program, the Instructive Approach, which the university determined required too many changes to remain effective.

Learning in Stages

Unlike in the Instruction Approach, the Immersion Program requires that students be taught basic greetings, vocabulary, and grammatical structures in A- and B-level classes. Meanwhile, improving oral communication is the specific objective of intermediate C- and D-level classes, the latter of which ends in a lengthy speaking test with an instructor.

Faculty have long called for such a program and are in favor of the changes to the curriculum. It is expected that students will achieve a higher degree of proficiency with the new program.

① 새로운 교육 과정은 학생들 간의 상호작용을 강조한다.
② A와 B 레벨 수업에서 학생들은 기본적인 어휘와 문법을 배운다.
③ C와 D 레벨 수업은 글로 이루어진 의사소통의 개선에 중점을 둔다.
④ 교수진은 새로운 언어 교육 프로그램을 오랫동안 요구해 왔다.

해설 ③번의 키워드인 'C와 D 레벨 수업'과 관련된 지문의 C- and D-level classes(C와 D 레벨 수업) 주변의 내용에서 구두 의사소통을 개선하는 것이 중급인 C와 D 레벨 수업의 구체적인 목표라고 했으므로, C와 D 레벨 수업이 글로 이루어진 의사소통의 개선에 중점을 둔다는 것은 지문의 내용과 다르다. 따라서 ③번이 지문의 내용과 일치하지 않는다.

어휘 curriculum 교육 과정, 교과 과정 immersion 몰입 divide 나누다 interaction 상호작용, 대화 replace 교체하다, 대체하다 previous 이전의 greetings 인사말 oral 구두의 objective 목표 intermediate 중급인, 중급의 latter 후자 lengthy 긴 faculty 교수진 call for 요구하다 in favor of ~에 찬성하여, ~을 위해 proficiency 능숙, 숙련

전략 적용 & 지문 분석

제목
The University of Stratford Stratford 대학교

도입
A New Curriculum Model 새로운 교육 과정 모델
The University of Stratford is introducing a new language curriculum / called the Immersion Program.
Stratford 대학교는 새로운 언어 교육 과정을 도입합니다 / '몰입 프로그램'이라고 불리는

설명 1
①This program will be divided / into six three-month sessions / [that place strong emphasis on student interaction / and give instructors a more supportive, less directive role.]
이 프로그램은 나뉠 것입니다 / 3개월 단위의 강좌 6개로 / 학생 상호작용에 중점을 두는 / 그리고 강사들에게 더 지원적이고 덜 지시적인 역할을 부여하는

선행사(sessions)를 수식하는 주격 관계절

배경
It replaces the previous program, / the Instruction Approach , / which the university determined / required too many changes / to remain effective.
그것은 이전 프로그램을 대체합니다 / '지도 교수법'이라는 / 대학이 판단한 / 너무 많은 변경이 필요하다고 / 효과적으로 유지하기 위해

관계절의 계속적 용법: 앞의 명사(the Instruction Approach)에 대한 부가 설명

설명 2
Learning in Stages 단계별 학습
Unlike in the Instruction Approach, / the Immersion Program requires / that ②students be taught / basic greetings, vocabulary, and grammatical structures / in A- and B-level classes.
'지도 교수법'과 달리 / '몰입 프로그램'은 요구합니다 / 학생들이 배울 것을 / 기본 인사말, 어휘, 그리고 문법 구조를 / A와 B 레벨의 수업에서

요청을 나타내는 동사(require)가 주절에 오면 종속절에 '(should) + 동사원형(be)'이 온다.

Meanwhile, / ③improving oral communication / is the specific objective / of intermediate C- and D-level classes, / the latter of which ends / in a lengthy speaking test / with an instructor.
한편 / 의사소통을 개선하는 것이 / 구체적인 목표입니다 / 중급인 C와 D 레벨 수업의 / 그리고 그것들 중 후자(D 레벨 수업)는 끝이 납니다 / 긴 말하기 시험으로 / 강사와의

결론
④Faculty have long called for / such a program / and are in favor of the changes to the curriculum.
교수진은 오랫동안 요구해 왔습니다 / 그러한 프로그램을 / 그리고 교육 과정의 변화에 찬성하고 있습니다

It is expected / that students will achieve a higher degree of proficiency / with the new program.
(~할 것으로) 기대됩니다 / 학생들이 더 높은 능숙도를 달성할 것으로 / 그 새로운 프로그램으로

Step 1
보기를 먼저 읽고 지문의 내용과 비교할 키워드를 파악
① 새 교육 과정, 학생들 간의 상호작용 강조
② A와 B 레벨, 기본 어휘와 문법
③ C와 D 레벨, 글로 이루어진 의사소통 개선
④ 교수진, 새로운 언어 교육 프로그램 요구

Step 2
지문에서 보기의 키워드와 관련된 부분을 찾아 비교한 후, 알맞은 보기 선택
① O: 학생 상호작용을 매우 강조함
② O: A와 B 레벨에서는 기본 인사말, 어휘, 그리고 문법 구조를 배울 것을 요구함
③ X: C와 D 레벨에서는 구두 의사소통을 개선하는 것이 목표임
④ O: 교수진은 프로그램을 오랫동안 요구해 옴

| 해석 | **Stratford 대학교**

새로운 교육 과정 모델 Stratford 대학교는 '몰입 프로그램'이라고 불리는 새로운 언어 교육 과정을 도입합니다. 이 프로그램은 학생 상호작용에 중점을 두고 강사들에게 더 지원적이고 덜 지시적인 역할을 부여하는 3개월 단위의 강좌 6개로 나뉠 것입니다. 이것은 이전 프로그램인 '지도 교수법'을 대체하는데, 이것(지도 교수법)은 대학이 효과적으로 유지하기 위해 너무 많은 변경이 필요하다고 판단했습니다.

단계별 학습 '지도 교수법'과 달리, '몰입 프로그램'은 A와 B 레벨의 수업에서는 학생들이 기본 인사말, 어휘, 그리고 문법 구조를 배울 것을 요구합니다. 한편, 구두 의사소통을 개선하는 것이 중급인 C와 D 레벨 수업의 구체적인 목표이며, 그것들 중 후자(D 레벨 수업)는 강사와의 긴 말하기 시험으로 끝이 납니다.

교수진은 그러한 프로그램을 오랫동안 요구해 왔으며, 교육 과정의 변화에 찬성하고 있습니다. 학생들은 그 새로운 프로그램으로 더 높은 능숙도를 달성할 것으로 기대됩니다.

정답 ③

05 다음 글의 목적으로 가장 알맞은 것은?

Thamasi Kart is the most anticipated new restaurant on the Toronto food scene. The lounge-style restaurant is the brainchild of chef-owner Thom Chen-Anong. He drew inspiration for it from the cuisines of his Thai mother and Malaysian-Singaporean father. However, Chef Chen-Anong won't be serving the basic curries and soups that are the staples of other Asian restaurants. Instead, Thamasi Kart will offer a menu composed of street foods commonly found in Bangkok and on the Malay Peninsula. This will include a variety of noodle dishes, grilled meats, fried snacks, and his specialty, Hainanese chicken rice. Thamasi Kart will be open in West Queen West from 5 P.M. to 2 A.M. Tuesday through Sunday starting on May 15.

① To introduce diners to a new type of cuisine
② To recommend things to try at a restaurant
③ To attract customers to a new dining venue
④ To contrast the ingredients in different types of food

전략 적용 & 지문 분석

주제문

Thamasi Kart is the most anticipated new restaurant / on the Toronto food scene.
Thamasi Kart는 가장 기대되는 새로운 레스토랑이다 / 토론토 요식업계에서

Step 1 주제문 찾기
'Thamasi Kart는 토론토 요식업계에서 가장 기대되는 새로운 레스토랑이다'라는 내용이 지문의 주제문이다.

설명1 (셰프)

The lounge-style restaurant is the brainchild / of chef-owner Thom Chen-Anong.
이 라운지 스타일의 레스토랑은 아이디어이다 / 셰프이자 식당 주인인 Thom Chen-Anong의

drew inspiration from: ~으로부터 영감을 얻다

He drew inspiration for it / from the cuisines of his Thai mother and Malaysian-Singaporean father.
그는 그것에 대한 영감을 얻었다 / 그의 태국인 어머니와 말레이시아계 싱가포르인 아버지의 요리들로부터

설명2 (메뉴)

However, / Chef Chen-Anong won't be serving the basic curries and soups / that are the staples / of other Asian restaurants.
하지만 / Chen-Anong 셰프는 기본 카레와 수프를 제공하지 않을 것이다 / 주요 상품인 / 다른 아시아 레스토랑들의

→ 명사(a menu)를 수식하는 분사구① → 명사(a menu)를 수식하는 분사구②

Instead, / Thamasi Kart will offer a menu / [composed of street foods] / [commonly found] / in Bangkok and on the Malay Peninsula.
대신에 / Thamasi Kart는 메뉴를 제공할 것이다 / 길거리 음식으로 구성된 / 흔히 발견되는 / 방콕과 말레이 반도에서

This will include / a variety of noodle dishes, grilled meats, fried snacks, / and his specialty, / Hainanese chicken rice.
이것은 포함할 것이다 / 다양한 면 요리, 그릴에 구운 고기, 튀긴 간식을 / 그리고 그의 주특기인 / 하이난식 치킨 라이스를

설명3 (영업시간)

Thamasi Kart will be open / in West Queen West / from 5 P.M. to 2 A.M. / Tuesday through Sunday / starting on May 15.
Thamasi Kart는 문을 열 것이다 / West Queen West에 / 오후 5시부터 새벽 2시까지 / 화요일에서 일요일까지 / 5월 15일부터

Step 2 주제문을 가장 잘 바꾸어 표현한 보기 선택
주제문의 내용을 '새로운 식사 장소로 고객들을 끌어들이기 위해'라고 바꾸어 표현한 ③번이 정답이다.

① To introduce diners to a new type of cuisine
식사를 하는 손님들에게 새로운 종류의 요리를 소개하기 위해
② To recommend things to try at a restaurant
레스토랑에서 먹어볼 것들을 추천하기 위해
③ To attract customers to a new dining venue
새로운 식사 장소로 고객들을 끌어들이기 위해
④ To contrast the ingredients in different types of food
다른 종류의 음식에 들어가는 재료들을 대조하기 위해

해석 Thamasi Kart는 토론토 요식업계에서 가장 기대되는 새로운 레스토랑이다. 이 라운지 스타일의 레스토랑은 셰프이자 식당 주인인 Thom Chen-Anong의 아이디어이다. 그는 그의 태국인 어머니와 말레이시아계 싱가포르인 아버지의 요리들로부터 그것에 대한 영감을 얻었다. 하지만, Chen-Anong 셰프는 다른 아시아 레스토랑들의 주요 상품인 기본 카레와 수프를 제공하지 않을 것이다. 대신에, Thamasi Kart는 방콕과 말레이 반도에서 흔히 발견되는 길거리 음식으로 구성된 메뉴를 제공할 것이다. 이것은 다양한 면 요리, 그릴에 구운 고기, 튀긴 간식, 그리고 그의 주특기인 하이난식 치킨 라이스를 포함할 것이다. Thamasi Kart는 5월 15일부터 (매주) 화요일에서 일요일까지 오후 5시부터 새벽 2시까지 West Queen West에 문을 열 것이다.

해설 지문 처음에서 Thamasi Kart는 토론토 요식업계에서 가장 기대되는 새로운 레스토랑이라고 소개하고, 이어서 레스토랑의 셰프와 메뉴, 영업 시간에 대해 자세히 소개하고 있다. 따라서 지문의 목적을 '새로운 식사 장소로 고객들을 끌어들이기 위해'라고 표현한 ③번이 정답이다.

정답 ③

06 밑줄 친 (A), (B)에 들어갈 말로 가장 적절한 것은?

Many people consider the tremendous advancements humans have made as evidence of the superiority of human problem-solving. But modern evolutionary biologists believe that our problem-solving superiority may not be as universal as we think. They argue that when comparing orangutans, chimpanzees, and humans in experiments, adult humans easily outperform the other primates in most measures of cognition. ___(A)___, young members of the three species perform roughly identically, with humans occasionally being beaten, across game theoretic strategy, determining causal relationships, spatial reasoning, and nearly all other areas of measurement. ___(B)___, young humans drastically outperform the other species in exactly one area: social learning. Humans are significantly better at learning by watching the experiences of others than other species, which has enabled us to cooperate more effectively and increase our knowledge exponentially, creating a self-perpetuating feedback loop with our genes.

	(A)	(B)
①	For example	As a result
②	On the other hand	However
③	Similarly	Therefore
④	In contrast	Likewise

해설 (A) 빈칸 앞 문장은 성인 인간들은 대부분의 인지 측정에서 다른 영장류들을 단연 능가한다는 내용이고, (A) 빈칸 뒤 문장은 어린 인간들과 다른 어린 영장류들은 거의 똑같이 행동하며, 어린 인간들이 때로는 다른 종들에 의해 능가당하기도 한다는 대조적인 내용이므로, 빈칸에는 대조를 나타내는 연결어인 On the other hand(반면에)를 넣어야 한다. (B) 빈칸 앞 문장은 어린 인간들이 다른 종들에 의해 (여러 분야에서) 능가당하기도 한다는 내용이고, (B) 빈칸 뒤 문장은 어린 인간이 딱 한 가지 분야에서 어린 영장류들을 크게 능가한다는 대조적인 내용이므로, 빈칸에는 대조(전환)를 나타내는 연결어인 However (하지만)를 넣어야 한다. 따라서 ②번이 정답이다.

어휘 tremendous 엄청난, 대단한 advancement 발전 superiority 우월성 evolutionary 진화의 universal 절대적인, 전반적인 compare 비교하다 easily 단연, 확실히 outperform 능가하다, 뛰어나다 primate 영장류 cognition 인지 identically 똑같이 beat 능가하다 theoretic 이론의 determine 결정하다 causal relationship 인과 관계 spatial 공간의 reasoning 추론 drastically 크게, 엄청나게, 철저히 cooperate 협력하다 exponentially 기하급수적으로 self-perpetuating 저절로 계속되는

전략 적용 & 지문 분석

Many people consider / ᴬ[the tremendous advancements] / [humans have made] / as ᴮ[evidence of the superiority / of human problem-solving.]
많은 사람들은 여긴다 / 엄청난 발전들을 / 인간이 이룬 / 우월성에 대한 증거로 / 인간의 문제 해결의

→ consider A as B: A를 B로 여기다
→ 선행사(advancements)를 수식하는 목적격 관계절
→ not as + 형용사 + as: ~만큼 '형용사'하지 않은

But / modern evolutionary biologists believe that / our problem-solving superiority may not be as universal / as we think.
하지만 / 현대의 진화 생물학자들은 ~라고 생각한다 / 우리의 문제 해결의 우월성이 절대적이지는 않을 수도 있다고 / 우리가 생각하는 것만큼

They argue that / when comparing orangutans, chimpanzees, and humans / in experiments, / adult humans easily outperform / the other primates / in most measures of cognition.
그들은 ~라고 주장한다 / 오랑우탄, 침팬지, 그리고 인간을 비교해보면 / 실험에서 / 성인 인간들은 단연 능가한다 / 다른 영장류들을 / 대부분의 인지 측정에서

→ with + 목적어 + 분사: ~하면서, ~한 채로

(A) On the other hand, / young members / of the three species / perform roughly identically, / with humans occasionally being beaten, / across / game theoretic strategy, determining causal relationships, spatial reasoning, / and nearly all other areas of measurement.
(A) 반면에 / 어린 구성원들은 / 세 가지 종의 / 거의 똑같이 행동한다 / 때로는 인간이 능가당하기도 하면서 / ~ 전체에 걸쳐 / 게임 이론 전략, 인과 관계 결정, 공간 추론 / 그리고 거의 모든 다른 측정 분야들

(B) However, / young humans drastically outperform / the other species / in exactly one area: / social learning.
(B) 하지만 / 어린 인간들은 크게 능가한다 / 다른 종들을 / 딱 한 가지 분야에서 / 바로 사회적 학습이다

Humans are significantly better at learning / by watching the experiences of others / than other species, / which has enabled us / to cooperate more effectively / and increase our knowledge exponentially, / creating a self-perpetuating feedback loop / with our genes.
인간은 배우는 것을 훨씬 더 잘한다 / 타인의 경험을 관찰함으로써 / 다른 종들보다 / 그리고 이것은 우리가 ~하는 것을 가능하게 했다 / 더 효과적으로 협력하는 것을 / 그리고 우리의 지식을 기하급수적으로 증가시키는 것을 / 이는 저절로 계속되는 피드백 고리를 만들었다 / 우리의 유전자에

	(A)	(B)
①	For example 예를 들어	As a result 그 결과
③	Similarly 이와 비슷하게	Therefore 따라서
②	On the other hand 반면에	However 하지만
④	In contrast 반대로	Likewise 마찬가지로

Step 1 빈칸 앞뒤 문장을 읽고 두 문장 사이의 논리적 관계 파악
(A) 대조
(B) 대조(전환)

Step 2 빈칸 앞뒤의 논리적 관계를 가장 잘 표현한 보기 선택
빈칸 (A) 앞뒤의 대조 관계를 가장 잘 표현한 반면에(On the other hand), 빈칸 (B) 앞뒤의 대조(전환) 관계를 가장 잘 표현한 연결어 하지만(However)가 있는 ②번이 정답이다.

해석 많은 사람들은 인간이 이룬 엄청난 발전들을 인간의 문제 해결의 우월성을 보여주는 증거로 여긴다. 하지만 현대의 진화 생물학자들은 우리의 문제 해결의 우월성이 우리가 생각하는 것만큼 절대적이지는 않을 수도 있다고 생각한다. 그들은 실험에서 오랑우탄, 침팬지, 그리고 인간을 비교해보면, 성인 인간들은 대부분의 인지 측정에서 다른 영장류들을 단연 능가한다고 주장한다. (A) 반면에, 세 가지 종의 어린 구성원들은 게임 이론 전략, 인과 관계 결정, 공간 추론, 그리고 거의 모든 다른 측정 분야들에 걸쳐 거의 똑같이 행동하며, 때로는 인간이 능가당하기도 한다. (B) 하지만, 어린 인간들은 딱 한 가지 분야에서 다른 종들을 크게 능가하는데, 바로 사회적 학습이다. 인간은 타인의 경험을 관찰함으로써 배우는 것을 다른 종들보다 훨씬 더 잘하고, 이것은 우리가 더 효과적으로 협력하여 우리의 지식을 기하급수적으로 증가시키는 것을 가능하게 했으며, 이는 우리 유전자에 저절로 계속되는 피드백 고리를 만들었다.

정답 ②

종합 실전모의고사 1

07 글의 흐름상 가장 어색한 문장은?

The children's novelist Laura Ingalls Wilder was born in 1867 and became famous worldwide for her fictionalized accounts of her childhood on the American frontier. Her novels have sold millions of copies worldwide, and were even turned into a hit TV series and multiple movies. ① While Wilder attended school as a child, a substantial achievement for a rural female at the time, nothing in her education hinted that she would become a writer. ② She married at the age of 18 and barely survived on the income from the farm she owned with her husband. ③ Consequently, scholars are unsure of when she first embraced writing as a profession. ④ All that is known with certainty is that she published her first written work in 1911, beginning what would become a prolific career.

어휘 novelist 소설 작가 fictionalize 각색하다 account 이야기 multiple 여러, 많은 substantial 상당한 achievement 성취 rural 시골의 hint 암시하다 barely 빠듯하게, 거의 ~않는 income 수입 consequently 따라서, 그 결과 unsure 확신하지 못하는 embrace (직업을) 가지다, 포옹하다 profession 직업 certainty 확실성, 확실함 prolific 다작의

전략 적용 & 지문 분석

도입

The children's novelist Laura Ingalls Wilder / was born in 1867 / and became famous worldwide / for her fictionalized accounts / of her childhood / on the American frontier.
어린이 소설 작가 로라 잉걸스 와일더는 / 1867년에 태어났다 / 그리고 세계적으로 유명해졌다 / 그녀의 각색된 이야기로 / 그녀의 어린 시절에 대한 / 서부 개척시대의

Her novels have sold millions of copies worldwide, / and were even turned into a hit TV series and multiple movies.
(→ turn A into B(A를 B로 만들다, 변화시키다)의 수동태)
그녀의 소설은 세계적으로 수백만 권이 팔렸다 / 그리고 인기 TV 시리즈 및 여러 영화로도 만들어졌다

Step 1 첫 문장을 읽고 지문의 중심 소재 파악
첫 문장을 읽고 지문의 중심 소재가 '어린이 소설 작가로서 와일더의 삶'임을 파악한다.

설명1

① While Wilder attended school as a child, / a substantial achievement for a rural female at the time, / nothing in her education hinted / that she would become a writer.
와일더는 어릴 때 학교를 다녔지만 / 그리고 이는 당시 시골 여성으로서는 상당한 (학업) 성취였다 / 그녀의 교육 중에서 어느 것도 암시하지는 않았다 / 그녀가 작가가 될 것임을

설명2

② She married at the age of 18 / and barely survived / on the income from the farm / she owned with her husband.
그녀는 18세에 결혼했다 / 그리고 빠듯하게 살아갔다 / 농장에서 나오는 수입으로 / 그녀가 남편과 함께 소유한

③ Consequently, / scholars are unsure of / when she first embraced / writing / as a profession.
따라서 / 학자들은 ~을 확신하지 못한다 / 그녀가 언제 처음으로 가졌는지 / 글 쓰는 것을 / 직업으로

설명3

④ All / [that is known with certainty] / is / [that she published her first written work in 1911], / beginning what would become a prolific career.
(→ 선행사(All)를 수식하는 주격 관계절) (→ 보어 역할을 하는 명사절)
전부는 / 확실히 알려진 / ~이다 / 그녀가 1911년에 그녀의 첫 집필 작품을 출간했다는 것 / 그리고 이것은 다작 경력이 될 것의 시작이었다

Step 2 각 보기 문장이 지문의 흐름과 어울리는지 확인하고, 가장 어울리지 않는 보기 선택
지문 전반에 걸쳐 어린이 소설 작가로서 와일더의 삶에 관한 내용이 이어지고 있으므로, 그녀가 18세에 결혼해서 농장 수입으로 빠듯하게 살아갔다는 내용은 지문의 흐름에 어울리지 않는다. 따라서 ②번이 정답이다.

해석 어린이 소설 작가 로라 잉걸스 와일더는 1867년에 태어났으며 서부 개척시대 당시 그녀의 어린 시절에 대한 각색된 이야기로 세계적으로 유명해졌다. 그녀의 소설은 세계적으로 수백만 권이 팔렸고, 인기 TV 시리즈 및 여러 영화로도 만들어졌다. ① 와일더는 어릴 때 학교를 다녔고, 이는 당시 시골 여성으로서 상당한 학업적 성취였지만, 그녀가 받은 교육 중 그 어느 것도 그녀가 작가가 될 것임을 암시하지는 않았다. ② 그녀는 18세에 결혼했고, 남편과 함께 소유한 농장에서 나오는 수입으로 빠듯하게 살아갔다. ③ 따라서, 학자들은 그녀가 언제 처음으로 글 쓰는 것을 직업으로 가졌는지 확신하지 못한다. ④ 확실하게 알려진 것은 그녀가 1911년에 그녀의 첫 집필 작품을 출간했다는 것이 전부이고, 이것은 다작 경력이 될 것의 시작이었다.

해설 첫 문장에서 '어린이 소설 작가 와일더가 쓴 어린 시절 이야기'에 대해 언급하고, ①번은 작가가 될 것임을 암시할 만한 교육을 받지 않았던 그녀의 유년 시절, ③, ④번은 그녀가 글 쓰는 것을 직업으로 갖기 시작한 시점의 불확실함과 첫 작품을 출간한 시기에 대한 내용으로, 모두 와일더의 작가로서의 삶과 이력에 대해 설명하고 있다. 그러나 ②번은 '경제적으로 어려웠던 와일더의 결혼 생활'에 대한 내용으로, 지문의 흐름과 어울리지 않으므로 ②번이 정답이다.

정답 ②

08 다음 문장에 이어질 글의 순서로 가장 적절한 것은?

> Research has confirmed that using a mobile phone in bed after you have turned out the lights has detrimental effects on your health, no matter how young or old you are.

(A) Those who have trouble not using their phones at night can also consider putting the devices in another room. That room should be hard to reach. You can also lock them in a cupboard in the kitchen to avoid being tempted to get your devices.

(B) Accordingly, it is a good idea to turn off your phone at bedtime rather than checking your messages, reading social media posts, and watching videos.

(C) Several studies indicate that the blue light emitted by a smartphone simulates daylight, restraining the brain's production of melatonin, the hormone that regulates our sleep-wake cycle. In addition, they show that using your phone in a dark room could cause the eyes lasting damage.

① (A) – (B) – (C)   ② (A) – (C) – (B)
③ (C) – (A) – (B)   ④ (C) – (B) – (A)

해설 주어진 문장에서 불을 끈 후 잠자리에서 휴대폰을 사용하는 것이 건강에 해로운 영향을 끼친다는 것을 연구가 입증했다고 한 후, (C)에서 뇌의 멜라토닌 생성 억제와 눈의 영구적인 손상 등 건강에 끼칠 수 있는 악영향에 대해 구체적으로 설명했다. 뒤이어 (B)에서 따라서(Accordingly) 취침 시간에는 휴대폰을 꺼두는 것이 좋다고 하고, (A)에서 밤에 휴대폰을 사용하지 않는 데에 어려움을 겪는 사람들은 휴대폰을 다른 방에 두거나 찬장 안에 잠가둘 수 있다고 하며 밤에 휴대폰을 사용하지 않을 수 있는 구체적인 방법을 설명하고 있다. 따라서 주어진 문장 다음에 이어질 순서는 ④ (C)-(B)-(A)이다.

어휘 confirm 입증하다, 확실히 보여주다 turn out (불) 끄다 detrimental 해로운, 유해한 device 기기 cupboard 찬장, 식기장 avoid 막다, 피하다
be tempted to ~하고 싶은 마음이 생기다 indicate 시사하다 emit 내뿜다 simulate 흉내내다, 가장하다 daylight 햇빛 restrain 억제하다
regulate 조절하다, 규제하다 sleep-wake cycle 수면 각성 주기 lasting 영구적인, 지속적인

전략 적용 & 지문 분석

문제점

Research has confirmed that / using a mobile phone in bed / after you have turned out the lights / has detrimental effects / on your health, / no matter how young or old you are.
연구는 ~라는 것을 입증했다 / 침대에서 휴대폰을 사용하는 것이 / 당신이 불을 끈 후에 / 해로운 영향을 끼친다는 것을 / 당신의 건강에 / 당신이 어리든 나이가 들었든 상관없이

해결책2

(A) Those / who [have trouble not using] their phones / at night / can also consider putting the devices / in another room.   → have trouble + 동명사: '동명사'하는 데 어려움을 겪다
사람들은 / 휴대폰을 사용하지 않는 데에 어려움을 겪는 / 밤에 / 기기를 두는 것도 고려해볼 수 있다 / 다른 방에

(해결책2) 부연

That room / should be hard / to reach. 그 방은 / 어려워야 한다 / 가기

You can also lock them / in a cupboard in the kitchen / to avoid / being tempted to get your devices.
당신은 그것들을 잠가둘 수도 있다 / 부엌의 찬장 안에 넣고 / 막기 위해 / 기기를 가져오고 싶은 마음이 생기는 것을

해결책1

(B) [Accordingly], / it is a good idea / to turn off your phone / at bedtime / rather than checking your messages, / reading social media posts, / and watching videos.
따라서 / (~이) 좋은 생각이다 / 휴대폰을 꺼두는 것이 / 취침 시간에는 / 메시지를 확인하는 것보다는 / 소셜 미디어의 게시물을 읽는 것(보다는) / 그리고 영상을 시청하는 것(보다는)

(문제점) 설명

→ 명사(the blue light)를 수식하는 과거분사

(C) Several studies indicate that / the blue light / [emitted by a smartphone] / simulates daylight, / [restraining the brain's production of melatonin,] / the hormone / that regulates our sleep-wake cycle.   → and로 대등하게 연결된 절 역할을 하는 분사구문: and it restrains ~
몇몇 연구들은 ~라는 것을 시사한다 / 블루라이트가 / 스마트폰에서 나오는 / 햇빛을 흉내낸다 / 그래서 이것(블루라이트)은 뇌의 멜라토닌 생성을 억제한다 / 호르몬인 / 우리의 수면 각성 주기를 조절하는

In addition, / they show that / using your phone / in a dark room / could cause the eyes / [lasting damage].
게다가 / 그것들(연구들)은 ~라는 것을 보여준다 / 휴대폰을 사용하는 것이 / 어두운 방에서 / 눈에 (~을) 야기할 수 있다 / 영구적인 손상을

① (A) – (B) – (C)   ② (A) – (C) – (B)
③ (C) – (A) – (B)   ④ (C) – (B) – (A) •

Step 1
주어진 글을 읽고 지문의 흐름 예상
'불을 끈 후 침대에서 휴대폰을 사용하는 것의 해로운 영향'이 지문의 중심 소재임을 예상한다.

Step 2
문단 내 단서를 통해 순서를 파악하고 이를 알맞게 배열한 보기 선택

- (C) restraining the brain's production of melatonin과 lasting damage를 통해 (C)가 주어진 문장을 예시를 들어 설명하고 있음을 파악한다.
- (B) 연결어 Accordingly와 문단의 내용을 통해 (B)가 (C)에 제시된 문제점에 대한 해결책을 설명하고 있음을 파악한다.
- (A) Those who have trouble not using their phones와 문단의 내용을 통해 (A)가 (B)의 해결책으로도 문제가 해결되지 않을 경우에 취할 수 있는 조치에 대해 제시하고 있음을 파악한다.

해석 연구는 불을 끈 후 침대에서 휴대폰을 사용하는 것이, 당신이 어리든 나이가 들었든 상관없이, 당신의 건강에 해로운 영향을 끼친다는 것을 입증했다.

(C) 몇몇 연구들은 스마트폰에서 나오는 블루라이트가 햇빛을 흉내내서, 뇌가 우리의 수면 각성 주기를 조절하는 호르몬인 멜라토닌을 생성하는 것을 억제한다는 것을 시사한다. 게다가, 그것들(연구들)은 어두운 방에서 휴대폰을 사용하는 것이 눈에 영구적인 손상을 야기할 수 있다고 보여준다.
(B) 따라서, 취침 시간에는 메시지를 확인하고, 소셜 미디어의 게시물을 읽고, 영상을 시청하는 것보다는 휴대폰을 꺼두는 것이 좋은 생각이다.
(A) 밤에 휴대폰을 사용하지 않는 데에 어려움을 겪는 사람들은 기기를 다른 방에 두는 것도 고려해볼 수 있다. 그 방은 가기 어려워야 한다. 당신은 기기를 가져오고 싶은 마음이 생기는 것을 막기 위해, 그것들을 부엌 찬장 안에 넣고 잠가둘 수도 있다.

정답 ④

09 다음 문장이 들어갈 위치로 가장 적절한 것은?

> They are often the ones paying the tuition, after all.

These days, many prestigious universities are taking a serious look at applicants living overseas, particularly in East Asia. Universities are promoting themselves much more widely in this region in order to attract prospective students. (A) In doing so, they must appeal to diverse groups of students in very distinct manners. (B) Some of their recent efforts include the creation of special Web sites and brochures in dozens of languages, intended to target students from a variety of backgrounds. (C) Furthermore, they enlist locally based consultants in several countries to find out the issues, typically financial, which are deemed most important by parents. (D) These practices are in stark contrast to traditional recruitment strategies, which seldom targeted international students and their families.

① A ② B ③ C ④ D

전략 적용 & 지문 분석

(예시2) 부연

They are often the ones / paying the tuition, / after all.
그들이 주로 사람들이다 / 등록금을 내는 / 어찌되었든

주제문

These days, / many prestigious universities are taking a serious look at / applicants living overseas, / particularly in East Asia.
요즘 / 많은 명문 대학들이 진지하게 검토하고 있다 / 해외에 살고 있는 지원자들을 / 특히 동아시아에

Universities are promoting themselves / much more widely / in this region / **in order to** attract prospective students.
(= so as to ~하기 위해서)
대학들은 자신들을 홍보하고 있다 / 훨씬 더 널리 / 이 지역에서 / 유망한 학생들을 유치하기 위해

설명

(A) In doing so, / they must appeal to diverse groups of students / in very distinct manners.
그렇게 하면서(자신들을 홍보하면서) / 그들은 다양한 집단의 학생들의 관심을 끌어야 한다 / 완전히 별개의 방식으로

예시1

(B) Some of their recent efforts include / the creation of special Web sites and brochures / in dozens of languages, / [intended to target students / from a variety of backgrounds.]
(→ and로 대등하게 연결된 절 역할을 하는 분사구문: and it is intended to target ~.)
최근 그들의 작업들 중 일부는 포함한다 / 특별한 웹사이트와 안내책자 제작을 / 수십 개의 언어로 된 / 그런데 이것은 학생들을 대상으로 하도록 만들어졌다 / 다양한 배경을 가진

예시2

(C) Furthermore, / they enlist locally based consultants / in several countries / to find out the issues, / [typically financial,] / which are deemed most important / by **parents**.
(→ '주격 관계대명사 + be동사'가 생략된 주격 관계절(the issues 수식))
뿐만 아니라 / 그들은 현지 상담가들의 도움을 얻는다 / 몇몇 국가들에 있는 / 사안들을 파악하기 위해서 / 일반적으로 금전적인 (사안들을) / 가장 중요하다고 여겨지는 / 학부모들에 의해

결론

(D) These practices are in stark contrast / to traditional recruitment strategies, / which seldom targeted international students and their families.
이러한 관행들은 극명히 대조된다 / 전통적인 모집 전략과 / 그런데 그것(전통적인 모집 전략)은 국제 학생들과 그들의 가족을 거의 대상으로 하지 않았다

① A ② B ③ C ④ D

Step 1
주어진 문장을 읽고 앞에 나올 내용 예상

주어진 문장의 They(그들)를 통해 주어진 문장 앞에는 등록금을 내는 사람들에 대한 내용이 나올 것임을 예상할 수 있다.

Step 2
지문을 읽고 주어진 문장을 삽입하기에 가장 적절한 위치 선택

주어진 문장에서 언급된 '그들'이 가리키는 대상이 '학부모들'임을 알 수 있다. 따라서 주어진 문장을 삽입하기에 가장 적절한 위치인 ④번이 정답이다.

해석 | 어찌되었든, 그들이 주로 등록금을 내는 사람들이다.

요즘 많은 명문 대학들이 해외, 특히 동아시아에 살고 있는 지원자들을 진지하게 검토하고 있다. 대학들은 유망한 학생들을 유치하기 위해 이 지역에서 훨씬 더 널리 자신들을 홍보하고 있다. (A) 그렇게 하면서(자신들을 홍보하면서), 그들은 완전히 별개의 방식으로 다양한 집단의 학생들의 관심을 끌어야 한다. (B) 최근 그들의 작업들 중 일부는 수십 개의 언어로 된 특별한 웹사이트와 안내책자 제작을 포함하는데, 이것은 다양한 배경을 가진 학생들을 대상으로 하도록 만들어졌다. (C) 뿐만 아니라, 학부모들에 의해 가장 중요하다고 여겨지는, 일반적으로 금전적인 사안들을 파악하기 위해서 그들은 몇몇 국가에 있는 현지 상담가들의 도움을 얻는다. (D) 이러한 관행들은 전통적인 모집 전략과 극명히 대조되는데, 그것(전통적인 모집 전략)은 국제 학생들과 그들의 가족들을 거의 대상으로 하지 않았다.

정답 ④

10 다음 글의 빈칸에 들어갈 말로 가장 적절한 것을 고르시오.

Formal gardens were common on the grounds of palaces during the late Renaissance and remained popular in Italy and France through the midpoint of the eighteenth century. As opposed to typical gardens, which were meant to evoke a natural feel, formal gardens were designed to highlight symmetry and the intention of the designer. All plant life was kept immaculately trimmed and maintained, and a terrace was always built overlooking the entire expanse so that the mathematical design of the garden could be appreciated from an ideal vantage point. Formal gardens show that _____.

① the natural environment should remain undisturbed
② humans have the ability to impose order over nature
③ palace grounds served the function of public parks
④ design preferences were different in Italy and France

전략 적용 & 지문 분석

도입
Formal gardens were common / on the grounds of palaces / during the late Renaissance / and remained popular / in Italy and France / through the midpoint of the eighteenth century.
형식주의 정원은 흔히 볼 수 있었다 / 궁전의 정원에서 / 후기 르네상스 시대에 / 그리고 계속 인기가 있었다 / 이탈리아와 프랑스에서 / 18세기 중반까지

설명
As opposed to typical gardens, / which were meant / to evoke a natural feel, / formal gardens were designed / to highlight symmetry and the intention of the designer.
일반적인 정원과는 반대로 / 의도되었던 / 자연스러운 분위기를 자아내도록 / 형식주의 정원은 설계되었다 / 대칭과 설계자의 의도를 강조하도록

부연
All plant life was kept / immaculately trimmed and maintained, / and a terrace was always built / [overlooking the entire expanse] / so that the mathematical design of the garden could be appreciated / from an ideal vantage point.
→ 명사(a terrace)를 수식하는 현재분사구
→ so that ~ could: ~할 수 있도록
모든 식물이 유지되었다 / 완벽하게 다듬어지고 관리된 상태로 / 그리고 테라스는 항상 지어졌다 / 광활한 공간(정원) 전체를 내려다보도록 / 정원의 수학적 설계가 감상될 수 있도록 / 전망이 좋은 이상적인 위치에서

주제문
Formal gardens show that / humans have the ability / to impose order over nature.
형식주의 정원은 ~라는 것을 보여준다 / 인간이 능력을 가지고 있다 / 자연에 질서를 부여할

① the natural environment should remain undisturbed
자연 환경은 손을 대지 않고 그대로 유지되어야 한다
② humans have the ability to impose order over nature
인간이 자연에 질서를 부여할 능력을 가지고 있다
③ palace grounds served the function of public parks
궁전의 정원이 공립 공원의 역할을 했다
④ design preferences were different in Italy and France
디자인 선호도가 이탈리아와 프랑스에서 각기 달랐다

Step 1
빈칸이 있는 문장과 그 주변을 통해 빈칸에 들어갈 내용 파악
형식주의 정원이 보여주는 것

Step 2
지문을 읽고 빈칸에 들어가기에 가장 적절한 보기 선택
빈칸 앞에 형식주의 정원은 모든 식물이 완벽하게 다듬어지고 관리된 상태로 유지되었으며, 수학적 설계가 감상될 수 있었다는 내용이 있으므로, '인간이 자연에 질서를 부여할 능력을 가지고 있다'라고 한 ②번이 정답이다.

해석 형식주의 정원은 후기 르네상스 시대에 궁전의 정원에서 흔히 볼 수 있었고, 18세기 중반까지 이탈리아와 프랑스에서 계속 인기가 있었다. 자연스러운 분위기를 자아내도록 의도되었던 일반적인 정원과는 반대로, 형식주의 정원은 대칭과 설계자의 의도를 강조하도록 설계되었다. 모든 식물이 완벽하게 다듬어지고 관리된 상태로 유지되었으며, 테라스는 전망이 좋은 이상적인 위치에서 정원의 수학적 설계가 감상될 수 있도록 항상 광활한 공간(정원) 전체를 내려다보도록 지어졌다. 형식주의 정원은 인간이 자연에 질서를 부여할 능력을 가지고 있다는 것을 보여준다.

해설 빈칸 앞 문장에 형식주의 정원은 자연스러운 분위기를 자아내도록 의도된 일반적인 정원과는 달리 대칭과 설계자의 의도를 강조했고, 모든 식물이 완벽하게 다듬어지고 관리되었으며, 수학적 설계가 감상될 수 있는 위치에 테라스가 지어졌다는 내용이 있으므로, 형식주의 정원은 '인간이 자연에 질서를 부여할 능력을 가지고 있다'는 것을 보여준다고 한 ②번이 정답이다.

정답 ②

11 다음 글의 빈칸에 들어갈 말로 가장 적절한 것을 고르시오.

The average American was found to have spent roughly $1,400 on gasoline to fill up their car in 2017. This was, in fact, significantly lower than in previous years, due to lower oil prices, yet still a substantial amount of money. In an effort to save money on gasoline, as well as to be environmentally conscious, more people are considering trading in their gas guzzlers for electric vehicles. However, at $30,000 to $40,000, not only do they cost much more than gas-powered vehicles, but it could take at least a decade for the investment to pay off. Hybrid vehicles, which consume gasoline at much lower levels than standard vehicles, are not an enticing solution either, as they are only marginally cheaper than fully electric vehicles without the benefit of forgoing gasoline. Ultimately, if a consumer is looking for a vehicle, their choices will be limited to options _____.

① that they can afford
② that they find appealing
③ that act as future investments
④ that are environmentally conscientious

해설 지문 앞부분에서 사람들은 휘발유에 쓰는 돈을 절약하기 위해 차를 전기 자동차로 바꾸는 것을 고려하고 있지만, 전기 자동차의 가격은 일반적인 자동차 가격보다 훨씬 더 비싸다는 내용이 있고, 뒤이어 하이브리드 자동차 역시 가격적인 면에서 전기차에 비해 단지 아주 조금 저렴하기 때문에 매력적인 해결책이 아니라는 내용이 있으므로, 결과적으로 그들(고객들)의 선택은 '그들이 값을 지불할 수 있는' 선택지들로 제한된다고 한 ①번이 정답이다.

어휘 average 보통의 roughly 약, 대략 fill up 기름을 가득 채우다 significantly 크게 substantial 상당한 environmentally conscious 환경 문제에 관심을 지닌 gas guzzler 기름 소모가 많은 차 investment 투자(물) pay off 수지가 맞다, 성과를 거두다 consume 소모하다 enticing 매력적인 marginally 아주 조금, 미미하게 forgo 포기하다, 버리다, 그만 두다 ultimately 결론적으로, 궁극적으로 appealing 매력적인 conscientious 조심스러운, 양심적인

전략 적용 & 지문 분석

문제점	The average American was found / to have spent roughly $1,400 / on gasoline / to fill up their car / in 2017. 보통의 미국인들은 밝혀졌다 / 약 1천 4백 달러를 쓴 것으로 / 휘발유에 / 그들의 차에 기름을 가득 채우기 위해 / 2017년에
부연	This was, / in fact, / significantly lower / than in previous years, / due to lower oil prices, / yet still a substantial amount of money. 이는 / 사실 / 크게 낮아진 것이다 / 예년에 비해 / 낮아진 유가로 인해 / 하지만 여전히 상당한 금액이다
대안1	→ in an effort to: ~하기 위한 노력으로 → A as well as B: B뿐만 아니라 A도 In an effort / to save money on gasoline, / as well as / to be environmentally conscious, / more people are considering / trading in their gas guzzlers / for electric vehicles. ~하기 위한 노력으로 / 휘발유에 쓰는 돈을 절약하기 / ~뿐 아니라 / 환경 문제에 관심을 지니기 / 더 많은 사람들이 고려하고 있다 / 기름 소모가 많은 자신들의 차를 바꾸는 것을 / 전기 자동차로
(대안1) 문제점	→ 부정을 나타내는 부사구 도치: not only + 조동사 + 주어 + 동사 However, / at $30,000 to $40,000, / not only do they cost much more / than gas-powered vehicles, / but it could take at least a decade / for the investment to pay off. 하지만 / 3만 달러에서 4만 달러의 가격으로 / 그것들은 가격이 훨씬 더 비쌀 뿐만 아니라 / 휘발유로 작동하는 자동차보다 / 최소 10년이 걸릴 수도 있다 / 그 투자가 수지가 맞기까지는
대안2 & 문제점	→ as: ~이기 때문에 Hybrid vehicles, / which consume gasoline / at much lower levels / than standard vehicles, / are not an enticing solution either, / as they are only marginally cheaper / than fully electric vehicles / without the benefit / of forgoing gasoline. 하이브리드 자동차는 / 휘발유를 소모하는 / 훨씬 더 낮은 수준으로 / 일반 자동차보다 / 역시 매력적인 해결책이 아니다 / 단지 아주 조금 저렴하기 때문에 / 온전히 전기로 작동하는 자동차에 비해 / 이점은 없이 / 휘발유를 포기하는 것에 대한
결론	Ultimately, / if a consumer is looking for a vehicle, / their choices will be limited to options / that they can afford. 결론적으로 / 고객이 차를 구하고 있다면 / 그들의 선택은 선택지들로 제한된다 / 그들이 값을 지불할 수 있는

① that they can afford
그들이 값을 지불할 수 있는

② that they find appealing
그들이 매력적이라고 생각하는

③ that act as future investments
미래의 투자물로서 역할을 하는

④ that are environmentally conscientious
환경적인 측면에서 조심스러운

Step 1
빈칸이 있는 문장과 그 주변을 통해 빈칸에 들어갈 내용 파악

고객이 차를 구할 때 결론적으로 어떤 선택지들로 제한되는지

Step 2
지문을 읽고 빈칸에 들어가기에 가장 적절한 보기 선택

지문 전반에 걸쳐 사람들은 휘발유에 쓰는 돈을 절약하기 위해 전기 자동차나 하이브리드 자동차로 바꾸는 것을 고려하고 있지만, 일반 자동차 가격보다 훨씬 더 비싸서 매력적이지 않다는 내용이 있으므로, 결론적으로 '그들이 값을 지불할 수 있는' 선택지들로 제한된다고 한 ①번이 정답이다.

해석 2017년에 보통의 미국인들은 차에 기름을 가득 채우기 위해 약 1천 4백 달러를 휘발유에 쓴 것으로 밝혀졌다. 이는 사실 낮아진 유가로 인해 예년에 비해 크게 낮아진 것이지만, 여전히 상당한 금액이다. 환경 문제에 관심을 지닐 뿐 아니라 휘발유에 쓰는 돈을 절약하기 위한 노력으로, 더 많은 사람들이 기름 소모가 많은 자신들의 차를 전기 자동차로 바꾸는 것을 고려하고 있다. 하지만, 그것들은 3만 달러에서 4만 달러의 가격으로, 휘발유로 작동하는 자동차보다 가격이 훨씬 더 많이 비쌀 뿐만 아니라, 그 투자가 수지가 맞기까지는 최소 10년이 걸릴 수도 있다. 휘발유를 일반 자동차보다 훨씬 더 낮은 수준으로 소모하는 하이브리드 자동차 역시 휘발유를 포기하는 것에 대한 이점은 없이 온전히 전기로 작동하는 자동차에 비해 단지 아주 조금 저렴하기 때문에, 매력적인 해결책이 아니다. 결론적으로, 고객이 차를 구하고 있다면, 그들의 선택은 그들이 값을 지불할 수 있는 선택지들로 제한된다.

정답 ①

12 TransPass에 관한 다음 글의 내용과 일치하는 것은?

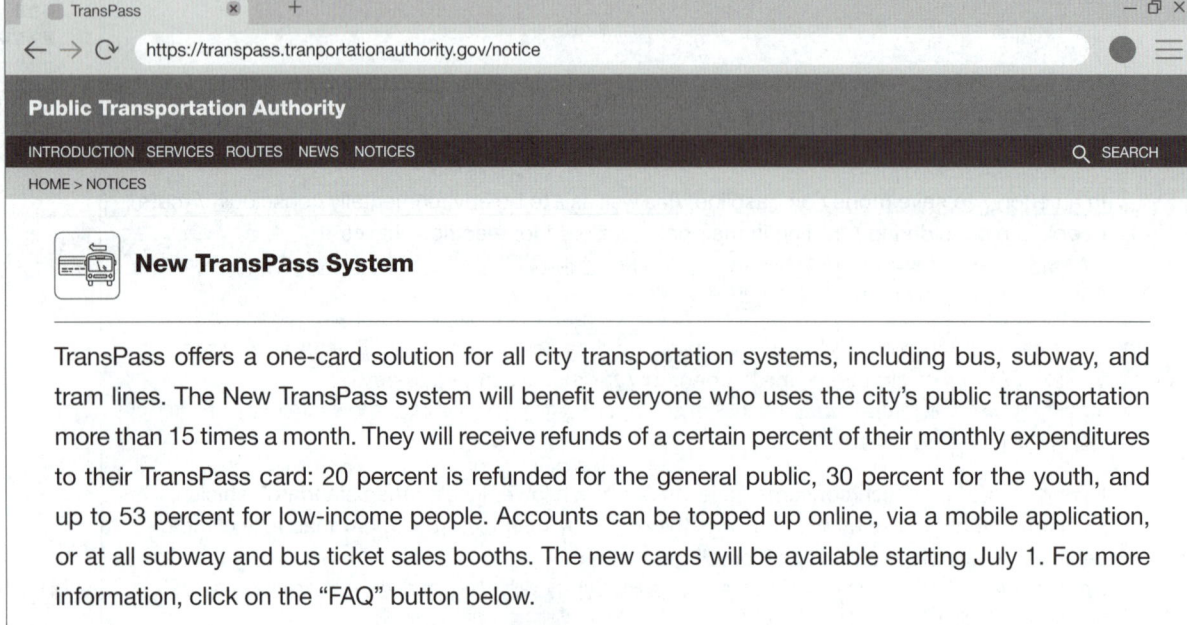

① It does not apply to certain transportation systems.
② People who use public transportation at certain times of day receive discounts.
③ The youth get higher refunds than users from the general public.
④ Money can only be charged at subway stations or bus stops.

전략 적용 & 지문 분석

제목
New TransPass System 새로운 TransPass 시스템

도입
①TransPass offers a one-card solution / for all city transportation systems, / including bus, subway, and tram lines.
TransPass는 원카드 해결책을 제공합니다 / 모든 도시 교통 시스템에 / 버스, 지하철, 그리고 트램 노선을 포함한

설명1 (자격)
②The New TransPass system / will benefit / everyone who uses the city's public transportation / more than 15 times / a month. (주격 관계대명사 who)
새로운 TransPass 시스템은 / 혜택을 제공할 것입니다 / 도시의 대중교통을 이용하는 모든 사람들에게 / 15회 이상 / 한 달에

설명2 (환급)
They will receive refunds / of a certain percent / of their monthly expenditures / to their TransPass card: / ③20 percent is refunded for the general public, / 30 percent for the youth, / and / up to 53 percent for low-income people.
그들은 환급받게 됩니다 / 일정 비율을 / 그들의 월 지출액의 / 그들의 TransPass 카드로 / 일반 대중은 20퍼센트 환급됩니다 / 청년은 30퍼센트 / 그리고 / 저소득층은 최대 53퍼센트까지

설명3 (사용법)
④Accounts can be topped up / online, / via a mobile application, / or / at all subway and bus ticket sales booths. (통하여)
계좌는 충전될 수 있습니다 / 온라인으로 / 모바일 애플리케이션을 통해 / 또는 / 모든 지하철 및 버스표 판매 부스에서

The new cards will be available / starting July 1.
새로운 카드는 사용할 수 있습니다 / 7월 1일부터

부연
For more information, / click on the "FAQ" button / below.
자세한 내용은 / "FAQ" 버튼을 클릭하세요 / 아래의

Step 1
보기를 먼저 읽고 지문의 내용과 비교할 키워드를 파악
① 특정 교통 시스템, 적용 안됨
② 특정 시간대 이용, 할인
③ 청년, 더 많이 환급
④ 충전, 지하철역이나 버스 정류장에서만 가능

Step 2
지문에서 보기의 키워드와 관련된 부분을 찾아 비교한 후, 알맞은 보기 선택
① X: 모든 도시 교통 시스템에 해결책을 제공함
② X: 한 달에 15회 이상 이용하는 모든 사람에게 혜택을 제공함
③ O: 일반 대중은 20퍼센트, 청년은 30퍼센트 환급됨
④ X: 온라인, 모바일 애플리케이션, 지하철 및 버스표 판매 부스에서 충전할 수 있음

---

① It does not apply to certain transportation systems.
특정 교통 시스템에는 적용되지 않는다.

② People who use public transportation at certain times of day receive discounts.
하루 중 특정 시간대에 대중교통을 이용하는 사람들은 할인을 받는다.

③ The youth get higher refunds than users from the general public.
청년은 일반 대중 이용자들보다 더 많이 환급받을 수 있다.

④ Money can only be charged at subway stations or bus stops.
돈은 지하철역이나 버스 정류장에서만 충전할 수 있다.

해석 새로운 TransPass 시스템
TransPass는 버스, 지하철, 그리고 트램 노선을 포함한 모든 도시 교통 시스템에 원카드 해결책을 제공합니다. 새로운 TransPass 시스템은 한 달에 15회 이상 도시의 대중교통을 이용하는 모든 사람에게 혜택을 제공할 것입니다. 그들은 월 지출액의 일정 비율을 그들의 TransPass 카드로 환급받게 됩니다. 일반 대중은 20퍼센트, 청년은 30퍼센트, 그리고 저소득층은 최대 53퍼센트까지 환급됩니다. 온라인에서, 모바일 애플리케이션을 통해, 또는 모든 지하철 및 버스표 판매 부스에서 계좌를 충전할 수 있습니다. 새로운 카드는 7월 1일부터 사용할 수 있습니다. 자세한 내용은 아래의 "FAQ" 버튼을 클릭하세요.

해설 ③번의 키워드인 The youth(청년)가 그대로 등장한 지문 주변의 내용에서 일반 대중은 20퍼센트, 청년은 30퍼센트 환급받는다고 했으므로, 청년이 일반 대중 이용자들보다 더 많이 환급받을 수 있다는 것을 알 수 있다. 따라서 ③번이 지문의 내용과 일치한다.

정답 ③

종합 실전모의고사 1

[13~14] 다음 글을 읽고 물음에 답하시오.

To: Jonestown City Council　　Date: September 12
From: Karen Duffy　　Subject: Inconvenience of City Council Meetings

Dear City Council,

I hope that all is well. I'm writing today to address the inconvenient timing of city council meetings, which are generally held in the early afternoon.

The meetings provide an important opportunity for citizens to see what the government is doing and offer their input. However, the current schedule means that most people cannot attend them because they are at work. This prevents most residents from fully engaging with the government that represents them.

I would ask that you reschedule the meetings to a later time at which most people can participate. I think having the meetings after 6 p.m. would be best. Thank you for considering this proposal, and I look forward to attending more meetings if this change is made.

Respectfully,
Karen Duffy

13 윗글의 목적으로 가장 적절한 것은?

① To suggest a way to get residents to lead the meetings
② To request a change in the schedule of some public meetings
③ To discuss a city council meeting that recently took place
④ To ask for clarification on how to get items on a meeting agenda

14 윗글의 내용과 일치하지 않는 것은?

① Karen은 시의회 회의 시간이 불편하다고 생각하고 있다.
② 시의회 회의는 시민들에게 의견을 제시할 기회를 제공한다.
③ 대부분의 주민들은 이른 오후에 직장에 있다.
④ 회의가 너무 늦게 끝나기 때문에 대부분의 주민들이 회의에 참석할 수 없다.

해설 **13** 지문 처음에서 시의회 회의의 불편한 시간을 해결하기 위해 글을 쓴다고 했고, 지문 마지막에서 회의의 일정을 대부분의 사람들이 참석할 수 있는 시간으로 변경해 주기를 요청한다고 하고 있다. 따라서 지문의 목적을 '몇몇 공개회의의 일정 변경을 요청하려고'라고 표현한 ②번이 정답이다.

14 ④번의 키워드인 '참석'이 그대로 등장한 지문 주변의 내용에서 현재의 일정은 대부분의 사람들이 직장에 있기 때문에 회의에 참석할 수 없다는 것을 의미한다고 하고 있으므로, 회의가 너무 늦게 끝나기 때문에 대부분의 주민들이 회의에 참석할 수 없다는 것은 지문의 내용과 다르다. 따라서 ④번이 지문의 내용과 일치하지 않는다.

어휘 address (어려운 문제 등을) 해결하다, 다루다　offer 제공하다　input 의견, 조언　engage with ~에 관여하다　represent 대표하다　clarification 설명

전략 적용 & 지문 분석

Dear City Council, 친애하는 시의회,

I hope that all is well. // ①I'm writing today / to address the inconvenient timing / of city council meetings, / which are generally held / in the early afternoon. 모든 것이 잘되기를 바랍니다 // 저는 오늘 이 글을 씁니다 / 불편한 시간을 해결하기 위해 / 시의회 회의의 / 일반적으로 열리는 / 이른 오후에

②The meetings provide an important opportunity / for citizens / to see / what the government is doing / and offer their input. 이 회의는 중요한 기회를 제공합니다 / 시민들에게 / 아는 / 정부가 무엇을 하는지 / 그리고 그들의 의견을 제시하는

However, / ③④the current schedule means / that most people cannot attend them / because they are at work. 그러나 / 현재의 일정은 의미합니다 / 대부분의 사람들이 그것들(회의들)에 참석할 수 없다는 것을 / 그들이 직장에 있기 때문에

This prevents most residents / from fully engaging / with the government / that represents them. 이것은 대부분의 주민이 ~하는 것을 막습니다 / 충분히 관여하는 것을 / 정부에 / 자신들을 대표하는

I would ask / that you reschedule the meetings / to a later time / at which most people can participate. 저는 요청합니다 / 이 회의의 일정을 변경해 주시기를 / 늦은 시간으로 / 대부분의 사람들이 참여할 수 있는 (전치사 + 관계대명사)

I think having the meetings after 6 p.m. would be best. 저는 오후 6시 이후에 회의를 하는 것이 가장 좋을 것 같다고 생각합니다

Thank you / for considering this proposal, / and I look forward / to attending more meetings / if this change is made. (look forward to -ing: ~을 고대하다) 감사드립니다 / 이 제안을 고려해 주셔서 / 그리고 기대합니다 / 더 많은 회의에 참석할 수 있기를 / 이 변경이 이루어진다면

Respectfully, // Karen Duffy Karen Duffy 드림

Step 1
지문에서 파악해야 할 내용
1) 목적
2) 일치하지 않는 것

Step 2
13번: 중심 내용이 담겨 있는 부분을 읽고 회의 일정 변경을 요청하는 글임을 파악한다.
14번: ④번의 키워드인 참석이 그대로 등장한 지문 주변의 내용에서 대부분의 사람들이 회의에 참석할 수 없는 이유는 그들이 직장에 있기 때문임을 알 수 있다.

Step 3
13번: 목적을 '몇몇 공개 회의의 일정 변경을 요청하려고'라고 표현한 ②번이 정답이다.
14번: ① O, ② O, ③ O, ④ X

13
① To suggest a way to get residents to lead the meetings 주민들이 회의를 주도할 수 있게 하는 방법을 제안하려고
② To request a change in the schedule of some public meetings 몇몇 공개회의의 일정 변경을 요청하려고
③ To discuss a city council meeting that recently took place 최근에 열린 시의회 회의에 대해 논의하려고
④ To ask for clarification on how to get items on a meeting agenda 회의 의제에 항목을 올리는 방법에 대한 설명을 요청하려고

해석 수신: Jonestown 시의회   발신: Karen Duffy   날짜: 9월 12일   제목: 시의회 회의의 불편함

친애하는 시의회,

모든 것이 잘되기를 바랍니다. 저는 오늘 일반적으로 이른 오후에 열리는 시의회 회의의 불편한 시간을 해결하기 위해 이 글을 씁니다.

이 회의는 시민들에게 정부가 무엇을 하는지 알고 그들의 의견을 제시하는 중요한 기회를 제공합니다. 그러나, 현재의 일정은 대부분의 사람들이 직장에 있기 때문에 그것들(회의들)에 참석할 수 없다는 것을 의미합니다. 이것은 대부분의 주민들이 자신들을 대표하는 정부에 충분히 관여하는 것을 막습니다.

저는 대부분의 사람들이 참석할 수 있는 늦은 시간으로 이 회의의 일정을 변경해 주시기를 요청합니다. 저는 오후 6시 이후에 회의를 하는 것이 가장 좋을 것 같다고 생각합니다. 이 제안을 고려해 주셔서 감사드리며, 이 변경이 이루어진다면 더 많은 회의에 참석할 수 있기를 기대합니다.

Karen Duffy 드림

정답 13 ②, 14 ④

15 다음 글의 내용과 일치하지 않는 것은?

https://studenthealth.com

Home | Notice | Overview | Help

Student Health Assessment

All new students must complete a comprehensive health assessment before enrollment. This ensures that students receive appropriate medical care and helps identify any conditions that may require special support services during their academic studies.

The assessment includes a medical history review and a basic physical examination. Students with chronic conditions or disabilities should provide additional documentation to supplement their health information, such as relevant test results or physician notes. All medical information is kept strictly confidential within student health services.

Appointments can be scheduled online or by calling the student health center directly. Failure to complete the examination may result in registration delays or enrollment holds. For questions about required documentation, exemption procedures, or appointment scheduling, visit our student health website or speak with our medical staff.

① 모든 신입생은 입학 전에 건강 평가를 받아야 한다.
② 장애가 있는 학생들은 추가 서류를 제공해야 한다.
③ 의료 정보는 건강 서비스 내에서 기밀로 유지된다.
④ 예약은 학생 건강 센터에 직접 방문해서 해야 한다.

전략 적용 & 지문 분석

제목 — Student Health Assessment 학생 건강 평가

주제문 — ① All new students must complete / a comprehensive health assessment / before enrollment.
모든 신입생은 완료해야 합니다 / 종합적인 건강 평가를 / 입학 전에

부연 1 — This ensures / [that students receive appropriate medical care / and helps identify any conditions / that may require special support services / during their academic studies].
(명사절 접속사 that이 이끄는 명사절)
이것은 보장합니다 / 학생들이 적절한 의료 서비스를 받을 수 있도록 / 그리고 질환을 식별하는 데 도움이 됩니다 / 특별한 지원 서비스가 필요할 수 있는 / 그들의 학업 중에

설명 1 — The assessment includes / a medical history review and a basic physical examination.
평가는 포함합니다 / 병력 검토와 기본적인 신체검사를

설명 2 — ② Students with chronic conditions or disabilities / should provide additional documentation / to supplement their health information, / such as relevant test results or physician notes.
만성 질환이나 장애가 있는 학생들은 / 추가 서류를 제공해야 합니다 / 그들의 건강 정보를 보완하기 위해 / 관련 검사 결과 또는 의사 소견서와 같은

③ All medical information / is kept strictly confidential / within student health services.
모든 의료 정보는 / 엄격하게 기밀로 유지됩니다 / 학생 건강 서비스 내에서

설명 3 — ④ Appointments can be scheduled / online or by calling the student health center / directly.
(by + 동명사: '동명사' 함으로써)
예약은 할 수 있습니다 / 온라인 또는 학생 건강 센터에 전화함으로써 / 직접

부연 2 — Failure to complete the examination may result in / registration delays or enrollment holds.
검사를 완료하지 않는 것은 ~로 이어질 수 있습니다 / 등록 지연이나 입학 보류

For questions about required documentation, exemption procedures, or appointment scheduling, / visit our student health website / or speak with our medical staff.
(명사(documentation)를 수식하는 과거분사)
필요한 서류, 면제 절차, 또는 예약 일정에 대한 질문은 / 저희의 학생 건강 웹사이트를 방문하시기를 바랍니다 / 또는 저희의 의료진과 상담하시기 바랍니다

Step 1
보기를 먼저 읽고 지문의 내용과 비교할 키워드를 파악
① 모든 신입생, 입학 전, 건강 평가
② 장애가 있는 학생, 추가 서류
③ 의료 정보, 건강 서비스 내에서 기밀로 유지
④ 예약, 학생 건강 센터에 직접 방문

Step 2
지문에서 보기의 키워드와 관련된 부분을 찾아 비교한 후, 알맞은 보기 선택
① O: 모든 신입생은 입학 전에 종합적인 건강 평가를 완료해야 함
② O: 장애가 있는 학생들은 추가 서류를 제공해야 함
③ O: 모든 의료 정보는 학생 건강 서비스 내에서 기밀로 유지됨
④ X: 예약은 온라인 또는 학생 건강 센터에 전화해서 할 수 있음

해석 학생 건강 평가

모든 신입생은 입학 전에 종합적인 건강 평가를 완료해야 합니다. 이것은 학생들이 적절한 의료 서비스를 받을 수 있도록 보장하고, 그들의 학업 중에 특별한 지원 서비스가 필요할 수 있는 질환을 식별하는 데 도움이 됩니다.

평가는 병력 검토와 기본적인 신체검사를 포함합니다. 만성 질환이나 장애가 있는 학생들은 그들의 건강 정보를 보완하기 위해 관련 검사 결과 또는 의사 소견서와 같은 추가 서류를 제공해야 합니다. 모든 의료 정보는 학생 건강 서비스 내에서 엄격하게 기밀로 유지됩니다.

예약은 온라인 또는 학생 건강 센터에 직접 전화함으로써 할 수 있습니다. 검사를 완료하지 않는 것은 등록 지연이나 입학 보류로 이어질 수 있습니다. 필요한 서류, 면제 절차, 또는 예약 일정에 대한 질문은 학생 건강 웹사이트를 방문하거나 저희의 의료진과 상담하시기 바랍니다.

정답 ④

16 다음 글의 제목으로 가장 적절한 것은?

> The accordion plays a major role in Vallenato, a form of folk music popular in Colombia. This might seem surprising because the accordion is a traditional European instrument, but there's an interesting reason behind it. Since the nineteenth century, Germans have traded with Argentina, and many have migrated there. One day, a boat carrying a shipment of accordions destined for Argentina from Germany crashed off Colombia's coast. The nearby tribespeople found some of the instruments on the shore and learned to play them, eventually incorporating accordions into their folk music. The sound soon spread throughout the rest of Colombia, and now much of the popular music there features the instrument.

① Similarities Between German and Argentinean Music
② Popular Accordion Music in European Countries
③ The Accordion: An Outstanding Instrument
④ How an Accident Influenced Colombian Music

전략 적용 & 지문 분석

도입

The accordion plays a major role / in Vallenato, / [a form of folk music] / [popular in Colombia].
아코디언은 중요한 역할을 한다 / 바예나토에서 / 민속 음악의 한 형태인 / 콜롬비아에서 대중적인

→ Vallenato와 동격
→ '주격 관계대명사 + be동사'가 생략된 주격 관계절

This might seem surprising / because the accordion is a traditional European instrument, / but there's an interesting reason / behind it.
이는 놀라워 보일 수 있다 / 아코디언이 유럽 전통 악기이기 때문에 / 하지만 흥미로운 이유가 있다 / 그 뒤에는

Step 1 중심 내용 찾기
'아코디언이 콜롬비아 대중 음악에서 중요한 역할을 하게 된 이유'가 지문의 중심 내용이다.

설명

Since the nineteenth century, / Germans have traded with Argentina, / and many have migrated there.
19세기부터 / 독일인들은 아르헨티나와 교역을 해 왔다 / 그리고 많은 이들(독일인들)이 그곳(아르헨티나)으로 이주해 왔다

One day, / a boat / [carrying a shipment of accordions] / [destined for Argentina from Germany] / crashed off Colombia's coast.
어느 날 / 배가 / 아코디언 선적을 실은 / 독일에서 아르헨티나로 가는 / 콜롬비아 해안에 충돌했다

→ a boat 수식 분사구 ①
→ a boat 수식 분사구 ②

The nearby tribespeople found / some of the instruments / on the shore / and learned to play them, / eventually incorporating accordions / into their folk music.
그 부근의 원주민들이 발견했다 / 일부 악기들을 / 해변에 있는 / 그리고 그것을 연주할 줄 알게 되었다 / 결국 아코디언을 포함시키게 되었다 / 그들의 민속 음악에

결말

The sound soon spread / throughout the rest of Colombia, / and now / much of the popular music there / features the instrument.
그 소리는 곧 퍼져나갔다 / 나머지 콜롬비아 전역에 / 그리고 지금은 / 그곳의 많은 대중 음악이 / 그 악기를 특징으로 한다

Step 2 중심 내용을 가장 잘 바꾸어 표현한 보기 선택
중심 내용을 '어떻게 한 우연한 사고가 콜롬비아 음악에 영향을 미쳤는가'라고 바꾸어 표현한 ④번이 정답이다.

① Similarities Between German and Argentinean Music
독일과 아르헨티나 음악의 공통점
② Popular Accordion Music in European Countries
유럽 국가들에서 대중적인 아코디언 음악
③ The Accordion: An Outstanding Instrument
아코디언: 뛰어난 악기
④ How an Accident Influenced Colombian Music
어떻게 한 우연한 사고가 콜롬비아 음악에 영향을 미쳤는가

해석 아코디언은 콜롬비아에서 대중적인 민속 음악의 한 형태인 바예나토에서 중요한 역할을 한다. 아코디언이 유럽 전통 악기이기 때문에 이는 놀라워 보일 수 있지만, 그 뒤에는 흥미로운 이유가 있다. 19세기부터, 독일인들은 아르헨티나와 교역을 해 왔고, 많은 이들(독일인들)이 그곳(아르헨티나)으로 이주해 왔다. 어느 날, 아코디언 선적을 싣고 독일에서 아르헨티나로 가는 배가 콜롬비아 해안에 충돌했다. 그 부근의 원주민들이 해변에 있는 일부 악기들을 발견하여 그것을 연주할 줄 알게 되었으며, 결국 아코디언을 그들의 민속 음악에 포함시키게 되었다. 그 소리는 곧 나머지 콜롬비아 전역에 퍼져나갔고, 지금은 그곳의 많은 대중 음악이 그 악기를 특징으로 한다.

해설 지문 처음에서 아코디언이 콜롬비아의 대중 민속 음악인 바예나토에서 중요한 역할을 한다고 하고, 유럽 전통 악기인 아코디언을 콜롬비아의 음악에 포함시키게 된 배경으로 한 우연한 사고(아코디언 선적을 싣고 있던 배가 우연히 콜롬비아 해안에 충돌하여 원주민들이 그 악기를 발견하고 연주할 수 있게 된 사건)에 대해서 설명하고 있다. 따라서 지문의 제목을 '어떻게 한 우연한 사고가 콜롬비아 음악에 영향을 미쳤는가'라고 표현한 ④번이 정답이다.

정답 ④

종합 실전모의고사 2

01 다음 이메일의 내용과 일치하는 것은?

To	claims@medicaresolutions.net
From	sarah.james@healthplus.com
Date	March 15
Subject	Urgent claim review required

Hello,

I hope this email finds you well. I am writing regarding my insurance claim for emergency surgery that was performed on January 28 at City General Hospital. The claim has been pending for nearly six weeks, despite my submission of all required documents, including the doctor's report and diagnostic tests, on February 5. My policy number is HP-2024-8891, and the total medical bill amounts to $12,500.

Yesterday, the hospital contacted me, saying that they haven't received any payment confirmation from your office. This delay is causing significant financial difficulties, and I would greatly appreciate it if you could expedite the processing of my claim.

Thank you very much for your prompt attention to this matter. I look forward to your reply.

Sincerely,
Sarah James

① The surgery was carried out the previous month.
② The claim has been pending for three months.
③ All documents needed were submitted in February.
④ The total medical cost exceeds $15,000.

해설 ③번의 키워드인 documents(서류)가 그대로 등장한 지문 주변의 내용에서 2월 5일에 모든 필수 서류를 제출했다고 했으므로, 필요한 모든 서류가 2월에 제출되었다는 것을 알 수 있다. 따라서 ③번이 지문의 내용과 일치한다.

어휘 urgent 긴급한 claim 청구, 신청 insurance 보험 surgery 수술 general hospital 종합병원 pending 미결인, 계류 중인 diagnostic 진단의 policy 보험 증권 confirmation 확인 expedite 신속하게 처리하다

전략 적용 & 지문 분석

인사 — Hello, 안녕하세요,

도입 — I hope this email finds you well. 이 이메일이 잘 전달되기를 바랍니다

주제문 — I am writing regarding my insurance claim / for ①emergency surgery / that was performed on January 28 / at City General Hospital.
저는 제 보험 청구와 관련하여 글을 씁니다 / 응급 수술에 대한 / 1월 28일에 시행된 / 시립 종합병원에서

설명 — ②The claim has been pending / for nearly six weeks, / despite ③my submission of all required documents, / including the doctor's report and diagnostic tests, / on February 5.
청구는 미결 상태였습니다 / 거의 6주째 / 모든 필수 서류를 제출했음에도 불구하고 / 의사 기록과 진단 검사를 포함하여 / 2월 5일에

My policy number is HP-2024-8891, / and ④the total medical bill amounts to $12,500.
제 보험 번호는 HP-2024-8891입니다 / 그리고 총 의료비는 12,500달러입니다

Yesterday, / the hospital contacted me, / saying that they haven't received any payment confirmation / from your office.
어제 / 병원에서 제게 연락했습니다 / 그들이 아직 결제 확인서를 받지 못했다며 / 귀하의 사무실로부터

요청 — This delay is causing significant financial difficulties, / and I would greatly appreciate it / if you could expedite the processing of my claim.
이 지연은 상당한 재정적 어려움을 발생시키고 있습니다 / 그리고 대단히 감사하겠습니다 / 제 청구를 신속하게 처리해 주신다면

Thank you very much for your prompt attention / to this matter.
즉각적인 관심에 대단히 감사합니다 / 이 문제에 대한

I look forward to your reply. 답변 기다리겠습니다

끝인사 — Sincerely,
Sarah James
Sarah James 드림

① The surgery was carried out the previous month. 수술은 지난달에 시행되었다.
② The claim has been pending for three months. 청구는 3개월째 미결 상태였다.
③ All documents needed were submitted in February. 필요한 모든 서류는 2월에 제출되었다.
④ The total medical cost exceeds $15,000. 총 의료비는 15,000달러를 초과한다.

Step 1
보기를 먼저 읽고 지문의 내용과 비교할 키워드를 파악
① 수술, 지난달에 시행
② 청구, 3개월째 미결 상태
③ 필요한 모든 서류, 2월에 제출
④ 총 의료비, 15,000달러 초과

Step 2
지문에서 보기의 키워드와 관련된 부분을 찾아 비교한 후, 알맞은 보기 선택
① X: 현재는 3월이고, 수술은 1월에 진행됨
② X: 청구는 거의 6주째 미결 상태였음
③ O: 필수 서류를 2월 5일에 제출함
④ X: 총 의료비는 12,500 달러임

해석 수신: claims@medicaresolutions.net 발신: sarah.james@healthplus.com 날짜: 3월 15일 제목: 긴급 청구 검토 요청

안녕하세요,

이 이메일이 잘 전달되기를 바랍니다. 저는 1월 28일에 시립 종합병원에서 시행된 응급 수술에 대한 제 보험 청구와 관련하여 글을 씁니다. 2월 5일에 의사 기록과 진단 검사를 포함하여 모든 필수 서류를 제출했음에도 불구하고, 청구는 거의 6주째 미결 상태였습니다. 제 보험 번호는 HP-2024-8891이며, 총 의료비는 12,500달러입니다.

어제, 병원에서 귀하의 사무실로부터 아직 결제 확인서를 받지 못했다며 제게 연락했습니다. 이 지연은 상당한 재정적 어려움을 발생시키고 있으며, 제 청구를 신속하게 처리해 주시면 대단히 감사하겠습니다.

이 문제에 즉각적인 관심을 가져주셔서 대단히 감사합니다. 답변 기다리겠습니다.

Sarah James 드림

정답 ③

02 다음 글의 요지로 가장 적절한 것은?

Many people entering university view it as an opportunity to explore various subjects and find something they're passionate about. But students need to realize that when they choose a major and decide what to concentrate in, their decision will have a dramatic impact on their professional lives. In addition to determining their future career prospects, it will dictate how much income they can earn post-graduation. Although it is important to choose a field of study that is interesting, the potential for employment should be the key consideration.

① Certain majors tend to be more interesting than others.
② Ideal majors are those that will ensure job placement.
③ Passion should be prioritized over employability when selecting a major.
④ Post-graduate courses are the best time to determine a career.

전략 적용 & 지문 분석

도입

Many people [entering university] / view it as an opportunity / to explore various subjects / and find something / [they're passionate about].
→ 명사(Many people)를 수식하는 현재분사구
→ opportunity + to부정사: 'to 부정사'할 기회
→ 목적격 관계대명사가 생략된 관계절
대학에 입학하는 많은 사람들은 / 그것을 기회로 여긴다 / 다양한 과목들을 탐구할 / 그리고 무언가를 찾을 / 그들이 열정을 느낄

주장

But students need to realize that / when they choose a major / and decide what to concentrate in, / their decision will have a dramatic impact / on their professional lives.
하지만 학생들은 ~임을 자각할 필요가 있다 / 그들이 전공을 선택할 때 / 그리고 무엇에 집중할지 결정할 (때) / 그들의 결정이 굉장한 영향을 미칠 것임을 / 그들의 직업 생활에
→ have an impact on: ~에 영향을 미치다

근거

In addition to / determining their future career prospects, / it will dictate / how much income they can earn / post-graduation.
~ 뿐 아니라 / 그들의 미래 직업 전망을 결정짓는 것 / 그것(학생들의 결정)은 좌우할 것이다 / 그들이 얼마나 많은 수입을 벌 수 있는지를 / 졸업 후에

주제문

→ 가짜 주어   → 진짜 주어(to 부정사)
Although it is important / to choose a field of study / that is interesting, / the potential for employment / should be the key consideration.
비록 (~은) 중요하지만 / 전공 분야를 선택하는 것은 / 흥미로운 / 취업 가능성이 / 주요 고려 사항이 되어야 한다

Step 1
주제문 찾기
'취업 가능성이 전공 분야를 선택하는 주요 고려 사항이 되어야 한다'라는 내용이 지문의 주제문이다.

Step 2
주제문을 가장 잘 바꾸어 표현한 보기 선택
주제문을 '이상적인 전공들은 직장 채용을 보장하는 것들이다'라고 바꾸어 표현한 ②번이 정답이다.

① Certain majors tend to be more interesting than others.
어떤 전공들은 다른 것들에 비해 더 흥미로운 경향이 있다.

② Ideal majors are those that will ensure job placement.
이상적인 전공들은 직장 채용을 보장하는 것들이다.

③ Passion should be prioritized over employability when selecting a major.
전공을 선택할 때 열정이 취업 가능성보다 우선시되어야 한다.

④ Post-graduate courses are the best time to determine a career.
대학원 과정은 직업을 결정할 최고의 시기이다.

해석 대학에 입학하는 많은 사람들은 그것(대학에 입학하는 것)을 다양한 과목들을 탐구하고 그들이 열정을 느낄 무언가를 찾을 기회로 여긴다. 하지만 학생들이 전공을 선택하고 무엇에 집중할지 결정할 때, 그들은 그들의 결정이 그들의 직업 생활에 굉장한 영향을 미칠 것임을 자각할 필요가 있다. 그것(학생들의 결정)은 그들의 미래 직업 전망을 결정지을 뿐 아니라, 그들이 졸업 후에 얼마나 많은 수입을 벌 수 있는지를 좌우할 것이다. 비록 흥미로운 전공 분야를 선택하는 것은 중요하지만, 취업 가능성이 주요 고려 사항이 되어야 한다.

해설 지문 앞부분에서 대학에 입학하는 학생들은 전공을 선택할 때, 그 결정이 그들의 직업 생활에 굉장한 영향을 미칠 것임을 자각해야 한다고 하고, 지문의 마지막 부분에서 흥미로운 전공 분야를 선택하는 것도 중요하지만, 취업 가능성이 주요 고려 사항이 되어야 한다고 설명하고 있다. 따라서 지문의 요지를 '이상적인 전공들은 직장 채용을 보장하는 것들이다'라고 표현한 ②번이 정답이다.

정답 ②

03 DepSTC에 관한 다음 글의 내용과 일치하지 않는 것은?

https://depstc.gov/

Young people can communicate with the Department of Sports, Tourism and Culture (DepSTC) about youth policies.

The Department of Sports, Tourism and Culture (DepSTC) is asking young people to freely give their suggestions and opinions on youth policies. The government is doing this to strengthen relations with youth and facilitate an exchange of ideas. The DepSTC is currently holding an online event to encourage youth participation until the end of the month. Young people who participate in proposing policies will be eligible to win a gift certificate through a drawing. By letting young individuals give their viewpoints, the DepSTC hopes to upgrade its policies and design programs that are more appropriate to the needs of our youth. For more information, please visit the community page on the DepSTC website.

① It is seeking the opinions of youth on policies.
② A website event to encourage participation is being held.
③ Everyone who participates in proposing policies will receive a prize.
④ The government hopes to establish policies that meet the needs of the youth.

전략 적용 & 지문 분석

도입
Young people can communicate / with the Department of Sports, Tourism and Culture (DepSTC) / about youth policies.
청년들은 소통할 수 있습니다 / 체육관광문화부(DepSTC)와 / 청년 정책에 대해

주제문
① The Department of Sports, Tourism and Culture (DepSTC) / is asking young people / to freely give their suggestions and opinions / on youth policies.
체육관광문화부(DepSTC)는 / 청년들에게 요청하고 있습니다 / 그들의 제안과 의견을 자유롭게 제시할 것을 / 청년 정책에 대한

부연
The government is doing this / to strengthen relations / with youth / and / facilitate / an exchange of ideas.
정부는 이를 시행하고 있습니다 / 관계를 강화하기 위해 / 청년과의 / 그리고 / 촉진하기 위해 / 아이디어의 교환을
→ 목적을 나타내는 to 부정사의 부사적 용법

설명 1 (행사)
② The DepSTC is currently holding / an online event / to encourage / youth participation / until the end of the month.
DepSTC는 현재 진행하고 있습니다 / 온라인 행사를 / 장려하기 위해 / 청년 참여를 / 이달 말까지

③ Young people / who participate in proposing policies / will be eligible to win / a gift certificate / through a drawing.
청년들은 / 정책 제안에 참여하는 / 받을 수 있습니다 / 상품권을 / 추첨을 통해

설명 2 (목표)
→ by + 동명사: '동명사함으로써'
By letting young individuals give their viewpoints, / ④ the DepSTC hopes to upgrade / its policies / and / design programs / that are more appropriate / to the needs / of our youth.
청년들이 자신의 견해를 제시할 수 있도록 함으로써 / DepSTC는 개선하기를 희망합니다 / 정책을 / 그리고 / 프로그램을 고안하기를 / 더 적합한 / 필요에 / 우리 청년들의

부연
For more information, / please visit the community page / on the DepSTC website.
자세한 내용은 / 지역사회 페이지를 방문해 주세요 / DepSTC 웹사이트의

① It is seeking the opinions of youth on policies.
정책에 대한 청년들의 의견을 구하고 있다.

② A website event to encourage participation is being held.
참여를 독려하는 웹사이트 행사가 진행 중이다.

③ Everyone who participates in proposing policies will receive a prize.
정책 제안에 참여하는 모든 사람은 상품을 받을 것이다.

④ The government hopes to establish policies that meet the needs of the youth.
정부는 청년의 필요를 충족하는 정책을 수립하기를 희망한다.

Step 1
보기를 먼저 읽고 지문의 내용과 비교할 키워드를 파악
① 청년들의 의견을 구함
② 웹사이트행사 진행 중
③ 모든 사람들, 상품
④ 청년의 필요를 충족하는 정책

Step 2
지문에서 보기의 키워드와 관련된 부분을 찾아 비교한 후, 알맞은 보기 선택
① O: 청년들이 제안과 의견을 제시할 것을 요청함
② O: 청년 참여 장려를 위해 온라인 행사를 진행 중임
③ X: 추첨을 통해 상품권을 받을 수 있음
④ O: 청년의 필요에 더 적합한 정책을 개선하고자 함

해석 청년들은 청년 정책에 대해 체육관광문화부(DepSTC)와 소통할 수 있습니다.
체육관광문화부(DepSTC)는 청년들이 청년 정책에 대한 그들의 제안과 의견을 자유롭게 제시할 것을 요청하고 있습니다. 정부는 청년과의 관계를 강화하고 아이디어의 교환을 촉진하기 위해 이를 시행하고 있습니다. DepSTC는 현재 청년 참여를 장려하기 위해 이달 말까지 온라인 행사를 진행하고 있습니다. 정책 제안에 참여하는 청년들은 추첨을 통해 상품권을 받을 수 있습니다. 청년들이 자신의 견해를 제시할 수 있도록 함으로써, DepSTC는 우리 청년들의 필요에 더 적합한 정책을 개선하고 프로그램을 고안하기를 희망합니다. 자세한 내용은 DepSTC 웹사이트의 지역사회 페이지를 방문해 주세요.

해설 ③번의 키워드인 prize(상품)와 관련된 지문의 a gift certificate(상품권) 주변의 내용에서 정책 제안에 참여하는 청년들은 추첨을 통해 상품권을 받을 수 있다고 했으므로, 정책 제안에 참여하는 모든 사람이 상품을 받을 것이라는 것은 지문의 내용과 다르다. 따라서 ③번이 지문의 내용과 일치하지 않는다.

정답 ③

[04~05] 다음 글을 읽고 물음에 답하시오.

[A]

We invite you to experience the fun of team sports with your colleagues! We are organizing a badminton club for all employees who wish to participate. We're sure you'll love getting together to play this fun and exciting game after hours!

· **When**: Tuesdays
· **Time**: 7:00 p.m. – 9:00 p.m.
· **Where**: Badminton Courts at the Rayville Community Center

Teams will consist of two players each. You can sign up with a specific coworker or join a team on your first visit. A company-wide tournament will be held in the summer. The winning team will receive a free vacation.

More information is available on the bulletin board in the break room.

04 (A)에 들어갈 윗글의 제목으로 가장 적절한 것은?
① The Importance of Team Sports
② An Invitation to a Sports Club
③ A Free Chance to Watch a Sport
④ New Badminton Courts

05 위 안내문의 내용과 일치하지 않는 것은?
① 모든 직원들을 대상으로 한 모집 안내문이다.
② 일주일에 한 번 저녁에 모인다.
③ 두 사람이 함께 방문해야만 동아리에 들어갈 수 있다.
④ 시합에서 우승하면 상품으로 휴가를 받는다.

해설 **04** 지문 처음에서 동료들과 함께 팀 스포츠의 재미를 경험해 볼 수 있도록 초대한다고 하며, 참여를 희망하는 모든 직원을 위한 배드민턴 동아리를 조직하고 있다고 설명하고 있다. 따라서 지문의 제목을 '스포츠 동아리에의 초대'라고 표현한 ②번이 정답이다.

05 ③번의 키워드인 '방문'이 그대로 등장한 on your first visit(첫 방문 시) 주변의 내용에서 특정 동료와 함께 방문하거나 첫 방문 시 팀에 합류할 수 있다고 했으므로, 두 사람이 함께 방문해야만 동아리에 들어갈 수 있다는 것은 지문의 내용과 다르다. 따라서 ③번이 지문의 내용과 일치하지 않는다.

어휘 colleague 동료 organize 조직하다, 구성하다 after hours 근무 시간 후에 coworker 동료 tournament 시합, 경기 bulletin board 게시판

전략 적용 & 지문 분석

주제문
We invite you / to experience / the fun of team sports / with your colleagues!
우리는 여러분을 초대합니다 / 경험하도록 / 팀 스포츠의 재미를 / 여러분의 동료들과 함께

①**We are organizing a badminton club** / **for all employees** / **who wish to participate**.
우리는 배드민턴 동아리를 조직하고 있습니다 / 모든 직원을 위한 / 참여를 희망하는
→ 관계대명사 who절(선행사 all employees 수식)

부연1
We're sure / you'll love getting together / to play this fun and exciting game / after hours!
우리는 확신합니다 / 여러분이 함께 모이는 것을 좋아할 것이라고 / 이 재미있고 흥미진진한 게임을 즐기기 위해 / 근무 시간 후에

설명1 (시간 및 장소)
· ②**When: Tuesdays** 언제: 화요일
· ②**Time: 7:00 p.m. – 9:00 p.m.** 시간: 오후 7시 – 오후 9시
· **Where: Badminton Courts at the Rayville Community Center**
어디에서: Rayville 지역 문화 회관의 배드민턴 코트

설명2 (팀 구성)
Teams will consist of two players each. 팀은 각각 두 명의 선수로 구성될 것입니다
③**You can [sign up / with a specific coworker] / or / [join a team] / on your first visit.**
여러분은 가입할 수 있습니다 / 특정 동료와 함께 / 또는 / 팀에 합류할 수 있습니다 / 첫 방문 시에
→ or로 연결된 동사구 병치 구문

설명3 (추후 계획)
A company-wide tournament will be held / in the summer. 전사적 시합은 개최될 예정입니다 / 여름에
④**The winning team will receive / a free vacation.** 우승 팀은 받게 됩니다 / 무료 휴가를

부연2
More information is available / on the bulletin board / in the break room.
더 많은 정보는 확인할 수 있습니다 / 게시판에서 / 휴게실의

04
① The Importance of Team Sports 팀 스포츠의 중요성
② An Invitation to a Sports Club 스포츠 동아리에의 초대
③ A Free Chance to Watch a Sport 스포츠를 관람할 수 있는 무료 기회
④ New Badminton Courts 새로운 배드민턴 코트

Step 1
지문에서 파악해야 할 내용
1) 제목
2) 일치하지 않는 것

Step 2
04번: 중심 내용이 담겨 있는 부분을 읽고 배드민턴 동아리에 초대하는 글임을 파악한다.
05번: ③번의 키워드인 '가입'이 그대로 등장한 지문 주변의 내용에서 첫 방문 시 팀에 합류할 수 있다고 했으므로, 두 사람이 함께 방문해야만 동아리에 들어갈 수 있다는 것은 지문의 내용과 다르다.

Step 3
04번: 제목을 '스포츠 동아리에의 초대'라고 표현한 ②번이 정답이다.
05번: ① O, ② O, ③ X, ④ O

[해석] 여러분의 동료들과 함께 팀 스포츠의 재미를 경험해 볼 수 있도록 여러분을 초대합니다! 참여를 희망하는 모든 직원을 위한 배드민턴 동아리를 조직하고 있습니다. 여러분이 근무 시간 후에 함께 모여 이 재미있고 흥미진진한 게임을 즐기는 것을 좋아할 것이라고 확신합니다!
· 언제: 화요일
· 시간: 오후 7시 – 오후 9시
· 어디에서: Rayville 지역 문화 회관의 배드민턴 코트
팀은 각각 두 명의 선수로 구성될 것입니다. 특정 동료와 함께 가입하거나 첫 방문 시 팀에 합류할 수 있습니다. 전사적 시합은 여름에 개최될 예정입니다. 우승 팀은 무료 휴가를 받게 됩니다.
더 많은 정보는 휴게실의 게시판에서 확인할 수 있습니다.

정답 04 ②, 05 ③

06 밑줄 친 부분에 들어갈 말로 가장 적절한 것은?

Government agencies are scrambling to help residents of the port city of Durrës after a massive earthquake rocked the region. With a magnitude of 6.4, it was the most damaging tremor ever experienced in Albania. Fifty-one people were killed by the quake and more than 3,000 were injured. In addition, thousands of buildings were damaged, leaving 17,000 citizens homeless. In order to deal with this situation, the government announced that _____. Temporary shelters were opened and more than 5,000 people were put up in hotels. For those in more rural areas, tents and temporary structures were erected on their property. However, some citizens are still concerned. Between their housing uncertainties and lingering trauma, they worry that they may never fully recover from the natural disaster.

① millions of dollars would be spent on studying earthquakes
② the rescue effort will continue for the foreseeable future
③ building codes would be strengthened going forward
④ it would provide alternative housing for the displaced

전략 적용 & 지문 분석

도입
Government agencies are scrambling / to help residents / of the port city of Durrës / after a massive earthquake rocked the region.
정부 기관들은 애쓰고 있다 / 주민들을 돕기 위해 / 항구 도시 두러스의 / 대규모 지진이 그 지역을 흔들고 난 후

With a magnitude of 6.4, / it was the most damaging tremor / ever [experienced in Albania]. ← 명사(tremor)를 수식하는 분사구
진도 6.4로 / 그것은 가장 큰 피해를 준 지진이었다 / 알바니아에서 여태까지 겪었던

문제
Fifty-one people were killed / by the quake / and more than 3,000 were injured. // In addition, / thousands of buildings / were damaged, / leaving 17,000 citizens homeless.
51명의 사람들이 사망했다 / 그 지진에 의해 / 그리고 3천 명이 넘게 부상을 당했다 // 게다가 / 수천 채의 건물이 / 피해를 입었다 / 이는 1만 7천 명의 (두러스) 시민들이 집을 잃게 했다

대책
In order to deal with this situation, / the government announced / that it would provide alternative housing for the displaced.
이 상황에 대처하기 위해 / 정부는 발표했다 / 이재민들을 위해 주거 대안을 제공할 것이라고

예시
Temporary shelters were opened / and more than 5,000 people / were put up in hotels. ← put + 사람 + up(~를 묵어가게 하다)의 수동태
임시 대피소들이 개방되었다 / 그리고 5천 명이 넘는 사람들이 / 호텔에 묵게 되었다

For those / in more rural areas, / tents and temporary structures were erected / on their property. ← those + 수식어: ~하는 사람들
사람들을 위해 / 더 시골 지역에 있는 / 텐트와 임시 구조물들이 세워졌다 / 그들의 토지에는

대조
However, / some citizens / are still concerned. 그러나 / 일부 시민들은 / 여전히 걱정하고 있다

Between their housing uncertainties / and lingering trauma, / they worry / that they may never fully recover / from the natural disaster.
그들의 불확실한 주거 상황과 / 계속 남아 있는 (지진) 트라우마 사이에서 / 그들(주민들)은 우려하고 있다 / 자신들이 어쩌면 결코 완전히 회복할 수 없을 것이라고 / 그 자연 재해로부터

Step 1
빈칸이 있는 문장과 그 주변을 통해 빈칸에 들어갈 내용 파악
지진으로 인해 시민들이 집을 잃게 된 상황을 대처하기 위해 정부가 무엇을 발표했는지

① millions of dollars would be spent on studying earthquakes
지진을 연구하는 데에 수백만 달러가 쓰일

② the rescue effort will continue for the foreseeable future
당분간 구조 활동이 계속될

③ building codes would be strengthened going forward
앞으로 건축 법규가 강화될

④ it would provide alternative housing for the displaced
이재민들을 위해 주거 대안을 제공할

Step 2
지문을 읽고 빈칸에 들어가기에 가장 적절한 보기 선택
빈칸 뒤 문장에 임시 대피소 개방, 호텔 제공, 텐트 및 임시 구조물의 설치와 관련된 내용이 있으므로, '이재민들을 위해 주거 대안을 제공할'이라고 한 ④번이 정답이다.

해석 대규모 지진이 그 지역(두러스)을 흔들고 난 후, 정부 기관들은 항구 도시 두러스의 주민들을 돕기 위해 애쓰고 있다. 그것은 진도 6.4로, 알바니아에서 여태까지 겪었던 가장 큰 피해를 준 지진이었다. 그 지진에 의해 51명의 사람들이 사망했고, 3천 명이 넘게 부상을 당했다. 게다가, 수천 채의 건물이 피해를 입었고, 이는 1만 7천 명의 (두러스) 시민들이 집을 잃게 했다. 이 상황에 대처하기 위해, 정부는 <u>이재민들을 위해 주거 대안을 제공할</u> 것이라고 발표했다. 임시 대피소들이 개방되었고, 5천 명이 넘는 사람들이 호텔에 묵게 되었다. 더 시골 지역에 있는 사람들을 위해, 그들의 토지에는 텐트와 임시 구조물들이 세워졌다. 그러나, 일부 시민들은 여전히 걱정하고 있다. 그들의 불확실한 주거 상황과 계속 남아 있는 지진 트라우마 사이에서, 그들(주민들)은 자신들이 어쩌면 그 자연 재해(지진)로부터 결코 완전히 회복할 수 없을 것이라고 우려하고 있다.

해설 빈칸 앞 문장에 대규모 지진으로 수많은 두러스 시민들이 집을 잃게 되었다는 내용이 있고, 빈칸 뒤 문장에 임시 대피소들이 개방되었고 일부 사람들은 호텔에 묵게 되었으며, 더 시골 지역에는 텐트와 임시 구조물들이 세워졌다는 내용이 있으므로, 정부가 '이재민들을 위해 주거 대안을 제공할' 것이라고 발표했다고 한 ④번이 정답이다.

정답 ④

07 다음 글의 빈칸에 들어갈 적절한 것은?

The discipline of genetic oncology examines how genes affect cancer in the body. Lately, researchers in this field are realizing the significance of Sox genes in relation to cancer growth. Sox genes control the development of blood vessels and play a role in tumor size. When a tumor starts to form, Sox genes send a signal to cancer cells, causing them to build up a stronger circulatory system in the area. The greater blood flow means that tumors receive more oxygen, which makes them bigger. By _____ the Sox genes, it may be possible to keep such cancerous tumors from getting larger. While this may not be a cure for the disease, it could slow tumor growth, which would make other treatments much more efficient and effective.

① increasing
② empowering
③ regulating
④ determining

전략 적용 & 지문 분석

도입
The discipline of genetic oncology / examines / how genes affect cancer / in the body.
종양 유전학 분야는 / 조사한다 / 유전자가 어떻게 암에 영향을 미치는지를 / 체내에서

주제문
Lately, / researchers in this field / are realizing the significance of Sox genes / in relation to cancer growth.
최근에 / 이 분야의 연구원들은 / Sox 유전자의 중요성을 인식하게 되었다 / 암의 성장과 관련하여

설명1
Sox genes control / the development of blood vessels / and play a role in tumor size.
Sox 유전자는 조절한다 / 혈관의 성장을 / 그리고 종양의 크기(를 결정하는 것)에 일조한다

부연
When a tumor starts to form, / Sox genes send a signal / to cancer cells, / causing them to build up / a stronger circulatory system / in the area.
종양이 형성되기 시작할 때 / Sox 유전자는 신호를 보낸다 / 암 세포들에 / 이는 그것들(암 세포들)이 형성하게 한다 / 더 강력한 혈액 순환 시스템을 / 그 부위에

관계절의 계속적 용법: 앞에 명사(oxygen)에 대한 부가 설명

The greater blood flow means / that tumors receive more oxygen, / which makes them bigger.
더 많은 양의 혈류는 의미한다 / 종양들이 더 많은 산소를 얻는다는 것을 / 그리고 이는 그것들(종양들)을 더 커지게 만든다

by + 동명사: '동명사'함으로써   *keep + 목적어 + from + 동명사: '목적어'가 '동명사'하는 것을 막다*

설명2
By regulating the Sox genes, / it may be possible / to keep such cancerous tumors from getting larger.
Sox 유전자를 통제함으로써 / (~이) 가능할지도 모른다 / 그러한 암 종양들이 더 커지는 것을 막는 것이

make + 목적어 + 목적격 보어: '목적어'가 '목적격 보어'하게 만들다

부연
While this may not be a cure for the disease, / it could slow tumor growth, / which would make / [other treatments] / [much more efficient and effective].
이것(Sox 유전자를 통제하는 것)이 그 질병에 대한 치료법은 아닐지 모르지만 / 그것은 종양의 성장을 늦출 수 있다 / 그리고 이는 만들 것이다 / 다른 치료법들을 / 훨씬 더 효율적이고 효과적이게

① increasing   증가시킴
② empowering   허용함
③ regulating   통제함
④ determining   결정함

Step 1
빈칸이 있는 문장과 그 주변을 통해 빈칸에 들어갈 내용 파악
Sox 유전자를 어떻게 함으로써 암 종양들이 더 커지는 것을 막는 것이 가능한지

Step 2
지문을 읽고 빈칸에 들어가기에 가장 적절한 보기 선택
빈칸 앞부분에 Sox 유전자는 강력한 혈액 순환 시스템을 형성하여 혈류가 많아지게 하여 암 종양을 더 커지게 한다는 내용이 있으므로 '통제함'이라고 한 ③번이 정답이다.

해석 종양 유전학 분야는 체내에서 유전자가 어떻게 암에 영향을 미치는지를 조사한다. 최근에, 이 분야의 연구원들은 암의 성장과 관련하여 Sox 유전자의 중요성을 인식하게 되었다. Sox 유전자는 혈관의 성장을 조절하며 종양의 크기(를 결정하는 것)에 일조한다. 종양이 형성되기 시작할 때, Sox 유전자는 암 세포들에 신호를 보내는데, 이는 그것들(암 세포들)이 그 부위에 더 강력한 혈액 순환 시스템을 형성하게 한다. 더 많은 양의 혈류는 종양들이 더 많은 산소를 얻는다는 것을 의미하고, 이는 그것들(종양들)을 더 커지게 만든다. Sox 유전자를 통제함으로써, 그러한 암 종양들이 더 커지는 것을 막는 것이 가능할지도 모른다. 이것(Sox 유전자를 통제하는 것)이 그 질병에 대한 치료법은 아닐지 모르지만, 그것은 종양의 성장을 늦출 수 있으며, 이는 다른 치료법들을 훨씬 더 효율적이고 효과적이게 만들 것이다.

해설 빈칸 앞부분에 Sox 유전자는 암 세포들에 신호를 보내 더 강력한 혈액 순환 시스템을 형성하며, 그로 인해 혈류가 많아지면서 암 종양도 더 커진다는 내용이 있으므로, Sox 유전자를 '통제함'으로써 암 종양이 더 커지는 것을 막는 것이 가능할지 모른다고 한 ③번이 정답이다.

정답 ③

08 다음 글의 제목으로 가장 적절한 것을 고르시오.

> Physical ergonomics is concerned with human anatomy and the body's response to the physical stress that results from handling equipment. This area of study is well known, as everyone is familiar with ergonomic chairs and keyboards, which are common in today's homes and workplaces. These items keep the user's body parts in a more comfortable position and prevent injuries when they are utilized for long periods. As our understanding of physical ergonomics has developed, a new type of ergonomic study has emerged—cognitive ergonomics. Cognitive ergonomics focuses on designing systems that are compatible with how the human brain functions. This consideration is especially important when developing operating systems and user interfaces for complex devices, as it provides more intuitive, user-friendly experiences for users. The use of cognitive ergonomic principles in high-tech devices like modern smartphones explains why nearly anyone can begin using them without being told how they work.

① Ergonomics: The Key to Stress Relief
② Ergonomics Adapting Products for Physical and Mental Wellbeing
③ How Cognitive Ergonomics Will Replace Physical Ergonomics
④ How Have Ergonomic Products Become Mainstream?

전략 적용 & 지문 분석

개념1

be concerned with: ~와 관련이 있다

Physical ergonomics / is concerned with human anatomy / and the body's response / to the physical stress / that results from handling equipment.
물리적 인체 공학은 / 인체 해부학과 관련이 있다 / 그리고 몸의 반응과 / 물리적 스트레스에 대한 / 장비를 다루는 것에서 비롯되는

설명

This area of study is well known, / as everyone is familiar with ergonomic chairs and keyboards, / which are common in today's homes and workplaces.
이 연구 분야는 잘 알려져 있다 / 모두가 인체 공학 의자와 키보드에 친숙하기 때문에 / 오늘날의 가정과 직장에 흔히 있는

These items / keep the user's body parts / in a more comfortable position / and prevent injuries / when they are utilized for long periods.
이 물품들은 / 사용자의 신체 부위를 유지하게 한다 / 더 편한 자세로 / 그리고 부상을 막아준다 / 그것들이 장기간 사용될 때

개념2

As our understanding of physical ergonomics has developed, / a new type of ergonomic study has emerged / —cognitive ergonomics.
물리적 인체 공학에 대한 우리의 이해가 발달해옴에 따라 / 새로운 유형의 인체 공학이 나타났다 / 인지적 인체 공학이라는

의문부사 how가 이끄는 명사절: ~하는 방식

Cognitive ergonomics / focuses on designing systems / that are compatible with [how the human brain functions]. 인지적 인체 공학은 / 시스템을 고안하는 것에 중점을 둔다 / 인간의 뇌가 작동하는 방식에 맞는

설명

This consideration is especially important / when developing operating systems and user interfaces / for complex devices, / as it provides / more intuitive, user-friendly experiences / for users. 이러한 고려는 특히 중요하다 / 운영 체제와 사용자 인터페이스를 개발할 때 / 복잡한 기기의 / 그것이 제공하기 때문이다 / 더 직관적이고 사용자 친화적인 경험을 / 사용자들에게

단수 동사 단수 주어 수식어 거품(동사의 수 결정에 영향을 주지 않음)

The use [of cognitive ergonomic principles / in high-tech devices / like modern smartphones] / explains / why nearly anyone can begin using them / without being told how they work.
인지적 인체 공학 원리의 이용은 / 최첨단 기기에서 / 현대의 스마트폰과 같은 / 설명한다 / 왜 거의 모든 사람이 그것들을 사용하기 시작할 수 있는지를 / 그것들이 작동하는 방법을 듣지도 않고

① Ergonomics: The Key to Stress Relief
인체 공학: 스트레스 완화의 열쇠

② Ergonomics Adapting Products for Physical and Mental Wellbeing
신체적, 정신적 웰빙에 맞게 제품을 맞추는 인체 공학

③ How Cognitive Ergonomics Will Replace Physical Ergonomics
인지적 인체 공학은 어떻게 물리적 인체 공학을 대체할 것인가

④ How Have Ergonomic Products Become Mainstream?
어떻게 인체 공학 제품들이 주류가 되었을까?

Step 1
중심 내용 찾기
'물리적 인체 공학 및 인지적 인체 공학을 이용한 제품들'이 지문의 중심 내용이다.

Step 2
중심 내용을 가장 잘 바꾸어 표현한 보기 선택
중심 내용을 '신체적, 정신적 웰빙에 맞게 제품을 맞추는 인체 공학'이라고 바꾸어 표현한 ②번이 정답이다.

해석 물리적 인체 공학은 인체 해부학, 그리고 장비를 다루는 것에서 비롯되는 물리적 스트레스에 대한 몸의 반응과 관련이 있다. 이 연구 분야는, 모두가 오늘날의 가정과 직장에 흔히 있는 인체 공학 의자와 키보드에 친숙하기 때문에 잘 알려져 있다. 이 물품들은 장기간 사용될 때, 사용자의 신체 부위를 더 편한 자세로 유지하게 하며 부상을 막아 준다. 물리적 인체 공학에 대한 우리의 이해가 발달해옴에 따라, 인지적 인체 공학이라는 새로운 유형의 인체 공학이 나타났다. 인지적 인체 공학은 인간의 뇌가 작동하는 방식에 맞는 시스템을 고안하는 것에 중점을 둔다. 이러한 고려는 복잡한 기기의 운영 체제와 사용자 인터페이스를 개발할 때 특히 중요한데, 그것(뇌의 작동 방식에 맞는 시스템을 고안하는 것)이 사용자들에게 더 직관적이고 사용자 친화적인 경험을 제공하기 때문이다. 현대의 스마트폰과 같은 최첨단 기기에서 인지적 인체 공학 원리의 이용은 왜 거의 모든 사람이 그것들이 작동하는 방법을 듣지도 않고 그것들을 사용하기 시작할 수 있는지를 설명한다.

해설 지문 전반에 걸쳐 물리적 인체 공학 관련 제품들은 사용자가 더 편한 자세를 유지하게 하며 부상을 막아준다고 했고, 인지적 인체 공학 제품들은 인간의 뇌가 기능하는 방식에 맞게 복잡한 기기를 더 직관적이고 사용자 친화적으로 만든다고 설명하고 있다. 따라서 지문의 제목을 '신체적, 정신적 웰빙에 맞게 제품을 맞추는 인체 공학'이라고 표현한 ②번이 정답이다.

정답 ②

09 다음 글의 내용과 일치하지 않는 것은?

Following his death in 1983, surrealist painter and sculptor Joan Miró's illustrious personal art collection—including his own sketches, paintings, and sculptures—was donated to the Joan Miró Foundation Museum in Barcelona. Miró's collection was unique in that it contained pieces from fellow artists like Calder, Picasso, and Royo. Furthermore, it included twelve unsold paintings that Miró retained from the early part of his career. In addition to their purely aesthetic value, these unseen works were significant in that they helped to further the public's understanding of this influential artist, as they opened a personal door into his life and art that had previously been hidden from the world.

① Miró created paintings in addition to sculptures during his art career.
② Miró's collection was donated to his foundation museum in Barcelona.
③ Miró's collection contained works from fellow artists and 12 of his famous paintings.
④ Miró's previously unseen works helped the public understand his art and life.

전략 적용 & 지문 분석

도입

전치사 following: ~후에

Following his death in 1983, / surrealist painter and sculptor / ①② Joan Miró's illustrious personal art collection / —including his own sketches, paintings, and sculptures— / was donated to the Joan Miró Foundation Museum / in Barcelona.
1983년 그의 사망 이후에 / 초현실주의 화가이자 조각가였던 / 호안 미로의 걸출한 개인 예술 소장품이 / 그가 직접 그린 스케치, 그림과 조각품들을 포함한 / 호안 미로 재단 미술관에 기증되었다 / 바르셀로나에 있는

설명

접속사 in that: ~라는 점에서

Miró's collection was unique / in that ③ it contained pieces / from fellow artists / like Calder, Picasso, and Royo.
미로의 소장품은 특별했다 / 그것이 작품들을 포함했다는 점에서 / 동료 화가들에게서 받은 / 칼더, 피카소, 로요와 같은

선행사(paintings)를 수식하는 주격 관계절

Furthermore, / ③ it included / twelve unsold paintings / [that Miró retained / from the early part of his career.]
게다가 / 그것(소장품)은 포함했다 / 팔리지 않은 12점의 그림들을 / 미로가 간직해 온 / 그의 경력 초창기부터

결론

In addition to their purely aesthetic value, / ④ these unseen works / were significant / in that they helped / to further the public's understanding / of this influential artist, / as they opened a personal door / into his life and art / that had previously been hidden / from the world.
그것들(작품들)의 순수 미적 가치뿐 아니라 / 이전에 보지 못했던 이 작품들은 / 의미가 있었다 / 그것들이 도움을 주었다는 점에서 / 대중의 이해를 증진하는 데 / 이 영향력 있는 예술가(미로)에 대한 / 이는 그것들이 개인적인 문을 열어주었기 때문이다 / 그의 삶과 예술로 향하는 / 이전에는 숨겨져 있던 / 세상으로부터

Step 1

보기를 먼저 읽고 지문의 내용과 비교할 키워드를 파악

① 조각품, 그림
② 재단 미술관, 기증
③ 동료 화가들의 작품, 유명한 그림 12점
④ 이전에는 볼 수 없었던 작품, 대중의 이해

Step 2

지문에서 보기의 키워드와 관련된 부분을 찾아 비교한 후, 알맞은 보기 선택

① O: 그의 예술 소장품은 직접 그린 스케치, 그림, 조각품들을 포함함
② O: 예술 소장품은 바르셀로나에 있는 호안 미로 재단 미술관에 기증됨
③ X: 예술 소장품은 팔리지 않은 12점의 그림들을 포함함
④ O: 이전에 보지 못했던 작품들은 대중의 이해를 증진하는 데 도움을 줌

① Miró created paintings in addition to sculptures during his art career.
미로는 그의 예술 경력 동안 조각품뿐만 아니라 그림도 창작했다.

② Miró's collection was donated to his foundation museum in Barcelona.
미로의 소장품은 바르셀로나에 있는 그의 재단 미술관에 기증되었다.

③ Miró's collection contained works from fellow artists and 12 of his famous paintings.
미로의 소장품은 동료 화가들의 작품과 그의 유명한 그림 12점을 포함했다.

④ Miró's previously unseen works helped the public understand his art and life.
이전에는 볼 수 없었던 미로의 작품은 대중이 그의 예술과 삶을 이해하는 데 도움이 되었다.

해석 1983년 호안 미로의 사망 이후에, 초현실주의 화가이자 조각가였던 그가 직접 그린 스케치, 그림과 조각품들을 포함한 그의 걸출한 개인 예술 소장품이 바르셀로나에 있는 호안 미로 재단 미술관에 기증되었다. 미로의 소장품은 칼더, 피카소, 로요와 같은 동료 화가들에게서 받은 작품들을 포함했다는 점에서 특별했다. 게다가, 그것(소장품)은 미로가 그의 경력 초창기부터 간직해 온 팔리지 않은 12점의 그림들도 포함했다. 이전에 보지 못했던 이 작품들은 그것들(작품들)의 순수 미적 가치뿐 아니라, 이 영향력 있는 예술가(미로)에 대한 대중의 이해를 증진하는 데 도움을 주었다는 점에서 의미가 있었는데, 이는 이전에는 세상으로부터 숨겨져 있던 그의 개인적인 삶과 예술로 향하는 문을 열어주었기 때문이다.

해설 ③번의 키워드인 fellow artists(동료 화가들)가 그대로 등장한 지문 주변의 내용에서 미로의 소장품은 동료 화가들에게서 받은 작품들을 포함했다는 점에서 특별했고, 그것(소장품)은 미로가 그의 경력 초창기부터 간직해 온 팔리지 않은 12점의 그림들도 포함했다고 했으므로, 미로의 소장품이 그의 유명한 그림 12점을 포함했다는 것은 지문의 내용과 다르다. 따라서 ③번이 지문의 내용과 일치하지 않는다.

정답 ③

10 다음 글의 흐름상 어색한 문장은?

Global warming and its impact on climate continue to stir up disagreement among scientists, the media, and politicians despite the scientific evidence available. It can be compared to the resistance to Copernicus's 1530 proposal that the Earth and other planets orbit the Sun. ① Even when Galileo Galilei used a telescope to lend credence to Copernicus's theory, fellow astronomers and the Catholic Church rejected the idea, which would only see acceptance in the 1800s. ② When Copernicus formulated the theory, he mistakenly believed that the planets orbited the Sun in perfect circles. ③ Today, the evidence that supports global climate change is not scientifically revolutionary, like Copernicus's theory when it was first put forward. ④ Science is not being reshaped in any dramatic way, as the conclusion that global warming is a human-caused phenomenon is based on direct observation of the world's consumption patterns and its impact on Earth. But time will tell whether the theory will be accepted as fact.

해설 지문 앞부분에서 지구 온난화와 그것이 기후에 미치는 영향이 계속해서 의견 차이를 불러일으키고 있는데, 이는 코페르니쿠스의 제안에 대한 저항과 비교될 수 있다고 하고, ①번에서는 지구 온난화가 기후에 미치는 영향이 의견 차이를 불러일으키는 것과 비슷하게 코페르니쿠스의 이론이 1800년대까지 받아들여지지 않았던 것, ③번에서는 지구의 기후 변화를 뒷받침하는 증거가 코페르니쿠스의 이론과 다른 점, ④번에서는 지구 온난화가 인간이 야기한 현상이라는 결론이 관찰에 근거한다는 것에 대해 설명하고 있다. 그러나 ②번은 코페르니쿠스가 이론을 공식화했을 때 잘못 믿었던 것에 대한 내용으로, 지구 온난화가 지구에 미치는 영향이 사람들 사이에서 의견 차이를 불러일으키는 것과 코페르니쿠스의 이론이 거부된 것을 비교하는 지문의 흐름과 어울리지 않으므로 ②번이 정답이다.

어휘 stir up 불러일으키다 resistance 저항, 반대 telescope 망원경 lend 부여하다 credence 신빙성, 신용 fellow 동료인 astronomer 천문학자 reject 거부하다 formulate 공식화하다, 형성하다 orbit 공전하다, 주위를 궤도를 그리며 돌다 revolutionary 획기적인, 혁명적인 put forward 제시하다, 제안하다 observation 관찰 consumption 소비

전략 적용 & 지문 분석

주제문

Global warming and its impact on climate / continue to stir up disagreement / among scientists, the media, and politicians / despite the scientific evidence / available.
지구 온난화와 그것이 기후에 미치는 영향은 / 계속해서 의견 차이를 불러일으키고 있다 / 과학자, 언론, 그리고 정치인들 사이에서 / 과학적 증거에도 불구하고 / 통용되는

→ despite: ~에도 불구하고(= in spite of)

도입

It can be compared / to the resistance / to Copernicus's 1530 proposal / that the Earth and other planets orbit the Sun.
이는 비교될 수 있다 / 저항과 / 코페르니쿠스의 1530년 제안에 대한 / 지구와 다른 행성들이 태양 궤도를 돌고 있다는

설명1

① Even when Galileo Galilei used a telescope / to lend credence to Copernicus's theory, / fellow astronomers and the Catholic Church / rejected the idea, / which would only see acceptance / in the 1800s.
갈릴레오 갈릴레이가 망원경을 사용했을 때에도 / 코페르니쿠스의 이론에 신빙성을 부여하기 위해 / 동료 천문학자들과 가톨릭교회는 / 그 아이디어를 거부했다 / 이는 수용을 경험할(받아들여질) 수 있었다 / 1800년대가 되어서야

② When Copernicus formulated the theory, / he mistakenly believed / that the planets orbited the Sun / in perfect circles.
코페르니쿠스가 그 이론을 공식화했을 때 / 그는 잘못 믿었다 / 행성들이 태양 궤도를 공전한다고 / 완벽한 원으로

설명2

③ Today, / the evidence that supports global climate change / is not scientifically revolutionary, / like Copernicus's theory / when it was first put forward.
오늘날 / 지구의 기후 변화를 뒷받침하는 증거는 / 과학적으로 획기적이지 않다 / 코페르니쿠스의 이론처럼 / 그것이 처음 제시되었을 때

근거

④ Science is not being reshaped / in any dramatic way, / as the conclusion that global warming is a human-caused phenomenon / is based on direct observation / of the world's consumption patterns / and / its impact on Earth.
→ the conclusion that(동격절): ~라는 결론
과학은 재편되고 있지 않다 / 어떤 극적인 방식으로 / 지구 온난화가 인간이 야기하는 현상이라는 결론은 / 직접 관찰에 근거하기 때문에 / 세계의 소비 패턴에 대한 / 그리고 / 그것이 지구에 미치는 영향에 대한

결론

But / time will tell / whether the theory will be accepted / as fact.
→ 명사절 접속사 whether: ~인지
하지만 / 시간이 말해줄(지나면 알게 될) 것이다 / 이 이론이 받아들여질 것인지의 여부는 / 사실로

Step 1
첫 문장을 읽고 지문의 중심 소재 파악

첫 문장을 읽고 지문의 중심 소재가 지구 온난화와 그것이 기후에 미치는 영향이 의견 차이를 불러일으키고 있는 것임을 파악한다.

Step 2
각 보기 문장이 지문의 흐름과 어울리는지 확인하고, 가장 어울리지 않는 보기를 정답으로 선택

보기 문장 앞뒤로 지구 온난화가 기후에 미치는 영향이 사람들 사이에서 의견 차이를 불러일으키는 것과 코페르니쿠스의 이론이 거부된 것을 비교하고 있으므로, 코페르니쿠스가 행성의 공전을 잘못 믿었다는 것에 대한 내용은 지문의 흐름과 어울리지 않는다. 따라서 ②번이 정답이다.

해석 지구 온난화와 그것이 기후에 미치는 영향은 통용되는 과학적 증거에도 불구하고 계속해서 과학자, 언론, 그리고 정치인들 사이에서 의견 차이를 불러일으키고 있다. 이는 지구와 다른 행성들이 태양 궤도를 돌고 있다는 코페르니쿠스의 1530년 제안에 대한 저항과 비교될 수 있다. ① 갈릴레오 갈릴레이가 코페르니쿠스의 이론에 신빙성을 부여하기 위해 망원경을 사용했을 때에도, 동료 천문학자들과 가톨릭교회는 그 아이디어를 거부했고, 이는 1800년대가 되어서야 수용을 경험할(받아들여질) 수 있었다. ② 코페르니쿠스가 그 이론을 공식화했을 때, 그는 행성들이 태양 궤도를 완벽한 원으로 공전한다고 잘못 믿었다. ③ 오늘날, 지구의 기후 변화를 뒷받침하는 증거는 코페르니쿠스의 이론이 처음 제시되었을 때처럼 과학적으로 획기적이지 않다. ④ 지구 온난화가 인간이 야기한 현상이라는 결론은 세계의 소비 패턴과 그것이 지구에 미치는 영향에 대한 직접 관찰에 근거하기 때문에, 과학은 어떤 극적인 방식으로 재편되고 있지 않다. 하지만 이 이론이 사실로 받아들여질 것인지의 여부는 시간이 말해줄(지나면 알게 될) 것이다.

정답 ②

11 주어진 글 다음에 이어질 글의 순서로 가장 적절한 것은?

Democracies do not have an advantage over other forms of government when it comes to selecting leaders. In principle, it allows voters to select the most capable person among the contenders.

(A) Perhaps the real advantage, then, is that people can choose, whereas in some other forms of government, the country's leaders make the choice for the people.

(B) This is the backbone of democracy, but it's a fact that the better candidate does not always win in a democratic election.

(C) Sometimes, the choice is between two less desirable people, which can weaken the people's motivation to go out and vote.

① (A) – (B) – (C)
② (B) – (A) – (C)
③ (B) – (C) – (A)
④ (C) – (A) – (B)

전략 적용 & 지문 분석

주제문
Democracies do not have an advantage / over other forms of government / when it comes to selecting leaders.
민주주의는 이점이 없다 / 다른 형태의 정부에 비해 / 지도자를 선출하는 데 있어

부연
In principle, / it allows voters to select / the most capable person / among the contenders.
원칙적으로 / 그것은 유권자가 선출할 수 있도록 한다 / 가장 유능한 사람을 / 경쟁자 중
(allow + 목적어 + to 부정사: '목적어'가 'to 부정사'하게 해주다)

결론
(A) Perhaps / the real advantage, / then, / is that people can choose, / whereas / in some other forms of government, / the country's leaders make the choice / for the people.
아마도 / 진정한 이점은 / 그렇다면 / 사람들이 선택할 수 있다는 것이다 / 반면에 / 다른 형태의 정부에서는 / 국가의 지도자들이 선택한다 / 국민을 위해

설명
(B) This is the backbone of democracy, / but / it's a fact that the better candidate does not always win / in a democratic election.
이것이 민주주의의 근간이다 / 하지만 / 더 나은 후보자가 항상 승리하는 것이 아니라는 것은 사실이다 / 민주적 선거에서

(관계절의 계속적 용법: 앞에 온 절에 대한 부가 설명)
(C) Sometimes, / the choice is between two less desirable people, / which can weaken the people's motivation / to go out and vote.
때때로 / 덜 바람직한 두 사람 사이에서 선택이 이루어지는데 / 이는 사람들의 동기를 약화시킬 수 있다 / 나가서 투표하려는

① (A) – (B) – (C)
② (B) – (A) – (C)
③ (B) – (C) – (A)
④ (C) – (A) – (B)

Step 1
주어진 문장을 읽고 지문의 흐름 예상
'민주주의의 투표'가 이 지문의 중심 소재임을 예상한다.

Step 2
문단 내 단서를 통해 순서를 파악하고 이를 알맞게 배열한 보기 선택
· (B) This와 문단의 내용을 통해 (B)가 주어진 문장에 대해 설명하고 있음을 파악한다.
· (C) 문단의 내용을 통해 (C)가 (B)에 대해 부가 설명을 하고 있음을 파악한다.
· (A) 연결어 then과 문단의 내용을 통해 (A)가 (C)에 대해 결론적인 내용을 설명하고 있음을 파악한다.

해석 민주주의는 지도자를 선출하는 데 있어 다른 형태의 정부에 비해 이점이 없다. 원칙적으로, 그것(민주주의)은 유권자가 경쟁자 중 가장 유능한 사람을 선택할 수 있도록 한다.

(B) 이것이 민주주의의 근간이지만, 민주적 선거에서 더 나은 후보자가 항상 승리하는 것이 아니라는 것은 사실이다.
(C) 때때로, 덜 바람직한 두 사람 사이에서 선택이 이루어지는데, 이는 사람들이 나가서 투표하려는 동기를 약화시킬 수 있다.
(A) 그렇다면, 아마도 진정한 이점은, 다른 형태의 정부에서는 국가의 지도자들이 국민을 위해 선택하는 반면에, 사람들이 선택을 할 수 있다는 것이다.

정답 ③

12 다음 문장이 들어갈 위치로 가장 적절한 것은?

> They will attack any organism that attempts to eat the tree's leaves in return.

A prime example of "mutualism" is the relationship between acacia ants and bull-horn acacia trees. (①) It's a biological relationship between two organisms of different species from which both parties benefit. (②) The ants dwell in hollow sections of the tree's large thorns and consume its nectar. (③) The complexity of this relationship is further demonstrated by the fact that chemical signals emitted by the bull-horn acacia prevent the ants from attacking bees and other pollinators that are necessary for the tree's survival. (④) This interdependence has proved very effective for both participants, as they have been able to evolve in unison with great success.

전략 적용 & 지문 분석

설명1
They will attack any organism / [that attempts to eat the tree's leaves] / in return.
그들은 모든 생물을 공격한다 / 그 나무의 잎을 먹으려고 시도하는 / 보답으로

> 선행사(any organism)를 수식하는 주격 관계절

주제문
A prime example of "mutualism" / is the relationship / between acacia ants and bull-horn acacia trees.
'상리 공생'의 전형적인 한 가지 예는 / 관계이다 / 아카시아 개미와 쇠뿔 아카시아 나무 사이의

정의
(①) It's a biological relationship / between two organisms of different species / from which both parties benefit.
그것(상리 공생)은 생물학적 관계이다 / 서로 다른 두 종의 생물 사이의 / 양쪽 모두가 이익을 얻는

> 전치사 + 관계대명사

설명1
(②) The ants dwell / in hollow sections / of the tree's large thorns / and consume its nectar.
그 개미들은 산다 / 속이 빈 부분에 / 그 나무의 큰 가시 내부의 / 그리고 그것(나무)의 꿀을 먹는다

설명2
(③) The complexity of this relationship / is further demonstrated / by the fact that / chemical signals [emitted by the bull-horn acacia] / prevent the ants / from attacking bees and other pollinators / that are necessary for the tree's survival.
이 관계의 복잡성은 / 한층 더 입증된다 / ~라는 사실에 의해 / 쇠뿔 아카시아 나무에 의해 방출되는 화학 신호들이 / 개미들을 막는다는 / 벌들과 다른 수분 매개체들을 공격하지 못하도록 / 나무의 생존에 필수적인

> 명사(signals)를 수식하는 분사구

결론
(④) This interdependence has proved very effective / for both participants, / as they have been able to evolve / in unison / with great success.
이 상호 의존은 매우 효과적이라고 입증되었다 / 두 참여자들 모두에게 / 그들이 진화할 수 있었기 때문에 / 함께 / 아주 성공적으로

> as: ~ 때문에

Step 1
주어진 문장을 읽고 앞에 나올 내용 예상

주어진 문장의 '보답으로 (in return)'를 통해 주어진 문장 앞에 무엇에 대한 보답인지에 대한 내용이 나올 것임을 예상할 수 있다.

Step 2
지문을 읽고 주어진 문장을 삽입하기에 가장 적절한 위치 선택

주어진 문장에서 언급된 '보답'이 나무의 큰 가시 내부에 개미들을 살게 해주고 나무의 꿀을 먹게 해주는 것에 대한 보답임을 알 수 있다. 따라서 주어진 문장을 삽입하기에 가장 적절한 위치인 ③번이 정답이다.

해석
그들은 보답으로 그 나무의 잎을 먹으려고 시도하는 모든 생물을 공격한다.

'상리 공생'의 전형적인 한 가지 예는 아카시아 개미와 쇠뿔 아카시아 나무 사이의 관계이다. (①) 그것(상리 공생)은 양쪽 모두가 이익을 얻는 서로 다른 두 종의 생물 사이의 생물학적 관계이다. (②) 그 개미들(아카시아 개미들)은 그 나무의 큰 가시 내부의 속이 빈 부분에 살며 그것(나무)의 꿀을 먹는다. (③) 이 관계의 복잡성은 쇠뿔 아카시아 나무에 의해 방출되는 화학 신호들이 벌들과 나무의 생존에 필수적인 다른 수분 매개체들을 공격하지 못하도록 개미들을 막는다는 사실에 의해 한층 더 입증된다. (④) 이 상호 의존은 그들이 함께 아주 성공적으로 진화할 수 있었기 때문에, 두 (상리 공생) 참여자들 모두에게 매우 효과적이라고 입증되었다.

정답 ③

13 밑줄 친 부분에 들어갈 표현으로 가장 적절한 것은?

Written over 2,000 years ago, the *Aesopica*—also known as *Aesop's Fables*—still enjoys universal appeal because of the practical life lessons the collection of tales portrays. It has traditionally been attributed to Aesop, a Greek slave who supposedly lived in the 5th century BC. However, most experts believe that it was really written by a variety of unknown authors. _____, there is no evidence to suggest that a person named Aesop ever actually existed. Most people were unable to write at the time that Aesop was alleged to have existed, and it was even less likely that a slave would possess this skill. Therefore, even if a singular Aesop did exist, the fables would have been told orally, and could have been passed down and added to by any number of tellers.

① In fact
② Instead
③ Hence
④ That said

전략 적용 & 지문 분석

도입
Written over 2,000 years ago, / the *Aesopica* / —also known as *Aesop's Fables*— / still enjoys universal appeal / because of the practical life lessons / [the collection of tales portrays.]
2천 년도 더 전에 쓰인 / 『Aesopica』는 / 『이솝 우화』라고도 알려진 / 여전히 세계적인 인기를 누리고 있다 / 현실적인 인생 교훈 때문에 / 그 이야기 모음집이 묘사하는

※ 목적격 관계대명사가 생략된 관계절

통념
It has traditionally been attributed to Aesop, / a Greek slave / who supposedly lived in the 5th century BC.
그것은 통상적으로 이솝의 작품으로 생각되어 왔다 / 그리스인 노예인 / 기원전 5세기에 살았다고 추정되는

반론
However, / most experts believe / that it was really written / by a variety of unknown authors.
하지만 / 대부분의 전문가들은 생각한다 / 그것이 실제로 집필되었다고 / 여러 무명 작가들에 의해

부연
In fact, / there is no evidence / to suggest / that a person named Aesop ever actually existed.
실제로 / 증거가 없다 / (~라는 것을) 시사하는 / 이솝이라는 이름을 가진 사람이 정말로 존재했다는 것

Most people were unable to write / at the time / that Aesop was alleged to have existed, / and it was even less likely / that a slave would possess this skill.
대부분의 사람들은 글을 쓰지 못했다 / 그 시기에 / 이솝이 살았다고 주장되는 / 그리고 (~일) 가능성은 훨씬 더 낮았다 / 노예가 이러한 기량을 가졌을

결론
Therefore, / even if a singular Aesop did exist, / the fables would have been told orally, / and could have been passed down / and added to / by any number of tellers.
따라서 / 비록 단 한 명의 이솝이 존재했다고 하더라도 / 그 우화들은 구두로 전해졌을 것이다 / 그리고 전승되었을 수 있다 / 그리고 (내용이) 추가되었을 (수 있다) / 많은 이야기꾼들에 의해

※ 부사절 접속사 even if: 비록 ~일지라도
※ 동사의 의미를 강조하는 조동사 do
※ any number of: 많은, 무한한

① In fact 실제로
② Instead 대신에
③ Hence 이러한 이유로
④ That said 그렇기는 하지만

Step 1
빈칸 앞뒤 문장을 읽고 두 문장 사이의 논리적 관계 파악
첨가

Step 2
빈칸 앞뒤의 논리적 관계를 가장 잘 표현한 보기 선택
빈칸 앞뒤의 첨가 관계를 가장 잘 표현한 보기인 ① 실제로(In fact)가 정답이다.

해석 2천 년도 더 전에 쓰인, 『이솝 우화』라고도 알려진 『Aesopica』는 그 이야기 모음집이 묘사하는 현실적인 인생 교훈 때문에 여전히 세계적인 인기를 누리고 있다. 그것은 통상적으로 기원전 5세기에 살았다고 추정되는 그리스인 노예인 이솝의 작품으로 생각되어 왔다. 하지만, 대부분의 전문가들은 그것이 실제로는 여러 무명 작가들에 의해 집필되었다고 생각한다. 실제로, 이솝이라는 이름을 가진 사람이 정말로 존재했다는 것을 시사하는 증거가 없다. 이솝이 살았다고 주장되는 그 시기에 대부분의 사람들은 글을 쓰지 못했으며, 노예가 이러한 (글쓰기) 기량을 가졌을 가능성은 훨씬 더 낮았다. 따라서, 비록 단 한 명의 이솝이 존재했다고 하더라도, 그 우화들은 구두로 전해졌을 것이며, 많은 이야기꾼들에 의해 전승되고 (내용이) 추가되었을 수 있다.

해설 빈칸 앞 문장은 대부분의 전문가들이 이솝 우화가 여러 무명 작가들에 의해 집필되었다고 생각한다는 내용이고, 빈칸 뒤 문장은 이솝이라는 이름을 가진 사람이 정말로 존재했다는 것에 대한 증거가 없다는 것을 첨가하는 내용이다. 따라서 첨가를 나타내는 연결어인 ① In fact(실제로)가 정답이다.

정답 ①

14 다음 글의 빈칸에 들어갈 적절한 것은?

What do people really think about other species? Today, our perspective on animals has undergone a massive change. In most places, people consider household animals to have sentience and inherent rights, which was the impetus for the Animal Welfare Act. This point of view is quite different from our ancestors' position on animals. In both generations, people believed that animals should be protected from abuse, but _____. Animals were regarded as parts of the household economy and were looked after because they were just investments that ensured the family's sustenance. Nowadays, most household animals are considered pets, as fewer people live on farms with livestock and working animals. In addition to enjoying emotional relationships with their owners, these animals are protected by the Animal Welfare Act. Even though there are still many mistreated animals, their owners can be subject to prosecution and may end up incarcerated if their ill-treatment is revealed.

① animals have become more valuable over time
② previous generations kept far more animals
③ keeping animals indoors is a relatively new phenomenon
④ our forefathers had little empathy for them

전략 적용 & 지문 분석

도입
What do people really think / about other species? // Today, / our perspective [on animals] / has undergone a massive change.
사람들은 실제로 어떻게 생각할까 / 다른 종들에 대해 // 오늘날 / 동물들에 대한 우리의 관점은 / 엄청난 변화를 겪었다

(단수 동사 / 단수 주어 / 수식어 거품(동사의 수 결정에 영향을 주지 않음))

설명1
In most places, / people consider / household animals / to have sentience and inherent rights, / which was the impetus / for the Animal Welfare Act.
대부분의 지역에서 / 사람들은 여긴다 / 가정에서 키우는 동물들이 / 감각과 생득권이 있다고 / 그리고 이는 원동력이 되었다 / 동물 보호법 (제정)의

This point of view is quite different / from our ancestors' position / on animals.
이 관점은 상당히 다르다 / 우리 선조들의 태도와는 / 동물들에 대한

대조
In both generations, / people believed / that animals should be protected from abuse, / but / our forefathers had little empathy for them.
두 세대에서 모두 / 사람들은 생각했다 / 동물들이 학대로부터 보호되어야 한다고 / 하지만 / 우리 조상들은 그들에 대해 감정 이입을 거의 하지 않았다

(주어 + be regarded as + 명사: '주어'가 '명사'로 여겨지다)

Animals were regarded / as parts of the household economy / and were looked after / because they were just investments / that ensured the family's sustenance.
동물들은 여겨졌다 / 가족 경제의 일부로 / 그리고 돌보아졌다 / 단지 그들이 투자 대상이었기 때문에 / 가족의 생계를 보장하는

(복수 명사와 함께 쓰이는 수량 표현 fewer(더 적은))

Nowadays, / most household animals are considered pets, / as fewer people live on farms / with livestock and working animals.
오늘날 / 가정에서 키우는 대부분의 동물들은 애완동물로 여겨진다 / 농장에서 사는 사람들이 더 적기 때문에 / 가축 및 일하는 동물들과 함께

설명2
In addition to enjoying emotional relationships / with their owners, / these animals are protected / by the Animal Welfare Act.
정서적 관계를 누릴 뿐 아니라 / 그들의 주인과 / 이러한 동물들은 보호받는다 / 동물 보호법에 의해

Even though there are still many mistreated animals, / their owners can be subject to prosecution / and may end up incarcerated / if their ill-treatment is revealed.
여전히 학대 당하는 많은 동물들이 있지만 / 그들(동물들)의 주인들은 기소의 대상이 될 수 있다 / 그리고 결국 구금될 수도 있다 / 만약 그들의(주인들의) 학대가 밝혀지면

① animals have become more valuable over time 동물들은 시간이 지나면서 가치가 더 커졌다
② previous generations kept far more animals 이전 세대들이 훨씬 더 많은 동물들을 키웠다
③ keeping animals indoors is a relatively new phenomenon 실내에서 동물을 키우는 것은 비교적 새로운 현상이다
④ our forefathers had little empathy for them 우리 조상들은 그들에 대해 감정 이입을 거의 하지 않았다

Step 1
빈칸이 있는 문장과 그 주변을 통해 빈칸에 들어갈 내용 파악

과거 세대와 현 세대 모두 동물들이 학대로부터 보호되어야 한다고 생각했지만, 두 세대 사이에 어떤 차이가 있는지

Step 2
지문을 읽고 빈칸에 들어가기에 가장 적절한 보기 선택

빈칸 뒷부분에 이전 세대에 동물들은 단지 가족의 생계를 보장하는 투자 대상으로 돌아갔지만, 오늘날에는 주인과의 정서적 관계를 누린다는 내용이 있으므로 '우리 조상들은 그들에 대해 감정 이입을 거의 하지 않았다'고 한 ④번이 정답이다.

해석 사람들은 다른 종들에 대해 실제로 어떻게 생각할까? 오늘날, 동물들에 대한 우리의 관점은 엄청난 변화를 겪었다. 대부분의 지역에서, 사람들은 가정에서 키우는 동물들이 감각과 생득권이 있다고 여기며, 이는 동물 보호법 (제정)의 원동력이 되었다. 이 관점은 동물들에 대한 우리 선조들의 태도와는 상당히 다르다. 두 세대에서 모두, 사람들은 동물들이 학대로부터 보호되어야 한다고 생각했지만, 우리 조상들은 그들에 대해 감정 이입을 거의 하지 않았다. 동물들은 가족 경제의 일부로 여겨졌고, 단지 그들이 가족의 생계를 보장하는 투자 대상이었기 때문에 돌보아졌다. 오늘날, 가축 및 일하는 동물들과 함께 농장에서 사는 사람들이 더 적기 때문에, 가정에서 키우는 대부분의 동물들은 애완동물로 여겨진다. 이러한 동물들은 그들의 주인과의 정서적 관계를 누릴 뿐 아니라 동물 보호법에 의해서도 보호받는다. 여전히 학대 당하는 많은 동물들이 있지만, 만약 주인들의 학대가 밝혀지면, 그들(동물들)의 주인들은 기소의 대상이 될 수 있고 결국 구금될 수도 있다.

정답 ④

15 다음 글의 주제로 가장 적절한 것은?

In utilitarianism, the morality of an action is determined by how much utility, or happiness, it produces. This happiness is offset by the unhappiness produced by the same action. Thus, if an act makes ten people happy and one person equally unhappy, that act would be moral under utilitarianism. At first glance, this appears to be a valid and egalitarian principle by which to live. However, a number of criticisms have been raised to using utilitarianism as the basis for ethics, including perhaps most critically, the idea of the utility monster. This thought experiment revolves around the hypothetical existence of a person that receives more happiness from resources than anyone else would, and thereby require a greater share of resources. This notion has shown the inherent inequality that results from utilitarianism, demonstrating the need to abandon it in favor of a more nuanced ethical position.

① The primary measure for the validity of an ethical principle is its egalitarianism.
② The premise of utilitarianism requires that resources be distributed in an equal fashion.
③ The utility monster thought experiment demonstrates that utilitarianism lacks fairness.
④ The generation of happiness is not a valid reason to expend societal resources.

전략 적용 & 지문 분석

이론
In utilitarianism, / the morality of actions is determined / by / how much utility, or happiness, it produces. // This happiness is offset / by the unhappiness / [produced by the same action.]
공리주의에서 / 행동의 윤리성은 결정된다 / ~에 의해 / 그것(행동)이 얼마만큼의 공리성, 즉, 행복을 야기하는지 // 이 행복은 상쇄된다 / 불행에 의해 / 동일한 행동에 의해 야기되는

→ utility와 동격
명사(the unhappiness)를 수식하는 분사구

Step 1
중심 내용 찾기
'내재된 불평등으로 인해 공리주의를 버려야 할 필요성을 입증한 유틸리티 몬스터 사고 실험'이 지문의 중심 내용이다.

예시
Thus, / if an act makes ten people happy / and one person equally unhappy, / that act would be moral / under utilitarianism.
따라서 / 하나의 행동이 열 명을 행복하게 만들 경우 / 그리고 한 명을 동시에 불행하게 (만들 경우) / 그 행동은 윤리적일 것이다 / 공리주의에 따르면

전치사 + 관계대명사: to live by a principle

At first glance, / this appears to be / a valid and egalitarian principle / by which to live.
언뜻 보기에 / 이것(공리주의)은 ~인 것처럼 보인다 / 타당하고 평등주의적인 원칙 / 따르며 살아야 할

반론
→ a number of: 수많은
However, / a number of criticisms have been raised / to using utilitarianism / as the basis for ethics, / including / perhaps most critically, / the idea of the utility monster.
하지만 / 수많은 비판이 제기되어왔다 / 공리주의를 사용하는 것에 / 윤리의 기준으로 / ~을 포함하여 / 아마 가장 비난을 받았을 / '유틸리티 몬스터'라는 개념을

부연
This thought experiment / revolves around the hypothetical existence of a person / [that receives more happiness from resources / than anyone else would, / and thereby require / a greater share of resources.] → 선행사(a person)를 수식하는 주격 관계절
이 사고 실험은 / 가상의 존재 한 명을 중심으로 전개된다 / 자원으로부터 더 많은 행복감을 얻는 / 다른 어떤 누구보다 / 그리고 그로 인해 필요로 하는 / 더 많은 자원 할당량을

→ and로 대등하게 연결된 절 역할을 하는 분사구문: and it demonstrates the need ~.

결론
This notion has shown / the inherent inequality / that results from utilitarianism, / [demonstrating the need to abandon it] / in favor of a more nuanced ethical position.
이 관념은 보여주었다 / 내재된 불평등을 / 공리주의로 인해 발생하는 / 그리고 이는 그것(공리주의)을 버려야 할 필요성을 증명했다 / 미묘한 차이를 더 잘 반영한 윤리적 견해를 (추구하기) 위해
= utilitarianism

Step 2
중심 내용을 가장 잘 바꾸어 표현한 보기 선택
중심 내용을 '유틸리티 몬스터 사고실험은 공리주의에 공정성이 부족함을 증명한다'라고 바꾸어 표현한 ③번이 정답이다.

① The primary measure for the validity of an ethical principle is its egalitarianism.
윤리 원칙의 타당성을 위한 가장 중요한 기준은 평등주의이다.

② The premise of utilitarianism requires that resources be distributed in an equal fashion.
공리주의의 전제는 자원이 동등한 방식으로 분배되는 것을 필요로 한다.

③ The utility monster thought experiment demonstrates that utilitarianism lacks fairness.
유틸리티 몬스터 사고 실험은 공리주의에 공정성이 부족함을 증명한다.

④ The generation of happiness is not a valid reason to expend societal resources.
행복의 발생은 사회 자원을 소비할 만한 타당한 이유가 아니다.

해석 공리주의에서, 행동의 윤리성은 그것(행동)이 얼마만큼의 공리성, 즉, 행복을 야기하는지에 의해 결정된다. 이 행복은 동일한 행동에 의해 야기되는 불행에 의해 상쇄된다. 따라서, 하나의 행동이 열 명을 행복하게 만들면서 동시에 한 명을 불행하게 만들 경우, 그 행동은 공리주의에 따르면 윤리적일 것이다. 언뜻 보기에, 이것(공리주의)은 따르며 살아야 할 타당하고 평등주의적인 원칙인 것처럼 보인다. 하지만, 아마 가장 비난을 받았을 '유틸리티 몬스터'라는 개념을 포함하여, 공리주의를 윤리의 기준으로 사용하는 것에 수많은 비판이 제기되어왔다. 이 사고 실험(유틸리티 몬스터)은 자원으로부터 다른 어떤 누구보다 더 많은 행복감을 얻고, 그로 인해 더 많은 자원 할당량을 필요로 하는 가상의 존재 한 명을 중심으로 전개된다. 이 관념은 공리주의로 인해 발생하는 내재된 불평등을 보여주었으며, 이는 미묘한 차이를 더 잘 반영한 윤리적 견해를 (추구하기) 위해 그것(공리주의)을 버려야 할 필요성을 증명했다.

해설 지문 중간에서 공리주의를 윤리의 기준으로 사용한 유틸리티 몬스터 사고 실험이 가장 비난을 받았을 것이라고 하고, 지문 마지막 부분에서 이 관념은 공리주의에 내재된 불평등을 보여주며 공리주의를 버려야 할 필요성을 증명했다고 설명하고 있다. 따라서 지문의 주제를 '유틸리티 몬스터 사고 실험은 공리주의에 공정성이 부족함을 증명한다'라고 표현한 ③번이 정답이다.

정답 ③

16 (A)에 들어갈 다음 글의 제목으로 가장 적절한 것은?

[A]

Discover the joy of learning music from anywhere with virtual music lessons.

Whether you're a beginner or an advanced musician, our personalized programs help you progress at your own pace.

With our online platform, you'll gain access to professional instructors from around the world, digital tools such as metronome apps or sheet music sharing platforms, and a flexible schedule that fits your lifestyle. Experience a learning environment designed to inspire creativity.

Contact us now for a free consultation!

Please select your area of interest:
☐ Piano and keyboard
☐ Guitar and strings
☐ Voice and singing
☐ Drums and percussion

① Online Instruction for Music Skills
② Choosing the Right Musical Instrument
③ History of Classical Music Education
④ Benefits of Group Music Classes

해설 지문 처음에서 가상 음악 수업을 통해 어디서든 음악을 배우는 즐거움을 발견하라고 했고, 지문 전반에 걸쳐 온라인 음악 교육의 혜택과 교육을 제공하는 분야에 대해 설명하고 있다. 따라서 지문의 제목을 '음악 기술을 위한 온라인 교육'이라고 표현한 ①번이 정답이다.

어휘 virtual 가상의, 사실상의 personalized 맞춤형의 professional 전문적인 flexible 유연한 sheet music 악보 consultation 상담 strings 현악기 percussion 타악기

전략 적용 & 지문 분석

주제문
Discover the joy of learning music / from anywhere / with virtual music lessons.
음악을 배우는 즐거움을 발견하세요 / 어디서든 / 가상 음악 수업을 통해

설명
준 사역동사 help + 목적어 + 동사원형: '목적어'가 '동사원형' 하는 것을 돕다
Whether you're a beginner or an advanced musician, / our personalized programs help you progress / at your own pace.
초보자이든 고급 음악가이든 / 저희의 맞춤형 프로그램은 여러분이 발전할 수 있도록 도와드립니다 / 여러분의 속도에 맞춰

With our online platform, / you'll gain access / to professional instructors / from around the world, / digital tools / such as metronome apps or sheet music sharing platforms, / and a flexible schedule / [that fits your lifestyle]. → 선행사(a flexible schedule)를 수식하는 주격 관계절
저희의 온라인 플랫폼을 통해 / 여러분은 접근하실 수 있습니다 / 전문 강사에 / 전 세계의 / 디지털 도구에 / 메트로놈 앱이나 악보 공유 플랫폼과 같은 / 그리고 유연한 일정에 / 여러분의 생활 방식에 맞는

Experience a learning environment / designed to inspire creativity.
학습 환경을 경험해 보세요 / 창의성을 고취하기 위해 설계된

부연
Contact us now / for a free consultation!
지금 바로 저희에게 연락해 주세요 / 무료 상담을 위해

Please select your area of interest: 여러분이 관심 있는 분야를 선택해 주세요
☐ Piano and keyboard 피아노와 키보드
☐ Guitar and strings 기타와 현악기
☐ Voice and singing 목소리와 노래
☐ Drums and percussion 드럼과 타악기

① Online Instruction for Music Skills
음악 기술을 위한 온라인 교육
② Choosing the Right Musical Instrument
올바른 악기 선택하기
③ History of Classical Music Education
클래식 음악 교육의 역사
④ Benefits of Group Music Classes
그룹 음악 수업의 이점

Step 1
주제문 찾기
'가상 음악 수업을 통해 어디서든 음악을 배우는 즐거움을 발견하라'라는 내용이 지문의 주제문이다.

Step 2
주제문을 가장 잘 바꾸어 표현한 보기 선택
주제문을 '음악 기술을 위한 온라인 교육'이라고 바꾸어 표현한 ①번이 정답이다.

해석
가상 음악 수업을 통해 어디서든 음악을 배우는 즐거움을 발견하세요.
초보자이든 고급 음악가이든, 저희의 맞춤형 프로그램은 여러분이 여러분의 속도에 맞춰 발전할 수 있도록 도와드립니다.
저희의 온라인 플랫폼을 통해, 여러분은 전 세계의 전문 강사, 메트로놈 앱이나 악보 공유 플랫폼과 같은 디지털 도구, 그리고 여러분의 생활 방식에 맞는 유연한 일정에 접근하실 수 있습니다. 창의성을 고취하기 위해 설계된 학습 환경을 경험해 보세요.
무료 상담을 위해 지금 바로 저희에게 연락해 주세요!
여러분이 관심 있는 분야를 선택해 주세요:
☐ 피아노와 키보드 ☐ 기타와 현악기 ☐ 목소리와 노래 ☐ 드럼과 타악기

정답 ①

01 다음 글의 요지로 가장 적절한 것을 고르시오.

> Biloxi residents hope that the economy is finally getting back to normal. Following devastating storms last fall, the waterfront casinos in the city closed for several months. Due to the damage from Hurricane Martha, local officials enacted a policy to temporarily suspend all casino operations until the facilities were renovated to ensure the safety of tourists. And, the casinos have recently reopened after six months of construction. Having received a perfect safety inspection from authorities, Biloxi's most sought out entertainment venues are once again allowed to welcome visitors. In order to attract consumers, casinos and hotels are offering discount packages for weekend stays with savings up to 60 percent off previous rates. Business owners hope that these deals will entice people to return to the area and restore the local economy.

① Safety inspectors determined that casinos should be closed.
② Casinos of the storm-ravaged coastal city have returned.
③ Rebuilding the tourist industry will take at least six months.
④ Discounted services have boosted the local economy.

전략 적용 & 지문 분석

도입
Biloxi residents hope / that the economy is finally getting back to normal.
Biloxi 주민들은 / 바라고 있다 / 경제가 마침내 정상으로 돌아오기를

전개1
Following devastating storms / last fall, / the waterfront casinos in the city closed / for several months. 엄청난 손상을 가한 태풍 이후 / 지난 가을 / 그 도시의 해안가에 위치한 카지노들은 휴업했다 / 몇 개월간

Due to the damage / from Hurricane Martha, / local officials enacted a policy / to temporarily suspend all casino operations / until the facilities were renovated / to ensure the safety of tourists.
피해 때문에 / 허리케인 마사로 인한 / 지역 공무원들은 정책을 제정했다 / 모든 카지노 운영을 일시적으로 중단하는 / 그 시설들이 수리될 때까지 / 여행객들의 안전을 보장하기 위해

전개2
And, / the casinos have recently reopened / after six months of construction.
그리고 / 카지노들은 최근에 재개장했다 / 6개월간의 공사 이후

→ 분사구문의 완료형: 주절 이전에 발생한 일을 나타냄

(Having received) a perfect safety inspection / from authorities, / Biloxi's most sought out entertainment venues / are once again allowed / to welcome visitors.
완벽한 안전 검사를 받은 후 / 관계 부처로부터 / Biloxi에서 가장 많이 찾아지는 오락장(카지노)은 / 다시 한 번 ~할 수 있게 되었다 / 방문객들을 맞이할

부연
In order to attract consumers, / casinos and hotels are offering discount packages / for weekend stays / with savings up to 60 percent off / previous rates.
소비자들을 끌어들이기 위해 / 카지노와 호텔들은 할인 패키지를 제공하고 있다 / 주말 숙박에 대한 / 60퍼센트까지 절약할 수 있는 / 이전 요금에서

and로 연결된 to 부정사구 병치 구문(두 번째 to 생략)

Business owners hope / that these deals will entice people / [to return to the area] / (and) [restore] the local economy.
자영업자들은 바라고 있다 / 이러한 혜택들이 사람들을 유인하기를 / 이 지역으로 돌아오도록 / 그리고 지역 경제를 회복시키기를

Step 1
중심 내용 찾기
'태풍으로 일시적으로 운영이 중단되었던 Biloxi 지역 카지노의 재개장'이 지문의 중심 내용이다.

Step 2
중심 내용을 가장 잘 바꾸어 표현한 보기 선택
중심 내용을 '태풍으로 파괴된 해안가 도시의 카지노들이 원래 상태로 복귀했다'라고 바꾸어 표현한 ②번이 정답이다.

① Safety inspectors determined that casinos should be closed.
 안전 검사관들은 카지노들이 휴업해야 한다고 결정했다.
② Casinos of the storm-ravaged coastal city have returned.
 태풍으로 파괴된 해안가 도시의 카지노들이 원래 상태로 복귀했다.
③ Rebuilding the tourist industry will take at least six months.
 관광 산업을 회복시키는 것은 적어도 6개월이 걸릴 것이다.
④ Discounted services have boosted the local economy.
 할인된 서비스들이 지역 경제를 부흥시켰다.

[해석] Biloxi 주민들은 경제가 마침내 정상으로 돌아오기를 바라고 있다. 지난 가을 엄청난 손상을 가한 태풍 이후, 그 도시의 해안가에 위치한 카지노들은 몇 개월간 휴업했다. 허리케인 마사로 인한 피해 때문에, 지역 공무원들은 여행객들의 안전을 보장하기 위해 그 시설들이 수리될 때까지 모든 카지노 운영을 일시적으로 중단하는 정책을 제정했다. 그리고 카지노들은 6개월간의 공사 이후 최근에 재개장했다. 관계 부처로부터 완벽한 안전 검사를 받은 후, Biloxi에서 가장 많이 찾아지는 오락장(카지노)은 다시 한 번 방문객들을 맞이할 수 있게 되었다. 소비자들을 끌어들이기 위해, 카지노와 호텔들은 이전 요금에서 60퍼센트까지 절약할 수 있는 주말 숙박 할인 패키지를 제공하고 있다. 자영업자들은 이러한 혜택들이 사람들이 이 지역으로 돌아오도록 유인하고 지역 경제를 회복시키기를 바라고 있다.

[해설] 지문 앞부분에서 지난 가을 엄청난 손상을 가한 태풍 때문에 Biloxi 지역 카지노들이 몇 개월간 휴업했다가, 최근에 6개월 만에 재개장했다고 설명하고 있다. 따라서 지문의 요지를 '태풍으로 파괴된 해안가 도시의 카지노들이 원래 상태로 복귀했다'라고 표현한 ②번이 정답이다.

정답 ②

02 빈칸에 들어갈 말로 가장 적절한 것을 고르시오.

> Printed periodicals have traditionally been the primary sources of information on current events, politics, and sports. In most developed nations, large segments of the population have purchased and read newspapers and magazines on a regular basis since they became widely available in the 19th century. However, print media companies began experiencing a downward trend in readership in the mid-1990s, which has yet to show signs of improvement. This _____ among consumers is largely believed to be driven by their preference for electronic content that can be accessed via the Internet.

① consensus
② feedback
③ popularity
④ shift

전략 적용 & 지문 분석

Printed periodicals have traditionally been the primary sources / of information / on current events, politics, and sports.
인쇄된 정기 간행물들은 전통적으로 주요 출처였다 / 정보의 / 시사, 정치, 그리고 스포츠에 관한

In most developed nations, / large segments of the population / have purchased and read / newspapers and magazines / on a regular basis / since they became widely available / in the 19th century.
대부분의 선진국들에서는 / 인구의 대다수가 / 구매해서 읽었다 / 신문과 잡지들을 / 정기적으로 / 그것들이 널리 이용 가능해진 이후부터 / 19세기에

However, / print media companies began experiencing / a downward trend in readership / in the mid-1990s, / which has yet to show / signs of improvement.
하지만 / 인쇄 매체 회사들은 겪기 시작했다 / 독자 수의 하락세를 / 1990년대 중반에 / 그런데 이는 아직 보이지 않고 있다 / 나아질 기미가
(관계절의 계속적 용법)

This shift among consumers / is largely believed / to be driven / by their preference for electronic content / [that can be accessed] / via the Internet.
소비자들 사이에서의 이러한 변화는 / 대체로 여겨진다 / 추진되었다고 / 전자 콘텐츠에 대한 그들의 선호로 인해 / 이용될 수 있는 / 인터넷을 통해
(선행사(electronic content)를 수식하는 주격 관계절)

① consensus 의견 일치
② feedback 피드백
③ popularity 인기
④ shift 변화

Step 1
빈칸이 있는 문장과 그 주변을 통해 빈칸에 들어갈 내용 파악

전자 콘텐츠에 대한 선호로 인해 소비자들 사이에서의 무엇이 추진되었는지

Step 2
지문을 읽고 빈칸에 들어가기에 가장 적절한 보기 선택

빈칸 앞에 인쇄 매체 회사들이 1990년대 중반에 독자 수의 하락세를 겪기 시작했고 아직 나아질 기미가 보이지 않는다는 내용이 있으므로, '변화'라고 한 ④번이 정답이다.

[해석] 인쇄된 정기 간행물들은 전통적으로 시사, 정치, 그리고 스포츠에 관한 정보의 주요 출처였다. 대부분의 선진국들에서는, 19세기에 신문과 잡지들이 널리 이용 가능해진 이후부터 인구의 대다수가 그것들을 정기적으로 구매해서 읽었다. 하지만, 인쇄 매체 회사들은 1990년대 중반에 독자 수의 하락세를 겪기 시작했는데, 이는 아직 나아질 기미가 보이지 않고 있다. 소비자들 사이에서의 이러한 변화는 대체로 인터넷을 통해 이용될 수 있는 전자 콘텐츠에 대한 그들의 선호로 인해 추진되었다고 여겨진다.

[해설] 빈칸 앞 문장에서 인쇄 매체 회사들이 1990년대 중반에 독자 수의 하락세를 겪기 시작했고 아직 나아질 기미가 보이지 않는다는 내용이 있으므로, 소비자들 사이에서의 이러한 '변화'가 인터넷을 통해 이용할 수 있는 전자 콘텐츠에 대한 선호로 인해 추진되었다고 한 ④번이 정답이다.

정답 ④

03 다음 글의 내용과 일치하는 것은?

Origins and Early Application of DDT

DDT is a chemical pesticide that has been shown to be highly effective in killing insects. It was first synthesized in 1874 but didn't achieve widespread use until its applicability to agriculture was discovered in the middle of the twentieth century.

Decline and Current Use

It quickly became a popular agricultural product, but its popularity sharply declined once it was linked to negative impacts on the environment and human health. Nowadays, the use of DDT is banned in North America and Europe, while some countries, like South Africa and Thailand, only use the chemical in their fight against malaria-carrying mosquitoes.

Future Research and Alternatives

Scientists continue researching safer pesticide alternatives to replace DDT completely. New bio-based compounds and integrated pest management strategies show promise for controlling insects while minimizing environmental damage and health risks for future generations.

① DDT는 곤충을 죽이는 데에 효과가 없는 것으로 밝혀졌다.
② DDT는 1800년대 후반부터 농업 분야에서 널리 사용되기 시작했다.
③ DDT가 사람의 건강을 해친다는 것이 밝혀지면서 사용량이 감소했다.
④ DDT를 대체할 수 있는 새로운 해충 방제법의 개발이 완료되었다.

[해설] ③번의 키워드인 '건강'과 관련된 지문의 health(건강) 주변의 내용에서 DDT가 환경과 인간의 건강에 미치는 부정적인 영향들과 관련지어지자마자 그것의 인기가 급격히 하락했다고 했으므로, DDT가 사람의 건강을 해친다는 것이 밝혀지면서 사용량이 감소했다는 것을 알 수 있다. 따라서 ③번이 지문의 내용과 일치한다.

[어휘] chemical 화학의; 화학 물질 pesticide 살충제 insect 곤충 synthesize 합성하다 widespread 광범위한 applicability 적용 가능성 agriculture 농업 popularity 인기 sharply 급격히 decline 하락하다 impact 영향; 영향을 미치다 ban 금지하다 mosquito 모기
bio-based 친환경적인(옥수수, 사탕수수 등의 식물로부터 생산되어 재생 가능한)

전략 적용 & 지문 분석

Origins and Early Application of DDT DDT의 기원과 초기 사용

① DDT is a chemical pesticide / [that has been shown / to be highly effective / in killing insects].
DDT는 화학적 살충제이다 / 증명된 / 매우 효과가 있다는 것이 / 곤충을 죽이는 데에

선행사(a chemical pesticide)를 수식하는 주격 관계절

② It was first synthesized / in 1874 / but didn't achieve widespread use / until [its applicability to agriculture was discovered] / in the middle of the twentieth century.
그것은 최초로 합성되었다 / 1874년에 / 하지만 농업에의 적용 가능성이 발견되고 나서야 비로소 광범위한 사용을 이루어냈다 / 20세기 중반에

not A until B: B하고 나서야 비로소 A하다

Decline and Current Use 하락과 현재의 사용

It quickly became a popular agricultural product, / but ③ its popularity sharply declined / once it was linked to negative impacts / on the environment and human health.
그것은 빠르게 인기 있는 농업 제품이 되었다 / 하지만 그것의 인기는 급격히 하락했다 / 그것이 부정적인 영향들과 관련지어지자마자 / 환경과 인간의 건강에 대한

Nowadays, / the use of DDT is banned / in North America and Europe, / while some countries, / like South Africa and Thailand, / only use the chemical / in their fight against malaria-carrying mosquitoes.
오늘날 / DDT의 사용이 금지되어 있다 / 북아메리카와 유럽에서는 / 반면에 일부 국가들은 / 남아프리카공화국과 태국 같은 / 그 화학 물질을 오직 사용한다 / 말라리아를 옮기는 모기들의 퇴치에

Future Research and Alternatives 미래 연구 및 대안

④ Scientists continue researching safer pesticide alternatives / to replace DDT completely.
과학자들은 더 안전한 살충제 대안을 계속 연구하고 있다 / DDT를 완전히 대체하기 위해

New bio-based compounds and integrated pest management strategies show promise / for controlling insects / while minimizing environmental damage and health risks / for future generations.
새로운 친환경 화합물과 통합 해충 관리 전략이 가능성을 보여준다 / 해충을 방제하는 것에 대한 / 환경 피해와 건강 위험을 최소화하면서 / 미래 세대를 위해

Step 1
보기를 먼저 읽고 지문의 내용과 비교할 키워드를 파악

① 곤충을 죽이는 데에 효과 없음
② 1800년대 후반, 농업에서 널리 사용되기 시작
③ 건강 해침, 사용량 감소
④ DDT 대체, 해충 방제법 개발 완료

Step 2
지문에서 보기의 키워드와 관련된 부분을 찾아 비교한 후, 알맞은 보기 선택

① X: 곤충을 죽이는 데에 매우 효과가 있다는 것이 증명됨
② X: 20세기 중반에 농업에의 적용 가능성이 발견된 후 광범위하게 쓰임
③ O: 환경과 인간의 건강에 미치는 부정적인 영향들로 인해 인기가 급격히 하락함
④ X: DDT를 완전히 대체하기 위해 더 안전한 살충제 대안을 계속 연구하는 중임

해석

DDT의 기원과 초기 사용 DDT는 곤충을 죽이는 데에 매우 효과가 있다는 것이 증명된 화학적 살충제이다. 그것은 1874년에 최초로 합성되었지만 20세기 중반에 농업에의 적용 가능성이 발견되고 나서야 비로소 광범위한 사용을 이루어냈다.

하락과 현재의 사용 그것은 빠르게 인기 있는 농업 제품이 되었지만, 그것이 환경과 인간의 건강에 미치는 부정적인 영향들과 관련지어지자마자 그것의 인기는 급격히 하락했다. 오늘날, 북아메리카와 유럽에서는 DDT의 사용이 금지되어 있는 반면에, 남아프리카공화국과 태국 같은 일부 국가들은 오직 말라리아를 옮기는 모기들의 퇴치에만 그 화학 물질을 사용한다.

미래 연구 및 대안 과학자들은 DDT를 완전히 대체하기 위해 더 안전한 살충제 대안을 계속 연구하고 있다. 새로운 친환경 화합물과 통합 해충 관리 전략은 미래 세대를 위해 환경 피해와 건강 위험을 최소화하면서 해충을 방제하는 것에 대한 가능성을 보여준다.

정답 ③

04 다음 글의 제목으로 가장 적합한 것은?

What is "truth"? To many, it is an objective construct that can be definitively determined and checked. When a statement is made, it is the content of the statement and the context in which it is made that ultimately determine whether or not it is a statement of truth. One simply needs to look at what was said, compare the statement to other known facts and the situation and then make a judgment as to its truthfulness. However, this is not the only way to determine truth. A group of philosophers known as relativists believes that the truth is not an absolute and that there are no universal truths. For instance, to them, if two people described an event and gave opposite accounts of it, both could be true, as what is truthful and factual is merely our interpretation of the subject. The explanation of the event is what individuals perceive it to be based on their own experience and how they understood it.

① Attempts to Find Truth in the World
② The Importance of Moral Relativism
③ Philosophical Constraints of Determining Truth
④ Subjective Truth vs. Objective Truth

전략 적용 & 지문 분석

설명

What is "truth"? // To many, / it is an objective construct / that can be definitively determined and checked.
'진실'이란 무엇인가? // 많은 사람들에게 / 이것은 객관적인 개념이다 / 확실하게 밝혀지고 확인될 수 있는

it-that 강조구문: ~한 것은 바로 -였다 *선행사(the context)를 수식하는 관계절*

부연

When a statement is made, / it is [the content of the statement / and the context / in which it is made] / that ultimately determine / whether or not it is a statement of truth.
하나의 진술이 언급될 때 / 그 진술의 내용이다 / 그리고 맥락(이다) / 그 진술이 언급된 / 궁극적으로 결정하는 것은 / 그것이 진술된 진술인지 아닌지를

compare A to B: A를 B와 비교하다

One simply needs to look at what was said, / compare [the statement] / to [other known facts and the situation] / and then make a judgment / as to its truthfulness.
사람은 단지 말해진 것을 살펴보기만 하면 된다 / 그 진술을 비교하기(만 하면 된다) / 다른 알려진 사실들 및 상황과 / 그런 뒤 판단하기 (만 하면 된다) / 그것의 진실성에 관해

대조

However, / this is not the only way / to determine truth.
하지만 / 이것이 유일한 방법은 아니다 / 진실을 밝히는

명사(A group of philosophers)를 수식하는 과거분사구

A group of philosophers / [known as relativists] / believes / that the truth is not an absolute / and that there are no universal truths.
한 철학자 집단은 / 상대론자라고 알려진 / 믿는다 / 진실은 절대적인 것이 아니라고 / 그리고 보편적인 진실이란 없다고

부연

For instance, / to them, / if two people described an event / and gave opposite accounts of it, / both could be true, / as / what is truthful and factual / is merely our interpretation / of the subject.
예를 들어 / 그들에게는 / 만약 두 사람이 하나의 사건에 대해 묘사한다면 / 그리고 그것에 대해 정반대의 설명을 한다(면) / 두 설명이 모두 진실일 수 있다 / ~이므로 / 진실되면서 사실인 것은 / 그저 우리의 해석일 뿐이다 / 대상에 대한

The explanation of the event / is what individuals perceive it / to be based on their own experience / and how they understood it.
사건에 대한 설명은 / 사람들이 그것(사건)을 인식하는 것이다 / 자신의 경험에 근거하여 / 그리고 그들이 그것을 이해한 방식(이다)

① Attempts to Find Truth in the World 세상에서 진실을 찾으려는 노력
② The Importance of Moral Relativism 도덕적 상대주의의 중요성
③ Philosophical Constraints of Determining Truth 진실을 밝히는 것의 철학적 한계
④ Subjective Truth vs. Objective Truth 주관적 진실 vs. 객관적 진실

Step 1 중심 내용 찾기
'진실이란 많은 사람들에게 객관적인 개념이지만 상대론자들에게는 절대적이거나 보편적인 것이 아니다'가 지문의 중심 내용이다.

Step 2 중심 내용을 가장 잘 바꾸어 표현한 보기 선택
중심 내용을 '주관적 진실 vs. 객관적 진실'이라고 바꾸어 표현한 ④번이 정답이다.

해석 '진실'이란 무엇인가? 많은 사람들에게, 이것은 확실하게 밝혀지고 확인될 수 있는 객관적인 개념이다. 하나의 진술이 언급될 때, 그것이 진실된 진술인지 아닌지를 궁극적으로 결정하는 것은 그 진술의 내용과 그 진술이 언급된 맥락이다. 사람은 단지 말해진 것을 살펴보고, 그 진술을 다른 알려진 사실들 및 상황과 비교한 뒤, 그것의 진실성에 관해 판단하기만 하면 된다. 하지만, 이것이 진실을 밝히는 유일한 방법은 아니다. 상대론자라고 알려진 한 철학자 집단은 진실은 절대적인 것이 아니며 보편적인 진실이란 없다고 믿는다. 예를 들어, 그들에게는, 만약 두 사람이 하나의 사건에 대해 묘사하면서 그것에 대해 정반대의 설명을 한다면, 진실되면서 사실인 것은 그저 대상에 대한 우리의 해석일 뿐이므로, 두 설명이 모두 진실일 수 있다. 사건에 대한 설명은 사람들이 자신의 경험에 근거하여 그것(사건)을 인식하는 것이자 그것을 이해한 방식이다.

해설 지문 처음에서 진실이란 많은 사람들에게 밝혀지고 확인될 수 있는 객관적인 개념이라고 설명한 후, 지문 중간에서 하지만 진실을 밝히는 또 다른 방법이 있으며, 상대주의자들에게는 진실이 절대적이고 보편적인 것이 아니며, 그들에게는 사람이 자신의 경험에 근거하여 인식하고 이해하는 방식 그 자체가 진실이 될 수 있다고 설명하고 있다. 따라서 지문의 제목을 '주관적 진실 vs. 객관적 진실'이라고 표현한 ④번이 정답이다.

정답 ④

05 다음 글의 목적으로 가장 적절한 것은?

To: subscribers@streamservice.com
From: notifications@streamservice.com
Date: April 8
Subject: Temporary Service Interruption

Dear Subscribers,

We want to inform you of scheduled maintenance that will temporarily affect our streaming service. On April 20 from 2:00 a.m. to 6:00 a.m., we will be upgrading our servers to improve streaming quality and add new features. These enhancements will ensure faster load times and a smoother viewing experience for all users.

During this time, you may experience service interruptions. The disruptions will be limited to streaming playback; while account information and saved preferences will remain unaffected.

We recognize that even planned maintenance can cause inconvenience. We apologize for any impact this may have on your viewing. As compensation for the issue, all subscribers will have a one-day service credit automatically applied to their next bill.

Best regards,
Technical Support Team

① to announce new premium channel additions
② to notify customers of scheduled maintenance
③ to explain changes in subscription pricing
④ to promote upgraded streaming quality features

[해설] 지문 처음에서 스트리밍 서비스에 일시적으로 영향을 미칠 예정된 유지보수에 대해 알리고자 한다고 하고, 지문 전반에 걸쳐 유지보수의 일정, 예상되는 결과 및 보상책에 대해 설명하고 있다. 따라서 지문의 목적을 '고객들에게 예정된 유지보수에 대해 알리려고'라고 표현한 ②번이 정답이다.

[어휘] temporary 일시적인, 임시의 interruption 중단, 방해 subscriber 구독자, 이용자 maintenance 유지보수 enhancement 개선 playback 재생 compensation 보상 credit 공제(액) automatically 자동으로

전략 적용 & 지문 분석

인사 — Dear Subscribers, 구독자 여러분께,

주제문 — We want to inform you / of scheduled maintenance / [that will temporarily affect / our streaming service]. 저희는 여러분께 알려드리고자 합니다 / 예정된 유지보수에 대해 / 일시적으로 영향을 미칠 / 저희의 스트리밍 서비스에
- 선행사(scheduled maintenance)를 수식하는 주격 관계절
- '목적'을 나타내는 to 부정사의 부사적 용법: ~하기 위해

설명 1 (일정 및 목적) — On April 20 from 2:00 a.m. to 6:00 a.m., / we will be upgrading our servers / to improve streaming quality / and add new features.
4월 20일 오전 2시부터 오전 6시까지 / 저희는 저희의 서버를 업그레이드할 예정입니다 / 스트리밍 품질을 개선하기 위해 / 그리고 새로운 기능을 추가하기 위해

These enhancements will ensure / faster load times / and a smoother viewing experience / for all users. 이러한 개선은 보장할 것입니다 / 더 빠른 로딩 시간을 / 그리고 더 원활한 시청 경험을 / 모든 사용자에게

설명 2 (결과) — During this time, / you may experience service interruptions.
이 기간 동안 / 여러분은 서비스 중단을 경험하실 수 있습니다

The disruptions will be limited / to streaming playback; / while account information and saved preferences / will remain unaffected.
그 중단은 국한될 것입니다 / 스트리밍 재생에 / 반면 계정 정보와 저장된 취향은 / 영향을 받지 않을 것입니다

설명 3 (사과 및 보상) — We recognize / that even planned maintenance can cause inconvenience.
저희는 인식합니다 / 계획된 유지보수도 불편을 야기할 수 있다는 것을

We apologize for any impact / this may have on your viewing.
저희는 영향에 사과드립니다 / 이것이 여러분의 시청에 미칠

As compensation for the issue, / all subscribers will have a one-day service credit / automatically applied to their next bill.
이 문제에 대한 보상으로 / 모든 구독자는 1일 서비스 공제를 받을 것입니다 / 다음 청구서에 자동으로 적용될

끝인사 — Best regards, // Technical Support Team 기술지원팀 드림

① to announce new premium channel additions 새로운 프리미엄 채널 추가를 발표하려고
② to notify customers of scheduled maintenance 고객들에게 예정된 유지보수에 대해 알리려고
③ to explain changes in subscription pricing 구독 가격의 변경을 설명하려고
④ to promote upgraded streaming quality features 업그레이드된 스트리밍 품질 기능을 홍보하려고

Step 1 주제문 찾기
'예정된 유지보수에 대해 알리고자 한다'라는 내용이 지문의 주제문이다.

Step 2 주제문을 가장 잘 바꾸어 표현한 보기 선택
주제문을 '고객들에게 예정된 유지보수에 대해 알리려고'라고 바꾸어 표현한 ②번이 정답이다.

해석 수신: subscribers@streamservice.com 발신: notifications@streamservice.com 날짜: 4월 8일 주제: 일시적인 서비스 중단

구독자 여러분께,

저희의 스트리밍 서비스에 일시적으로 영향을 미칠 예정된 유지보수에 대해 여러분께 알려드리고자 합니다. 4월 20일 오전 2시부터 오전 6시까지, 저희는 스트리밍 품질을 개선하고 새로운 기능을 추가하기 위해 저희의 서버를 업그레이드할 예정입니다. 이러한 개선은 모든 사용자에게 더 빠른 로딩 시간과 더 원활한 시청 경험을 보장할 것입니다.

이 기간 동안, 서비스 중단을 경험하실 수 있습니다. 그 중단은 스트리밍 재생에만 국한될 것이며, 계정 정보와 저장된 취향은 영향을 받지 않을 것입니다.

계획된 유지보수도 불편함을 야기할 수 있다는 것을 인식하고 있습니다. 이것이 여러분의 시청에 미칠 영향에 대해 사과드립니다. 이 문제에 대한 보상으로, 모든 구독자는 다음 청구서에 자동으로 1일 서비스 공제가 적용될 것입니다.

기술지원팀 드림

정답 ②

06 다음 글에서 전체적인 흐름과 관계없는 문장은?

Political parties are a major part of the democratic process. They ensure a balance of power and diversity of opinions. ① Political parties differ from other political organizations because they are concerned with electing specific candidates to government positions. ② In America, two major political parties, the Democratic and Republican Parties, have emerged as the dominant political counterbalances to one another. ③ Ironically, critics claim that, over time, these political parties have come to prevent outsiders from gaining a political voice. ④ In fact, many believe that America's political system has become precisely what it set out to prevent: a consolidated power that eliminates political dissent.

전략 적용 & 지문 분석

Step 1
첫 부분을 읽고 지문의 중심 소재 파악

첫 부분을 읽고 지문의 중심 소재가 '민주주의에서 권력의 균형과 의견의 다양성을 보장하는 정당'임을 파악한다.

주제문

Political parties are a major part / of the democratic process.
정당은 중요한 한 부분이다 / 민주주의 절차에서

They ensure / a balance of power and diversity of opinions.
그것들은 보장한다 / 권력의 균형과 의견의 다양성을

설명

① Political parties differ / from other political organizations / because they are concerned / with electing specific candidates / to government positions.
정당은 다르다 / 다른 정치 조직들과 / 그것들이 관련이 있기 때문에 / 특정 후보자들을 선출하는 것과 / 정부 직책의

② In America, / two major political parties (,) / the Democratic and Republican Parties, / have emerged / as the dominant political counterbalances / to one another.
→ 동격의 콤마: 콤마(,) 뒤의 구가 two major political parties에 대해 보충 설명을 해줌
미국에서는 / 두 개의 주요 정당이 / 민주당과 공화당 / 떠올랐다 / 주요 정치 견제 세력으로 / 서로에 대한

반론

③ Ironically, / critics claim that, / over time, / these political parties have come to prevent / outsiders from gaining a political voice.
→ come + to 부정사: ~하게 되다
역설적이게도 / 비평가들은 ~라고 주장한다 / 시간이 지나면서 / 이 정당들이 막게 되었다 / (정당에 속하지 않은) 외부 사람들이 정치적 발언권을 얻는 것을

부연

④ In fact, / many believe / that America's political system has become / precisely / what it set out to prevent: / a consolidated power / that eliminates political dissent.
사실 / 많은 사람들은 생각한다 / 미국의 정치 체제가 ~이 되었다고 / 바로 / 그것이 본래 방지하려고 했던 것 / 굳어진 정권 / 정치적 이견을 고려하지 않는

Step 2
각 보기 문장이 지문의 흐름과 어울리는지 확인하고, 가장 어울리지 않는 보기 선택

지문 전반에 걸쳐 미국의 민주당과 공화당이 본래의 취지와 달리 정치적 이견을 고려하지 않는 미국의 정치 체제로 이어졌다는 내용이 있으므로, 정당이 정부 직책의 특정 후보자들을 선출하는 것과 관련이 있기 때문에 다른 정치 조직들과 다르다는 내용은 지문의 흐름에 어울리지 않는다. 따라서 ①번이 정답이다.

해석
정당은 민주주의 절차에서 중요한 한 부분이다. 그것은 권력의 균형과 의견의 다양성을 보장한다. ① 정당은 정부 직책의 특정 후보자들을 선출하는 것과 관련이 있기 때문에 다른 정치 조직들과 다르다. ② 미국에서는 두 개의 주요 정당인 민주당과 공화당이 서로에 대한 주요 정치 견제 세력으로 떠올랐다. ③ 역설적이게도, 비평가들은 시간이 지나면서, 이 정당들이 (정당에 속하지 않은) 외부 사람들이 정치적 발언권을 얻는 것을 막게 되었다고 주장한다. ④ 사실, 많은 사람들은 미국의 정치 체제가 바로 그것이 본래 방지하려고 했던 것인 정치적 이견을 고려하지 않는 굳어진 정권이 되었다고 생각한다.

해설
첫 부분에서 '민주주의에서 권력의 균형과 의견의 다양성을 보장하는 정당'에 대해 언급하고, ②, ③, ④번에서 미국의 두 정당인 민주당과 공화당이 정당에 속하지 않은 외부의 정치적 발언권을 막게 되면서 정치적 이견을 고려하지 않는 미국의 정치 체제로 이어졌다고 설명했다. 그러나 ①번은 '정당과 다른 정치 조직들의 차이'에 대한 내용으로, 지문의 흐름과 어울리지 않으므로 ①번이 정답이다.

정답 ①

07 빈칸 (A), (B)에 들어갈 말로 가장 적절한 것은?

> Vocalization is one of the most prevalent methods of communication among members of the same species. The degree of ___(A)___ in the vocalization varies by species, as well as the specificity or details of the information being conveyed. For example, a cat's cry to scare away predators may be simple, while a whale's song specifying the location of food will be much more intricate. Although animal vocalization is typically limited with regard to the information it can convey, humans are different in that we can clearly and accurately convey information about complex, abstract, and even contradictory concepts. As no other species has exhibited a similar ability, the unique attribute is viewed as a ___(B)___ characteristic of humans.

	(A)	(B)
①	sophistication	defining
②	perfection	vanishing
③	alliteration	surprising
④	intonation	unyielding

전략 적용 & 지문 분석

도입
Vocalization is one of the most prevalent methods / of communication / among members of the same species.
소리를 내는 것은 가장 일반적인 방법들 중 하나이다 / 의사소통의 / 같은 종의 구성원들 사이의

설명1
The degree of (A) sophistication / in the vocalization / varies / by species, / as well as the specificity or details / of the information / being conveyed.
(A) 정교함의 정도도 / 소리를 내는 것의 / 각기 다르다 / 종에 따라 / 구체성이나 세부 내용뿐만 아니라 / 정보의 / 전달되는

예시
For example, / a cat's cry / to scare away predators / may be simple, / while / a whale's song / [specifying the location of food] / will be much more intricate.
(명사(a whale's song)를 수식하는 분사구)
예를 들어 / 고양이의 울음소리는 / 천적에게 겁을 주어 쫓아내기 위한 / 단순할 수 있다 / 반면 / 고래의 울음소리는 / 식량의 위치를 구체적으로 명시하는 / 훨씬 더 정교할 것이다

설명2
Although animal vocalization / is typically limited / with regard to the information / [it can convey,] / humans are different / in that we can clearly and accurately convey information / about complex, abstract, and even contradictory concepts.
(in that + 주어 + 동사: '주어'가 '동사'한다는 점에서)
(목적격 관계대명사가 생략된 관계절)
동물이 소리를 내는 것은 일반적으로 제한이 있지만 / 정보에 있어서 / 그것이 전달할 수 있는 / 인간은 다르다 / 우리(인간)는 명확하고 정확하게 정보를 전달할 수 있다는 점에서 / 복잡하고, 추상적이고, 심지어 모순되는 개념들에 대한

결론
As no other species has exhibited a similar ability, / the unique attribute is viewed / as a (B) defining characteristic of humans.
다른 그 어떤 종들도 비슷한 능력을 보인 적이 없기 때문에 / 그 독특한 속성은 여겨진다 / 인간을 (B) 규정하는 특성으로

	(A)	(B)
①	sophistication 정교함	defining 규정하는
②	perfection 완성도	vanishing 사라져 가는
③	alliteration 두운법칙	surprising 놀라운
④	intonation 억양	unyielding 고집이 센

Step 1
빈칸이 있는 문장과 그 주변을 통해 빈칸에 들어갈 내용 파악
(A) 소리를 내는 것의 무엇의 정도가 종에 따라 각기 다른지
(B) 소리를 내서 다양한 정보를 정확하게 전달하는 속성은 인간의 어떤 특성으로 여겨지는지

Step 2
지문을 읽고 빈칸에 들어가기에 가장 적절한 보기 선택
(A) 뒤에 천적을 쫓는 고양이의 울음소리는 단순할 수 있지만, 식량의 위치를 명시하는 고래의 울음소리는 훨씬 더 정교하다는 내용이 있으므로 (A)에 들어갈 내용을 '정교함', (B) 앞에 복잡하고, 추상적이고, 모순되는 개념들도 정확하게 전달하는 인간의 능력을 다른 종들은 보인 적이 없다는 내용이 있으므로 (B)에 들어갈 내용을 '규정하는'이라고 한 ①번이 정답이다.

해석 소리를 내는 것은 같은 종의 구성원들 사이에서 가장 일반적인 의사소통 방법들 중 하나이다. 전달되는 정보의 구체성이나 세부 내용뿐만 아니라, 소리를 내는 것의 (A) 정교함의 정도도 종에 따라 각기 다르다. 예를 들어, 천적에게 겁을 주어 쫓아내기 위한 고양이의 울음소리는 단순할 수 있는 반면, 식량의 위치를 구체적으로 명시하는 고래의 울음소리는 훨씬 더 정교할 것이다. 동물이 소리를 내는 것은 일반적으로 전달할 수 있는 정보에 있어서 제한이 있지만, 우리(인간)는 복잡하고, 추상적이고, 심지어 모순되는 개념들에 대한 정보도 명확하고 정확하게 전달할 수 있다는 점에서 인간은 다르다. 다른 그 어떤 종들도 비슷한 능력을 보인 적이 없기 때문에, 그 독특한 속성은 인간을 (B) 규정하는 특성으로 여겨진다.

해설 (A) 뒤 문장에 천적에게 겁을 주어 쫓아내려는 고양이의 울음소리는 단순할 수도 있는 반면 식량의 위치를 구체적으로 전달하는 고래의 울음소리는 더 정교할 것이라고 했으므로, 빈칸에는 소리를 내는 것의 '정교함'의 정도도 종에 따라 각기 다르다는 내용이 나와야 적절하다. (B) 앞 문장에 인간은 복잡하고, 추상적이고, 모순되는 개념들에 대한 정보도 정확하게 전달할 수 있다는 점에서 다른 동물들과 다르며, 다른 그 어떤 종들도 비슷한 능력을 보인 적이 없다고 했으므로, 빈칸에는 그 독특한 속성이 인간을 '규정하는' 특성으로 여겨진다는 내용이 나와야 적절하다. 따라서 ①번이 정답이다.

정답 ①

08 빈칸에 들어갈 말로 가장 적절한 것은?

> Imagine you are a surgeon working in a hospital and a patient has been rushed to the emergency room. He has suffered a heart attack and is currently unconscious. When you remove his shirt to inspect the patient, you find a tattoo on his chest that says, "Do not resuscitate." What do you do? This is a quandary for you because with the patient unconscious, you don't know whether _____. This was the case for one unfortunate doctor in 2012. Fortunately, hospital's staff was able to get hold of the man's documents and confirm that despite the message in the tattoo, the man did indeed wish to continue living. Rather than acting as a lawful request, the tattoo turned out to be the result of a bet the man made with a friend and lost.

① this is legally binding
② you can remove the tattoo
③ the patient has left a will behind
④ the patient has health insurance

전략 적용 & 지문 분석

도입

Imagine [you are a surgeon] / working in a hospital / and a patient has been rushed / to the emergency room.
↳ 명사절 접속사(that)가 생략된 명사절
당신이 외과 의사라고 상상해보라 / 병원에서 근무하는 / 그리고 한 환자가 급히 이송되었다고 / 응급실로

He has suffered a heart attack / and is currently unconscious.
그(환자)는 막 심장마비를 일으켰다 / 그리고 현재 의식을 잃은 상태이다

전개1

When you remove his shirt / to inspect the patient, / you find a tattoo on his chest / that says, "Do not resuscitate."
당신이 셔츠를 벗길 때 / 환자를 검사하기 위해 / 당신은 그의 가슴에 있는 문신을 발견하게 된다 / '되살리지 마세요'라고 적힌

→ with + 목적어 + 형용사: '목적어'가 '형용사'한 채로
What do you do? // This is a quandary for you / because / with the patient unconscious, / you don't know / whether this is legally binding.
당신은 어떻게 하겠는가? // 이는 당신에게 곤경이다 / ~하기 때문에 / 환자가 의식을 잃은 채로 / 당신은 알 수 없다 / 이것이 법적 구속력이 있는지

부연

This was the case / for one unfortunate doctor / in 2012.
이것은 사례이다 / 한 불운한 의사의 / 2012년에 있었던

전개2

Fortunately, / hospital's staff was able to get hold of the man's documents / and confirm that / despite the message in the tattoo, / the man did indeed wish / to continue living.
다행히도 / 병원의 직원들은 그 남자의 기록들을 찾을 수 있었다 / 그리고 ~라는 것을 확인할 (수 있었다) / 문신 속 메시지에도 불구하고 / 그 남자는 확실히 원했다 / 계속 살기를

결말

→ turn out to be: ~로 밝혀지다
Rather than acting / as a lawful request, / the tattoo turned out / to be the result of a bet / the man made with a friend and lost.
(그 문신은) 역할을 한 것이 아니라 / 법적으로 유효한 요청으로서 / 그 문신은 밝혀졌다 / 내기의 결과였던 것으로 / 그 남자가 친구와 (내기를) 했다가 진

Step 1
빈칸이 있는 문장과 그 주변을 통해 빈칸에 들어갈 내용 파악
의식을 잃은 환자의 문신의 어떤 점을 알 수 없어 곤경에 처했는지

Step 2
지문을 읽고 빈칸에 들어가기에 가장 적절한 보기 선택
빈칸 뒤에 병원의 직원들이 그 남자(환자)의 기록들을 찾아 그 문신이 법적으로 유효한 요청으로서 역할을 한 것이 아니었다는 것을 밝혔다는 내용이 있으므로, '이것(문신)이 법적 구속력이 있는지'를 알 수 없다고 한 ①번이 정답이다.

① this is legally binding
이것이 법적 구속력이 있다

② you can remove the tattoo
당신이 문신을 지울 수 있다

③ the patient has left a will behind
그 환자가 유언을 남겼다

④ the patient has health insurance
그 환자에게 건강 보험이 있다

해석 당신이 병원에서 근무하는 외과 의사이며 한 환자가 응급실로 급히 이송되었다고 상상해보라. 그(환자)는 막 심장마비를 일으켰고 현재 의식을 잃은 상태이다. 당신이 환자를 검사하기 위해 셔츠를 벗길 때, 당신은 그의 가슴에 있는 '되살리지 마세요'라고 적힌 문신을 발견하게 된다. 당신은 어떻게 하겠는가? 환자가 의식을 잃은 상태로 이것이 법적 구속력이 있는지 알 수 없기 때문에, 이는 당신에게 곤경이다(당신은 곤경에 처한다). 이것은 2012년에 있었던 한 불운한 의사의 사례이다. 다행히도, 병원의 직원들은 그 남자(환자)의 기록들을 찾을 수 있었고, 문신 속 메시지에도 불구하고, 그 남자는 확실히 계속 살기를 원했다는 것을 확인할 수 있었다. 그 문신은 법적으로 유효한 요청으로서 역할을 한 것이 아니라, 그 남자가 친구와 했다가 진 내기의 결과였던 것으로 밝혀졌다.

해설 빈칸 뒤 문장에 다행히도 병원의 직원들은 그 남자(환자)의 기록들을 통해 문신 속 메시지와는 달리, 그가 계속 살기를 원했으며 그의 문신은 법적으로 유효한 요청이 아니었다는 것이 밝혀졌다고 했으므로, 환자가 의식을 잃은 상태로 당신은 '이것(문신)이 법적 구속력이 있'는지 알 수 없기 때문에 곤경에 처한다고 한 ①번이 정답이다.

정답 ①

09 다음 주어진 문장이 들어갈 위치로 가장 적절한 것은?

> In fact, some autistics are described as "savants", or possessing abilities that demonstrate exceptional memory, such as recall of myriad facts, sudden artistic or musical expertise, and rapid calculation.

> Autism is a condition that causes repetitive behavior and difficulties with social interactions. (A) In the past, people had many different ideas about what caused such behavior, with some believing that these individuals had brain damage and that they must be simple-minded. (B) Others thought autistics were mentally disabled or schizophrenic, but these assumptions were easily disproven, as many with autism have led successful careers in science, literature, and other fields. (C) Autism is currently recognized as a genetic disorder, and scientists are gradually determining which genes are responsible for it. (D) They are using this knowledge to help autistics with behavioral and communication difficulties.

① A　　　② B　　　③ C　　　④ D

전략 적용 & 지문 분석

(주장2) 부연
In fact, / some autistics are described / as "savants", / or possessing abilities / that demonstrate exceptional memory, / such as recall of myriad facts, / sudden artistic or musical expertise, / and rapid calculation.
실제로 / 일부 자폐증 환자들은 묘사된다 / '서번트'로 / 즉 능력을 소유하고 있는 것으로 / 특출난 기억력을 발휘하는 / 예를 들면 수많은 사실들에 대한 기억, / 느닷없는 예술적 혹은 음악적 전문 지식, / 그리고 빠른 계산이다

도입
Autism is a condition / that causes repetitive behavior / and difficulties with social interactions.
자폐증은 질환이다 / 반복적인 행동을 유발하는 / 그리고 사회적 상호 작용의 어려움을

주장1
(A) In the past, / people had many different ideas / about what caused such behavior, / with some believing / [that these individuals had brain damage] / and [that they must be simple-minded].
→ and로 연결된 that절 병치 구문
과거에 / 사람들은 많은 다양한 생각들을 가지고 있었다 / 무엇이 그러한 행동을 야기하는지에 대해 / 일부 사람들은 믿으면서 / 이러한 사람들이 뇌 손상을 입었다고 / 그리고 그들이 저능한 것이 틀림없다고

주장2
(B) Others thought / autistics were mentally disabled or schizophrenic, / but these assumptions were easily disproven, / as many with autism have led successful careers / in science, literature, and other fields.
다른 사람들은 생각했다 / 자폐증 환자들이 정신적으로 장애가 있거나 정신 분열증을 앓고 있다고 / 하지만 이러한 추측은 틀렸음이 쉽게 입증되었다 / 자폐증이 있는 많은 사람들이 성공적인 경력을 이끌어 왔기 때문에 / 과학, 문학, 그리고 다른 분야들에서

→ recognize A as B(A를 B로 인식하다)의 수동태
(C) Autism is currently recognized / as a genetic disorder, / and scientists are gradually determining / which genes are responsible for it.
자폐증은 현재 인식된다 / 유전적인 질환으로 / 그리고 과학자들은 점차 밝혀내고 있다 / 어떤 유전자가 그것의 원인이 되는지

결론
(D) They are using this knowledge / to help autistics / with behavioral and communication difficulties.
그들은 이 지식(자폐증의 원인이 되는 유전자에 관한 지식)을 이용하고 있다 / 자폐증 환자들을 돕는 데 / 행동 장애와 의사소통 장애가 있는

① A ② B ③ C ④ D

Step 1
주어진 문장을 읽고 앞에 나올 내용 예상

주어진 문장의 'abilities (능력)'을 통해 주어진 문장 앞에 자폐증 환자들의 능력에 관한 내용이 나올 것임을 예상할 수 있다.

Step 2
지문을 읽고 문장을 삽입하기에 가장 적절한 위치 선택

앞 문장에서 '자폐증이 있는 많은 사람들이 다양한 분야에서 성공적인 경력을 이끌어 왔다'라는 내용을 설명하고 있다. 따라서 주어진 문장을 삽입하기에 가장 적절한 위치인 ③번이 정답이다.

해석
실제로, 일부 자폐증 환자들은 '서번트', 즉 특출난 기억력을 발휘하는 능력을 소유하고 있는 것으로 묘사되는데, 예를 들면 수많은 사실들에 대한 기억, 느닷없는 예술적 혹은 음악적 전문 지식, 그리고 빠른 계산이다.

자폐증은 반복적인 행동과 사회적 상호 작용의 어려움을 유발하는 질환이다. (A) 과거에, 사람들은 무엇이 그러한 행동을 야기하는지에 대해 많은 다양한 생각들을 가지고 있었는데, 일부 사람들은 이러한 사람들이 뇌 손상을 입었으며, 저능한 것이 틀림없다고 믿었다. (B) 다른 사람들은 자폐증 환자들이 정신적으로 장애가 있거나 정신 분열증을 앓고 있다고 생각했지만, 자폐증이 있는 많은 사람들이 과학, 문학, 그리고 다른 분야들에서 성공적인 경력을 이끌어 왔기 때문에 이러한 추측은 틀렸음이 쉽게 입증되었다. (C) 자폐증은 현재 유전적 질환으로 인식되며, 과학자들은 어떤 유전자가 그것의 원인이 되는지 점차 밝혀내고 있다. (D) 그들은 이 지식(자폐증의 원인이 되는 유전자에 관한 지식)을 행동 장애와 의사소통 장애가 있는 자폐증 환자들을 돕는 데 이용하고 있다.

정답 ③

10 Right-Phone 앱에 관한 다음 글의 내용과 일치하지 않는 것은?

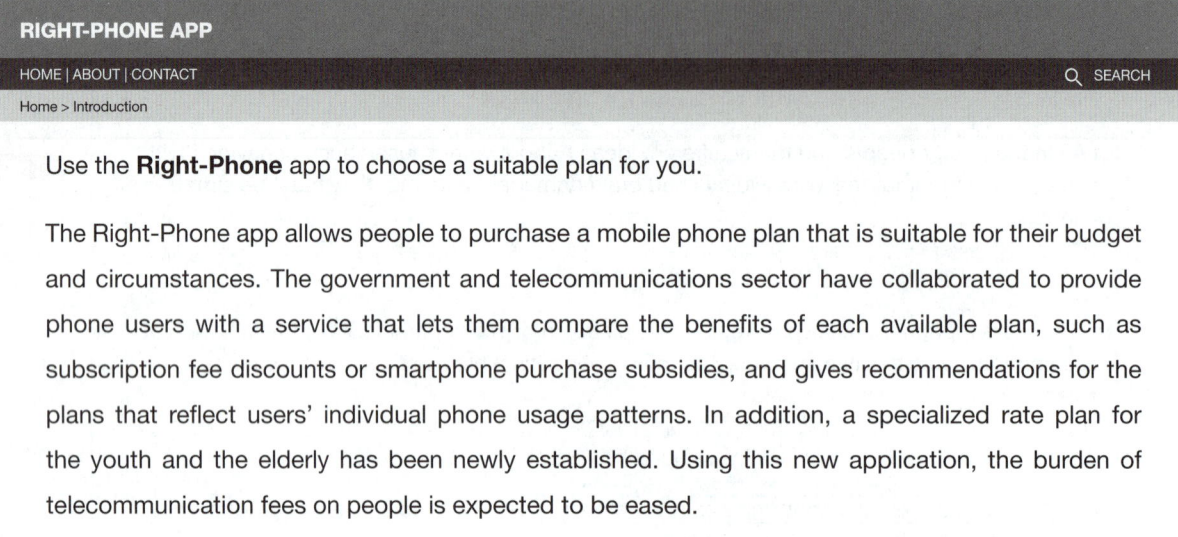

Use the **Right-Phone** app to choose a suitable plan for you.

The Right-Phone app allows people to purchase a mobile phone plan that is suitable for their budget and circumstances. The government and telecommunications sector have collaborated to provide phone users with a service that lets them compare the benefits of each available plan, such as subscription fee discounts or smartphone purchase subsidies, and gives recommendations for the plans that reflect users' individual phone usage patterns. In addition, a specialized rate plan for the youth and the elderly has been newly established. Using this new application, the burden of telecommunication fees on people is expected to be eased.

① It assists people in selecting a suitable mobile phone plan.
② Users will be given a wide choice of mobile phone plans that have various benefits.
③ Recommendations are based on how people use their phones.
④ Younger and older people may not benefit from the app.

전략 적용 & 지문 분석

제목
Use the **Right-Phone** app / to choose a suitable plan for you.
Right-Phone 앱을 사용해 보세요 / 자신에게 적합한 요금제를 선택하기 위해

선행사(a mobile phone plan)를 수식하는 주격 관계절

주제문
①The Right-Phone app allows people to purchase / a mobile phone plan / [that is suitable / for their budget and circumstances].
Right-Phone 앱은 사람들이 구매할 수 있도록 해줍니다 / 휴대전화 요금제를 / 적합한 / 자신의 예산과 상황에

사역동사(let) + 목적어(them) + 동사원형(compare): '목적어'가 '동사원형'하게 하다

설명 1 (요금제)
The government and telecommunications sector / have collaborated / to provide phone users with ②③a service / that lets them compare / the benefits of each available plan, / such as subscription fee discounts / or / smartphone purchase subsidies, / and / gives recommendations for the plans / that reflect users' individual phone usage patterns.
정부와 통신업계가 / 협력했습니다 / 휴대전화 사용자에게 서비스를 제공하기 위해 / 그들이 비교할 수 있게 하는 / 각 이용 가능한 요금제의 혜택을 / 가입비 할인과 같은 / 또는 / 스마트폰 구매 보조금(과 같은) / 그리고 / 요금제에 대한 추천을 제공합니다 / 사용자의 개별 휴대전화 사용 양상을 반영한

In addition, / ④a specialized rate plan / for the youth and the elderly / has been newly established.
또한 / 특화된 요금제가 / 청년과 노인을 위해 / 신설되었습니다

설명 2 (기대)
Using this new application, / the burden of telecommunication fees on people / is expected to be eased.
이 새로운 애플리케이션을 사용하면 / 사람들의 통신 요금 부담이 / 완화될 것으로 기대됩니다

① It assists people in selecting a suitable mobile phone plan.
사람들이 적합한 휴대전화 요금제를 선택하는 데 도움을 준다.

② Users will be given a wide choice of mobile phone plans that have various benefits.
사용자에게는 여러 혜택이 있는 다양한 휴대전화 요금제 선택지가 제공된다.

③ Recommendations are based on how people use their phones.
추천은 사람들이 휴대전화를 어떻게 사용하는지를 기반으로 한다.

④ Younger and older people may not benefit from the app.
청년과 노인은 앱의 혜택을 받지 못할 수 있다.

Step 1
보기를 먼저 읽고 지문의 내용과 비교할 키워드를 파악

① 적합한 휴대전화 요금제 선택
② 여러 혜택이 있는 요금제 선택지
③ 추천, 사람들이 휴대전화를 어떻게 사용하는지
④ 청년과 노인, 혜택 받지 못함

Step 2
지문에서 보기의 키워드와 관련된 부분을 찾아 비교한 후, 알맞은 보기 선택

① O: 예산과 상황에 맞는 요금제를 구매할 수 있도록 해줌
② O: 요금제의 혜택을 비교할 수 있는 서비스를 제공함
③ O: 개별 휴대전화 사용 양상을 반영한 요금제에 대한 추천을 제공함
④ X: 청년과 노인을 위해 특화된 요금제가 신설됨

해석 자신에게 적합한 요금제를 선택하기 위해 Right-Phone 앱을 사용해 보세요.
Right-Phone 앱은 사람들이 자신의 예산과 상황에 적합한 휴대전화 요금제를 구매할 수 있도록 해줍니다. 정부와 통신업계가 휴대전화 사용자에게 가입비 할인이나 스마트 폰 구매 보조금과 같은 각 이용 가능한 요금제의 혜택을 비교할 수 있게 하고, 사용자의 개별 휴대전화 사용 양상을 반영한 요금제에 대한 추천을 제공하는 서비스를 제공하기 위해 협력했습니다. 또한, 청년과 노인을 위해 특화된 요금제가 신설되었습니다. 이 새로운 애플리케이션을 사용하면, 사람들의 통신 요금 부담이 완화될 것으로 기대됩니다.

해설 ④번의 키워드인 Younger and older people(청년과 노인)을 바꾸어 표현한 지문의 the youth and the elderly(청년과 노인) 주변의 내용에서 청년과 노인을 위해 특화된 요금제가 신설되었다고 했으므로, 청년과 노인은 앱의 혜택을 받지 못할 수 있다는 것은 지문의 내용과 반대이다. 따라서 ④번이 지문의 내용과 일치하지 않는다.

정답 ④

[11~12] 다음 글을 읽고 물음에 답하시오.

To: All Team Members
From: Rizza Pascual
Date: June 1
Subject: Team-Building Workshop

Dear Staff,

As previously announced, our team-building workshop will be held at our training center on June 12. Please note that this Friday is the last day to confirm your availability.

The workshop will cover the following topics: (1) communications and interpersonal skills; (2) accountability; and (3) working as a team. I believe a team-building workshop will be a great opportunity for us to learn how to work effectively and further improve our company life.
I _____. A detailed schedule will be provided once the number of participants is confirmed. I look forward to seeing you all there.

Sincerely,
Rizza Pascual

11 빈칸에 들어갈 말로 가장 적절한 것은?
① want to ask the team whether they think the training will be useful to them
② believe it is necessary to change some members of the team to increase productivity
③ hope you will join this workshop to improve the team's effectiveness
④ would like to obtain a list of trainings that have been given by the company in the past

12 윗글의 내용과 일치하지 않는 것은?
① 이전에 이 워크숍 관련하여 공지한 적이 있다.
② 직원들은 이번 주 금요일까지 워크숍 참석 여부를 확정해야 한다.
③ 워크숍에서는 업무 효율성을 높일 수 있는 주제들을 다룰 예정이다.
④ 워크숍 일정은 회사 웹사이트에 공지되어 있다.

해설 **11** 빈칸 앞 문장에 팀 형성 워크숍이 효과적으로 일하는 방법을 배우고 회사 생활을 더욱 개선할 수 있는 좋은 기회가 될 것이라고 믿는다는 내용이 있으므로, 저는 '여러분이 팀의 효율을 개선하기 위해 이 워크숍에 참석하기를 바랍니다'라고 한 ③번이 정답이다.

12 ④번의 키워드인 일정이 그대로 언급된 지문의 schedule(일정) 주변의 내용에서 자세한 일정은 참가자 수가 확정되면 제공될 예정이라고 했으므로 워크숍 일정이 회사 웹사이트 게시판에 공지되어 있다는 것은 지문의 내용과 다르다. 따라서 ④번이 지문의 내용과 일치하지 않는다.

어휘 previously 앞서, 이전에 announce 공지하다, 알리다 confirm 확정하다, 확인하다 interpersonal 대인관계의 accountability 책임감 productivity 생산성 effectiveness 효율 obtain 얻다, 구하다

전략 적용 & 지문 분석

인사 — Dear Staff, 직원분들께,

도입 — ① As previously announced, / our team-building workshop will be held / at our training center / on June 12. 앞서 공지한 바와 같이, / 우리 팀 형성 워크숍은 개최됩니다 / 교육 센터에서 / 6월 12일에

설명 — Please note / that ② this Friday is the last day / to confirm your availability. 참고하시기 바랍니다 / 이번 주 금요일이 마지막 날이라는 점을 / 여러분의 참석 여부를 확정할 수 있는

③ The workshop will cover / the following topics: / (1) communications and interpersonal skills; / (2) accountability; / and / (3) working as a team. 워크숍은 다룰 예정입니다 / 다음 주제를 / (1) 의사소통 및 대인관계 기술 / (2) 책임감 / 그리고 / (3) 팀으로 일하는 것

주제문 — I believe / a team-building workshop will be a great opportunity / for us / to learn / how to work effectively / and / further improve our company life. 저는 믿습니다 / 팀 형성 워크숍이 좋은 기회가 될 것이라고 / 우리에게 / 배울 수 있는 / 효과적으로 일하는 방법을 / 그리고 / 회사 생활을 더욱 개선할 수 있는
→ to 부정사의 의미상 주어(for + 명사)

I hope / you will join this workshop / to improve the team's effectiveness. 저는 바랍니다 / 여러분이 이 워크숍에 참석하기를 / 팀의 효율을 개선하기 위해

부연 — ④ A detailed schedule / will be provided / once the number of participants is confirmed. 자세한 일정은 / 제공될 예정입니다 / 참가자 수가 확정되면
→ once: 일단 ~하면

I look forward to seeing you all there. 여러분 모두를 그곳에서 만나 뵙기를 기대합니다

끝인사 — Sincerely, // Rizza Pascual
Rizza Pascual 드림

Step 1
지문에서 파악해야 할 내용
1) 빈칸
2) 일치하지 않는 것

Step 2
11번: 빈칸이 있는 문장과 그 주변을 통해 빈칸에는 필자가 이메일을 쓴 목적이 언급될 것임을 알 수 있다.
12번: ④번의 키워드인 일정이 그대로 언급된 지문의 schedule(일정) 주변의 내용에서 자세한 일정은 참가자 수가 확정되면 제공될 예정이라고 했으므로 워크숍 일정은 아직 공지되지 않았음을 알 수 있다.

Step 3
11번: 빈칸 앞 문장에 팀 형성 워크숍이 효과적으로 일하는 방법을 배울 수 있는 좋은 기회가 될 것이라고 믿는다는 내용이 있으므로, 저는 '여러분이 팀의 효율을 개선하기 위해 이 워크숍에 참석하기를 바랍니다'라고 한 ③번이 정답이다.
12번: ① O, ② O, ③ O, ④ X

11

① want to ask the team whether they think the training will be useful to them
팀에게 교육이 그들에게 유용할 것이라고 생각하는지 묻고 싶습니다

② believe it is necessary to change some members of the team to increase productivity
생산성을 높이기 위해 팀원 일부를 교체해야 한다고 생각합니다

③ hope you will join this workshop to improve the team's effectiveness
여러분이 팀의 효율을 개선하기 위해 이 워크숍에 참석하기를 바랍니다

④ would like to obtain a list of trainings that have been given by the company in the past
과거에 회사에서 제공한 교육 목록을 얻고자 합니다

해석
수신: 모든 팀원   발신: Rizza Pascual   날짜: 6월 1일   제목: 팀 형성 워크숍

직원분들께,

앞서 공지한 바와 같이, 우리 팀 형성 워크숍은 6월 12일에 교육 센터에서 개최됩니다. 이번 주 금요일은 여러분의 참석 여부를 확정할 수 있는 마지막 날이라는 점을 참고하시기 바랍니다.

워크숍에서는 다음 주제를 다룰 예정입니다: (1) 의사소통 및 대인관계 기술, (2) 책임감, 그리고 (3) 팀으로 일하는 것. 저는 팀 형성 워크숍이 우리가 효과적으로 일하는 방법을 배우고 회사 생활을 더욱 개선할 수 있는 좋은 기회가 될 것이라고 믿습니다.

저는 여러분이 팀의 효율을 개선하기 위해 이 워크숍에 참석하기를 바랍니다. 자세한 일정은 참가자 수가 확정되면 제공될 예정입니다. 여러분 모두를 그곳에서 만나 뵙기를 기대합니다.

Rizza Pascual 드림

정답 11 ③, 12 ④

13 다음 글의 주제로 가장 적절한 것은?

Because of his success at modernizing Russia and expanding its territory, Peter the Great is considered the most prosperous ruler in Russian history. Upon his ascent to the throne in 1696, Peter's goals were to advance the interests of the people and to make the country powerful in regional affairs. Between 1700 and 1721, Peter led Russia in the Great Northern War, in which Russia secured its only warm-water port, allowing easy trade with the rest of the world. By taking such steps, Peter was able to bring to Russia innovations and advancements that were taking place worldwide and turned it into a world power.

① Peter the Great's relationship with the northern countries
② The military conquests of Peter the Great
③ How Peter the Great set the stage for Russia's success
④ How Peter the Great ultimately came to power

전략 적용 & 지문 분석

도입
Because of his success / at modernizing Russia / and expanding its territory, / Peter the Great is considered / the most prosperous ruler / in Russian history.
그의 성공으로 인해 / 러시아를 근대화하는 것에서 / 그리고 영토를 확장하는 것(에서) / 표트르 대제는 (~으로) 여겨진다 / 가장 성공한 통치자로 / 러시아 역사상

전개1
Upon his ascent to the throne / in 1696, / Peter's goals / were to advance the interests of the people / and to make the country / powerful / in regional affairs.
→ to 부정사의 명사적 용법(~하는 것)
왕위에 (그가) 오른 직후 / 1696년에 / 표트르 대제의 목표는 / 국민의 이익을 향상시키는 것이었다 / 그리고 국가를 만드는 것(이었다) / 강력하게 / 지역 정세에서

전개2
Between 1700 and 1721, / Peter led Russia / in the Great Northern War, / in which Russia secured / its only warm-water port, / allowing easy trade / with the rest of the world.
in which(전치사 + 관계대명사) = where
1700년과 1721년 사이에 / 표트르 대제는 러시아를 이끌었다 / 대북방 전쟁에서 / 그리고 그곳에서 러시아는 확보했다 / 자국의 유일한 부동항을 / 이는 용이한 교역을 가능하게 했다 / 세계 다른 나라들과

주제문
By taking such steps, / Peter was able to bring / to Russia / innovations and advancements / that were taking place worldwide / and turned it / into a world power.
그러한 단계들을 밟음으로써 / 표트르 대제는 가져다 줄 수 있었다 / 러시아에 / 혁신과 진보를 / 전 세계적으로 일어나고 있던 / 그리고 그곳(러시아)을 변화시켰다 / 세계적인 강대국으로

① Peter the Great's relationship with the northern countries
   표트르 대제와 북쪽 나라들과의 관계
② The military conquests of Peter the Great
   표트르 대제의 군사적 정복들
③ How Peter the Great set the stage for Russia's success
   표트르 대제가 어떻게 러시아의 성공을 위한 토대를 마련했는지
④ How Peter the Great ultimately came to power
   표트르 대제가 어떻게 결국 정권을 장악했는지

Step 1 주제문 찾기
'표트르 대제는 일련의 단계를 밟아 혁신과 진보를 러시아에 가져다줄 수 있었고, 러시아를 세계적인 강대국으로 변화시켰다'라는 내용이 지문의 주제문이다.

Step 2 주제문을 가장 잘 바꾸어 표현한 보기 선택
주제문의 내용을 '표트르 대제가 어떻게 러시아의 성공을 위한 토대를 마련했는지'라고 바꾸어 표현한 ③번이 정답이다.

해석 러시아를 근대화하고 영토를 확장하는 것에서의 표트르 대제의 성공으로 인해, 표트르 대제는 러시아 역사상 가장 성공한 통치자로 여겨진다. 1696년에 왕위에 오른 직후, 표트르 대제의 목표는 국민의 이익을 향상시키고 지역 정세에서 국가를 강력하게 만드는 것이었다. 1700년과 1721년 사이에, 표트르 대제는 대북방 전쟁에서 러시아를 이끌었고, 이 전쟁에서 러시아는 자국의 유일한 부동항을 확보했으며, 이는 세계 다른 나라들과 용이한 교역을 가능하게 했다. 그러한 단계들을 밟음으로써, 표트르 대제는 전 세계적으로 일어나고 있던 혁신과 진보를 러시아에 가져다 줄 수 있었고, 그곳(러시아)을 세계적인 강대국으로 변화시켰다.

해설 지문 처음에서 표트르 대제가 러시아 역사상 가장 성공한 통치자로 여겨진다고 하고, 지문의 마지막 부분에서 그는 대북방 전쟁에서 부동항을 확보하는 등의 일련의 단계를 밟아 혁신과 진보를 러시아에 가져다 줄 수 있었으며, 그곳(러시아)을 강대국으로 변화시켰다고 설명하고 있다. 따라서 지문의 주제를 '표트르 대제가 어떻게 러시아의 성공을 위한 토대를 마련했는지'라고 표현한 ③번이 정답이다.

정답 ③

14 다음 문장 뒤에 들어갈 글의 순서로 적절한 것은?

> In previous centuries, a multitude of languages were spoken on the British Isles along with Cornish, such as Welsh, Scottish Gaelic, and Irish.

(A) Cornish and other local languages in the British Isles were replaced in daily conversation by English as a result of the 1549 Act of Uniformity, which mandated the use of English across Britain. After this law was enacted, all of these languages drastically declined in popularity.

(B) The last piece of prose written in Cornish was a 1776 letter written by William Bodinar, and over the next 125 years, all of the remaining native speakers of Cornish passed away. It therefore seemed as though the language would be completely forgotten.

(C) However, the use of Cornish is actually growing these days as more and more people wish to explore their cultural and linguistic heritage. At the turn of the century, there were around 300 speakers who were fluent in Cornish as a second language, but that number has grown to over 2,000 today.

① (A) – (B) – (C)
② (A) – (C) – (B)
③ (C) – (A) – (B)
④ (C) – (B) – (A)

해설 주어진 문장에서 과거 수 세기 동안 콘월어는 영국 제도에서 웨일스어, 스코틀랜드 게일어, 아일랜드어 등 많은 언어들과 함께 사용되었다고 한 후, (A)에서 콘월어와 다른 지역 언어들은 1549년 통일령의 결과로 일상 대화에서 영어로 대체되면서 대중성이 떨어졌다고 설명하고 있다. (B)에서 콘월어로 쓰인 마지막 산문에 대해 언급하고 남아 있던 모든 콘월어 원어민들이 사망하면서 이 언어가 완전히 잊혀질 것처럼 보였다고 알려주고, 뒤이어 (C)에서 하지만 문화적, 언어적 유산을 탐구하려는 사람들로 인해 콘월어의 사용이 오늘날 증가하고 있다고 했다. 따라서 주어진 문장 다음에 이어질 순서는 ① (A)-(B)-(C)이다.

어휘 a multitude of 수많은 Cornish 콘월어 Act of Uniformity (교식) 통일령 mandate 명령하다 enact 제정하다 drastically 급격히 prose 산문 pass away 사망하다 linguistic 언어적인 heritage 유산, 상속 재산 speaker (특정 언어의) 사용자 fluent 유창한

전략 적용 & 지문 분석

도입
In previous centuries, / a multitude of languages were spoken / on the British Isles / along with Cornish, / such as Welsh, Scottish Gaelic, and Irish.
과거 수 세기 동안 / 수많은 언어들이 사용되었다 / 영국 제도에서 / 콘월어와 함께 / 웨일스어, 스코틀랜드 게일어, 그리고 아일랜드어와 같은

전개1
(A) Cornish and other local languages in the British Isles / were replaced / in daily conversation / by English / as a result of the 1549 Act of Uniformity, / which mandated the use of English / across Britain. 영국 제도의 콘월어와 다른 지역 언어들은 / 대체되었다 / 일상 대화에서 / 영어로 / 1549년 통일령의 결과로 / 그런데 이것은 영어 사용을 명령했다 / 영국 전역에서

After this law was enacted, / all of these languages / drastically declined in popularity.
이 법령이 제정된 후 / 이 모든 언어들은 / 대중성이 급격히 떨어졌다

전개2
(B) The last piece of prose / [written in Cornish] / was a 1776 letter / [written by William Bodinar], / and over the next 125 years, / all of the remaining native speakers / of Cornish / passed away. 마지막 산문 작품은 / 콘월어로 쓰인 / 1776년의 편지였다 / William Bodinar가 쓴 / 그리고 이후 125년 동안 / 남아 있던 모든 원어민들이 / 콘월어의 / 사망했다
→ 선행사(prose)를 수식하는 분사구   → 선행사(letter)를 수식하는 분사구

It therefore seemed / as though the language would be completely forgotten.
따라서 (~처럼) 보였다 / 그 언어는 완전히 잊혀질 것처럼
as though: 마치 ~처럼(=as if)

전개3
(C) However, / the use of Cornish / is actually growing / these days / as more and more people wish / to explore their cultural and linguistic heritage.
하지만 / 콘월어의 사용은 / 사실 증가하고 있다 / 오늘날 / 점점 더 많은 사람들이 바람에 따라 / 그들의 문화적, 언어적 유산을 탐구하기를

At the turn of the century, / there were around 300 speakers / who were fluent in Cornish / as a second language, / but that number has grown / to over 2,000 / today.
세기가 바뀔 때쯤에는 / 약 3백 명의 사용자들이 있었다 / 콘월어에 유창한 / 제2언어로 / 그러나 그 수는 증가했다 / 2천 명 이상으로 / 오늘날

① (A) – (B) – (C)
② (A) – (C) – (B)
③ (C) – (A) – (B)
④ (C) – (B) – (A)

Step 1
주어진 문장을 읽고 지문의 흐름을 예상
'과거 수 세기 동안 영국 제도에서 다른 언어들과 함께 사용된 콘월어'가 지문의 중심 소재임을 예상한다.

Step 2
문단 내 단서를 통해 순서를 파악하고 이를 알맞게 배열한 보기 선택
- (A) Cornish and other local languages가 주어진 문장의 a multitude of languages ~ along with Cornish에 대해 설명하고 있음을 파악한다.
- (B) The last piece of prose written in Cornish와 all ~ native speakers of Cornish passed away를 통해 (B)가 (A)에 제시된 콘월어의 소멸에 대해 설명하고 있음을 파악한다.
- (C) 연결어 However와 문단의 내용을 통해 (C)가 (B)와 대조되는 내용을 제시하고 있음을 파악한다.

해석
과거 수 세기 동안 웨일스어, 스코틀랜드 게일어, 그리고 아일랜드어와 같은 수많은 언어들이 영국 제도에서 콘월어와 함께 사용되었다.

(A) 영국 제도의 콘월어와 다른 지역 언어들은, 1549년 통일령의 결과로 일상 대화에서 영어로 대체되었는데, 이것(통일령)은 영국 전역에서 영어를 사용하도록 명령했다. 이 법령이 제정된 후, 이 모든 언어들은 대중성이 급격히 떨어졌다.
(B) 콘월어로 쓰인 마지막 산문 작품은 William Bodinar가 쓴 1776년의 편지였으며, 이후 125년 동안 남아 있던 모든 콘월어 원어민들이 사망했다. 따라서 그 언어(콘월어)는 완전히 잊혀질 것처럼 보였다.
(C) 하지만, 점점 더 많은 사람들이 그들의 문화적, 언어적 유산을 탐구하기를 바람에 따라 콘월어의 사용은 오늘날 사실 증가하고 있다. 세기가 바뀔 때쯤에는 제2언어로 콘월어에 유창한 3백 명의 사용자들이 있었으나, 그 수는 오늘날 2천 명 이상으로 증가했다.

정답 ①

15 다음 문장이 들어갈 위치로 가장 적절한 것은?

> Thus, the focal point of the author's new work differs greatly from the relationship highlighted in his first novel.

> Khaled Hosseini's second novel, *A Thousand Splendid Suns*, follows two Afghani women, the lonely Mariam and her 19-year younger companion, Laila. (A) Both women are married to the same abusive man, and the story recounts their hardships from marriage and from living in 20th century Afghanistan. (B) Unlike his debut work, which is father-son oriented, *A Thousand Splendid Suns* focuses on the bond that forms between the two women protagonists. (C) But despite the radically different viewpoints regarding men and women, Hosseini's follow-up book still captures many of the same thought-provoking themes that were conveyed in his first novel. (D) For this reason, the novel has been lauded by literary critics and was adapted into a motion picture as well.

① A　　　② B　　　③ C　　　④ D

해설 주어진 문장의 Thus(그러므로)를 통해 주어진 문장 앞에 그의 첫 번째 소설과 새로운 작품에서 강조된 관계의 서로 다른 점에 대한 설명이 나올 것임을 예상할 수 있다. (C) 앞 문장에서 부자 관계에 중점을 둔 그의 데뷔작과는 달리,『천 개의 찬란한 태양』은 두 여자 주인공들 사이의 유대에 초점을 맞춘다고 했으므로, (C) 자리에 주어진 문장이 들어가야 글의 흐름이 자연스럽게 연결된다. 따라서 ③번이 정답이다.

어휘 focal point 초점, 중심 highlight 강조하다 follow (책 등이 누구의 삶이나 무엇의 전개 과정을) 계속 다루다, 따라가다 companion 친구, 동지 abusive 폭력적인 recount 상세히 이야기하다, 묘사하다 hardship 고난 oriented 중점을 둔 splendid 찬란한 bond 유대, 결속 form 형성되다 protagonist 주인공 radically 철저히, 근본적으로 follow-up 후속의 capture 담아내다, 정확히 포착하다 thought-provoking 시사하는 바가 많은 convey 전달하다, 나타내다 laud 극찬하다, 칭송하다 literary critic 문학 평론가 adapt 각색하다 motion picture 영화

전략 적용 & 지문 분석

Thus, / the focal point of the author's new work / differs greatly / from the relationship / highlighted in his first novel.
그러므로 / 그 작가의 새로운 작품의 초점은 / 크게 다르다 / 관계와는 / 그의 첫 번째 소설에서 강조된

Khaled Hosseini's second novel, / *A Thousand Splendid Suns*, / follows two Afghani women, / the lonely Mariam and her 19-year younger companion, Laila.
할레드 호세이니의 두 번째 소설 / 『천 개의 찬란한 태양』은 / 두 아프가니스탄 여성을 계속 다룬다 / 외로운 Mariam과 19살 더 어린 그녀의 친구 Lalia라는

(A) Both women are married / to the same abusive man, / and the story recounts their hardships / [from marriage] / and [from living in 20th century Afghanistan].
and로 연결된 전치사구 병치구문
두 여성은 결혼했다 / 동일한 한 명의 폭력적인 남자와 / 그리고 이 소설은 그들의 고난을 상세히 이야기한다 / 결혼으로 인한 / 그리고 20세기 아프가니스탄에서 살아가는 것으로 인한

(B) Unlike his debut work, / which is father-son oriented, / *A Thousand Splendid Suns* focuses on the bond / [that forms between the two women protagonists].
선행사(the bond)를 수식하는 주격 관계절
그의 데뷔작과는 달리 / 부자 관계에 중점을 둔 / 『천 개의 찬란한 태양』은 유대에 초점을 맞춘다 / 두 여자 주인공들 사이에 형성되는

(C) But despite the radically different viewpoints / regarding men and women, / Hosseini's follow-up book still captures / many of the same thought-provoking themes / that were conveyed in his first novel.
despite: ~에도 불구하고(=in spite of)
그러나 철저히 다른 관점에도 불구하고 / 남성과 여성에 대한 / 호세이니의 후속 작품은 여전히 담아낸다 / 시사하는 바가 많은 여러 동일한 주제들을 / 그의 첫 번째 소설에서 전달되었던

(D) For this reason, / the novel has been lauded / by literary critics / and was adapted / into a motion picture as well.
이러한 이유로 / 이 작품은 극찬을 받았다 / 문학 평론가들에 의해 / 그리고 각색되었다 / 영화로도

① A   ② B   ③ C   ④ D

Step 1
주어진 문장을 읽고 앞에 나올 내용 예상

주어진 문장의 '그러므로(Thus)'를 통해 주어진 문장 앞에 그의 첫 번째 소설과 새로운 작품에서 강조된 관계의 서로 다른 점에 대한 설명이 나올 것임을 예상할 수 있다.

Step 2
지문을 읽고 문장을 삽입하기에 가장 적절한 위치 선택

앞 문장에서 '부자 관계에 중점을 둔 그의 데뷔작과는 달리, 『천 개의 찬란한 태양』은 두 여자 주인공들 사이의 유대에 초점을 맞춘다'라는 내용을 설명하고 있다. 따라서 주어진 문장을 삽입하기에 가장 적절한 위치인 ③번이 정답이다.

해석
그러므로, 그 작가의 새로운 작품의 초점은 그의 첫 번째 소설에서 강조된 관계와는 크게 다르다.

할레드 호세이니의 두 번째 소설인 『천 개의 찬란한 태양』은 외로운 Mariam과 19살 더 어린 그녀의 친구 Laila라는 두 아프가니스탄 여성을 계속 다룬다. (A) 두 여성은 동일한 한 명의 폭력적인 남자와 결혼했고, 이 소설은 결혼과 20세기 아프가니스탄에서 살아가는 것으로 인한 그들의 고난을 상세히 이야기한다. (B) 부자 관계에 중점을 둔 그의 데뷔작과는 달리, 『천 개의 찬란한 태양』은 두 여자 주인공들 사이에 형성되는 유대에 초점을 맞춘다. (C) 그러나 남성과 여성에 대한 철저히 다른 관점에도 불구하고, 호세이니의 후속 작품은 여전히 그의 첫 번째 소설에서 전달되었던 시사하는 바가 많은 여러 동일한 주제들을 담아낸다. (D) 이러한 이유로, 이 작품은 문학 평론가들에 의해 극찬을 받았으며 영화로도 각색되었다.

정답 ③

16 다음 글에서 전체의 흐름과 가장 관계 없는 문장은?

A variety of factors can contribute to an individual's satisfaction with his or her job. ① Many people consider companionship in the workplace important, as positive relationships with coworkers can create a pleasant environment. ② For others, opportunities for promotion are a huge concern, as they provide recognition based on performance. ③ An employee's performance is mainly based on the quality with which assignments are completed. ④ Although there can be disagreement about the significance of such factors, there is one aspect of employment that everyone agrees is most vital: the compensation. This takes precedence over all other considerations because it provides the foundation for the security of one's self and family.

어휘 factor 요소 satisfaction 만족(감) companionship 동료애 coworker 동료 pleasant 즐거운, 기분 좋은 promotion 승진 concern 관심사, 중요성 recognition 인정 performance 성과 assignment (할당된) 업무 disagreement 불일치 significance 중요성 employment 직장, 고용 vital 중요한 compensation 봉급, 보상(금) take precedence over ~에 우선하다 consideration 고려 사항 foundation 기반, 기초 security (미래) 보장, 보안

전략 적용 & 지문 분석

설명
A variety of factors can contribute / to an individual's satisfaction / with his or her job.
다양한 요소들이 기여할 수 있다 / 개인의 만족에 / 자신의 직업에 대한

Step 1
첫 문장을 읽고 지문의 중심 소재 파악

지문의 중심 소재가 '직업에 대한 개인의 만족에 기여하는 다양한 요소'임을 파악한다.

예시1
consider + 목적어 + 형용사: '목적어'가 '형용사'하다고 여기다
① Many people consider / [companionship in the workplace] / [important], / as positive relationships with coworkers can create / a pleasant environment.
많은 사람들은 여긴다 / 직장에서의 동료애가 / 중요하다고 / 동료들과의 긍정적인 관계는 조성할 수 있기 때문에 / 즐거운 환경을

예시2
② For others, / opportunities for promotion are a huge concern, / as they provide recognition / based on performance.
다른 사람들에게는 / 승진을 위한 기회들이 큰 관심사이다 / 그것들이 인정을 제공하기 때문이다 / 성과에 기반한

③ An employee's performance is mainly based / on the quality / with which assignments are completed.
직원의 성과는 주로 기반한다 / 질에 / 할당된 업무가 완료되었을 때의

Step 2
각 보기 문장이 지문의 흐름과 어울리는지 확인하고, 가장 어울리지 않는 보기 선택

지문 전반에 걸쳐 직업 만족도에 기여하는 다양한 요소에 대한 내용이 제시되고 있으므로, 직원의 성과는 할당된 업무가 완료되었을 때의 질에 기반한다는 내용은 지문의 흐름에 어울리지 않는다. 따라서 ③번이 정답이다.

주제문
관계대명사(that) 뒤에 삽입된 어구(주어 + agree/say/think)
④ Although there can be disagreement / about the significance of such factors, / there is one aspect of employment / that everyone agrees / is most vital: / the compensation.
비록 의견의 불일치가 있을 수 있지만 / 이러한 요소들의 중요성에 대해 / 직장의 한 가지 측면이 있다 / 모두가 동의하기에 / 가장 중요한 / 바로 봉급이다

부연
This takes precedence / over all other considerations / because it provides the foundation / for the security / of one's self and family.
이것은 우선한다 / 다른 모든 고려 사항들에 / 이것이 기반을 제공하기 때문에 / 미래 보장을 위한 / 자기 자신과 가족의

해석 다양한 요소들이 자신의 직업에 대한 개인의 만족에 기여할 수 있다. ① 동료들과의 긍정적인 관계는 즐거운 환경을 조성할 수 있기 때문에, 많은 사람들은 직장에서의 동료애가 중요하다고 여긴다. ② 다른 사람들에게는, 승진을 위한 기회들이 큰 관심사인데, 그것들이 성과에 기반한 인정을 제공하기 때문이다. ③ 직원의 성과는 주로 할당된 업무가 완료되었을 때의 질에 기반한다. ④ 비록 이러한 요소들의 중요성에 대해 의견의 불일치가 있을 수 있지만, 모두가 동의하기에 가장 중요한 직장의 한 가지 측면이 있는데, 바로 봉급이다. 이것은 자기 자신과 가족의 미래 보장을 위한 기반을 제공하기 때문에 다른 모든 고려 사항들에 우선한다.

해설 첫 문장에서 '직업에 대한 개인의 만족에 기여하는 다양한 요소들'에 대해 언급하고, ①, ②, ④번에서 직장에서의 동료애, 승진 기회들, 봉급과 같이 직업의 만족도에 기여하는 다양한 요소들을 제시했다. 그러나 ③번은 '직원의 성과를 측정하는 기준'에 대한 내용으로, 지문의 흐름과 어울리지 않으므로 ③번이 정답이다.

정답 ③

종합 실전모의고사 4

01 다음 글의 내용과 일치하지 않는 것은?

> In the United States, an increasing number of students are taking out loans to pay for their university educations. These loans are valuable tools for students who cannot otherwise afford to go to university. However, skyrocketing tuition and record unemployment rates have created a dangerous situation. The average size of student debt upon graduation has risen dramatically in recent years and now exceeds $37,500. In an economy where entry-level work is scarce, this liability can unfairly burden the recent graduate, especially because student loans cannot be discharged through the process of bankruptcy.

① The number of people taking out student loans in the US is rising.
② Loans are often helpful for those who cannot otherwise afford college.
③ The average student loan debt for graduates has been rising recently.
④ People who cannot pay their student loans can have them wiped out through bankruptcy.

전략 적용 & 지문 분석

도입
In the United States, / ①an increasing number of students / are taking out loans / to pay for their university educations.
미국에서는 / 점점 더 많은 학생들이 / 대출을 받고 있다 / 그들의 대학 교육 비용을 지불하기 위해

afford + to 부정사: ~할 형편이 되다, 여유가 되다

긍정적 측면
②These loans are valuable tools / for students / who cannot otherwise afford / to go to university.
이러한 대출은 유용한 수단이다 / 학생들에게 / 그렇지(대출을 받지) 않으면 형편이 되지 않는 / 대학에 진학할

부정적 측면
However, / skyrocketing tuition and record unemployment rates / have created a dangerous situation.
하지만, / 치솟는 등록금과 유례 없는 실업률은 / 위태로운 상황을 야기했다

부연
③The average size of student debt / upon graduation / has risen dramatically / in recent years / and now exceeds $37,500.
학생 부채의 평균 규모는 / 졸업 직후 / 급격히 증가했다 / 최근에 / 그리고 현재는 37,500달러를 넘는다

선행사(an economy)를 꾸며주는 관계부사 where절

결론
In an economy / [where entry-level work is scarce], / this liability can unfairly burden / the recent graduate, / especially because ④student loans cannot be discharged / through the process of bankruptcy.
경제 상황에서 / 신입직 일자리가 드문 / 이 부채는 부당하게 부담을 지울 수 있다 / 최근 졸업생에게 / 이는 학자금 대출이 특히 청산될 수 없기 때문이다 / 파산 절차를 통해

① The number of people taking out student loans in the US is rising.
미국에서 학자금 대출을 받는 사람들의 수가 증가하고 있다.

② Loans are often helpful for those who cannot otherwise afford college.
대출은 그렇지 않으면 대학에 진학할 형편이 되지 않는 사람들에게 종종 도움이 된다.

③ The average student loan debt for graduates has been rising recently.
최근에 졸업생들의 평균 학자금 대출 부채가 증가하고 있다.

④ People who cannot pay their student loans can have them wiped out through bankruptcy.
학자금 대출을 갚지 못하는 사람들은 파산을 통해 학자금 대출을 없앨 수 있다.

Step 1
보기를 먼저 읽고 지문의 내용과 비교할 키워드를 파악
① 학자금 대출, 증가
② 대학에 갈 형편이 되지 않는 사람들, 도움이 됨
③ 졸업생 평균 학자금 대출 부채, 증가
④ 파산, 학자금 대출 없앨 수 있음

Step 2
지문에서 보기의 키워드와 관련된 부분을 찾아 비교한 후, 알맞은 보기 선택
① O: 더 많은 학생들이 대학 교육 비용을 위해 대출을 받고 있음
② O: 대출을 받지 않으면 대학에 진학할 형편이 되지 않는 학생들에게 유용한 수단임
③ O: 졸업 직후 학생 부채의 평균 규모는 최근에 급격히 증가하고 있음
④ X: 학자금 대출은 파산 절차를 통해 청산될 수 없음

해석 미국에서 점점 더 많은 학생들이 그들의 대학 교육 비용을 지불하기 위해 대출을 받고 있다. 이러한 대출은 대출을 받지 않으면 대학에 진학할 형편이 되지 않는 학생들에게 유용한 수단이다. 하지만, 치솟는 등록금과 유례 없는 실업률은 위태로운 상황을 야기했다. 졸업 직후 학생 부채의 평균 규모는 최근에 급격히 증가했으며, 현재는 37,500달러를 넘는다. 신입직 일자리가 드문 경제 상황에서, 이 부채는 최근 졸업생에게 부당하게 부담을 지울 수 있는데, 이는 특히 학자금 대출이 파산 절차를 통해 청산될 수 없기 때문이다.

해설 ④번의 키워드인 bankruptcy(파산)가 그대로 언급된 지문 주변의 내용에서 학자금 대출이 파산 절차를 통해 청산될 수 없다고 했으므로, 학자금 대출을 갚지 못하는 사람들이 파산을 통해 학자금 대출을 없앨 수 있다는 것은 지문의 내용과 반대이다. 따라서 ④번이 지문의 내용과 일치하지 않는다.

정답 ④

02 밑줄 친 부분에 들어갈 가장 적절한 것은?

The traditional explanation for acupuncture is that inserting thin needles into the skin at key junctions can rebalance the energy flow of a patient. As the philosophy behind this ancient practice isn't based in modern science, its efficacy has been questioned in medical communities. However, some studies have provided different insight into why acupuncture is an effective _____. Puncturing inflamed tissue and muscle with fine needles increases blood flow and stimulates the nervous system. This causes the body to release a biochemical known as adenosine, which functions as a natural pain killer and anti-inflammatory agent. In addition, the stimulus resulting from the acupuncture treatment may interfere with nerve signal activity so that the preexisting pain no longer takes priority and is ignored by the brain.

① method of pain relief
② remedy for nervousness
③ treatment for brain disorders
④ way to boost energy

전략 적용 & 지문 분석

도입
The traditional explanation for acupuncture is that / inserting thin needles / into the skin / at key junctions / can rebalance the energy flow / of a patient.
침술에 대한 전통적인 설명은 ~라는 것이다 / 가느다란 침을 주입하는 것이 / 피부에 / 핵심 연결 지점에 있는 / 에너지 흐름의 균형을 다시 맞춰 줄 수 있다는 / 환자의

설명
As / the philosophy / behind this ancient practice / isn't based in modern science, / its efficacy has been questioned / in medical communities.
~이기 때문에 / 원리는 / 아주 오래된 이 관행 뒤에 숨겨진 / 현대 과학에 기반한 것이 아니다 / 그것(침술)의 효험이 의심되어 왔다 / 의학계에서는

반론
However, / some studies have provided different insight / into [why acupuncture is an effective method of pain relief.]
하지만 / 일부 연구들은 다른 통찰을 제공했다 / 왜 침술이 효과적인 통증 완화 방법인지에 관한

부연1
[Puncturing inflamed tissue and muscle / with fine needles] / increases blood flow / and stimulates the nervous system.
염증이 생긴 조직과 근육을 찌르는 것은 / 미세한 침으로 / 혈류를 증가시킨다 / 그리고 신경계를 자극한다

This causes the body / to release a biochemical / known as adenosine, / which functions / as a natural pain killer and anti-inflammatory agent.
이는 몸이 ~하게 한다 / 생화학물질을 분비하게 / 아데노신이라고 알려진 / 그런데 그것은 역할을 한다 / 천연 진통제이자 소염제로서

부연2
In addition, / the stimulus / resulting from the acupuncture treatment / may interfere with nerve signal activity / so that the preexisting pain no longer takes priority / and is ignored by the brain.
게다가 / 자극은 / 침술 치료로 인해 생기는 / 신경 신호 활동을 방해할 수 있다 / 기존의 통증이 더 이상 우선하지(더 심하지) 않도록 / 그리고 뇌에 의해 무시될 (수 있도록)

① method of pain relief
통증 완화 방법

② remedy for nervousness
신경 과민에 대한 치료법

③ treatment for brain disorders
뇌 질환에 대한 치료법

④ way to boost energy
에너지를 증진시키는 방법

Step 1
빈칸이 있는 문장과 그 주변을 통해 빈칸에 들어갈 내용 파악
일부 연구들이 침술이 효과적인 무엇인지에 관한 통찰을 제공했는지

Step 2
지문을 읽고 빈칸에 들어가기에 가장 적절한 보기 선택
빈칸 뒷부분에 침술 치료는 천연 진통제 역할을 하는 물질을 분비시키고 기존의 통증이 무시될 수 있게 한다는 내용이 있으므로 '통증 완화 방법'이라고 한 ①번이 정답이다.

해석 침술에 대한 전통적인 설명은 핵심 연결 지점에 있는 피부에 가느다란 침을 주입하는 것이 환자의 에너지 흐름의 균형을 다시 맞춰줄 수 있다는 것이다. 아주 오래된 이 관행 뒤에 숨겨진 원리는 현대 과학에 기반한 것이 아니기 때문에, 의학계에서는 그것(침술)의 효험이 의심되어 왔다. 하지만, 일부 연구들은 왜 침술이 효과적인 통증 완화 방법인지에 관한 다른 통찰을 제공했다. 염증이 생긴 조직과 근육을 미세한 침으로 찌르는 것은 혈류를 증가시키고 신경계를 자극한다. 이는 몸이 아데노신이라고 알려진 생화학물질을 분비하게 하는데, 그것은 천연 진통제이자 소염제로서의 역할을 한다. 게다가, 침술 치료로 인해 생기는 자극은 기존의 통증이 더 이상 우선하지(더 심하지) 않고 뇌에 의해 무시될 수 있도록 신경 신호 활동을 방해할 수 있다.

해설 빈칸 뒷부분에 침술은 몸이 천연 진통제 역할을 하는 생화학물질인 아데노신을 분비하게 하고, 침술 치료로 인해 생기는 자극은 기존의 통증이 더 이상 심하지 않고 뇌에 의해 무시될 수 있게 한다는 내용이 있으므로, 일부 연구들은 왜 침술이 효과적인 '통증 완화 방법'인지에 관한 다른 통찰을 제공했다고 한 ①번이 정답이다.

정답 ①

03 다음 글의 주제로 가장 적절한 것은?

Despite the racial tension and segregation that permeated the US in the 1940s, countless black women and men lined up to enlist in the military. Many historians consider the contributions of these soldiers during World War II to be a significant factor in fighting racial inequality. After putting their lives on the line for the country, successful and influential black units felt that if they were willing to take risks in combat, then they should be granted the same rights as other citizens at home. Civil rights leaders of the 1950s and 1960s were able to use the example of respected black combat units to argue for the full integration of black people into society.

① African-American combat units' impact on civil rights
② The role of black soldiers during World War II
③ The risks faced by black soldiers during World War II
④ Popular support for the civil rights movement

전략 적용 & 지문 분석

도입

Despite the racial tension and segregation / that permeated the US / in the 1940s, / countless black women and men lined up / to enlist in the military.
인종 갈등과 차별에도 불구하고 / 미국에 퍼져있었던 / 1940년대에 / 수많은 흑인 여성들과 남성들은 줄을 섰다 / 군에 입대하기 위해

→ consider + 목적어 + to be + 명사: '목적어'를 '명사'로 여기다

Many historians consider / [the contributions of these soldiers / during World War II] / to be [a significant factor] / in fighting racial inequality.
많은 역사학자들은 여긴다 / 이 군인들의 공헌을 / 제2차 세계 대전 동안 / 중요한 요소로 / 인종적 불평등에 맞서 싸운 것에 있어

설명

→ 분사구문의 의미를 분명하게 하기 위해 접속사를 앞에 쓸 수 있음

After putting their lives on the line / for the country, / successful and influential black units / felt that / if they were willing to take risks in combat, / then they should be granted / the same rights / as other citizens at home.
그들의 목숨을 바치고 난 후 / 나라를 위해 / 성공하여 영향력을 갖게 된 흑인 부대들은 / ~라고 생각했다 / 그들이 전투에서 기꺼이 위험을 감수하려 하면 / 그렇다면 그들에게 주어져야 한다 / 동일한 권리들이 / 본국에 있는 다른 시민들과

→ '목적'을 나타내는 to 부정사의 부사적 용법: 'to 부정사'하기 위해

주제문

Civil rights leaders of the 1950s and 1960s / were able to use the example / of respected black combat units / to argue for the full integration of black people / into society.
1950년대와 1960년대의 시민권 (운동) 지도자들은 / 그 사례를 이용할 수 있었다 / 존경받는 흑인 전투 부대의 / 흑인들의 완전한 통합에 찬성을 주장하기 위해 / 사회로의

Step 1
중심 내용 찾기
'시민권 운동 지도자들이 흑인의 사회로의 통합을 주장하기 위해 이용한 흑인 전투 부대의 사례'가 지문의 중심 내용이다.

① African-American combat units' impact on civil rights
   미국 흑인 전투 부대가 시민권에 미친 영향
② The role of black soldiers during World War II
   제2차 세계 대전 동안 흑인 군인들의 역할
③ The risks faced by black soldiers during World War II
   제2차 세계 대전 동안 흑인 군인들이 직면했던 위험 요소들
④ Popular support for the civil rights movement
   시민권 운동에 대한 대중들의 지지

Step 2
중심 내용을 가장 잘 바꾸어 표현한 보기 선택
중심 내용을 '미국 흑인 전투 부대가 시민권에 미친 영향'이라고 바꾸어 표현한 ①번이 정답이다.

[해석] 1940년대에 미국에 퍼져있었던 인종 갈등과 차별에도 불구하고, 수많은 흑인 여성들과 남성들은 군에 입대하기 위해 줄을 섰다. 많은 역사학자들은 제2차 세계 대전 동안 이 군인들의 공헌을 인종적 불평등에 맞서 싸운 것에 있어 중요한 요소로 여긴다. 나라를 위해 목숨을 바치고 난 후, 성공하여 영향력을 갖게 된 흑인 부대들은 그들이 전투에서 기꺼이 위험을 감수하려 하면, 그들에게도 본국에 있는 다른 시민들과 동일한 권리들이 주어져야 한다고 생각했다. 1950년대와 1960년대의 시민권 (운동) 지도자들은 흑인들의 사회로의 완전한 통합에 찬성을 주장하기 위해 그 존경받는 흑인 전투 부대의 사례를 이용할 수 있었다.

[해설] 지문 중간에서 제2차 세계 대전에서의 흑인 군인들의 공헌에 대해 설명하고, 지문 마지막 부분에서 시민권 (운동) 지도자들이 흑인들의 사회로의 통합에 찬성을 주장하기 위해 그 존경받는 흑인 전투 부대의 사례를 이용했다고 설명하고 있다. 따라서 지문의 주제를 '미국 흑인 전투 부대가 시민권에 미친 영향'이라고 표현한 ①번이 정답이다.

정답 ①

04 다음 글의 목적으로 가장 적절한 것은?

To: marketing@techcorp.com
From: jsmith@innovate.co.kr
Date: August 14
Subject: Request

Dear Marketing Team,

I hope this email finds you well. I am reaching out to propose a strategic partnership between our companies for the upcoming fourth quarter marketing campaign.

Our recent market research shows that targeted promotions and personalized messaging are increasingly effective in the current digital landscape. Combining our expertise in market analysis with your strength in digital engagement could create significant synergies, leading to greater customer reach and improved campaign outcomes for both organizations.

Would it be possible to schedule a meeting next week to discuss this proposal in detail? I can accommodate your preferred time.

Best regards,
Julia Smith

① to request a meeting to discuss a partnership proposal
② to provide market research data to a partner company
③ to inquire about a company's fourth quarter plans
④ to apply for a position in a marketing department

해설 지문 처음에서 다가오는 4분기 마케팅 캠페인을 위한 전략적 파트너십을 제안하기 위해 연락한다고 하고, 지문 마지막에서 제안을 자세히 논의하기 위해 회의 일정을 잡을 수 있을지 묻고 있다. 따라서 지문의 목적을 '파트너십 제안을 논의하기 위해 회의를 요청하려고'라고 표현한 ①번이 정답이다.

어휘 reach out 연락을 하다 strategic 전략적인 upcoming 다가오는 quarter 분기, 4분의 1 promotion 홍보 personalized 개인화된 expertise 전문 지식 analysis 분석 engagement 참여 synergy 시너지 효과, 동반 상승 효과 organization 조직 accommodate 맞추다, 수용하다

전략 적용 & 지문 분석

인사 — Dear Marketing Team, 마케팅 팀께

도입 — I hope this email finds you well.
이 이메일이 잘 전달되기를 바랍니다.

주제문 — I am reaching out / to propose a strategic partnership / between our companies / for the upcoming fourth quarter marketing campaign.
저는 연락을 드립니다 / 전략적 파트너십을 제안하기 위해 / 우리 회사 간의 / 다가오는 4분기 마케팅 캠페인을 위한

설명 — Our recent market research shows / that targeted promotions and personalized messaging / are increasingly effective / in the current digital landscape.
저희의 최근 시장 조사는 보여줍니다 / 맞춤형 홍보와 개인화된 메시지가 / 점점 더 효과적이라는 것을 / 현재의 디지털 환경에서

[Combining our expertise / in market analysis / with your strength / in digital engagement] / could create significant synergies, / leading to greater customer reach / and improved campaign outcomes / for both organizations. (동명사구 주어 / lead to: ~로 이어지다)
저희의 전문 지식과 결합하는 것은 / 시장 분석에서의 / 귀사의 강점을 / 디지털 참여에서의 / 상당한 시너지 효과를 창출할 수 있습니다 / 더 넓은 고객 도달 범위로 이어질 것입니다 / 그리고 향상된 캠페인 성과로 (이어질 것입니다) / 두 조직 모두에게

요청 — Would it be possible / to schedule a meeting next week / to discuss this proposal / in detail?
가능할까요 / 다음 주에 회의 일정을 잡는 것이 / 이 제안에 대해 논의하기 위해 / 자세히

I can accommodate your preferred time.
선호하시는 시간에 맞출 수 있습니다

끝인사 — Best regards,
Julia Smith
Julia Smith 드림

Step 1 중심 내용 찾기
'전략적 파트너십을 제안하기 위해 연락하며, 제안을 논의하기 위해 회의 일정을 잡고 싶다'라는 내용이 지문의 중심 내용이다.

Step 2 중심 내용을 가장 잘 바꾸어 표현한 보기 선택
중심 내용을 '파트너십 제안을 논의하기 위해 회의를 요청하려고'라고 바꾸어 표현한 ①번이 정답이다.

① to request a meeting to discuss a partnership proposal
파트너십 제안을 논의하기 위해 회의를 요청하려고
② to provide market research data to a partner company
파트너사에 시장 조사 자료를 제공하려고
③ to inquire about a company's fourth quarter plans
회사의 4분기 계획에 대해 문의하려고
④ to apply for a position in a marketing department
마케팅 부서의 직책에 지원하려고

해석 수신: marketing@techcorp.com   발신: jsmith@innovate.co.kr   날짜: 8월 14일   제목: 요청

마케팅 팀께,

이 이메일이 잘 전달되기를 바랍니다. 저는 다가오는 4분기 마케팅 캠페인을 위한 우리 회사 간의 전략적 파트너십을 제안하기 위해 연락을 드립니다.

저희의 최근 시장 조사는 맞춤형 홍보와 개인화된 메시지가 현재의 디지털 환경에서 점점 더 효과적이라는 것을 보여줍니다. 저희의 시장 분석에서의 전문 지식과 디지털 참여에서의 귀사의 강점을 결합하는 것은 상당한 시너지 효과를 창출하여, 두 조직 모두에게 더 넓은 고객 도달 범위와 향상된 캠페인 성과로 이어질 것입니다.

다음 주에 이 제안을 자세히 논의하기 위해 회의 일정을 잡을 수 있을까요? 선호하시는 시간에 맞출 수 있습니다.

Julia Smith 드림

정답 ①

[05~06] 다음 글을 읽고 물음에 답하시오.

[A]

Ambit Realty will be conducting a Company IT Inspection in the first week of October. This regular quarterly activity is necessary to ensure that our IT network remains capable of supporting our vital day-to-day work activities.

Details:
- **Dates:** Monday, October 2 to Saturday, October 7
- **Times:** 8 a.m. to 5 p.m., Monday to Friday / 10 a.m. to 4 p.m., Saturday

Highlights
- **Computer Network Inspection:** IT personnel will troubleshoot the network and perform necessary maintenance activities in order to guarantee continued smooth operation.
- **Hardware & Software Compliance:** IT personnel will check all company-owned hardware devices and software to ensure compliance with all company policies and protocols.

The IT department will be working with an external service provider to conduct the activity. Further details, including instructions on how to prepare, will be shared in the coming days.

05 (A)에 들어갈 윗글의 제목으로 가장 적절한 것은?
① Download the Latest Version of Our Software
② Cooperate to Keep Our Network Running Smoothly
③ Sign Up Today for Computer-Based Training
④ Keep Your Computers Free of Viruses

06 위 안내문의 내용과 일치하는 것은?
① IT 점검은 한 달에 한 번씩 정기적으로 진행된다.
② IT 점검은 2주에 걸쳐 진행될 예정이다.
③ IT 점검은 외부 업체의 도움을 받아 진행된다.
④ IT 점검에 대한 자세한 안내 사항은 이메일로 배포되었다.

전략 적용 & 지문 분석

도입
Ambit Realty will be conducting / a Company IT Inspection / in the first week of October.
Ambit Realty는 실시할 예정입니다 / 회사 IT 점검을 / 10월 첫째 주에

부연
① This regular quarterly activity / is necessary / to ensure that our IT network remains capable of supporting / our vital day-to-day work activities.
이 정기적인 분기별 활동은 / 필요합니다 / IT 네트워크가 지원할 수 있도록 보장하는 데 / 우리의 중요한 일상 업무 활동을

설명1 (세부 사항)
Details: 세부 사항
- ② Dates: Monday, October 2 to Saturday, October 7 날짜: 10월 2일 월요일부터 10월 7일 토요일까지
- Times: 8 a.m. to 5 p.m., Monday to Friday / 10 a.m. to 4 p.m., Saturday
  시간: 월요일부터 금요일까지는 오전 8시부터 오후 5시까지 / 토요일에는 오전 10시부터 오후 4시까지

설명2 (주요 활동)
Highlights 주요 활동
- **Computer Network Inspection:** IT personnel will troubleshoot the network / and / perform necessary maintenance activities / in order to guarantee continued smooth operation.
  컴퓨터 네트워크 점검: / IT 직원은 네트워크 문제를 해결할 것입니다 / 그리고 / 필요한 유지보수 활동을 수행할 것입니다 / 지속적이고 원활한 운영을 보장하기 위해

- **Hardware & Software Compliance:** IT personnel will check / all company-owned hardware devices and software / to ensure compliance / with all company policies and protocols.
  하드웨어 및 소프트웨어 규정 준수: / IT 직원은 확인할 것입니다 / 회사 소유의 모든 하드웨어 장치와 소프트웨어를 / 준수를 확실하게 하기 위해 / 회사의 모든 정책 및 통신 규약의
  목적을 나타내는 to 부정사의 부사적 용법

③ The IT department will be working with an external service provider / to conduct the activity.
IT 부서는 외부 서비스 제공업체와 협력할 예정입니다 / 활동을 수행하기 위해

부연
④ Further details, / [including instructions on how to prepare], / will be shared / in the coming days. 자세한 내용은 / 준비 방법에 대한 지침을 포함한 / 공유될 예정입니다 / 앞으로 며칠 내에
명사(Further details)를 수식하는 현재분사구

05
① Download the Latest Version of Our Software 우리 소프트웨어의 최신 버전을 내려받으세요
② Cooperate to Keep Our Network Running Smoothly 네트워크의 원활한 운영을 위해 협조해 주세요
③ Sign Up Today for Computer-Based Training 오늘 컴퓨터 기반 교육을 신청하세요
④ Keep Your Computers Free of Viruses 컴퓨터를 바이러스로부터 보호하세요

Step 1
지문에서 파악해야 할 내용
1) 제목
2) 일치하는 것

Step 2
05번: 중심 내용이 담겨 있는 부분을 읽고 회사 IT 점검에 대해 준비하라고 요청하는 글임을 파악한다.
06번: ③번의 키워드인 외부 업체를 바꾸어 표현한 지문의 external service provider(외부 서비스 제공업체) 주변의 내용에서, IT 부서는 활동을 수행하기 위해 외부 서비스 제공업체와 협력할 예정임을 알 수 있다.

Step 3
05번: 제목을 '네트워크의 원활한 운영을 위해 협조해 주세요'라고 표현한 ②번이 정답이다.
06번: ① X, ② X, ③ O, ④ X

해석 Ambit Realty는 10월 첫째 주에 회사 IT 점검을 실시할 예정입니다. 이 정기적인 분기별 활동은 IT 네트워크가 우리의 중요한 일상 업무 활동을 지원할 수 있도록 보장하는 데 필요합니다.

세부 사항:
· 날짜: 10월 2일 월요일부터 10월 7일 토요일까지 · 시간: 월요일부터 금요일까지는 오전 8시부터 오후 5시까지 / 토요일에는 오전 10시부터 오후 4시까지
주요 활동
· 컴퓨터 네트워크 점검: IT 직원은 지속적이고 원활한 운영을 보장하기 위해 네트워크 문제를 해결하고 필요한 유지보수 활동을 수행할 것입니다.
· 하드웨어 및 소프트웨어 규정 준수: IT 직원은 회사의 모든 정책 및 통신 규약의 준수를 보장하기 위해 회사 소유의 모든 하드웨어 장치와 소프트웨어를 확인할 것입니다.
IT 부서는 활동을 수행하기 위해 외부 서비스 제공업체와 협력할 예정입니다. 준비 방법에 대한 지침을 포함한 자세한 내용은 앞으로 며칠 내에 공유될 예정입니다.

정답 05 ②, 06 ③

07 다음 글의 요지로 가장 적절한 것은?

Long thought to be loners, a number of dinosaur species were indeed solitary creatures, especially those that were apex predators. Yet, fossil records indicate that this was not the case for every species. One example is the Maiasaura. Its name, meaning "good mother lizard," is particularly apt because this species created giant nesting grounds in which hundreds of females would lay their eggs. That they nested together is not as compelling, though, as the fact that once the eggs hatched, the younglings would remain in the nest for up to two years. It was during this time that they learned communal behavior, while also learning how to hunt and survive.

① 공룡은 일반적으로 공동으로 육아를 했다.
② 새끼 공룡들은 태어날 때부터 혼자 힘으로 살아가야 했다.
③ 일부 공룡은 사회적인 행동을 보였다.
④ 둥지를 짓는 동안 공룡의 먹이는 매우 다양했다.

어휘 | **loner** 혼자 살아가는 동물, 외톨이 **solitary** 혼자 있기를 좋아하는 **apex predator** 최상위 포식자 **fossil record** 화석 기록 **lizard** 도마뱀 **apt** 적절한 **nest** (둥지에) 살다; 둥지 **compelling** 흥미진진한, 강렬한 **hatch** 부화하다 **youngling** 어린 새끼 **communal** 공동의, 공동체의

전략 적용 & 지문 분석

통념

→ = dinosaur species

Long thought to be loners, / a number of dinosaur species / were indeed solitary creatures, / especially those that were apex predators.
오랫동안 혼자 살아가는 동물로 여겨졌던 / 수많은 공룡 종들은 / 실제로도 혼자 있기를 좋아하는 동물이었다 / 특히 최상위 포식자였던 것들(공룡 종들)이 그러했다

Step 1
중심 내용 찾기
'혼자 있기를 좋아하는 공룡 종에 속하지 않는 마이아사우라'가 지문의 중심 내용이다.

반론

→ be not the case: 실제로는 그렇지 않다

Yet, / fossil records indicate / that this was not the case for every species.
그러나, / 화석 기록들은 보여준다 / 실제로 모든 종이 그렇지는 않았다는 것을

예시

One example is the Maiasaura.
한 가지 예는 마이아사우라이다

→ 전치사 + 관계대명사

Its name, / meaning "good mother lizard," / is particularly apt / because this species created giant nesting grounds / in which hundreds of females would lay their eggs.
그것의 이름은 / '착한 어미 도마뱀'을 의미하는 / 특히 적절하다 / 이 종(마이아사우라)이 거대한 둥지터를 만들었다는 점에서 / 수백 마리의 암컷들이 안에서 알을 낳았을

부연

→ 접속사 that이 이끄는 명사절 주어

That they nested together / is not as compelling, / though, / as the fact that / once the eggs hatched, / the younglings would remain in the nest / for up to two years.
그들이 함께 둥지에 살았다는 것은 / (~만큼 흥미진진하지는 않다 / 그럼에도 불구하고 / ~라는 사실만큼 / 알들이 부화하면 / 어린 새끼들이 둥지에 남아 있곤 했다는 / (생후) 2년까지

→ 강조된 내용   → It - that 강조구문: ~한 것은 바로 -였다

It was [during this time] / that they learned communal behavior, / while also learning how to hunt and survive.
바로 이 시기 동안이었다 / 그들(새끼 마이아사우라들)이 공동 행동을 배운 것은 / 사냥하고 생존하는 방법 또한 배우면서

Step 2
중심 내용을 가장 잘 바꾸어 표현한 보기 선택
중심 내용을 '일부 공룡은 사회적인 행동을 보였다'라고 바꾸어 표현한 ③번이 정답이다.

① 공룡은 일반적으로 공동으로 육아를 했다.
② 새끼 공룡들은 태어날 때부터 혼자 힘으로 살아가야 했다.
③ 일부 공룡은 사회적인 행동을 보였다.
④ 둥지를 짓는 동안 공룡의 먹이는 매우 다양했다.

해석 오랫동안 혼자 살아가는 동물로 여겨졌던 수많은 공룡 종들은 실제로도 혼자 있기를 좋아하는 동물이었는데, 특히 최상위 포식자였던 것들(공룡 종들)이 그러했다. 그러나, 화석 기록은 실제로 모든 종이 그렇지는 않았다는 것을 보여준다. 한 가지 예는 마이아사우라이다. '착한 어미 도마뱀'을 의미하는 그것의 이름은, 이 종(마이아사우라)이 수백 마리의 암컷들이 안에서 알을 낳았을 거대한 둥지터를 만들었다는 점에서 특히 적절하다. 그럼에도 불구하고, 그들이 함께 둥지에 살았다는 것은, 알들이 부화하면 어린 새끼들이 생후 2년까지 둥지에 남아 있곤 했다는 사실만큼 흥미진진하지는 않다. 그들(새끼 마이아사우라들)이 사냥하고 생존하는 방법 또한 배우면서 공동 행동을 배운 것은, 바로 이 시기 동안이었다.

해설 지문 전반에 걸쳐 수많은 공룡 종들은 실제로 혼자 있기를 좋아했지만 모든 종이 그렇지는 않았다고 한 후, 둥지터를 만들어 함께 살면서 어린 새끼들에게 공동 행동을 가르친 마이아사우라를 예로 들며 설명하고 있다. 따라서 지문의 요지를 '일부 공룡은 사회적인 행동을 보였다'라고 표현한 ③번이 정답이다.

정답 ③

08 National Social Security System에 관한 다음 글의 내용과 일치하지 않는 것은?

Get assistance resuming your payments to the **National Social Security System**.

Resume your payments to the National Social Security System (NSSS) with the help of special grants. Among individuals who are exempt from the payment of the national pension, people who have resumed the payment of insurance premiums can get help to make their payments into the NSSS today. The grants pay up to 50 percent of premiums for approved applicants. To qualify, applicants must have an annual income of no more than 16.8 million won. Further, social security premium support is not offered to those who currently qualify for other assistance programs, such as unemployment benefits or subsidies for farmers and fishermen. Support is provided when the pension insurance premium minus the support amount is paid in full.

① 특별 보조금은 보험료의 최대 50퍼센트까지 지원한다.
② 신청자의 연 소득은 일정 금액 미만이어야 한다.
③ 다른 지원 프로그램의 자격을 얻어야만 이 지원이 제공된다.
④ 지원금을 차감한 보험료를 완납할 시 지원이 제공된다.

전략 적용 & 지문 분석

제목
Get assistance / resuming your payments / to the National Social Security System.
지원을 받으세요 / 지불을 재개하는 데 / 국가 사회보장제도에 대한

도입
Resume your payments / to the National Social Security System (NSSS) / with the help of special grants.
지불을 재개하세요 / 국가 사회보장제도(NSSS)에 대한 / 특별 보조금의 도움을 받아

설명1 (소개)
Among individuals / [who are exempt from the payment / of the national pension], / people who have resumed the payment / of insurance premiums / can get help / to make their payments / into the NSSS / today.
→ 선행사(individuals)를 수식하는 주격 관계절
개인 중 / 납부가 면제되는 / 국민연금의 / 납부를 재개한 사람들은 / 보험료를 / 도움을 받을 수 있습니다 / 납부할 수 있도록 / NSSS에 / 오늘

설명2 (자격)
① The grants pay up to 50 percent of premiums / for approved applicants.
→ 명사(applicants)를 수식하는 과거분사
보조금은 보험료의 최대 50퍼센트를 지급합니다 / 승인된 신청자에게

To qualify, / ② applicants must have an annual income of no more than 16.8 million won.
자격을 갖추려면 / 신청자의 연 소득이 1,680만 원 이하여야 합니다.

Further, / ③ social security premium support / is not offered / to those who currently qualify for other assistance programs, / such as unemployment benefits / or / subsidies for farmers and fishermen.
→ such as: ~와 같은
또한 / 사회보장보험료 지원이 / 제공되지 않습니다 / 현재 다른 지원 프로그램에 자격이 있는 사람들에게는 / 실업급여와 같은 / 또한 / 농어업인 보조금(과 같은)

④ Support is provided / when the pension insurance premium / minus the support amount / is paid / in full.
지원이 제공됩니다 / 연금 보험료가 / 지원 금액을 차감한 / 납부될 시 / 전액

Step 1
보기를 먼저 읽고 지문의 내용과 비교할 키워드를 파악
① 최대 50퍼센트 지원
② 일정 금액 미만의 소득
③ 다른 프로그램 지원, 자격
④ 보험료 완납

Step 2
지문에서 보기의 키워드와 관련된 부분을 찾아 비교한 후, 알맞은 보기 선택
① O: 보험료의 최대 50퍼센트를 지급함
② O: 연 소득이 1,680만 원 이하여야 함
③ X: 다른 지원 프로그램에 자격이 있는 사람들에게는 지원이 제공되지 않음
④ O: 지원 금액을 차감한 연금 보험료를 전액 납부할 시 지원이 제공됨

해석 국가 사회보장제도에 대한 지불을 재개하는 데 지원을 받으세요.

특별 보조금의 도움을 받아 국가 사회보장제도(NSSS)에 대한 지불을 재개하세요. 국민연금 납부가 면제되는 개인 중, 보험료 납부를 재개한 사람들은 오늘 NSSS에 납부할 수 있도록 도움을 받을 수 있습니다. 보조금은 승인된 신청자에게 보험료의 최대 50퍼센트를 지급합니다. 자격을 갖추려면, 신청자의 연 소득이 1,680만 원 이하여야 합니다. 또한, 현재 실업급여나 농어업인 보조금과 같은 다른 지원 프로그램에 자격이 있는 사람들에게는 사회보장보험료 지원이 제공되지 않습니다. 지원 금액을 차감한 연금 보험료를 전액 납부할 시 지원이 제공됩니다.

정답 ③

09 다음 문장이 들어갈 위치로 가장 적절한 것은?

> The photos are then sent to police headquarters, and license plates are compared to a database of drivers.

Cities around the world that are having trouble getting people to follow traffic laws are turning to automated red-light camera systems in order to catch traffic offenders. (①) The cameras, which are mounted to traffic lights, are hooked up to motion sensors and are programmed to take pictures of cars running red lights. (②) Those guilty of traffic violations are mailed tickets. (③) Because there is visual evidence of their wrongdoing, including their license plate numbers and photographs of them behind the wheel, the drivers cannot deny the charges. (④) As one would assume, red-light cameras are not popular with drivers, but there is no denying their effectiveness at catching those who don't follow traffic rules.

전략 적용 & 지문 분석

설명2

The photos are then sent / to police headquarters, / and license plates are compared / to a database of drivers.
그 사진들은 그 후 보내진다 / 경찰 본부로 / 그리고 차량 번호판이 대조된다 / 운전자 데이터베이스와

Step 1
주어진 문장을 읽고 앞에 나올 내용 예상

주어진 문장의 '그 사진들(The photos)'을 통해 주어진 문장 앞에 사진에 관련된 내용이 나올 것임을 예상할 수 있다.

도입

have trouble + (in) 동명사: '동명사'하는 데 어려움을 겪다

Cities around the world / that are having trouble getting / people / to follow traffic laws / are turning to automated red-light camera systems / in order to catch traffic offenders.
전 세계의 도시들은 / ~하게 하는 데 어려움을 겪고 있는 / 사람들이 / 교통법을 지키게 / 자동 정지 신호 위반 카메라 시스템에 의존하고 있다 / 교통 위반자들을 잡기 위해

설명1

(①) The cameras, / which are mounted to traffic lights, / are hooked up to motion sensors / and are programmed to take pictures of cars / running red lights.
그 카메라들은 / 신호등에 설치된 / 동작 감지 센서에 연결되어 있다 / 그리고 차량들의 사진을 찍도록 프로그래밍되어 있다 / 정지 신호를 무시하고 달리는

Step 2
지문을 읽고 주어진 문장을 삽입하기에 가장 적절한 위치 선택

주어진 문장에서 언급된 '사진'이 정지 신호를 무시하고 달리다가 정지 신호 위반 카메라에 찍힌 차량들의 사진임을 알 수 있다. 따라서 주어진 문장을 삽입하기에 가장 적절한 위치인 ②번이 정답이다.

설명3

지시대명사 those를 형용사구가 수식: '형용사구'한 사람들

(②) Those [guilty of traffic violations] / are mailed / tickets.
교통 위반을 저지른 사람들에게는 / 우편으로 발송된다 / (교통 법규) 위반 딱지가

설명4

(③) Because there is visual evidence of their wrongdoing, / including their license plate numbers and photographs of them / behind the wheel, / the drivers cannot deny the charges.
범법 행위에 대한 시각적 증거가 있기 때문에 / 그들의 차량 번호판 숫자들과 그들의 사진을 포함하여 / 운전대를 잡고 있는 / 운전자들은 그 혐의를 부인할 수 없다

주제문

there is no -ing: ~할 수 없다

(④) As one would assume, / red-light cameras are not popular with drivers, / but there is no denying their effectiveness / at catching / those who don't follow traffic rules.
누구나 추측하듯이 / 정지 신호 위반 카메라는 운전자들에게 인기가 있지 않다 / 하지만 그것의 효과는 부인할 수 없다 / 잡는 것에 대한 / 교통 법규를 따르지 않는 사람들을

해석

> 그 사진들은 그 후 경찰 본부로 보내지고, 차량 번호판이 운전자 데이터베이스와 대조된다.

사람들이 교통법을 지키게 하는 데 어려움을 겪고 있는 전 세계의 도시들은 교통 위반자들을 잡기 위해 자동 정지 신호 위반 카메라 시스템에 의존하고 있다. (①) 신호등에 설치된 그 카메라들은, 동작 감지 센서에 연결되어 정지 신호를 무시하고 달리는 차량들의 사진을 찍도록 프로그래밍되어 있다. (②) 교통 위반을 저지른 사람들에게는 (교통 법규) 위반 딱지가 우편으로 발송된다. (③) 그들의 차량 번호판 숫자들과 운전대를 잡고 있는 그들의 사진을 포함하여, 범법 행위에 대한 시각적 증거가 있기 때문에, 운전자들은 그 혐의를 부인할 수 없다. (④) 누구나 추측하듯이, 정지 신호 위반 카메라는 운전자들에게는 인기가 있지 않지만, 교통 법규를 따르지 않는 사람들을 잡는 것에 대한 그것의 효과는 부인할 수 없다.

정답 ②

10 밑줄 친 부분에 들어갈 가장 적절한 것은?

> While filming the 1941 movie *Citizen Kane*, Orson Welles pioneered many cinematographic techniques that would revolutionize the movie industry. _____, he devised the technique of having both the background and foreground in focus at the same time. This enabled Welles to show multiple actions simultaneously. In addition, Welles incorporated a layered audio backdrop that used background sounds to emphasize the mood of the setting and the emotions of the characters. Although these new techniques garnered a great deal of praise, Welles's non-linear narrative style had the most lasting influence. Presenting the story in a series of flashbacks by multiple characters, some of whom were portrayed as untrustworthy narrators, added layers not only to the movie but also to how audiences came to interpret it.

① Otherwise
② As a result
③ For instance
④ Nevertheless

전략 적용 & 지문 분석

설명
While filming the 1941 movie *Citizen Kane*, / Orson Welles pioneered many cinematographic techniques / that would revolutionize the movie industry.
1941년 영화 <시민 케인>을 촬영하는 동안 / 오손 웰즈는 많은 영화 기법들을 개척했다 / 영화계에 혁신을 일으킬 만한

Step 1
빈칸 앞뒤에 있는 문장을 읽고 두 문장 사이의 논리적 관계 파악
예시

예시1
For instance, / he devised the technique / of having / both the background and foreground / in focus / at the same time.
예를 들어 / 그는 기법을 고안해냈다 / ~하게 하는 / 후경과 전경 모두 / 초점을 두게 / 동시에

→ enable + 목적어 + to 부정사: '목적어'가 'to 부정사'할 수 있게 하다
This enabled / Welles / to show multiple actions / simultaneously.
이것은 ~할 수 있게 했다 / 웰즈가 / 여러 동작을 보여줄 / 동시에

예시2
In addition, / Welles incorporated a layered audio backdrop / that used background sounds / to emphasize / the mood of the setting / and the emotions of the characters.
게다가 / 웰즈는 덧입힌 음향 배경을 포함시켰다 / 배경이 되는 소리들을 이용한 / 강조하기 위해 / 배경의 분위기를 / 그리고 인물들의 감정들을

예시3
Although these new techniques garnered / a great deal of praise, / Welles's non-linear narrative style / had the most lasting influence.
이러한 새로운 기술들은 얻었지만 / 많은 호평을 / 웰즈의 비선형적인 스토리 진행 방식이 / 가장 지속적인 영향을 미쳤다

→ 동명사구 주어   선행사(characters)를 수식하는 소유격 관계절: '선행사의 일부'라고 해석
Presenting the story / in a series of flashbacks / by multiple characters, / [some of whom were portrayed / as untrustworthy narrators], / added layers / not only [to the movie] / but also [to how audiences came to interpret it.]
→ 동사   → not only A but also B: A뿐만 아니라 B도
스토리를 제시하는 것은 / 일련의 회상 장면들로 / 여러 인물들에 의한 / 그들 중 일부는 묘사되었던 / 신뢰할 수 없는 화자로 / 깊이를 더했다 / 그 영화에뿐만 아니라 / 관객들이 그것을 해석하는 방법에도

① Otherwise 그렇지 않으면
② As a result 결과적으로
③ For instance 예를 들어
④ Nevertheless 그럼에도 불구하고

Step 2
빈칸 앞뒤의 논리적 관계를 가장 잘 표현한 보기 선택
빈칸 앞뒤의 예시 관계를 가장 잘 표현한 보기인 ③ 예를 들어(For instance)가 정답이다.

해석 1941년 영화 <시민 케인>을 촬영하는 동안, 오손 웰즈는 영화계에 혁신을 일으킬 만한 많은 영화 기법들을 개척했다. 예를 들어, 그는 후경과 전경 모두 동시에 초점을 두게 하는 기법을 고안해냈다. 이것은 웰즈가 여러 동작을 동시에 보여줄 수 있게 했다. 게다가, 웰즈는 배경의 분위기와 인물들의 감정들을 강조하기 위해 배경이 되는 소리들을 이용한 덧입힌 음향 배경을 포함시켰다. 이러한 새로운 기술들은 많은 호평을 얻었지만, 웰즈의 비선형적인 스토리 진행 방식이 가장 지속적인 영향을 미쳤다. (그들 중) 일부는 신뢰할 수 없는 화자로 묘사되었던 여러 인물들에 의한 일련의 회상 장면들로 스토리를 제시하는 것은, 그 영화에뿐만 아니라 관객들이 그것을 해석하는 방법에도 깊이를 더했다.

해설 빈칸 앞 문장은 오손 웰즈는 <시민 케인>을 촬영하는 동안 영화계에 혁신을 일으킬 만한 많은 영화 기법들을 개척했다는 내용이고, 빈칸 뒤 문장에서는 웰즈가 후경과 전경 모두 동시에 초점을 두게 하는 기법을 고안해냈다며 웰즈의 혁신적인 영화 기법에 대한 예시를 들고 있다. 따라서 예시를 나타내는 연결어인 ③ For instance(예를 들어)가 정답이다.

정답 ③

11 밑줄 친 부분에 들어갈 말로 가장 적절한 것은?

Alzheimer's disease is a disorder marked by serious memory issues. Over time, its symptoms progress from simple forgetfulness to serious cognitive impairment. Eventually, patients may struggle to do basic tasks or even recognize the faces of their loved ones. Worse, doctors know of no way of reversing this memory loss. However, one recent study has shown that _____. Professors from the University of Newcastle were researching the effects of the beverage upon those suffering from early stages of the disease. One set of patients drank several cups of green tea daily, while another group did not. The scientists were able to demonstrate that the release of the enzyme AChE, which breaks down the chemicals used by the brain to recall information, is inhibited through the consumption of green tea.

① memory function is maintained in those drinking green tea
② green tea can reverse the damage done by Alzheimer's disease
③ the chemical structure of green tea is similar to AChE
④ green tea is only effective if taken in large quantities

전략 적용 & 지문 분석

도입

Alzheimer's disease is a disorder / marked by serious memory issues.
알츠하이머 병은 질환이다 / 심각한 기억 문제들을 특징으로 하는
→ 명사(a disorder)를 수식하는 분사구

설명

Over time, / its symptoms progress / from simple forgetfulness to serious cognitive impairment.
시간이 흐르면서 / 그것의 증상들은 진행된다 / 단순한 건망증에서 심각한 인지 장애로

Eventually, / patients may struggle / [to do basic tasks] / or [even recognize the faces / of their loved ones]. // Worse, / doctors know of no way / of reversing this memory loss.
결국 / 환자들은 힘겨워질 수 있다 / 기본적인 일을 하는 것이 / 혹은 심지어 얼굴을 인지하는 (것도) / 사랑하는 사람들의 // 더 나쁜 것은 / 의사들도 방법을 모른다는 것이다 / 이 기억 손실을 회복시키는
→ or로 연결된 to 부정사구 병치 구문(두 번째 to 생략)

전환

However, / one recent study has shown that / memory function is maintained in those drinking green tea. 그러나 / 최근의 한 연구는 ~라는 것을 보여주었다 / 녹차를 마시는 사람들에게는 기억 기능이 유지된다

부연

Professors from the University of Newcastle / were researching the effects of the beverage / upon those suffering from early stages of the disease.
뉴캐슬 대학교 교수들은 / 그 음료(녹차)의 영향을 연구했다 / 그 병(알츠하이머 병)의 초기 단계를 앓고 있는 사람들에 대한
→ 지시대명사 those + 수식어: ~한 사람들

One set of patients / drank several cups of green tea daily, / while another group did not.
한 집단의 환자들은 / 매일 몇 잔의 녹차를 마셨다 / 반면 또 다른 집단은 그렇게 하지 않았다

The scientists were able to demonstrate that / the release of the enzyme AChE, / which breaks down the chemicals / used by the brain to recall information, / is inhibited / through the consumption of green tea.
과학자들은 ~라는 것을 증명할 수 있었다 / 효소 AChE의 배출이 / 화학 물질을 파괴하는 / 두뇌가 정보를 기억하기 위해 사용하는 / 억제된다 / 녹차 섭취를 통해
→ 관계절의 계속적 용법: 앞에 명사(the enzyme AChE)에 대한 부가 설명

Step 1
빈칸이 있는 문장과 그 주변을 통해 빈칸에 들어갈 내용이 무엇인지 파악
최근의 한 연구가 무엇을 보여주었는지

Step 2
지문을 읽고 빈칸에 들어가기에 가장 적절한 보기 선택
빈칸 뒷부분에 녹차 섭취를 통해 두뇌가 정보를 기억하기 위해 사용하는 화학 물질을 파괴하는 효소의 배출을 억제시킬 수 있다는 내용이 있으므로 '녹차를 마시는 사람들에게는 기억 기능이 유지된다'라고 한 ①번이 정답이다.

① memory function is maintained in those drinking green tea
녹차를 마시는 사람들에게는 기억 기능이 유지된다
② green tea can reverse the damage done by Alzheimer's disease
녹차가 알츠하이머 병에 의한 손상을 회복시킬 수 있다
③ the chemical structure of green tea is similar to AChE
녹차의 화학적 구조는 AChE와 비슷하다
④ green tea is only effective if taken in large quantities
녹차는 다량으로 섭취되었을 때만 효과적이다

해석 알츠하이머 병은 심각한 기억 문제를 특징으로 하는 질환이다. 시간이 흐르면서, 그것의 증상들은 단순한 건망증에서 심각한 인지 장애로 진행된다. 결국, 환자들은 기본적인 일을 하거나 심지어 사랑하는 사람들의 얼굴을 인지하는 것도 힘겨워질 수 있다. 더 나쁜 것은, 의사들도 이 기억 손실을 회복시키는 방법을 모른다는 것이다. 그러나, 최근의 한 연구는 녹차를 마시는 사람들에게는 기억 기능이 유지된다는 것을 보여주었다. 뉴캐슬 대학교 교수들은 그 병(알츠하이머 병)의 초기 단계를 앓고 있는 사람들에게 미치는 그 음료(녹차)의 영향을 연구했다. 한 집단의 환자들은 매일 몇 잔의 녹차를 마신 반면, 또 다른 집단은 그렇게 하지 않았다. 과학자들은 두뇌가 정보를 기억하기 위해 사용하는 화학 물질을 파괴하는 효소 AChE의 배출이 녹차 섭취를 통해 억제된다는 것을 증명할 수 있었다.

해설 빈칸 앞 문장에 의사들도(알츠하이머 병의) 기억 손실을 회복시키는 방법을 모른다는 내용이 있고, 빈칸 뒷부분에 과학자들은 두뇌가 정보를 기억하기 위해 사용하는 화학 물질을 파괴하는 효소 AChE의 배출이 녹차 섭취를 통해 억제된다는 것을 증명할 수 있었다고 했으므로, 최근의 한 연구가 '녹차를 마시는 사람들에게는 기억 기능이 유지된다'는 것을 보여주었다고 한 ①번이 정답이다.

정답 ①

12 다음 이메일의 내용과 일치하지 않는 것은?

To: certificates@globallearning.edu
From: jennifer.brown@techcorp.com
Date: March 30
Subject: Certificate verification request

Dear Certificate Department,

I completed the Advanced Data Analytics program in December and need verification for my job application. My student ID was GL-2024-3456, and I finished all 12 courses with a final grade of 92 percent.

The company I'm applying to requires official documentation showing my completion status and grade summary. Could you please send a verified certificate copy to hr@innovatetech.com by April 20?

Also, I understand that there is a fee for issuing the certificate. I'd like to know if I can pay it via bank transfer.

I look forward to hearing from you.

Thank you,
Jennifer Brown

① Jennifer는 입사 지원을 위해 확인서가 필요하다.
② Jennifer는 프로그램의 모든 과정을 이수했다.
③ Jennifer는 서류 사본을 우편으로 받고 싶어 한다.
④ Jennifer는 발급 수수료를 계좌 이체로 지불하고자 한다.

해설 ③번의 키워드인 '서류 사본'과 관련된 지문의 a verified certificate copy(확인된 증명서 사본) 주변의 내용에서 확인된 증명서 사본을 hr@innovatetech.com으로 보내 달라고 하고 있으므로, 서류 사본을 우편으로 받고 싶어 한다는 것은 지문의 내용과 다르다. 따라서 ③번이 지문의 내용과 일치하지 않는다.

어휘 certificate 증명서, 자격증 verification 확인, 인증 status 상태 summary 요약 fee 수수료 bank transfer 계좌 이체

전략 적용 & 지문 분석

인사
Dear Certificate Department, 증명서 부서에게

주제문
①I completed the Advanced Data Analytics program / in December / and need verification / for my job application.
저는 '고급 데이터 분석' 프로그램을 이수했습니다 / 12월에 / 그리고 확인이 필요합니다 / 제 입사 지원을 위해

설명
My student ID was GL-2024-3456, / and ②I finished all 12 courses / with a final grade of 92 percent.
제 학번은 GL-2024-3456이었습니다 / 그리고 저는 12개의 과정을 모두 완료했습니다 / 최종 성적 92퍼센트로

The company [I'm applying to] / requires official documentation / showing my completion status and grade summary.
(명사(The company)를 수식하는 관계절(목적격 관계대명사 생략))
(명사(official documentation)를 수식하는 현재분사)
제가 지원하는 회사는 / 공식 문서를 요구합니다 / 제 수료 상태와 성적 요약을 보여주는

요청
③Could you please send / a verified certificate copy / to hr@innovatetech.com / by April 20?
보내주실 수 있나요 / 확인된 증명서 사본을 / hr@innovatetech.com으로 / 4월 20일까지

Also, / I understand that there is a fee / for issuing the certificate.
또한 / 수수료가 있다는 것을 알고 있습니다 / 확인서를 발급하기 위한

④I'd like to know / if I can pay it / via bank transfer.
저는 알고 싶습니다 / 제가 그것을 지불하는 것이 가능한지를 / 계좌 이체를 통해

끝인사
I look forward to hearing from you.
답장을 기다리겠습니다

Thank you,
Jennifer Brown
Jennifer Brown 드림

Step 1
보기를 먼저 읽고 지문의 내용과 비교할 키워드를 파악
① 입사 지원을 위해 확인서 필요
② 모든 과정을 이수
③ 서류 사본, 우편
④ 발급 수수료, 계좌 이체

Step 2
지문에서 보기의 키워드와 관련된 부분을 찾아 비교한 후, 알맞은 보기 선택
① O: 입사 지원을 위해 필요함
② O: 12개 과정을 모두 완료함
③ X: 이메일 주소로 보내야 함
④ O: 발급 수수료는 계좌 이체할 수 있는지 알고 싶음

해석 수신: certificates@globallearning.edu 발신: jennifer.brown@techcorp.com 날짜: 3월 30일 제목: 증명서 확인 요청

증명서 부서에게,

저는 12월에 '고급 데이터 분석' 프로그램을 이수했으며 제 입사 지원을 위해 확인이 필요합니다. 제 학번은 GL-2024-3456이었고, 12개의 과정을 모두 최종 성적 92퍼센트로 완료했습니다.

제가 지원하는 회사는 제 수료 상태와 성적 요약을 보여주는 공식 문서를 요구합니다. 4월 20일까지 확인된 증명서 사본을 hr@innovatetech.com으로 보내주실 수 있나요?

또한, 확인서를 발급하기 위한 수수료가 있다는 것을 알고 있습니다. 저는 그것을 계좌 이체로 지불하는 것이 가능한지 알고 싶습니다.

답장 기다리겠습니다.

Jennifer Brown 드림

정답 ③

13 다음 글의 제목으로 가장 적절한 것을 고르시오.

Canadian scientists have achieved major breakthroughs in the battle against diabetes. While experimenting on diabetic mice, the scientists discovered flaws in a set of sensory nerve cells that normally secrete a protein known as "substance P." Diabetics do not adequately produce this substance, which causes their insulin levels to drop. The researchers found that eliminating these neurons in the mice made the disease go away. Moreover, when substance P was directly injected into the pancreas of the mice, insulin production normalized and the condition receded. The researchers have thus shown that diabetes can occur due to problems with the nerve cells that produce substance P. Because these recent findings are promising, further tests are being conducted in hopes of better understanding how these defective neurons impact diabetes.

① Alternative Treatment Options for Diabetics
② The Effect of Faulty Nerve Cells on Diabetes
③ New Substances Invented to Cure Diabetes
④ The Importance of Medical Checkups for Diabetics

전략 적용 & 지문 분석

도입
Canadian scientists have achieved / major breakthroughs / in the battle against diabetes.
캐나다 과학자들이 이루어냈다 / 중요한 발견들을 / 당뇨병과의 전쟁에서

→ 분사구문의 의미를 분명하게 하기 위해 접속사를 앞에 쓸 수 있음

설명1
While experimenting on diabetic mice, / the scientists discovered flaws / in a set of sensory nerve cells / that normally secrete a protein / known as "substance P."
당뇨병이 있는 쥐들에 대해 실험을 하며 / 그 과학자들은 결함을 발견했다 / 감각 신경 세포 집합체에서 / 정상 상태일 때 단백질을 분비하는 / 'P 물질'이라고 알려진

→ 명사(a protein)를 수식하는 분사구

Diabetics do not adequately produce this substance, / which causes their insulin levels to drop.
당뇨병 환자들은 이 물질을 충분히 생성하지 못한다 / 그리고 이는 인슐린 수치가 떨어지게 한다

The researchers found that / eliminating these neurons / in the mice / made the disease go away.
연구원들은 ~라는 것을 알아냈다 / 이 신경 세포들(감각 신경 세포 집합체)을 제거하는 것이 / 쥐들에게서 / 그 병(당뇨병)을 사라지게 했다

설명2
Moreover, / when substance P was directly injected / into the pancreas of the mice, / insulin production normalized / and the condition receded.
게다가 / P 물질이 직접 주입되었을 때 / 쥐들의 췌장에 / 인슐린 생성이 정상화되었고 / 질환은 약화되었다

주제문
The researchers have thus shown / that diabetes can occur / due to problems with the nerve cells / that produce substance P.
이렇게 하여 연구원들은 증명했다 / 당뇨병이 발생할 수 있다는 것을 / 신경 세포들의 문제로 인해 / P 물질을 생성하는

→ 간접 의문문: 의문사(how) + 주어(these ~ neurons) + 동사(impact)

부연
Because these recent findings are promising, / further tests are being conducted / in hopes of better understanding / how these defective neurons impact diabetes.
이러한 최근 연구 결과들이 전도유망하기 때문에 / 추가적인 실험들이 실시되고 있다 / 더 잘 이해하기 위한 바람으로 / 이 결함 있는 신경 세포들이 당뇨병에 어떻게 영향을 미치는지

Step 1 주제문 찾기
'연구원들은 P 물질을 생성하는 신경 세포들의 문제로 인해 당뇨병이 발생할 수 있다는 것을 증명했다'가 지문의 주제문이다.

① Alternative Treatment Options for Diabetics
당뇨병 환자들을 위한 대안적인 치료 옵션들
② The Effect of Faulty Nerve Cells on Diabetes
결함 있는 신경 세포들이 당뇨병에 미치는 영향
③ New Substances Invented to Cure Diabetes
당뇨병을 치료하기 위해 개발된 새로운 물질
④ The Importance of Medical Checkups for Diabetics
당뇨병 환자들에게 있어서 건강 검진의 중요성

Step 2 주제문을 가장 잘 바꾸어 표현한 보기 선택
주제문을 '결함 있는 신경 세포들이 당뇨병에 미치는 영향'이라고 바꾸어 표현한 ②번이 정답이다.

해석 캐나다 과학자들이 당뇨병과의 전쟁에서 중요한 발견들을 이루어냈다. 당뇨병이 있는 쥐들에 대해 실험을 하며, 그 과학자들은 정상 상태일 때 'P 물질'이라고 알려진 단백질을 분비하는 감각 신경 세포 집합체에서 결함을 발견했다. 당뇨병 환자들은 이 물질을 충분히 생성하지 못하며, 이는 인슐린 수치가 떨어지게 한다. 연구원들은 쥐들에게서 이 신경 세포들(감각 신경 세포 집합체)을 제거하는 것이 그 병(당뇨병)을 사라지게 했다는 것을 알아냈다. 게다가, P 물질이 쥐들의 췌장에 직접 주입되었을 때, 인슐린 생성이 정상화되었고 질환(당뇨병)은 약화되었다. 이렇게 하여 연구원들은 P 물질을 생성하는 신경 세포들의 문제로 인해 당뇨병이 발생할 수 있다는 것을 증명했다. 이러한 최근 연구 결과들이 전도유망하기 때문에, 이 결함 있는 신경 세포들이 당뇨병에 어떻게 영향을 미치는지를 더 잘 이해하기 위한 바람으로 추가적인 실험들이 실시되고 있다.

해설 지문 앞부분에서 과학자들은 당뇨병이 있는 쥐들을 실험하며 'P 물질'을 분비하는 감각 신경 세포 집합체에서 결함을 발견했는데, 이 신경 세포들을 제거하거나 쥐의 췌장에 P 물질을 주입했을 때 당뇨병 증상이 사라졌다고 하고 지문 뒷부분에서 당뇨병이 신경 세포들의 문제로 발생할 수 있음을 증명했다고 했다. 따라서, 지문의 제목을 '결함 있는 신경 세포들이 당뇨병에 미치는 영향'이라고 한 ②번이 정답이다.

정답 ②

14 글의 흐름상 가장 어색한 문장은?

It is evident that solar flares—bursts of magnetic energy that build up on the surface of the Sun—eject large amounts of fast-moving radioactive matter into space. ① Although Earth's atmosphere and magnetic field can deflect this material, scientists believe that a particularly strong flare has the potential to cause significant problems for humans. ② This is because the matter emitted by the Sun can damage electronic equipment. ③ In addition, the matter assists manmade devices that are currently orbiting Earth in being less dysfunctional. ④ Of particular concern is the sensitive technology in the communications and GPS satellites that orbit the planet. If these were damaged by a strong solar flare, devices such as cell phones and personal navigation systems would no longer function correctly.

어휘 evident 분명한 solar flare 태양 플레어, 태양 표면의 폭발 magnetic 자기의 build up 축적되다 eject 방출하다 radioactive 방사능의 atmosphere 대기층 deflect 막다, 빗나가게 하다 significant 상당한 emit 방출하다 manmade 인공의, 사람이 만든 orbit 궤도를 돌다 dysfunctional 고장 난, 기능 장애의 satellite (인공) 위성 function 작동하다

전략 적용 & 지문 분석

도입
It is evident that / solar flares / —bursts of magnetic energy / that build up on the surface of the Sun— / eject large amounts of fast-moving radioactive matter / into space.
~라는 것은 분명하다 / 태양 플레어가 / 자기 에너지의 폭발인 / 태양 표면에 축적된 / 빠른 속도로 이동하는 방사능 물질을 대량 방출한다 / 우주로

문제점
① Although Earth's atmosphere and magnetic field can deflect this material, / scientists believe / that a particularly strong flare has <u>the potential / to cause</u> significant problems / for humans.
→ potential + to 부정사: ~할 가능성
지구의 대기층과 자기장이 이 물질을 막을 수는 있지만 / 과학자들은 생각한다 / 유난히 강력한 태양 플레어는 가능성을 갖고 있다고 / 상당한 문제들을 일으킬 / 인간에게

부연1
② This is because / the matter <u>emitted by the Sun</u> / can damage electronic equipment.
→ 명사(the matter)를 수식하는 분사구
이는 (~하기) 때문이다 / 태양에 의해 방출되는 물질이 / 전자 기기를 손상시킬 수 있다

③ In addition, / the matter assists / manmade devices / that are currently orbiting Earth / in being less dysfunctional.
게다가 / 그 물질은 도움을 준다 / 인공 장치들이 / 현재 지구의 궤도를 돌고 있는 / 덜 고장 나는 것에

부연2
④ <u>Of particular concern / is the sensitive technology</u> in the communications / and GPS satellites / that orbit the planet.
→ 도치 구문: Of ~ concern(부사구) + 동사(is) + 주어(the sensitive technology)
특히 우려되는 것은 / 정보 통신에 관한 민감한 장비들이다 / 그리고 GPS 위성들이다 / 지구의 궤도를 도는

부연3
If these were damaged / by a strong solar flare, / devices such as cell phones and personal navigation systems / would no longer function / correctly.
만약 이것들이 손상을 입는다면 / 강력한 태양 플레어에 의해 / 휴대폰과 개인 내비게이션 시스템 같은 장치들은 / 더 이상 작동하지 않을 것이다 / 제대로

Step 1 첫 문장을 읽고 지문의 중심 소재 파악
첫 문장을 읽고 지문의 중심 소재가 방사능 물질을 우주로 대량 방출하는 태양 플레어임을 파악한다.

Step 2 각 보기 문장이 지문의 흐름과 어울리는지 확인하고, 가장 어울리지 않는 보기를 정답으로 선택
보기 문장 앞뒤로 태양 플레어로 방출된 물질이 인간에게 미치게 될 나쁜 영향에 대한 내용이 이어지고 있으므로, 해당 물질에 대한 긍정적인 내용은 지문의 흐름과 어울리지 않는다. 따라서 ③번이 정답이다.

해석 태양 표면에 축적된 자기 에너지의 폭발인 태양 플레어가 빠른 속도로 이동하는 방사능 물질을 우주로 대량 방출한다는 것은 분명하다. ① 지구의 대기층과 자기장이 이 물질을 막을 수는 있지만, 과학자들은 유난히 강력한 태양 플레어는 인간에게 상당한 문제들을 일으킬 가능성을 갖고 있다고 생각한다. ② 이는 태양에 의해 방출되는 물질이 전자 기기를 손상시킬 수 있기 때문이다. ③ 게다가, 그 물질은 현재 지구의 궤도를 돌고 있는 인공 장치들이 덜 고장 나는 것에 도움을 준다. ④ 특히 우려되는 것은 정보 통신에 관한 민감한 장비들과 지구의 궤도를 도는 GPS 위성들이다. 만약 이것들이 강력한 태양 플레어에 의해 손상을 입는다면, 휴대폰과 개인 내비게이션 시스템 같은 장치들은 더 이상 제대로 작동하지 않을 것이다.

해설 첫 문장에서 '방사능 물질을 우주로 대량 방출하는 태양 플레어'에 대해 언급하고, ①, ②, ④번은 유난히 강력한 태양 플레어로 방출된 물질이 인간에게 미치게 될 나쁜 영향들에 대해 설명했다. 그러나 ③번은 '현재 지구의 궤도를 돌고 있는 인공 장치들이 덜 고장나게 돕는 물질'에 대한 내용으로, 지문의 흐름과 어울리지 않으므로 ③번이 정답이다.

정답 ③

15 다음 주어진 문장에 이어질 글의 순서로 가장 적절한 것은?

> A recent report published by the United Nations on the immigration policies of member nations clearly distinguishes between multiculturalism and cultural assimilation.

(A) In contrast, assimilation is based on the premise that immigrants should discard their cultural heritage in order to embrace the customs and practices of their new homes.

(B) The report defines multiculturalism as the idea that individuals and groups with different languages and cultures can coexist within the same society.

(C) In discussing these definitions, UN ambassador Tanner Dubois stated that although assimilation is popular in countries experiencing an influx of immigrants, it is a difficult policy to enforce over the long term. As such, he believes it should be replaced with multiculturalism.

① (A) – (B) – (C) ② (B) – (A) – (C)
③ (B) – (C) – (A) ④ (C) – (B) – (A)

[해설] 주어진 문장에서 유엔의 최근 한 보고서는 다문화주의와 문화 동화 간의 차이를 명백히 구분하고 있다고 한 후, (B)에서 우선 그 보고서가 다문화주의를 어떻게 정의하는지 설명하고 있다. (A)에서 다문화주의와 대조되는 문화 동화에 대해 설명하고, 뒤이어 (C)에서 앞으로의 이민 정책에서는 문화 동화가 다문화주의로 대체되어야 한다고 주장하는 유엔 대사의 입장을 소개하고 있다. 따라서 주어진 문장 다음에 이어질 순서는 ② (B)-(A)-(C)이다.

[어휘] immigration 이민 distinguish (차이를) 구분하다 multiculturalism 다문화주의 assimilation 동화 premise 전제 discard 버리다 heritage 유산 embrace 수용하다 practice 관행 define 정의하다 coexist 공존하다, 동시에 있다 ambassador 대사 influx 유입 enforce (법률 등을) 시행하다

전략 적용 & 지문 분석

A recent report / published by the United Nations / on the immigration policies of member nations / clearly distinguishes / between multiculturalism and cultural assimilation.
최근의 한 보고서는 / 유엔에 의해 발표된 / 회원국들의 이민 정책에 관한 / 명백히 차이를 구분하고 있다 / 다문화주의와 문화 동화 간의

(A) In contrast, / assimilation is based on the premise that immigrants should discard their cultural heritage / in order to embrace the customs and practices / of their new homes.
반대로 / (문화) 동화는 전제에 기반한다 / 이주민들이 자신의 문화 유산을 버려야 한다는 / 관습과 관행을 수용하기 위해 / 그들의 새 조국의

(B) The report defines multiculturalism / as the idea that / individuals and groups with different languages and cultures / can coexist / within the same society.
그 보고서는 다문화주의를 정의한다 / ~라는 관념으로 / 각기 다른 언어와 문화를 가진 개인과 단체들이 / 공존할 수 있다는 / 같은 사회 내에서

(C) In discussing these definitions, / UN ambassador Tanner Dubois stated that / although assimilation is popular / in countries / experiencing an influx of immigrants, / it is a difficult policy / to enforce over the long term.
이러한 정의들을 논하면서 / 유엔 대사 Tanner Dubois는 ~라고 말했다 / (문화) 동화가 일반적이긴 하지만 / 국가들에서 / 이주민의 유입을 겪고 있는 / 그것은 어려운 정책이다 / 장기간에 걸쳐 시행하기에는

As such, / he believes / it should be replaced with multiculturalism.
그에 따라 / 그는 생각한다 / 그것(문화 동화)이 다문화주의로 대체되어야 한다고

① (A) – (B) – (C) ② (B) – (A) – (C)
③ (B) – (C) – (A) ④ (C) – (B) – (A)

Step 1
주어진 문장을 읽고 지문의 흐름 예상
'다문화주의와 문화 동화 간의 차이를 구분하는 유엔의 보고서'가 지문의 중심 소재임을 예상한다.

Step 2
문단 내 단서를 통해 서로의 순서를 파악하고 이를 알맞게 배열한 보기 선택
(B) The report와 문단의 내용을 통해 (B)가 주어진 문장의 보고서에 대해 이야기하고 있음을 파악한다.
(A) 연결어 In contrast와 문단의 내용을 통해 (A)가 (B)와 대조되는 내용을 제시하고 있음을 파악한다.
(C) these definitions와 문단의 내용을 통해 (C)가 (A)와 (B)에 등장한 두 가지 개념들에 대해 설명하고 있음을 파악한다.

해석
유엔에 의해 발표된 회원국들의 이민 정책에 관한 최근의 한 보고서는 다문화주의와 문화 동화 간의 차이를 명백히 구분하고 있다.
(B) 그 보고서는 다문화주의를 각기 다른 언어와 문화를 가진 개인과 단체들이 같은 사회 내에서 공존할 수 있다는 관념으로 정의한다.
(A) 반대로, 문화 동화는 이주민들이 그들의 새 조국의 관습과 관행을 수용하기 위해 자신의 문화 유산을 버려야 한다는 전제에 기반한다.
(C) 이러한 정의들을 논하면서, 유엔 대사 Tanner Dubois는 문화 동화가 이주민의 유입을 겪고 있는 국가들에서 일반적이긴 하지만, 장기간에 걸쳐 시행하기에는 어려운 정책이라고 말했다. 그에 따라, 그는 그것(문화 동화)이 다문화주의로 대체되어야 한다고 생각한다.

정답 ②

16 밑줄 친 부분에 들어갈 말로 가장 적절한 것은?

Although my brother is only five years older than me, he was my mentor when I was a kid. He could solve math problems, skateboard well, and play baseball like a pro, all of which impressed me. Because of these diverse abilities and his willingness to teach me, I thought he knew everything. However, one day when he was in high school, his computer broke and after he made many attempts to repair it, he couldn't get it to work. He asked if I could have a look at it, since I had a knack for computers. I was surprised that the guy who was _____ in my mind needed help from me. Checking a few things, I easily figured out the problem, which I knew I could fix. With the quick change of a damaged cable, I was able to get everything back to normal. My brother said I had saved him and that I was his hero! Hearing that, I couldn't help but beam.

① feckless
② pervasive
③ dismissive
④ faultless

어휘 impress 깊은 인상을 주다, 감명을 주다 diverse 다양한 ability 재능, 기량 willingness 의지, 기꺼이 ~하려는 마음 attempt 시도, 노력 knack 재주, 요령 figure out ~을 알아내다, 이해하다 cable 전선 beam 활짝 웃다, 빛을 발하다 feckless 무책임한, 무기력한 pervasive 널리 퍼진, 만연하는 dismissive 무시하는, 멸시하는 faultless 흠 잡을 데 없는

전략 적용 & 지문 분석

도입

Although my brother is only five years older / than me, / he was my mentor / when I was a kid.
나의 형은 단지 5살이 더 많지만 / 나보다 / 그는 나의 멘토였다 / 내가 어렸을 때

He could solve math problems, / skateboard well, / and play baseball / like a pro, / all of which impressed me.
그는 수학 문제를 풀 수 있었다 / 스케이트 보드를 잘 탈 (수 있었다) / 그리고 야구를 할 (수 있었다) / 프로 선수처럼 / 그리고 이 모든 것은 내게 깊은 인상을 주었다

Because of these diverse abilities / and his willingness / to teach me, / I thought / he knew everything.
(willingness + to 부정사: '기꺼이' 'to 부정사'하려는 의지)
이러한 다양한 재능들 때문에 / 그리고 그의 의지 (때문에) / 나를 가르치려는 / 나는 생각했다 / 그가(형이) 모든 것을 안다고

전개1

However, / one day when he was in high school, / his computer broke / and / after he made many attempts / to repair it, / he couldn't get it to work.
(get + 목적어 + to 부정사: '목적어'가 'to 부정사'하게 하다)
그러나 / 그가(형이) 고등학교에 다니던 어느 날 / 그의 컴퓨터가 고장 났다 / 그리고 / 그는 많은 시도를 한 후에도 / 그것을 수리하기 위한 / 그것이 작동하게 하지 못했다

He asked / if I could have a look at it, / since I had a knack for computers.
(명사절 접속사 if(~인지 아닌지))
그는(형은) 물었다 / 내가 그것을 한 번 봐줄 수 있는지 / 나는 컴퓨터에 재주가 있었기 때문에

I was surprised that / the guy who was faultless / in my mind / needed help from me.
나는 ~에 놀랐다 / 흠 잡을 데 없는 그 남자가 / 내 마음 속에서 / 나에게 도움을 필요로 하는 것

전개2

[Checking a few things], / I easily figured out the problem, / which I knew I could fix. // With the quick change of a damaged cable, / I was able to get everything back / to normal.
(부사절 After I checked ~ → 분사구문 Checking ~)
몇 가지를 확인해 본 후 / 나는 쉽게 문제점을 알아냈다 / 그리고 그것은 내가 해결할 수 있다고 확신하는 것이었다 // 손상된 전선의 빠른 교체로 / 나는 모든 것을 복구할 수 있었다 / 정상으로

결말

My brother said / [I had saved him] / and that I was his hero! // Hearing that, / I couldn't help but beam.
(that이 생략된 명사절)
(can't help but + 동사원형: ~할 수밖에 없다)
나의 형은 말했다 / 내가 그를 구했다고 / 그리고 내가 그의 영웅이라고! / 그것을 듣고 / 나는 활짝 웃을 수밖에 없었다

① feckless
무책임한

② pervasive
널리 퍼진

③ dismissive
무시하는

④ faultless
흠 잡을 데 없는

Step 1
빈칸이 있는 문장과 그 주변을 통해 빈칸에 들어갈 내용 파악
화자에게 도움을 필요로 하는 남자(형)가 화자의 마음 속에서 어떠한지

Step 2
지문을 읽고 빈칸에 들어가기에 가장 적절한 보기 선택
빈칸 앞부분에 화자의 형에게는 다양한 재능들이 있어서 화자는 형이 모든 것을 안다고 생각했다는 내용이 있으므로 '흠 잡을 데 없는'이라고 한 ④번이 정답이다.

해석 나의 형은 나보다 단지 5살이 더 많지만, 그는 내가 어렸을 때 나의 멘토였다. 그는 수학 문제를 풀 수 있었고, 스케이트 보드를 잘 탈 수 있었고, 프로 선수처럼 야구를 할 수 있었으며, 이 모든 것은 내게 깊은 인상을 주었다. 이러한 다양한 재능들과 나를 가르치려는 그의 의지 때문에, 나는 그가(형이) 모든 것을 안다고 생각했다. 그러나, 그가(형이) 고등학교에 다니던 어느 날, 그의 컴퓨터가 고장 났고 그는(형은) 그것을 수리하기 위한 많은 시도를 한 후에도 그것이 작동하게 하지 못했다. 나는 컴퓨터에 재주가 있었기 때문에, 그는(형은) 내가 그것을 한 번 봐줄 수 있는지 물었다. 나는 내 마음 속에서 흠 잡을 데 없는 그 남자가 나에게 도움을 필요로 하는 것에 놀랐다. 몇 가지를 확인해 본 후, 나는 쉽게 문제점을 알아냈고, 그것은 내가 해결할 수 있다고 확신하는 것이었다. 손상된 전선의 빠른 교체로, 나는 모든 것을 정상으로 복구할 수 있었다. 나의 형은 내가 그를 구했으며, 내가 그의 영웅이라고 말했다! 그 말을 듣고, 나는 활짝 웃을 수밖에 없었다.

해설 빈칸 앞부분에서 화자의 형에게는 다양한 재능들이 있었으며, 화자는 자신의 형이 모든 것을 안다고 생각했었다는 내용이 있으므로, 내 마음 속에서 '흠 잡을 데 없는' 그 남자라고 한 ④번이 정답이다.

정답 ④

종합 실전모의고사 5

01 다음 글의 요지로 가장 적절한 것을 고르시오.

When looking for new employees, hiring managers should put greater emphasis on the candidate's individual traits, such as intelligence, work ethic, and creativity. Many employers prefer to recruit experienced employees in the belief that they have more to contribute to the company due to the experience and skills they bring to the table. However, these two—experiences and skills—can be gained through time, training, and mentorship. Personality traits like work ethic and innovative thinking, on the other hand, are less likely to be learned with time. Surprisingly, identifying people with such traits can be done by reviewing application documents. Candidates' educations, references, and cover letters can give a good idea of how they think and approach tasks.

① Prioritize new hires over experienced employees.
② Administer personality tests to gauge employee skill levels.
③ Appraise personal characteristics of candidates for jobs.
④ Avoid hiring skilled employees who may have bad traits.

전략 적용 & 지문 분석

Step 1 주제문 찾기

'새로운 직원을 구할 때, 고용 관리자들은 지원자들의 개인적 특성에 더 중점을 두어야 한다'라는 내용이 지문의 주제문이다.

주제문
When looking for new employees, / hiring managers / should put greater emphasis / on the candidate's individual traits, / such as intelligence, work ethic, and creativity.
- 부사절 접속사 + 분사구문(분사구문의 의미 강조)
- put emphasis on: ~에 중점을 두다, ~을 강조하다
새로운 직원들을 구할 때 / 고용관리자들은 / 더 중점을 두어야 한다 / 지원자들의 개인적 특성들에 / 지성, 직업 윤리, 그리고 창의성과 같은

통념
Many employers prefer / to recruit experienced employees / in the belief that / they have more to contribute to the company / due to the experience and skills / they bring to the table.
- prefer + to 부정사: 'to 부정사'를 선호하다
- bring to the table: 내세우다, 제시하다
많은 고용주들은 선호한다 / 경험이 풍부한 직원들을 채용하는 것을 / ~라고 생각하여 / 그들이 회사에 기여할 것들이 더 많다 / 경험과 기술 때문에 / 그들이 내세우는

반박1
However, / these two / —experiences and skills— / can be gained / through time, training, and mentorship.
하지만 / 이 두 가지 / 즉 경험과 기술은 / 얻어질 수 있다 / 시간, 교육, 그리고 멘토링을 통해

반박2
Personality traits / like work ethic and innovative thinking, / on the other hand, / are less likely to be learned / with time.
- be less likely + to 부정사: 'to 부정사'할 가능성이 더 적다
성격적 특성들은 / 직업 윤리와 혁신적인 사고와 같은 / 반면에 / 학습될 가능성이 더 적다 / 시간이 지나도

부연
Surprisingly, / identifying people with such traits / can be done / by reviewing application documents.
- by + 동명사: '동명사'함으로써
놀랍게도 / 그러한 특성들을 지닌 사람들을 찾는 것은 / 행해질 수 있다 / 지원 서류들을 검토함으로써

Candidates' educations, references, and cover letters / can give a good idea / of how they think and approach tasks.
지원자들의 교육 사항, 추천서, 그리고 자기소개서는 / 잘 가늠할 수 있게 해준다 / 그들이 어떻게 사고하고 맡은 일에 접근하는지를

① Prioritize new hires over experienced employees.
신입 사원들을 경험이 풍부한 직원들보다 우선시하라.

② Administer personality tests to gauge employee skill levels.
직원의 역량 수준을 판단하기 위해 성격 검사를 시행하라.

③ Appraise personal characteristics of candidates for jobs.
직무 지원자들의 개인적 특성들을 평가하라.

④ Avoid hiring skilled employees who may have bad traits.
나쁜 특성을 지닐 수도 있는 경험이 풍부한 직원들을 고용하는 것을 피하라.

Step 2 주제문을 가장 잘 바꾸어 표현한 보기 선택

주제문의 내용을 '직무 지원자들의 개인적 특성들을 평가하라'라고 바꾸어 표현한 ③번이 정답이다.

해석 새로운 직원들을 구할 때, 고용 관리자들은 지성, 직업 윤리, 그리고 창의성과 같은 지원자들의 개인적 특성들에 더 중점을 두어야 한다. 많은 고용주들은 경험이 풍부한 직원들이 내세우는 경험과 기술 때문에 그들이 회사에 기여할 것들이 더 많다고 생각하여 경험이 풍부한 직원들을 채용하는 것을 선호한다. 하지만, 이 두 가지, 즉 경험과 기술은 시간, 교육 그리고 멘토링을 통해 얻어질 수 있다. 반면에, 직업 윤리와 혁신적인 사고와 같은 성격적 특성들은 시간이 지나도 학습될 가능성이 더 적다. 놀랍게도, 그러한 특성들을 지닌 사람들을 찾는 것은 지원 서류들을 검토함으로써 행해질 수 있다. 지원자들이 받은 교육 사항, 추천서, 그리고 자기소개서는 그들이 어떻게 사고하고 맡은 일에 접근하는지를 잘 가늠할 수 있게 해준다.

해설 지문 처음에서 새로운 직원들을 구할 때, 고용 관리자들은 지원자들의 경험과 기술보다는 지성, 직업 윤리, 창의성과 같은 지원자들의 개인적 특성을 더 중시해야 한다고 하고, 이어서 그러한 개인적인 특성들을 고려해야 하는 이유와 그러한 특성들을 지닌 사람들을 찾아내는 방법에 대해 설명하고 있다. 따라서 지문의 요지를 '직무 지원자들의 개인적 특성들을 평가하라'라고 표현한 ③번이 정답이다.

정답 ③

02 다음 글의 내용과 일치하는 것은?

International Soccer Powerhouse

Brazil has been renowned as a powerhouse in international soccer for many decades. Famous players such as Neymar, Ronaldinho, and Pele got their start in their Brazilian homeland, which rose to prominence as an international soccer center for producing world-class players.

Corruption and Financial Challenges

Nevertheless, widespread corruption has caused the country's famous football league to deteriorate in quality in recent years, and financial support from corporate sponsors has withered. As a result, Brazilian clubs have focused solely on keeping young, developing players and aging footballers on the verge of retirement.

Consequently, Brazil's brightest football stars are drawn away by lucrative contracts overseas. Rather than receive a more modest income to remain in their home country, these professional athletes have opted to offer their talents to the highest bidder.

① 브라질은 이제 막 국제 축구에서 유명해지기 시작했다.
② 브라질 축구에 대한 후원 기업들의 재정적 지원이 줄어들었다.
③ 브라질 구단들은 어린 선수들을 영입하는 것에만 집중한다.
④ 브라질의 뛰어난 축구 선수들은 고국에서 경기하는 것을 선호한다.

전략 적용 & 지문 분석

International Soccer Powerhouse 국제 최강의 축구팀

① Brazil has been renowned / as a powerhouse / in international soccer / for many decades.
브라질은 유명했다 / 최강의 팀으로 / 국제 축구에서 / 수십 년 동안

Famous players such as Neymar, Ronaldinho, and Pele / got their start / in their Brazilian homeland, / which rose to prominence / as an international soccer center / for producing world-class players.
네이마르, 호나우지뉴, 그리고 펠레와 같은 유명한 선수들은 / 첫걸음을 내디뎠다 / 그들의 고국 브라질에서 / 그곳은 두각을 드러냈다 / 세계의 축구 중심지로서의 / 세계 최고 수준의 선수들을 배출하는 것에 대한

Corruption and Financial Challenges 부패와 재정적 과제

Nevertheless, / ② widespread corruption has caused / the country's famous football league / to deteriorate in quality / in recent years, / and financial support from corporate sponsors / has withered.
cause + 목적어 + to 부정사: '목적어'가 'to 부정사'하게 하다
그럼에도 불구하고 / 만연한 부패는 ~하게 했다 / 그 나라의 유명 축구 리그가 / 질적으로 쇠퇴하게 / 최근 몇 년 동안 / 그리고 후원 기업들의 재정적 지원은 / 약해졌다

As a result, / ③ Brazilian clubs have focused / solely on keeping young, developing players / and aging footballers on the verge of retirement.
그 결과 / 브라질의 구단들은 집중해 왔다 / 오직 어리고 성장 중인 선수들을 보유하는 것에만 / 그리고 은퇴 직전의 노장 축구 선수들을 (유지하는 것에만)

Consequently, / Brazil's brightest football stars / are drawn away / by lucrative contracts / overseas.
결과적으로 / 브라질의 가장 뛰어난 축구 스타들은 / 이끌려 간다 / 유리한 계약에 의해 / 해외의

opt to: ~하는 것을 택하다
④ Rather than receive a more modest income / to remain in their home country, / these professional athletes / have opted / to offer their talents / to the highest bidder.
더 적당한 수입을 받는 것보다 / 그들의 고국에 남아서 / 이 프로 선수들은 / 택해 왔다 / 그들의 재능을 제공하는 것을 / 가장 높은 가격을 제시하는 사람들에게

Step 1
보기를 먼저 읽고 지문의 내용과 비교할 키워드를 파악
① 이제 막 국제 축구에서 유명해지기 시작함
② 브라질 축구에 대한 후원 기업들의 재정적 지원이 줄어듦
③ 브라질 구단, 어린 선수들을 영입하는 것에만 집중
④ 축구 선수들, 고국에서 경기하는 것 선호

Step 2
지문에서 보기의 키워드와 관련된 부분을 찾아 비교한 후, 알맞은 보기 선택
① X: 수십 년 동안 최강의 팀으로 유명함
② O: 후원 기업들의 재정적 지원이 약해짐
③ X: 어리거나 노장인 선수들을 유지하는 것에만 집중
④ X: 고국에 남는 것보다 가장 높은 가격을 제시하는 사람들에게 재능을 제공하는 것을 택함

해석

국제 최강의 축구팀
브라질은 국제 축구에서 수십 년 동안 최강의 팀으로 유명했다. 네이마르, 호나우지뉴, 그리고 펠레와 같은 유명한 선수들은 그들의 고국 브라질에서 첫걸음을 내디뎠는데, 그곳(브라질)은 세계의 축구 중심지로서 세계 최고 수준의 선수들을 배출하는 것에 두각을 드러냈다.

부패와 재정적 과제
그럼에도 불구하고, 만연한 부패는 그 나라의 유명 축구 리그가 최근 몇 년 동안 질적으로 쇠퇴하게 했으며, 후원 기업들의 재정적 지원은 약해졌다. 그 결과, 브라질의 구단들은 오직 어리고 성장 중인 선수들과 은퇴 직전의 노장의 축구 선수들을 보유하는 것에만 집중해 왔다.

결과적으로, 브라질의 가장 뛰어난 축구 스타들은 해외의 유리한 계약에 의해 이끌려 간다. 그들의 고국에 남아서 더 적당한 수입을 받는 것보다, 이 프로 선수들은 가장 높은 가격을 제시하는 사람들에게 그들의 재능을 제공하는 것을 택했다.

정답 ②

03 다음 글의 내용과 일치하지 않는 것은?

BAND AUDITIONS NOW OPEN

Open Auditions for Indie Rock Bands

We're launching our annual audition for emerging indie bands to join our summer concert series here at the legendary Blue Moon Club. We're looking for original acts with unique sound and stage presence.

Audition Requirements:
- Minimum 3 original songs
- Demo recording submission required
- Band must have performed live at least 5 times

Benefits for Selected Bands:
- Professional sound equipment rental discount
- Free rehearsal studio access for 12 months
- Featured artist upload on club's social media

Audition Schedule:
- March 15-17 (Friday-Sunday)
- 2 p.m. to 8 p.m. daily

Application Deadline: March 1
Audition Fee: $50 per band

① Blue Moon 클럽은 매년 오디션을 개최한다.
② 참여하는 밴드는 라이브 공연 경험이 있어야 한다.
③ 선발된 밴드는 음향 장비를 무료로 사용할 수 있다.
④ 오디션을 보기 위해서는 돈을 지불해야 한다.

전략 적용 & 지문 분석

BAND AUDITIONS NOW OPEN 밴드 오디션이 지금 열립니다

Open Auditions / for Indie Rock Bands 공개 오디션 / 인디 록 밴드를 위한

① We're launching our annual audition / for emerging indie bands / to join our summer concert series / here at the legendary Blue Moon Club.
저희는 연례 오디션을 개최합니다 / 신예 인디 밴드를 위한 / 저희의 여름 콘서트 시리즈와 함께할 / 여기 전설적인 Blue Moon 클럽에서

We're looking for / original acts / with unique sound and stage presence.
저희는 찾고 있습니다 / 독창적인 공연자들을 / 독특한 사운드와 무대 존재감을 갖춘

Audition Requirements: 오디션 요건:
- Minimum 3 original songs 최소 3곡의 원곡
- Demo recording submission required 데모 녹음 제출 필요
- ② Band must have performed live / at least 5 times 밴드는 라이브 공연을 했어야 함 / 최소 5번
  (at least: 최소)

Benefits for Selected Bands: 선발된 밴드의 혜택:
- ③ Professional sound equipment rental discount 전문 음향 장비 대여 할인
- Free rehearsal studio access / for 12 months 무료로 연습실 이용 가능 / 12개월 동안
- Featured artist upload / on club's social media 주요 예술가로 업로드 / 클럽의 소셜 미디어에

Audition Schedule: 오디션 일정:
- March 15-17 (Friday-Sunday) 3월 15일부터 17일까지 (금요일부터 일요일까지)
- 2 p.m. to 8 p.m. daily 매일 오후 2시부터 오후 8시까지

Application Deadline: March 1 신청 마감일: 3월 1일
④ Audition Fee: $50 per band 오디션 비용: 밴드당 50달러
(per: ~당)

Step 1
보기를 먼저 읽고 지문의 내용과 비교할 키워드를 파악

① 매년 오디션 개최
② 라이브 공연 경험 필요
③ 선발된 밴드, 음향 장비 무료 사용 가능
④ 오디션, 돈 지불 필요

Step 2
지문에서 보기의 키워드와 관련된 부분을 찾아 비교한 후, 알맞은 보기 선택

① O: 연례 오디션을 개최함
② O: 밴드는 라이브 공연을 했어야 함
③ X: 음향 장비 대여 할인을 해 줌
④ O: 오디션 비용은 밴드당 50달러임

해석 밴드 오디션이 지금 열립니다

인디 록 밴드를 위한 공개 오디션

여기 전설적인 Blue Moon 클럽에서 저희의 여름 콘서트 시리즈와 함께할 신예 인디 밴드를 위한 연례 오디션을 개최합니다. 저희는 독특한 사운드와 무대 존재감을 갖춘 독창적인 공연자들을 찾고 있습니다.

오디션 요건: · 최소 3곡의 원곡   · 데모 녹음 제출 필요   · 밴드는 라이브 공연을 최소 5회 했어야 함

선발된 밴드의 혜택: · 전문 음향 장비 대여 할인   · 12개월 동안 무료로 연습실 이용 가능   · 클럽의 소셜 미디어에 주요 예술가로 업로드

오디션 일정: · 3월 15일부터 17일까지 (금요일부터 일요일까지)   · 매일 오후 2시부터 오후 8시까지

신청 마감일: 3월 1일   오디션 비용: 밴드당 50달러

정답 ③

04 다음 글의 빈칸 (A), (B)에 들어갈 말로 가장 적절한 것은?

Rachel Carson's book *Silent Spring* is recognized for launching the environmental movement. In it, she revealed the damage being caused by the agricultural and chemical industries, which put financial gain before protecting the environment. Carson was already a respected writer for her books on ocean life, but *Silent Spring* brought her a new level of (A) _____, and rightly so. Carson's book was a big reason that the pesticide DDT was (B) _____ on US farms, as it described the ways in which the chemical was detrimental to natural ecosystems. Although it was written in the early 1960s, *Silent Spring* was a groundbreaking work that remains influential to this day.

	(A)	(B)
①	fame	banned
②	dread	delivered
③	knowledge	retreated
④	popularity	allocated

전략 적용 & 지문 분석

도입
Rachel Carson's book *Silent Spring* / is recognized / for launching the environmental movement.
레이첼 카슨의 저서 『침묵의 봄』은 / 알려져 있다 / 환경 운동을 일으킨 것으로

부연
In it, / she revealed the damage / [being caused by the agricultural and chemical industries], / which put ᴬ[financial gain] / before ᴮ[protecting the environment].
그것(그 책)에서 / 그녀는 피해를 폭로했다 / 농업 및 화학 산업에 의해 발생되고 있는 / 재정적인 이득을 우선시하는 / 환경을 보호하는 것보다

설명1
Carson was already a respected writer / for her books on ocean life, / but *Silent Spring* brought her / a new level of (A) fame, / and rightly so.
카슨은 이미 존경받던 작가였다 / 해양 생물에 관한 그녀의 저서들로 / 하지만 『침묵의 봄』은 그녀에게 가져다 주었다 / 새로운 차원의 (A) 명성을 / 그리고 마땅히 그럴 만했다

설명2
Carson's book was a big reason / that the pesticide DDT was (B) banned on US farms, / as it described the ways / in which the chemical was detrimental / to natural ecosystems.
카슨의 책은 큰 이유였다 / DDT 살충제가 미국 농장에서 (B) 금지된 / 그것이 방식을 설명했기 때문이었다 / 화학 물질이 해를 끼치는 / 자연 생태계에

결론
Although it was written / in the early 1960s, / *Silent Spring* was a groundbreaking work / that remains influential to this day.
그것이 쓰여졌음에도 불구하고 / 1960년대 초반에 / 『침묵의 봄』은 혁신적인 작품이었다 / 오늘날까지도 영향력 있는

	(A)	(B)
①	fame 명성	banned 금지된
②	dread 두려움	delivered 운반된
③	knowledge 지식	retreated 물러난
④	popularity 인기	allocated 할당된

Step 1 빈칸이 있는 문장과 그 주변을 통해 빈칸에 들어갈 내용 파악
- (A) 『침묵의 봄』이 카슨에게 새로운 차원의 무엇을 가져다 주었는지
- (B) 카슨의 책(『침묵의 봄』)으로 미국 농장에서 DDT 살충제가 어떻게 되었는지

Step 2 지문을 읽고 빈칸에 들어가기에 가장 적절한 보기 선택
(A) 앞에 카슨은 이미 그녀의 다른 저서들로 존경받는 작가였다는 내용이 있으므로 (A)에 들어갈 내용을 '명성', (B) 뒤에 그 책은 화학 물질이 자연 생태계에 해를 끼치는 방식을 설명했다는 내용이 있으므로 (B)에 들어갈 내용을 '금지된'이라고 한 ①번이 정답이다.

해석 레이첼 카슨의 저서 『침묵의 봄』은 환경 운동을 일으킨 것으로 알려져 있다. 그 책에서, 그녀는 환경을 보호하는 것보다 재정적인 이득을 우선시하는 농업 및 화학 산업에 의해 발생되고 있는 피해를 폭로했다. 카슨은 이미 해양 생물에 관한 그녀의 저서들로 존경받던 작가였지만, 『침묵의 봄』은 그녀에게 새로운 차원의 (A) 명성을 가져다 주었고, 마땅히 그럴 만했다. 카슨의 책은 DDT 살충제가 미국 농장에서 (B) 금지된 큰 이유였는데, 그것이 화학 물질이 자연 생태계에 해를 끼치는 방식을 설명했기 때문이었다. 그것이 1960년대 초반에 쓰여졌음에도 불구하고, 『침묵의 봄』은 오늘날까지도 영향력 있는 혁신적인 작품이었다.

해설 (A)가 포함된 문장에 레이첼 카슨은 이미 해양 생물에 관한 저서들로 존경받던 작가였다는 내용이 있으므로, 빈칸에는 '명성'이 나와야 적절하다. (B) 뒤 문장에 카슨의 책이 화학 물질이 자연 생태계에 해를 끼치는 방식을 설명했기 때문이었다는 내용이 있으므로, 빈칸에는 '금지된'이 나와야 적절하다. 따라서 ①번이 정답이다.

정답 ①

05 밑줄 친 (A), (B)에 들어갈 말로 가장 적절한 것은?

> Technological devices, such as computers, phones, and game consoles, regularly receive online updates. These allow manufacturers to repair software problems or add features to their devices even after they have been delivered to consumers. ___(A)___, products should be of adequate quality when they first appear on the market, but this is not always the case. Because companies can get away with fixing problems after the fact, some are finding it acceptable to put out products that are not up to scratch upon release. ___(B)___, some devices are released with certain features—sometimes prominent ones—that are inaccessible until they are patched in at a later date. This tends to offend early adopters, who expect a working product right out of the box on release day, and encourages others to hold off on purchasing the products.

      (A)   (B)

① Therefore   –   On the other hand

② Of course   –   For instance

③ Therefore   –   Despite this

④ Of course   –   Ultimately

해설 (A) 빈칸 앞 문장은 소비자가 장치를 받은 후에도 제조업체들이 그 장치에 대한 소프트웨어 문제를 고치거나 기능을 추가할 수 있다는 내용이고, (A) 빈칸 뒤 문장은 제품들은 시장에 처음 등장할 때부터 적합한 품질을 지녀야 한다는 양보적인 내용이다. 따라서, 빈칸에는 양보를 나타내는 연결어인 Of course(물론)를 넣어야 한다. (B) 빈칸 앞 문장은 출시 시점에 기준 미달인 제품을 내놓는 것이 용인된다는 의견에 대한 내용이고, (B) 빈칸 뒤 문장은 일부 장치들은 나중에 패치될 때까지 접근할 수 없는 특정 기능을 포함한 채 출시된다는 예시를 들고 있다. 따라서, 빈칸에는 예시를 나타내는 연결어인 For instance(예를 들어)를 넣어야 한다. 따라서 ②번이 정답이다.

어휘 device 장치, 기기 manufacturer 제조업체 feature 기능 adequate 적합한 get away with (처벌을) 모면하다, ~을 해내다 acceptable 용인되는 put out 내놓다 not up to scratch 기준 미달인, 만족할 만한 것이 못 되는 release 출시; 출시하다 prominent 중요한 inaccessible 접근할 수 없는 offend 불쾌하게 만들다 encourage 부추기다, 장려하다 hold off 미루다

전략 적용 & 지문 분석

도입
Technological devices, / such as computers, phones, and game consoles, / regularly receive online updates.
기술 장치들은 / 컴퓨터, 전화, 그리고 게임기와 같은 / 정기적으로 온라인 업데이트를 받는다

설명1
These allow manufacturers / to repair software problems / or add features / to their devices / even after they have been delivered / to consumers.
→ allow + 목적어 + to 부정사: '목적어'가 'to 부정사'할 수 있게 하다
이것들은 제조업체들이 ~할 수 있게 한다 / 소프트웨어 문제를 고칠 / 또는 기능들을 추가할 / 그들의 장치에 / 그것들이 전달된 이후에도 / 소비자에게

설명2
(A) Of course, / products should be of adequate quality / when they first appear / on the market, / but this is not always the case.
(A) 물론 / 제품들은 적합한 품질을 지니고 있어야 한다 / 그것들이 처음 등장할 때 / 시장에 / 하지만 사실 항상 그렇지는 않다

설명3
Because companies can get away / with fixing problems / after the fact, / some are finding it acceptable / to put out products / that are not up to scratch / upon release.
→ 진짜 목적어(to 부정사구)   가짜 목적어
기업들이 처벌을 모면할 수 있기 때문에 / 문제를 해결함으로써 / 사후에 / 일부 사람들은 용인된다고 생각하고 있다 / 제품들을 내놓는 것이 / 기준 미달인 / 출시 시점에

예시
(B) For instance, / some devices are released / with certain features / —sometimes prominent ones— / that are inaccessible / until they are patched in / at a later date.
(B) 예를 들어 / 일부 장치들은 출시된다 / 특정 기능들을 포함한 채 / 이는 때때로 중요한 것들(기능들)이다 / 접근할 수 없는 / (장치) 안에 패치될 때까지는 / 나중에

This tends to offend early adopters, / who expect a working product / right out of the box / on release day, / and encourages others to hold off / on purchasing the products.
이것은 얼리 어답터들을 불쾌하게 만들기 쉽다 / 작동하는 제품을 기대하는 / 상자에서 꺼내자마자 / 출시일에 / 그리고 다른 사람들이 미루도록 부추긴다 / 그 제품을 구매하는 것을

	(A)	(B)
①	Therefore 따라서	On the other hand 반면에
③	Therefore 따라서	Despite this 이것에도 불구하고
②	Of course 물론	For instance 예를 들어
④	Of course 물론	Ultimately 궁극적으로

Step 1
빈칸 앞뒤 문장을 읽고 두 문장 사이의 논리적 관계 파악
(A) 양보
(B) 예시

Step 2
빈칸 앞뒤의 논리적 관계를 가장 잘 표현한 보기 선택
빈칸 (A) 앞뒤의 양보 관계를 가장 잘 표현한 물론(Of course), 빈칸 (B) 앞뒤의 예시 관계를 가장 잘 표현한 연결어 예를 들어(For instance)가 있는 ②번이 정답이다.

해석 컴퓨터, 전화, 그리고 게임기와 같은 기술 장치들은 정기적으로 온라인 업데이트를 받는다. 이것들은 소비자들에게 그들의 장치가 전달된 이후에도 제조업체들이 소프트웨어 문제들을 고칠 수 있게 하고, 또는 그것들(그들의 장치)에 기능들을 추가할 수 있게 한다. (A) 물론, 제품들은 시장에 처음 등장할 때 적합한 품질을 지니고 있어야 하지만, 사실 항상 그렇지는 않다. 기업들이 사후에 문제를 해결함으로써 처벌을 모면할 수 있기 때문에, 일부 사람들은 출시 시점에 기준 미달인 제품들을 내놓는 것이 용인된다고 생각하고 있다. (B) 예를 들어, 일부 장치들은 나중에 (장치) 안에 패치될 때까지는 접근할 수 없는 특정 기능들을 포함한 채 출시되는데, 때때로 이 기능들은 매우 중요한 것들이다. 이것은 출시일에 상자에서 꺼내자마자 작동하는 제품을 기대하는 얼리 어답터들을 불쾌하게 만들기 쉬우며, 다른 사람들이 그 제품을 구매하는 것을 미루도록 부추긴다.

정답 ②

06 Green Boiler 프로그램에 관한 다음 글의 내용과 일치하는 것은?

https://doe.gov.org/greenboiler

Department of Energy

INTRODUCTION　　POLICIES　　GREEN BOILER PROGRAM　　ABOUT

HOME > GREEN BOILER PROGRAM

Department of Energy Green Boiler Program

The Department of Energy's Green Boiler Program offers subsidies to low-income households for replacing traditional boilers with more energy-efficient models. Part of the national Go Green Initiative, the Green Boiler Program offers up to 600,000 KRW for installing a new energy-efficient boiler. The payments are available to people with disabilities, single-parent households, and the elderly. To qualify, applicants must be currently receiving other government benefits and purchase a boiler from an approved list of options. The certified green boilers offered typically reduce energy consumption by at least 75 percent over traditional boilers, lightening the burden of high electric bills for participants. The Green Boiler Program also offers assistance to social welfare facilities like nursing homes and orphanages that service these communities.

① It offers free energy-efficient boilers to low-income families.
② It doesn't support people who already receive other government subsidies.
③ It permits applicants to buy any type of boiler on the market.
④ It covers social welfare facilities that serve orphans and the elderly.

어휘　subsidy 보조금, 지원금　low-income 저소득의　household 가구, 가정　initiative (특정한 문제 해결·목적 달성을 위한 새로운) 계획　social welfare 사회 복지
nursing home 양로원, 요양원　orphanage 보육원

전략 적용 & 지문 분석

제목
Department of Energy Green Boiler Program
에너지부 친환경 보일러 프로그램

주제문
①The Department of Energy's Green Boiler Program / offers subsidies / to low-income households / for replacing ^[traditional boilers] / with ^B[more energy-efficient models].
에너지부의 친환경 보일러 프로그램은 / 보조금을 제공합니다 / 저소득층 가구에 / 기존 보일러를 교체하는 것에 대한 / 보다 에너지 효율적인 모델로
replace A with B: A를 B로 대체하다

설명 1 (비용)
Part of the national Go Green Initiative, / the Green Boiler Program offers / up to 600,000 KRW / for installing a new energy-efficient boiler. 국가 친환경 계획의 일환으로 / 친환경 보일러 프로그램은 제공합니다 / 최대 60만 원을 / 에너지 효율이 높은 새로운 보일러를 설치하는 데

The payments are available / to people with disabilities, / single-parent households, / and / the elderly. 비용이 유효합니다 / 장애인 / 한부모 가정 / 그리고 / 노인에게
the + 형용사: ~한 사람들

설명 2 (자격)
To qualify, / ②applicants must be currently receiving / other government benefits / and / ③purchase a boiler / from an approved list of options.
자격을 갖추려면 / 신청자는 현재 받고 있어야 합니다 / 다른 정부 혜택을 / 그리고 / 보일러를 구입해야 합니다 / 승인된 선택 목록에서

부연
The certified green boilers offered / typically reduce energy consumption / by at least 75 percent / over traditional boilers, / lightening the burden of high electric bills / for participants.
제공되는 인증된 친환경 보일러는 / 일반적으로 에너지 소비를 줄입니다 / 최소 75퍼센트까지 / 기존 보일러보다 / 높은 전기 요금 부담을 경감합니다 / 참가자의

설명 3 (지원)
④The Green Boiler Program also offers assistance / to social welfare facilities / like nursing homes and orphanages / that service these communities.
친환경 보일러 프로그램은 지원도 제공합니다 / 사회 복지 시설에 대한 / 양로원 및 보육원과 같은 / 이러한 지역사회에 서비스를 제공하는

① It offers free energy-efficient boilers to low-income families.
저소득층 가정에 에너지 효율이 높은 보일러를 무료로 제공한다.
② It doesn't support people who already receive other government subsidies.
이미 다른 정부 보조금을 받는 사람들은 지원하지 않는다.
③ It permits applicants to buy any type of boiler on the market.
신청자가 시중에 있는 어떤 유형의 보일러도 구매할 수 있도록 한다.
④ It covers social welfare facilities that serve orphans and the elderly.
고아와 노인을 위한 사회 복지 시설을 포함한다.

Step 1
보기를 먼저 읽고 지문의 내용과 비교할 키워드를 파악
① 에너지 효율이 높은 보일러, 무료 제공
② 다른 정부 보조금, 지원하지 않음
③ 시중에 있는 어떤 유형의 보일러 구매 가능
④ 사회 복지 시설 포함

Step 2
지문에서 보기의 키워드와 관련된 부분을 찾아 비교한 후, 알맞은 보기 선택
① X: 저소득층 가구에 기존 보일러를 보다 에너지 효율적인 모델로 교체하는 것에 보조금을 제공함
② X: 현재 다른 정부 혜택을 받고 있어야 자격을 갖출 수 있음
③ X: 승인된 선택 목록에서 보일러를 구입해야 함
④ O: 양로원 및 보육원과 같은 사회 복지 시설에 대한 지원을 제공함

해석 에너지부 친환경 보일러 프로그램
에너지부의 친환경 보일러 프로그램은 저소득층 가구에 기존 보일러를 보다 에너지 효율적인 모델로 교체하는 것에 대한 보조금을 제공합니다. 국가 친환경 계획의 일환으로, 친환경 보일러 프로그램은 에너지 효율이 높은 새로운 보일러를 설치하는 데 최대 60만 원을 지원합니다. 장애인, 한부모 가정, 그리고 노인에게 이 비용이 유효합니다. 자격을 갖추려면, 신청자는 현재 다른 정부 혜택을 받고 있으며 승인된 선택 목록에서 보일러를 구입해야 합니다. 제공되는 인증된 친환경 보일러는 일반적으로 기존 보일러보다 에너지 소비를 최소 75퍼센트까지 줄여 참가자의 높은 전기 요금 부담을 경감합니다. 친환경 보일러 프로그램은 이러한 지역사회에 서비스를 제공하는 양로원 및 보육원과 같은 사회 복지 시설에 대한 지원도 제공합니다.

해설 ④번의 키워드인 social welfare facilities(사회 복지 시설)가 그대로 등장한 지문 주변의 내용에서 양로원 및 보육원과 같은 사회 복지 시설에 대한 지원도 제공한다는 것을 알 수 있다. 따라서 ④번이 지문의 내용과 일치한다.

정답 ④

07 밑줄 친 부분에 들어갈 표현으로 가장 적절한 것은?

A recent discovery by NASA's Kepler spacecraft has generated a great deal of interest in the prospect of life on other planets. Launched into a heliocentric orbit in 2009, Kepler has proven to be a stable platform for a powerful telescope and camera designed to detect planets similar to Earth that orbit distant stars. Although it has located hundreds of new planets since 2009, it wasn't until 2011 that a planet was found in what scientists call the "habitable zone" of a star similar to our sun. _____, the planet, named Kepler-22b, orbits its star at a distance that would allow living organisms to survive. While there is no guarantee that life exists on Kepler-22b, its location relative to its star means that there is the possibility of Earth-like conditions.

① In either case
② In the meantime
③ In other words
④ In contrast

전략 적용 & 지문 분석

도입

A recent discovery / by NASA's Kepler spacecraft / has generated a great deal of interest / in the prospect of life / on other planets.
최근의 한 발견은 / NASA의 케플러 우주선에 의한 / 많은 관심을 불러일으켰다 / 생명체의 가능성에 관한 / 다른 행성에 있는

> 분사구문: 과거분사(Launched) 앞 Being 생략

설명

[Launched into a heliocentric orbit / in 2009], / Kepler has proven / to be a stable platform / for a powerful telescope and camera / designed to detect planets / similar to Earth / that orbit distant stars.
태양 중심 궤도로 발사된 / 2009년에 / 케플러는 판명되었다 / 안정적인 시스템으로 / 고배율 망원경과 카메라를 위한 / 행성들을 탐지하기 위해 고안된 / 지구와 비슷한 / 멀리 있는 별 주변을 공전하는

> it was not until B that A: B하고 나서야 (비로소) A하다

Although it has located hundreds of new planets / since 2009, / it wasn't until 2011 / that a planet was found / in what scientists call the "habitable zone" of a star / similar to our sun.
그것은 수백 개의 새로운 행성들을 찾아냈지만 / 2009년부터 / 2011년이 되어서야 / 하나의 행성이 발견되었다 / 과학자들이 별의 '거주 가능 구역'이라고 부르는 곳에서 / 우리의 태양과 비슷한

요약

In other words, / the planet, / named Kepler-22b, / orbits its star / at a distance / that would allow living organisms / to survive.
다시 말해 / 그 행성은 / 케플러-22b라고 이름 지어진 / 그것의 별 주변을 돈다 / 거리를 두고 / 생명체가 ~할 수 있게 할 / 생존할

주제문

While there is no guarantee / that life exists on Kepler-22b, / its location / relative to its star / means / that there is the possibility / of Earth-like conditions.
보장은 없지만 / 케플러-22b에 생명체가 존재한다는 / 그것의 위치는 / 별에 대한 / 의미한다 / 가능성이 있다는 것을 / 지구와 비슷한 환경의

① In either case
어떤 경우든
② In the meantime
한편으로는
③ In other words
다시 말해
④ In contrast
반대로

Step 1
빈칸 앞뒤 문장을 읽고 두 문장 사이의 논리적 관계 파악
요약

Step 2
빈칸 앞뒤의 논리적 관계를 가장 잘 표현한 보기 선택
빈칸 앞뒤의 요약 관계를 가장 잘 표현한 보기인 ③ 다시 말해(In other words)가 정답이다.

해석 NASA의 케플러 우주선에 의한 최근의 한 발견은 다른 행성에 있는 생명체의 가능성에 관한 많은 관심을 불러일으켰다. 2009년에 태양 중심 궤도에 발사된 케플러는 멀리 있는 별 주변을 공전하는 지구와 비슷한 행성들을 탐지하기 위해 고안된 고배율 망원경과 카메라를 위한 안정적인 시스템으로 판명되었다. 그것은 2009년부터 수백 개의 새로운 행성들을 찾아냈지만, 2011년이 되어서야 과학자들이 별의 '거주 가능 구역'이라고 부르는 곳에서 우리의 태양과 비슷한 하나의 행성이 발견되었다. 다시 말해, 케플러-22b라고 이름 지어진 그 행성은 생명이 생존할 수 있게 할 만큼의 거리를 두고 그것의 별 주변을 돈다. 케플러-22b에 생명체가 존재한다는 보장은 없지만, 별에 대한 그것의 위치는 지구와 비슷한 환경일 가능성이 있다는 것을 의미한다.

해설 빈칸 앞 문장은 우리의 태양과 비슷한 별의 '거주 가능 지역'이라고 부르는 곳에서 행성이 발견되었다는 내용이고, 빈칸 뒤 문장은 그 행성은 생명체가 생존할 수 있을 만한 거리에서 별 주변을 돌고 있다는 앞 문장을 요약하는 내용이다. 따라서 요약을 나타내는 연결어인 ③ In other words(다시 말해)가 정답이다.

정답 ③

08 밑줄 친 부분에 들어갈 말로 가장 적절한 것은?

Many of today's working actors believe that their job begins and ends at the script they're given. That is, as long as they memorize their lines and deliver them with emotion and conviction, that's a job well done and a paycheck earned. This is true for many good actors, but it's also what separates them from the truly great ones. A great actor is determined to _____. They do this by abandoning their own personalities and try to fully embody their role. They analyze the dialogue and contemplate what kinds of decisions the person they are portraying might have made in the past. They also consider other details not mentioned in the script, such as what hobbies the person might engage in, what kinds of friends and relations he or she has had and no longer keeps in touch with, how the person would behave under pressure, and so on. All this planning and pondering helps the actor deliver a compelling performance that exceeds the requirements of the job.

① blend into his or her surroundings
② discover similarities with other performers
③ focus on details in the script
④ explore psyche of the character

해설 빈칸 뒤 문장에 훌륭한 배우들은 자신이 역할을 맡은 인물의 대화를 분석하고, 그 인물이 과거에 어떤 결정을 내릴 수 있었을지를 생각하며, 자신이 역할을 맡은 인물의 취미, 친구 관계, 압박감을 느낄 때의 행동 등 대본에 언급되지 않은 세부사항들도 고려한다는 내용이 있으므로, 훌륭한 배우는 '인물의 마음을 탐구하'기로 결심한다고 한 ④번이 정답이다.

어휘 script 대본 memorize 암기하다 deliver 전달하다 conviction 설득력 paycheck 봉급 earn 얻다, 벌다 separate 구별시키다 determine 결심시키다 abandon 버리다 embody 구현하다 analyze 분석하다 dialogue 대화 contemplate 심사숙고하다 portray 연기하다, 묘사하다 under pressure 압박감을 느끼는 ponder 숙고하다 compelling 강렬한, 흥미진진한 exceed 뛰어넘다 blend into ~에 섞여들다 similarity 유사점 explore 탐구하다 psyche 마음, 정신

전략 적용 & 지문 분석

Step 1
빈칸이 있는 문장과 그 주변을 통해 빈칸에 들어갈 내용 파악
훌륭한 배우는 무엇을 하기로 결심하는지

Many of today's working actors / believe that their job begins and ends / at the script / [they're given].
오늘날 일하는 많은 배우들은 / 그들의 직무가 시작되고 끝난다고 생각한다 / 대본에서 / 그들이 받는
→ 명사(the script)를 수식하는 관계절 (목적격 관계대명사 생략)

That is, / as long as / they memorize their lines / and deliver them / with emotion and conviction, / that's a job well done / and a paycheck earned.
(as long as: ~하는 한)
즉, / ~하기만 하면 / 그들이 자신의 대사를 암기한다 / 그리고 그것을 전달한다 / 감정과 설득력을 가지고 / 그것은 직무가 훌륭히 수행된 것이다 / 그리고 봉급이 얻어지는 것이다

This is true / for many good actors, / but it's also what separates^A [them] / from^B [the truly great ones].
(separate A from B: A를 B로부터 구별시키다)
이것은 해당된다 / 다수의 꽤 괜찮은 배우들에게 / 하지만 이것은 또한 그들을 구별시키는 것이다 / 진정으로 뛰어난 배우들로부터

A great actor is determined / to explore psyche of the character. // They do this / by abandoning their own personalities / and try to fully embody their role.
훌륭한 배우는 결심한다 / 인물의 마음을 탐구하기로 // 그들은 이것을 한다 / 자신의 성격을 버림으로써 / 그리고 그들의 역할을 완전히 구현해내려고 함으로써

They analyze the dialogue / and contemplate / what kinds of decisions / the person / they are portraying / might have made / in the past.
그들은 대화를 분석한다 / 그리고 생각한다 / 어떤 종류의 결정을 / 인물이 / 그들이 연기하고 있는 / 내릴 수 있었을지를 / 과거에

They also consider other details / not mentioned in the script, / such as / what hobbies the person might engage in, / what kinds of friends and relations he or she has had / and no longer keeps in touch with, / how the person would behave under pressure, / and so on.
그들은 다른 세부사항들도 고려한다 / 대본에 언급되지 않은 / ~과 같은 / 그 인물이 어떤 취미에 몰두할지 / 어떤 종류의 친구들이나 관계를 그 또는 그녀가 가져왔는지 / 그리고 (어떤 종류의 친구들이나 관계와) 더 이상 연락하지 않는지 / 그 인물이 압박감을 느낄 때 어떻게 행동할지 / 등

All this planning and pondering / helps / the actor / deliver a compelling performance / that exceeds the requirements of the job.
이 모든 계획과 숙고는 / 도와준다 / 배우가 / 강렬한 연기를 할 수 있도록 / 직무에 요구된 사항을 뛰어넘는

Step 2
지문을 읽고 빈칸에 들어가기에 가장 적절한 보기 선택
빈칸 뒤에 훌륭한 배우들은 자신이 역할을 맡은 인물의 대화를 분석하고, 과거에 어떤 결정을 내릴 수 있었을지를 생각하며 대본에 언급되지 않은 다른 세부사항들도 고려한다는 내용이 있으므로, '인물의 마음을 탐구한다'라고 한 ④번이 정답이다.

① blend into his or her surroundings 자신의 주변 환경에 섞여든다
② discover similarities with other performers 다른 연기자들과 유사점들을 찾는다
③ focus on details in the script 대본에 있는 세부사항들에 집중한다
④ explore psyche of the character 인물의 마음을 탐구한다

해석 오늘날 일하는 많은 배우들은 그들이 받는 대본에서 그들의 직무가 시작되고 끝난다고 생각한다. 즉, 그들이 자신의 대사를 암기하고 감정과 설득력을 가지고 그것(대사)을 전달하기만 하면, 그것은 직무가 훌륭히 수행된 것이며 봉급이 얻어지는 것이다. 이것은 다수의 꽤 괜찮은 배우들에게 해당되지만, 이것은 또한 그들을 진정으로 뛰어난 배우들로부터 구별시키는 것이다. 훌륭한 배우는 인물의 마음을 탐구하기로 결심한다. 그들은 자신의 성격을 버리고 그들이 맡은 역할을 완전히 구현해내려고 함으로써 이것(인물의 마음 탐구)을 한다. 그들은 대화를 분석하며 그들이 연기하고 있는 인물이 과거에 어떤 종류의 결정을 내릴 수 있었을지를 생각한다. 그들은 그 인물이 어떤 취미에 몰두할지, 어떤 종류의 친구들이나 관계를 그 또는 그녀가 가져왔는지, 그리고 어떤 종류의 친구들이나 관계와 더 이상 연락하지 않는지, 그 인물이 압박감을 느낄 때 어떻게 행동할지 등과 같은 대본에 언급되지 않은 다른 세부사항들도 고려한다. 이 모든 계획과 숙고는 배우가 직무에 요구된 사항을 뛰어넘는 강렬한 연기를 할 수 있도록 도와준다.

정답 ④

09 다음 글의 주제로 가장 적절한 것은?

Some people are better at going with the flow than others. When a circumstance deviates from what was planned or expected, some people can adapt quickly and get by, while others may flounder. In both cases, there is a certain amount of stress involved in losing control of a situation, but that doesn't mean we should let it get the best of us. One approach to take is to consider the worst that may result from the change. Try putting the setbacks into perspective so that you feel less worried about them. If a schedule is delayed by 10 to 15 minutes, for example, you need to consider whether you have lost an opportunity or are just inconvenienced. Moreover, look at accommodating change as a welcome challenge. Unpredictability can inspire us to engage our problem-solving skills and improvise solutions on the spot.

① How does stress end up affecting us?
② Why do situations change unpredictably?
③ When should we carry on or give up?
④ What should we do when we lose control?

전략 적용 & 지문 분석

Step 1 주제문 찾기
'상황에 대한 통제력을 잃는 것과 연관된 스트레스가 우리를 이기게(지배하게) 하지 않도록 하기 위해 취할 수 있는 방법들'이 지문의 주제문이다.

도입
Some people are better / at going with the flow / than others.
→ be good at(~을 잘하다)의 비교급
몇몇 사람들은 더 잘한다 / 흐름을 따라 가는 것을 / 다른 사람들보다

When a circumstance deviates / from what was planned or expected, / some people can adapt quickly and get by, / while others may flounder.
상황이 벗어날 때 / 계획되었던 것이나 예상되었던 것에서 / 일부 사람들은 재빨리 적응하여 용케 해낼 수 있다 / 다른 사람들은 허둥댈 수 있는 반면

주제문
In both cases, / there is a certain amount of stress / involved in losing control of a situation, / but that doesn't mean / we should let it get the best of us.
→ let + 목적어 + 동사원형: '목적어'가 '동사원형'하게/하도록 하다
두 경우 모두 / 어느 정도의 스트레스가 있다 / 상황에 대한 통제력을 잃는 것과 연관된 / 하지만 그것은 의미하지는 않는다 / 이것(스트레스)이 우리를 이기게(지배하게) 해야 한다는 것을

해결책1
One approach / to take / is to consider the worst / that may result from the change.
→ to 부정사의 명사적 용법(~하는 것)
한 가지 방법은 / 취해볼 / 최악을 생각하는 것이다 / 그 변화로 인해 일어날 수 있는

해결책2
Try putting the setbacks into perspective / so that you feel less worried / about them.
실패를 거리를 두고 바라보려고 시도해보아라 / 당신이 덜 걱정할 수 있도록 / 그것에 대해

If a schedule is delayed / by 10 to 15 minutes, / for example, / you need to consider / whether you have lost an opportunity / or are just inconvenienced. 만약 일정이 늦춰지면 / 10분에서 15분 정도 / 예를 들어 / 당신은 생각해야 한다 / 당신이 어떠한 기회를 놓친 것인지 / 아니면 단지 (마음이) 불편한 것인지

해결책3
Moreover, / look at / accommodating change / as a welcome challenge.
더불어 / ~을 바라보아라 / 변화를 수용하는 것을 / 하나의 반가운 도전으로

부연
Unpredictability can inspire us / to engage our problem-solving skills / and improvise solutions on the spot. → on the spot: 즉각
예측 불가능성은 우리에게 영감을 줄 수 있다 / 문제 해결 능력을 끌어들이도록 / 그리고 즉석에서 해결책을 마련하도록

Step 2 주제문을 가장 잘 바꾸어 표현한 보기 선택
주제문의 내용을 '우리는 통제력을 잃을 때 무엇을 해야 하는가?'라고 바꾸어 표현한 ④번이 정답이다.

① How does stress end up affecting us? 스트레스가 결국 우리에게 어떻게 영향을 미치는가?
② Why do situations change unpredictably? 왜 상황은 예측할 수 없게 바뀌는가?
③ When should we carry on or give up? 언제 우리는 계속 해야 하거나 포기해야 하는가?
④ What should we do when we lose control? 우리는 통제력을 잃을 때 무엇을 해야 하는가?

해석 몇몇 사람들은 흐름을 따라 가는 것을 다른 사람들보다 더 잘한다. 계획되었던 것이나 예상되었던 것에서 상황이 벗어날 때, 일부 사람들은 재빨리 적응하여 용케 해낼 수 있는 반면, 다른 사람들은 허둥댈 수 있다. 두 경우 모두, 상황에 대한 통제력을 잃는 것과 연관된 어느 정도의 스트레스가 있지만, 그것은 이것(스트레스)이 우리를 이기게(지배하게) 해야 한다는 것을 의미하지는 않는다. 한 가지 취해볼 방법은 그 변화로 인해 일어날 수 있는 최악을 생각하는 것이다. 당신이 실패에 대해 덜 걱정할 수 있도록 그것을 거리를 두고 바라보려고 시도해보아라. 예를 들어, 만약 일정이 10분에서 15분 정도 늦춰지면, 당신은 당신이 어떠한 기회를 놓친 것인지, 아니면 단지 (마음이) 불편한 것인지 생각해야 한다. 더불어, 변화를 수용하는 것을 하나의 반가운 도전으로 바라보아라. 예측 불가능성은 우리에게 문제 해결 능력을 끌어들여 즉석에서 해결책을 마련하도록 영감을 줄 수 있다.

해설 지문 앞부분에서 상황에 대한 통제력을 잃는 것과 연관된 스트레스가 우리를 이기게(지배하게) 해서는 안 된다고 한 후, 뒤이어 이것에 대처하기 위한 방법들(변화로 인해 일어날 수 있는 최악의 상황 생각하기, 거리를 두고 실패 바라보기, 변화를 수용하는 것을 반가운 도전으로 바라보기)을 제시하고 있다. 따라서 지문의 주제를 '우리는 통제력을 잃을 때 무엇을 해야 하는가?'라고 한 ④번이 정답이다.

정답 ④

10 글의 제목으로 가장 적절한 것은?

> Financial pyramid schemes are incredibly risky ideas, relying on the faith of participants to support companies that are fraudulent; they generate profits by continually adding new participants rather than by offering actual goods or services. They lure people in and get them to hand over their money by promising them that they will earn huge amounts of income with minimal effort. They are promised money for items they buy and for items sold. But realistically, since the products are worthless, and signing up means buying items in order to sell them, getting others to join is the only way to make money. Basically, the people who initiate the pyramid scheme make a lot of money, but those who join later lose their investments when the scheme inevitably collapses. In fact, this is why they are called "pyramid schemes." Many people at the base of the organization contribute funds, but only a few at the top get to enjoy the profits.

① Ways to Avoid a Pyramid Scheme
② How Pyramid Schemes Work
③ How to Collect Large Fees in Pyramid Schemes
④ Types of People Who Fall for Pyramid Schemes

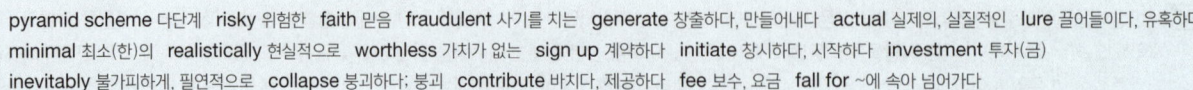

전략 적용 & 지문 분석

정의
Financial pyramid schemes are incredibly risky ideas, / relying on the faith of participants / to support companies / that are fraudulent; / they generate profits / by continually adding new participants / rather than by offering actual goods or services.
금융 다단계는 정말로 위험한 개념이다 / 그리고 이것은 참여자들의 믿음에 의존한다 / 회사를 유지하기 위해서 / 사기를 치는 / 그들은 이익을 창출한다 / 지속적으로 새로운 참여자들을 추가함으로써 / 실제 상품이나 서비스를 제공하는 것보다는

과정1
They lure people in / and get them to hand over their money / by promising them / that they will earn huge amounts of income / with minimal effort.
(get + 목적어 + to 부정사: '목적어'가 'to 부정사'하게 만들다)
그들은 사람들을 끌어들인다 / 그리고 그들이 돈을 내게 만든다 / 그들에게 약속함으로써 / 그들이 (큰) 수익을 얻게 될 것이라고 / 최소의 노력으로

과정2
They are promised money / for items [they buy] / and for items sold. // But realistically, / since the products are worthless, / and signing up means buying items / in order to sell them, / getting others to join / is the only way / to make money.
(명사(items)를 수식하는 관계절 / 명사(items)를 수식하는 분사 / in order to ~: ~하기 위해(= to ~))
그들은 돈을 약속받는다 / 그들이 구입하는 상품에 대해 / 그리고 판매된 상품에 대한 // 하지만 현실적으로 / 그 물건들은 가치가 없기 때문에 / 그리고 계약을 하는 것은 물건들을 구입해야 하는 것을 의미하기 때문에 / 그것들을 팔기 위해 / 다른 사람들이 가입하도록 만드는 것이 / 유일한 방법이다 / 돈을 벌

과정3
Basically, / the people / who initiate the pyramid scheme / make a lot of money, / but those who join later / lose their investments / when the scheme inevitably collapses.
기본적으로 / 사람들은 / 다단계를 창시하는 / 돈을 많이 번다 / 하지만 나중에 가입하는 사람들은 / 그들의 투자 금액을 잃게 된다 / 그 (단계) 조직이 불가피하게 붕괴될 때

결론
In fact, / this is why they are called "pyramid schemes." // Many people / at the base of the organization / contribute funds, / but only a few at the top / get to enjoy the profits.
실로 / 이것이 그들이 '다단계'라고 불리는 이유이다 // 많은 사람이 / 조직의 맨 아래에 있는 / 자금을 바친다 / 하지만 가장 위에 있는 몇몇 사람들만이 / 그 이득을 누리게 된다

Step 1 중심 내용 찾기
'금융 단계가 이루어지는 과정'이 지문의 중심 내용이다.

Step 2 중심 내용을 가장 잘 바꾸어 표현한 보기 선택
중심 내용을 '단계가 운영되는 방법'이라고 바꾸어 표현한 ②번이 정답이다.

① Ways to Avoid a Pyramid Scheme
   다단계를 피하는 방법들
② How Pyramid Schemes Work
   다단계가 운영되는 방법
③ How to Collect Large Fees in Pyramid Schemes
   다단계에서 높은 보수를 거두어들이는 방법
④ Types of People Who Fall for Pyramid Schemes
   다단계에 속아 넘어가는 사람들의 유형

해석 금융 다단계는 정말로 위험한 개념으로, 이것은 사기를 치는 회사를 유지하기 위해서 참여자들의 믿음에 의존한다. 그들은 실제 상품이나 서비스를 제공하는 것보다는 지속적으로 새로운 참여자들을 추가함으로써 이익을 창출한다. 그들은 사람들을 끌어들이고 그들에게 최소의 노력으로 큰 수익을 얻게 될 것이라고 약속함으로써 그들이 돈을 내게 만든다. 그들은 그들이 구입하는 상품 및 판매된 상품에 대한 돈을 약속받는다. 하지만 현실적으로, 그 물건들은 가치가 없으며, 계약을 하는 것은 물건들을 팔기 위해 그것들을 구입해야 하는 것을 의미하기 때문에, 다른 사람들이 가입하도록 만드는 것이 돈을 벌 유일한 방법이다. 기본적으로, 다단계를 창시하는 사람들은 돈을 많이 벌지만, 나중에 가입하는 사람들은 그 (단계) 조직이 불가피하게 붕괴될 때 그들의 투자 금액을 잃게 된다. 실제로, 이것이 그들이 '다단계'라고 불리는 이유이다. 조직의 맨 아래에 있는 많은 사람들이 자금을 바치지만, 가장 위에 있는 몇몇 사람들만이 그 이득을 누리게 된다.

해설 지문 처음에서 금융 다단계는 정말로 위험한 개념이라고 소개한 후, 지문 전반에 걸쳐 금융 다단계가 어떤 과정으로 운영되며 돈을 벌어들이는지에 대해 설명하고 있다. 따라서 지문의 제목을 '단계가 운영되는 방법'이라고 표현한 ②번이 정답이다.

정답 ②

11 다음 글에서 전체적인 흐름과 관계없는 문장은?

In 1974, a group of Chinese farmers digging a water well discovered the burial site of an ancient emperor containing over 8,000 replica warriors. ① According to Sima Qian, a historian from the 1st century BC, the statues were built to decorate the tomb of Qin Shi Huangdi, the first emperor of the Qin dynasty. ② The city of Xian, where the tomb is located, has been an architectural center since the Zhou dynasty. ③ Seven hundred thousand workers are believed to have worked on constructing the soldiers over a 38-year-period. Although all the warriors are life-sized, they vary in height and uniform according to their rank. ④ The Terracotta Warriors, as they are called, were allegedly built to help the emperor rule a separate empire in the afterlife. This provides evidence that ancient Chinese cultures believed in an afterlife.

어휘   dig 파다   water well 우물   burial site 묘지, 무덤   emperor 황제   replica 모형, 복제품   warrior 전사   historian 역사학자   statue 조각상   tomb 무덤   dynasty 왕조   architectural 건축상의   construct 제작하다, 짓다   life-sized 실물 크기의   vary 각기 다르다   rank 계급   allegedly 알려진 바에 의하면   separate 별도의, 분리된   afterlife 사후 세계

전략 적용 & 지문 분석

In 1974, / a group of Chinese farmers / digging a water well / discovered the burial site / of an ancient emperor / containing over 8,000 replica warriors.
1974년 / 한 무리의 중국 농부들이 / 우물을 파던 / 묘지를 발견했다 / 고대 황제의 / 8천 개가 넘는 전사 모형이 들어 있는

① According to Sima Qian, / a historian from the 1st century BC, / the statues were built / to decorate the tomb of Qin Shi Huangdi, / the first emperor of the Qin dynasty.
사마천에 따르면 / 기원전 1세기의 역사학자인 / 그 조각상들은 지어졌다 / 진시황제의 무덤을 장식하기 위해 / 진 왕조의 첫 황제인

② The city of Xian, / where the tomb is located, / has been an architectural center / since the Zhou dynasty.
시안시는 / 그 무덤이 위치한 / 건축의 중심지가 되어 왔다 / 주 왕조 이래로

③ Seven hundred thousand workers / are believed / to have worked on constructing the soldiers / over a 38-year-period.
 be believed + to 부정사: 'to 부정사'라고 여겨지다
70만 명의 직공들이 / 여겨진다 / 그 전사들을 제작하는 작업을 했던 것으로 / 38년이 넘는 기간 동안

Although all the warriors are life-sized, / they vary in height and uniform / according to their rank.
비록 그 전사들은 실물 크기이지만 / 그것들은 키와 제복이 각기 다르다 / 그것들의 계급에 따라서

④ The Terracotta Warriors, as they are called, / were allegedly built / to help [the emperor] [rule] / a separate empire in the afterlife.
 준 사역동사 help + 목적어 + 동사원형: '목적어'가 '동사원형'하는 것을 돕다
병마용이라 불리는 그것들은 / 알려진 바에 의하면 만들어졌다 / (진시)황제가 통치하는 것을 돕기 위해 / 사후 세계에 있는 별도의 왕국을

This provides evidence / that ancient Chinese cultures believed in an afterlife.
 evidence that(동격절): ~라는 증거
이것은 증거를 제공해준다 / 고대의 중국 문화권들이 사후 세계를 믿었다는

Step 1
첫 문장을 읽고 지문의 중심 소재 파악

첫 문장을 읽고 지문의 중심 소재가 '8천 개가 넘는 전사 모형이 들어 있는 고대 황제 무덤의 발견'임을 파악한다.

Step 2
각 보기 문장이 지문의 흐름과 어울리는지 확인하고, 가장 어울리지 않는 보기 선택

지문 전반에 걸쳐 전사 조각상들을 만든 이유, 제작 인원 및 기간과 조각상들의 특징에 관한 내용이 제시되고 있으므로, 시안 시는 주 왕조 이래로 건축의 중심지가 되어 왔다는 내용은 지문의 흐름에 어울리지 않는다. 따라서 ②번이 정답이다.

해석 1974년, 우물을 파던 한 무리의 중국 농부들이 8천 개가 넘는 전사 모형이 들어 있는 고대 황제의 묘지를 발견했다. ① 기원전 1세기의 역사학자인 사마천에 따르면, 그 조각상들은 진 왕조의 첫 황제인 진시황제의 무덤을 장식하기 위해 지어졌다. ② 그 무덤이 위치한 시안시는 주 왕조 이래로 건축의 중심지가 되어 왔다. ③ 70만 명의 직공들이 38년이 넘는 기간 동안 그 전사들을 제작하는 작업을 했던 것으로 여겨진다. 비록 그 전사들은 실물 크기이지만, 그것들은 계급에 따라서 키와 제복이 각기 다르다. ④ 병마용이라고 불리는 그것들은, 알려진 바에 의하면 (진시)황제가 사후 세계에 있는 별도의 왕국을 통치하는 것을 돕기 위해 만들어졌다. 이것은 고대의 중국 문화권들이 사후 세계를 믿었다는 증거를 제공해준다.

해설 첫 문장에서 '8천 개가 넘는 전사 모형이 들어 있는 고대 황제 무덤의 발견'에 대해 언급하고, ①, ③, ④번에서 전사 조각상들을 만든 이유, 제작 인원 및 기간, 그리고 조각상들의 특징에 대해 설명했다. 그러나 ②번은 '주 왕조 이래 건축의 중심지가 된 시안시'에 대한 내용으로, 지문의 흐름과 어울리지 않으므로 ②번이 정답이다.

정답 ②

12 다음 주어진 글에 이어질 순서로 가장 적절한 것은?

The Mariana Trench is a depression in the Pacific Ocean seafloor. It is located east of the Philippines and about 2,500 kilometers south of Japan.

(A) While this process occurs in many other places on the planet, differences in the structural composition of the two plates have resulted in a deeper-than-usual trench.

(B) It is the deepest known point in any of the world's oceans, with a maximum recorded depth of 10.9 kilometers. It also marks a convergent boundary between the Pacific and Mariana tectonic plates.

(C) Because the Pacific Plate is considerably older than the Mariana Plate, it is much denser from millions of years of extra compression and seismic movement. Thus, it easily slides beneath the smaller and lighter Mariana Plate, tunneling deep into the ocean crust.

① (A) – (B) – (C) ② (B) – (A) – (C)
③ (B) – (C) – (A) ④ (C) – (B) – (A)

해설 주어진 글에서 마리아나 해구는 태평양 해저에 있는 움푹한 땅이라고 한 후, (B)에서 그것이 태평양판과 마리아나 지각판 사이의 수렴 경계를 특징으로 한다고 언급하고, (C)에서 태평양판이 마리아나 판보다 밀도가 훨씬 더 높기 때문에 마리아나 판 아래로 미끄러져 대양 지각을 파고든다고 한 후, (A)에서 이 과정이 일어나면서 두 판의 구조적 구성의 차이가 일반적인 해구보다 더 깊은 해구를 탄생시켰다고 설명하고 있다. 따라서 주어진 글 다음에 이어질 순서는 ③ (B)-(C)-(A)이다.

어휘 trench 해구 depression 움푹한 땅, 함몰 seafloor 해저 composition 구성 maximum 최고의, 최대의 mark 특징으로 하다 convergent 수렴의 boundary 경계 tectonic plate (지질) 지각판 dense 밀도가 높은 compression 가압, 압축 seismic 지각 변동적인, 지진의 tunnel into 파고들다, 굴을 뚫다 ocean crust 대양 지각

전략 적용 & 지문 분석

The Mariana Trench / is a depression / in the Pacific Ocean seafloor.
마리아나 해구는 / 움푹한 땅이다 / 태평양 해저에 있는

It is located east / of the Philippines / and about 2,500 kilometers south / of Japan.
그것은 동쪽에 위치해 있다 / 필리핀의 / 그리고 약 2천 5백 킬로미터 남쪽에 / 일본의

(A) While this process occurs / in many other places / on the planet, / differences in the structural composition / of the two plates / have resulted in / a deeper-than-usual trench.
이 과정이 일어나면서 / 다른 많은 곳에서 / 지구상의 / 구조적 구성의 차이가 / 두 판의 / ~을 탄생시켰다 / 일반적인 해구보다 더 깊은 해구를

(B) It is the deepest known point / in any of the world's oceans, / with a maximum recorded depth of 10.9 kilometers.
그것(마리아나 해구)은 가장 깊다고 알려진 지점이다 / 세계의 모든 대양들 중에서 / 기록된 최고 깊이가 10.9킬로미터로

It also marks a convergent boundary / between the Pacific Plate and Mariana tectonic plates.
또한 그것은 수렴 경계를 특징으로 한다 / 태평양판과 마리아나 지각판 사이의

(C) Because the Pacific Plate is considerably older / than the Mariana Plate, / it is much denser / from millions of years of extra compression / and seismic movement.
태평양판은 훨씬 더 오래되었기 때문에 / 마리아나 판보다 / 그것(태평양판)은 밀도가 훨씬 더 높다 / 수백만 년 동안의 추가적인 가압으로 인해 / 그리고 지각 변동 운동(으로 인해)

Thus, / it easily slides / beneath the smaller and lighter Mariana Plate, / tunneling deep into the ocean crust.
따라서 / 그것은 쉽게 미끄러져 내려간다 / 더 작고 가벼운 마리아나 판 아래로 깊숙이 / 그리고 대양 지각을 깊숙이 파고 들어간다

① (A) – (B) – (C)
② (B) – (A) – (C)
③ (B) – (C) – (A)
④ (C) – (B) – (A)

Step 1
주어진 글을 읽고 지문의 흐름을 예상
'태평양 해저의 움푹한 땅인 마리아나 해구'가 지문의 중심 소재임을 예상한다.

Step 2
문단 내 단서를 통해 순서를 파악하고 이를 알맞게 배열한 보기 선택
- (B) It과 문단의 내용을 통해 (B)가 주어진 문장의 Mariana Trench에 대해 설명하고 있음을 파악한다.
- (C) it easily slides beneath ~ into the ocean crust를 통해 (C)가 (B)의 태평양판과 마리아나 지각판 사이의 수렴 경계에 대해 설명하고 있음을 파악한다.
- (A) this process(이 과정)와 문단의 내용을 통해 (A)가 (C)의 태평양판과 마리아나 지각판 사이의 수렴 경계 형성 과정에 대해 설명하고 있음을 파악한다.

해석

마리아나 해구는 태평양 해저에 있는 움푹한 땅이다. 그것은 필리핀의 동쪽이면서 일본의 약 2천 5백 킬로미터 남쪽에 위치해 있다.

(B) 그것(마리아나 해구)은 기록된 최고 깊이가 10.9킬로미터로, 세계의 모든 대양들 중에서 가장 깊다고 알려진 지점이다. 또한 그것은 태평양판과 마리아나 지각판 사이의 수렴 경계를 특징으로 한다.

(C) 태평양판은 마리아나 판보다 훨씬 더 오래되었기 때문에, 그것(태평양판)은 수백만 년 동안의 추가적인 가압과 지각 변동 운동으로 인해 밀도가 훨씬 더 높다. 따라서, 그것은 더 작고 가벼운 마리아나 판 아래로 깊숙이 쉽게 미끄러져 내려가서, 대양 지각을 깊숙이 파고 들어간다.

(A) 이 과정이 지구상의 다른 많은 곳에서 일어나면서, 두 판의 구조적 구성의 차이가 일반적인 해구보다 더 깊은 해구를 탄생시켰다.

정답 ③

13 주어진 문장이 들어갈 위치로 가장 적절한 것은?

At first I worried whether they were well, as they did not seem to be moving at all.

It was a Sunday, and the usual row of shops were taking the day off, giving the neighborhood a thoroughly peaceful atmosphere. (①) As I leisurely strolled around, I came upon a restaurant, its doors closed and lights off. (②) There on the patio in front lay two medium-sized cats, one orange and the other spotted black and white. (③) On closer inspection, I saw, to my relief, that they were gently breathing while in a deep slumber. (④) Unlike most cats I had seen scurrying about the area, they seemed well-fed,—not plump, but not starving by any stretch.

해설 주어진 문장의 At first I worried(처음에 나는 걱정했다)를 통해 주어진 문장 뒤에 처음에 들었던 걱정에 대한 내용이 나올 것임을 예상할 수 있다. ③번 뒤 문장에서 좀 더 자세한 관찰을 통해 다행히도 (걱정과는 달리) 고양이들이 깊은 잠을 자면서 조용히 숨 쉬고 있었다는 내용이 있으므로, ③번 자리에 고양이들이 움직이지 않는 것 같아서 걱정이 되었다는 내용의 주어진 문장이 들어가야 글의 흐름이 자연스럽게 연결된다. 따라서 ③번이 정답이다.

어휘 usual 평상시의 a row of 한 줄로 늘어선 thoroughly 완전히, 철저하게 atmosphere 분위기 leisurely 유유히, 느긋하게 stroll 산책하다, 거닐다 come upon ~을 우연히 발견하다, 만나다 patio (옥외) 테라스, 안뜰 inspection 관찰, 조사 gently 조용히, 부드럽게 slumber 잠, 수면 scurry 이리저리 뛰다 well-fed 잘 먹은, 영양이 충분한 plump 살찐, 통통한 by any stretch 어느 모로 보아도, 아무리 생각해도

전략 적용 & 지문 분석

전개2
At first / I worried / whether they were well, / as they did not seem to be moving / at all.
처음에 / 나는 걱정했다 / 그들(고양이들)이 괜찮은지 / 그들이 움직이지 않는 것 같아서 / 조금도

도입
It was a Sunday, / and the usual row of shops / were taking the day off, / giving [the neighborhood] [a thoroughly peaceful atmosphere].
give + 간접 목적어 + 직접 목적어: '간접 목적어'에게 '직접 목적어'를 주다
그날은 일요일이었다 / 그리고 평상시 한 줄로 늘어선 가게들은 / 문을 닫았다 / 그런데 이는 그 지역에 완전히 평온한 분위기를 주었다

전개1
(①) As I leisurely strolled around, / I came upon a restaurant, / its doors closed / and lights off.
나는 유유히 산책을 하면서 / 식당 한 곳을 우연히 발견했다 / 문이 닫혀 있는 / 그리고 불이 꺼진

(②) There on the patio / in front / lay / two medium-sized cats, / one orange / and the other spotted black and white.
테라스에는 / 앞에 있는 / 누워 있었다 / 중간 크기의 고양이 두 마리가 / 한 마리는 오렌지색이었다 / 그리고 나머지 한 마리는 검은색과 흰색의 얼룩무늬가 있었다

전개3
(③) On closer inspection, / I saw, / to my relief, / that they were gently breathing / while in a deep slumber.
부사절 접속사(while) 뒤에 '주어(they) + be동사(were)'가 생략된 형태
to one's relief: 다행히도
좀 더 자세한 관찰을 통해 / 나는 보았다 / 다행히도 / 그들이 조용히 숨 쉬고 있는 것을 / 깊은 잠을 자면서

전개4
(④) Unlike most cats / I had seen / scurrying about the area, / they seemed well-fed, / —not plump, but not starving / by any stretch.
대부분의 고양이들과는 달리 / 내가 전에 봤던 / 동네를 이리저리 뛰어다니던 / 그들은 잘 먹은 것처럼 보였다 / 살찌지도 굶주리지도 않고 / 어느 모로 보아도

Step 1
주어진 문장을 읽고 앞에 나올 내용 예상

주어진 문장의 '처음에 나는 걱정했다'를 통해 주어진 문장 뒤에 화자가 처음에 들었던 걱정에 대한 내용이 이어져 나올 것임을 예상할 수 있다.

Step 2
지문을 읽고 문장을 삽입하기에 가장 적절한 위치 선택

주어진 문장에서 언급된 화자의 걱정이 고양이들이 깊은 잠을 자고 있는 것을 보고 안심으로 바뀌었음을 알 수 있다. 따라서 주어진 문장을 삽입하기에 가장 적절한 위치인 ③번이 정답이다.

해석
그들(고양이들)이 조금도 움직이지 않는 것 같아서, 나는 처음에 그들이 괜찮은지 걱정했다.

그날은 일요일이었고, 평상시 한 줄로 늘어선 가게들은 문을 닫았는데, 이는 그 지역에 완전히 평온한 분위기를 주었다. (①) 나는 유유히 산책을 하면서, 문이 닫혀 있고 불이 꺼진 식당 한 곳을 우연히 발견했다. (②) (식당) 앞에 있는 테라스에는 중간 크기의 고양이 두 마리가 누워 있었는데, 한 마리는 오렌지색이고 나머지 한 마리는 검은색과 흰색의 얼룩무늬가 있었다. (③) 좀 더 자세한 관찰을 통해, 다행히도 나는 그들이 깊은 잠을 자면서 조용히 숨 쉬고 있는 것을 보았다. (④) 내가 전에 봤던 동네를 이리저리 뛰어다니던 대부분의 고양이들과는 달리, 그들은 어느 모로 보아도 살찌지도 굶주려 보이지 않고, 잘 먹은 것처럼 보였다.

정답 ③

[14~15] 다음 글을 읽고 물음에 답하시오.

To: Salem Public Works Department
From: Ralph Flanders
Date: August 10
Subject: (A)

Dear Sir or Madam,

I hope that you are well. I'm writing today about the growing issue of graffiti on the city's historic buildings, especially those in the downtown area.

In recent months, I have noticed a lot more graffiti on heritage sites. The bridges in the National Historical Park and the walls of Independence Hall are now covered with unsightly paint. This can leave a bad impression on tourists who come from far away to see our cultural heritage, and it is not a good influence on children either.

I would ask that the city look into these eyesores and attempt to clean them up before the problem gets even worse. I believe it is our duty to protect our cultural heritage. If you need to know more about the location of the graffiti, please do not hesitate to contact me.

Respectfully,
Ralph Flanders

14 밑줄 친 "issue"의 의미와 가장 가까운 것은?
① outcome
② problem
③ supply
④ version

15 (A)에 들어갈 윗글의 제목으로 가장 적절한 것은?
① Hiring Artists to Create Public Art
② The Beauty of Historic Buildings
③ Vandalism in the Downtown Area
④ Providing Tourists with More Assistance

전략 적용 & 지문 분석

인사
Dear Sir or Madam, // I hope that you are well. 관계자분께, // 잘 지내고 있길 바랍니다

도입
I'm writing today / about the growing issue / of graffiti / on the city's historic buildings, / especially / those in the downtown area.
저는 오늘 글을 씁니다 / 증가하는 문제에 대해 / 낙서의 / 도시의 역사적 건물들의 / 특히 / 도심 지역에 있는 것들의

문제제기
In recent months, / I have noticed / a lot more graffiti / on heritage sites.
최근 몇 달 동안 / 저는 발견했습니다 / 더 많은 낙서를 / 문화유산에

설명
The bridges in the National Historical Park and the walls of Independence Hall / are now covered / with unsightly paint. 국립 역사공원의 다리와 독립기념관의 벽은 / 이제 덮여 있습니다 / 보기 흉한 페인트로
This can leave a bad impression / on tourists / [who come from far away / to see our cultural heritage], / and / it is not a good influence on children either. (선행사(tourists)를 수식하는 주격 관계절)
이는 나쁜 인상을 남길 수 있습니다 / 관광객들에게 / 멀리서 온 / 우리 문화유산을 보러 / 그리고 / 아이들에게도 좋은 영향이 아닙니다

요청
I would ask / that the city / [look into these eyesores] / (and) / [attempt to clean them up] / before the problem gets even worse. (and로 연결된 동사구 병치 구문)
저는 요청하고 싶습니다 / 시에서 / 이 흉물스러운 것을 조사해 줄 것을 / 그리고 / 그것들을 청소하는 것을 시도해 줄 것을 / 문제가 더 악화되기 전에

부연
I believe / it is our duty / to protect our cultural heritage.
저는 믿습니다 / 우리의 의무라고 / 우리 문화유산을 보호하는 것이
If you need to know / more about the location of the graffiti, / please do not hesitate to contact me. 아셔야 한다면 / 낙서의 위치에 대해 / 주저하지 마시고 저에게 연락해 주세요

끝인사
Respectfully, // Ralph Flanders Ralph Flanders 드림

Step 1
지문에서 파악해야 할 내용
1) issue의 의미
2) 제목

Step 2
14번: 주어진 어휘를 포함한 구절에서 해당 어휘가 '문제'라는 뜻으로 쓰였음을 파악한다.
15번: 중심 내용이 담겨 있는 부분을 읽고 도심 지역에 있는 낙서 청소를 요청하는 글임을 파악한다.

Step 3
14번: '문제'라는 의미를 갖는 ② problem이 정답이다.
15번: 제목을 '도심 지역에서의 공공시설 파괴'라고 표현한 ③번이 정답이다.

14
① outcome 결과   ② problem 문제   ③ supply 지원   ④ version 형태

15
① Hiring Artists to Create Public Art 공공 예술 창작을 위한 예술가 고용
② The Beauty of Historic Buildings 역사적 건물의 아름다움
③ Vandalism in the Downtown Area 도심 지역에서의 공공시설 파괴
④ Providing Tourists with More Assistance 관광객에게 더 많은 지원 제공

해석 수신: Salem 공공사업부   발신: Ralph Flanders   날짜: 8월 10일   제목: (A) 도심 지역에서의 공공시설 파괴

관계자분께,

잘 지내고 있길 바랍니다. 저는 오늘 이 도시의 역사적 건물, 특히 도심 지역에 있는 건물들의 증가하는 낙서 문제에 대해 글을 씁니다.

최근 몇 달 동안, 저는 문화유산에 더 많은 낙서가 있는 것을 발견했습니다. 국립 역사공원의 다리와 독립기념관의 벽은 이제 보기 흉한 페인트로 덮여 있습니다. 이는 우리 문화유산을 보러 멀리서 온 관광객들에게 나쁜 인상을 남길 수 있으며, 아이들에게도 좋은 영향이 아닙니다.

저는 시에서 이 흉물스러운 것을 조사하고 문제가 더 악화되기 전에 그것을 청소하는 것을 시도해 줄 것을 요청하고 싶습니다. 저는 우리 문화유산을 보호하는 것이 우리의 의무라고 믿습니다. 낙서의 위치에 대해 더 자세히 아셔야 한다면, 주저하지 마시고 저에게 연락해 주세요.

Ralph Flanders 드림

정답 14 ②, 15 ③

16 밑줄 친 부분에 들어갈 말로 가장 적절한 것을 고르시오.

> Why are people still told to always stay positive and avoid thinking negative things? _____. Self-help proponents, such as Norman Vincent Peale, have long told people that the key to happiness and success is thinking positively. So people put their faith in the power of positive thinking. However, research shows that being blindly positive can lead to problems. When people follow this advice but still fail, they often end up thinking that there is a problem with themselves, leading to depression. Furthermore, psychology professor Barbara Held says that the "tyranny of the positive attitude" can make people feel guilty if they experience natural, negative emotions. This can make the person feel worse about themselves. Instead of only striving to stay positive, people should accept their various emotions and deal with them in a healthy way.

① In recent years, people's happiness levels have increased dramatically
② Previously, people had less time to worry about their feelings and emotions
③ Lately, people have found great happiness by willing good things to happen
④ Today, it is recognized that doing this can have a detrimental effect on one's life

전략 적용 & 지문 분석

도입 Why are people still told / to always stay positive / and avoid thinking negative things?
왜 여전히 사람들은 듣는 것일까 / 항상 긍정적인 상태를 유지하라고 / 그리고 부정적인 것을 생각하는 것은 피하라고?

주제문 Today, / it is recognized / that doing this can have a detrimental effect / on one's life.
오늘날 / 인식된다 / 이렇게 하는 것은 해로운 영향을 미칠 수 있다고 / 한 사람의 삶에
tell + 목적어 + that절: ~에게 ―라고 말하다

통념 Self-help proponents, / such as Norman Vincent Peale, / have long told people / that the key to happiness and success is thinking positively. // So / people put their faith / in the power of positive thinking. 자기개발 지지자들은 / 노먼 빈센트 필과 같은 / 사람들에게 오랫동안 말해왔다 / 행복과 성공의 열쇠는 긍정적으로 생각하는 것이라고 // 그래서 / 사람들은 믿는다 / 긍정적인 사고의 힘을

반론 However, / research shows / that being blindly positive / can lead to problems.
하지만 / 연구는 보여준다 / 무턱대고 긍정적인 것은 / 문제를 일으킬 수 있다는 것을
end up + 동명사: 결국 '동명사'하게 되다
When people follow this advice but still fail, / they often end up thinking / that there is a problem / with themselves, / leading to depression. 사람들이 이러한 조언을 따르고도 여전히 실패할 때 / 그들은 결국 생각하게 된다 / 문제가 있다고 / 그들 자신에게 / 그리고 이것은 우울함으로 이어진다

Furthermore, / psychology professor Barbara Held says that / the "tyranny of the positive attitude" / can make people feel guilty / if they experience natural, negative emotions.
게다가 / 심리학 교수인 바바라 헬드는 ~라고 말한다 / '긍정적인 태도의 횡포'가 / 사람들이 죄책감을 느끼게 만들 수 있다 / 그들이 자연스러운 부정적인 감정을 느끼게 될 때

This can make the person feel worse / about themselves. 이것은 사람이 더 나쁘게 생각하게 만든다 / 자기 자신에 대해

결론 Instead of only striving / to stay positive, / people should accept their various emotions / and deal with them / in a healthy way. 오직 애쓰는 것 대신 / 긍정적이려고 / 사람들은 그들의 다양한 감정을 받아들여야 한다 / 그리고 그것들을 처리해야 한다 / 건강한 방식으로

Step 1
빈칸이 있는 문장과 그 주변을 통해 빈칸에 들어갈 내용 파악
항상 긍정적인 상태를 유지하고 부정적인 생각을 피하는 것과 관련된 내용

① In recent years, people's happiness levels have increased dramatically
최근에, 사람들의 행복 지수가 급격히 증가했다
② Previously, people had less time to worry about their feelings and emotions
이전에, 사람들은 그들의 생각과 감정에 대해 걱정할 시간이 더 적었다
③ Lately, people have found great happiness by willing good things to happen
최근에, 사람들은 좋은 일이 일어나기를 바람으로써 그들의 큰 행복을 찾아왔다
④ Today, it is recognized that doing this can have a detrimental effect on one's life
오늘날, 이렇게 하는 것은 한 사람의 삶에 해로운 영향을 미칠 수 있다고 인식된다

Step 2
지문을 읽고 빈칸에 들어가기에 가장 적절한 보기 선택
빈칸 뒤에 무턱대고 긍정적인 것은 문제를 일으킬 수 있다는 내용이 있으므로, '오늘날, 이렇게 하는 것은 한 사람의 삶에 해로운 영향을 미칠 수 있다고 인식된다'라고 한 ④번이 정답이다.

해석 왜 사람들은 여전히 항상 긍정적인 상태를 유지하고 부정적인 것을 생각하는 것은 피하라고 듣는 것일까? 오늘날, 이렇게 하는 것은 한 사람의 삶에 해로운 영향을 미칠 수 있다고 인식된다. 노먼 빈센트 필과 같은 자기개발 지지자들은 행복과 성공의 열쇠는 긍정적으로 생각하는 것이라고 사람들에게 오랫동안 말해왔다. 그래서 사람들은 긍정적인 사고의 힘을 믿는다. 하지만, 연구는 무턱대고 긍정적인 것은 문제를 일으킬 수 있다는 것을 보여준다. 사람들이 이러한 조언을 따르고도 여전히 실패할 때, 그들은 결국 그들 자신에게 문제가 있다고 생각하게 되고, 이것은 우울함으로 이어진다. 게다가, 심리학 교수인 바바라 헬드는 '긍정적인 태도의 횡포'가 사람들이 자연스러운 부정적인 감정을 느끼게 될 때 그들이 죄책감을 느끼게 만들 수 있다고 말한다. 이것은 사람이 자기 자신에 대해 더 나쁘게 생각하게 만든다. 오직 긍정적이려고 애쓰는 것 대신, 사람들은 그들의 다양한 감정들을 받아들여야 하고 그것들을 건강한 방식으로 처리해야 한다.

정답 ④

종합 실전모의고사 6

01 다음 이메일의 내용과 일치하지 않는 것은?

To	support@autorepair.com
From	lisa.lopez@techsolutions.org
Date	July 18
Subject	Emergency Car Repair Needed

Hello,

My car broke down, and I need assistance. The engine started overheating, and white smoke came out from under the hood. I managed to get home, but now the vehicle won't start at all.

I called your emergency hotline, and they recommended that I bring the car to your downtown location. However, my house is 15 miles away from your shop. Do you provide towing services? Also, what are your weekend operating hours? I know it's Saturday, but this is quite urgent since I have an important business meeting on Monday morning.

Please let me know the estimated repair time and costs for engine overheating issues.

Thank you for your time.

Best regards,
Lisa Lopez

① Lisa의 자동차는 현재 시동이 걸리지 않는다.
② Lisa의 집은 추천된 시설에서 15마일 떨어져 있다.
③ 수리점에서는 주말에 견인 서비스를 제공한다.
④ 월요일의 일정 때문에 긴급 서비스가 필요하다.

해설 ③번의 키워드인 '견인 서비스'와 관련된 지문의 towing services(견인 서비스) 주변의 내용에서 견인 서비스를 제공하는지에 대해 묻고 있으므로, 수리점에서 견인 서비스를 제공하는지에 대해서는 알 수 없다. 따라서 ③번이 지문의 내용과 일치하지 않는다.

어휘 consultation 상담 break down 고장 나다 assistance 도움 overheat 과열되다 vehicle 차량 downtown 시내에 tow 견인하다
estimate 예상하다, 추정하다

전략 적용 & 지문 분석

인사
Hello, 안녕하세요,

주제문
My car broke down, / and I need assistance.
제 차가 고장 났습니다 / 그리고 저는 도움이 필요합니다

설명
The engine started overheating, / and white smoke came out / from under the hood.
엔진이 과열되기 시작했습니다 / 그리고 하얀 연기가 나왔습니다 / 후드 아래에서

→ manage to: 간신히 ~하다
I managed to get home, / but ①now the vehicle won't start / at all.
저는 간신히 집에는 올 수 있었습니다 / 하지만 이제 차량에 시동이 걸리지 않습니다 / 전혀

→ 제안을 나타내는 동사 + that + 주어(I) + (should) + 동사원형(bring)
I called your emergency hotline, / and they recommended / that I bring the car / to your downtown location.
저는 귀사의 긴급 핫라인에 전화했습니다 / 그리고 그들은 추천했습니다 / 제가 차를 가지고 올 것을 / 귀사의 시내 지점으로

However, / ②my house is 15 miles away / from your shop.
하지만 / 저희 집은 15마일 떨어져 있습니다 / 귀사의 가게에서

요청
③Do you provide towing services?
견인 서비스를 제공하시나요

Also, / what are your weekend operating hours?
또한 / 주말 영업시간은 어떻게 되나요

I know it's Saturday, / but ④this is quite urgent / since I have an important business meeting / on Monday morning.
오늘이 토요일이라는 것은 알고 있습니다 / 하지만 상당히 급합니다 / 제가 중요한 업무 회의가 있기 때문에 / 월요일 아침에

Please let me know / the estimated repair time and costs / for engine overheating issues.
제게 알려주시기 바랍니다 / 예상 수리 시간과 비용을 / 엔진 과열 문제에 대한

끝인사
Thank you for your time.
시간 내 주셔서 감사합니다

Best regards,
Lisa Lopez
Lisa Lopez 드림

Step 1
보기를 먼저 읽고 지문의 내용과 비교할 키워드를 파악

① Lisa의 자동차, 시동이 걸리지 않음
② Lisa의 집, 추천 시설에서 15마일 떨어져 있음
③ 견인 서비스 제공
④ 월요일 일정, 긴급 서비스 필요

Step 2
지문에서 보기의 키워드와 관련된 부분을 찾아 비교한 후, 알맞은 보기 선택

① O: 차량 시동이 걸리지 않음
② O: 집은 가게에서 15마일 떨어져 있음
③ X: 견인 서비스를 제공하는지 질문함
④ O: 월요일 아침에 중요한 회의가 있어서 급함

해석
수신: support@autorepair.com   발신: lisa.lopez@techsolutions.org   날짜: 7월 18일   제목: 긴급 차량 수리 필요

안녕하세요,

제 차가 고장 나서, 도움이 필요합니다. 엔진이 과열되기 시작했고, 후드 아래에서 하얀 연기가 나왔습니다. 간신히 집에는 올 수 있었지만, 이제 차량에 시동이 전혀 걸리지 않습니다.

귀사의 긴급 핫라인에 전화했더니, 시내 지점으로 차를 가지고 올 것을 추천했습니다. 하지만, 저희 집은 귀사의 가게에서 15마일 떨어져 있습니다. 견인 서비스를 제공하시나요? 또한, 주말 영업시간은 어떻게 되나요? 오늘이 토요일이라는 것은 알고 있지만, 월요일 아침에 중요한 업무 회의가 있어서 상당히 급합니다.

엔진 과열 문제에 대한 예상 수리 시간과 비용을 알려주시기 바랍니다.

시간 내 주셔서 감사합니다. Lisa Lopez 드림

정답 ③

02 다음 글의 빈칸에 들어갈 가장 적절한 것은?

I had always enjoyed riding the bus to work because it saved me time and money. With the bus, I didn't need to own a car, and traffic was rarely an issue. It was all well and good until one day a man got on about two blocks from my house with his music blaring. The problem, of course, wasn't that he was listening to it loudly, but that _____! He had headphones on, but he wasn't using them. It really disturbed me. I usually spent my bus rides in relaxed introspection but the noise prevented it that day. When I finally had enough and told him to turn it down, he said, "Oh, I'm so sorry! My Bluetooth must have disconnected. I thought my headphones were really low, so I turned it up until I could hear it."

① it included lyrics about an inappropriate topics
② his radio was too big to be taken on the bus
③ he didn't want to share it with others
④ he was playing it directly from his phone

전략 적용 & 지문 분석

도입

I had always enjoyed / riding the bus to work / because it saved me time and money.
나는 항상 좋아했다 / 직장으로 버스를 타고 가는 것을 / 그것은 내게 시간과 돈을 절약해주었기 때문에

With the bus, / I didn't need to own a car, / and traffic was rarely an issue.
버스로 인해 / 나는 자동차를 소유할 필요가 없었다 / 그리고 교통도 거의 문제가 되지 않았다

전환

It was all well and good / until one day a man got on / about two blocks from my house / with his music blaring.
모든 것이 괜찮았다 / 어느 날 한 남자가 (버스에) 탈 때까지는 / 우리집에서 약 두 블록 떨어진 곳에서 / 자신의 음악을 요란하게 울리면서

with + 명사 + 분사: '명사'가 '분사'하면서/한 채로

The problem, / of course, / wasn't [that he was listening to it loudly], / but [that he was playing it directly from his phone]!
문제는 / 물론 / 그가 그것(음악)을 시끄럽게 듣고 있었다는 것이 아니라 / 그가 그것을 휴대폰에서 직접 재생하고 있었다는 것이었다!

not A but B로 연결된 명사절 병치 구문: A가 아니라 B

전개

He had headphones on, / but he wasn't using them. // It really disturbed me.
그는 헤드폰을 쓰고는 있었다 / 하지만 그것을 사용하지는 않고 있었다 // 그것은 나를 무척 방해했다

I usually spent my bus rides / in relaxed introspection / but the noise prevented it / that day.
나는 나의 버스 타는 시간을 주로 보냈다 / 편안한 자기 성찰로 / 그런데 그 소음(음악 소리)이 그것을 방해했다 / 그날은

결말

When I finally had enough / and told him to turn it down, / he said,
결국 내가 더 이상 못 참았을 때 / 그리고 그것(음악)을 줄여달라고 말했을 때 / 그는 말했다

must have p.p.: ~했었음에 틀림없다

"Oh, I'm so sorry! / My Bluetooth must have disconnected. / I thought my headphones were really low, / so turned it up / until I could hear it."
"아, 정말 죄송해요! / 제 블루투스 연결이 끊어져 버린 게 틀림없네요 / 저는 헤드폰 소리가 너무 작다고 생각해서 / 소리를 계속 키웠거든요 / 제가 들을 수 있을 때까지"

① it included lyrics about an inappropriate topics
그것이 부적절한 주제에 대한 가사를 포함했다

② his radio was too big to be taken on the bus
그의 라디오가 버스에 들고 타기에 너무 컸다

③ he didn't want to share it with others
그기 그것을 다른 사람과 공유하고 싶지 않았다

④ he was playing it directly from his phone
그가 그것을 휴대폰에서 직접 재생하고 있었다

Step 1
빈칸이 있는 문장과 그 주변을 통해 빈칸에 들어갈 내용 파악
음악을 요란하게 울리면서 버스에 탄 남자의 문제가 무엇이었는지

Step 2
지문을 읽고 빈칸에 들어가기에 가장 적절한 보기 선택
빈칸 뒷부분에 음악을 요란하게 울리면서 버스에 탄 남자가 헤드폰을 쓰고 사용은 하지 않아, 그 소음이 화자의 자기 성찰을 방해했다는 내용이 있으므로 '그가 그것을 휴대폰에서 직접 재생하고 있었다'라고 한 ④번이 정답이다.

해석 직장으로 버스를 타고 가는 것은 내게 시간과 돈을 절약해주었기 때문에 나는 그것을 항상 좋아했다. 버스로 인해, 나는 자동차를 소유할 필요가 없었고, 교통도 거의 문제가 되지 않았다. 어느 날 한 남자가 우리집에서 약 두 블록 떨어진 곳에서 음악을 요란하게 울리면서 (버스에) 탈 때까지는 모든 것이 괜찮았다. 물론, 문제는 그가 그것(음악)을 시끄럽게 듣고 있었다는 것이 아니라, 그가 그것을 휴대폰에서 직접 재생하고 있었다는 것이었다! 그는 헤드폰을 쓰고는 있었지만, 그것을 사용하지는 않고 있었다. 그것은 나를 무척 방해했다. 나는 내가 버스를 타는 시간을 주로 편안한 자기 성찰을 하며 보냈는데, 그날은 그 소음이 그것을 방해했다. 결국 내가 더 이상 못 참고 그것(음악)을 줄여달라고 말했을 때, 그는 "아, 정말 죄송해요! 제 블루투스 연결이 끊어져 버린 게 틀림없네요. 저는 헤드폰 소리가 너무 작다고 생각해서 제가 들을 수 있을 때까지 소리를 계속 키웠거든요."라고 말했다.

해설 빈칸 뒤 문장에 음악을 요란하게 울리면서 버스에 탄 남자가 헤드폰은 쓰고 있었지만 사용하지는 않아 그 소음이 화자의 자기 성찰을 방해했다는 내용이 있으므로 문제는 '그가 그것을 휴대폰에서 직접 재생하고 있었다'는 것이라고 한 ④번이 정답이다.

정답 ④

03 다음 글의 빈칸에 들어갈 가장 적절한 것은?

At over six meters in length, *Python reticulatus* is one of the largest snakes on the planet. However, this species is dwarfed by *Titanoboa*, a snake that lived approximately 60 million years ago in the swamps of Central and South America. This prehistoric giant was over 12 meters long and weighed up to 1,200 kilograms, making it one of the dominant predators of the period. Fossils discovered in Colombia in 2004 show that its jaws were capable of opening wide enough to swallow a modern crocodile whole. The immense size of *Titanoboa* may well indicate that _____. This is because snakes are poikilotherms, which means that they depend on external heat sources to maintain their body temperature, and such organisms generally do not grow to great lengths when environmental temperatures are lower.

① its diet consisted mainly of other reptiles
② its habitat had a temperate climate
③ it was unable to move at a rapid pace
④ it can survive in low temperature regions

전략 적용 & 지문 분석

도입
At over six meters in length, / *Python reticulatus* is one of the largest snakes / on the planet.
길이가 6미터가 넘는 / 그물무늬 비단뱀은 가장 큰 뱀들 중 하나이다 / 지구상에서

주제문
However, / this species is dwarfed by *Titanoboa*, / [a snake that lived approximately 60 million years ago / in the swamps of Central and South America].
→ 동격의 콤마: 콤마(,) 뒤의 절이 *Titanoboa*에 대한 설명
하지만 / 이 종은 티타노아뱀에 비하면 왜소해 보인다 / 약 6천만 년 전에 서식했던 뱀인 / 중앙아메리카와 남아메리카의 습지에

설명1
This prehistoric giant was over 12 meters long / and weighed up to 1,200 kilograms, / making it one of the dominant predators / of the period.
이 선사시대의 거대 동물은 12미터가 넘는 길이였다 / 그리고 무게가 1,200킬로그램까지 나갔다 / 이는 그것을 우세한 포식 동물들 중 하나로 만들었다 / 그 시기의

설명2
Fossils / discovered in Colombia in 2004 / show / that its jaws were capable of opening wide / enough to swallow a modern crocodile / whole.
→ 부사 + enough + to부정사: 'to부정사'할 만큼 충분히 '부사'하게
화석들은 / 2004년에 콜롬비아에서 발견된 / 보여준다 / 그것(티타노아뱀)의 턱이 충분히 크게 벌어질 수 있었다는 것을 / 현대의 악어를 삼켜버릴 만큼 / 통째로

설명3
→ may well: 아마 ~일 것이다
The immense size of Titanoboa / may well indicate that / its habitat had a warm climate.
티타노아뱀의 그 거대한 크기는 / 아마 ~라는 것을 시사할 것이다 / 그것의 서식지가 온화한 기후를 가졌다

부연
→ '목적'을 나타내는 to부정사의 부사적 용법: 'to부정사'하기 위해
This is because snakes are poikilotherms, / which means / that they depend on external heat sources / to maintain their body temperature, / and such organisms generally do not grow / to great lengths / when environmental temperatures are lower.
이것은 뱀이 변온 동물이기 때문이다 / 그런데 이는 의미한다 / 그(뱀들)이 외부의 열 공급원에 의존한다는 것을 / 그들의 체온을 유지하기 위해서 / 그리고 그러한 생물들은 보통 자라지 않는다 / 엄청난 길이까지 / 주위 온도가 낮다면

① its diet consisted mainly of other reptiles
그것의 식단이 주로 다른 파충류들로 구성되어 있었다
② its habitat had a temperate climate
그것의 서식지가 온화한 기후를 가졌었다
③ it was unable to move at a rapid pace
그것이 빠른 속도로 움직일 수 없었다
④ it can survive in low temperature regions
그것이 기온이 낮은 지역에서 생존할 수 있다

Step 1
빈칸이 있는 문장과 그 주변을 통해 빈칸에 들어갈 내용 파악
티타노아뱀의 거대한 크기가 무엇을 시사하는지

Step 2
지문을 읽고 빈칸에 들어가기에 가장 적절한 보기 선택
빈칸 뒷부분에 뱀은 주위 온도가 낮다면 엄청난 길이까지 자라지 않는다는 내용이 있으므로 '그것의 서식지가 온화한 기후를 가졌었다'라고 한 ②번이 정답이다.

해석 길이가 6미터가 넘는 그물무늬 비단뱀은, 지구상에서 가장 큰 뱀들 중 하나이다. 하지만, 이 종은 약 6천만 년 전에 중앙아메리카와 남아메리카의 습지에 서식했던 뱀인 티타노아뱀에 비하면 왜소해 보인다. 이 선사시대의 거대 동물은 12미터가 넘는 길이에 무게가 1,200킬로그램까지 나갔고, 이는 그것(티타노아뱀)을 그 시기의 우세한 포식 동물들 중 하나로 만들었다. 2004년에 콜롬비아에서 발견된 화석들은, 그것(티타노아뱀)의 턱이 현대의 악어를 통째로 삼켜버릴 만큼 충분히 크게 벌어질 수 있었다는 것을 보여준다. 티타노아뱀의 그 거대한 크기는 아마 <u>그것의 서식지가 온화한 기후를 가졌었다</u>는 것을 시사할 것이다. 이것은 뱀이 변온 동물이기 때문인데, 이는 그들(뱀들)이 그들의 체온을 유지하기 위해서 외부의 열 공급원에 의존한다는 것을 의미하며, 주위 온도가 낮다면 그러한 생물들은 보통 엄청난 길이까지 자라지 않는다.

해설 빈칸 뒤 문장에 변온 동물인 뱀은 체온을 유지하기 위해 외부의 열 공급원에 의존하며, 주위 온도가 낮다면 엄청난 길이까지 자라지 않는다는 내용이 있으므로, 티타노아뱀의 그 거대한 크기는 '그것의 서식지가 온화한 기후를 가졌었다'는 것을 시사한다고 한 ②번이 정답이다.

정답 ②

04 다음 글의 주제로 가장 적절한 것은?

Dalton Trumbo is considered to be one of the most talented screenwriters that ever worked in Hollywood. His career began to take off in the 1940s, with some of his most memorable works including *Eclipse* and *Kitty Foyle*. Even at that early stage, Trumbo was writing in a social realist style that often delivered controversial themes. As his popularity rose, so did Marxism, and Trumbo soon became a member of the Communist Party. Despite the growing recognition of Marxism in the rest of the world, there was a strong backlash against it in the United States. Like many other intellectuals and cultural elites, Trumbo was blacklisted by Hollywood executives for his ideology. He was forbidden to work in the film industry for several years, until he was finally welcomed back in 1960.

① The impact of Trumbo's political stance on his career
② The most socialist screenplays that Trumbo wrote
③ Trumbo's political fight against the film industry
④ How Communism changed Trumbo's writing style

전략 적용 & 지문 분석

도입

Dalton Trumbo is considered / to be one of the most talented screenwriters / that ever worked in Hollywood. 달튼 트럼보는 여겨진다 / 가장 재능 있는 시나리오 작가들 중 한 명으로 / 지금껏 할리우드에서 일했던

be considered to be + 명사: '명사'로 여겨지다

전개1

His career began to take off / in the 1940s, / with some of his most memorable works / including *Eclipse* and *Kitty Foyle*.
그의 경력은 비약하기 시작했다 / 1940년대에 / 그의 가장 인상적인 작품들 몇몇과 함께 / <이클립스>와 <키티 포일>을 포함한

Even at that early stage, / Trumbo was writing in a social realist style / [that often delivered controversial themes].
그러한 (경력) 초기에도 / 트럼보는 사회 현실주의자의 문체로 작품을 쓰고 있었다 / 대개 논란의 여지가 있는 주제들을 전달하는

선행사(a social realist style)를 수식하는 주격 관계절

Step 1 중심 내용 찾기
'공산당원이 된 시나리오 작가 트럼보가 그의 사상으로 인해 영화계에서 일을 못하게 된 일화'가 지문의 중심 내용이다.

전개2

As his popularity rose, / so did Marxism, / and Trumbo soon became a member of the Communist Party.
그의 인기가 상승하면서 / 마르크스주의도 그러했다(인기가 상승했다) / 그리고 트럼보는 머지않아 공산당원이 되었다

도치 구문: so(~역시 그렇다) + 조동사(did) + 주어

전개3

Despite the growing recognition of Marxism / in the rest of the world, / there was a strong backlash against it / in the United States.
마르크스주의에 관해 점점 높아지는 인식에도 불구하고 / 세계 다른 지역들에서 / 그것에 대항하는 강한 반발이 있었다 / 미국 내에서는

Like many other intellectuals and cultural elites, / Trumbo was blacklisted / by Hollywood executives / for his ideology.
여러 다른 지식인들과 문화적 엘리트들처럼 / 트럼보는 블랙리스트에 올랐다 / 할리우드의 중역들에 의해 / 그의 사상 때문에

결말

He was forbidden to work in the film industry / for several years, / until he was finally welcomed back in 1960. 그는 영화계에서 일하는 것이 금지되었다 / 수년간 / 그가 결국 1960년에 환영 받으며 복귀할 때까지

Step 2 중심 내용을 가장 잘 바꾸어 표현한 보기 선택
중심 내용을 '트럼보의 정치적 입장이 그의 경력에 미친 영향'이라고 바꾸어 표현한 ①번이 정답이다.

① The impact of Trumbo's political stance on his career
트럼보의 정치적 입장이 그의 경력에 미친 영향
② The most socialist screenplays that Trumbo wrote
트럼보가 집필한 가장 사회주의적인 시나리오들
③ Trumbo's political fight against the film industry
영화계에 맞선 트럼보의 정치적인 투쟁
④ How Communism changed Trumbo's writing style
공산주의가 어떻게 트럼보의 문체를 바꾸었는가

해석 달튼 트럼보는 지금껏 할리우드에서 일했던 가장 재능 있는 시나리오 작가들 중 한 명으로 여겨진다. 그의 경력은 <이클립스>와 <키티 포일>을 포함한 그의 가장 인상적인 작품들 몇몇과 함께, 1940년대에 비약하기 시작했다. 그러한 경력 초기에도, 트럼보는 대개 논란의 여지가 있는 주제를 전달하는 사회 현실주의자의 문체로 작품을 쓰고 있었다. 그의 인기가 상승하면서, 마르크스주의도 인기가 상승했고, 트럼보는 머지않아 공산당원이 되었다. 세계 다른 지역들에서 마르크스주의에 관해 점점 인식이 높아졌음에도 불구하고, 미국 내에서는 그것에 대항하는 강한 반발이 있었다. 여러 다른 지식인들과 문화적 엘리트들처럼, 트럼보는 그의 사상 때문에 할리우드의 중역들에 의해 블랙리스트에 올랐다. 그는 결국 1960년에 환영 받으며 복귀할 때까지, 영화계에서 일하는 것이 수년간 금지되었다.

해설 지문 전반에 걸쳐 사회 현실주의자의 문체를 사용하던 트럼보는 결국 공산당원이 되었고, 그의 사상 때문에 할리우드 블랙리스트에 올라 수년간 영화계에서 일하는 것이 금지되었다고 설명하고 있다. 따라서 지문의 주제를 '트럼보의 정치적 입장이 그의 경력에 미친 영향'이라고 표현한 ①번이 정답이다.

정답 ①

05 다음 글의 제목으로 가장 적절한 것을 고르시오.

A Vermont court ruled in favor of a middle school student who claimed that his school violated his rights to free speech, capturing the attention of schools nationwide. The trial, which involved the student's right to wear clothing containing political or controversial subject matter, was carefully monitored by school districts concerned that the verdict might force a reevaluation of student rights. Currently, many schools have restrictions in place regarding student apparel. However, the court's ruling is expected to prompt school officials to revise their regulations.

① Vermont Student Found Guilty in Court
② School Tightens Its Dress Code
③ Student Wins Dress Code Lawsuit
④ Political Messages Banned from Public Schools

전략 적용 & 지문 분석

주제문

A Vermont court ruled / in favor of a middle school student / [who claimed / that his school violated his rights / to free speech], / capturing the attention of schools nationwide.
버몬트 법원은 판결을 내렸다 / 한 중학생에게 유리하게 / 주장한 / 학교가 자신의 권리를 침해했다고 / 표현의 자유에 대한 / 그리고 이는 학교들의 관심을 사로잡았다 / 전국적으로

선행사(a middle school student)를 수식하는 주격 관계절

Step 1 중심 내용 찾기
'학교가 옷을 자유롭게 입을 학생의 권리를 침해한다고 주장한 중학생에게 유리하게 내려진 판결'이 지문의 중심 내용이다.

설명

The trial, / which involved the student's right / to wear clothing / containing political or controversial subject matter, / was carefully monitored / by school districts / [concerned that the verdict might force / a reevaluation of student rights].
그 재판은 / 학생의 권리를 다루었다 / 옷을 입을 / 정치적이거나 논란의 여지가 있는 주제를 담고 있는 / 면밀하게 모니터되었다 / 학군들에 의해 / 그 판결이 어쩔 수 없이 ~을 하게 할 것이라고 염려하는 / 학생의 권리에 대한 재고를

right + to 부정사: 'to 부정사' 할 권리
'주격 관계대명사 + be동사'가 생략된 관계절

Currently, / many schools have restrictions / in place / regarding student apparel.
현재, / 많은 학교들이 규제를 두고 있다 / 시행 중인 / 학생들의 복장에 관한

결론

However, / the court's ruling / is expected to prompt / school officials / to revise their regulations.
하지만 / 법원의 그 판결은 / 촉구할 것으로 예상된다 / 학교 관계자들이 / 그들의 (복장) 규정을 개정하게

prompt + 목적어 + to 부정사: '목적어'가 'to 부정사'하게 촉구하다

Step 2 중심 내용을 가장 잘 바꾸어 표현한 보기 선택
중심 내용을 '학생이 복장 규정 소송에서 승리하다'라고 바꾸어 표현한 ③번이 정답이다.

① Vermont Student Found Guilty in Court
법원에서 유죄로 밝혀진 버몬트의 학생

② School Tightens Its Dress Code
학교가 복장 규정을 더 엄격하게 하다

③ Student Wins Dress Code Lawsuit
학생이 복장 규정 소송에서 승리하다

④ Political Messages Banned from Public Schools
공립 학교에서 금지된 정치적 메시지들

해석 버몬트 법원은 학교가 표현의 자유에 대한 자신의 권리를 침해했다고 주장한 한 중학생에게 유리하게 판결을 내렸고, 이는 전국적으로 학교들의 관심을 사로잡았다. 정치적이거나 논란의 여지가 있는 주제를 담고 있는 옷을 입을 학생의 권리를 다룬 그 재판은 그 판결이 어쩔 수 없이 학생의 권리에 대한 재고를 하게 할 것이라고 염려하는 학군들에 의해 면밀하게 모니터되었다. 현재, 많은 학교들이 학생들의 복장에 관한 규제를 두고 시행 중에 있다. 하지만, 법원의 그 판결은 학교 관계자들이 (복장) 규정을 개정하게 촉구할 것으로 예상된다.

해설 지문 처음에서 버몬트 법원은 학교가 자신의 표현의 자유에 대한 권리를 침해했다고 주장한 한 중학생에게 유리하게 판결을 내렸고, 그 재판은 정치적이거나 논란의 여지가 있는 주제를 담고 있는 옷을 입을 학생의 권리를 다루었다고 설명하고 있다. 따라서 지문의 제목을 '학생이 복장 규정 소송에서 승리하다'라고 표현한 ③번이 정답이다.

정답 ③

06 밑줄 친 부분에 들어갈 말로 가장 적절한 것을 고르시오.

You may wonder, "Do the dreams of the blind have images?" It's not difficult to imagine that those who lose their sight later in life still dream in images, as their memories are still stored that way. But it may be surprising to learn that even those born blind _____. The reason for this has to do with how humans perceive sight. These perceptions begin when our eyes take in light. This is then transmitted to the brain through the optic nerve. The brain reassembles and decodes these messages, deciphering and interpreting them. Visual impairments generally affect only the first step in this process. That is, for the blind, their brains are still able to understand ocular messages; there's just nothing sending them. Thus, their brains are able to create mental messages while they sleep.

① base nighttime visions on different senses
② conjure visual fantasies while they sleep
③ rely on different senses during dreams
④ express having no memory of dreams

전략 적용 & 지문 분석

도입

You may wonder, / "Do the dreams of the blind have images?"
당신은 아마 궁금해할 것이다 / '시각 장애인들의 꿈에도 이미지가 있을까?'

It's not difficult / to imagine that / those who lose their sight later in life / still dream in images, / as their memories are still stored that way.
(지시대명사 those를 관계절이 수식: '관계절'한 사람들)
(~은) 어렵지 않다 / ~라고 짐작하는 것은 / 후천적으로 시력을 잃은 사람들이 / 여전히 이미지의 형태로 꿈을 꾼다 / 이는 그들의 기억이 여전히 그러한 방식으로 저장되어 있기 때문이다

주제문

But / it may be surprising to learn that / even those born blind / conjure visual fantasies while they sleep.
그러나 / ~라는 것을 알게 되면 놀랄지도 모른다 / 시각 장애인으로 태어난 사람들조차도 / 잠을 자는 동안 시각적 환상을 출현시킨다

The reason for this / has to do with / how humans perceive sight.
(have to do with: ~과 관계가 있다)
이것의 이유는 / ~과 관계가 있다 / 인간이 보이는 것을 인지하는 방식

설명

These perceptions begin / when our eyes take in light. // This is then transmitted to the brain / through the optic nerve. // The brain reassembles and decodes these messages, / deciphering and interpreting them.
이러한 인지들은 시작된다 / 우리의 눈이 빛을 흡수할 때 // 이것(빛)은 그 후 뇌로 전송된다 / 시신경을 통해 // 뇌는 이 메시지들을 다시 모아서 해독한다 / 그것들을 판독하고 해석하며

Visual impairments generally affect / only the first step / in this process.
시력 손상은 보통 영향을 준다 / 첫 번째 단계(눈이 빛을 흡수하는 단계)에만 / 이 과정에서

That is, / for the blind, / their brains are still able to understand / ocular messages; / there's just nothing sending them.
(명사(nothing)를 수식하는 분사구)
즉 / 시각 장애인들도 / 그들의 뇌는 여전히 이해할 수 있다 / 시각 메시지들을 / 단지 그것들(시각 메시지들)을 전송하는 것이 없을 뿐이다

결론

Thus, / their brains are able to create / mental messages / while they sleep.
따라서 / 그들의 뇌는 만들 수 있다 / 머릿속 메시지들을 / 그들이 자는 동안

① base nighttime visions on different senses 야간 시력을 다른 감각들에 기반한다
② conjure visual fantasies while they sleep 잠을 자는 동안 시각적 환상을 출현시킨다
③ rely on different senses during dreams 꿈을 꾸는 동안 다른 감각들에 의존한다
④ express having no memory of dreams 꿈에 대한 기억이 없다고 표현한다

Step 1
빈칸이 있는 문장과 그 주변을 통해 빈칸에 들어갈 내용 파악
시각 장애인으로 태어난 사람들조차도 무엇을 하는 것이 놀라운지

Step 2
지문을 읽고 빈칸에 들어가기에 가장 적절한 보기 선택
빈칸 뒷부분에 시각 장애인들도 시각 메시지를 이해할 능력이 있으며 그들이 자는 동안 그들의 뇌도 머릿속 메시지들을 만들 수 있다는 내용이 있으므로 '잠을 자는 동안 시각적 환상을 출현시킨다'라고 한 ②번이 정답이다.

해석 당신은 아마 '시각 장애인들의 꿈에도 이미지가 있을까?'하고 궁금해할 것이다. 후천적으로 시력을 잃은 사람들이 여전히 이미지의 형태로 꿈을 꾼다고 짐작하는 것은 어렵지 않은데, 이는 그들의 기억이 여전히 그러한 방식(이미지의 형태)으로 저장되어 있기 때문이다. 그러나 시각 장애인으로 태어난 사람들조차도 잠을 자는 동안 시각적 환상을 출현시킨다는 것을 알게 되면 놀랄지도 모른다. 이것의 이유는 인간이 보이는 것을 인지하는 방식과 관계가 있다. 이러한 인지들은 우리의 눈이 빛을 흡수할 때 시작된다. 이것(빛)은 그 후 시신경을 통해 뇌로 전송된다. 뇌는 이 메시지들을 판독하고 해석하며, 그것들을 다시 모아서 해독한다. 시력 손상은 보통 이 과정에서 첫 번째 단계(눈이 빛을 흡수하는 단계)에만 영향을 준다. 즉, 시각 장애인들도 뇌로는 여전히 시각 메시지들을 이해할 수 있다. 단지 그것들(시각 메시지들)을 전송하는 것이 없을 뿐이다. 따라서, 그들이 자는 동안 그들의 뇌는 머릿속 메시지들을 만들 수 있다.

해설 빈칸 뒷부분에 시각 장애인들도 시각 메시지를 전송하는 것이 없을 뿐, 뇌를 통해 그것들을 이해할 능력이 있다는 내용이 있고, 그들의 뇌는 그들이 자는 동안 관념적인 메시지들을 만들 수 있다는 내용이 있으므로 '잠을 자는 동안 시각적 환상을 출현시킨다'라고 한 ②번이 정답이다.

정답 ②

07 글의 흐름상 빈칸에 들어갈 말로 가장 적절한 것은?

Anthem, a dystopian novella written by Russian-American author Ayn Rand, depicted a futuristic society rooted in complete collectivism. As a critique against the growing influence of Soviet Russia, the book provided readers with a radical picture of what communistic life could look like. The concept of the individual was forbidden and the populace viewed itself only as a single entity; this meant that personal relationships were not allowed. Children were taken from their parents at birth and friendships were prohibited. Inhabitants were also referred to numerically instead of by name, and jobs were assigned without any consideration of personal preferences. Consequently, *Anthem* left readers fearing communism as a threat to _____.

① individuality
② socialism
③ coexistence
④ literature

전략 적용 & 지문 분석

도입

Anthem, / [a dystopian novella / written by Russian-American author Ayn Rand,] / depicted a futuristic society / rooted in complete collectivism.
『성가』는 / 반이상향적인 중편 소설인 / 러시아계 미국인 작가 아인 랜드에 의해 쓰인 / 미래 사회를 묘사했다 / 완전한 집산주의에 뿌리를 둔

→ 동격의 콤마: 콤마(,) 뒤의 절이 Anthem에 대한 설명

주제문

As a critique / against the growing influence of Soviet Russia, / the book provided readers / with a radical picture / of what communistic life could look like.
비평으로서 / 구소련의 커지는 영향력에 대한 / 그 책은 독자들에게 제공했다 / 극단적인 묘사를 / 공산주의의 삶이 어떻게 보일 수 있는지에 대한

설명

The concept of the individual was forbidden / and the populace viewed itself / only as a single entity; / this meant / that personal relationships were not allowed.
개인이라는 개념은 허용되지 않았다 / 그리고 대중들은 스스로를 여겼다 / 하나의 단일 개체로만 / 이것은 의미했다 / 개인적인 관계가 허락되지 않는다는 것을

→ 재귀대명사의 재귀 용법: 목적어가 주어(the populace)와 같은 것을 지칭

Children were taken from their parents / at birth / and friendships were prohibited.
아이들은 부모로부터 떨어졌다 / 태어나자마자 / 그리고 교우 관계는 금지되었다

Inhabitants were also referred to numerically / instead of by name, / and jobs were assigned / without any consideration / of personal preferences.
주민들은 또한 숫자로 불렸다 / 이름으로 불리는 대신 / 그리고 직업은 할당되었다 / 아무런 고려 없이 / 개인적인 선호도에 대한

→ 동사구 refer to의 수동태: ~로 불리다

영향

Consequently, / Anthem left readers fearing communism / as a threat to individuality.
결과적으로 / 『성가』는 독자들이 공산주의를 두려워하게 만들었다 / 개성에 대한 위협으로서

① individuality
　개성
② socialism
　사회주의
③ coexistence
　공존
④ literature
　문학

Step 1
빈칸이 있는 문장과 그 주변을 통해 빈칸에 들어갈 내용 파악
『성가』는 독자들이 공산주의를 무엇에 대한 위협으로서 두려워하게 만들었는지

Step 2
지문을 읽고 빈칸에 들어가기에 가장 적절한 보기 선택
빈칸 앞부분에 집산주의 사회에 사는 주민들은 이름 대신 숫자로 불렸고 직업 역시 개인적인 선호도에 대한 고려 없이 할당되었다는 내용이 있으므로 '개성'에 대한 위협이라고 한 ①번이 정답이다.

해석 러시아계 미국인 작가 아인 랜드에 의해 쓰인 반이상향적인 중편 소설 『성가』는 완전한 집산주의에 뿌리를 둔 미래 사회를 묘사했다. 구소련의 커지는 영향력에 대한 비평으로서, 그 책은 독자들에게 공산주의의 삶이 어떻게 보일 수 있는지에 대한 극단적인 묘사를 제공했다. 개인이라는 개념은 허용되지 않았고 대중들은 스스로를 하나의 단일 개체로만 여겼다. 이것은 개인적인 관계가 허락되지 않는다는 것을 의미했다. 아이들은 태어나자마자 부모로부터 떨어졌고 교우 관계는 금지되었다. 주민들은 또한 이름으로 불리는 대신 숫자로 불렸고, 직업은 개인적인 선호도에 대한 아무런 고려 없이 할당되었다. 결과적으로, 『성가』는 독자들이 공산주의를 개성에 대한 위협으로서 두려워하게 만들었다.

해설 빈칸 앞부분에 『성가』에서는 집산주의 사회에서 개인이라는 개념은 허용되지 않았고, 그곳에 사는 주민들은 이름 대신 숫자로 불렸으며 직업은 개인적인 선호도에 대한 아무런 고려 없이 할당되었다는 내용이 있으므로, 『성가』는 독자들이 공산주의를 '개성'에 대한 위협으로서 두려워하게 만들었다고 한 ①번이 정답이다.

정답 ①

08 다음 글의 요지로 가장 적절한 것은?

Animal Protection

The Society for the Prevention of Animal Cruelty (SPAC) is committed to the protection of animals. It supports their protection by endorsing animal protection legislation and public awareness programs about local and national laws for both strays and wild animals.

Animal Shelters

SPAC operates 36 animal shelters around the country to provide food, water, shelter, and medical care to the animals in its care. It also runs public awareness programs to encourage people to learn laws on animal abuse, adopt a stray, and report injured wild animals. It has sheltered more than 22,000 animals.

To accomplish this, SPAC relies on government funding and private donations for its 500 staff and over 5,000 volunteers. It now runs five large veterinary hospitals and a wildlife rehabilitation center. It also monitors the use of animals in films and entertainment.

① The SPAC educates the public on laws established for animal protection.
② The SPAC works toward advancing the safety and well-being of animals.
③ The SPAC needs donations to support its staff and volunteers.
④ The SPAC plans to increase its animal shelters and hospitals.

전략 적용 & 지문 분석

주제문

Animal Protection // The Society for the Prevention of Animal Cruelty (SPAC) / is committed to the protection of animals. 동물 보호 // 동물학대방지협회(SPAC)는 / 동물 보호에 전념하고 있습니다

> **Step 1**
> 주제문 찾기
> 'SPAC는 동물 보호에 전념하고 있다'는 내용이 지문의 주제문이다.

설명1

It supports their protection / by endorsing animal protection legislation / and / public awareness programs / about local and national laws / for both strays and wild animals.
by + 동명사: ~함으로써
이곳은 동물 보호를 지원합니다 / 동물 보호 법안을 지지함으로써 / 그리고 / 대중 인식 프로그램을 / 지역 및 국가 법률에 대한 / 길 잃은 동물과 야생 동물 모두를 위한

설명2

Animal Shelters // SPAC operates 36 animal shelters / around the country / to provide food, water, shelter, and medical care / to the animals / in its care.
동물 보호소 // SPAC는 36개의 동물 보호소를 운영합니다 / 전국에 / 음식, 물, 쉼터 및 의료 서비스를 제공하기 위해 / 동물들에게 / 보호 대상의

It also runs public awareness programs / to encourage people / [to learn laws] / on animal abuse, / [adopt a stray], / and / [report injured wild animals].
and로 연결된 to 부정사구 병치 구문(두 번째, 세 번째 to 생략)
이곳은 또한 대중 인식 프로그램도 운영합니다 / 사람들을 장려하기 위해 / 법률을 배우도록 / 동물 학대에 관한 / 길 잃은 동물을 입양하도록 / 그리고 / 부상당한 야생 동물들을 신고하도록

It has sheltered / more than 22,000 animals. 이곳은 보호해 왔습니다 / 22,000마리 이상의 동물들을

> **Step 2**
> 주제문을 가장 잘 바꾸어 표현한 보기 선택
> 주제문의 내용을 'SPAC는 동물의 안전과 복지를 증진하기 위해 노력한다'라고 바꾸어 표현한 ②번이 정답이다.

방법1

To accomplish this, / SPAC relies on government funding and private donations / for its 500 staff and over 5,000 volunteers.
이를 달성하기 위해 / SPAC는 정부 자금과 민간 기부에 의존합니다 / 500명의 직원과 5,000명 이상의 자원봉사자를 위한

방법2

It now runs / five large veterinary hospitals / and / a wildlife rehabilitation center.
이곳은 현재 운영합니다 / 5개의 대형 동물병원을 / 그리고 / 야생동물 재활 센터를

방법3

It also monitors / the use of animals / in films and entertainment.
이곳은 또한 추적 관찰합니다 / 동물의 사용을 / 영화와 오락물에서의

① The SPAC educates the public on laws established for animal protection.
SPAC는 동물 보호를 위해 제정된 법률을 대중에게 교육한다.

② The SPAC works toward advancing the safety and well-being of animals.
SPAC는 동물의 안전과 복지를 증진하기 위해 노력한다.

③ The SPAC needs donations to support its staff and volunteers.
SPAC는 직원과 자원봉사자를 지원하기 위해 기부가 필요하다.

④ The SPAC plans to increase its animal shelters and hospitals.
SPAC는 동물 보호소와 병원을 늘릴 계획이다.

해석 **동물 보호**
동물학대방지협회(SPAC)는 동물 보호에 전념하고 있습니다. 이곳은 동물 보호 법안과 길 잃은 동물과 야생 동물 모두를 위한 지역 및 국가 법률에 대한 대중 인식 프로그램을 지지함으로써 동물 보호를 지원합니다.

동물 보호소
SPAC는 보호 대상 동물들에게 음식, 물, 쉼터 및 의료 서비스를 제공하기 위해 전국에 36개의 동물 보호소를 운영합니다. 또한 사람들이 동물 학대에 관한 법률을 배우고, 길 잃은 동물을 입양하고, 부상당한 야생 동물을 신고하도록 장려하기 위해 대중 인식 프로그램도 운영합니다. 이곳은 22,000마리 이상의 동물들을 보호해 왔습니다.

이를 달성하기 위해, SPAC는 500명의 직원과 5,000명 이상의 자원봉사자를 위한 정부 자금과 민간 기부에 의존합니다. 현재 5개의 대형 동물병원과 야생동물 재활 센터를 운영합니다. 또한 영화와 오락물에서의 동물의 사용을 추적 관찰합니다.

정답 ②

09 빈칸에 들어갈 말로 가장 적절한 것을 고르시오.

> The game of Go, in which two players place black and white stones on a board in an attempt to gain territory, was invented in China thousands of years ago and has been intriguing people ever since. Renowned for its deep complexity, it was, for a long time, the domain of human intelligence—the rare game that could not be solved by computers. But in 2016, a computer program called *AlphaGo* became the world's top player. The artificial intelligence algorithm created by Google mastered the game through deep learning, which mimics how the human brain learns, by strengthening neural connections using experience and examples. *AlphaGo* defeated a South Korean player who was considered to be the best in the world—a somber day for humanity yet _____.

① a huge relief for Go players all over the globe
② an enormous loss for programmers at Google
③ a new milestone for the field of artificial intelligence
④ an unprecedented moment for brain researchers

전략 적용 & 지문 분석

도입

The game of Go, / in which two players place black and white stones / on a board / in an attempt to gain territory, / was invented in China / thousands of years ago / and has been intriguing people / ever since.
바둑 게임은 / 두 선수가 검은 돌과 흰 돌을 두는 / 판 위에 / 영역을 얻기 위해 / 중국에서 발명되었다 / 수천 년 전에 / 그리고 사람들의 흥미를 끌어왔다 / 그 이후로 계속

(in which → 전치사 + 관계대명사)

설명

Renowned for its deep complexity, / it was, / for a long time, / the domain of human intelligence / —the rare game / [that could not be solved by computers.]
높은 난이도로 유명한 / 그것(바둑)은 ~이었다 / 오랫동안 / 인간 지능의 영역 / 보기 드문 게임이었다 / 컴퓨터에 의해서는 처리될 수 없는

(선행사(game)를 수식하는 주격 관계절)

전환

But in 2016, / a computer program called *AlphaGo* / became the world's top player.
하지만 2016년에 / '알파고'라는 이름의 컴퓨터 프로그램이 / 세계 1위의 (바둑) 선수가 되었다

The artificial intelligence algorithm / created by Google / mastered the game / through deep learning, / which mimics how the human brain learns, / by strengthening neural connections / using experience and examples.
그 인공 지능 알고리즘은 / 구글에 의해 만들어진 / (바둑) 게임의 기술을 터득했다 / 딥 러닝을 통해서 / 그리고 그것은 인간의 뇌가 학습하는 방법을 모방한다 / 신경망의 연결을 강화시킴으로써 / 경험과 예시들을 사용하여

(by + 동명사: '동명사'함으로써)

결론

AlphaGo defeated / a South Korean player / who was considered to be the best in the world / —a somber day / for humanity / yet / a new milestone for the field of artificial intelligence.
알파고는 이겼다 / 남한의 한 바둑 선수를 / 세계에서 최고로 여겨졌던 / 우울한 날이었다 / 인류에게는 / 하지만 / 인공 지능의 영역에서는 새롭고 획기적인 사건이었다

Step 1 빈칸이 있는 문장과 그 주변을 통해 빈칸에 들어갈 내용 파악

알파고가 세계 최고의 바둑 선수를 이긴 것의 의의가 무엇인지

Step 2 지문을 읽고 빈칸에 들어가기에 가장 적절한 보기 선택

빈칸 앞부분에 바둑이 컴퓨터로 처리될 수 없는 영역이었지만 인공 지능 알고리즘인 알파고가 딥 러닝을 통해 세계 최고의 바둑 선수를 이겼다는 내용이 있으므로 '인공 지능의 영역에서는 새롭고 획기적인 사건'이라고 한 ③번이 정답이다.

① a huge relief for Go players all over the globe
전 세계 바둑 선수들에게는 큰 안도

② an enormous loss for programmers at Google
구글 프로그래머들에게는 엄청난 손실

③ a new milestone for the field of artificial intelligence
인공 지능의 영역에서는 새롭고 획기적인 사건

④ an unprecedented moment for brain researchers
뇌 연구가들에게는 전례 없는 순간

해석 두 선수가 영역을 얻기 위해 판 위에 검은 돌과 흰 돌을 두는 바둑 게임은 수천 년 전에 중국에서 발명되었고, 그 이후로 계속 사람들의 흥미를 끌어왔다. 높은 난이도로 유명한 그것(바둑)은 오랫동안 인간 지능의 영역이었고, 컴퓨터에 의해서는 처리될 수 없는 보기 드문 게임이었다. 하지만 2016년에, '알파고'라는 이름의 컴퓨터 프로그램이 세계 1위의 (바둑) 선수가 되었다. 구글에 의해 만들어진 그 인공 지능 알고리즘은 딥 러닝을 통해서 (바둑) 게임의 기술을 터득했으며, 그것(딥 러닝)은 경험과 예시들을 사용하여 신경망의 연결을 강화시킴으로써 인간의 뇌가 학습하는 방법을 모방한다. 알파고는 세계에서 최고로 여겨졌던 남한의 한 바둑 선수를 이겼는데, 인류에게는 우울한 날이었지만, 인공 지능의 영역에서는 새롭고 획기적인 사건이었다.

해설 빈칸 앞부분에 이전에 바둑은 컴퓨터에 의해서는 처리될 수 없는 게임이었고, 인공 지능 알고리즘인 알파고가 인간 뇌의 학습 방법을 모방하는 딥 러닝을 통해서 게임의 기술을 터득하여 세계 1위 바둑 선수가 되었다는 내용이 있으므로, 알파고가 세계 최고의 바둑 선수를 이긴 것이 '인공 지능의 영역에서는 새롭고 획기적인 사건'이었다고 한 ③번이 정답이다.

정답 ③

[10~11] 다음 글을 읽고 물음에 답하시오.

[A]

The winter flu season is fast approaching. Researchers are predicting that this year's flu virus will be more contagious than in the past. To deal with this danger, the government's medical officers urge eligible residents to get a flu vaccine. Stop by the Greenbriar Medical Center for yours today.

Dates	Monday to Saturday	
Times	Monday–Friday	8 a.m. – 7 p.m.
	Saturday	8 a.m. – Noon
Eligibility	· Everyone over 20 years of age with a Resident Registration Card · Children enrolled in school	
Cost	Free of charge	

For more information, or to make an appointment, please call 555-2851. Walk-ins are also accepted, although there may be a longer wait required.

10 (A)에 들어갈 윗글의 제목으로 가장 적절한 것은?
① Get Vaccinated to Protect Yourself
② Beware the Dangers of Winter Viruses
③ Check Your Vaccination Eligibility
④ Take Medicine to Recover from Flu Symptoms

11 위 안내문의 내용과 일치하는 것은?
① 예방 주사는 주중에만 접종한다.
② 성인은 주민등록증이 있어야 예방 접종을 받을 수 있다.
③ 예방 주사 접종에는 약간의 비용이 청구된다.
④ 사전 예약 없이 방문하는 것은 불가하다.

해설 **10** 지문 처음에서 연구원들이 올해 독감 바이러스가 과거보다 전염성이 더 강할 것이라고 예측한다며, 이러한 위험에 대처하기 위해 정부의 의료 담당자들은 주민들에게 독감 예방 주사를 접종할 것을 촉구한다고 하고 있다. 따라서 지문의 제목을 '자신을 보호하기 위해 예방 접종을 받으세요'라고 표현한 ①번이 정답이다.

11 ②번의 키워드인 주민등록증이 그대로 등장한 지문 주변의 내용에서 주민등록증을 소지한 20세 이상이 예방 접종의 자격을 충족한다는 것을 알 수 있다. 따라서 ②번이 지문의 내용과 일치한다.

어휘 contagious 전염성의 urge 촉구하다, 강력히 권고하다 eligible 자격을 갖춘 walk-in 예약 없이 방문하는, 예약이 안 된, 예약이 필요 없는

전략 적용 & 지문 분석

도입

The winter flu season is fast approaching. 겨울 독감 철이 빠르게 다가오고 있습니다

Researchers are predicting / that this year's flu virus / will be more contagious / than in the past.
연구원들은 예측하고 있습니다 / 올해 독감 바이러스가 / 전염성이 더 강할 것이라고 / 과거보다

주제문

→ 목적을 나타내는 to 부정사의 부사적 용법

To deal with this danger, / the government's medical officers urge / eligible residents to get a flu vaccine. 이러한 위험에 대처하기 위해 / 정부의 의료 담당자들은 촉구합니다 / 자격을 갖춘 주민들에게 독감 예방 주사를 접종할 것을

Stop by the Greenbriar Medical Center for yours today. 오늘 접종을 위해 Greenbriar 종합 병원에 들러보세요

설명

①Dates 날짜	Monday to Saturday 월요일부터 토요일까지	
Times 시간	Monday–Friday 월요일-금요일	8 a.m. – 7 p.m. 오전 8시-오후 7시
	Saturday 토요일	8 a.m. – Noon 오전 8시-정오
Eligibility 자격	· ②Everyone over 20 years of age / with a Resident Registration Card 20세 이상 누구나 / 주민등록증을 소지한	
	→ 명사(Children)를 수식하는 과거분사 · Children enrolled in school 학교에 등록된 어린이	
③Cost 비용	Free of charge 무료	

부연1

For more information, / or / to make an appointment, / please call 555-2851.
자세한 정보를 원하시면 / 또는 / 예약하기를 원하시면 / 555-2851로 전화해 주세요

부연2

④Walk-ins are also accepted, / although there may be a longer wait required.
예약 없이 방문하는 것도 가능합니다 / 대기 시간이 더 길 수도 있지만

10

① Get Vaccinated to Protect Yourself 자신을 보호하기 위해 예방 접종을 받으세요
② Beware the Dangers of Winter Viruses 겨울철 바이러스의 위험성을 주의하세요
③ Check Your Vaccination Eligibility 예방접종 자격을 확인해 보세요
④ Take Medicine to Recover from Flu Symptoms 독감 증상 회복을 위해 약을 복용하세요

Step 1
지문에서 파악해야 할 내용
1) 제목
2) 일치하는 것

Step 2
10번: 중심 내용이 담겨 있는 부분을 읽고 독감 예방 주사를 접종할 것을 촉구하는 글임을 파악한다.
11번: ②번의 키워드인 주민등록증이 그대로 등장한 지문 주변의 내용에서 주민등록증을 소지한 20세 이상이 예방 접종의 자격을 충족한다는 것을 알 수 있다.

Step 3
10번: 제목을 '자신을 보호하기 위해 예방 접종을 받으세요'라고 표현한 ①번이 정답이다.
11번: ① X, ② O, ③ X, ④ X

해석 겨울 독감 철이 빠르게 다가오고 있습니다. 연구원들은 올해 독감 바이러스가 과거보다 전염성이 더 강할 것이라고 예측하고 있습니다. 이러한 위험에 대처하기 위해, 정부의 의료 담당자들은 자격을 갖춘 주민들에게 독감 예방 주사를 접종할 것을 촉구합니다. 오늘 접종을 위해 Greenbriar 종합 병원에 들러보세요.

날짜	월요일부터 토요일까지	
시간	월요일-금요일	오전 8시-오후 7시
	토요일	오전 8시-정오
자격	· 주민등록증을 소지한 20세 이상 누구나 · 학교에 등록된 어린이	
비용	무료	

자세한 정보나 예약하기를 원하시면, 555-2851로 전화해 주세요. 대기 시간이 더 길 수도 있지만 예약 없이 방문하는 것도 가능합니다.

정답 10 ①, 11 ②

12 다음 글의 내용과 일치하지 않는 것은?

> Bell's palsy, which affects 40,000 people annually, is a condition triggering partial paralysis of the face. For decades, doctors have treated this disorder through a form of physical rehabilitation called facial retraining, though the successfulness of this method was not overwhelmingly apparent. Today, physicians are using a new method of treatment to help patients overcome the condition. A drug called prednisolone improves muscular function by increasing the number of neurotransmitters, providing the patient with a greater degree of facial control. Those who use the medicine recover from their symptoms much more quickly than patients who rely exclusively on facial retraining exercises. Furthermore, individuals taking the drug reportedly do not experience any serious side effects.

① 매년 안면 신경 마비가 발생하는 환자의 수는 약 4만 명이다.
② 수십 년 동안 안면 재훈련이 안면 신경 마비에 대한 일반적인 치료법이었다.
③ 프레드니솔론을 사용하는 환자들은 얼굴 통제력이 더 향상된 것으로 나타났다.
④ 프레드니솔론은 이전 치료법보다 더 빠르게 작용하지만 큰 부작용이 있다.

전략 적용 & 지문 분석

도입
①Bell's palsy, / which affects 40,000 people annually, / is a condition / triggering partial paralysis of the face. 안면 신경 마비는 / 매년 4만 명의 사람들에게서 발생하는 / 질환이다 / 얼굴에 부분 마비를 일으키는
→ 명사(a condition)를 수식하는 분사구

문제점
For decades, / ②doctors have treated this disorder / through a form of physical rehabilitation / called facial retraining, / though / the successfulness of this method was not overwhelmingly apparent.
수십 년 동안 / 의사들은 이 질환을 치료해 왔다 / 물리적인 재활 치료 방식을 통해 / 안면 재훈련이라고 불리는 / 하지만 / 이 (치료) 방식의 성공은 매우 확실하다고 할 수는 없었다

해결책
준 사역동사 help는 목적격 보어로 원형 부정사/to 부정사 모두 가능
Today, / physicians are using / a new method of treatment / to help patients overcome the condition.
오늘날 / 의사들은 사용하고 있다 / 새로운 치료법을 / 환자들이 그 질환을 이겨내도록 돕기 위해

→ 명사(A drug)를 수식하는 분사구
③A drug / called prednisolone / improves muscular function / by increasing the number of neurotransmitters, / providing the patient / with a greater degree of facial control.
한 약물은 / 프레드니솔론이라고 불리는 / 근육의 기능을 향상시킨다 / 신경 전달 물질의 수를 증가시킴으로써 / 이는 환자에게 제공한다 / 더 많은 안면 통제력을

부연
비교급 강조 부사
④Those who use the medicine / recover from their symptoms much more quickly / than patients / who rely exclusively on facial retraining exercises.
그 약을 사용하는 사람들은 / 훨씬 더 빨리 증상에서 회복한다 / 환자들보다 / 오로지 안면 재훈련 운동에만 의존하는

Furthermore, / ④individuals taking the drug / reportedly / do not experience / any serious side effects.
뿐만 아니라 / 그 약을 복용하는 사람들은 / 전해진 바에 따르면 / 겪지 않는다고 한다 / 어떠한 심각한 부작용도

Step 1
보기를 먼저 읽고 지문의 내용과 비교할 키워드를 파악
① 환자의 수, 약 4만 명
② 안면 재훈련, 일반적인 치료법
③ 프레드니솔론, 얼굴 통제력 향상
④ 프레드니솔론, 더 빠르게 작용, 큰 부작용 있음

Step 2
지문에서 보기의 키워드와 관련된 부분을 찾아 비교한 후, 알맞은 보기 선택
① O: 매년 4만 명의 사람들에게서 발생함
② O: 의사들은 수십 년 동안 안면 재훈련으로 질환을 치료해 옴
③ O: 프레드니솔론은 환자에게 더 많은 안면 통제력을 제공함
④ X: 프레드니솔론을 사용하는 사람들은 더 빨리 증상에서 회복하고 어떠한 심각한 부작용도 겪지 않음

해석 매년 4만 명의 사람들에게서 발생하는 안면 신경 마비는, 얼굴에 부분 마비를 일으키는 질환이다. 수십 년 동안, 의사들은 안면 재훈련이라고 불리는 물리적인 재활 치료 방식을 통해 이 질환을 치료해 왔지만, 이 (치료) 방식의 성공은 매우 확실하다고 할 수는 없었다. 오늘날, 의사들은 환자들이 그 질환을 이겨내도록 돕기 위해 새로운 치료법을 사용하고 있다. 프레드니솔론이라고 불리는 한 약물은 신경 전달 물질의 수를 증가시킴으로써 근육의 기능을 향상시키는데, 이는 환자에게 더 많은 안면 통제력을 제공한다. 그 약을 사용하는 사람들은 오로지 안면 재훈련 운동에만 의존하는 환자들보다 훨씬 더 빨리 증상에서 회복한다. 뿐만 아니라, 전해진 바에 따르면 그 약을 복용하는 사람들은 어떠한 심각한 부작용도 겪지 않는다고 한다.

해설 ④번의 키워드인 부작용이 그대로 언급된 side effects(부작용) 주변의 내용에서 프레드니솔론을 사용하는 사람들은 안면 재훈련 운동에만 의존하는 환자들보다 훨씬 더 빨리 증상에서 회복하고 어떠한 심각한 부작용도 겪지 않는다고 했으므로, 프레드니솔론이 큰 부작용이 있다는 것은 지문의 내용과 다르다. 따라서 ④번이 지문의 내용과 일치하지 않는다.

정답 ④

13. International Franchise Owners Expo에 관한 다음 글의 내용과 일치하는 것은?

≡ MENU   https://ifoe.com/home

HOME | EXHIBITORS | AGENDA | REGISTER | CONTACT US

40th INTERNATIONAL FRANCHISE OWNERS EXPO (IFOE)

Registration is now open for visitors
Dates: May 30 to June 1
Regular admission: $45.00 per person

Register now to attend the 40th IFOE, the premier event for prospective entrepreneurs and business owners.

Meet in person with over 250 franchise brands and industry experts from around the world and choose from over 50 highly informative workshops to attend.

In-person registration will remain open until the final day of the event. Sign up online until April 30 to receive 10 percent off regular admission.

① Visitors to the expo can enter without paying an admission fee.
② A reservation must be made in advance to attend a workshop.
③ Visitor registration will close after April 30.
④ Online registrants are eligible for a discount.

전략 적용 & 지문 분석

40th INTERNATIONAL FRANCHISE OWNERS EXPO (IFOE)
제40회 국제 가맹점 소유주 엑스포(IFOE)

Registration is now open for visitors
이제 방문자 등록이 시작되었습니다

Dates: May 30 to June 1
날짜: 5월 30일부터 6월 1일

① Regular admission: $45.00 per person (per: ~당)
일반 입장료: 1인당 45달러

Register now / to attend the 40th IFOE, / the premier event / for prospective entrepreneurs and business owners.
지금 등록하세요 / 제40회 IFOE에 참석하기 위해 / 최고의 행사인 / 예비 기업가 및 사업주를 위한

[Meet] in person / with over 250 franchise brands and industry experts / from around the world / and / [choose] from over 50 highly informative workshops to attend. (and로 연결된 동사구 병치 구문)
직접 만나보세요 / 250개 이상의 가맹점 브랜드 및 업계 전문가를 / 전 세계의 / 그리고 / 50개 이상의 매우 유익한 워크숍 중에서 선택하여 참석하세요

② ③ In-person registration will remain open / until the final day of the event.
현장 등록은 계속 열려 있습니다 / 행사 마지막 날까지

④ Sign up online / until April 30 / to receive 10 percent off regular admission.
온라인으로 등록하세요 / 4월 30일까지 / 일반 입장료의 10퍼센트 할인을 받기 위해

① Visitors to the expo can enter without paying an admission fee.
엑스포 방문객은 입장료를 지불하지 않고 입장할 수 있다.

② A reservation must be made in advance to attend a workshop.
워크숍에 참석하려면 사전에 예약해야 한다.

③ Visitor registration will close after April 30.
방문자 등록은 4월 30일 이후에 마감된다.

④ Online registrants are eligible for a discount.
온라인 등록자는 할인을 받을 수 있다.

Step 1
보기를 먼저 읽고 지문의 내용과 비교할 키워드를 파악
① 엑스포 방문객, 입장료 지불 필요 없음
② 워크숍 참석, 사전 예약해야 함
③ 방문자 등록, 4월 30일 이후 마감
④ 온라인 등록자, 할인

Step 2
지문에서 보기의 키워드와 관련된 부분을 찾아 비교한 후, 알맞은 보기 선택
① X: 일반 입장료는 1인당 45달러임
② X: 현장 등록을 할 수 있음
③ X: 방문자 등록은 행사 마지막 날까지 계속 열려 있음
④ O: 온라인으로 등록하면 10퍼센트 할인을 받을 수 있음

해석
제40회 국제 가맹점 소유주 엑스포(IFOE)
이제 방문자 등록이 시작되었습니다
날짜: 5월 30일부터 6월 1일
일반 입장료: 1인당 45달러
예비 기업가 및 사업주를 위한 최고의 행사인 제40회 IFOE에 참석하기 위해 지금 등록하세요.
전 세계 250개 이상의 가맹점 브랜드 및 업계 전문가를 직접 만나보고 50개 이상의 매우 유익한 워크숍 중에서 선택하여 참석하세요.
현장 등록은 행사 마지막 날까지 계속 열려 있습니다. 일반 입장료의 10퍼센트를 할인받으시려면 4월 30일까지 온라인으로 등록하세요.

정답 ④

14 다음 문장이 들어갈 위치로 가장 적절한 것은?

> These measurements need to be considered to accurately determine an earthquake's strength.

The power of the Indian Ocean earthquake of 2004, which caused a deadly tsunami in Southeast Asia, was estimated at 9.0 on the Richter scale. (①) However, according to researchers at Northwestern University, this estimation may not be accurate. (②) The reported magnitude was determined only using measurements of short-distance waves detected by sensors located throughout the region and failed to include measurements of long-distance waves. (③) Using information about long-distance waves, the scientists reached a conclusion that the earthquake was three times stronger, with a magnitude of 9.3. (④) Given this reevaluated rating, the 2004 Indian Ocean earthquake would rank as the third most powerful earthquake on record.

전략 적용 & 지문 분석

부연 — These measurements need to be considered / to accurately determine an earthquake's strength.
이 측정치들은 고려되어야 한다 / 지진의 강도를 정확하게 알아내기 위해

설명 — The power of the Indian Ocean earthquake of 2004, / which caused a deadly tsunami in Southeast Asia, / was estimated at 9.0 / on the Richter scale.
2004년 인도양 지진의 강도는 / 동남아시아에 치명적인 쓰나미를 일으켰던 / 9.0으로 측정되었다 / 리히터 척도로

반박 — (①) However, / according to researchers at Northwestern University, / this estimation may not be accurate.
하지만 / 노스웨스턴 대학의 연구원들에 따르면 / 이 추정치는 정확하지 않을 수도 있다

부연 — (②) The reported magnitude [was determined] / only using measurements of short-distance waves / detected by sensors / located throughout the region / and [failed] to include / measurements of long-distance waves.
→ 명사(sensors)를 수식하는 과거분사구
→ and로 연결된 동사구 병치 구문
보고된 지진 규모는 산정되었다 / 단거리파 측정치만을 사용하여 / 감지 장치들에 의해 탐지된 / 그 지역 곳곳에 위치한 / 그리고 포함하지 못했다 / 장거리파 측정치는

(③) Using information about long-distance waves, / the scientists reached a conclusion / that the earthquake was three times stronger, / with a magnitude of 9.3.
→ a conclusion that(동격절): ~라는 결론
장거리파에 관한 정보를 이용하여 / 과학자들은 결론에 도달했다 / 그 지진이 3배 더 강력했다는 / 진도 9.3의 규모로

결론 — (④) Given this reevaluated rating, / the 2004 Indian Ocean earthquake would rank / as the third most powerful earthquake / on record.
→ the + 서수 + 최상급: ~번째로 가장 -한
이 재평가된 등급을 고려하면 / 2004년 인도양 지진은 오를 수 있다 / 3번째로 가장 강력한 지진에 / 사상

Step 1
주어진 문장을 읽고 앞에 나올 내용 예상

주어진 문장의 '이 측정치들이 고려되어야 한다'를 통해 주어진 문장 앞에 고려되어야 할 측정치들에 대한 내용이 나올 것임을 예상할 수 있다.

Step 2
지문을 읽고 주어진 문장을 삽입하기에 가장 적절한 위치 선택

주어진 문장에서 언급된 '고려되어야 할 측정치들'이 이전에 포함하지 못했던 장거리파 측정치들임을 알 수 있다. 따라서 주어진 문장을 삽입하기에 가장 적절한 위치인 ③번이 정답이다.

해석
이 측정치들은 지진의 강도를 정확하게 알아내기 위해 고려되어야 한다.

동남아시아에 치명적인 쓰나미를 일으켰던 2004년 인도양 지진의 강도는, 리히터 척도로 9.0으로 측정되었다. (①) 하지만, 노스웨스턴 대학의 연구원들에 따르면, 이 추정치는 정확하지 않을 수도 있다. (②) 보고된 지진 규모는 그 지역 곳곳에 위치한 감지 장치들에 의해 탐지된 단거리파 측정치만을 사용하여 산정되었으며, 장거리파 측정치는 포함하지 못했다. (③) 장거리파에 관한 정보를 이용하여, 과학자들은 그 지진이 진도 9.3의 규모로, 3배 더 강력했다는 결론에 도달했다. (④) 이 재평가된 등급을 고려하면, 2004년 인도양 지진은 사상 3번째로 가장 강력한 지진에 오를 수 있다.

정답 ③

15 다음 주어진 문장에 이어질 순서로 가장 적절한 것은?

> Richard was one of the premier chefs in Minneapolis, with his restaurant winning awards from all of the local publications.

(A) Nevertheless, Richard's ego ultimately got the best of him. In the show's first episode, he was so busy bragging about his fame that he failed to notice his soufflé burning. Subsequently, he was the first contestant kicked off the show, which taught him not to be so overconfident.

(B) Not only was he locally renowned, but he also had a moderate national following. In fact, it was not uncommon for well-known celebrities and food critics to travel to his restaurant from around the country to taste his food. This brought Richard a lot of attention and respect in the cooking world.

(C) That's why Richard was so confident when he entered a TV cooking competition. Easily breezing through the qualifying rounds, Richard soon found himself on the show's cast. Given his impressive skills and reputation, this initial success in the contest came as little surprise.

① (B) – (A) – (C) ② (B) – (C) – (A)
③ (C) – (A) – (B) ④ (C) – (B) – (A)

해설 주어진 문장에서 최고의 요리사인 Richard의 식당은 미니애폴리스 내의 모든 간행물들로부터 상을 받았다고 한 후, (B)에서 그는 지역 내에서뿐만 아니라 전국적으로도 팬들을 보유했기 때문에, 요리 업계에서 많은 관심과 존경을 받았다고 설명하고 있다. 뒤이어 (C)에서 그것(요리 업계에서의 많은 관심과 존경)이 Richard가 한 TV 요리 대회에 참가했을 때 자신감이 있었던 이유였다고 하며 대회 초반에는 예선전을 수월하게 해냈지만, (A)에서 그럼에도 불구하고 그는 너무 자만한 나머지 자신의 수플레를 태워 프로그램의 첫 탈락자가 되었다고 설명하고 있다. 따라서 주어진 문장 다음에 이어질 순서는 ② (B)-(C)-(A)이다.

어휘 premier 최고의, 수석의 publication 간행물 ego 자만심, 자존심 get the best of 이기게 하다 brag 자랑하다 subsequently 그 결과로 contestant (대회 등의) 참가자 overconfident 자만하는 renowned 유명한 moderate 어느 정도의, 적당한 following 팬들, 추종자들 breeze through 수월하게 해내다 qualifying round 예선전 cast 출연진 reputation 평판 initial 초기의

전략 적용 & 지문 분석

도입
Richard was one of the premier chefs / in Minneapolis, / with his restaurant winning awards / from all of the local publications.
Richard는 최고의 요리사들 중 한 명이었다 / 미니애폴리스 내의 / 그의 식당은 상을 받았다 / 지역의 모든 간행물들로부터

Step 1
주어진 문장을 읽고 지문의 흐름 예상
'최고의 요리사 Richard'가 지문의 중심 소재임을 예상한다.

전개3
(A) Nevertheless, / Richard's ego ultimately got the best of him.
그럼에도 불구하고 / Richard는 결국 자만심을 이기지 못했다

In the show's first episode, / he was so busy / bragging about his fame / that he failed to notice / his soufflé burning.
→ be busy + 동명사: '동명사'하느라 바쁘다
→ 지각동사(notice) + 목적어 + 현재분사: '목적어'가 '현재분사'하는 것을 알아채다
프로그램의 첫 회에서 / 그는 너무 바빠서 / 그의 명성에 관해 자랑하느라 / 알아채지 못했다 / 그의 수플레가 타는 것을

Subsequently, / he was the first contestant / kicked off the show, / which taught him / not to be so overconfident.
그 결과 / 그는 첫 참가자가 되었다 / 프로그램에서 탈락한 / 그리고 이는 그에게 가르쳐 주었다 / 지나치게 자만하지 않아야 함을

전개1
(B) Not only was he locally renowned, / but he also had a moderate national following.
그는 지역 내에서 유명했을 뿐 아니라 / 또한 전국적인 팬들도 어느 정도 보유하고 있었다

In fact, / it was not uncommon / for well-known celebrities and food critics / to travel to his restaurant / from around the country / to taste his food.
→ 가짜 주어 it   → to 부정사(to travel)의 의미상 주어   → 진짜 주어
사실 / (~은) 드문 일은 아니었다 / 잘 알려진 유명 인사들과 음식 평론가들이 / 그의 식당을 찾아오는 것이 / 전국에서 / 그의 음식을 맛보기 위해

This brought Richard / a lot of attention and respect / in the cooking world.
이것은 Richard에게 가져다 주었다 / 많은 관심과 존경을 / 요리 업계에서의

전개2
(C) That's why / Richard was so confident / when he entered a TV cooking competition. // Easily breezing through the qualifying rounds, / Richard soon found himself / on the show's cast.
그것이 (~한) 이유였다 / Richard가 그렇게 자신감이 있었던 / 그가 한 TV 요리 대회에 참가했을 때 // 예선전을 수월하게 해내면서 / Richard는 곧 자신을 발견했다 / 프로그램의 출연진이 된

Given his impressive skills and reputation, / this initial success in the contest / came as little surprise.
그의 인상적인 기술들과 평판을 고려해볼 때 / 대회 초반의 이러한 성공은 / 그리 놀라운 일이 아니었다

Step 2
문단 내 단서를 통해 서로의 순서를 파악하고 이를 알맞게 배열한 보기 선택
(B) Not only was he locally renowned와 문단의 내용을 통해 (B)가 주어진 문장의 Richard에 대한 추가 내용을 제시하고 있음을 파악한다.
(C) That's why와 문단의 내용을 통해 (C)가 (B)의 결과와 관련된 내용을 제시하고 있음을 파악한다.
(A) 연결어 Nevertheless와 문단의 내용을 통해 (C)가 (A)와 대조되는 내용을 제시하고 있음을 파악한다.

① (B) – (A) – (C) ② (B) – (C) – (A)
③ (C) – (A) – (B) ④ (C) – (B) – (A)

해석

Richard는 미니애폴리스 내의 최고의 요리사들 중 한 명이었으며, 그의 식당은 지역의 모든 간행물들로부터 상을 받았다.

(B) 그는 지역 내에서 유명했을 뿐 아니라, 전국적으로도 팬들을 어느 정도 보유하고 있었다. 사실, 그의 음식을 맛보기 위해 전국에서 잘 알려진 유명 인사들과 음식 평론가들이 그의 식당을 찾아오는 것이 드문 일이 아니었다. 이것은 Richard에게 요리 업계에서의 많은 관심과 존경을 가져다 주었다.

(C) 그것이 Richard가 한 TV 요리 대회에 참가했을 때 그렇게 자신감이 있었던 이유이다. 예선전을 수월하게 해내면서, Richard는 곧 프로그램의 출연진이 된 자신을 발견했다. 그의 인상적인 기술들과 평판을 고려해볼 때, 대회 초반의 이러한 성공은 그리 놀라운 일이 아니었다.

(A) 그럼에도 불구하고, Richard는 결국 자만심을 이기지 못했다. 프로그램의 첫 회에서, 그는 그의 명성에 관해 자랑하느라 너무 바빠서 그의 수플레가 타는 것을 알아채지 못했다. 그 결과, 그는 프로그램에서 탈락한 첫 참가자가 되었고, 이는 그에게 지나치게 자만하지 않을 것을 가르쳐 주었다.

정답 ②

16 다음 문장 뒤에 들어갈 글의 순서로 가장 적절한 것은?

> Due to changes in lifestyles and the quality of medical care, the life expectancy of humans has increased dramatically over the past 50 years, a trend that is likely to continue.

(A) Increasing the retirement age and requiring people to work through their early 70s could solve this problem. However, this strategy is based on the uncertain premise that companies would be willing to retain their elderly employees for several years longer than they currently do.

(B) Although a longer lifespan is of obvious personal benefit, it makes achieving the financial requirements for a comfortable retirement more difficult. People who live longer after retiring will need more money to maintain a reasonable standard of living.

(C) People would also be encouraged to save more for retirement if the government were to mandate larger pension contributions. Although dismay at the prospect of setting aside a greater portion of their earnings would occur, the strategy would certainly be effective.

① (A) – (C) – (B)
② (B) – (A) – (C)
③ (B) – (C) – (A)
④ (C) – (A) – (B)

해설 주어진 문장에서 인간의 기대 수명이 증가하는 것은 앞으로도 계속될 가능성이 높은 경향이라고 한 후, (B)에서 더 길어진 수명은 개인의 혜택이지만 은퇴 이후의 삶이 길어짐에 따라 더 많은 돈이 필요할 것이라며 문제를 제기하고 있다. 뒤이어 (A)에서 퇴직 연령을 높이고 사람들에게 70대 초반까지 일하도록 요구하는 것을 이에 대한 해결책으로 제시하고, (C)에서 만약 정부가 더 많은 연금 분담금을 요구하더라도 사람들은 저축을 더 많이 해서 이를 대비할 수 있다고 하며 또 다른 해결책에 대해 설명하고 있다. 따라서 주어진 문장 다음에 이어질 순서는 ② (B)-(A)-(C)이다.

어휘 medical care 의료, 건강 관리 life expectancy 기대 수명 retirement 은퇴, 은퇴 생활 premise 전제 retain 유지하다, 보유하다 lifespan 수명 reasonable 합리적인 standard of living 생활 수준 save 저축하다 mandate 요구하다, 명령하다 pension 연금 contribution (의료 보험, 연금에 대한 개인의) 분담금 dismay 절망감, 실망 prospect 예상, 전망 set aside 따로 떼어두다, 확보하다 earnings 소득

전략 적용 & 지문 분석

도입

Due to changes / in lifestyles / and the quality of medical care, / the life expectancy of humans / has increased dramatically / over the past 50 years, / [a trend / that is likely to continue].
변화들로 인해 / 생활방식의 / 그리고 의료 품질의 / 인간의 기대 수명은 / 극적으로 증가해 왔다 / 지난 50년 동안 / 그리고 이것은 경향이다 / 계속될 가능성이 높은
→ '주격 관계대명사 + be동사'가 생략된 관계절

Step 1
주어진 문장을 읽고 지문의 흐름 예상
'인간의 기대 수명 증가'가 지문의 중심 소재임을 예상한다.

해결책1

(A) Increasing the retirement age / and requiring people to work / through their early 70s / could solve this problem.
퇴직 연령을 높이는 것은 / 그리고 사람들에게 일하도록 요구하는 것은 / 그들의 70대 초반까지 / 이 문제를 해결할 수 있다

However, / this strategy is based on the uncertain premise / that companies would be willing to retain their elderly employees / for several years longer / than they currently do.
하지만 / 이 방책은 불확실한 전제에 기반한다 / 회사들이 고령의 직원들을 유지할 의향이 있을 것이라는 / 몇 년 더 오래 / 현재 그들이 유지하는 것보다

문제점

(B) Although a longer lifespan is of obvious personal benefit, / it makes / [achieving the financial requirements / for a comfortable retirement] / [more difficult].
더 길어진 수명은 명백한 개인의 혜택일지라도 / 그것은 만든다 / 경제적인 요건들을 이루는 것을 / 편안한 은퇴를 위한 / 더 어렵게
→ 5형식 동사 make + 목적어 + 목적격 보어: '목적어'를 '목적격 보어'하게 만들다

People / who live longer after retiring / will need more money / to maintain / a reasonable standard of living.
사람들은 / 은퇴 이후에 더 오래 사는 / 더 많은 돈이 필요할 것이다 / 유지하기 위해 / 합리적인 생활 수준을

해결책2

(C) People [would also be encouraged] / to save more / for retirement / [if the government were to mandate] / larger pension contributions.
사람들은 또한 장려될 것이다 / 저축을 더 많이 하도록 / 은퇴 생활을 위해 / 만약 정부가 요구할 경우 / 더 많은 연금 분담금을
→ 가정법 미래(가능성이 희박한 미래): 주어 + would + 동사원형(be encouraged), if + 주어 + were to + 동사원형(mandate)

Although / dismay / at the prospect of setting aside / a greater portion of their earnings / would occur, / the strategy would certainly be effective.
비록 ~이지만 / 절망감이 / 따로 떼어 두어야 한다는 예상에 / 그들의 소득에서 더 큰 많은 비중을 / 생길 수 있지만 / 그 방책은 확실히 효과적일 것이다

① (A) – (C) – (B) ② (B) – (A) – (C)
③ (B) – (C) – (A) ④ (C) – (A) – (B)

Step 2
문단 내 단서를 통해 서로의 순서를 파악하고 이를 알맞게 배열한 보기 선택

(B) Although ~ personal benefit과 문단의 내용을 통해 (B)가 주어진 문장의 life expectancy ~ has increased에 대한 문제점을 제시하고 있음을 파악한다.

(A) Increasing the retirement age와 문단의 내용을 통해 (A)가 (B)의 해결책과 관련된 내용을 제시하고 있음을 파악한다.

(C) People would also be encouraged와 문단의 내용을 통해 (C)가 (A)에 대한 추가적인 내용을 제시하고 있음을 파악한다.

해석

생활방식과 의료 품질의 변화들로 인해, 인간의 기대 수명은 지난 50년 동안 극적으로 증가해 왔으며, 이것은 계속될 가능성이 높은 경향이다.

(B) 더 길어진 수명은 명백히 개인의 혜택일지라도, 그것은 편안한 은퇴를 위한 경제적인 요건들을 이루는 것을 더 어렵게 만든다. 은퇴 이후에 더 오래 사는 사람들은 합리적인 생활 수준을 유지하기 위해 더 많은 돈이 필요할 것이다.

(A) 퇴직 연령을 높이고 사람들에게 70대 초반까지 일하도록 요구하는 것은 이 문제를 해결할 수 있다. 하지만, 이 방책은 회사들이 현재 그들이 유지하는 것보다 몇 년 더 오래 고령의 직원들을 유지할 의향이 있을 것이라는 불확실한 전제에 기반한다.

(C) 만약 정부가 더 많은 연금 분담금을 요구할 경우, 사람들은 또한 은퇴 생활을 위해 저축을 더 많이 하도록 장려될 것이다. 비록 그들의 소득에서 더 많은 비중을 (저축을 위해) 따로 떼어 두어야 한다는 예상에 절망감이 들 수 있지만, 그 방책은 확실히 효과적일 것이다.

정답 ②

종합 실전모의고사 7

01 다음 글의 주제로 가장 적절한 것은?

> Shakespeare's plays often serve as a commentary on human nature. In the tragedy *Macbeth*, the protagonist, Macbeth is a brave general in the Scottish army. Macbeth enjoys his status and power and eagerly desires more. When he is told by prophets that he will eventually become king, it spurs his intense longing and he kills Scotland's ruler to seize control. Though he acquires what he wanted, he is nevertheless consumed by guilt and paranoia for what he has done to achieve it. In the end, his overwhelming desire sets him on a downward path, leading him to commit ever more atrocious acts that lead to his own demise. In this way, the play serves as a vivid exploration of the consequences and repercussions of prioritizing the fulfillment of desires over more noble qualities.

① The character of Macbeth as an allegory of fate
② A Shakespeare play critical of Scottish royalty
③ Shakespeare's realistic depiction of the Scottish military
④ The extreme danger of ambition portrayed in *Macbeth*

어휘 commentary 논평, 설명 nature 본성 tragedy 비극 protagonist 주인공 general 장군 eagerly 열렬히, 몹시 prophet 예언자 spur 자극하다 intense 강렬한 longing 갈망, 열망 ruler 왕, 통치자 seize 장악하다, 빼앗다 acquire 얻다, 취득하다 consume 사로잡다 guilt 죄책감 paranoia 편집증, 피해망상 overwhelming 엄청난 downward 타락하는, 쇠퇴한 commit 저지르다 atrocious 끔찍한, 극악무도한 demise 죽음 exploration 탐구 repercussion 영향 prioritize 우선시하다 fulfillment 실현 noble 숭고한 allegory 상징, 우화, 비유 fate 파멸, 운명 royalty 왕족 depiction 묘사 ambition 야망 portray 묘사하다

전략 적용 & 지문 분석

도입

Shakespeare's plays often serve / as a commentary on human nature.
셰익스피어의 희곡은 종종 역할을 한다 / 인간의 본성에 대한 논평으로서의

serve as: ~로서(의) 역할을 하다

In the tragedy *Macbeth*, / the protagonist, / Macbeth is a brave general / in the Scottish army.
비극 작품인 『맥베스』에서 / 주인공인 / 맥베스는 용감한 장군이다 / 스코틀랜드 군대의

동격

Macbeth enjoys his status and power / and eagerly desires more.
맥베스는 그의 지위와 권력을 즐긴다 / 그리고 더 많은 것을 열렬하게 열망한다

전개1

When he is told by prophets / that he will eventually become king, / it spurs his intense longing / and he kills Scotland's ruler / to seize control.
그가 예언자들로부터 듣게 될 때 / 마침내 자신이 왕이 될 것이라고 / 그것은 그의 강렬한 갈망을 자극한다 / 그리고 그는 스코틀랜드의 왕을 죽이게 된다 / 권력을 장악하기 위해

be told + that절: 'that절'이라고 듣다

전개2

Though he acquires what he wanted, / he is nevertheless consumed / by guilt and paranoia / for what he has done / to achieve it.
비록 그는 그가 원했던 것을 얻지만 / 그럼에도 불구하고 그는 사로잡힌다 / 죄책감과 편집증에 / 자신이 저지른 일에 대한 / 그것을 쟁취하기 위해

결말

In the end, / his overwhelming desire / sets him on a downward path, / leading him to commit ever more atrocious acts / that lead to his own demise.
결국 / 그의 엄청난 욕망은 / 그가 타락의 길로 가게 만든다 / 그리고 그가 훨씬 더 끔찍한 행동들을 저지르게 이끈다 / 스스로의 죽음을 초래하는

비교급(more atrocious) 강조 표현

주제문

In this way, / the play serves as a vivid exploration / of the consequences and repercussions / of prioritizing the fulfillment of desires / over more noble qualities.
이렇게 하여 / 이 희곡은 생생한 탐구로서의 역할을 한다 / 결과와 영향에 대한 / 욕망의 실현을 우선시하는 것의 / 더 숭고한 속성들보다

① The character of Macbeth as an allegory of fate
파멸의 상징으로서의 인물 맥베스의 특징

② A Shakespeare play critical of Scottish royalty
스코틀랜드 왕족에 대해 비판적인 셰익스피어 희곡

③ Shakespeare's realistic depiction of the Scottish military
스코틀랜드 군대에 대한 셰익스피어의 현실적인 묘사

④ The extreme danger of ambition portrayed in *Macbeth*
『맥베스』에서 묘사된 야망의 엄청난 위험성

Step 1 주제문 찾기

'이 희곡(『맥베스』)은 욕망의 실현을 우선시하는 것의 결과와 영향에 대한 탐구로서의 역할을 한다'라는 내용이 지문의 주제문이다.

Step 2 주제문을 가장 잘 바꾸어 표현한 보기 선택

주제문의 내용을 '『맥베스』에서 묘사된 야망의 엄청난 위험성'이라고 바꾸어 표현한 ④번이 정답이다.

해석 셰익스피어의 희곡은 종종 인간의 본성에 대한 논평으로서의 역할을 한다. 비극 작품인 『맥베스』에서, 주인공인 맥베스는 스코틀랜드 군대의 용감한 장군이다. 맥베스는 그의 지위와 권력을 즐기며 더 많은 것을 열렬하게 열망한다. 그가 예언자들로부터 마침내 자신이 왕이 될 것이라고 듣게 될 때, 그것은 그의 강렬한 갈망을 자극하고 그는 권력을 장악하기 위해 스코틀랜드의 왕을 죽이게 된다. 비록 그는 원했던 것을 얻지만, 그럼에도 불구하고 그는 그것을 쟁취하기 위해 자신이 저지른 일에 대한 죄책감과 편집증에 사로 잡힌다. 결국, 그의 엄청난 욕망은 그가 타락의 길로 가게 만들며, 그가 스스로의 죽음을 초래하는 훨씬 더 끔찍한 행동들을 저지르게 이끈다. 이렇게 하여, 이 희곡은 더 숭고한 속성들보다 욕망의 실현을 우선시하는 것의 결과와 영향에 대한 생생한 탐구로서의 역할을 한다.

해설 지문 전반에 걸쳐 맥베스의 엄청난 욕망(권력 장악에 대한 욕망)이 그가 결국 타락의 길로 가게 만들며, 스스로의 죽음을 초래하는 훨씬 더 끔찍한 행동까지 저지르게 이끈다고 하고, 지문 마지막 부분에서 이 희곡(『맥베스』)은 욕망의 실현을 우선시하는 것의 결과와 영향에 대한 생생한 탐구로서의 역할을 한다고 설명하고 있다. 따라서 지문의 주제를 '『맥베스』에서 묘사된 야망의 엄청난 위험성'이라고 표현한 ④번이 정답이다.

정답 ④

02 다음 글의 제목으로 가장 적절한 것은?

> Working with the Manhattan Project during the World War II era, Robert Oppenheimer played a large role in the development of nuclear weapons, earning him the nickname, "father of the atomic bomb." Despite the great success he enjoyed during his scientific career, he became a vocal critic of nuclear weaponry later in life. He advocated for the creation of an international organization that would control and regulate all fissionable materials and technology. In 1947, Oppenheimer was appointed to the Atomic Energy Commission where he combated the development of weapons such as the hydrogen bomb.

① Oppenheimer's Resistance to Nuclear Regulations
② Oppenheimer's Disapproval of Nuclear Weapons
③ Oppenheimer's Role in Ending World War II
④ Oppenheimer's Visions for the Hydrogen Bomb

전략 적용 & 지문 분석

도입
Working with the Manhattan Project / during the World War II era, / Robert Oppenheimer / played a large role / in the development of nuclear weapons, / earning him the nickname, / "father of the atomic bomb."
맨해튼 프로젝트에 참여하면서 / 제2차 세계대전 시대에 / 로버트 오펜하이머는 / 큰 역할을 했다 / 핵무기 개발에 / 그리고 이는 그에게 별명을 얻게 했다 / '원자 폭탄의 아버지'라는

earn + 간접 목적어 + 직접 목적어: ~에게 –을 얻게 해주다

> **Step 1** 중심 내용 찾기
> '핵무기류에 대한 비판론자가 된 로버트 오펜하이머의 활동들'이 지문의 중심 내용이다.

전환
Despite the great success / he enjoyed during his scientific career, / he became a vocal critic / of nuclear weaponry / later in life.
큰 성공에도 불구하고 / 그의 과학 경력 내내 그가 누렸던 / 그는 강경한 비판론자가 되었다 / 핵무기류에 대한 / 후년에

부연1
He advocated / for the creation of an international organization / [that would control and regulate / all fissionable materials and technology].
그는 지지했다 / 국제 기구의 창설을 / 통제하고 규제할 수 있는 / 모든 핵분열 물질들과 기술을

선행사(an international organization)를 수식하는 주격 관계절

부연2
In 1947, / Oppenheimer was appointed / to the Atomic Energy Commission / where he combated the development of weapons / such as the hydrogen bomb.
1947년에 / 오펜하이머는 임명되었다 / 원자력 위원회에 / 그가 (핵)무기의 개발에 맞서 싸웠던 / 수소 폭탄과 같은

be appointed to: ~에 임명되다

> **Step 2** 중심 내용을 가장 잘 바꾸어 표현한 보기 선택
> 중심 내용을 '핵무기에 대한 오펜하이머의 반대'라고 바꾸어 표현한 ②번이 정답이다.

① Oppenheimer's Resistance to Nuclear Regulations
핵 규제에 대한 오펜하이머의 반대
② Oppenheimer's Disapproval of Nuclear Weapons
핵무기에 대한 오펜하이머의 반대
③ Oppenheimer's Role in Ending World War II
제2차 세계대전 종전에 있어 오펜하이머의 역할
④ Oppenheimer's Visions for the Hydrogen Bomb
수소 폭탄에 대한 오펜하이머의 이상상

해석 제2차 세계대전 시대에 맨해튼 프로젝트에 참여하면서, 로버트 오펜하이머는 핵무기 개발에 큰 역할을 했고, 이는 그에게 '원자 폭탄의 아버지'라는 별명을 얻게 해주었다. 그의 과학 경력 내내 그가 누렸던 큰 성공에도 불구하고, 그는 후년에 핵무기류에 대한 강경한 비판론자가 되었다. 그는 모든 핵분열 물질들과 기술을 통제하고 규제할 수 있는 국제 기구의 창설을 지지했다. 1947년에, 오펜하이머는 그가 수소 폭탄과 같은 (핵)무기의 개발에 맞서 싸웠던 원자력 위원회에 임명되었다.

해설 지문 중간에서 오펜하이머는 후년에 핵무기류의 강경한 비판론자가 되었다고 하고, 핵무기류를 반대하기 위한 그의 활동들에 대해 세부적으로 설명하고 있다. 따라서 지문의 제목을 '핵무기에 대한 오펜하이머의 반대'라고 표현한 ②번이 정답이다.

정답 ②

03 다음 글의 요지로 가장 적절한 것은?

If you feel compelled to speak poorly of people behind their backs, perhaps it is necessary to explore precisely what makes you behave this way. A gossiper may think laughing at someone is an easy way to relieve boredom or be the life of a party. While talking about other people behind their backs, gossipers know full well that their victims would be hurt by their words. But, unfortunately, they can't help themselves. This irresistible desire actually comes from their own insecurities or pettiness. In other words, gossipers often pick others apart or share embarrassing stories about them to feel better about themselves. If only they were more honest with themselves about their motivations for this behavior, they might refrain from doing it.

① The consequences of gossip on friendship should be considered.
② Gossipers tend to be motivated by their own feelings of weakness.
③ Those who gossip are in search of emotional support from others.
④ Discussing people behind their backs is nearly always harmful.

전략 적용 & 지문 분석

Step 1 주제문 찾기

'험담하는 사람들의 이 욕구(타인이 상처받을 것을 알면서도 험담을 하고 싶은 욕구)는 그들 자신의 불안함이나 옹졸함에서 비롯된다'라는 내용이 지문의 주제문이다.

도입:
> feel compelled to: ~하고 싶은 충동/강박을 느끼다
>
> If you feel compelled to speak poorly of people / behind their backs, / perhaps it is necessary / to explore precisely / what makes you behave this way.
> 당신이 사람들에 대해 나쁘게 말하고 싶은 충동을 느낀다면 / 그들 뒤에서 / 어쩌면 (~이) 필요할 것이다 / 정확하게 알아보는 것이 / 무엇이 당신을 이렇게 행동하게 만드는지

설명:
> way + to 부정사: to~할 방법
>
> A gossiper may think / laughing at someone / is an easy way / to relieve boredom / or be the life of a party.
> 험담하는 사람은 생각할지도 모른다 / 누군가를 비웃는 것이 / 쉬운 방법이라고 / 지루함을 해소할 / 또는 모임의 활력소가 될
>
> know full well: 대단히 잘 알다
>
> While talking about other people / behind their backs, / gossipers know full well / that their victims would be hurt / by their words.
> 다른 사람들에 대해 얘기하면서 / 그들의 뒤에서 / 험담하는 사람들은 대단히 잘 알고 있다 / (그들의) 피해자가 상처를 받게 될 것임을 / 그들의 말로 인해

주제문:
> But, / unfortunately, / they can't help themselves. // This irresistible desire / actually comes / from their own insecurities or pettiness.
> 하지만 / 안타깝게도 / 그들은 스스로를 어떻게 할 수가 없다 // 이 이겨낼 수 없는 욕구는 / 사실 비롯된다 / 그들 자신의 불안함이나 옹졸함에서

부연:
> In other words, / gossipers / often pick others apart / or share embarrassing stories about them / to feel better about themselves.
> 즉 / 험담하는 사람들은 / 흔히 다른 이들을 깎아내린다 / 또는 그들에 대한 부끄러운 이야기를 공유한다 / 스스로에 대해 더 만족감을 느끼기 위해

결론:
> refrain from - ing: ~하는 것을 그만두다, 삼가다
>
> If only they were more honest with themselves / about their motivations for this behavior, / they might refrain / from doing it.
> 만약 그들 스스로 좀 더 솔직해진다면 / 이러한 행동에 대한 그들의 동기에 대해 / 그들은 그만두게 될 수도 있다 / 그것(험담)을 하는 것을

Step 2 주제문을 가장 잘 바꾸어 표현한 보기 선택

주제문의 내용을 '험담하는 사람들은 자신의 나약함에 대한 생각이 (험담을 하는) 원인이 되는 경향이 있다'라고 바꾸어 표현한 ②번이 정답이다.

① The consequences of gossip on friendship should be considered.
험담이 교우 관계에 초래할 결과가 고려되어야 한다.

② Gossipers tend to be motivated by their own feelings of weakness.
험담하는 사람들은 자신의 나약함에 대한 생각이 (험담을 하는) 원인이 되는 경향이 있다.

③ Those who gossip are in search of emotional support from others.
험담하는 사람들은 다른 사람들에게서 정서적 지지를 찾는다.

④ Discussing people behind their backs is nearly always harmful.
사람들 뒤에서 말하는 것은 거의 언제나 해롭다.

해석 당신이 사람들 뒤에서 그들에 대해 나쁘게 말하고 싶은 충동을 느낀다면, 무엇이 당신을 이렇게 행동하게 만드는지 정확하게 알아보는 것이 어쩌면 필요할 것이다. 험담하는 사람은 누군가를 비웃는 것이 지루함을 해소하거나 모임의 활력소가 될 쉬운 방법이라고 생각할지도 모른다. 다른 사람들에 뒤에서 그들에 대해 얘기하면서, 험담하는 사람들은 그들의 말로 인해 피해자가 상처를 받게 될 것임을 대단히 잘 알고 있다. 하지만, 안타깝게도, 그들은 스스로를 어떻게 할 수가 없다. 이 이겨낼 수 없는 욕구는 사실 그들 자신의 불안함이나 옹졸함에서 비롯된다. 즉, 험담하는 사람들은 흔히 스스로에 대해 더 만족감을 느끼기 위해 다른 이들을 깎아내리거나 그들(다른 이들)에 대한 부끄러운 이야기를 공유한다. 만약 이러한 행동을 하게 되는 그들의 동기에 대해 그들 스스로 좀 더 솔직해진다면, 그들은 그것(험담)을 하는 것을 그만두게 될 수도 있다.

해설 지문 중간에서 험담하는 사람들의 이 이겨낼 수 없는 욕구, 즉 타인이 상처받을 것을 알면서도 험담을 하고 싶은 욕구는 자신에 대한 불안함이나 옹졸함에서 비롯된다고 설명하고 있다. 따라서 지문의 요지를 '험담하는 사람들은 자신의 나약함에 대한 생각이 (험담을 하는) 원인이 되는 경향이 있다'라고 표현한 ②번이 정답이다.

정답 ②

04 Special Exhibit by the City Historical Society Museum에 관한 다음 글의 내용과 일치하지 않는 것은?

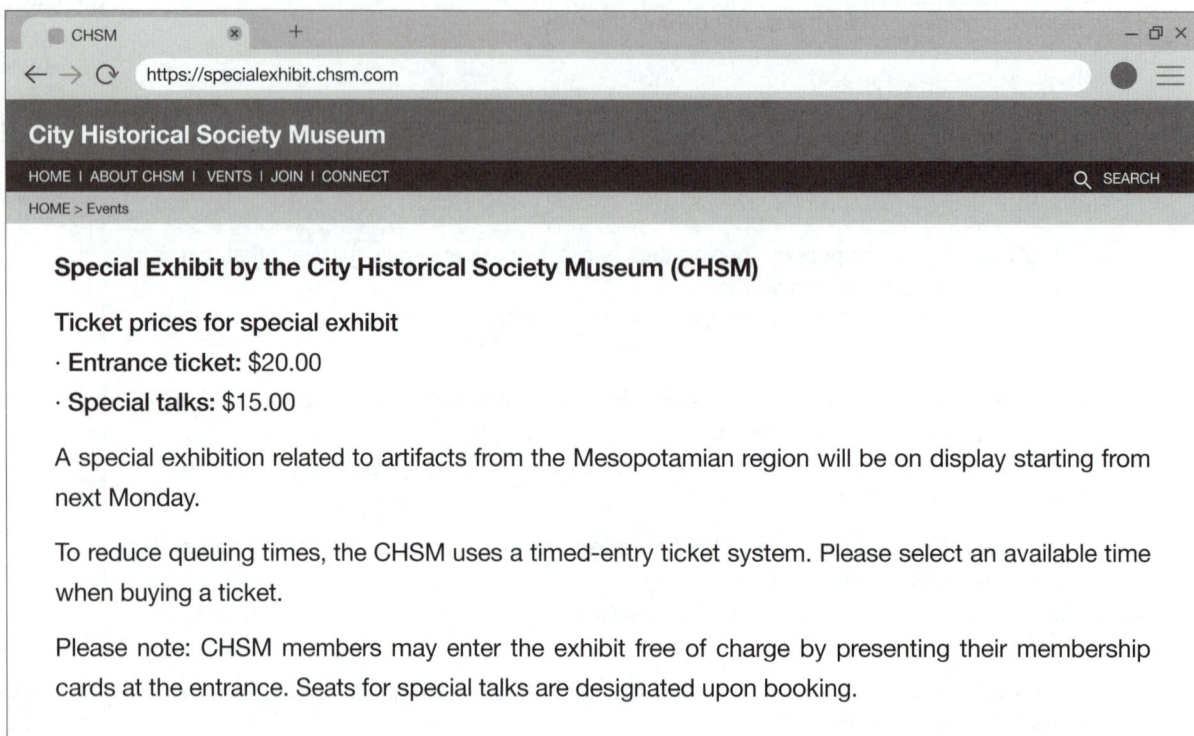

① The special exhibition starts the following week.
② Visitors must select a specific time to enter.
③ Members do not have to pay for admission.
④ People can sit wherever they like at special talks.

전략 적용 & 지문 분석

Step 1
보기를 먼저 읽고 지문의 내용과 비교할 키워드를 파악
① 특별 전시 시작, 다음 주
② 입장, 특정 시간 선택
③ 회원, 입장료 납부 필요 없음
④ 특별 대담, 원하는 자리

Special Exhibit by the City Historical Society Museum (CHSM)
도시 역사 학회 박물관(CHSM)의 특별 전시

Ticket prices for special exhibit
특별 전시 티켓 가격

- Entrance ticket: $20.00 입장권: $20.00
- Special talks: $15.00 특별 대담: $15.00

① A special exhibition / related to artifacts / from the Mesopotamian region / will be on display / starting from next Monday.
특별 전시회가 / 유물과 관련된 / 메소포타미아 지역의 / 열릴 예정입니다 / 다음 주 월요일부터
→ 선행사(A special exhibition)를 수식하는 과거분사

To reduce queuing times, / the CHSM uses / a timed-entry ticket system.
줄 서는 시간을 줄이기 위해 / CHSM은 사용합니다 / 시간제 입장권 시스템을

② Please select an available time / when buying a ticket.
이용 가능한 시간을 선택하세요 / 입장권을 구매할 때

Please note: / ③ CHSM members may enter the exhibit / free of charge / by presenting their membership cards / at the entrance.
참고하세요: / CHSM 회원은 전시회에 입장할 수 있습니다 / 무료로 / 멤버십 카드를 제시함으로써 / 입구에서
→ by + -ing: ~함으로써

④ Seats for special talks / are designated / upon booking.
특별 회담 좌석은 / 지정됩니다 / 예약 시

Step 2
지문에서 보기의 키워드와 관련된 부분을 찾아 비교한 후, 알맞은 보기 선택
① O: 특별 전시회는 다음 주 월요일부터 열릴 예정임
② O: 입장권을 구매할 때 이용 가능한 시간을 선택해야 함
③ O: 회원은 멤버십 카드를 제시하여 무료로 전시장에 입장할 수 있음
④ X: 특별 회담 좌석은 예약 시 지정됨

① The special exhibition starts the following week. 특별 전시는 다음 주부터 시작된다.
② Visitors must select a specific time to enter. 방문객은 입장하기 위해 특정 시간을 선택해야 한다.
③ Members do not have to pay for admission. 회원들은 입장료를 납부하지 않아도 된다.
④ People can sit wherever they like at special talks. 사람들은 특별 대담에서 원하는 자리에 앉을 수 있다.

해석

도시 역사 학회 박물관(CHSM)의 특별 전시

특별 전시 티켓 가격
· 입장권: $20.00
· 특별 대담: $15.00

메소포타미아 지역의 유물과 관련된 특별 전시회가 다음 주 월요일부터 열릴 예정입니다.

줄 서는 시간을 줄이기 위해, CHSM은 시간제 입장권 시스템을 사용합니다. 입장권을 구매할 때 이용 가능한 시간을 선택하세요.

참고하세요: CHSM 회원은 입구에서 멤버십 카드를 제시하여 무료로 전시장에 입장할 수 있습니다. 특별 회담 좌석은 예약 시 지정됩니다.

정답 ④

05 글의 흐름상 가장 어색한 문장은?

For most people, cats, dogs, birds, and fish are considered appropriate pets, as they are friendly and easy to maintain, so they make excellent companions. ① However, exotic pets, such as lizards, snakes and even monkeys, have become trendy in recent years, and a sizeable market for these types of animals has developed. ② Although these creatures are appealing to individuals seeking a unique and exciting pet, experts agree that many species are unsuitable for this role, with the primary concerns being the well-being of the animal and the safety of the owner. ③ Thousands of pet shops where people can meet exotic animals exist worldwide. ④ For instance, some exotic animals carry diseases or poisons and others can become violent as they get older.

전략 적용 & 지문 분석

도입

For most people, / cats, dogs, birds, and fish are considered / appropriate pets, / as they are friendly and easy to maintain, / so they make excellent companions.
대부분의 사람들에게 / 고양이, 개, 그리고 물고기는 여겨진다 / 적합한 반려동물들로 / 그들은 친근하고 관리하기가 쉽기 때문에 / 그래서 그들은 훌륭한 동반자가 되기 (때문에)

→ 2형식 동사 make + 명사: ~이 되다

Step 1 첫 문장을 읽고 지문의 중심 소재 파악

첫 문장을 읽고 지문의 중심 소재가 '훌륭한 동반자인 반려동물'임을 파악한다.

최근 현상

① However, / exotic pets, / such as lizards, snakes and even monkeys, / have become trendy / in recent years, / and a sizeable market / for these types of animals / has developed.
그러나 / 색다른 반려동물들이 / 도마뱀, 뱀, 그리고 심지어 원숭이와 같은 / 유행이 되었다 / 최근에 / 그리고 상당히 큰 시장이 / 이러한 종류의 동물들을 위한 / 발달해 왔다

우려

② Although these creatures are appealing to individuals / seeking a unique and exciting pet, / experts agree / that many species are unsuitable for this role, / [with the primary concerns / being the well-being of the animal] / and the safety of the owner.
비록 이러한 동물들이 사람들의 흥미를 끌기는 하지만 / 독특하고 흥미로운 반려동물을 찾는 / 전문가들은 동의한다 / 많은 종들이 이러한 역할에 적합하지 않다고 / 가장 중요한 것이 / 동물의 행복이기 때문에 / 그리고 주인의 안전(이기 때문에)

→ 명사(individuals)를 수식하는 분사구
→ with + 목적어 + 분사: '목적어'가 '분사'(상태)이기 때문에

③ Thousands of pet shops / [where people can meet exotic animals] / exist worldwide.
수천 개의 반려동물 가게들이 / 사람들이 색다른 동물들을 만날 수 있는 / 전 세계에 있다.

→ 선행사(pet shops)를 꾸며주는 관계부사 where절

예시

④ For instance, / some exotic animals carry diseases or poisons / and others can become violent / as they get older.
예를 들어 / 일부 색다른 동물들은 질병이나 독을 지니고 있다 / 그리고 다른 것들(색다른 동물들)은 난폭해질 수 있다 / 그들이 자라면서

Step 2 각 보기 문장이 지문의 흐름과 어울리는지 확인하고, 가장 어울리지 않는 보기 선택

지문 전반에 걸쳐 유행이 된 색다른 반려동물, 이들을 기르는 것을 우려하는 전문가들의 의견, 색다른 동물들의 위험성에 관한 예시를 통해, 색다른 반려동물들은 키우기에 적합하지 않다는 내용이 제시되고 있으므로, 전 세계의 반려동물 가게에서 색다른 동물들을 구입할 수 있다는 내용은 지문의 흐름에 어울리지 않는다. 따라서 ③번이 정답이다.

해석 대부분의 사람들에게, 고양이, 개, 그리고 물고기는 친근하고 관리하기가 쉬워서 훌륭한 동반자가 되기 때문에 적합한 반려동물로 여겨진다. ① 그러나, 최근에 도마뱀, 뱀, 그리고 심지어 원숭이와 같은 색다른 반려동물들이 유행이 되었고, 이러한 종류의 동물들을 위한 상당히 큰 시장이 발달해 왔다. ② 비록 이러한 동물들은 독특하고 흥미로운 반려동물을 찾는 사람들의 흥미를 끌기는 하지만, 전문가들은 가장 중요한 것이 동물의 행복과 주인의 안전이기 때문에, 많은 종들이 이 역할에 적합하지 않다고 동의한다. ③ 사람들이 색다른 동물들을 만날 수 있는 수천 개의 반려동물 가게들이 전 세계에 있다. ④ 예를 들어, 일부 색다른 동물들은 질병이나 독을 지니고 있고 다른 것들(색다른 동물들)은 자라면서 난폭해질 수 있다.

해설 첫 문장에서 '많은 사람들에게 적합한 반려동물로 여겨지는 동물들'에 대해 언급하고, ①, ②, ④번에서 유행이 된 색다른 반려동물, 이러한 색다른 동물을 기르는 것에 대해 우려하는 전문가들의 의견, 색다른 동물들의 위험성에 관한 예시에 대해 설명했다. 그러나 ③번은 '색다른 동물들을 구입할 수 있는 반려동물 가게'에 대한 내용으로, 지문의 흐름과 어울리지 않으므로 ③번이 정답이다.

정답 ③

06 주어진 문장에 이어질 글의 순서로 가장 적절한 것은?

> Orville and Wilbur Wright developed the world's first successful airplane, which took flight on December 17, 1903.

(A) As a result, other inventors could not use the brothers' design, which included the only known method of steering an aircraft. American companies that produced airplanes were likely to be sued by the Wright brothers.

(B) This legal complication made the US quickly fall behind the rest of the world in terms of flight technology; in fact, at the beginning of World War I, there were no American aircraft suitable for combat. To deal with this problem, the US government passed a law in 1917 forcing aircraft companies to share new technology.

(C) Despite this achievement, many historians agree that the Wright brothers had a negative influence on the development of the US flight industry. This is because, in order to profit from their work, the brothers applied for a patent — a legal document that prevents others from using an invention without permission.

① (C) – (B) – (A)
② (B) – (A) – (C)
③ (C) – (A) – (B)
④ (A) – (C) – (B)

해설 주어진 문장에서 오빌과 윌버 라이트(라이트 형제)가 세계 최초의 성공적인 비행기를 만들었다고 한 후, (C)에서 이러한 업적에도 불구하고 많은 역사가들은 이 형제들이 미국 비행 산업의 발전에 부정적인 영향을 미쳤다는 데 동의하며, 이는 그들이 비행기에 대한 특허를 출원했기 때문이라고 설명하고 있다. (A)에서 라이트 형제가 특허를 출원한 결과, 비행기 생산 업체들은 라이트 형제의 설계를 사용하면 고소를 당할 수 있었다고 하고, (B)에서 이 법적 문제로 인해 미국은 비행 기술 측면에서 다른 나라들에 뒤처지게 되었다고 했다. 따라서 주어진 문장 다음에 이어질 순서는 ③ (C)-(A)-(B)이다.

어휘 take flight 비행하다 inventor 발명가 steer 조종하다 aircraft 항공기 sue 고소하다 complication 문제 fall behind 뒤처지다 in terms of ~의 면에서 suitable 적합한 combat 전투 profit 수익을 얻다; 이익 patent 특허 invention 발명(품) permission 허가

전략 적용 & 지문 분석

도입

Orville and Wilbur Wright / developed the world's first successful airplane, / which took flight on December 17, 1903. 오빌과 윌버 라이트는 / 세계 최초의 성공적인 비행기를 개발했다 / 1903년 12월 17일에 비행한

Step 1
주어진 글을 읽고 지문의 흐름 예상

'라이트 형제의 최초의 성공적인 비행기 개발'이 지문의 중심 소재임을 예상한다.

(설명) 결과1

(A) As a result, / other inventers could not use the brothers' design, / which included the only known method of steering an aircraft.
그 결과 / 다른 발명가들은 이 형제의 설계를 사용할 수 없었다 / 그런데 이것은 유일하게 알려진 항공기 조종법을 포함했다

→ be likely to: ~할 가능성이 있다

American companies / that produced airplanes / were likely to be sued / by the Wright brothers.
미국 회사들은 / 비행기를 생산했던 / 고소 당할 가능성이 있었다 / 라이트 형제에게

Step 2
문단 내 단서를 통해 순서를 파악하고 이를 알맞게 배열한 보기 선택

- (C) this achievement (이러한 업적)와 문단의 내용을 통해 (C)가 주어진 문장의 세계 최초의 성공적인 비행기에 대해 설명하고 있음을 파악한다.

(설명) 결과2

(B) This legal complication made the US quickly fall behind / the rest of the world / in terms of flight technology; / in fact, / at the beginning of World War I, / there were no American aircraft / suitable for combat.
이 법적 문제는 미국이 곧 뒤처지게 만들었다 / 세계 다른 나라들에 / 비행 기술 측면에서 / 실제로 / 제1차 세계대전이 시작될 무렵 / 미국 항공기가 존재하지 않았다 / 전투에 적합한

- (A) 연결어 As a result와 문단의 내용을 통해 (A)가 (C)에 제시된 라이트 형제가 특허 출원에 의해 발생한 결과에 대해 설명하고 있음을 파악한다.

(설명) 결과3

→ force + 목적어 + to 부정사: '목적어'가 'to 부정사'하게 강제하다

To deal with this problem, / the US government passed a law / in 1917 / forcing aircraft companies / to share new technology. 이 문제를 해결하기 위해 / 미국 정부는 법안을 통과시켰다 / 1917년에 / 모든 항공기 회사들에게 강제하는 / 새로운 기술을 공유하도록

- (B) This legal complication과 문단의 내용을 통해 (B)가 (A)에 제시된 라이트 형제에게 고소 당할 가능성이 있었다는 내용에 대해 설명하고 있음을 파악한다.

주제문

(C) Despite this achievement, / many historians agree / that the Wright brothers had a negative influence / on the development of the US flight industry.
이러한 업적에도 불구하고 / 많은 역사가들은 동의한다 / 라이트 형제가 부정적인 영향을 끼쳤다고 / 미국의 비행 산업 발전에

설명

→ prevent 목적어 from -ing: 목적어가 -하는 것을 막다

This is because, / in order to profit from their work, / the brothers applied for a patent / —a legal document / that prevents others from using an invention / without permission.
이것은 ~ 때문이다 / 그들의 작업물(비행기)로부터 수익을 얻기 위해 / 형제가 특허를 출원했다 / 법률 문서인 / 다른 사람들이 발명품을 이용하는 것을 막는 / 허가 없이

① (C) – (B) – (A)
② (B) – (A) – (C)
③ (C) – (A) – (B)
④ (A) – (C) – (B)

해석

오빌과 윌버 라이트는 1903년 12월 17일에 비행한 세계 최초의 성공적인 비행기를 개발했다.

(C) 이러한 업적에도 불구하고, 많은 역사가들은 라이트 형제가 미국의 비행 산업 발전에 부정적인 영향을 끼쳤다고 동의한다. 이것은 (라이트) 형제가 그들의 작업물(비행기)로부터 수익을 얻기 위해, 다른 사람들이 허가 없이 발명품을 이용하는 것을 막는 법률 문서인 특허를 출원했기 때문이다.

(A) 그 결과, 다른 발명가들은 이 형제의 설계를 사용할 수 없었는데, 이것(라이트 형제의 설계)은 유일하게 알려진 항공기 조종법을 포함했다. 비행기를 생산했던 미국 회사들은 라이트 형제에게 고소 당할 가능성이 있었다.

(B) 이 법적 문제는 미국이 곧 비행 기술 측면에서 세계 다른 나라들에 뒤처지게 만들었다. 실제로, 제1차 세계대전이 시작될 무렵, 전투에 적합한 미국 항공기가 존재하지 않았다. 이 문제를 해결하기 위해, 미국 정부는 1917년에 모든 항공기 회사들에게 새로운 기술을 공유하도록 강제하는 법안을 통과시켰다.

정답 ③

07 밑줄 친 부분에 들어갈 표현으로 가장 적절한 것을 고르시오.

A woman from Boise, Idaho has brought a civil suit against the city, accusing parking enforcement officials of negligence when they _____. Within hours of her vehicle being taken away, the woman's car was stolen from the city's impound lot by a brazen thief. When confronted by the woman, the officials argued that they were not financially liable for the theft, prompting her to contact a lawyer. The lawyer immediately filed suit at the county courthouse, seeking damages for the value of the car.

① imposed an excessive fine
② towed her vehicle
③ miscalculated her parking time
④ provided insufficient information

전략 적용 & 지문 분석

Step 1 빈칸이 있는 문장과 그 주변을 통해 빈칸에 들어갈 내용 파악

accuse A of B: A를 B에 대해 고발하다

도입
A woman from Boise, Idaho / has brought a civil suit / against the city, / accusing parking enforcement officials / of negligence / when they towed her vehicle.
아이다호주 보이시 출신의 한 여성은 / 민사 소송을 제기했다 / 시를 상대로 / 주차 집행 공무원들을 고발하면서 / 부주의에 대해 / 그들이 그녀의 차를 견인했을 때의

여성은 주차 집행 공무원들이 무엇을 했을 때의 부주의에 대해 고발했는지

발단
within hours of: ~하고 몇 시간 내에
Within hours / of her vehicle being taken away, / the woman's car was stolen / from the city's impound lot / by a brazen thief.
몇 시간 내에 / 그녀의 차가 옮겨지고 나서 / 그 여성의 차는 도난당했다 / 시의 압류 차고지에서 / 대담한 절도범에 의해

전개
부사절 접속사 + 분사구문(분사구문의 의미 강조) → liable for: ~에 대해 책임이 있는
When confronted by the woman, / the officials argued / that they were not financially liable / for the theft, / prompting her / to contact a lawyer.
그녀와 대면하게 되었을 때 / 공무원들은 주장했다 / 그들은 금전적으로 책임이 없다고 / 그 절도에 대해 / 이것은 그녀가 ~하게 했다 / 변호사에게 연락하게

결말
The lawyer immediately filed suit / at the county courthouse, / seeking damages / for the value of the car.
그 변호사는 즉시 소송을 제기했다 / 지방 법원에 / 손해 배상을 청구하면서 / 차 값에 대한

Step 2 지문을 읽고 빈칸에 들어가기에 가장 적절한 보기 선택

빈칸 뒤에 여성의 차가 주차 집행 공무원들에 의해 시의 압류 차고지로 옮겨지고 나서 절도범에 의해 도난당했다는 내용이 있으므로, '그녀의 차를 견인했을' 때의 부주의를 고발했다고 한 ②번이 정답이다.

① imposed an excessive fine
과도한 벌금을 부과했을
② towed her vehicle
그녀의 차를 견인했을
③ miscalculated her parking time
그녀의 주차 시간을 잘못 계산했을
④ provided insufficient information
불충분한 정보를 제공했을

해석 아이다호주 보이시 출신의 한 여성은 주차 집행 공무원들이 <u>그녀의 차를 견인했을</u> 때의 부주의에 대해 고발하며, (보이시) 시를 상대로 민사 소송을 제기했다. 그녀의 차가 옮겨지고 나서 몇 시간 내에, 그 여성의 차는 시의 압류 차고지에서 대담한 절도범에 의해 도난당했다. 공무원들이 그녀와 대면하게 되었을 때, 그들은 그 절도에 대해 금전적으로 책임이 없다고 주장했고, 이것(공무원들이 그 절도에 대해 금전적으로 책임이 없다고 주장한 것)은 그녀가 변호사에게 연락하게 했다. 그 변호사는 차 값에 대한 손해 배상을 청구하며, 즉시 지방 법원에 소송을 제기했다.

해설 빈칸 뒤 문장에 여성의 차가 주차 집행 공무원들에 의해 시의 압류 차고지로 옮겨지고 나서 몇 시간 내에 절도범에 의해 도난당했다는 내용이 있으므로, 주차 집행 공무원들이 '그녀의 차를 견인했을' 때 발생한 부주의를 고발했다고 한 ②번이 정답이다.

정답 ②

08 다음 이메일의 내용과 일치하지 않는 것은?

To: fraud@securebank.com
From: thomas.jenson@localcompany.com
Date: January 30
Subject: Suspicious account activity

Dear Fraud Prevention Team,

I noticed several unauthorized transactions on my business checking account statement. There are three charges totaling $1,200 that I did not authorize, all from local merchants I have never used before. The transactions occurred between January 25 and January 27, during which time I was traveling for business.

I have already changed my online banking password and deactivated my debit card. Could you please freeze my account temporarily and initiate a fraud investigation? I will provide receipts and travel documentation to prove I was not responsible for these charges.

Please contact me at my office number at (02) 345-9876 during business hours.

Sincerely,
Thomas Jenson

① Thomas가 승인하지 않은 금액은 1,000달러가 넘는다.
② Thomas는 이미 온라인 뱅킹 비밀번호를 변경했다.
③ Thomas는 즉각적인 계좌 활성화를 요청한다.
④ Thomas는 증명 서류로 영수증을 제공할 것이다.

해설 ③번의 키워드인 '계좌'와 관련된 지문의 account(계좌) 주변의 내용에서 계좌를 일시적으로 정지시키고 사기 조사를 시작해 달라고 요청하고 있으므로, Thomas가 즉각적인 계좌 활성화를 요청한다는 것은 지문의 내용과 다르다. 따라서 ③번이 지문의 내용과 일치하지 않는다.

어휘 suspicious 의심스러운 account 계좌, 계정 fraud 사기 prevention 방지, 예방 unauthorized 승인되지 않은 transaction 거래 checking account 당좌 예금 계좌 statement 명세서, 입출금 내역서 merchant 판매자, 상인 deactivate 비활성화하다 temporarily 일시적으로 initiate 시작하다 investigation 조사 receipt 영수증

전략 적용 & 지문 분석

인사 — Dear Fraud Prevention Team, 사기 방지 팀께,

주제문 — I noticed several unauthorized transactions / on my business checking account statement.
저는 여러 건의 승인되지 않은 거래를 발견했습니다 / 제 법인 당좌 예금 계좌 명세서에서

경험을 나타내는 현재완료
① There are three charges / totaling $1,200 / that I did not authorize, / all from local merchants / I have never used before.
청구 세 건이 있습니다 / 총 1,200달러의 / 제가 승인하지 않은 / 모두 지역 판매자로부터 청구되었습니다 / 제가 이전에 한 번도 이용해 본 적이 없는

설명 — The transactions occurred / between January 25 and January 27, / during which time I was traveling for business.
거래는 이루어졌습니다 / 1월 25일부터 1월 27일 사이에 / 그 기간 동안 저는 출장 중이었습니다

② I have already changed / my online banking password / and deactivated my debit card.
저는 이미 변경했습니다 / 제 온라인 뱅킹 비밀번호를 / 그리고 제 직불카드를 비활성화했습니다

요청 — ③ Could you please freeze my account / temporarily / and initiate a fraud investigation?
제 계좌를 정지시켜 주실 수 있나요 / 일시적으로 / 그리고 사기 조사를 시작해 주실 수 있나요

'목적'을 나타내는 to 부정사의 부사적 용법
부연 — ④ I will provide receipts and travel documentation / to prove I was not responsible / for these charges.
제가 영수증과 출장 서류를 제공하겠습니다 / 제가 책임이 없음을 증명하기 위해 / 이 청구에 대해

Please contact me / at my office number at (02) 345-9876 / during business hours.
제게 연락해 주시기 바랍니다 / (02) 345-9876으로 제 사무실 번호로 / 업무시간 동안에는

끝인사 — Sincerely,
Thomas Jenson
Thomas Jenson 드림

Step 1
보기를 먼저 읽고 지문의 내용과 비교할 키워드를 파악

① 승인하지 않은 금액, 1,000달러 넘음
② 이미 온라인 뱅킹 비밀번호 변경함
③ 즉각적인 계좌 활성화 요청
④ 증명 서류, 영수증 제공

Step 2
지문에서 보기의 키워드와 관련된 부분을 찾아 비교한 후, 알맞은 보기 선택

① O: 승인하지 않은 총 1,200달러
② O: 이미 온라인 뱅킹 비밀번호를 변경함
③ X: 계좌를 정지시켜 달라고 요청함
④ O: 증명하기 위해 영수증 제공할 예정

해석
수신: fraud@securebank.com   발신: thomas.jenson@localcompany.com   날짜: 1월 30일   제목: 의심스러운 계좌 활동

사기 방지 팀께,

저는 제 법인 당좌 예금 계좌 명세서에서 여러 건의 승인되지 않은 거래를 발견했습니다. 제가 승인하지 않은 총 1,200달러의 청구 세 건이 있는데, 모두 제가 이전에 한 번도 이용해 본 적이 없는 지역 판매자로부터 청구되었습니다. 거래는 제가 출장 중이던 1월 25일부터 1월 27일 사이에 이루어졌습니다.

저는 이미 제 온라인 뱅킹 비밀번호를 변경하고 직불카드를 비활성화했습니다. 제 계좌를 일시적으로 정지시키고 사기 조사를 시작해 주실 수 있나요? 제가 이 청구에 대해 책임이 없음을 증명하기 위해 영수증과 출장 서류를 제공하겠습니다.

업무시간 동안에는 (02) 345-9876으로 제 사무실 번호로 연락해 주시기 바랍니다.

Thomas Jenson 드림

정답 ③

09 다음 글의 내용과 일치하지 않는 것은?

≡ PIR   https://pelicanisland/refuge.gov

The Story of Pelican Island

HOME | HISTORY | WILDLIFE | VISIT | CONSERVATION

Threats to the Birds

Pelican Island National Wildlife Refuge, situated on Orchid Island, was the first wildlife sanctuary in the US. Commonly found in coastal areas, pelicans lived on Orchid Island for centuries with little threat. However, by the early 1900s, their numbers had dropped dramatically as a result of growing American settlements. Furthermore, fishermen in the area mistakenly attributed their meager hauls of fish to the pelicans' appetites. Viewing the birds as a threat to their livelihood, fishermen killed off countless baby pelicans.

Conservation Efforts

Wishing to save the pelicans, local conservationists moved for the site to be declared a protected area. They managed to convince President Theodore Roosevelt, who was known for his strong stance on conservation, to make it official. Today, the island is a flourishing habitat for a vast assortment of floral and faunal species, and a popular destination for tourists seeking to observe pelicans.

① 펠리컨 섬 국립 야생동물 보호 구역은 미국 내 최초의 야생동물 보호 구역이다.
② 오키드 섬의 펠리컨들은 미국인들이 정착하기 전부터 위협에 노출되어 있었다.
③ 어부들은 펠리컨이 생계에 위협이 된다고 생각하여 그것들을 대량으로 죽였다.
④ 자연보호 활동가들은 펠리컨을 보호하기 위해 루스벨트 대통령을 설득하는 데 성공했다.

해설 ②번의 키워드인 '위협'과 관련된 지문의 threat(위협) 주변의 내용에서 펠리컨들은 오키드 섬에서 몇 세기 동안 거의 위협받지 않고 살았지만, 미국인들의 정착 증가의 결과로 그것들의 수가 급격히 줄어들었다고 했으므로, 오키드 섬의 펠리컨들이 미국인들이 정착하기 전부터 위협에 노출되어 있었다는 것은 지문의 내용과 다르다. 따라서 ②번이 지문의 내용과 일치하지 않는다.

어휘 wildlife 야생동물 refuge 보호 구역, 피난처 sanctuary 보호 구역 mistakenly 잘못 생각하여 meager 불충분한, 결핍한 haul 어획량 livelihood 생계 conservationist 자연보호 활동가 stance 태도 flourish 번영하다 habitat 서식지 vast 광범위한 assortment 종류 floral 식물의, 꽃의 faunal 동물의 seek ~하려고 하다

전략 적용 & 지문 분석

제목: The Story of Pelican Island 펠리컨 섬의 이야기

도입 — Threats to the Birds 새들에게의 위협
① Pelican Island National Wildlife Refuge, / situated on Orchid Island, / was the first wildlife sanctuary / in the US. 펠리컨 섬 국립 야생동물 보호 구역은 / 오키드 섬에 위치한 / 최초의 야생동물 보호 구역이었다 / 미국 내에서

전개 1
Commonly found in coastal areas, / ② pelicans lived on Orchid Island / for centuries / with little threat. 흔히 해안가에서 발견되는 / 펠리컨들은 오키드 섬에서 살았다 / 몇 세기 동안 / 거의 위협 받지 않고

However, / by the early 1900s, / their numbers had dropped dramatically / as a result of growing American settlements.
하지만 / 1900년대 초반에 이르러 / 그것들의 수는 급격히 줄어들었다 / 증가하는 미국인들의 정착으로 인해

Furthermore, / fishermen in the area / mistakenly / attributed ᴬ[their meager hauls of fish] / to ᴮ[the pelicans' appetites].
→ attribute A to B: A를 B의 탓으로 보다
게다가 / 그 지역의 어부들은 / 잘못 생각하여 / 그들의 불충분한 어획량을 ~의 탓으로 보았다 / 펠리컨의 식욕의

③ Viewing the birds as a threat / to their livelihood, / fishermen killed off countless baby pelicans.
그 새들을 위협으로 보아서 / 자신들의 생계에 / 어부들은 수많은 새끼 펠리컨들을 죽였다

전개 2 — Conservation Efforts 보존 노력
Wishing to save the pelicans, / local conservationists / moved for the site to be declared / a protected area.
→ move for: 요구하다, 제의하다
펠리컨을 보호하기 바라며 / 지역의 자연보호 활동가들은 / 그 장소가 선언될 것을 제안했다 / 보호 구역으로

④ They managed to convince / President Theodore Roosevelt, / who was known for / his strong stance on conservation, / to make it official.
그들은 설득해 냈다 / 시어도어 루스벨트 대통령을 / ~로 알려진 / 자연 보호에 대한 강경한 태도로 / 이것을 공식화하도록

결말
Today, / the island is a flourishing habitat / for a vast assortment of floral and faunal species, / and a popular destination / for tourists / [seeking to observe pelicans].
→ 명사(tourists)를 수식하는 분사구
오늘날 / 그 섬은 번영하는 서식지이다 / 광범위한 종류의 식물 및 동물 종에게 / 그리고 인기 있는 명소이다 / 관광객들에게 / 펠리컨을 보려는

Step 1
보기를 먼저 읽고 지문의 내용과 비교할 키워드를 파악
① 미국 내 최초의 야생동물 보호 구역
② 미국인 정착 전, 위협 노출
③ 어부, 펠리컨 죽임
④ 자연보호 활동가, 루스벨트 대통령 설득

Step 2
지문에서 보기의 키워드와 관련된 부분을 찾아 비교한 후, 알맞은 보기 선택
① O: 미국 내 최초의 야생동물 보호 구역임
② X: 정착 증가 전에 거의 위협받지 않고 살았음
③ O: 어부들이 새끼 펠리컨들을 죽임
④ O: 자연보호 활동가들은 시어도어 루스벨트 대통령을 설득해 냄

해석 펠리컨 섬의 이야기

새들에게의 위협 오키드 섬에 위치한 펠리컨 섬 국립 야생동물 보호 구역은 미국 내 최초의 야생동물 보호 구역이었다. 흔히 해안가에서 발견되는 펠리컨들은 오키드 섬에서 몇 세기 동안 거의 위협 받지 않고 살았다. 하지만, 1900년대 초반에 이르러, 미국인들의 정착 증가의 결과로 그것들(펠리컨들)의 수는 급격히 줄어들었다. 게다가, 그 지역의 어부들은 잘못 생각하여 그들의 불충분한 어획량을 펠리컨의 식욕 탓으로 보았다. 그 새들을 자신들의 생계에 위협으로 보아서, 어부들은 수많은 새끼 펠리컨들을 죽였다.

보존 노력 펠리컨을 보호하기 바라며, 지역의 자연보호 활동가들은 그 장소가 보호 구역으로 선언될 것을 요구했다. 그들은 자연 보호에 대한 강경한 태도로 알려진 시어도어 루스벨트 대통령이 이것을 공식화하도록 설득해 냈다. 오늘날, 그 섬은 광범위한 종류의 식물 및 동물 종에게 번영하는 서식지이며, 펠리컨을 보려는 관광객들에게 인기 있는 명소이다.

정답 ②

[10~11] 다음 글을 읽고 물음에 답하시오.

https://www.workforcetransition.gov

HOME | INTRODUCTION | TRANSITION PROGRAM

Future Workforce Development

The rapid advancement of technology is fundamentally changing the <u>nature</u> of work across all industries. Traditional job roles are evolving or disappearing entirely, and new positions requiring different skill sets are being created.

Among the main drivers of these changes are automation and artificial intelligence, which are reshaping traditional job markets at an unprecedented pace, resulting in challenges for the global workforce.

In response, government agencies are implementing comprehensive workforce transition programs to help workers acquire new skills. Retraining courses, career counseling services, and job placement assistance are being expanded nationwide. These programs focus on emerging industries such as renewable energy, healthcare, and digital services.

10 윗글의 내용과 일치하는 것은?
① 기술 발전의 영향은 일부 신산업에 국한된다.
② 민간 기업들은 인력 전환 프로그램을 시행하고 있다.
③ 인력 전환 프로그램에는 진로 상담 서비스가 포함된다.
④ 재교육 과정과 취업 알선 지원은 전통 산업을 중심으로 이루어진다.

11 밑줄 친 "nature"의 의미와 가장 가까운 것은?
① view
② variety
③ creation
④ essence

전략 적용 & 지문 분석

제목: Future Workforce Development 미래 인력 개발

주제문: ①The rapid advancement of technology is fundamentally changing / the nature of work / across all industries.
기술의 급속한 발전은 근본적으로 변화시키고 있다 / 일의 본질을 / 모든 산업에 걸쳐

설명: Traditional job roles are evolving or disappearing entirely, / and new positions / requiring different skill sets / are being created.
전통적인 직무 역할들이 진화하거나 완전히 사라지고 있다 / 그리고 새로운 직책들이 / 다른 기술 능력을 요구하는 / 만들어지고 있다

→ 명사(new positions)를 수식하는 현재분사구

원인: Among the main drivers of these changes / are automation and artificial intelligence, / which are reshaping traditional job markets / at an unprecedented pace, / resulting in challenges / for the global workforce.
이러한 변화의 주요 동인 중에는 / 자동화와 인공지능이 있다 / 이것들은 전통적인 직업 시장을 재편하고 있다 / 전례 없는 속도로 / 이것은 어려움을 초래한다 / 전 세계의 노동력에게

→ 도치 구문: 부사구(Among ~ changes) + 동사(are) + 주어(automation and artificial intelligence)

대응책: In response, / ②government agencies are implementing / comprehensive workforce transition programs / to help workers / acquire new skills.
이에 대응하여 / 정부 기관들은 시행하고 있다 / 포괄적인 인력 전환 프로그램을 / 근로자들을 돕기 위해 / 새로운 기술을 습득할 수 있도록

③Retraining courses, career counseling services, and job placement assistance / are being expanded / nationwide.
재교육 과정, 진로 상담 서비스, 그리고 취업 알선 지원이 / 확대되고 있다 / 전국적으로

④These programs focus on / emerging industries / such as renewable energy, healthcare, and digital services.
이러한 프로그램들은 초점을 맞춘다 / 최근에 생겨난 산업들에 / 재생 가능 에너지, 의료, 그리고 디지털 서비스와 같이

Step 1
지문에서 파악해야 할 내용
1) 일치하는 것
2) nature의 의미

Step 2
10번: ③번의 키워드인 '진로 상담 서비스'와 관련된 지문의 career counseling services 주변의 내용에서 인력 전환 프로그램에 진로 상담 서비스가 포함된다는 것을 알 수 있다.

11번: 주어진 어휘를 포함한 구절에서 해당 어휘가 '본질'이라는 뜻으로 쓰였음을 파악한다.

Step 3
10번: ① X, ② X, ③ O, ④ X
11번: '본질'이라는 의미를 갖는 ④ essence가 정답이다.

11
① view 경관
② variety 종류
③ creation 창조
④ essence 본질

해석 미래 인력 개발

기술의 급속한 발전은 모든 산업에 걸쳐 일의 **본질**을 근본적으로 변화시키고 있다. 전통적인 직무 역할들이 진화하거나 완전히 사라지고, 다른 기술 능력을 요구하는 새로운 직책들이 만들어지고 있다.

이러한 변화의 주요 동인 중에는 자동화와 인공지능이 있는데, 이것들은 전례 없는 속도로 전통적인 직업 시장을 재편하고 있으며, 이로 인해 전 세계의 노동력이 어려움을 겪는다.

이에 대응하여, 정부 기관들은 근로자들이 새로운 기술을 습득할 수 있도록 돕기 위해 포괄적인 인력 전환 프로그램을 시행하고 있다. 재교육 과정, 진로 상담 서비스, 그리고 취업 알선 지원이 전국적으로 확대되고 있다. 이러한 프로그램들은 재생 가능 에너지, 의료, 그리고 디지털 서비스와 같이 최근에 생겨난 산업들에 초점을 맞춘다.

정답 10 ③, 11 ④

12 밑줄 친 부분에 들어갈 말로 가장 적절한 것은?

Pluto was discovered in 1930 by Clyde Tombaugh, a 23-year-old astronomer working at the Lowell Observatory. Scientists had speculated about its existence for years because perceived fluctuations in the orbit of Uranus were believed to be caused by the gravitational pull of an undiscovered planet. Although the first sighting of Pluto seemed to _____, researchers soon determined that Pluto was too small to affect the gravity of nearby planets. The excitement over Pluto would further decrease as more Pluto-like objects were found. Though Pluto was considered the "ninth planet" for decades, some astronomers didn't think it deserved this designation. By 2006, they estimated that Pluto was only one of 200 "dwarf planets" at the edge of our solar system. As a result, it was reclassified as a "planetoid" and there were officially eight planets once again.

① overshadow Uranus's discovery
② validate this theory
③ create much controversy
④ reveal a mistake

전략 적용 & 지문 분석

도입
Pluto was discovered in 1930 / by Clyde Tombaugh, / a 23-year-old astronomer / working at the Lowell Observatory.
명왕성은 1930년에 발견되었다 / 클라이드 톰보에 의해 / 23살의 천문학자 / 로웰 천문대에서 일하던

전개1
Scientists had speculated about its existence / for years / because / perceived fluctuations / in the orbit of Uranus / were believed to be caused / by the gravitational pull / of an undiscovered planet.
(believe + 목적어 + to 부정사(~가 ~하다고 여기다)의 수동태)
과학자들은 명왕성의 존재에 대해 추측해왔었다 / 몇 년간 / 이는 ~ 때문이다 / 감지된 파동이 / 천왕성의 궤도에서 / 발생되는 것이라고 여겨졌다 / 중력에 의해 / 발견되지 않은 행성의

전개2
Although the first sighting of Pluto seemed / to validate this theory, / researchers soon determined / that Pluto was too small / to affect the gravity of nearby planets.
(seem to: ~하는 것처럼 보이다)
비록 명왕성의 첫 발견이 ~처럼 보였지만 / 이 가설을 입증하는 것 / 연구원들은 머지 않아 밝혀냈다 / 명왕성이 너무 작아서 / 주변 행성의 중력에 영향을 미치지 못한다는 것을

전개3
The excitement over Pluto / would further decrease / as more Pluto-like objects were found.
명왕성에 대한 흥분은 / 더욱 줄어들었다 / 명왕성과 유사한 더 많은 물체들이 발견됨에 따라

전개4
Though Pluto was considered / the "ninth planet" / for decades, / some astronomers didn't think / [it deserved this designation.]
(that이 생략된 명사절)
명왕성은 여겨졌지만 / '9번째 행성'으로 / 수십 년 동안 / 일부 천문학자들은 생각하지 않았다 / 그것이 이러한 명칭을 받을 자격이 있다고

By 2006, / they estimated / that Pluto was only one / of 200 "dwarf planets" / at the edge of our solar system.
2006년까지 / 그들은 추정했다 / 명왕성이 하나일 뿐이라고 / 200개의 '왜소 행성들' 중 / 태양계 가장자리에 있는

결말
As a result, / it was reclassified as a "planetoid" / and there were officially eight planets / once again.
그 결과 / 그것(명왕성)은 '미행성'으로 재분류되었다 / 그리고 공식적으로 8개의 행성이 있게 되었다 / 또 다시

① overshadow Uranus's discovery   천왕성의 발견을 무색하게 하는
② validate this theory   이 가설을 입증하는
③ create much controversy   더 많은 논란을 만드는
④ reveal a mistake   실수를 드러내는

Step 1
빈칸이 있는 문장과 그 주변을 통해 빈칸에 들어갈 내용 파악
명왕성이 첫 발견이 무엇처럼 보였는지

Step 2
지문을 읽고 빈칸에 들어가기에 가장 적절한 보기 선택
빈칸 앞 문장에 과학자들은 천왕성의 궤도에서 감지된 파동이 아직 발견되지 않은 행성의 중력 때문이라고 여겨서 명왕성의 존재를 추측했다는 내용이 있으므로 명왕성의 첫 발견이 '이 가설을 입증하는' 것처럼 보였다고 ②번이 정답이다.

해석 명왕성은 1930년에 로웰 천문대에서 일하던 23살의 천문학자 클라이드 톰보에 의해 발견되었다. 과학자들은 몇 년간 명왕성의 존재에 대해 추측해왔었는데, 이는 천왕성의 궤도에서 감지된 파동이 발견되지 않은 행성의 중력에 의해 발생되는 것이라고 여겨졌기 때문이었다. 비록 명왕성의 첫 발견이 <u>이 가설을 입증하는</u> 것처럼 보였지만, 연구원들은 머지 않아 명왕성이 너무 작아서 주변 행성의 중력에 영향을 미치지 못한다는 것을 밝혀냈다. 명왕성에 대한 흥분은 명왕성과 유사한 더 많은 물체들이 발견됨에 따라 더욱 줄어들었다. 명왕성은 수십 년 동안 '9번째 행성'으로 여겨졌지만, 일부 천문학자들은 명왕성이 이러한 명칭을 받을 자격이 있다고 생각하지 않았다. 2006년까지, 그들은 명왕성이 태양계 가장자리에 있는 200개의 '왜소 행성들' 중 하나일 뿐이라고 추정했다. 그 결과, 그것(명왕성)은 '미행성'으로 재분류되었고 공식적으로 또 다시 8개의 행성이 있게 되었다.

해설 빈칸 앞 문장에서 천왕성의 궤도에서 감지된 파동은 발견되지 않은 행성의 중력에 의해 발생되는 것이라고 여겨져서, 과학자들이 명왕성의 존재에 대해 추측했다고 했지만, 빈칸 뒤 문장에서 연구원들은 명왕성이 너무 작아서 주변 행성의 중력에 영향을 미치지 못한다고 결론지었다고 했으므로, 명왕성의 첫 발견이 '이 가설을 입증하는' 것처럼 보였다고 한 ②번이 정답이다.

정답 ②

13 다음 이메일의 목적으로 가장 적절한 것은?

To: all.staff@cityoffice.gov
From: admin@cityoffice.gov
Date: August 25
Subject: Updated Security Rules

Dear Staff Members,

This email serves as notification of the updated office access and security rules, effective September 1.

Beginning that day, all employees must use their personal ID cards to enter the office building. Visitors will be required to sign in at the reception desk and be accompanied by a staff member at all times.

Additionally, employees are reminded that they must wear their ID badges visibly while on office premises. Lost or damaged ID cards must be reported immediately to the Security Office.

For any questions regarding the upcoming changes, please contact the Security Office at security@cityoffice.gov or extension 1234.

Best regards,
Administrative Office

① to show how to issue an office ID card
② to introduce the new visitor registration process
③ to announce changes to the office security rules
④ to inquire about the schedule for a security check

전략 적용 & 지문 분석

인사
Dear Staff Members, 직원 여러분께,

주제문
This email serves as notification / of the updated office access and security rules, / effective September 1.
이 이메일은 알림 역할을 합니다 / 갱신된 사무실 출입 및 보안 규정에 대한 / 9월 1일부터 시행될

> serve as: ~로서(의) 역할을 하다

Step 1 주제문 찾기
'이 이메일은 갱신된 사무실 출입 및 보안 규정에 대한 알림 역할을 한다'라는 내용이 지문의 주제문이다.

설명 1 (직원 출입)
Beginning that day, / all employees must use / their personal ID cards / to enter the office building.
그날부터 / 모든 직원은 사용해야 합니다 / 그들의 개인 신분증 카드를 / 사무실 건물에 출입하기 위해

설명 2 (방문객)
Visitors will be required to sign in / at the reception desk / and be accompanied by a staff member / at all times.
방문객들은 등록해야 합니다 / 접수 데스크에서 / 그리고 직원과 동행해야 합니다 / 항상

설명 3 (신분증 배지)
Additionally, / employees are reminded / that they must wear their ID badges visibly / while on office premises.
또한 / 직원들은 상기하시기 바랍니다 / 그들이 신분증 배지를 눈에 띄게 착용해야 한다는 점을 / 사무실 내에 있는 동안에는

Lost or damaged ID cards / must be reported immediately / to the Security Office.
분실 또는 손상된 신분증은 / 즉시 신고되어야 합니다 / 보안실에

> 동사(must be reported)를 수식하는 부사

부연
For any questions / regarding the upcoming changes, / please contact the Security Office / at security@cityoffice.gov or extension 1234.
질문이 있으시면 / 다가오는 변경 사항에 대한 / 보안실에 연락해 주시기 바랍니다 / security@cityoffice.gov 또는 내선 번호 1234로

> 전치사 regarding: ~에 관하여

Step 2 주제문을 가장 잘 바꾸어 표현한 보기 선택
주제문을 '사무실 보안 규정의 변경 사항을 알리려고'라고 바꾸어 표현한 ③번이 정답이다.

끝인사
Best regards,
Administrative Office
행정실 드림

① to show how to issue an office ID card
   사무실 신분증 카드 발급 방법을 보여주려고
② to introduce the new visitor registration process
   새로운 방문자 등록 절차를 소개하려고
③ to announce changes to the office security rules
   사무실 보안 규정의 변경 사항을 알리려고
④ to inquire about the schedule for a security check
   보안 검사 일정에 대해 문의하려고

해석 수신: all.staff@cityoffice.gov   발신: admin@cityoffice.gov   날짜: 8월 25일   제목: 갱신된 보안 규정

직원 여러분께,

이 이메일은 9월 1일부터 시행될 갱신된 사무실 출입 및 보안 규정에 대한 알림 역할을 합니다.

그날부터, 모든 직원은 사무실 건물에 출입하기 위해 개인 신분증 카드를 사용해야 합니다. 방문객들은 접수 데스크에서 등록하고 항상 직원과 동행해야 합니다.

또한, 직원들은 사무실 내에 있는 동안에는 신분증 배지를 눈에 띄게 착용해야 한다는 점을 상기하시기 바랍니다. 분실 또는 손상된 신분증은 즉시 보안실에 신고해야 합니다.

다가오는 변경 사항에 대한 질문이 있으시면, security@cityoffice.gov나 내선 번호 1234로 보안실에 연락해 주시기 바랍니다.

행정실 드림

정답 ③

14 주어진 문장이 들어갈 위치로 가장 적절한 것은?

> What no one on shore suspected was that the ship also harbored several passengers and crew members infected with deadly smallpox.

On June 19, 1834, the steamboat *St. Peters* made a routine stop along the Missouri River on its way from St. Louis to the Yellowstone River. (①) It stopped at Fort Clark to pick up furs and to drop off an annual load of trade goods and provisions for the nearby Mandan and Hidatsa tribes. (②) Its arrival had been anticipated for weeks and became a cause for much celebration. (③) Evidently not wishing to leave himself shorthanded, the captain of the St. Peters ignored symptoms of the disease when they were first detected two weeks prior. (④) Consequently, it tore through the community of Indian tribes, none of whom had been vaccinated against it.

전략 적용 & 지문 분석

→ 의문사 What이 이끄는 명사절 주어

전개2
[What no one on shore suspected] / was that the ship also harbored / several passengers and crew members / infected with deadly smallpox.
해안에 있던 누구도 의심하지 않았던 것은 / 그 배에는 또한 숨어있었다는 것이었다 / 승객과 승무원 여러 명이 / 치명적인 천연두에 감염된

Step 1
주어진 문장을 읽고 앞에 나올 내용 예상

주어진 문장의 'smallpox(천연두)'를 통해 주어진 문장 뒤에 질병과 관련된 내용이 나올 것임을 예상할 수 있다.

도입
On June 19, 1834, / the steamboat *St. Peters* made a routine stop / along the Missouri River / on its way from St. Louis to the Yellowstone River.
1834년 6월 19일에 / 증기선 St. Peters 호는 정기 정착를 했다 / 미주리강을 따라 / 세인트루이스에서 옐로스톤강으로 향하던 중

→ and로 연결된 to 부정사구 병치 구문

전개1
(①) It stopped at Fort Clark / [to pick up] furs /and/ [to drop off] an annual load of trade goods and provisions / for the nearby Mandan and Hidatsa tribes.
그것은 Fort Clark에 멈췄다 / 모피를 수령하기 위해 / 그리고 / 연간 무역 상품과 식량을 전달하기 위해 / 인근의 Mandan 및 Hidatsa 부족을 위한

(②) Its arrival had been anticipated / for weeks / and / became a cause for much celebration.
그것의 도착은 예상되었다 / 몇 주 동안 / 그리고 / 많은 축하의 이유가 되었다

→ 분사구문의 부정형: not + 분사

전개3
(③) Evidently (not wishing) to leave himself shorthanded, / the captain of the St. Peters / ignored symptoms of the disease / when they were first detected / two weeks prior.
명백하게 일손이 부족해지기를 원하지 않았던 / St. Peters 호의 선장은 / 질병의 증상을 무시했다 / 그것이 처음 발견되었을 때 / 2주 전에

Step 2
지문을 읽고 주어진 문장을 삽입하기에 가장 적절한 위치 선택

주어진 문장에서 언급된 '천연두'의 증상이 처음 발견되었을 때 St. Peters 호의 선장이 무시했음을 알 수 있다. 따라서 주어진 문장을 삽입하기에 가장 적절한 위치인 ③번이 정답이다.

결과
(④) Consequently, / it tore through the community of Indian tribes, / none of whom had been vaccinated against it.
그 결과 / 그것은 인디언 부족 공동체를 휩쓸었는데 / 그들 중 누구도 그것에 대한 예방 접종을 받은 적이 없었다

해석 해안에 있던 누구도 의심하지 않았던 것은 그 배에는 치명적인 천연두에 감염된 승객과 승무원 여러 명도 숨어있었다는 것이었다.

1834년 6월 19일, 증기선 St. Peters 호는 세인트루이스에서 옐로스톤강으로 향하던 중 미주리강을 따라 정기 정착를 했다. (①) 그것은 모피를 수령하고 인근의 Mandan 및 Hidatsa 부족을 위한 연간 무역 상품과 식량을 전달하기 위해 Fort Clark에 멈췄다. (②) 그것의 도착은 몇 주 동안 예상되었고 많은 축하의 이유가 되었다. (③) 명백하게 일손이 부족해지기를 원하지 않았던 St. Peters 호의 선장은, 2주 전에 그 질병의 증상이 처음 발견되었을 때 그것을 무시했다. (④) 그 결과, 그것은 인디언 부족 공동체를 휩쓸었는데, 그들 중 누구도 그것에 대한 예방 접종을 받은 적이 없었다.

정답 ③

15 밑줄 친 부분에 들어갈 말로 가장 적절한 것은?

Parents are often concerned about who their children hang out with regularly and sometimes try to get them to connect with others who have desirable characters. This is because they know that we are tremendously influenced by those around us. From friends to family, we impact others in our lives, and they reciprocate in kind. This is precisely what makes it so important to be selective about everyone that we hang out with. It is often said that the five people we surround ourselves with most frequently will impact us most strongly. We exist, then, as _____. As we never quite embody any characteristic as strongly as those who influence us, we become a combination of the features of those in our company. When parents try to select friends for their children, they're just taking advantage of this fact by choosing those who have qualities that their children would emulate.

① the embodiment of our friends' ideal qualities
② the realistic alternative to unattainable goals
③ the possibility of having taken other paths
④ the mixture of our companions' traits

전략 적용 & 지문 분석

Step 1
빈칸이 있는 문장과 그 주변을 통해 빈칸에 들어갈 내용 파악

우리가 무엇으로서 존재하는지

[도입]

Parents are often concerned / about who their children hang out with regularly / and sometimes try to get them / to connect with others / who have desirable characters.
부모들은 자주 걱정한다 / 그들의 아이들이 정기적으로 누구와 어울려 노는지 / 그리고 때로는 그들을 ~하게 만들려고 한다 / 다른 사람들과 친해지게 / 바람직한 품성을 지닌

→ 명사절 접속사 who(명사 역할): 누가/누구를 ~하는지
→ 관계대명사 who절(선행사 others 수식)

This is because / they know / that we are tremendously influenced / by those around us.
이는 ~ 때문이다 / 그들은 알고 있다 / 우리가 엄청나게 영향을 받는다는 것을 / 우리 주변의 사람들에 의해

[설명]

From friends to family, / we impact others in our lives, / and they reciprocate / in kind.
친구에서부터 가족까지 / 우리는 우리 삶 속에서 다른 사람들에게 영향을 준다 / 그리고 그들은 화답한다 / 동일하게

This is precisely / what makes it so important / to be selective about everyone / that we hang out with.
이것이 바로 ~이다 / ~을 정말 중요하게 만드는 것 / 모든 사람에 대해 선별적이어야 하는 것 / 우리가 함께 어울려 노는

→ 가짜 목적어
→ 진짜 목적어(to 부정사구)

It is often said that / the five people / [we surround ourselves with most frequently] / will impact us / most strongly.
자주 ~라고 말해진다 / 5명의 사람들이 / 우리를 가장 자주 둘러싸는 / 우리에게 영향을 미칠 것이다 / 가장 강력하게

→ 명사(people)를 수식하는 관계절(목적격 관계대명사 생략)
→ 재귀대명사(주어 we와 동일한 대상)

[주제문]

We exist, / then, / as the mixture of our companions' traits.
우리는 존재한다 / 따라서 / 우리의 동반자들의 특성들의 혼합체로서

[부연]

As we never quite embody any characteristic / as strongly as those who influence us, / we become a combination of the features / of those in our company.
우리는 어떤 성격을 구현하지 않으므로 / 우리에게 영향을 주는 사람들만큼 강력하게 / 우리는 특성들의 결합체가 된다 / 우리가 함께 하는 사람들의

Step 2
지문을 읽고 빈칸에 들어가기에 가장 적절한 보기 선택

빈칸 뒤 문장에 우리는 우리가 함께 하는 사람들의 특성의 결합체가 된다는 내용이 있으므로 우리가 '우리의 동반자들의 특성들의 혼합체'로서 존재한다고 한 ④번이 정답이다.

[결론]

When parents try to select friends / for their children, / they're just taking advantage of this fact / by choosing those who have qualities / that their children would emulate.
부모들이 친구들을 선별하려 할 때 / 그들의 아이들을 위해 / 그들은 단지 이 사실을 이용하고 있을 뿐이다 / 자질을 가진 사람들을 선택함으로써 / 그들의 아이들이 모방할

① the embodiment of our friends' ideal qualities 친구들의 이상적인 자질의 구현
② the realistic alternative to unattainable goals 이룰 수 없는 목표에 대한 현실적인 대안
③ the possibility of having taken other paths 다른 길을 걸어왔을 가능성
④ the mixture of our companions' traits 우리의 동반자들의 특성들의 혼합체

[해석] 부모들은 그들의 아이들이 정기적으로 누구와 어울려 노는지 자주 걱정하고, 때로는 그들을 바람직한 품성을 지닌 다른 사람들과 친해지게 만들려고 한다. 이는 그들은 우리가 우리 주변의 사람들에 의해 엄청나게 영향을 받는다는 것을 알고 있기 때문이다. 친구에서부터 가족까지, 우리는 우리 삶 속에서 다른 사람들에게 영향을 주고, 그들도 동일하게 화답한다(영향을 준다). 이것이 바로 우리가 함께 어울려 노는 모든 사람에 대해 선별적이어야 하는 것을 정말 중요하게 만드는 것이다. 우리를 가장 자주 둘러싸는 5명의 사람들이 우리에게 가장 강력하게 영향을 미칠 것이라고 자주 말해진다. 따라서, 우리는 우리의 동반자들의 특성들의 혼합체로서 존재한다. 우리는 우리에게 영향을 주는 사람들만큼 강력하게 어떤 성격을 구현하지 않으므로, 우리는 우리가 함께 하는 사람들의 특성들의 결합체가 된다. 부모들이 그들의 아이들을 위해 친구들을 선별하려 할 때에도, 그들은 단지 그들의 아이들이 모방할 만한 자질을 가진 사람들을 선택함으로써 이 사실을 이용하고 있을 뿐이다.

[해설] 빈칸 뒤 문장에 우리는 우리가 함께 하는 사람들의 특성들의 결합체가 된다는 내용이 있으므로, 우리는 '우리의 동반자들의 특성들의 혼합체'로서 존재한다고 한 ④번이 정답이다.

정답 ④

16 주어진 문장에 이어질 글의 순서로 가장 적절한 것은?

According to social philosopher Karl Marx, capitalism inherently results in a class struggle between the proletariat and its bourgeoisie counterpart.

(A) However, Marx claimed that this relationship is unsustainable as the conditions for the laborers are always worsening and the owners are enriched at their expense. Eventually, according to his theory, the proletariat would rebel against the bourgeoisie.

(B) Marx's belief was that capitalism, which he thought was always driven by the accumulation and concentration of material wealth, cannot exist without both an oppressed laboring class and a wealthy ruling elite.

(C) The proletariat serves as the former and the bourgeoisie as the latter. Thus, members of the proletariat work in manufacturing industries, while the bourgeoisie are factory and business owners who control the means of production.

① (B) – (A) – (C)
② (B) – (C) – (A)
③ (C) – (A) – (B)
④ (C) – (B) – (A)

전략 적용 & 지문 분석

주제문

According to social philosopher Karl Marx, / capitalism inherently results in / a class struggle / between the proletariat and its bourgeoisie counterpart.
사회 철학자 칼 마르크스에 의하면 / 자본주의는 본질적으로 ~을 야기한다 / 계급 투쟁을 / 프롤레타리아 계급과 그에 대응하는 부르주아 계급 간의

결론

(A) However, / Marx claimed that / this relationship is unsustainable / as / the conditions for the laborers are always worsening / and the owners are enriched / at their expense.
하지만, / 마르크스는 주장한다 / 이 관계가 지속 불가능하다고 / ~이기 때문에 / 노동자들의 여건은 항상 악화된다 / 그리고 소유주들은 풍요로워진다 / 그들의 희생으로

> claim + that절: ~라고 주장하다
> at one's expense: ~의 희생으로

Eventually, / according to his theory, / the proletariat would rebel against the bourgeoisie.
결국 / 그의 이론에 따르면 / 프롤레타리아 계급이 부르주아 계급에 대항할 것이다

설명1

(B) Marx's belief was that / capitalism, / which he thought was always driven / by the accumulation and concentration of material wealth, / cannot exist / without both an oppressed laboring class and a wealthy ruling elite.
마르크스의 신념은 ~라는 것이었다 / 자본주의는 / 그가 생각하기에 언제나 움직였던 / 물질적인 부의 축적과 집중에 의해 / 존재할 수 없다 / 억압받는 노동자 계급과 부유한 지배 엘리트 계층 둘 다 없이는

> 관계대명사(which) 뒤에 삽입된 어구: 주어 + think/agree/say

설명2

(C) The proletariat serves / as the former / and the bourgeoisie / as the latter.
프롤레타리아 계급은 역할을 한다 / 전자로서의 / 그리고 부르주아 계급은 / 후자로서의 (역할을 한다)

Thus, / members of the proletariat / work in manufacturing industries, / while the bourgeoisie are factory and business owners / who control the means of production.
그러므로 / 프롤레타리아 계급의 구성원들은 / 제조업 분야에서 일한다 / 반면에 부르주아 계급들은 공장 소유주들과 사업 소유주들이다 / 생산 수단을 통제하는

① (B) – (A) – (C)
② (B) – (C) – (A)
③ (C) – (A) – (B)
④ (C) – (B) – (A)

Step 1
주어진 문장을 읽고 지문의 흐름 예상

주어진 문장을 통해 지문의 중심 소재가 '칼 마르크스가 생각했던 계급 간의 투쟁을 야기하는 자본주의'가 지문의 중심 소재임을 예상한다.

Step 2
문단 내 단서를 통해 서로의 순서를 파악하고 이를 알맞게 배열한 보기 선택

(B) Marx's belief와 문단의 내용을 통해 (B)가 주어진 문장에서의 마르크스가 생각한 것에 대해 추가 내용을 제시하고 있음을 파악한다.
(C) The proletariat serves ~ the bourgeoisie ~와 문단의 내용을 통해 (C)가 (B)에 대한 추가 내용을 제시하고 있음을 파악한다.
(A) 연결어 However와 문단의 내용을 통해 (A)가 (C)와 대조되는 내용을 제시하고 있음을 파악한다.

해석

사회 철학자 칼 마르크스에 의하면, 자본주의는 본질적으로 프롤레타리아 계급과 그에 대응하는 부르주아 계급 간의 계급 투쟁을 야기한다.

(B) 마르크스의 신념은, 그가 생각하기에 언제나 물질적인 부의 축적과 집중에 의해 움직였던 자본주의는, 억압받는 노동자 계급과 부유한 지배 엘리트 계층 둘 다 없이는 존재할 수 없다는 것이었다.

(C) 프롤레타리아 계급은 전자로서의 역할을 하고, 부르주아 계급은 후자로서의 역할을 한다. 그러므로, 프롤레타리아 계급의 구성원들은 제조업 분야에서 일하는 반면에, 부르주아 계급들은 생산 수단을 통제하는 공장 소유주들과 사업 소유주들이다.

(A) 하지만, 마르크스는 노동자들의 여건은 항상 악화되고 그들의 희생으로 소유주들은 풍요로워지기 때문에 이 관계가 지속 불가능하다고 주장한다. 결국, 그의 이론에 따르면, 프롤레타리아 계급이 부르주아 계급에 대항할 것이다.

정답 ②

MEMO

MEMO

MEMO

2026 대비 최신개정판

해커스공무원

영어 고득점 독해 337

개정 3판 1쇄 발행 2025년 10월 30일

지은이	해커스 공무원시험연구소
펴낸곳	해커스패스
펴낸이	해커스공무원 출판팀
주소	서울특별시 강남구 강남대로 428 해커스공무원
고객센터	1588-4055
교재 관련 문의	gosi@hackerspass.com
	해커스공무원 사이트(gosi.Hackers.com) 교재 Q&A 게시판
	카카오톡 채널 [해커스공무원 노량진캠퍼스]
학원 강의 및 동영상강의	gosi.Hackers.com
ISBN	979-11-7404-074-9 (13740)
Serial Number	03-01-01

저작권자 ⓒ 2025, 해커스공무원
이 책의 모든 내용, 이미지, 디자인, 편집 형태에 대한 저작권은 저자에게 있습니다.
서면에 의한 저자와 출판사의 허락 없이 내용의 일부 혹은 전부를 인용, 발췌하거나 복제, 배포할 수 없습니다.

공무원 교육 1위,
해커스공무원 gosi.Hackers.com

해커스공무원

· 공무원 보카 어플, 단어시험지 자동제작 프로그램 등 공무원 시험 합격을 위한 다양한 무료 학습 콘텐츠
· 정확한 성적 분석으로 약점 극복이 가능한 **합격예측 온라인 모의고사**(교재 내 응시권 및 해설강의 수강권 수록)
· 해커스 스타강사의 **공무원 영어 무료 특강**
· **해커스공무원 학원 및 인강**(교재 내 인강 할인쿠폰 수록)

한경비즈니스 2024 한국품질만족도 교육(온·오프라인 공무원학원) 1위

해커스공무원 단기 합격생이 말하는
공무원 합격의 비밀!

해커스공무원과 함께라면
다음 합격의 주인공은 바로 여러분입니다.

대학교 재학 중,
7개월 만에 국가직 합격!
김*석 합격생

영어 단어 암기를 하프모의고사로!

하프모의고사의 도움을 많이 얻었습니다. 모의고사의 **5일 치 단어를 일주일에 한 번씩 외웠고**, 영어 단어 **100개씩은 하루에** 외우려고 노력했습니다.

가산점 없이
6개월 만에 지방직 합격!
김*영 합격생

국어 고득점 비법은 기출과 오답노트!

이론 강의를 두 달간 들으면서 **이론을 제대로 잡고 바로 기출문제로** 들어갔습니다. 문제를 풀어보고 기출강의를 들으며 **틀렸던 부분을 필기하며 머리에 새겼습니다.**

직렬 관련학과 전공,
6개월 만에 서울시 합격!
최*숙 합격생

한국사 공부법은 기출문제 통한 복습!

한국사는 휘발성이 큰 과목이기 때문에 **반복 복습이 중요하다고 생각**했습니다. 선생님의 강의를 듣고 나서 바로 **내용에 해당되는 기출문제를 풀면서 복습**했습니다.

해커스공무원 gosi.Hackers.com

더 많은 합격수기가 궁금하다면? ▶